高 等 学 校 教 材

# 跨境电子商务

王汝霖　李军　主编　　陈曙光　聂韵　副主编

CROSS-BORDER E-COMMERCE

化学工业出版社

·北京·

## 内容简介

《跨境电子商务》以前瞻性理论视角，介绍了世界跨境电子商务快速发展的态势和特点，剖析了中国跨境电子商务快速发展的态势和特点，研究了近10年来中国电子商务的创新探索历程和取得的成绩，总结了中国跨境电子商务快速探索中的六种创新营销模式，指出了我国在"互联网＋"新常态下，加速发展跨境电子商务对于促进传统外贸企业转型和解放外贸生产力的巨大价值和作用。

本书在内容编排上作出了创新探索。探索了大学教材如何适应"大众创业，万众创新"的需求，使自学者和工程技术人员在知识更新过程中，能利用本书及相应的参考资料，进行知识的更新和实战能力的提升。

本书不仅适合从事外贸跨境电子商务的专业人士及高校电子商务、跨境电子商务等专业师生使用，且适合自贸区、开发区及跨境电子商务产业园区管理者使用，更适合创业者用于创业实战和知识更新。

**图书在版编目（CIP）数据**

跨境电子商务/王汝霖，李军主编. —北京：化学工业出版社，2020.11
高等学校教材
ISBN 978-7-122-37531-5

Ⅰ. ①跨… Ⅱ. ①王…②李… Ⅲ. ①电子商务-高等学校-教材 Ⅳ. ①F713.36

中国版本图书馆 CIP 数据核字（2020）第 153552 号

责任编辑：王淑燕　宋湘玲　　　　　　　　　　　　　装帧设计：张　辉
责任校对：王鹏飞

出版发行：化学工业出版社（北京市东城区青年湖南街 13 号　邮政编码 100011）
印　　装：大厂聚鑫印刷有限责任公司
787mm×1092mm　1/16　印张 24¼　字数 605 千字　彩插 2　2020 年 11 月北京第 1 版第 1 次印刷

购书咨询：010-64518888　　　　　　　　　　　　　售后服务：010-64518899
网　　址：http：//www.cip.com.cn
凡购买本书，如有缺损质量问题，本社销售中心负责调换。

定　价：79.00 元　　　　　　　　　　　　　　　　　版权所有　违者必究

# 编审委员会名单

# 序

进入 21 世纪以来，中国跨境电子商务异军突起，改变了传统商品交易的组织方式，成为跨境贸易领域中最具竞争力的新业态、新模式、新引擎。

本书正是为了适应我国跨境电子商务快速发展的态势和加快跨境电子商务人才培养的急迫需求，而组织专家编写的一本创新的跨境电子商务理论图书。

本书主编王汝霖教授是电子商务领域一位十分活跃的实战型专家，长期从事电子商务的商务模式创新研究和盈利模式研究，其著作颇丰。虽年逾八旬，仍笔耕不辍。去年一年，其行程达 38 000 公里，走遍 24 个省，去工厂，进学校，到老区。全年活跃在电子商务的最前沿，不仅进行实地调研和考察，还为众多的电子商务网站诊断和点拨。

正因此，王汝霖老师的著作，很接地气，既有理论研究的创新点，又有落地应用的切入点，还有提效增值的创收点。据我获知：王老师先后有 21 本电子商务图书出版，且每本新书出版，都会多次加印。

我和王老师经常在国内外电子商务会议上相遇。因此，前不久，王老师邀请我为其新书《跨境电子商务》写序，我便愉快地接受了邀请。

应该说：当前写跨境电子商务的图书很多，有站在微观，写实操的；有站在宏观，写概念的。

过于微观，仅写实操，往往缺少全球视野和理性思考；不联系实践，写概念，又往往过于干瘪，既缺少创新技术支撑，又缺少鲜活案例印证。都不适合做大学教材。

而王汝霖老师主编的《跨境电子商务》一书，就规避了这两方面的不足。在解读世界及我国跨境电子商务的发展脉搏和成长历程中，既注重跨境电子商务体系架构的完整性和理论阐述的系统性，又注重理性思考的前瞻性和落地应用的实践性。整本书充满创新印记和鲜活案例，特别是在对中国电子商务创新探索历程进行总结的过程中，注重对实践经验进行了理性提升。

因此，本书既介绍了世界跨境电子商务快速发展的态势，又指出了世界跨境电子商务快速发展的特点；既介绍了中国跨境电子商务快速发展的总体情况，又指出了中国跨境电子商务快速发展的八大特点；本书提供的鲜活数字表明：中国不仅已进入世界电子商务发展的第一梯队，而且已经成为全球最大的 B2C 电子商务市场。

书中的许多概括和总结，令人耳目一新。书中的大量案例，翔实而鲜活，令人不能忘怀。如：

（1）在商务模式创新方面的案例

本书没有禁锢在 B2B、B2C 和 C2C 三种固有的模式上，而是根据中国电子商务多年来创新探索的实践，总结并提炼了跨境联盟营销、跨境关联营销、跨境云营销、跨境视频营销、跨境社会化媒体营销及跨境微营销等六种创新营销模式，不仅介绍了每种创新营销模式的起源、发展，而且介绍了其实践中的应用及效果。

以跨境联盟营销为例，不仅介绍了跨境联盟营销的起源和发展，而且介绍了速卖通联盟营销的两种类型及其在实践应用中取得的明显效果。

再以跨境关联营销为例，它既介绍了生态关联、扩展关联、延伸关联、相关性关联、借用流量关联等五种关联营销类型，又介绍了美国电子商务网站，如何通过关联营销，寻找产品之间的关联、产品与人之间的关联、人与物之间的关联，并利用这种关联去开拓市场，创造商机。

又如跨境云营销模式，本书不仅指出云营销是 2009 年诺贝尔经济学奖获得者奥利弗·E. 威廉姆森提出并倡导的新制度经济学的核心内容，且指出近年来，随着云技术的深入发展，云数据挖掘价值的不断提升，云营销已逐渐显现出其在远程营销和视频营销中的无尽魅力，成为一种创新的跨境电子商务营销模式。而且，书中还指出了云营销的特点和六种类型，介绍了云猴全球购用不足半年的时间便实现了用户过万、日订单破 16.3 万单的快速发展奇迹。

就跨境视频营销而言，本书介绍了用于展示生产流程的短视频、产品开箱的短视频、产品测试过程的短视频、企业空间浏览展示的短视频、产品使用方法介绍的短视频和产品性能对比型的短视频，总计六种用于电子商务和跨境电子商务的短视频类别。本书还介绍了小鱼易连的跨境视频会议营销系统，可实现会议沟通全视频化、跨境商务谈判可视化。这必将对 5G 时代视频电子商务的快速发展有重要的启示和借鉴意义。

就跨境微营销模式而言，本书介绍了云微客的概念、发展历程和营销模式，以及澳库商城微电商的世果汇通过策划 12.12 元专场活动，创造了跨境水果论个卖的成功经验。

再如，在世界电子商务的介绍中，既介绍了美国利用虚拟现实技术创造全新的购物体验，又介绍了欧莱雅推出的携带四大不可思议创新功能的客户体验软件是如何创造全新购物体验的。

（2）在国际电子商务运营方面的案例

本书介绍了国外电子商务运营方面的案例。如：德国在电子商务领域十分注重创新研发和法国注重创新探索的做法等，这些对我国电子商务界有同样重要的启示意义。

（3）在商务智能方面的案例

本书既介绍了送餐机器人、物流机器人、送货机器人，又介绍了"送货无人机"等创新技术和新业态。特别指出：随着国务院印发的《新一代人工智能发展规划》的实施，商务智能在电子商务领域将得到更广泛应用。智能配货、智能分拨、智能仓储、智慧物流、智能机器人送货等的广泛应用，将极大地提升顾客购物体验的亲切感和新鲜感。

根据《中国人工智能发展报告 2018》提供的数据，本书得到以下结论。

在专利上：中国 2018 年共申请 3 万项人工智能公开专利，较 5 年前大约增加 10 倍，达到美国的 2.5 倍。中国人工智能专利数量在 2015 年就已超过美国和日本，位居全球第一。

在产业规模上：截至 2018 年 6 月，中国人工智能企业数量已达到 1 011 家，比 2017 年增加了 419 家，位列世界第二。北京已经成为全球人工智能企业最集中的城市之一。

在风险投资上：2013—2018 年第一季度，中国人工智能领域的投融资占到了全球的 60％，成为全球最"吸金"的国家。

在市场开拓上：中国人工智能市场增长迅猛，2017 年底其市场规模已达 237 亿元，同比增长 67％，其中计算机视觉市场规模最大，占比 34.9％。2018 年中国人工智能市场规模达到 415.5 亿元。可见中国的创新驱动战略已产生了明显效果。

十分难能可贵的是，这些介绍不仅有观点，有做法，有成效，有案例的印证、说明、照片，还有应用场景和绩效数据。

（4）新奇而生动的案例贯穿全书

特别值得指出的是，本书中的许多案例新奇而生动。有许多案例可能是读者第一次听到，十分难能可贵。在书中：

作者介绍了国内用手机做移动营销，业绩做到过亿元的"四大天王"，及其宝贵而新奇的营销经验。

又介绍了韩都衣舍如何集中代运营商的技术和人才资源优势及市场开拓经验，一下子推出 30 多个线下品牌。由代运营商集中进行"集群性品牌轰炸造势"，使一大批韩国品牌迅速地抢占了中国网络主流市场的制高点。显示出集群式代运营强大的市场进击能力。

还介绍了货车帮通过搭建覆盖全国货运信息平台，将 170 万辆货车司机和 30 万家货主实现了供需线上对接。司机们可用手机在线查找货源，及时发布空车信息，系统会在第一时间帮其联系到需车货主。供需对接和大数据价值开发的结果，使货车空驶率降低至 6％。2014 年货车帮交易额已经达到 40 亿元以上。

由于货车帮在微营销和视频营销中勇于探索，取得了骄人的成效，引起了国际社会的重视。货车帮连获两项国际营销大奖！

应该说，这本书不仅素材新、案例新、观点新，而且编写体例上也有创新。为了贯彻党的十九届四十全会提出的"构建服务全民终身学习的教育体系""加快发展面向每个人、适合每个人、更加开放灵活的教育体系，建设学习型社会"的要求，本书在编写体例上，也进行了创新探索。为跨境电子商务创业者自学及电子商务工作者进行知识的更新，书中提供了 250 个跨境电子商务新名词解释。

特别是：本书还注重总结了"十九大"以来中国电子商务由高速度发展向高质量发展转变中的"四大亮点"，这些新鲜经验也是十分难能可贵的！

可以相信，读者阅读本书，一定能获得知识更新的全新感受。

国家发展改革委宏观经济研究员　宋承敏

2020 年 8 月于北京

# 前言

随着物联网、大数据、云计算和移动互联网等新一代信息技术的快速发展和广泛普及，我国的互联网用户呈现爆炸式增长，为中国跨境电子商务的飞速发展进一步奠定了基础，提供了条件。

10年来，中国跨境电子商务经历了高速增长的阶段，当前正以一种新型的商业模式加速与我国实体经济融合，成为引领我国国民经济和社会发展不可或缺的重要力量。

2015年，国务院同意设立中国（杭州）跨境电子商务综合试验区；2016年，在天津等12个城市设第二批跨境电子商务综合试验区；2018年，在北京等22个城市设立跨境电子商务综合试验区；2019年，在石家庄等24个城市设立跨境电子商务综合试验区。2019年教育部审批同意新增设立跨境电子商务专业。政策持续利好极大地促进了行业发展，跨境电子商务成为我国外贸的新增长点。

阿里跨境电商研究中心与埃森哲联合发布的《全球跨境B2C电商市场展望趋势报告》预测，2020年全球跨境B2C交易额将达到9 940亿美元，将惠及全球9.43亿消费者，其中亚太地区以53.6%的新增交易额贡献度位居首位。

《中华人民共和国电子商务法》于2019年1月1日正式生效。该法明确强调国家促进跨境电子商务发展，建立健全适应跨境电子商务特点的海关、税收、进出境检验检疫、支付结算等管理制度，提高跨境电子商务各环节便利化水平，支持跨境电子商务平台经营者等为跨境电子商务提供仓储、物流、报关、报检等服务，支持小型、微型企业从事跨境电子商务。我国推动建立与不同国家、地区之间跨境电子商务的交流合作，参与电子商务国际规则的制定，促进电子签名、电子身份等国际互认。商务部、中央网信办、发展改革委三部门联合发布《电子商务"十三五"发展规划》，以"创新、协调、绿色、开放、共享"的发展理念贯穿全文，树立"发展与规范并举、竞争和协调并行、开放和安全并重"三大原则，形成明确的政策导向，首次赋予电子商务服务经济增长和社会发展的双重目标。

本书写作动议始于2016年春季。为了适应电子商务和跨境电子商务快速发展的需要，中国电子商务协会专家委员会针对近年来跨境电子商务发展很快，但理性思考相对滞后的特点，适时提出了加强跨境电子商务创新理论研发的课题，并由一线专家团队组成了本书编审委员会。

本书以前瞻性理论视角，介绍了世界跨境电子商务快速发展的态势和特点；剖析了中国跨境电子商务快速发展的态势和特点；研究了近10年来中国电子商务的创新探索历程和取得的成绩；总结了中国近年跨境电子商务的六种创新营销模式；指出了我国在"互联网＋"新常态下，加速发展跨境电子商务对于促进传统外贸企业转型和解放外贸生产力的巨大价值和作用。

本书不仅适合从事外贸跨境电子商务的专业人士及高校电子商务、跨境电子商务等专业师生使用，而且适合自贸区、开发区及跨境电子商务产业园区管理者使用，更适合创业者用于创业实战和知识更新。

本书在写作过程中进行了较多的创新探索。书中探索了大学教材如何适应"大众创业，万众创新"的需求，使自学者和工程技术人员在知识更新过程中，能利用本书及相应的参考资料，进行知识的更新和实战能力的提升。

本书由王汝霖、李军统稿。其中：第1章由王小宁与李明晓编写；第2章由王汝霖和李军编写；第3、5、6章及附录A由王汝霖编写；第4、7、8章及附录B~E由李军编写；第9章由王皓白编写；第10章由王皓白与王汝霖编写；第11章由王伟华编写；第12章由李明晓编写；第13章由阿拉木斯编写；附录F由徐坚编写；其他参与编写和资料整理的人员见编审委员会名单。为了方便教学，各章后面附有思考题。

本书在写作和出版过程中得到了原天津滨海新区中国跨境电子商务研究院和化学工业出版社有限公司的鼎力支持，得到了卓越网、深圳阿里一达通、南宁采购网等电子商务网站和许多电子商务产业园区的支持，获得了许多宝贵的资料和建议，在此一并表示感谢。本书是天津市教育科学规划课题"天津市高校跨境电子商务人才培养的方法与对策研究（HE3021）"、天津商业大学电子商务专业国家首批"一流本科专业建设专业"建设项目、天津市企业科技特派员项目"农产品电商新零售及供应链产业融合平台（19JCTPJC52400）"的阶段性成果。

本书配套电子课件，可登录化学工业出版社有限公司教学资源网（www.cipedu.com.cn）下载。

由于跨境电子商务发展迅猛，加之作者水平有限，书中疏漏之处在所难免，恳请专家同行、读者批评指正！

编者
2020年8月于北京

# 目录

# 第3章 中国跨境电子商务快速发展的态势和特点 ·················· 43

# 第4章 跨境电子商务营销 ·························· 60

# 第10章 跨境电子商务的海关监管 ·············· **185**

# 第 **1** 章

# 跨境电子商务概述

## 1.1 跨境电子商务的基本概念

### 1.1.1 跨境电子商务的定义和内涵

跨境电子商务是指分属不同国家或地区间的交易主体，通过网络及其相关信息平台将传统国际贸易加以网络化和电子化，并通过跨境物流送达商品、完成交易，实现在线批发和零售的一种国际商业活动。

从狭义上看，跨境电子商务基本等同于跨境零售。跨境零售指的是分属于不同关境的交易主体，借助计算机网络达成交易，进行支付结算，并采用快件、小包等行邮的方式通过跨境物流将商品送达消费者手中的交易过程。跨境电子商务交易流程如图 1-1 所示。

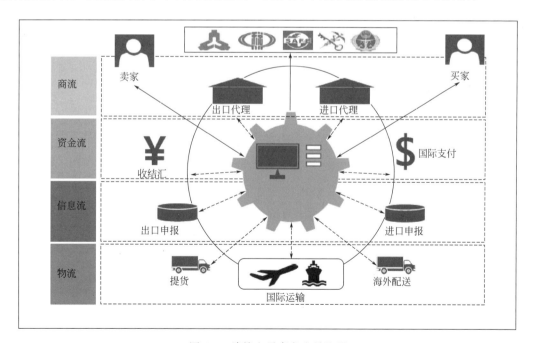

图 1-1　跨境电子商务交易流程

从广义上看，跨境电子商务基本等同于外贸电子商务，是指分属于不同关境的交易主体，通过电子商务的手段将传统进出口贸易中的展示、洽谈和成交环节电子化，并通过跨境物流送达商品、完成交易的一种国际商业活动。

从更广意义上看，跨境电子商务是指电子商务在进出口贸易中的应用，是传统国际贸易商务流程的电子化、数字化和网络化。它涉及多方面的活动，包括货物的电子贸易、在线数据传递、电子资金划拨、电子货运单证等内容。从这个意义上看，在国际贸易环节中只要涉及电子商务应用的都可以纳入这个统计范畴内。

### 1.1.2 跨境电子商务的特点

跨境电子商务主要有全球性、网状结构、小批量、高频度、数字化、监管难和透明化等特点。

**（1）全球性**

网络的全球性使得电子商务与传统的交易方式相比，有一个重要特点，即电子商务是一种无边界交易，不用考虑传统交易应具备的地理因素。依附于网络的跨境电子商务就具有了全球性和非中心化的特性，互联网用户不需要考虑跨越国界就可以把产品尤其是高附加值产品和服务，通过网络平台，跨越关境进行买进和卖出，实现公平交易。

跨境电子商务的这种全球性，不仅指交易地域的全球性，而且特指交易主体的全球性。全球任何一个国家和地域的客商，不论民族、语言和文化信仰，只要能使用网络，遵守平台运营规则，都可以以平等的交易主体身份参与交易，进行并完成交易，获得电子商务服务的便捷和实惠，以及多种用户体验的获得感。

**（2）网状结构**

传统的国际贸易主要表现为两国之间的双边贸易，即使有多边贸易，也是通过多个双边贸易实现的，呈线状结构。跨境电子商务可以通过一国或地区的交易平台，实现与其他国家或地区间的直接贸易，贸易过程相关的信息流、商流、物流、资金流由传统的双边逐步向多边的方向演进，呈现出网状结构。

**（3）小批量、高频度**

跨境电子商务通过电子商务交易与服务平台，实现多国或地区企业之间、企业与最终消费者之间的直接交易，由于是单个企业之间或单个企业与单个消费者之间的交易，相对于传统贸易而言，大多是小批量的，甚至是单件物品。另外，跨境电子商务一般是即时按需采购、销售和消费，相对于传统贸易而言，交易的次数多，而且频率高。

**（4）数字化、监管难**

随着信息网络技术的深化应用，数字化产品（如游戏、软件、影视作品等）的品类和贸易量快速增长，且通过跨境电子商务进行销售或消费的趋势日趋明显，而传统应用于实物产品或服务的国际贸易监管模式已经不适用于新型的跨境电子商务交易，尤其是数字化产品的跨境贸易更是监管难。

**（5）透明化**

跨境电子商务的透明化，主要表现在以下三个方面。

第一，跨境电子商务服务平台提供的专业服务可以代替传统贸易中贸易、金融、外语等专业人才的作用，使过去复杂、专业的国际贸易变得简化、透明。

第二，跨境电子商务平台可以提供最高级别的海关管理模式"三单对接"标准，将消费者下单信息自动生成用于海关核查备案的订单、运单及支付单，并实时同步给电子商务平台供货方、物流转运方、信用支付系统三方，形成闭合全链条管理体系，这样可以使产品与服务更加阳光化、透明化。

第三，支付机构对参与跨境电子商务外汇支付业务的客户采取实名认证制，严格审核客户身份信息的真实性，并且支付机构仅对具有真实交易背景的跨境电子商务交易提供跨境外汇支付服务，保证了跨境电子商务交易过程的真实性。

### 1.1.3 跨境电子商务的主要类型

基于不同的角度，跨境电子商务可以有多种分类方法。常见的有四种分类方法，如下所述。

**(1) 按进、出口的贸易业态分类**

跨境电子商务按进、出口的贸易业态分类可分为出口跨境电子商务和进口跨境电子商务。我国的出口跨境电子商务企业主要有中国制造网、全球速卖通、敦煌网等，进口跨境电子商务企业主要有洋码头、跨境通等。

**(2) 按电子商务交易的商务模式分类**

跨境电子商务按电商交易的商务模式分类可分为 B2B 跨境电子商务、B2B＋B2C 跨境电子商务、B2C 跨境电子商务等。

B2B 跨境电子商务企业主要有：中国制造网、阿里巴巴国际站等。

B2B＋B2C 跨境电子商务企业主要有：敦煌网、大龙网等。

B2C 跨境电子商务企业主要有：eBay、全球速卖通等。

**(3) 按平台还是自营的营销方式分类**

跨境电子商务按平台还是自营的营销方式分类可分为纯平台跨境电子商务企业、自营＋平台跨境电子商务企业和自营跨境电子商务企业。

纯平台企业不涉及采购和配送等商务活动，主要有全球速卖通、敦煌网等。

自营＋平台企业通过自营赚取差价、平台收取佣金等，典型代表企业有大龙网、兰亭集势等。

自营企业涉及采购和配送等商务活动，主要有 DealExtreme、米兰网等。

**(4) 按综合还是垂直的生态关联形式分类**

跨境电子商务按综合还是垂直的生态关联形式分类可分为综合跨境电子商务企业和垂直跨境电子商务企业。

综合跨境电子商务企业的用户流量和商家商品数量巨大，业务多元化，主要有中国制造网、全球速卖通等。

垂直跨境电子商务企业专注核心品类，业务专业化，主要有黎明重工科技、米兰网等。

## 1.2 跨境电子商务的业务特点

### 1.2.1 跨境电子商务与传统国际贸易的区别

**(1) 成本低**

传统的国际贸易大部分主要由一国或地区的进/出口商通过另一国或地区的出/进口商集

中进/出口大批量货物，然后通过境内流通企业经过多级分销，最后到达有需求的企业或消费者，通常进/出口环节多、时间长、成本高。而跨境电子商务可以通过电子商务交易与服务平台，实现多国或地区企业之间、企业与最终消费者之间的直接交易，然后，通过跨境物流，很快就可以送达最终消费者，不仅进/出口环节少，而且由于买家和卖家实现了最短路径连接和最快速度成交，极大地降低了交易成本。

**（2）效率高**

跨境电子商务是指分属不同关境的交易主体，通过电子商务平台达成交易、进行支付结算，并通过跨境物流送达商品、完成交易的一种国际商业活动，这种商业活动缩减了传统外贸的中间环节，提高了对外贸易的效率。

**（3）盈利空间大**

传统国际贸易大部分主要由一国或地区的进/出口商通过另一国或地区的出/进口商，进/出口大批量货物，然后通过境内流通企业进行多级分销，至少要跨越5个渠道——出口国工厂、出口国贸易商、目的国进口商、目的国分销商和目的国零售商，最后到达有需求的企业或消费者。进/出口环节多、时间长、成本高，盈利空间小，而跨境电子商务进/出口环节少、时间短、成本低，盈利空间大。

**（4）易上手**

传统国际贸易要到相关部门办理很多相关证件，而跨境电子商务可以在平台上办理相关手续，因此容易上手，客户购物时只要通过跨境电子商务平台注册账户后就可以方便地进行交易。

**（5）速度快**

传统的贸易需要议价、运输，采购商需要到海外采购商品，需要花很长的时间。而通过跨境电子商务，海外采购商只需在跨境电子商务平台上浏览选择商品时，轻轻一点鼠标即可下订单，再完成支付，然后依靠着强大的物流体系，货品在1～2周内就可以到达买家手中。

**（6）无纸化**

在跨境电子商务中，电子计算机通信记录取代了一系列的纸面交易文件，用户发送或接收电子信息以比特的形式存在和传送，整个信息发送和接收过程实现了无纸化。无纸化操作的方式是跨境电子商务交易的主要特征。

**（7）出口退税力度大**

我国政府近几年来陆续出台了一系列鼓励跨境电子商务的出口退税政策，加大对跨境电子商务的出口退税力度，对推动我国跨境电子商务的出口起到了极大的推动作用。

## 1.2.2 跨境电子商务复杂性的五种表现

**（1）语言交流的复杂性**

语言沟通是国际贸易的前提，也是进行跨境网络营销的基础。进行跨境电子商务首先要跨越语言障碍。每一种语言都有其特殊的文化内涵。不同的国家和民族，因为语言文字的差异常常使沟通出现误差，或在贸易谈判中出现误解，从而影响正常交易的完成。

实践中，由于翻译不准，其意全背，影响产品销售的例子屡见不鲜。例如，某企业"白象牌汽车配件"在出口时，被翻译为"废物牌汽车配件"。"芳芳唇膏"也被翻译为"毒牙牌唇膏"。"废物牌汽车配件"和"毒牙牌唇膏"，不仅不能唤起大众的需求，而且有损企业的形象。

**（2）产品需求的复杂性**

充分了解跨境电子商务用户的真正需要是外贸跨境电子商务的首要条件。如澳大利亚一家啤酒商，计划将一品牌啤酒出口到美国，结果却发现美国已有一种同品牌产品，那种产品是避孕套。

某公司往俄罗斯出口几百件婴儿连体服，然而该商品却卖不动，原因在于尺码不适合俄罗斯婴儿的需要，俄罗斯婴儿的腿长。从中国发过来的服装，俄罗斯婴儿穿在身上，上身正好，裤腿则不够长。这就难怪漂亮的婴儿服无人愿意买了。

还有一个公司，把一货柜方便面运抵莫斯科。销售时也发现卖不动，一了解，才知道：不仅季节不对，调料也不对。该方便面不适合俄罗斯人的口味。

**（3）文化差异的复杂性**

由于各国文化背景不同，在语言、教育、宗教、审美观、价值观以及政治、经济、法律等方面存在着较大的差距。在跨境电子商务中不注重文化差异性而吃亏上当的例子屡见不鲜。例如，一公司把一批国际上十分流行的棉麻衫销往莫斯科，然而在莫斯科很难销售，原来俄罗斯人夏季喜欢穿墨绿、藏蓝、深红、铅灰等深色的衬衫，不喜欢穿淡色衬衫。

**（4）宗教要求与禁忌的复杂性**

宗教是文化的要素之一。不同的宗教有着不同的行为准则，会导致不同的生活需求和消费模式。另外，一些宗教对生活中的一些问题都有一些禁忌的规定，在跨境电子商务中必须引起注意。

**（5）跨境物流的复杂性**

跨境电子商务物流具有很多不确定性，存在种种弊端。包括：配送时间过长、包裹无法全程追踪、不支持退换货，甚至会出现清关障碍和破损，以至转运过程中发生丢包等情况，这是由于跨境物流要经过多个跨境物流公司衔接，多个不同业务部门转手，还要经过不同国家或地区的关境查验。因此，一旦丢包，很难查询，尽管消费者希望有完全的透明度和问责制，但实现起来则很困难。

# 1.3　跨境电子商务生态圈的构建

## 1.3.1　跨境电子商务生态圈的构成

跨境电子商务生态圈是由生产商/制造商主体、跨境电子商务服务企业主体、跨境电子商务支付企业主体、跨境电子商务物流企业主体、跨境电子商务通关监管主体及消费者主体通过商流、资金流、物流和信息流双向互动组成。跨境电子商务生态圈构成图如图 1-2 所示。

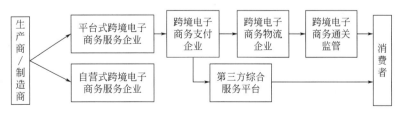

图 1-2　跨境电子商务生态圈构成

下面将从跨境电子商务交易的六大主体生产商/制造商、跨境电子商务服务企业、跨境电子商务支付企业、跨境电子商务物流企业、跨境电子商务通关监管和消费者的角度分别进行分析。

**（1）生产商/制造商**

跨境电子商务商品一般具有标准化程度高、退货率低等特点，跨境电子商务的生产商和制造商也以生产这些商品品类为主。这类商品主要有 3C 电子产品、母婴、保健品、化妆品、鞋帽、家居园艺、户外用品和汽车配件等。

**（2）跨境电子商务服务企业**

跨境电子商务的主要平台企业如图 1-3 所示。现将典型企业敦煌网、兰亭集势、大龙网和全球速卖通介绍如下。

图 1-3  跨境电子商务的主要平台企业

ⅰ.敦煌网（http：//seller.dhgate.com/）

敦煌网成立于 2004 年，是中国第一个第三方 B2B 跨境电子商务平台，主要提供在线交易平台及相关的外贸服务，致力于开辟一条全新的国际贸易通道，帮助中国中小企业通过电子商务平台走向全球市场。平台上销售的产品品类主要是电子产品、手机及配件、计算机及网络、婚礼用品等，主要目标市场是欧美、澳大利亚等发达市场。平台的 DHpay 对接全球三十多种支付方式，支持 EMS、UPS、DHL 等二十多种物流方式，也可提供仓库及集运服务，与金融机构合作提供信贷服务。目前，敦煌网已经实现 120 多万家国内供应商在线、3 000 多万种商品，遍布全球 224 个国家和地区以及 1 000 万买家在线购买的规模。

敦煌网作为一个交易平台，为买卖双方提供交易服务，以促使双方在网上达成交易。基于这个定位，敦煌网主要有两种盈利模式：

① 佣金收入。作为平台，敦煌网提供一个交易市场，提供免费注册、免费上传产品、免费展示，只在买卖双方交易成功后，按交易额向买家收取一定比例的交易佣金。

② 服务费收入。跨境电子商务面向全球，复杂程度高、交易流程较长，买卖双方对交

易中涉及的服务有较高要求。敦煌网商家提供从入驻开店、平台运营、营销推广到资金结算等方面的一系列的服务，包括营销推广服务（定价广告、竞价广告、展示计划等）、代运营服务（培训、店铺装修及优化、账号托管等）、一体化外贸服务（互联网金融服务、物流集约化品牌、境内仓和海外仓的仓储服务、通关、退税、质检等）等，并收取一定的服务费。

敦煌网除了交易平台外，还推出了网货中心和移动端。网货中心是针对传统外贸企业的服务，2013 年 8 月开始，敦煌网和义乌共同推出打造"全球网货中心"平台。2011 年，上线跨境电子商务领域第一款买家端移动 APP，随后推出买家端 WAP 平台和卖家端 APP。

ⅱ．兰亭集势（http：//www.lightinthebox.com/）

兰亭集势成立于 2007 年，是目前我国最大的外贸 B2C 网站，目的是为全世界中小零售商提供一个基于互联网的全球整合供应链。兰亭集势最初以销售定制婚纱礼服为主，后来进行品类扩张，目前销售产品品类涵盖服装、电子产品、玩具、饰品、家居用品、体育用品等 14 大类，提供 50 多万种商品在线销售，并拥有自己的数据仓库和长期物流合作伙伴。

2014 年 5 月，兰亭集势发布全球时尚开放平台战略，在全国招商吸引商家入驻平台，承诺向接入平台的卖家提供全球本地化、订单履行、客户服务、开放数据四项服务，在收入模式方面，兰亭集势对商家不收取年费，以一定比例的销售分成获取收入。目前，兰亭集势的收入依然以自营的商品进销差价为主。在产品采购方面，兰亭集势绕过层层中间贸易环节，70% 的商品直接从工厂进货，极大地缩短了供应链环节，节约了进货成本；在产品销售方面，将从工厂进货的价格低廉的中国制造品，以海外市场的定价标准直接卖到消费者手中，获得了高毛利的优势。平台佣金模式目前只开放服装品类（主要是成衣），不包括兰亭集势的核心品类婚纱。

兰亭集势主要采用精准网络营销和本地化营销方式。通过社会化营销、搜索引擎、展示广告等方式进行推广，切入目标市场，进行精准的网络营销；通过提供海外建仓服务、海外办公室、本地网盟、本地客服等进行本地化营销。

ⅲ．大龙网（http：//china.osell.com/）

大龙网成立于 2010 年 3 月，是中国海关总署跨境贸易电子商务通关服务平台首个试点电子商务企业，走通了中国跨境电子商务海关通关第一票，是全球领先的跨境电子商务 B2B 商机平台，也是中国最大的跨境电子商务 O2O 平台之一。大龙网在全球有 1 000 多家本地销售渠道、20 多个海外仓、50 多家物流渠道合作商及 70 多种支付方式，实现了本地化运营。

大龙网目前采用的是跨境 O2O 模式。从产品供应看，自营部分通过自己采买外，平台部分通过 18985 中国供应商平台和 OSell 跨境 O2O 网贸会进行招商，中国供应商既可通过 18985 平台系统实现一站式新品上架、订单管理、客户管理及电子钱包收付款等，也可通过参展跨境 O2O 网贸会将商品直接推送给海外零售圈，既解决了中国供应商对国际市场销售的最后一公里难题，也解决了海外零售批发商从中国进货的服务和信用担保问题。从产品销售看，对海外采用 OSell 跨境 O2O 平台，建立并联盟海外零售体系，解决跨境销售最后一公里售后服务的问题。从整体上看，大龙网的赢利模式有两种：

① 通过收取进销差价赢利。主要是将服装、鞋及配件、手机、掌上电脑、电脑网络用品、汽车及摩托车配件产品、照相机、摄像机等自营商品直接从供货商进货的价格低廉的中国制造品以海外市场的定价标准卖给海外商家或个人消费者，从中间赚取差价。

② 通过收取服务费收入赢利。其一是针对云库房提供产品收货、分拣打码质检等预加工处理、订单配送及仓储服务，按重量、数量、时间等不同标准收取相应的云库房服务费用。其云库房可以提供包括产品收货、分拣、质检、打码、仓储、配送等一系列跨境电子商务仓储配送服务。其二是收取如跨境贸易结算、通关代理等服务费而获利。

在"互联网＋"的时代背景下，大龙网推出了"移动互联网＋外贸"的跨境电子商务B2B模式，通过全球商人在线沟通交易 APP 平台"OSell APP"及线下分布在全世界的网贸会，让全球商人自由沟通，实现交易无障碍。

大龙网还布局"一带一路"建设，百城百联。以 O2O 的方式通过在全世界 100 个城市设立中国品牌精品体验馆，用线上线下结合的方式链接全世界的产业带城市与贸易中心城市，让全世界采购商足不出户便可以向中国工厂直采，让中国制造业利用"互联网＋外贸"取得品牌权和定价权，实现外贸转型升级，打造移动电子商务时代的"广交会"。

ⅳ. 全球速卖通（http://seller.aliexpress.com/）

全球速卖通是 2010 年阿里巴巴旗下唯一面向全球市场打造的在线交易平台，被广大卖家称为"国际版淘宝"。全球速卖通是阿里巴巴帮助中小企业接触海外终端，拓展利润空间而全力打造的融合订单、支付、物流于一体的外贸在线交易平台。通过互联网的方式缩短优化外贸产业供应链，帮助中国商家获得更高的利润。全球速卖通面向海外买家，通过支付宝国际账户进行担保交易，并使用国际快递发货。它是全球第三大英文在线购物网站。

全球速卖通平台提供的交流方式快速便捷。买家在全球速卖通平台上可以对需要购买的商品品类进行选择，也可以对感兴趣的店铺进行搜寻，借助平台可以了解目标产品品类的热卖品、最畅销店铺和目标店铺的产品线、交易量、使用情况等。而卖家也同样可以了解最新的行业动态，如热销品、竞争对手等。

全球速卖通提供的物流方式便捷高效。卖家既可以通过第三方物流平台进行发货，也可以借助平台联合发货。目前，全球速卖通支持的国际物流方式有 UPS、TNT、EMS、DHL、FedEx、中俄快递 SPSR 和顺丰等。这些国际物流方式在不同的地区有不同的运费优势，不仅节约了卖家的物流成本，也让商品通关的速度提升，从而在物流上取得优势。

**（3）跨境电子商务支付企业**

在跨境电子商务领域，银行转账、信用卡、第三方支付等多种支付方式并存。其中跨境电子商务 B2B 目前主要以传统线下模式完成交易，支付方式主要是信用卡、银行转账如西联汇款等；跨境电子商务 B2C 主要使用线上支付方式完成交易，第三方支付工具得到了广泛应用。

跨境电子商务中主要的境内外支付企业如图 1-4 所示。

图 1-4　跨境电子商务中主要的境内外支付企业

**（4）跨境电子商务物流企业**

跨境电子商务的物流主要有完全自营物流、海外仓储、第三方物流三种模式。跨境电子商务的物流模式如表 1-1 所示。

表 1-1　跨境电子商务的物流模式

| 模式 | 特点 | 优势 | 劣势 |
|---|---|---|---|
| 完全自营物流模式 | 电子商务企业为了满足自身物流业务的需要，自己建立物流系统，自主组织和管理具体的物流业务 | 提高营运效率，通过整合产业链建立长期优势 | 资金占用量极大，物流设施需要较高的交易量来覆盖，投资风险较高 |
| 海外仓储模式 | 由跨境电子交易平台、物流服务商独立或共同在销售目标地提供货品仓储、分拣、包装、派送的一站式控制与管理服务。海外仓对货物进行聚集后再进行运输，可规模化降低企业运输成本，但对企业各方面实力要求也很高 | 提升运输速度 | 初始建设成本较高 |
| 第三方物流模式 | 由物流劳务的供方和需方之外的第三方去完成物流服务的物流运作，能够有效降低物流成本、保障企业集中资金于主营业务，物流风险可控性差，缺乏顾客反馈 | 有效降低物流成本，保障企业集中资金于主营业务 | 物流风险可控性差，缺乏顾客信息的直接反馈 |

**（5）跨境电子商务通关监管**

图 1-5 是目前通过跨境电子商务方式成交的一般进出口货物通关流程。主要通关方式有 2 种：

① 一般贸易方式通关。这种方式中，海关采取分类通关、无纸化通关等便利措施，各项政策完善，通关效率比较高。

② 快件或邮件方式通关。这种方式主要用于通过 B2C 模式成交的商品。按照现行的管理模式，快件和邮件主要是针对个人物品，按照非贸易性质管理通关模式。

2016 年 4 月 12 日海关总署发布 2016 年第 26 号《关于跨境电子商务零售进出口商品有关监管事宜的公告》，对跨境电子商务零售进出口商品有关监管事宜予以明确。主要要求：跨境电子商务零售进口商品申报前，电子商务企业或电子商务交易平台企业、支付企业、物流企业应当分别通过跨境电子商务通关服务平台如实向海关传输交易、支付、物流等电子信息；进出境快件运营人、邮政企业可以受电子商务企业、

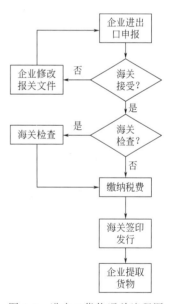

图 1-5　进出口货物通关流程图

支付企业委托，在书面承诺对传输数据真实性承担相应法律责任的前提下，向海关传输交易、支付等电子信息；跨境电子商务零售出口商品申报前，电子商务企业或其代理人、物流企业应当分别通过服务平台如实向海关传输交易、收款、物流等电子信息；电子商务企业或其代理人应提交《中华人民共和国海关跨境电子商务零售进出口商品申报清单》，出口采取"清单核放、汇总申报"方式办理报关手续，进口采取"清单核放"方式办理报关手续；电子商务企业应当对购买跨境电子商务零售进口商品的个人（订购人）身份信息进行核实，并向海关提供由国家主管部门认证的身份有效信息，无法提供或者无法核实订购人身份信息的，订购人与支付人应为同一人。

**（6）消费者**

据艾瑞咨询 2016 年中国跨境网购用户研究报告显示：我国跨境电子商务消费者相比整体网购用户而言，一方面，用户年龄偏大，具有更高的学历和收入水平，也具有更高的消费能力；另一方面，他们多为企业员工，已婚已育，工作、生活状况稳定，具有较强的消费意愿。跨境电子商务消费者中以男性为主，男性占比 64.8%，女性占 35.2%；相比整体网购人群，跨境电子商务消费者年龄较整体网购偏高，26～40 岁占比 74.7%，31～40 岁用户占比高于整体网购用户；相比整体网购人群，跨境电子商务消费者学历更高，本科及以上占比达 74.6%，高中及以下仅不到 5%；不仅如此，跨境电子商务消费者收入也明显偏高，个人月收入万元以上的占比超 1/4，平均个人月收入达 11 043.9 元。

## 1.3.2　跨境电子商务生态圈的发展策略

跨境电子商务生态圈的构建既要强调跨境电子商务的产业集群在网络空间上的相对集中性，要有高效的政务服务、商业服务、金融服务、物流服务等服务体系，更需要生态圈成员的共同努力，优势互补，才能推动生态圈不断发展。

**（1）跨境电子商务生产商/制造商**

① 跨境电子商务生产商/制造商应当强化进出口货物与服务的品牌建设力度。跨境电子商务的产品与服务品牌建设力度不足，会直接降低其进出口商品与服务的盈利能力。跨境电子商务应当从强化技术和管理创新的角度来推动跨境电子商务生产商/制造商转型和品牌升级，技术创新不仅有助于跨境电子商务满足境外发达国家和地区对商品和服务日益严格的要求，而且有助于提高跨境电子商务的商品与服务的品质，确立跨境电子商务生产商/制造商核心竞争力，拓展其产品与服务的增加值空间。

② 跨境电子商务生产商/制造商要有自主设计的品牌，着力打造渗透着文化理念个性鲜明的品牌形象，切实提高品牌在国际市场的影响力，增加跨境电子商务的品牌溢价空间。如果跨境电子商务生产商/制造商的产品组合方式比较简单，产品大多属于代营、代销，这种简单的产品组合结构使跨境电子商务往往要在某一产品推介上付出高昂广告费用，产品核心竞争力普遍不强。

③ 跨境电子商务生产商/制造商必须建立完善、多元的国际销售渠道，并进行有效的网络宣传以吸引海外消费者。

**（2）跨境电子商务服务企业（平台服务商）**

① 明确跨境电子商务服务企业建设平台的目的。不同的跨境电子商务平台具有不同的特点，所带来的效果也是不同的。企业建设跨境电子商务平台时，要根据企业自身情况、产品特点、商业目标来考虑建立哪种类型的平台。应考虑海外客户需求，尽量建立中英文双语或多语种的跨境电子商务平台。

② 加强对跨境电子商务服务企业平台的管理。跨境电子商务平台处于跨境电子商务产业链中端，在跨境电子商务产业链中端各模块中，库存管理、会员管理、订单管理都非常复杂。因此建立跨境电子商务平台，要保证平台浏览的直观性、语言的可理解性、支付的安全性、物流的协调性等，企业应注重培养专业的跨境电子商务平台的开发和运营管理人才。

**（3）跨境电子商务支付企业**

① 跨境电子商务支付企业除了开展互联网支付、移动支付、信用支付、线下支付等核心

业务外，还要进一步扩展业务，提供卖家保障政策、周密的风险管理系统、便捷的人民币提现服务，以及 One Touch 一键支付功能等创新解决方案及服务，以帮助商户实现无国界销售。

② 要集合在线支付、自动支付、线下支付以及信用支付等多元化支付解决方案，进一步提供数据服务、营销服务、信贷金融服务等，通过对平台积累的庞大用户、商户交易信息利用"大数据"技术进行数据挖掘和分析，为商户提供营销及供应链金融等增值服务。并且，为跨境电子商务平台提供整体跨境金融服务解决方案，通过在各地试点海关完成备案，为跨境提供基于跨境支付和海关三单合一服务的整体跨境电子商务支付解决方案。

③ 促进我国电子支付工具更多地走向境外。当前，我国第三方支付企业国际化程度还较低，导致本土支付企业的跨境结算服务能力较弱，支付宝、财付通等在境外应用并不普遍，有国际影响力的本土支付服务企业极少。因而，要通过在结算等环节中为企业提供优惠措施，并在政府层面促进与境外第三方支付工具的对接，帮助我国的支付企业走向全球。

特别是，2016 年在杭州召开的 G20 峰会对中国引领的跨境贸易做出了趋势规划，明确指出中国将在未来全球贸易中起到核心带头作用。伴随着全球跨境电子商务的崛起与人民币国际化时代的到来，跨境支付服务的重要作用也势必将更加显现。因此，做好跨境外币与人民币结算试点十分必要，各地应加强这方面的创新探索，做大国内支付工具的影响力，并努力在国际电子支付中占据重要份额。

**（4）跨境电子商务物流企业**

跨境电子商务物流要努力提升跨境物流运作水平。跨境物流业务具有业务复杂性和货物流通的高风险性等特征，因此，跨境物流企业应通过优化跨境物流业务流程的方式来提高跨境物流与跨境电子商务的融合度。要针对跨境物流业务存在的跨境物流时间长、风险大、物流成本高的问题，切实加强在海外仓储、多式联运、快速通关等核心业务上的资源投入，打造具有物流资源高效利用效果的创新服务体系。

第三方物流要为跨境电子商务企业提供更多更好的优质服务，不仅可以帮助跨境电子商务企业代理所有通关发货手续，还要注重发挥近年来海外首条全产业链中国化铁路——亚吉铁路已经正式开通运营，连接中哈的第二条跨境铁路已经全线通车，以及蓉欧快铁每天都会有班列从成都出发驶向欧洲的新机遇，充分实施"铁路和飞机整合联运"的新举措，通过云物流，大力提升跨境物流商品的流通效能。

**（5）跨境电子商务通关监管**

① 改善跨境电子商务的海关通关作业流程。在海关和商检环节中，不可控因素非常多，操作难度大，因此在跨境电子商务通关监管环节中，海关监管机构及进出口业务相关部门应携手积极推进支持跨境电子商务业务的便利化通关措施，海关加强电子口岸建设，从而降低通关时间和通关成本，提高商品流通速度和效率。

② 跨境电子商务企业要严格遵守相关法律法规，接受海关、检验检疫、国税、外管局等部门监管，严格履行相应责任与义务。积极探索小型包裹加贴电子标签的快速通关、快速放行的做法，以便提高通关效能。

**（6）政府**

政府对跨境电子商务生态圈的发展起到重要的支持作用，主要如下：

① 政府要在管理体制、政策、法规及现有环境条件给予跨境电子商务生态圈更多的支持，营造适宜于电子商务和跨境电子商务发展的生态环境。

应大力加强跨境电子商务法律法规建设和人力资源建设，以规范电子商务交易行为。同时加快国际贸易相关法律法规建设步伐，确保跨境电子商务企业和消费者在产生交易纠纷后有法可依、有章可循。

另外，政府还要加快对电子商务人才的培养。人才是发展电子商务和跨境电子商务的基础性战略资源。发展电子商务和跨境电子商务需要大量的复合型电子商务人才。这不仅需要加快高等院校电子商务的专业建设，而且需要办好各地区、各省市的电子商务产业园，要努力办好各类大学生创业者开办的创业园，多渠道加快对电子商务专业人才的培养。

随着农业电子商务的快速兴起，农业电子商务人才的需求更加急迫。因此，要加快开办适合农村需求的培训班和短训班，让更多的人才在农业电子商务的实战中成长起来。

② 应进一步加强基础设施建设。为满足跨境电子商务发展需求，政府要加大资金投入，强化宽带基础设施建设，提高互联网的普及率，政府要提供优质服务，并出台多种优惠鼓励政策，推进跨境电子商务发展；政府要注重改善信用环境建设，尽快建立跨境电子商务信用评价系统、信用监管系统等，构建政府引导和监管、第三方信用评估、消费者广泛参与和监督的多元化、互动式跨境电子商务信用服务体系。

## 1.4 跨境进出口电子商务方式

### 1.4.1 跨境进口电子商务方式

跨境进口电子商务是指境内电子商务企业利用电子商务平台将境外商品销售给境内消费者，并在平台达成交易、支付结算，通过跨境物流送达商品、完成交易的一种商业活动。

跨境进口电子商务与海淘、代购不同。海淘是通过互联网检索海外商品信息，并通过电子订单发出购物请求，由海外购物网站通过国际快递发货，或是由转运公司代收货物再转寄回国。代购是找人帮忙或由电商代购公司在海外购买所需的商品，然后通过快递、邮政等递送回国，或者直接携带回来。海淘是在海外的平台交易，跨境进口电子商务是在境内的电子商务平台交易。如果代购是在境内电子商务网站上交易则属于跨境进口电子商务，如果代购是在微信等非电子商务平台上交易，则不属于跨境进口电子商务方式。

目前，跨境进口电子商务的运作模式主要有海外代购 C2C 模式、直发/直运平台 B2C 模式、自营 B2C 模式、导购/返利平台模式（海淘 B2C＋代购 C2C）。

**（1）海外代购 C2C 模式**

海外代购 C2C 模式是指身在海外的人或商户为境内消费者在当地采购所需商品并通过跨境物流将商品送达消费者手中。海外代购平台的运营重点在于尽量多地吸引符合要求的第三方卖家入驻，不会深度涉入采购、销售以及跨境物流环节。代购平台通过向入驻卖家收取入场费、交易费、增值服务费等获取利润。例如，淘宝全球购、京东海外购、易趣全球市场等采用这种模式。

**（2）直发/直运平台 B2C 模式**

直发/直运平台 B2C 模式是指跨境电子商务平台将接收到的消费者订单信息发给批发商或厂商，后者则按照订单信息以零售的形式对消费者发送货物。直发/直运平台的部分利润来自商品零售价和批发价之间的差额。例如，天猫国际、洋码头、跨境通等采用这种模式。

**（3）自营 B2C 模式**

电子商务企业自身即为零售商，深度参与货源组织、物流、仓储、商品运营等过程，在自身平台上销售。例如，1 号海淘、中粮我买网、蜜芽宝贝等采用这种模式。

**(4) 导购/返利平台模式**（海淘 B2C＋代购 C2C）

这种模式其主要特点是：通过引流来引导流量，扩展商品交易，进而达到提升交易额的目的。引流部分指通过导购资讯、海购社区论坛博客以及用户返利来吸引用户流量；商品交易部分指消费者通过站内链接向海外 B2C 电商或者海外代购者提交订单，增加跨境购物订单。例如，55 海淘、一淘网（阿里旗下）等采用这种模式。

### 1.4.2　跨境出口电子商务方式

跨境出口电子商务是指我国出口企业通过电子商务平台将境内商品销售给境外消费者，并在平台达成交易、支付结算，通过跨境物流送达商品、完成交易的一种商业活动。

目前，跨境出口电子商务的运作模式主要有：自营 B2C 模式、第三方 B2C 模式、交易服务平台 B2B 模式、信息服务平台 B2B 模式等。

**(1) 自营 B2C 模式**

自营 B2C 模式是指平台对其经营的产品进行统一生产或采购、产品展示、在线交易，并通过物流配送将产品投放到最终消费者手中。自营平台在商品的引入、分类、展示、交易、物流配送、售后保障等整个交易流程各个重点环节管理均发力布局，通过互联网 IT 系统管理、建设大型仓储物流体系实现对全交易流程的实时管理。例如，兰亭集势、环球易购、米兰网等采用这种模式。

**(2) 第三方 B2C 模式**

第三方 B2C 模式是指平台方开放商品、店铺、交易、物流、评价、仓储、营销推广等各环节和流程的业务，实现应用和平台系统化对接。第三方平台作为管理运营平台商存在，通过整合平台服务资源同时共享数据，为买卖双方服务。例如，亚马逊、全球速卖通、eBay 等采用这种模式。

**(3) 交易服务平台 B2B 模式**

交易服务平台 B2B 模式是指平台为买卖供需双方之间的网上交易和在线电子支付的一种商业服务的模式，主要盈利模式是收取佣金费和展示费。佣金制是在成交以后按比例收取一定的佣金，根据不同行业不同量度，通过真实交易数据可以帮助买家准确地了解卖家状况。展示费是上传产品时收取的费用，在不区分展位大小的同时，只要展示产品信息便收取费用，直接线上支付展示费。例如，敦煌网、大龙网、易唐网等采用这种模式。

**(4) 信息服务平台 B2B 模式**

信息服务平台 B2B 模式是指通过第三方跨境电子商务平台进行信息发布或信息搜索完成交易撮合的服务，主要盈利模式是会员服务和增值服务。会员服务即卖方每年缴纳一定的会员费用后享受平台提供的各种服务。增值服务即买卖双方免费成为平台会员后，平台为买卖双方提供增值服务，主要包括竞价排名、点击付费及展位推广服务。例如，阿里巴巴国际站、生意宝国际站、环球资源等采用这种模式。

# 本章小结

本章主要介绍了跨境电子商务的基本概念、特点和分类，跨境电子商务与传统国际贸易的区别，跨境电子商务生态圈的构成和发展策略，跨境电子商务复杂性的五种表现，以及跨境进出口电子商务的运营模式等内容。

# 思 考 题

1. 什么是跨境电子商务？
2. 跨境电子商务的特点有哪些？
3. 跨境电子商务有哪几种主要类型？
4. 简述跨境电子商务与传统国际贸易的主要区别。
5. 简述跨境电子商务复杂性的五种表现。
6. 简述跨境电子商务生态圈的构成及发展策略。
7. 简述跨境进出口电子商务方式。

# 第2章

# 世界跨境电子商务快速发展的态势和特点

---

## 2.1 全球跨境电子商务市场发展状况概述

### 2.1.1 全球跨境电子商务区域发展的简况

在庞大的客户资源和大数据、云计算、商务智能等大量创新技术的支撑下，当前全球电子商务快速发展。根据《2018 年全球数字报告》显示：截至 2018 年全球互联网用户达40.21 亿人，同比增长 7%。社会化媒体用户 31.96 亿人，同比增长 13%；手机用户 51.35亿人，同比增长 4%。

另据联合国贸易和发展会议的数据显示：2015 年全球电子商务市场规模为 22.1 万亿美元。2016 年，全球 B2C 电子商务交易额增长 17.5%，约 2.7 万亿美元。2018 年全球电子商务总零售额约 23.946 万亿美元，网络零售额约 2.842 万亿美元，均保持了高速增长。进入2019 年，随着大数据、云计算和商务智能等新技术的推动和 5G 技术的广泛应用，引领和推动了电子商务和跨境电子商务更快的发展。

但纵观全球电子商务市场，各地区发展并不平衡，呈现出美国、欧洲、亚洲"三足鼎立"的局面。美国是世界最早发展电子商务的国家，也是电子商务发展最为成熟的国家，一直引领全球电子商务的发展。据《2016 美国电子商务市场最新发展报告》介绍：2015 年美国的电子商务销售额达 3 500 亿美元。2018 年美国电子商务销售额达 4 441 亿美元，2019 年达5 869.2 亿美元，亚马逊占绝对主导权。

欧洲电子商务起步较美国晚，但发展速度较快，已成为全球电子商务发展较为领先的地区。仅 2016 年，欧洲电子商务销售额就增长了 15%，达 5 300 亿欧元（相当 6 020 亿美元），占全球电子商务销售额的 30%。2017 年，欧洲 B2C 电子商务零售额又增长了 11%，达到了 5 340 亿欧元。2018 年欧洲 B2C 电子商务零售额已达 6 020 亿欧元，与 2017 年相比增长了 13%。

七年前，欧洲 B2C 电子商务零售额仅为 3 070 亿欧元。可见，欧洲 B2C 电子商务零售额近几年增长是显著的。这其中西欧为欧洲电子商务零售额贡献最多，占比 68%。南欧、北欧和东欧占比分别为 12%、8% 和 6%。这些地区的电子商务发展总体上依然是很快的，以罗马尼亚为例，电子商务行业 2018 年就增长了 37%。

英国、法国和德国在欧洲电子商务中占主导地位。其中，英国（1 780 亿欧元）、法国（932 亿欧元）和德国（930 亿欧元）依次成为欧洲三大电子商务市场，它们的电子商务零售额占欧洲总额的三分之二以上。

数据显示，亚马逊是卢森堡（72%）和奥地利（64%）最受欢迎的跨境平台，eBay 在塞浦路斯（63%）领先，速卖通在俄罗斯（69%）和荷兰（35%）最受欢迎。从跨境购物的情况看：马其顿和葡萄牙的消费者是跨境网购中最多的，其次是卢森堡、瑞士和冰岛。斯洛文尼亚则是跨境网购方面增长率最高的国家，为 6%。

亚洲作为电子商务发展的新秀，市场潜力较大，但是近年的发展速度和所占份额并不理想，是全球电子商务的持续发展而有潜力的地区之一。Forrester 预测在未来四年，跨境电子商务的增长速度将超过境内电子商务。而受中国带动，亚太地区在进出口方面都将成为规模最大的跨境电子商务市场。

据《全球 B2C 电子商务报告 2016》显示，2015 年全球 B2C 电子商务交易额（产品和服务）与前一年相比，增长了 19.9%，达 2.3 万亿美元。亚太地区占据这一数额的最大份额。由于亚洲网民数占全球网民数的比重最高，达 48.7%。因此，亚太地区 B2C 电子商务交易额超过 1 万亿美元，其中中国在线销售总额为 7 665 亿美元，成为全球最大的 B2C 电子商务市场。

中国电子商务始于 1997 年。中国商品订货系统（CGOS）、中国商品交易中心（CCEC）、虚拟"广交会"等大型电子商务项目在 1997 年相继推出，拉开了中国电子商务快速发展的序幕。

1998 年"首都电子商务工程"的展开和 1999 年"8848 网上超市"的出现，标志着中国电子商务开始进入快速发展期。随着网络基础设施的快速发展和信息技术的广泛普及，信息产业被确定为战略性新兴产业。与此同时，国务院、相关部委及各省市相继出台了大量文件和措施，优化电子商务发展的营商环境，支持和鼓励电子商务的发展。商务部近年来也不断深化电子商务的国际合作，扎实推进"丝路电商"的创新发展。短短 3 年时间，中国已与 18 个国家签署了电子商务合作备忘录，并开展了多场政企对话会，促进政策交流、产业对接，为企业互利合作搭建了广泛的平台，并与 9 个国家建立了电子商务合作机制。国务院及相关部委还出台了一大批促进零售电子商务发展的文件，稳定了行业发展预期，扩大了试点范围，带动了重点园区和外贸产业的转型升级，并在 40 个国家建设了数百个海外仓，打通了贸易畅通的重要节点。这一切，不仅成为双边或多边经贸合作的新亮点，而且为中国电子商务和跨境电子商务的快速发展培育了新动能。

截至 2008 年底，我国互联网普及率以 22.6% 的比例，首次超过 21.9% 的全球平均水平。网民数达到 2.98 亿人，宽带网民数达到 2.7 亿人，国家 CN 域名达 1 357.2 万个，三项指标继续稳居世界排名第一。

2008 年中国电子商务交易额为 3.4 万亿元；2010 年中国电子商务交易额超 4 万亿元；2013 中国电子商务交易额突破 10 万亿元；2017 年全国电子商务交易额达 29.16 万亿元，同比增长 11.7%。

到 2018 年，中国网民规模已增长到 8.3 亿人，比 1997 年增长 1 330 多倍。网购用户规模达 6.1 亿人。移动电话用户数达到 15.7 亿户，比 1988 年增长 52.2 万倍。2018 年底中国电子商务交易额已达 31.63 万亿元，同比增长 8.5%；跨境电子商务进出口商品总额达到 1 347 亿元，同比增长 50%，中国出口跨境电子商务交易规模为 7.1 万亿元，同比增长 12.7%。快递企业业务量累计达 507.1 亿件，同比增 26.6%。尤其是"丝路电商"已成为推进国际合作的新名片，成为双边经贸合作的新亮点。

自 2008—2018 年的十年间，中国电子商务交易额不仅增长了 10 倍，而且由电子商务间接带动的就业规模已超过 4 000 万人。随着电子商务产业的迅猛发展，通过其衍生出来的新模式和新业态如雨后春笋般涌现。

我国移动通信产业历经"2G 跟随""3G 突破"，实现了"4G 同步""5G 引领"的历史性跨越，5G 标准必要专利数量全球第一。截至 2018 年底，我国数字经济规模超过 31 万亿元，占国内生产总值的比重达到三分之一。

鲜活的数字表明：中国不仅在数字经济发展中走在世界前列，在电子商务发展中已进入世界电子商务发展的第一梯队，而且已成为全球最大的 B2C 电子商务市场。

## 2.1.2　全球电子商务快速发展的特点

1995 年，亚马逊和易贝在美国成立。此后，这种以互联网为依托进行商品和服务交易的新兴经济活动，迅速普及全球。在新一轮科技革命和产业变革交汇孕育下的电子商务，极大提高了经济运行的质量和效率，改变了人类的生产生活方式。当前，全球电子商务呈现如下总体特征。

**（1）销售额持续增长**

2014 年，全球电子商务销售额为 1.3 万亿美元，2019 年，全球电子商务销售额为 3.45 万亿美元，据预测，2021 年，全球电子商务销售额将达到 4.9 万亿美元，全球电子商务销售额稳步上升。

**（2）地区发展不平衡但差距在逐渐缩小**

欧美地区电子商务起步早、应用广。2016 年美国网络零售交易额达到 3 710 亿美元，比 2015 年增长 8.5%，占美国零售总额的比例约 8%。目前，80% 的美国制造商拥有自己的网站，60% 的小企业、80% 的中型企业和 90% 的大型企业已经开展电子商务应用。

2015 年欧盟 28 国电子商务 B2C 交易额为 4 074 亿欧元，增幅为 13.4%。英国、法国、德国、西班牙、意大利等五国的市场份额最大，占欧盟电子商务市场总量的 77.5%；英国、丹麦、卢森堡、德国和荷兰五国的网购用户渗透率最高，均超过了 70%。那时在 28 个欧盟国家中，访问量最大的电子商务网站有：亚马逊、Njuskalo 和 OLX。

其中：Njuskalo 是广受欢迎的克罗地亚分类广告网站；OLX 是全球最大的分类信息网站，2006 年成立，总部在荷兰首都阿姆斯特丹，业务遍布 40 多个国家，每月有超过 3.3 亿人使用它买卖东西。

电子商务起源于欧美，但兴盛于亚洲。亚洲地区电子商务体量大、发展快。当前其网络零售交易额已占全球市场的 46%。中国、印度、马来西亚的网络零售年均增速都超过 20%。中国网络零售交易额自 2013 年起已稳居世界第一。在全球十大电子商务企业中，中国占 4 席。其中，阿里巴巴以 26.6% 的市场份额排名全球第一，京东商城名列亚马逊、易贝之后，位居第四，小米和苏宁也入围前十。印度电子商务市场过去几年保持约 35% 的高速增长。中印两国网民人数占到全球网民人数的 28%，每年还将新增 1 亿人，巨大的网民红利将继续支持亚洲电子商务市场的快速发展。

拉丁美洲、中东及北非地区电子商务规模小，但潜力大。拉丁美洲是全球 B2C 电子商务发展最快的区域之一，近 5 年交易额均保持两位数增长。2015 年已经达到 590 亿美元。网民增长红利、互联网普及度提升、本土技术创新是拉美电子商务市场被看好的主要原因。

非洲地域广阔，人口分布不均，实体店数量少，居民购物不便。近年来，非洲各国更加重视电子商务发展，加大了电子商务基础设施建设力度。拉丁美洲各经济体 2018 年的线上交易额达 712 亿美元，同比增长 15%。有研究机构预测，2025 年非洲主要国家的电子商务交易额将占其零售总额的 10% 以上。

**（3）企业并购趋于频繁**

互联网经济具有天然的规模效应，随着竞争加剧以及投资人的撮合，竞争对手有动力、有条件进行合并，市场集中度不断提高。《福布斯》杂志评选的最有投资价值的 10 大公司中，9 家是互联网企业，其中阿里巴巴位居榜首，脸书和优步分列第二和第三名。2012—2016 年，全球私营电子商务企业共获得 467 亿美元投资，其中，美团大众点评获得 33 亿美元投资，位列首位。获得 1 亿美元以上投资的企业主要分布在中国、美国和印度，分别有 25 家、20 家和 10 家。2016 年中国电子商务领域重大并购达 15 起，涉及资金超 1 000 亿元人民币。包括：

腾讯以 86 亿美元收购芬兰移动游戏开发商 84.3% 股权；

京东以 98 亿元人民币并购沃尔玛控股的一号店；

阿里巴巴以 10 亿美元收购东南亚知名电子商务企业来赞达（Lazada）等，每一项市场并购，都对行业发展产生了重要影响。

**（4）全球领军的互联网企业着手构建以平台为核心的生态体系**

当前，全球领军的互联网企业都已经意识到构建生态体系的重要性。纷纷开始构建起以平台为核心的生态体系。如：

亚马逊、阿里巴巴等以电子商务交易平台为核心，向上下游产业延伸，构建起云服务体系；

谷歌、百度等以搜索平台为核心，做强互联网广告业务，并积极发展人工智能；

脸书、腾讯等以社交平台为核心，推广数字产品，发展在线生活服务；

苹果、小米等以智能手机为核心，开拓手机应用软件市场和近场支付业务。

以平台为核心的生态体系不断完善，将吸引更多用户，积累更多数据，为平台企业跨界融合、不断扩张创造条件。这必将让互联网领域"强者恒强"的趋势更加明显。

**（5）共享经济异军突起**

共享经济伴随着移动互联网的发展而迅速崛起并不断拓展。从最初的汽车、房屋共享，发展到金融、餐饮、空间、物流、教育、医疗、基础设施等多个领域共享，并向农业、能源、生产甚至城市建设扩张。

共享经济让全球数十亿人既是消费者，也是经营者，最大限度地提升了资源利用效率，带来了就业方式的变革，但同时也对监管提出了挑战。据著名咨询公司罗兰贝格计算，2018 年全球共享经济市场规模达到 5 200 亿美元。其中，中国共享经济达到 2 300 亿美元，全球占比由 33% 提升至 44%，成为领军力量。

目前，全球估值超过 100 亿美元的共享经济企业有四家，分别是优步、爱彼迎、滴滴和联合办公。其中，优步估值高达 680 亿美元。

中国具有全球规模最大的共享汽车和共享单车市场，2016 年共享出行次数超过百亿次，占全球市场的 67%。共享单车的月活跃用户数超过 2 000 万人。至 2018 年底，中国共享单车企业数目已超过 10 家，共享汽车企业数目超过 40 家，而共享停车企业则超过 200 家。这表明：共享经济在中国拥有广阔的市场前景和全球影响力。

## 2.2　美国、巴西及拉美电子商务市场发展情况和特点

### 2.2.1　美国电子商务市场发展情况和特点

**（1）美国电子商务快速发展的基本情况**

ⅰ. 电子商务公司过去几年一直保持着两位数的增长

美国电子商务公司在过去几年一直保持着两位数的增长，2016 年在线销售激增了近 13%，大于了美国全国零售联合会（NRF）增长 7%～10% 的预估。

UPS 在 2016 年的假日高峰期，从黑色星期五到新年前夕，就在全球总共快递了将近 71 200 万个包裹。这一数字表明比 2015 年同期取得了高达 16% 的业务增长，也超过了公司原先 7 亿个包裹的出货预期。在当年的四季度，美国本土的包裹数量又激增了 5%。企业对个人，或者说 B2C 业务的激增，占据了该公司 55% 的营收占比，在 12 月甚至高达 63%，这些包裹的送达地址中有 250 万个新增地址，表明新增客户量很大。

ⅱ. 美国电子商务 2016 年以来飞速发展，快递巨头加紧转型

美国电子商务 2016 年以来的一个重要特点是：一面快速发展，一面快递巨头加紧转型。

快速发展体现在：数据显示 2016 年美国的互联网用户约为 2.4 亿人，渗透率高达 74.9%。其中已经有约 3/4 的互联网用户属于网购人群，网购渗透率达到 71.6%。

美国的线上交易额 2013 年已经达到 2 590 万美金（约合 1.6 万亿人民币），相比 2012 年增长 14.8%。到 2016 年则达到 3 500 亿美元。2016 年黑五线上交易额也已达 52.7 亿美元。

仅亚马逊美国站在 2018 年就实现了 15.9 亿笔交易，并有 15 种热门品类超过 70% 的市场份额。亚马逊搜索引擎应用也表现强劲，推动了数十亿美元的季度收入。另外美国的 Walmart.com、Target.com 和 Macys.com 网站在 2018 年也表现强劲。在某些类别中赢得了可观的市场份额。Target.com 的优势品类——男童和女童服装分别增长 63% 和 43%。

ⅲ. 美国智能手机和平板电脑迅猛发展

美国移动互联网发展迅速，来自移动端的电子商务交易额逐年上涨，且这一趋势在相当长的一段时间内将持续。eMarketer 的数字显示：美国 2013 年移动电子商务成交额达 388.4 亿美元（约合 2 747 亿元人民币），相较 2012 年的 248.1 亿美元（约合 1 755 亿元人民币）增长 56.5%。2012 年来自移动电子商务交易额占比达到 11.0%，到 2017 年提升到 25.0%（见图 2-1）。

《2018 年美国网络零售经济报告》显示：2017 以来美国移动电子商务呈持续高速增长趋势。2017 年第四季度美国网络零售额已达 1 312 亿美元，同比增长 20%。移动网购对电子商务贡献率已达 24%。美国移动电子商务交易额的迅速增长，得益于智能手机和平板电脑等移动设备的普及。在 2013 年，有 7 940 万美国消费者使用移动设备购物，占网购人数的 51%。到 2017 年，这一比例已经提升至 77.1%。

**（2）美国电子商务快速发展的主要特点和趋势**

ⅰ. 探索订阅销售模式：用品牌创造可预见的营业额

2010—2012 年期间，订阅模式一度在美国盛行。其时尚品牌 BeachMint 为此从投资者那里获得 7 500 万美元融资。订阅销售模式的主要特点是消费者只需每月缴纳固定费用，就可收到 BeachMint 奉送的精心包装的礼物。由于其他零售商都只是规规矩矩地等着客户回

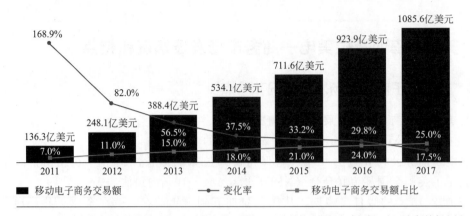

注释：包括通过移动设备等使用互联网订购的产品和服务，无论付款或履行方式如何。但不包括旅行和活动门票的销售。
来源：eMarketer，2013年4月。

图 2-1　2011—2017 年以来交易情况统计

头购买，BeachMint 的这种营运模式就显得很有吸引力。订阅销售模式的发明者保证说："购物者们只要每月缴纳固定费用，就有新的和令人兴奋的礼物送到你的家门口。"但是，在此后的两年里，BeachMint 都在为生存问题挣扎，最后无奈与康泰纳仕集团的 Lucky Maga-zine 合并。ShoeDazzle 是另一个耀眼一时的创业公司，2013 年也因推行订阅模式，步入了失败命运。这表明：订阅销售模式，对电商品牌推广，并没有什么明显效果。

虽然订阅销售模式的探索实践有很多失败的例子，但也有成功的案例。Dollar Shave Club 和 Naturebox 就运用订阅销售模式取得了成功。2015 年，在声称成功突破了电商订阅模式的瓶颈后，这两家公司分别从顶尖投资者那里获得了 7 500 万美元和 3 000 万美元的融资。它们的成功使得很多新品牌，效仿它们的商务模式，继续进行创新探索。

ⅱ. 数字平台业务向线下扩展，建实体店支撑线上发展

美国许多大型电子商务网站，根据多年运用经验体会到：发展电子商务需要线上和线下的紧密结合，电子商务一定要有线下实体店作基础、作支撑。因此，又掀起了线上店向线下延伸的热潮。

电商巨头亚马逊进击线下：用 137 亿美元收购全食是最典型的案例。全食在北美拥有 480 个零售店，全食的零售杂货占全美的 3.5％市场份额，虽然它排在沃尔玛之后，但它仍是美国第五大零售超市连锁店。亚马逊收购之后可与之形成互补。

对于全食这样的零售店而言，它的问题在于有机食品行业已趋于成熟，因此，毛利过低。目前包括沃尔玛、Costco 在内的美国主流零售商家，现在都开始卖天然有机食品了，且受地租影响，城市周边大卖场的食品价格普遍要比开在市中心的全食连锁店便宜 15％左右。全食只有通过做大规模，才能提升利润。因此两相结合，可以形成互补互利。既有利于线上电子商务的发展，又会把线下实体店的业务带动起来。

需要指出的是：当前中国电子商务巨头线上线下正在加速趋同。无论是阿里巴巴和苏宁结盟，还是京东收购一号店，都表明数字化大背景下的整合越来越重要。在中国市场上，以阿里巴巴、京东为首的互联网巨头对线下实体店的扩展布局已经历时两年之久。从阿里巴巴与苏宁换股结盟，到京东入股永辉超市与沃尔玛联手，再到阿里巴巴入股百联、三江和华联超市，并下重注在盒马鲜生亲自试水商超，中国电商巨头寻求下一个突破口的紧迫感，似乎

超过了美国。

ⅲ. 加强营销的内容创造，针对潜在客户进行有效推广

长久以来，很多人都没有明白执行有感染力的内容营销策略意味着什么。一些品牌只是盲目地发博客，进行影像视频宣传，却很少考虑如何有效推广他们的品牌故事中的文化内涵。因此很多企业花费数百万元进行营销，却没能挖掘到真正的客户。

进入 2016 年，美国的商务网站营销人员发现了宣传推广品牌内容的重要性，很多已经开始推广的品牌改变思路，去吸引真正客户的注意力。Threadless 的市场营销和社会化媒体专家 KyleGeib 决定 2016 年不仅要创造出吸引人的营销内容，还要把它推广到感兴趣的消费者那里。做法是通过有趣新奇的内容把人们吸引到 Threadless 来，从而加强 Threadless 的品牌印象。这包括运用更多的视频创作，在博客上发表更多文章或采访，以加强品牌的视觉效果，还要去发掘产品中的艺术和文化内涵，以便把营销内容推广到需求的观众面前。

ⅳ. 利用虚拟现实技术，创造全新的购物体验

当有些购物者不愿意走出家门购物时，虚拟现实应用软件可以让他们在家里体验到店内购物的感觉。正是如此，美国一些有前瞻性创新思维的商家，开始研发虚拟现实技术。他们开发了相关的软件，提供给消费者下载，在家里同样可以获得逛商场的感觉。

为了避免客户购买化妆品时不必要的猜想，欧莱雅就推出了携带四大不可思议创新功能的客户体验（Makeup Genius）软件。该软件：既可以"将化妆效果实时展现在你面前"，又可以"当你走动和做表情时，妆容会依然在你的脸上"；既可以"选试无数化妆品，熟练体验不同妆容"，又可以"在购买产品前，可随时随地体验妆容效果"。

令人惊奇的是，不到两年时间，这款应用软件下载量超过 1 400 万次。该项目的联合创始人和创意总监预言：今后，虚拟现实购物体验将会在美国非常流行。

## 2.2.2　巴西电子商务市场发展的情况和特点

**（1）互联网和智能手机覆盖率高，电子商务增速仅次于中国**

巴西是金砖五国之一，是人口大国，经济规模是南美第一，互联网和智能手机覆盖率很高，电子商务增长速度在全球仅次于中国，已成为跨境电子商务的蓝海。

巴西对中国商品有很强的刚需。2012 年中国首次取代美国成为巴西最大进口来源国，2014 年巴西全国电子商务 GMV 达到 350 亿雷亚尔（1 雷亚尔约合 1.949 6 元人民币），增长 21%。巴西网购者年龄 60% 在 35 岁以下，里约、圣保罗等地人口密集，且又年轻化，需求喜好趋向于服装、化妆品、手机、电器、家具等产品，特别是对手机和平板电脑需求很大。

根据 PayPal 报告显示，巴西是对中国在线出口商品需求增长最快的国家，近 5 年增幅将近 7 倍，达到 120 亿美元。2012 年，巴西国内的互联网用户有 500 万，但截至 2016 年，互联网用户已猛增到 930 万。54% 的巴西家庭和 61% 的 10 岁以上巴西民众的生活与互联网息息相关。目前，43% 的巴西互联网用户使用智能手机上网，并进行电子商务交易。截至 2018 年，巴西电子商务成交额已达 610 亿美元，比上一年增加了 15%。

**（2）巴西不是 WTO 成员，其税收采取分级征收管理**

巴西不是 WTO 成员，其海关与税务体系是联系在一起的，税收采取分级征收管理，至少有 7 种不同的营业税，而且是累积缴纳。与跨境电子商务最相关的有三种：一是关税属联

邦税，一般消费品进口关税，可达 20％～30％不等，工业品税 IPI 约 10％；二是州政府的商品服务流通税 ICMS，类似增值税在 17％左右，各州略不同；三是清关环节税 PIS/CON-FNIS，也是联邦税，约在 2％～10％之间。

**（3）网购包裹邮件 100％纳税，一般包裹收 5～10 美元**

所有寄到巴西的包裹，收件人在巴西当地的 VAT 号码必须填写在运单和商业发票上。巴西当地税号分为 CNPJ 法人和 CPF 私人，是纳税人的凭证。法规要求网购包裹邮件 100％纳税，但属个人物品且货值低于 50 美元的可予免征，巴西邮政拥有简易代征税系统。除了禁止物品外，空运到巴西的物品，目前有圣保罗 GRU/VCP、里约热内卢 RIO、库里蒂巴 CWB 等机场接受快递清关。

2015 年巴西发布新政，不管什么货物，IPI 和 ICMS 都不再免税，一般包裹收取 5～10 美元，这对跨境电子商务打击沉重，并造成大面积包裹积压延误。而针对价值 3 000 美元以上的商品，征收 60％的进口税，买家需提前付这些税项，否则货物清关会延误。

总体上，南美国家的税费是较高的，根据不同的产品，税费是百分之几十甚至上百。正因为清关、缴税、物流等问题，影响南美市场的电子商务发展。

**（4）有类似于淘宝的大型 C2C 电子商务网站——魁卡多**

魁卡多是巴西本土最大的 C2C 平台，1999 年成立于乌拉圭，相当于中国的淘宝网。聚集超过 6 万卖家和 1.6 亿注册用户，囊括了拉美 50％的互联网用户，业务范围已覆盖巴西、阿根廷、墨西哥、智利、哥伦比亚等 19 个拉丁美洲国家，近 3 年来的年复合增长率超过 20％，还提供 MercadoPago 支付工具。利用好这个平台有利于了解南美各类物价指数、消费趋势、付款习惯等市场信息，还可以进一步拓展全球葡语七国消费者的线上购物市场。

### 2.2.3 拉美五国电子商务市场发展的情况和特点

**（1）委内瑞拉**

ⅰ.委内瑞拉是世界主要的产油国之一

石油产业是其经济命脉，该项所得约占委内瑞拉出口收入的 80％。因此，委内瑞拉人民的生活水平不低，但电脑普及率却不高。调查显示，40％的人在私人经营的街头网吧上网，18％的网民在公共网吧活动，16％的人利用工作便利上网，13.5％的人则使用研究中心的设备上网。委内瑞拉的网民人数在拉美国家中居第六位，是一个极具潜力的市场。

ⅱ.委内瑞拉的物流和运输状况正在得到改善

2014 年 2 月，经委内瑞拉总统马杜罗的批准，委内瑞拉从中国进口 5 000 辆载重卡车，其中一部分卡车提供给新成立的国营货运集团公司，还有一部分销售给委内瑞拉的私人企业，用以增强委内瑞拉的物流货运能力、降低运输成本和改善市场物流供应状况。

ⅲ.委内瑞拉计划提高电子商务税收并对 72 种商品进行调价

委内瑞拉国会行政管理与服务委员会主席 Farias 宣布在电子商务法草案中包含增加税收这一内容。他指出，正规公司在电子贸易中占 65％，其余 35％由个人或非正规企业组成。税务局并没有从中征税，造成这种情况的原因是交易过程没有电子发票。

据委内瑞拉社会经济权利保护办公室公布的 2014 年度工作报告显示，2015 年对 72 种商品进行调价，这些商品有：汽油、通心粉、奶制品、肉制品、动物饲料、药品、机票、电池、润滑油、大学学费、工程建筑费、个人健康服务以及国营电脑手机产品、国营通信公司资费等。该机构 2014 年对一些重要基础产品制定了公平价格，还在国营商店推行安装打击非法代购的指纹限购识别系统，以打击投机行为。

ⅳ．习近平主席访问委内瑞拉，定调双边关系发展：金融和投资为引擎，能源合作为主轴

在研究和关注委内瑞拉跨境电子商务发展的时候，我们特别要注意到：2014 年 9 月 20 日中国国家主席习近平抵达加拉加斯，对委内瑞拉进行了国事访问。习近平同马杜罗总统共同规划双边关系未来，同委内瑞拉各界人士广泛接触交流，推动中委关系更上一层楼。这促进了中国和委内瑞拉的跨境电子商务的快速增长。

**（2）墨西哥**

ⅰ．墨西哥电子商务高速增长，近五年均超 30％

据墨西哥《宇宙报》7 月 19 日报道，由于网络使用更加广泛，服务价格下降，以及更多支付形式的出现，近五年来墨西哥电子商务增速均超过 30％。根据商务部网站显示，2016 年墨西哥网上销售额超过 3 000 亿比索（约合 171 亿美元），而电子商务占墨西哥经济比例仅为 0.5％，整个拉美地区这一比例为 0.7％。

ⅱ．墨西哥电子商务市场份额仅 3％，但市场发展潜力大

近年来电子商务成为墨西哥人购买产品和服务的选择，据调查，近 12 个月来，79％的墨西哥网民曾进行过网购，采购的产品多为时尚、电子、信息等，服务类产品多为旅游、电信服务等，网购人群多在 25～35 岁，女性居多，主要通过网页、APP 或网店购买美容和时尚用品，男性主要在网上购买电子产品。网购用户中的 81％选择在购物前用手机查询信息，53％人在进行转账时选择使用固定设备。这表明：尽管墨西哥电子商务市场份额并不高，但市场潜力很大。

ⅲ．支付仍以现金支付为主，亟待更新

当中国消费者已经习惯在付款时拿出手机"扫一扫"，就完成支付的时候，墨西哥等发展中国家的用户，却还在使用现金支付线上订单。据美国知名支付媒体 PYMNTS 报道，在拉美第二大电子商务市场墨西哥，有近 90％的消费交易使用现金支付。这对想要进入这些市场的电子商务平台而言确是个挑战。无论是外来的电商巨头还是本土平台都不得不在支付方式上创新，以迎合消费者。

ⅳ．2016 年底墨西哥收到沃尔玛 13 亿美元的厚礼

2016 年 12 月 9 日沃尔玛发言人表示：沃尔玛向墨西哥投资 13 亿美元，以改善沃尔玛在墨西哥电子商务运营的物流服务。这笔投资主要涉及为沃尔玛在墨西哥的电子商务运营及实体店，在建设新的配送中心或扩张配送规模时，更新其物流设施。

沃尔玛拉丁美洲业务的负责人表示："我们预计大部分投资计划将在未来三年内完成。"至于新的物流中心建设工作，他说："我们此次投资也考虑到了对现有物流中心进行现代化翻新和扩张。"

沃尔玛在其截至 2016 年 10 月 28 日的第三季度财报中显示，墨西哥的电子商务在第三季度增长了约 20％。沃尔玛还在墨西哥促成与阿里巴巴达成合作，在阿里集团的电子商务平台上出售墨西哥的产品和服务，尤其是中小型公司生产的产品和服务。

墨西哥与阿里巴巴集团签署的这项电子商务合作协议是该国一项多样化战略的一部分，旨在为该国产品开辟新市场。

**（3）秘鲁**

秘鲁是传统农矿业国，经济水平居拉美中游。秘鲁经济快速增长，2011 年经济增长 6.92％。2012 年，秘鲁经济增长 6.29％。

目前，秘鲁电子商务规模在拉美居第六位。2016年电子商务销售额达23亿美元，同比增长15%，前景十分看好。其中，秘鲁外省电子商务规模占比近50%，库斯科、阿雷基帕、万卡约等城市电子商务发展很快。在电子商务活跃度方面，旅游排在首位，服装、数码产品等活跃度较高。

秘鲁还是世界上最具观光价值的国度，旅游电子商务大有可为。

秘鲁位于南美洲西北部，古印加文化的发祥地，是一个拥有多个种族、多种语言和多种文化的国度。其多样性的自然环境、亚马逊河丛林、安第斯高原印加遗迹及世界最高的喀喀湖，使秘鲁成为世界上最具观光价值的国家之一。利马拥有超过75间种类各异的博物馆。这些由丰富文化底蕴形成的旅游资源，具有巨大的客源吸引力，为秘鲁开展旅游电子商务，奠定了基础，提供了条件。

**（4）智利**

智利作为拉美地区网络较为发达的国家，是拉美地区电子商务起步较早的国家之一。据圣地亚哥商会的统计报告，截至2000年底，智利专门从事电子商务的网站已经达到429个，网上交易商品种类达到了31.4万种，电子商务在智利已经初具规模。

智利政府的大力支持和基础设施的相对完备使该国发展电子商务具有一定的优势。2001年智利网民总数已经达到220万人。2000年各大电信公司在智利相继推出了无线上网，使该国300万移动电话用户也成为潜在的网络用户，市场前景十分乐观。

从20世纪90年代中后期起步的智利电子商务在2000年进入了成熟发展期。目前，智利人口占拉美地区人口的2%，但电子商务市场份额已占拉美电子商务市场的9%。电子商务基金会2018年发布的报告显示，智利电子商务市场价值在2018年增长35%，达到50亿美元。

智利电子商务的发展呈现出几个明显的特点。

ⅰ. 有经济实体背景的网站数量不断增加

统计表明，目前在智利从事电子商务的网站中，51%是同时从事传统生产和销售的企业。而在1998年，智利80%以上的电子商务网站均没有任何产业背景，仅凭借网络进行各种销售活动。

ⅱ. 小网站在经历了残酷竞争后，找到了发展之道

目前智利很多小型网站普遍和大型电子商务网站建立链接。这些小型网站一方面起到了消费者和大型网站间中介的作用，另一方面也将自己的产品摆到大型电子商务网站的"货架"上进行销售，拓宽了生存空间。

ⅲ. 基本解决了网售中令顾客头痛的商品运输问题

此外，智利各电子商务网站在商品的运送上也下了很大的功夫，力求扩大送货范围，降低运输成本。截至2017年底，已经有200余个从事电子商务的智利网站可以将货物运送到该国各地，基本解决了网络销售中令顾客最为头痛的商品运输问题。

ⅳ. 依然面临两大挑战

① 网上交易的安全性较差。截至2000年底，智利从事电子商务的网站仅有48%通过了安全交易测试。

② 网上产品价格优势并不明显。智利网上交易的商品中只有12%低于市场价格，无法真正吸引广大消费者上网交易。

智利业内人士指出，随着网络安全性能的增强以及成本的降低，该国的电子商务有望在今后五年内进入持续高速发展期。虽然传统的销售模式依然占据市场主流，但是越来越多的

智利人希望足不出户就能买到自己想要的商品。

据智利 2016 年对外贸易情况报告指出：2016 年，智利外贸出口额达到 599.17 亿美元。2016 年农林渔业达到了史上最好水平，出口额 58.10 亿美元，同比增长 11％，主要涨幅在美国和中国市场。樱桃、牛油果、莓类、核果、柑橘和榛子等产品的出口额在 2016 年均创了新高。

2018 年智利货物贸易进出口总额达 1 496.71 亿美元，同比增长 11％。其中出口额为 754.82 亿美元，同比增长 9％；进口额为 741.89 亿美元，同比增长 14％。

**（5）阿根廷**

阿根廷位于南美洲南部，与智利、玻利维亚、巴拉圭、巴西等国相接壤，东南面向大西洋。国土面积 2 901 400 平方公里，是拉丁美洲面积第二大国，世界面积第八大国。首都为布宜诺斯艾利斯。

阿根廷是世界上综合国力较强的发展中国家之一，也是世界粮食和肉类的主要生产和出口国之一。工业门类较齐全，农牧业发达。阿根廷受益于丰富的自然资源、高度受教育的人口、出口导向的农业部门以及多样的工业基础，因此在历史上有一个相对于其他拉丁美洲国家较庞大的中产阶级。

ⅰ. 阿根廷即将成为拉美地区电子商务发展最快的国家

一项最新的研究显示，2019 年，阿根廷网络零售额的年复合增长率达 28％，网络零售销售额达 124 亿美元。阿根廷因此成为拉美地区电子商务市场增长最快的国家。

ⅱ. 电子商务将成拉美地区经济发展、社会转型的强力引擎

据阿根廷电子商务商会的统计数据显示，2016 年 1～6 月阿根廷电子商务消费增长 60％，交易额达 452 亿比索。58％的电子商务消费者表示每月至少网购一次。机票、酒店、手机、电视机、汽车配件是网上交易量最多的产品。电子商务已经成为促进拉丁美洲国家经济转型的新动能。

ⅲ. 阿里巴巴将进军阿根廷市场

阿里巴巴集团董事局主席马云 2017 年 5 月 4 日到阿根廷和墨西哥考察，与两国领导及工商界人士就电子商务合作进行深入交流。马云说："电子商务将成拉美地区经济发展、社会转型的强力引擎"，拉美地区中小企业多，与中国经济互补性强。以墨西哥为例，超过 90％的企业是中小企业，创造近 50％的国内生产总值和超过 80％的国内就业岗位。拉美地区很多中小企业可以通过电子商务网络进入本国以外的市场。

## 2.3　英德法俄土等五国电子商务发展的情况和特点

### 2.3.1　快速发展的英国电子商务市场

**（1）英国人均消费水平高，网购能力强**

英国是欧洲第一大电子商务市场，也是中国跨境出口的第二大目标市场。

英国网络消费者已超过 4 200 万人，在非食品销售方面，每 6 英镑消费额就有超过 1 英镑来自网购，2015 年网络消费和去年同期相比增长 13％，而整个零售业增长不到 5％。

在欧洲，八成英国网民经常在网上购物，英国人均网络消费额接近 1 200 英镑，将超过美国。究其原因，作为英语国家，它是 Amazon、eBay 等美国电商巨头最先进军的市场，英

国本土网站吸引着很多国外消费者来购物，比如北欧消费者用得最多的外国网站就是英国的，中国消费者也热衷于"英淘"。

据 Ecommerce Foundation 发布的《2019 英国电商报告》显示，到 2019 年底，英国 B2C 电子商务销售额超过 2 000 亿欧元，与去年相比增长 14.6%，涨幅是最近几年来最高的。

**（2）英国国内信用卡消费便捷、发达**

英国人比其他欧洲人更常使用信用卡。英国网民智能手机的使用率也是欧洲最高的。另外，商品在英国国内运输距离短，邮政和快递服务便捷高效，而且其市场规范性、开放度和民主法治等成熟度也非其他地区可比，美国的两大信用卡组织也在这里开展支付业务。有资料显示，英国有一名男子拥有 1 497 张信用卡，打破了吉尼斯世界纪录，他的全部信贷额度是 1 100 万英镑（约合 1 亿元人民币），但是却从未出现过逾期。

**（3）国内邮政快递，服务高效，以北京为出港口的英邮专线开通**

英国皇家邮政联合中国的敦煌网和燕文物流服务公司开通了燕文英邮专线。它是国内首家中国物流企业联合英国皇家邮政推出的欧洲专线，它以北京为出港口，直达英国的考文垂，以此为分拨中心，由英国皇家邮政系统辐射至其他国家。

该英邮专线，具有以下八大优势：

① 全程运送速度 4～6 天（工作日）。

② 运输成本低，30kg 以下都适合走英邮，价格为 EMS 的 3.5 折，稳定的折扣不会浮动。

③ 通达国家包括德国、英国、法国、意大利、西班牙、荷兰、奥地利、爱尔兰等 26 个国家。

④ 可通过英国邮政网站和燕文物流网站在线追踪物品。

⑤ 在英国一次清关，避免德国、意大利海关的烦琐和滞留。

⑥ 欧洲境内无二次清关费用。

⑦ 24～48 小时内处理各种意外的突发问题，并给予回复。

⑧ 提供英国、德国、法国、意大利、西班牙等当地语言递送邮件通知。

**（4）英国网民智能手机使用率在欧洲最高**

调查显示：英国网民智能手机使用率在欧洲是最高的。以至于有三分之一的英国成年人，由于夜间过度使用手机而和伴侣发生争吵。这主要集中在 25～34 岁的人群，但是 65 岁以上人群中有 11% 的人也有上述情况；有十分之一的受访者承认即使在就餐时也会频繁使用手机。三分之一的人表示在看电视时和与朋友在一起时也会频繁使用手机。其中最常用的功能是即时信息和社会化媒体。

**（5）英国对跨境电子商务产品始终保持高标准的规范检测要求**

英国对跨境电子商务本身没什么管制，但对产品始终保持高标准的规范要求，跟贸易没什么差别。英国贸易标准局（TS）要求所有进入到英国的产品都必须符合健康和安全要求，如有关产品结构和稳定性等，有时需要向授权检验机构提供资料，以证明完全符合标准。TS 经常对量大、危险性高的品类进行优先检测，如热卖的 3C 类、带电产品、玩具及平衡车等，一旦查出不合格，必须出具第三方检测机构产品验证报告，而对那些欧盟 CE 认证标签、英文版使用书、是否符合给儿童使用等的检测也是必需的，要证明产品进行过全面检测，才可以确保安全。

**（6）中国国内众多海外仓纷纷选址英国落地，便于英国进行反向物流**

我国众多电商的欧洲海外仓，多仓选址英国落地，这就给英国进行反向物流提供了十分便利的条件。

如海宁海派供应链管理有限公司于 2016 年 5 月在英国曼彻斯特设立了 2 900 多平方米的海外仓。据了解，该公司目前在英国有 2 000 多家线上分销商、5 家 O2O 直营店和 150 多家实体店，在国内有 100 多家上游客户，包括在海外线上交易平台开店的个体户、零散出口的传统贸易供应商。同时，公司在英国还有专门的市场调查团队，能及时进行市场分析，有针对性地选择产品供应商和海外销售渠道，实现外贸企业与终端客户的有效连接，保障了产品的顺畅销售。

## 2.3.2　发达的德国电子商务市场

德国的人口有 8 100 万，是一个有悠久制造业历史的国家，德国工艺制造如德国制造的汽车和航空工程、医疗健康类产品、化工产品、药品等行业，居世界领先水平。特别是随着西门子、奔驰、宝马、拜耳、汉高、阿迪达斯等知名品牌的享誉全球，德国因此也成了高品质产品的代名词。

据欧盟电子商务报告，2016 年德国电子商务零售额达到 668.64 亿欧元，相比 2015 年的 597 亿欧元，增长 12%。随后四年，德国 B2C 电子商务行业继续保持 12% 的速度增长。

在德国，46% 的在线消费者拥有跨境网购的经历。跨境电子商务消费者达 3 380 万人，在欧洲国家中位列第一。跨境网购最多的商品是衣服鞋帽类，占到消费比例的 25%。德国约五分之一的商家在实体店经营的基础上开通网上店铺，走出了线上线下同步发展的双赢之路。

**（1）电子商务人均消费居世界第一**

德国的电子商务发展比较成熟，有 5 820 万的消费者进行网络购物。德国电子商务成交额占欧洲电子商务市场的 25%，在世界电子商务成交量中排名第五。

2014 年，德国 B2C（网络多渠道、邮购业务）总额超过 490 亿欧元，其中超过 410 亿欧元（约 85%）来自电子商务。2014 年，德国的电子商务行业占国家总零售业额（4 570 亿欧元）的 9%，并且前景良好。2017 年德国电子商务销售额达 584 亿欧元。截至 2018 年底，在线零售平台迎来强势发展，在线零售额突破 651 亿欧元，与 2017 年同期相比增长了 11.4%。这些数字表明，德国的 B2C 电子商务市场拥有巨大的潜力。

从购买力的角度来看，德国不仅是欧盟人口最多的国家，也是欧洲最大、世界第五大的经济体。德国电子商务市场也相当发达，是中国在欧洲第二大电子商务市场。除了 Amazon 和 eBay，德国本土还有 Zalando、Hood、Hitmeister、Yatego 等几个在线交易市场。营销可通过比价网站 idealo、billiger 等在市场中增加知名度，不仅更具本土化，也反映出产品专业性。

**（2）德国流行的支付方式是 PayPal 及银行转账支付**

德国网上用信用卡比较少，流行的支付方式是 PayPal 及银行转账支付。

**（3）德国的物流业在全球最发达**

德国的物流业连续多年被评为全球最发达的物流产业。其本土配送基本无障碍，除了大件，大部分网购产品是免费运输的。网站上要用德语运营，因为消费者喜欢用自己的母语阅读说明书和其他信息，在线服务也更有亲切感，同时网站上要注意添加 IMPRESSUM 版权声明，使卖家看起来更正规。德国也是众多海外仓在欧洲大陆的优先选址地。

**（4）德国增值税（VAT）起征点高**

德国增值税起征点是 10 万欧元，如果销往德国的产品在一年内超过了这个量，那么就要在德国本地缴税，或需聘请会计师、相关服务商进行帮助和指导。

**（5）德国的商品退货率比较高**

德国的退货率比较高，特别是涉及衣服和配饰，希望能够得到退货保障，虽然没有法律明文规定，但是德国人通常认为 40 欧元以上的货物是可以免费退货的。由于这个消费习惯，所以有一个本地退货的海外仓很重要，可以提升客户体验并控制退货的成本。

**（6）德国企业十分注重创新研发**

德国企业创新意识极强。德国工业史告诉我们两个道理：一是，没有自有知识产权和核心竞争力，仅靠仿制和低价是没有前途的。二是，不创新真不行，这是通过教训得来的。因此，德国的电子商务企业十分注重创新研发。

仅以 2012 年为例，德国在新技术开发和创新领域的投入达到 794 亿欧元，是 GDP 的 2.98%。欧盟的平均值是 1.97%，中国同期数字是 1.98%。不同的是，创业投资在德国并不盛行，天使投资基金少见，所以政府与企业在创新上的投入占了重头。

正因此，据德国科学捐助者协会统计，2015 年德国电子商务企业在研发领域的支出高达 624 亿欧元，比前一年高出 9.5%，创历史纪录。与此同时，研发人员的数量也创历史新高。统计显示，全日制工作的企业研发人员达 41.6 万人，同比增长 11.9%，10 年前这一数字不足 30.5 万人。

值得关注的还有中小企业研发投入支出明显增长。雇员人数低于 250 人的中小型企业自有研发项目支出相比前一年同期超出了 16%。电子信息行业是德国所有行业中研发投入力度最大的行业，70% 的德国电子企业自行投入研发，这也是德国电子信息行业在出口领域中占有优势的主要原因。2015 年该行业产品出口额就达 1 745 亿欧元。

**（7）中德电子商务企业联手合作拟在深圳建设国际电子商务孵化中心新坐标**

2017 年 2 月 14 日，德国电子商务协会一行到访盘古集团深圳总部，并与深圳市创新投资集团盘古集团、深圳电子商务协会就未来合作建设深圳国际电商孵化中心签约。

深圳是改革开放中国第一批经济特区，2016 年 GDP 总量 1.94 万亿人民币，货物进出口达到 3 800 多亿美元，连续 24 年获大中城市的第一名。深圳货物的进出口量占了中国总量的 12%，占广东省的 34%。目前，深圳的投资贸易遍及全世界 200 多个国家和地区。

特别是，深圳与德国的政治、经济、文化交流广泛，且德企在深圳的投资排在全世界国家前十，深圳很多大企业也参与德国大型展会，通过参展，拿到大量订单，双方合作成果显著。

在电子商务方面，深圳是中国首个电子商务示范城市，也是全国第二批 12 个跨境电子商务试验区之一，2018 年深圳市电子商务交易总额达 27 642.7 亿元，占全国电子商务交易总额的 8.7%，比 2008 年增长了 13 倍。网络零售交易额达到了 2 294 亿元，跨境电子商务交易额达 403.3 亿美元。有很多的龙头骨干企业，其中电子元器件、大宗农产品、艺术品展销拍卖、旅游服务、家居装修服务、外贸综合服务、院线服务的跨境电子商务交易额都走在全国前列。2016 年跨境电子商务交易额，占全市外贸净出口的 10.55%，可以说深圳是建设中德国际电子商务孵化中心最好的地域选择。

而德国的制造业、服务业、贸易及金融业都很发达，过去和深圳也有很好合作，德国方面也十分希望能够将 Magento 的资源集合成一个很强的生态系统，并想借助盘古集团在电子商务产业园方面丰富的经验，尽快将 Meet Magento 大会在中国落地，以便能把德国的会员企业和供应商带到中国，搭建一个与中国电子商务企业合作的桥梁。

### 2.3.3 极具创新特色的法国电子商务

**（1）法国电子商务销售额自 2005 年以来，一直以两位数增长**

法国是欧洲第三大电子商务市场。仅次于英国和德国。特别是：法国消费者在网上购物的人数约达 3 700 万人，占其网民总数的 85.5％；网络覆盖率达 87％，自 2005 年以来，法国电子商务销售额一直以两位数增长。

2005 年法国网购交易额为 84 亿欧元；2008 年达到 200 亿欧元；2010 年超过 300 亿欧元；2013 年超过 500 亿欧元；2015 年达到 649 亿欧元，比 2014 年增长 14.3％；2016 年法国电子商务销售额已达 720 亿欧元，线上消费额同比增加了 11.5％。

2018 年法国电子商务销售额已达 926 亿欧元，同比增幅达到 13.4％。2019 年年底，法国电子商务产业交易额突破 1 000 亿欧元大关。可见，法国对于中国卖家来说，是一个极具潜力的市场。

**（2）法国在全球电子商务市场有主打品牌和领军企业**

在法国有将近 18 年历史的 Cdiscount 平台成为第一大综合类电子商务平台，2015 年创收 20.74 亿欧元，其中一半收益来自其在线销售平台 Cle Marché。Cdiscount 平台的线上流量中，44.9％来自手机流量。该平台月独自访问量达到 1 180 万次，日均新增 90 万个独立访客，拥有 1 600 万忠实买家，日成交量达 3 万件、每日发货 12.5 万件。此外，该平台包括涵盖线上所有类目的产品，一年内零售商数量增加 106％，产品种类增加 79％。

**（3）法国仓储和物流发达，全法国建有 17 500 个物流自提点**

法国的仓储和物流十分便捷。据了解，入驻 Cdiscount 的海外商户可以选择自发货，还可采用自身的海外仓（FBC）。可提供如下多种配送方式：

① 配送至 Casino 超市（法国连锁超市）。

② 即刻配货。可选择就近的店铺，到卖家店里自取，也可在货物到店后由店家根据订单现场配货。

③ 自提点取货。可选择将商品配送至自提点。目前全法国约有 17 500 个自提点。这种便捷的物流配送服务，购物者感到十分方便。自提点提货方式深受购物者欢迎。

**（4）法国运用电子商务创造就业机会成效显著**

法国十分注重通过电子商务安置社会人员就业。特别是通过大量中小电子商务企业吸纳了相当多的待业人员就业。仅 2014 年，线上销售领域共雇佣员工 11.2 万人，占员工总数的 4％。这些员工在产品销售领域的占比为 48％，在服务领域的占比为 42％。对规模较小的企业来讲，线上销售员工所占比例较高。在 10～19 人的企业中，线上销售员工占总员工的四分之一，在 20～49 人的企业中，线上销售员工占员工总数的 13％。

特别是：在法国，但凡从事电子商务的企业大都建立了自己的网站。由此，近年来法国电子商务网站增长很快。网站的运营和管理人员也吸纳了相当一批人就业。

**（5）法国电子商务极具创新特色**

法国电子商务极具创新特色。不仅政府支持创新，企业也十分注重创新发展。以大型商业零售企业麦德龙为例，它不仅将数字化创新作为本集团正在实施的核心战略之一，而且还与美国创业孵化机构 Techstars 启动了企业加速器项目，旨在寻找并支持为酒店、餐饮以及食品零售业提供数字化创新技术应用的初创企业。

通过"拉拢"创新技术企业，麦德龙企图弥补自身在互联网时代的技术短板，打造一个数字化的酒店餐饮与食品供应新业态。2015 年 8 月，麦德龙收购了新加坡的亚洲食品供应商经典美食集团（CFF），向高端食品供应迈出重要一步。CFF 客户主要是亚洲的高端酒店、餐厅、航空公司等。

麦德龙在食品尤其是生鲜食品供应上具传统优势，也是其在转型中实现差异化竞争的"杀手锏"。就中国市场而言，麦德龙集团 2015 年 9 月与阿里巴巴达成战略合作，通过跨境电子商务平台向中国消费者供应欧洲进口商品。与此同时，麦德龙还在大型零售商场中推出了"平地逮活鱼""手推车选货""机器人配货""分录分拣"等一系列创新技术和创新趣味购物的体验服务项目。仅利用投影技术的"平地逮活鱼"，每天就吸引了大量的消费者，特别是儿童来商场进行"平地逮活鱼"的趣味购物体验。

### 2.3.4 俄罗斯跨境电子商务发展的情况和特点

#### (1) 俄罗斯电子商务增长强劲，已占据中国跨境电子商务交易头把交椅

当前，俄罗斯已经牢牢占据了中国跨境电子商务交易的头把交椅，而且增势不可遏制。俄罗斯电子商务市场 2016 年上半年报告显示，俄罗斯 2016 年电子商务交易规模增长 5.3%，达到 216 亿欧元。2016 年几乎所有外国电商都退出了俄罗斯市场，唯独中国电商坚持了下来。俄罗斯消费者网购市场总量依然达 4 050 亿卢布，其中 51.1% 用于采购中国商品。以订单量来算，跨境订单量 90% 以上属中国网店。

根据俄罗斯最大的电子支付服务商 Yandex 发布的数据显示，2016 年俄罗斯网民从中国订购的商品数量较 2015 年高出 78%，2016 年俄罗斯网民在中国网店的花费增加了 1.8 倍，中国网店营收增加 73%，俄罗斯在中国网店的顾客数量增加 38%。

2016 年"双十一"期间，俄罗斯用户的花费较平日高出 31 倍。2016 年"双十一"当天，中国网上商店的俄罗斯顾客量比平日高 16 倍，是 2015 年"双十一"的 2 倍。此外，消费者平均下单价为 700 卢布（约合 11.5 美元），较 2015 年同期高出 12%。俄罗斯在中国网店的顾客数量也增加 38%。

2018 年，"双十一"热潮继续席卷俄罗斯。同 70 多家中国网店合作的 ADMITAD 公司数据显示，俄罗斯人在"双十一"成为在中国网站购物的最活跃买家，排在其他国家之前。

排名前 10 位的国家还包括乌克兰、以色列、美国、西班牙、波兰、哈萨克斯坦、白俄罗斯、巴西、法国。而俄罗斯人花费是其他 9 个国家总数的 2.5 倍（总额约为 1 300 万美元）。

该公司还指出，俄罗斯人 2018 年在网购上花费的金额几乎是 2017 年的两倍。这一次俄罗斯人在 70 家中国网上商店，购买了价值 32 953 266 美元的商品，而 2017 年购买了 17 650 432 美元的商品。

#### (2) 俄罗斯借势海外仓，助力本地化经营

2015 年 6 月，在俄罗斯的中资企业格林伍德国际贸易中心与黑龙江俄速通国际物流有限公司共同出资成立格林伍德俄速通海外仓有限责任公司。该海外仓于 2015 年 10 月正式投入运营，总面积 30 563 平方米，是目前中资企业在俄罗斯建立的唯一一家合法、成规模的海外仓。截至 2016 年 2 月底已有 20 余家中资企业入驻该海外仓。该海外仓的建立，有利于

俄罗斯建立本土化物流配送体系，进一步整合中俄跨境电子商务供应链，提高发货时效，节约运输成本，方便货物退换，提升用户体验，助力本地化经营，提升物流效能。

**（3）俄罗斯广泛开辟商品出口新渠道**

俄罗斯巧克力、糖果、伏特加、海产品、琥珀等特色产品一直广受中国消费者欢迎，2014 年后俄罗斯厂商开辟了商品出口新渠道的销售需求。中俄电子商务企业及时捕捉到这一趋势，自 2015 年 9 月起，俄罗斯 ABK 食品公司获准在阿里巴巴集团天猫国际平台销售俄罗斯日用品和食品，这一做法为俄罗斯广泛开辟商品出口新渠道提供了机遇，于是，大批企业纷纷通过网上进军中国市场。截至 2016 年 2 月，俄罗斯红色十月联合糖果厂、彼得帕克乳制品厂、海参崴野生海参公司等十余家俄罗斯食品制造企业入驻京东商城。

**（4）中俄共破跨境电子商务物流瓶颈，联手打造电子商务物流转运中心**

俄罗斯物流通关效率较低。近年来俄罗斯政府大力提高俄罗斯邮政运力，但俄罗斯幅员辽阔，地区之间运距较长，中小城市和偏远地区交通基础设施普遍落后，在配送时长、货运保障等方面与现代物流标准相去甚远。此外，俄罗斯海关手续复杂，通关耗时较长，成为制约中俄跨境电子商务发展的一大难点。

顺丰的一份快件服务参考时效表显示：发往俄罗斯以及东欧方向的包裹，俄罗斯耗时最长。单票重量 2 公斤以下的国际小包，至俄罗斯的时间为 15～25 天，至立陶宛、爱沙尼亚、拉脱维亚、芬兰等国为 10～15 天；单票重量小于 30 公斤的国际电子商务专递，到俄罗斯主要城市为 10～15 天、偏远地区为 15～30 天；单票重量小于 70 公斤的到乌克兰为 9～14 天。

以国际特惠产品为例，与发往亚洲、欧盟、南北美国家相比，到俄罗斯时间最长。顺丰从华北发美国需 4～7 天、发日本需 4～6 天、发欧盟国家需 5～8 天、发巴西需 8～10 天，而发俄罗斯要 12～14 天。

到俄罗斯包裹时间较其他国家时间长，是因为俄罗斯幅员辽阔，东西跨度 9 000 公里，平均下来时效肯定要拉长，但最主要的原因还是由于物流体系效率低造成的。为此，中俄双方，决定联手破冰，打造电子商务物流转运中心，以打破对俄物流的瓶颈。

2016 年 12 月 20 日，中国电子商务物流企业联盟与俄罗斯时代集团股份公司以及上海合作组织民间交流机制平台——北京新欧亚时代科技有限公司签署三方合作备忘录，在俄罗斯克拉斯诺亚尔斯克市建立俄罗斯电子商务物流转运中心。该中心位于俄罗斯中部西伯利亚核心区域，地理位置优越，是北京和莫斯科的中间站，2019 年第 29 届世界大学生冬季运动会在此举办。

俄方此项目的负责方——俄时代集团公司负责人表示，与中国电子商务物流企业联盟合作项目，在电子清关、海关检验、税收等各项政策方面，将按照电子商务自贸区的标准和要求来设计。通过此项目争取打破俄罗斯物流壁垒，让中国更多优秀物流企业进入俄罗斯经营。

在克拉斯诺亚尔斯克市建设电子商务物流转运枢纽，可以免去货物先运至俄罗斯以西国家，然后再向东折返到莫斯科，再由莫斯科分派至全国所枉跑的距离和枉耗的时间。经测算，直飞或者经停克拉斯诺亚尔斯克市，平均消减航程 7.5%，消减航空运输成本，减少飞行距离达 4 000 公里，提高飞机有效载荷超过 20%，燃料成本降低 8%～10%。此项目建成后，对俄罗斯物流效能将大大提升。

**（5）中国电子商务企业将切实完善在俄罗斯的售后服务**

为了切实完善在俄罗斯的售后服务，中国电子商务企业采取了多项措施，纷纷在俄罗斯建立服务站站点。

2015 年 1 月，京东网上商城在俄罗斯开设售后维修网点。

2015 年 2 月，阿里全球速卖通在莫斯科开设其在俄罗斯境内首家提货点。

2015 年 3 月，阿里全球速卖通在俄罗斯开通手机支付服务，是第一个在俄罗斯推出类似服务的外国电子商务企业。

2015 年 6 月，京东网上商城俄语站正式上线，并推出"30 日无理由退货"服务。

2015 年 10 月和 12 月，阿里全球速卖通和京东网上商城分别在莫斯科开设线下体验店。此外，中国电子商务企业还与俄罗斯国家邮政局、SPSR 快递公司等合作，以进一步提升配送效率。

## 2.3.5　土耳其跨境电子商务发展的情况和特点

### （1）土耳其电子商务市场发展简况

土耳其横跨欧亚，是连接欧亚的重要门户和贸易枢纽，土耳其拥有 7 500 万人口，其中 41％是 25 岁以下的年轻人。许多年轻人放弃传统的购物习惯转为网上购物，这对土耳其电子商务的发展大有裨益。

土耳其是欧洲电子商务增长最快的国家之一，年增长率 75％。2014 年，土耳其 7 700 万人口中网购人群占三分之一，交易额为 180 亿美元。同时土耳其拥有非常好的支付体系和物流，目前土耳其信用卡普及率达到 75％，位居欧洲第二位，最为流行的是 VISA 卡和万事达卡。因此，用土耳其某企业家的话说："土耳其电子商务正在构建着未来"。

近年来土耳其对中国商品需求迅猛增长，中土贸易额从 2000 年的 10 亿美元飙升到 2014 年的 277 亿美元，中国成为土耳其第二大进口国。由于土耳其是中国在西亚地区的重要经贸合作伙伴。近年来，以"一带一路"为引领，中土经贸合作不断取得积极的进展。2016 年中土双边贸易额近 200 亿美元，中国成为土耳其第二大贸易伙伴和第一大进口来源地。2018 年，中土双边贸易额达 215.5 亿美元，同比微降 1.6％。其中，我国对土耳其出口 177.9 亿美元，同比下降 1.8％；自土耳其进口 37.6 亿美元，同比下降 0.6％。目前，我国已成为土耳其全球第三大贸易伙伴和第二大进口来源地。中国企业对土耳其投资和基础设施合作成为双边经贸合作的新亮点。

### （2）土耳其电子商务的法律较健全

土耳其关于电子商务的法律比较健全，包括隐私和数据保护、消费者权益保护、数字签名、义务和职责、电子合同、电子商业通信和知识产权，以及在土耳其商品上应用的电子标签信息保护的法律。

ⅰ. 有关隐私和数据保护的法律

目前，土耳其有关个人数据的隐私保护，没有具体的法律框架。一般规定中对隐私和个人数据保护法例有分类规定。然而，隐私和数据保护（如欧盟 95/46/EC 指令）的框架法律还没有被土耳其实施。个人资料保护的法律草案本来准备在 21 世纪的第一年发布，但多年来一直在修改，尚未实现。然而，认识到数据保护监管，尤其是国际商业和公共关系国际数据传输，需要增加法律草案，预计将很快实施。欧盟的数据保护框架指令 95/46/EC 一直被视为土耳其法律草案的样板。

ⅱ. 有关消费者权益保护的法律

在土耳其，消费者的保护问题已经通过 4077 号（"消费者权益保护法"）进行保护。该法规定，电子商务项目直接关系到电子商务的主体，如合同期限、撤回权、残次品、用户手册和保修证书。该法还扩大了对消费者的保护原则和范围，对侵权的广告和不公平的商业惯例的做法，都进行了严格的监管。

ⅲ. 有关海关和关税的法律

海关问题已经根据海关法（编号 4458）和土耳其二次法规的监管进行确定。按照此法规定：来自国外的货物可通过电子商务进入土耳其。如果一个人从国外买货供个人使用，低于 75 欧元的商品不用缴纳关税。但是海关有权打开包裹，检查包裹内的货物是否为个人使用和购买的商品，价格是否低于 75 欧元。对于从国外购买的货物，有可能存在海关要求买方证明购买的商品为个人使用的情况。此外，也可能在有些情况下，买方需亲自去海关提货或准备一个快递公司，签署委托书由快递公司代提货。

ⅳ. 有关知识产权和标签的法律

在土耳其，不同类型的知识和工业权利受到不同的特定立法保护。

根据法律第 5846 条，作品是任何类型的承受了其创作者特征的智力和艺术产品，一个被认为是科技产品和文学、音乐、美术或影片作品都是受保护的，这种保护始于创作。那些被第 5846 条例授予版权保护的作品是没有必要注册的。

除第 5846 条例以外，土耳其坚持拥护保护文学和艺术作品的伯恩公约（1995 年 7 月 12 日批准）和罗马公约保护表演者、唱片制作方和广播组织（1995 年 7 月 12 日批准）。此外，土耳其自 1976 年以来一直是世界知识产权组织（WIPO）的成员，与自 1995 年以来与贸易有关的知识产权协议（TRIPS）保持一致意见。

在法令 556 条例中还规定了对商标的保护。商标能够区分一个企业和另一个企业的商品和服务，能由各种各样的标志组成，被生动地表现，比如能够发表和转载印刷的文字，包括个人名字、设计、字母、数字、货物模型或它的包装与类似描述方法。

法令 556 条例还规定：商标保护可用于保护自然人和在土耳其的领土内有居住地或有工业或商业设施的法人；或者那些因为巴黎或伯恩公约条款规定而拥有申请权的人。不同于以上提及的，有些国家在土耳其的侨民，他们根据土耳其的商标保护互惠原则也应享受相同的权利。

此外，根据法令 551 条例授予的专利，适用于专利权的保护。法令 551 条例规定，对专利权的保护适用于自然人和在土耳其领土内定居的或拥有工业或商业设施的法人，或那些在巴黎公约的条款下有资格提出申请的人，如自然人或法人，除了以上提及的，那些合法并事实上受土耳其保护的侨民，根据互惠原则应在土耳其享有同样的专利权保护的权利。

法令 551 条例对可取得专利发明的定义为：可带来创新的，超越了最先进的，适用于工业和商业。这些要求被满足后，这样的发明能够享有专利权保护。

ⅴ. 有关电子商务和移动电子商务和诈骗预防的法律

电子商务在土耳其的增长已跻身全世界最快行列。而根据 yStats 的数据，土耳其四分之一的互联网用户在网上购物。其中 70% 的互联网用户是 35 岁以下的人。他们普遍地使用智能手机购物。因此，在土耳其，移动电子商务具有很高增长潜力。有近三分之一的人拥有智能手机。18～24 岁年龄的年轻人，智能手机普及率已超过 50%，约四分之一的网上购物者在使用移动设备进行网购。因此土耳其制定了专门的法律，用以保护消费者。

随着 CNP 欺诈和电子商务的迅速增长，商家在土耳其开展业务，希望确保他们能有强大的在线预防欺诈措施。身份和账户的丢失和被盗，都需要特定的反欺诈的工具和技术，其中包括专注于客户关系的历史信息的保护，以及能及时地获得丰富的反欺诈情报等。

　　ⅵ. 牵手土耳其，中国跨境电子商务迈出关键一步

　　中国和土耳其签署了《加强网上丝绸之路建设，务实开展电子商务合作谅解备忘录》。这是中国首个涉及双边跨境电子商务贸易规则的框架性文件，意味着中国企业在多双边跨境电子商务贸易规则制定方面取得了突破。也表明：中国跨境电子商务进军国际市场迈出了关键的一步。

　　该备忘录主要涉及四方面内容：①中土双方将共建跨境电子商务平台，带动双边贸易发展；②中方向土方提供跨境电子商务的业务能力培训，使更多的当地从业者获得电子商务专业知识和技能；③开展互联网金融方面的合作；④共同建设跨境电子商务交易标准、企业信用和在线支付等相关体系。

　　据介绍，此次合作由 G20 工商峰会（B20）中小企业工作组副主席、敦煌网 CEO 王树彤发起并促成，敦煌网将承担中土跨境电子商务平台搭建。该备忘录签署后，双方将就具体细节进行磋商，后期会签署跨境电子商务合作实施协议，进入实际运行阶段。

　　土耳其是连接欧亚的重要门户和贸易枢纽，近年来对中国商品需求迅猛增长，中土贸易额从 2000 年的 10 亿美元飙升到 2016 年接近 200 亿美元。2018 年中土双边贸易额已达236.2 亿美元。

　　实践表明：中国已成为土耳其第二大贸易伙伴和第一大进口来源地。在和土耳其达成相关协议后，中国将和土耳其共建跨境电子商务平台，除了能够迅速有效帮助中国商品进入土耳其外，该平台还能有效帮助土耳其的相关企业走向世界。

　　在过去的几年里，中国的跨境电子商务企业、互联网企业大都走向了成功，希望能通过这次合作将国内的成功模式、培训体系推向土耳其。此次签约将对"一带一路"周边的更多国家产生很好的辐射效应，目前已有很多 G20 国家，非常希望能与中国跨境电子商务平台对接，参与到搭建网上丝绸之路的项目中来。

## 2.4　北欧五国电子商务发展的情况和特点

### （1）挪威等北欧五国电子商务发展迅猛

　　ⅰ. 北欧国家国民经济高度发达，且地理环境优美

　　北欧特指北欧理事会五个主权国家：丹麦、瑞典、挪威、芬兰、冰岛五国。正式成员地区 3 个：法罗群岛、格陵兰、奥兰群岛。积极合作伙伴 3 个：爱沙尼亚、拉脱维亚和立陶宛。

　　北欧国家不仅国民经济高度发达，而且有优美的自然风光。北欧五国的景致各有千秋，如镶嵌在北方大地的五颗璀璨明珠。被童话缠绕的丹麦、中世纪景色如画的瑞典、粗犷而朴实的挪威、千湖之国的芬兰、水火交融的冰岛。那里不仅有绿色茵茵的森林，镜面般沉静的湖泊，梦幻般的城堡和宫殿，而且有奇妙的钟楼和雕塑，四处充溢着童话的气息。音乐、美酒、时尚和快乐的元素不约而同地聚集在北欧五国的大街小巷和波光水影之中，成为旅游者的天堂宝地。最近几年中国赴北欧五国旅游的人数，就增加了三倍。

　　国民经济高度发达，环境优美的自然风光和安定的社会环境，不断扩增的旅游人脉资源，都为电子商务的发展提供了优越的发展环境。因此，北欧五国的电子商务发展迅猛。

　　据挪威日报报道，温暖的水域导致近年来巴伦支海鳕鱼种群达到非常高的比例，捕捞价值估计达 150 亿挪威克朗。

挪威的海岸线比赤道还要长。挪威渔业拥有上千年的历史，据说挪威渔民们利用代代相传的捕鱼经验，拂晓出海便能在当天满载而归。在挪威人看来，渔业并不是一个产业，而是一种生活方式。

在广州召开 2017 年中国国际渔业博览会上，挪威海产局作为参展代表，带着挪威北极鳕鱼、三文鱼、多春鱼、比目鱼等水产品在博览会亮相。挪威北极鳕鱼和三文鱼等水产品在中国很受欢迎，其中，挪威北极鳕鱼出口中国总值与 2016 年同期相比增长了 23%。90% 的挪威北极鳕鱼加工品，已经通过传统零售渠道和电子商务渠道走进了中国家庭。

ⅱ．挪威资源丰富家底厚，人均资源占有量高

北欧五国人口仅有 2 500 万，但是其国土面积却有 130 万平方公里左右。虽然北欧纬度较高，气候寒冷，但是北欧拥有大量的森林、铁矿、水力、石油、地热和渔业资源。北欧国家森林覆盖率都在 50% 以上。由于冰川侵蚀，北欧国家海岸线支离破碎，河流水量丰富且落差大，从而产生了丰富的水电资源。北欧的能源都是高效清洁能源。

北海渔场是世界著名的渔场，北海油田是世界著名的产油区，产量大且质量好。总之北欧资源总量丰富，加之人口较少，人均资源占有量非常高。

ⅲ．北欧国家社会环境稳定

北欧五国基本上都拥有一个长期稳定的发展时期，从而产生了嘉士伯（1847）、诺基亚（1865）、爱立信（1876）、ABB（1883）、马士基（1904）、伊莱克斯（1919）、沃尔沃（1921）、利乐（1929）、乐高（1934）、萨博（1937）、宜家（1943）这些"长寿"且在各自领域拥有强大优势的企业和品牌，产生和积累了巨大的价值和财富。当然北欧富裕的原因还有很多，比如公民受教育程度、科学技术水平、政府效率和廉洁程度等。但是，北欧地广人稀负担轻、资源丰富家底厚，百姓安居乐业，才是北欧国家富裕的主要原因。

ⅳ．挪威跨境电子商务领跑欧洲

由于具有良好的物流基础和可靠的经商环境，挪威电子商务一直强势发展。特别是由于 2015 年挪威克朗兑美元的汇率走高，挪威电子商务市场规模增速，并加快向跨境电子商务方向转移。挪威 530 万人，网民占挪威总人口的 97%，其中 75% 的人都在网上购物。至 2015 年挪威跨境交易比例为全部交易额的 32%，约为欧洲平均水平的 2 倍。尽管汇率问题影响了挪威线上的人均消费水平，2015 年挪威线上人均消费 2 467 欧元，仍高于北欧平均水平 2 048 欧元。

到 2018 年底，挪威线上的电子商务收入已经超过 60 亿美元，预计到 2022 年将增长到 90 亿美元以上，年增长率为 7.5%。需要注意的是，超过 80% 的挪威网购者都在使用台式电脑购物，只有 8% 的人使用平板电脑购物，使用智能手机购物的人只有 4%。另外，挪威人热衷于购买跨境产品，约有一半的在线购物者在全球范围内购物，比任何其他北欧国家都多。

而且，挪威许多热门产品类别都是免税的，包括移动和平板设备、珠宝、配饰以及健康和美容产品，但时尚产品需要缴纳 11% 的进口税。挪威的物流很发达，UPS、联邦快递和 DHL 等许多主要快递公司都在挪威提供货运服务，因此将货物运往挪威很容易。

ⅴ．支付宝已经登录挪威市场

中国移动支付系统支付宝已经正式登陆挪威市场，为中国消费者和挪威企业提供了便利。引入支付宝的支付和营销服务不仅可以优化中国消费者的体验，还能帮助挪威企业加强与中国顾客的联系。

挪威创新署负责中国和拉美地区旅游事务的负责人说，近年来赴挪威的中国游客数量不

断上升，中国已成为挪威旅游业非常重要的市场，引入支付宝将使挪威成为对中国游客更加友好的旅游目的地。

APay Nordic 公司计划下一步将加大推广力度，使更多挪威商户接入支付宝移动支付系统。

**（2）北欧五国坚持绿色营销，立法禁用塑料微珠**

鉴于北欧国家国民经济高度发达，环境优美，旅游资源丰富，因此，这些国家在电子商务发展过程中，十分注重保护水环境。当他们发现，电子商务中有些商品十分畅销，但却因含有塑料微珠，会造成很严重的水体污染的时候，就共同做出了在化妆品中全面禁止使用塑料微珠的决定。并据此，向北欧议会（NC）提交了全面禁止化妆品和基础护肤产品中使用塑料微珠的法案。

塑料微珠是指小于 5 毫米的固体塑料颗粒，在化妆品中起到磨料的作用，曾经一度很流行，被广泛用于牙膏、洗面奶、磨砂膏、沐浴露等化妆品中，生产商宣称添加该成分可以更好地深度清洁皮肤，起到去角质、去死皮的作用。目前国内在售的很多带"磨砂""去角质"字眼的化妆品里，就含有塑料微珠。

北欧五国在发展电子商务的过程中，注重同步保护环境坚持绿色发展的理念，是十分难能可贵的。

## 2.5 亚洲主要国家电子商务发展的情况和特点

### 2.5.1 日本电子商务的发展情况及主要特点

日本有 1.2 亿人口，电子商务市场很大。具有地理优势的日本已逐步发展成为中国企业出口颇具增长潜力的市场。跨境电子商务卖家很早就在日本雅虎开设账号直邮出口，做得很好的卖家很多，其中，卖得最好的是 3C 产品。日本不少年轻人非常依赖网购，这也印证了日本市场的大有可为。日本电子商务主要特点有以下几个方面。

**（1）日本电信基础设施发达**

第二次世界大战以来，日本成为经济强国，在这种背景下，日本电信业发展迅速，尤其是 NTT 和 KDDI 两大日本电信公司，已发展成为世界上数一数二的电信企业。因此，在日本网络和电信的基础设施建设发展得很快，而且日本电信在发展过程中，十分注重规制改革。

纵观日本电信规制改革的发展历程，大体上可分为四个阶段：

政府垄断和严格管制阶段、民营化和开放市场阶段、重组 NTT 和放松市场管制阶段、现代的日本电信规制阶段。

日本电信规制改革的每一步都是伴随着法律的改进而进行的，日本政府始终本着壮大民族电信企业、增强电信企业的国际竞争力，通过引入新的不对称管制政策、建立电信争端解决委员会、发展批发电信服务、确保普遍服务的提供等一系列的规制改革措施，奠定了日本作为世界电信强国之一的规制基础。

日本电信产业规制的主要特征有：

ⅰ. 分类管制

日本在电信管制上最突出的特点是对电信运营商根据其是否拥有通信设施进行分类管

制。自己建有通信设施，并提供电信业务的经营者为一类电信运营商；其他的运营商是二类电信运营商。在运营商市场准入管制政策上，日本对一类电信运营商采取许可制度，而对二类运营商则采取了较为宽松的登记和通报制，从而有效地避免了非效率的市场进入。

这种分类规制的优点是避免了按电信业务进行分类管制所带来的矛盾。由于任何一种模式都不可能是十全十美的，日本这种管制模式也有不足之处。表现在：

① 这种分类管制，排除了一类电信运营商通过租用其他一类电信运营的网络经营业务的可能，对新进入者，会造成拓展市场的障碍。

② 无论新老运营商，只要属于一类的运营商，在市场进入、退出和资费上都采用相同的管制，不利于竞争者的成长。但遗憾的是：日本政府虽然在法律上避免了按电信业务分类带来的缺陷，但在事实上，仍执行了按电信业务分类开放市场的政策，使改革效果打了折扣。

ⅱ．建立以 NTT 为主导和多家运营商相互竞争的市场结构

一方面，日本电信规制最终以防止竞争非效率为宗旨。日本电信业在引入竞争后，NTT 作为特殊的公司在《NTT 法》的约束下运行，但政府通过规制的设计从侧面来保护 NTT 主导运营商的地位和利益，使 NTT 开展有效率的经营。这种制度的设计直到 1997 年日本签订 WTO 基础电信协议，开放市场后才被打破。正因为这种制度设计，才造就了世界上最大的电信企业之一———NTT。

但是，从另一方面看，日本政府也通过不对称规制和相关的资费管制寻求新老运营商间利益的平衡，使新电信运营商能得到快速发展。通过这些改制措施，搞活了市场。从 1995 年到 2001 年间，日本电信运营商就净增了 1 170 家。这种以 NTT 为主导和多家运营商相互竞争的市场结构，可避免日本电信业出现恶性竞争和过度竞争。

ⅲ．推出电信运营商预选系统（"MYLINE"）

在没有引入电信运营商预选系统之前，电信用户要想选用 NTT 以外的电信运营商，必须先拨打运营商的识别码，才能接受该运营商提供的服务，这样使用起来较麻烦，也不利于促进运营商间的公平竞争。到 2001 年 5 月，正式引入了电信运营商预选系统。只要用户在该系统中注册了自己所选择的电话公司，就能自动地去选择自己已注册的运营商。即使用户注册了 A 运营商，用户仍然可以通过先拨打自己想选择的其他运营商的接入识别码以选择该运营商提供的服务。并且如果用户的电话装有一个特殊功能装置（LCR）的话，用户的电话将会自动地选择费用最低的电话公司。该措施的优点表现在：有利于运营商公平、良性的竞争；有利于实现消费者福利的最大化；有利于降低政府对互联互通管制的难度，管制成本下降。

**（2）日本物流相当成熟，配送质量高速度快**

日本是个岛国，除了冲绳及四国岛外，一般物品都可在一至两天内完成签收。因为日本海关对货物进关要求非常严格，不够专业或没有按照要求去申报货物，会经常碰到查验及扣压，从而产生很多费用及延误，此外缴纳关税、仓储服务费也会较高。海关征税分进口关税和消费税，不同品类的关税税率不同，消费税为 8%，申报金额在 1 万日元以下一般不会被征收关税，但形式发票上一定要注明 CIF，否则运费跟产品申报价要加在一起申报。通常，很多商品都要有日本检验证书及许可证，操作烦琐，尤其对儿童用品及安卫商品要求非常严格。

**（3）日本银行转账及信用卡付款普遍**

尽管日本没有突出的第三方支付平台，直接银行转账及信用卡付款的方式非常普遍。特

别是，最近阿里巴巴支付宝已进军日本市场，深受日本网民欢迎。

**（4）日本物流精细化管理程度冠绝全球，"定时配送"全面普及**

日本快递公司主要有三家，即雅玛多、佐川急便和日邮。消费者对于配送时间的要求相对较高，因为这里的快递业太发达了，物流精细化管理程度冠绝全球，"定时配送"全面普及。使用FBA，中国卖家能够为日本消费者提供优先级别的当日达、次日达配送服务。部分服务可指定配送至便利店或者是车站前的收货柜。对于日本这种老龄化社会，电子商务的存在还有一层社会意义，即每日送餐送货，可以缓解老人的寂寞，并能及时发现意外情况。

## 2.5.2　印度电子商务发展的情况和特点

据了解，印度在线零售市场规模是中国的九十分之一，网民规模是中国的三分之一，正处于中国、南非、巴西当初的电子商务市场起飞临界点。印度人口数量居世界第二，2015年互联网普及率只有15%，远低于中国的50%和美国的90%，网购人数占比则更低，由于有人口红利，印度的在线零售业保持45%的年平均增长率。

**（1）印度地广人稠，这种经济、人口和地理状况契合电子商务网购的特点**

地广人稠，这种经济、人口和地理状况正好契合电子商务网购的草根性、便利性、高效快捷、商品价格低廉等特性。随着印度网民的认知提高和网购成本减小，以及全球各大电商在印度的布局，将推动印度电子商务的进一步发展。

**（2）印度人网购习惯正在养成，移动商务发展很快**

调查显示：83%的印度消费者倾向于用智能手机购物，在25～34岁的印度消费者，智能手机购物比例高达90%。调查还发现：63%的男性受访者每月至少购物一次，而该比例在女性中仅有44%。因此有人说：印度电商的钱没白花，印度人正在养成网购习惯。

印度年轻人占总人口的比例非常高，移动电子商务的销售比高达45%。无线互联网和手机的覆盖率正增长，PayTM已经成为最大的移动电子商务与支付平台，有超过1.3亿注册用户，2015年GMV达35亿美元，月交易量超过7 500万美元，其中60%的交易量来自移动端。印度电子商务市场规模从2017年的385亿美元增至2020年的2 000亿美元，收入从2017年的390亿美元跃升至2020年的1 200亿美元，年增长率为51%，为全球最高。

**（3）印度电子商务平台经常提供折扣和优惠**

目前印度电子商务市场有三大巨头，自2012年转型为一个电子商务平台；Flipkart是以网络书店起家的，其自有物流体系，明显提高了物流效率。

印度电子商务平台有一个优势，就是经常提供折扣和优惠，价格通常低于实体商店。这对价格敏感的印度消费者来说，相当诱人。特别是电子商务平台还提供多样化支付方式和金融方案，送货方式也十分多元，因此，可节省消费者时间和精力，深受印度网民的欢迎。

**（4）中国的互联网企业加速了在印度电子商务市场的布局**

来自中国的互联网企业在过去一两年时间内加速了在印度市场的布局，2015年阿里巴巴集团入股了Snapdeal和印度最大第三方支付PayTM公司；小米公司上线了印度官网并通过本土电子商务卖手机；百度也投资折扣电商Mydala、订餐网站Zomato、票务网站Book-MyShow和在线超市BigBasket等。沃尔玛则在投资京东后，又以10亿美元入股Flipkart，2016年，Amazon在印度设立除美国以外的第二大全球交付中心。

中国的互联网企业加速了在印度电子商务市场的布局，必将对加速印度跨境电子商务的发展，起到推动和促进作用。

### 2.5.3　韩国电子商务的发展情况和特点

韩国移动电子商务发展迅猛，近年来每年翻番增长，十几岁和二十几岁的年轻消费者成为移动网上购物的主力军。韩国信息产业发达，智能手机拥有率高。据韩国《朝鲜日报》报道，在过去五年中，随着智能手机和平板电脑普及率越来越高，消费者手持一个智能手机，随时随地可上网购物。

韩国网上购物协会表示，2009 年移动电子商务市场总额为 100 亿韩元，而到了 2012 年骤升至 1.7 万亿韩元，到 2018 年底，据韩国统计局的数据显示：通过电脑、移动设备达成的电子商务交易总量为 8.96 万亿韩元（约合 83.2 亿美元），相比 2017 年同期增长了 20.1%。

手机购物潮的兴起，极大地推动了韩国移动商务的快速发展，这是韩国电子商务发展的特点。特别是：韩国是全球第一个启用 5G 服务的国家。5G 网络将韩国的移动网速推向巅峰。截至 2019 年 5 月，韩国移动互联网下载速度已经在 140 个国家中排名第一。

韩国新生的电子商务平台 Kakao Style、Qustreet 和 Codibook 等也十分注意研究市场的动向。他们根据年轻人的消费需求，及时在网上提出许多独特的购物建议，同时推荐出许多特色商品，以吸引更多的消费者参与。

韩国线上购物市场规模，当前已超过百货商店的市场规模，已成为第二大零售市场。网上购物在零售市场中的占有率在逐年递增，其重要性越来越明显。

### 2.5.4　东南亚国家电子商务发展的情况和特点

紧跟中美脚步，东南亚现正站在电子商务黄金时代的风口，似乎已经做好准备将成为仅次于中国和印度的亚洲第三大电子商务市场。

美国 eMarketer 公司预计，未来 40% 以上的 B2C 电子商务业务将发生在亚太地区，东盟的六大体系即新加坡、马来西亚、印度尼西亚、泰国、菲律宾和越南，加起来的网络零售总额在 2013 年仅为 70 亿美元，到 2018 年已经达到 345 亿美元，年规模增长 70%～80%，甚至翻倍。东南亚有将近 6.2 亿人口，2015 年人均可支配收入就已超过 3 000 美元，网络渗透率为 32%，大约有近 2 亿的网络使用者，随后 3 年内增长至 2.94 亿人，网络购物渗透率达 48%。

随着智能手机和无线移动网络的普及，东南亚电子商务将迎来爆发式增长。特别是：东盟地区是世界上最大智能手机市场之一，移动客户端交易额占全球电子商务交易的 40%。这是东盟地区电子商务发展的一个关键优势。

该地区有别于其他区域市场的一个重要特点是：本土电子商务发展得很好。Lazada、新加坡 Qoo10 及 Shopee、越南 Weshop 等本土电子商务网站都发展迅速。综合看，经济增长及结构转变、数字化生活方式、年轻人多等是电子商务爆发的主因。

中国是东盟最大的贸易伙伴，东盟也是中国最大贸易伙伴。在发达国家需求低迷的情况下，中国和东南亚彼此成为对方外需的重要支撑。东盟还是“一带一路”倡议的重要落脚点之一。虽然 2016 年该地区网络购物的比例仅占零售业的 1%，但随后 5 年达到两位数的增长比例。

基础设施差距制约了跨境物流的发展，使东盟各国邮政行业发展存较大差距，但基本上与各国经济发展水平相吻合。由于信用卡普及率非常低，有的国家超过 70% 的人没有银行账户,有信用卡的人更是不到 5%。对此,Lazada 拟自建电子钱包 helloPay,方便提供货到付款或到附近便利店自提等服务。其他支付工具还有 UP2ME、TmeMoney、PAYSBUY、LinePay 和 AirPay 等可以使用。

新加坡是东南亚最热衷网购的国家,加之资本和技术资源的聚集,在东南亚处于电子商务领导地位。印度尼西亚的人口基数大,随着互联网的普及,在线购物者将从其庞大的人口基数中产生,现在印度尼西亚电子商务的销售额占到东南亚国家的三分之一以上。

京东不仅已悄悄进入印度尼西亚,并且上线了 JD.id,阿里巴巴收购 Lazada 并向新加坡邮政投资,也为天猫和淘宝网打通了进入东南亚市场的道路。

越南电子商务近年发展很快。尽管其 1997 年 11 月才首次使用互联网。但在近 20 年中,越南的互联网用户数量大幅增加。到 2017 年底,越南已有近 5 200 万互联网用户,互联网普及率达 54%,高于全球平均水平 46.5%。由于相对灵活的带宽服务和低蜂窝通信数据成本,这一数字在继续增长。

特别是:近五年,由于智能手机的普及及越南人均可支配收入的增加,有近 72% 的越南人在使用智能手机网购。因此,越南目前已成了东南亚发展最快的 B2C 电子商务市场。2013—2017 年的复合年增长率为 32.3%,2017 年的市场规模为 55 亿欧元。越南的电子商务产业还在继续快速增长,2017—2020 年年复合增长率为 14%。

越南蓬勃发展的电子商务市场已经吸引了亚马逊、阿里巴巴、京东、Shopee 等来自全球的零售商,这些零售商纷纷进入越南市场。越南电子商务有个重要特点,就是本土电子商务网站得不到信任,而亚马逊、阿里巴巴和乐天等知名品牌被认为更值得信赖。截至 2016 年,阿里巴巴的越南账户数已达 500 000 个,其后每年大约增加 100 000 个新账户。

## 2.6 澳大利亚、中东和非洲主要国家电子商务发展情况和特点

### 2.6.1 澳大利亚跨境电子商务的特点和优势

澳大利亚由于其独特的地理和社会环境,其电子商务发展远快于一些国家。澳大利亚跨境电子商务发展有如下的特点和优势。

**(1) 跨境消费率高**

澳大利亚三大电商网站分别为:Amazon、eBay Australia 和 Gumtree。来自普华永道的报道称,澳大利亚的消费者在 2016 年以每人每年 4 500 美元的消费额引领环太平洋地区的消费水平。

**(2) 税低,低于 1 000 澳元免征**

在澳大利亚,消费者大量购买其他国家的跨境商品,在很大程度上是因为较低的关税。澳大利亚国家规定:一般低于 1 000 澳元的网购免征关税。澳大利亚国家银行的数据显示:2015 年澳大利亚网络零售消费额达到 176 亿美元,63% 的澳大利亚消费者参与跨境网购,至 2018 年底,澳大利亚网购额达到 230 亿美元,其增速远远超过传统零售业。消费者每花费的 20 美元中就有 1 美元用于网购。

**(3) 邮包派送效率低,但专线物流走俏**

由于地广人稀,澳大利亚的消费者都能接受较长的配送时间和较高的邮费,需求集中在东岸城市群。很多本地电商,例如服装零售商 The Iconic、每日限量优惠网站 Catch of the

Day 等，都要求达到一定的订单数额才能包邮。除了悉尼、墨尔本等大城市，很少有当日达的快递。普通邮包也没办法追踪，派送效率很低。查无所踪、丢包破损率估计是发达国家市场中最高的了。但澳大利亚专线物流很走俏，可直飞四大城市，提升了派送时效。

**（4）检验检疫严格，有些商品申报敏感**

澳大利亚检疫条例严格，有些产品申报较为敏感。澳大利亚海关扣关一般占少数，主要问题是怀疑低报、瞒报，所以客户如实申报即可。由于是单独的大陆，所以这里检疫条例严格，有些产品申报较为敏感。

**（5）澳大利亚商品深受中国网民喜爱**

近年来，澳大利亚的奶粉、保健品源源不断运往中国，澳大利亚食品在中国创造的利润让不少人垂涎欲滴。联邦快递最近一份关于中国人为何喜爱澳大利亚产品的报告出炉，调查的对象是北京、上海、广州及深圳市共 1 000 名网络购物者。

调查发现，中国受访者对澳大利亚品牌有较高赞誉度，他们过去一年在澳大利亚产品上的支出为人民币 4 895 元（约合 940 澳元）。除了安全系数高和物有所值等优点外，中国人羡慕澳大利亚的生活方式也是澳大利亚产品获得青睐的一个重要原因。

澳大利亚商品深受中国网民喜爱，表明在中国有广阔的市场。

## 2.6.2　中东及非洲跨境电子商务市场发展情况和特点

**（1）中东及非洲跨境电子商务网购能力高**

中东自古以来就凭借战略要地成为国际贸易要塞，这个地区给人的总体感觉是消费能力高，但物资缺乏，因此人们跨境网购的热情非常高，客单价较高。中东地区的跨境市场集中在以色列和沙特阿拉伯，Amazon 来自沙特阿拉伯的网站访问比例占 0.6%，国家排名第 21，而 eBay 来自以色列的网站访问比例也占 0.6%，全球排在第 11 位，兰亭集势、敦煌网、全球速卖通来自中东的流量也占了一定比例。

Souq、Cobone 和 Sukar 是中东当地三个最大的电子商务网站，中东版亚马逊 Souq 最大，拥有 600 万用户，并且每月能达到 1 000 万人的独立访问量。除了沙特阿拉伯，阿联酋、卡塔尔等海湾富国的民众也热衷于上网购物，其互联网渗透率和手机持有率都达到了 70% 以上，50% 的人通过互联网购买商品和服务。

**（2）斋月已成为海湾地区消费者网购的一个高峰期**

阿拉伯国家是一个网购的大市场，其重要特点是：具有地域特征和民族特征。斋月已经成为海湾地区消费者网购的一个高峰期。预期整个中东地区的网购规模在未来两三年里还会迅猛增长。

**（3）中东物流专线盛行**

专线被认为是跨境电子商务直发模式的理想物流选择，不仅时效和成本兼具，稳定性和安全性上也达到了跨境运输的要求。据悉，目前在一些热门市场，专线已经逐渐与邮政包裹做到平分秋色，甚至成为卖家首选。

中东主要是偏远区域快递到不了，因此物流专线盛行。据阿联酋《海湾新闻》报道：世界知名物流服务商 Agility 公司在 2016 年推出的《Agility 新兴市场物流指数排名》显示，阿联酋仅次于中国，排名第二。其中基础设施、交通、海关和边境管理、物流供应商、货代、船公司、航空货运和分销商各类因素，在"连通性"子项排名中位居第一，其他排名靠前"海合会"国家还包括沙特阿拉伯、科威特和巴林。

**（4）南非将成为非洲最大的 B2C 电子商务市场**

南非是非洲互联网和手机普及率最高的地区，南非当地物资缺乏，对网购有极大的需求。因此，南非将是非洲最大的 B2C 电子商务市场，2016 年，南非 B2C 电子商务销售额以两位数增长，2018 年南非电子商务市场规模达 530 亿兰特。

# 本章小结

本章是本书的重点章节。在本章中，介绍了全球跨境电子商务区域发展的总体特征，并介绍了全球跨境电子商务快速发展的几大特点。该章还介绍了 20 多个国家电子商务市场发展的情况和特点，分别是：北欧五国——丹麦、瑞典、挪威、芬兰、冰岛，英国、德国、法国、俄罗斯、土耳其五国，亚洲——韩国、日本、印度三国及东南亚国家，澳大利亚、中东及非洲各国，美国、巴西及拉美五国。

# 思 考 题

1. 美国采取订阅销售模式：用品牌创造可预见营业额，其主要特点是什么？

2. 美国一些有前瞻性创新思维的商家，利用虚拟现实技术开发了什么创新软件？该软件有什么特点？

3. 为什么说法国电子商务极具创新特色？

4. 俄罗斯电子商务发展有哪些特点？

5. 为什么北欧五国电子商务能快速发展？

6. 为什么说数字化大背景下的整合越来越重要？美、中电子商务企业有什么整合动作？

7. 为什么韩国移动电子商务发展迅猛，近年来每年都能翻番增长？

8. 澳大利亚商品为什么深受中国网民喜爱？

9. 东盟发展电子商务有什么优势？

# 第3章

# 中国跨境电子商务快速发展的态势和特点

## 3.1 中国跨境电子商务快速发展的态势

2014年，自电商巨头阿里巴巴和亚马逊高调入场及第一批创业跨境电子商务项目获巨额融资两大标志性事件，使人们关注到了跨境电子商务这片蓝海。此后，各路新秀纷纷涉足。至2014年2月19日，以"天猫国际"上线为标志，跨境电子商务已逐渐升级为主流市场。

自2015年初至今，国务院和海关总署、商务部等部门，更密集出台了多个文件，鼓励和支持跨境电子商务的发展，并采取多项措施，优化跨境电子商务发展环境，还对近8 000种商品，实行减税，多路并进地助推跨境电子商务成为行业热点。因此促进了中国跨境电子商务的快速发展。

与此同时，跨境电商模式不断创新、线上线下服务融合发展加速，营商环境不断优化，公共服务线上化、便捷化步伐加快。信息化服务快速普及、网络扶贫大力开展、公共服务水平显著提升，使广大人民群众在共享互联网发展成果上，拥有了更多获得感。这一切，成为网民规模增长的强大推动力。

就网购用户规模而言，据《2018年互联网发展报告》提供的数据显示：截至2018年12月，我国网民规模为8.29亿人，全年新增网民5 653万人，互联网普及率59.6%，较2017年底提升3.8%。中国网民规模继续保持了平稳增长的发展态势。网民通过手机接入互联网比例高达98.6%，网民手机上网比例持续攀升。

我国网购用户规模达5.69亿人，较2017年末增长6.7%，占网民总比例达71.0%。手机网购用户规模达5.57亿人，较2017年末增长10.2%。2018年网上零售额超9万亿元。比上年增长23.9%。其中，实物商品网上零售额70 198亿元，增长25.4%，占社会消费品零售总额的比重为18.4%。

2018年天猫"双十一"总交易额达2 135亿元。不断刷新的消费纪录，凸显着不断积聚的经济新动能，蕴含着满足人们美好生活需求的价值逻辑，为消费增长和经济发展注入新活力。

另据商务部《中国电子商务发展报告2017》显示：2012—2017年，中国电子商务交易额从8.1万亿元增长至29.16万亿元，年均增长34%。

在全年29.16万亿元电子商务交易额中：商品类电子商务交易额16.87万亿元，服务类电子商务交易额4.96万亿元，同比分别增长21%和35.1%。全国网上零售额从1.31万亿元，增长至 7.18 万亿元，年均增长 40%，为全球网售份额的 50%，占了全球份额的半壁江山。

2018 年全国电子商务交易额达 31.63 万亿元，比上年增长 8.5%。其中商品、服务类电子商务交易额 30.61 万亿元，增长 14.5%；合约类电子商务交易额 1.02 万亿元。

实践表明：中国已成为世界最大的电子商务网上市场，具有以下几个特点。

**（1）移动商务发展迅猛**

截至 2018 年 6 月，国内 4G 用户总数达到 11.1 亿户，占移动电话用户的 73.5%。中国移动、中国电信和中国联通移动用户数分别达 9.06 亿户、2.82 亿户和 3.02 亿户。在有线宽带方面，截至 2018 年 6 月，中国电信用户总量达 1.4 亿户；中国移动用户总量达 1.35 亿户；中国联通有线宽带用户数为 7891.6 万户。

**（2）农业电子商务快速发展涨幅超 30%**

最近 5 年，我国农村网民规模逐步扩大，网络普及率逐年上升。据商务部统计，截至 2017 年底，农村网店数量已达 985.6 万家，较 2016 年增加 169.3 万家，同比增长 20.7%，带动就业人数超过 2800 万人。

截至 2018 年 6 月，我国农村网民数已经达到 2.11 亿人，占整体网民数的 26.3%，较 2017 年末增加 204 万人。农村地区互联网普及率已经达到 36.5%。至 2018 年底，我国农村网络零售额已突破 1.6 万亿元，涨幅超过 30%，显示了更加旺盛的生命力。这主要体现在以下方面。

ⅰ. 电子商务扶贫发展迅速、效果显著

为促进农业电子商务的快速发展。近年来，大型电子商务网站纷纷启动了电子商务扶贫工程。截至 2018 年 10 月，阿里巴巴农村淘宝在全国开展的合作县域已达 1038 个，落地 3 万多个天猫优品服务站，覆盖了国家级贫困县 313 个。

苏宁在 1000 余个县，建设了 1770 家直营店和超过 1 万家授权服务点。

京东依靠 35000 多名配送和仓储人员，自建物流，目前已覆盖全国 495 个城市（占中国城市的近 75%）。在覆盖一二线城市后，京东物流又深入乡镇，继续向乡镇覆盖。目前，乡镇网点覆盖率已超 80%，基本上能满足 5.9 亿农村人口的快递服务需求。

借助互联网农村电子商务平台，农民不仅用互联网手段解决了县域经济发展中新旧动能转换的难题，也让农村的土特产卖到了全国，走向了世界。

ⅱ. 农村市场的开辟，促进了中国快递业务量迅猛增长

2017 年中国快递业务量累计完成 400.6 亿件，2018 年快递业务量更突破 500 亿件，超过了美国、日本、欧洲的总和。自 2014 年开始，我国快递业务量已经连续 5 年稳居世界第一。所有这一切，表明了农业电子商务的快速发展。仅 2017 年 1～9 月，全国 832 个国家级贫困县，就实现网络零售额 818.1 亿元，同比增速高达 53.1%，高出电子商务整体增速 14.8%。

这里，我们特别要注意到：近四年来，我国电子商务零售额增幅已经超过了 200%，而农村电子商务网络零售额，则翻了六番，其增速不仅直接反映了国家和社会各界对农村电子商务发展的重视和支持力度，也反映了广大农民已经掌握了现代化的网络营销工具，开始昂首阔步地走上了网络营销的大市场。

**（3）微营销快速发展，移动支付正在悄然改变传统支付习惯**

伴随着智能手机的快速发展，当前在中国，微博已经成为全球最具影响力的中文社会化媒体平台，截至 2018 年底，微博月活跃用户数达 4.62 亿人，连续 3 年保持同比 7000 万人

以上的用户净增长。微博商业化继续保持稳步增长态势，年度营收提升至 114.4 亿元，广告营收也达到了百亿元规模，年度净利润同比增长 54％，2018 年第 4 季度净利润再次超过华尔街分析师的平均预期。

新浪微博副总裁王雅娟曾在"社会化媒体带来的营销变革"演讲中指出："目前，微博在 18 个垂直领域月均阅读量人数超 100 亿人，微博上网红账号达到 3.6 万个，网红粉丝数达到 3.85 亿人"。微视频的日均播放量增长了 713％。观看短视频年播放量的人数已经超过 170 亿人，参与话题阅读量的人数近 1 000 亿人。微营销过亿元的一大批操盘手，已经涌现。

正是由于移动应用的迅猛发展，不仅扩展了市场，也催生了微营销、微分销、微视频营销等多种营销新业态，更拉动了非银行支付的快速发展。2018 年，非银行支付机构发生网络支付业务 5 306.10 亿笔，金额 208.07 万亿元，同比分别增长 85.05％ 和 45.23％。这表明中国网民正在悄然改变着传统支付习惯。

电子商务的快速发展，还使"买全球，卖全球"成为现实，有力地推进了跨境电子商务的迅猛发展。近五年，不仅创造了许多跨境贸易的新模式，也引领了消费发展的新趋势。通过跨境电子商务，中国的电子产品、工艺品、服装、鞋帽、农产品及土特产品等热销全球，世界各地的优质商品，也快速走进了中国百姓的家中。

2017 年，中国出口跨境电子商务交易额达到 6.3 万亿元，同比增长 14.5％。其中：B2B 市场交易规模为 5.1 万亿元，同比增长 13.3％；网络零售市场交易规模为 1.2 万亿元，同比增长 21.2％。2018 年中国跨境电子商务交易规模达到 9.1 万亿元，2019 年达到 10.8 万亿。

目前，中国出口跨境电子商务已经面向全球 200 余个国家，70 亿消费者。

近年来，我国电子商务和跨境电子商务之所以能持续快速发展，得益于技术的快速进步，得益于市场主体的大胆创新，也得益于政府服务的不断优化和营商环境的不断改善。

① 就跨境电子商务出口品类而言：主要分布在 3C 电子产品、服装服饰、家居园艺、户外用品、健康美容、鞋帽箱包、母婴玩具、汽车配件、灯光照明等。目前与海关跨境电子商务平台联网的企业已超 4 000 多家。

② 就出口跨境电子商务卖家的地域分布而言：主要集中在广东 24.8％、浙江 16.8％、江苏 11.3％、北京 8.6％、上海 6.5％、福建 5.4％、山东 3.6％、河南 3.2％、其他 19.8％。其广东、浙江、江苏三省跨境电子商务卖家贡献的收入额，占全国的 52.9％。

据海关总署监管司副司长介绍，海关平均每天验货 180 万票。2017 年全国海关验放跨境电子商务进出口商品清单 6.6 亿票，通过系统验放的跨境电子商务进出口商品总额合计 902.4 亿元，同比增长 80.6％。

中国发展电子商务虽然只有短短 20 多年，但已成为全球电子商务规模最大、发展最快的国家之一。截至 2017 年 12 月，我国境内外上市互联网企业已达 102 家，总体市值为 8.97 万亿元。其中腾讯、阿里巴巴和百度公司的市值之和，占总体市值的 73.9％。上市企业中的电子商务、文化传媒、网络金融、网络游戏和软件工具类企业分别占总数的 28.4％、14.7％、10.8％、9.8％、5.9％。电子商务发展直接和间接带动的就业人数已经从 1 500 万人，增长至 4 250 万人。

进入 2018 年，中国电子商务交易规模不仅持续保持了高速增长态势，而且还在持续扩大，特别是随着《新一代人工智能发展规划》的实施，商务智能在电子商务领域得到广泛应用。智能配货、智能分拨、智能仓储、智慧物流、智能机器人送货等广泛应用，极大地提升了顾客购物体验的亲切感和新鲜感。

根据《中国人工智能发展报告 2018》提供的数据：截至 2016 年，中国人工智能相关专利申请数已达 30 115 项。至 2017 年 6 月，中国已经拥有人工智能企业 592 家，占全球总数的 23.3%；截至 2018 年 6 月，中国人工智能企业数已达 1 011 家，比 2017 年增加了 419 家。

③ 在专利上：中国 2018 年共申请 3 万项人工智能公开专利，比 5 年前大约增加 10 倍，达到美国的 2.5 倍。中国人工智能专利数量在 2015 年就已超过美国和日本，位居全球第一。

④ 在产业规模上：截至 2018 年 6 月，中国人工智能企业数量已达到 1 011 家，位列世界第二。北京已经成为全球人工智能企业最集中的城市。

⑤ 在风险投资上：2013—2018 年第一季度，中国人工智能领域的投融资占到了全球的 60%，成为全球最"吸金"的国家。

⑥ 在市场开拓上：中国人工智能市场增长迅猛，2017 年底其市场规模已达 237 亿元，同比增长 67%，其中计算机视觉市场规模最大，占比 34.9%。2018 年中国人工智能市场规模达到 415.5 亿元。可见中国的创新驱动战略已产生了明显效果。

⑦ 就电子商务的创新发展而言：生鲜电子商务中的动态控温；物流运输中的前置备货；重车集港返回中的空车配货，商品采购中的供需信息自动匹配，商品比价中的价格梯度排序，都在大数据驱动下，实现了创新。所有这些，提升了企业对市场变化作出科学预判、快速反应的能力，提升了进行人、货、场优化重构和动态调整生产安排的能力。

⑧ 就线上和线下一体化融合发展而言：近年来，我国电子商务线上主体开始积极走到线下，实现线上线下一体化发展。据报道，仅阿里巴巴集团，就累计投资传统产业专卖店超过 1 000 亿元，京东也计划在线下开设 1 万家专卖店。与此同时，线下传统产业正加速拥抱互联网。

苏宁在全国农村市场，就不仅布局 2 000 多家苏宁易购直营店、400 多家线上中华特色馆，且带动回乡创业、就业青年超过 1 万人，为 1 500 多万名农民提供了高效优质服务，全渠道实现农产品销售超 50 亿元，特色馆提供的当地农副产品、特色工艺品、中华老字号产品，累计惠及 200 多万名农民。

江苏孩子王儿童用品公司将商品体系、会员体系、服务体系与供应链管理线上线下全面打通，实现精准营销、精准服务，单客平均销售额从 200 元增长至 1 224 元。

目前，创新已成为中国电商最浓墨重彩的文化，吸引了一大批高成长企业和创客集聚，共同创造出很多"中国式"的双创奇迹。这从以下方面可看得很清楚。

⑨ 就商务模式创新而言：中国的电商人员勇于探索，创新了跨境电子商务的营销模式，现在有联盟营销模式、云营销模式、微营销模式、社会化媒体营销模式、跨境视频营销和关联营销等六种创新营销模式。

⑩ 在电子商务运营和服务创新方面：阿里巴巴创新研发并上线了"虚拟试妆台""未来试衣镜"，搭建了无人零售店"淘咖啡"，推出了无人售货体验店；京东与沃尔玛达成战略合作，不仅开设了线下实体店，推出了"百万便利店"计划，还探索了机器人配货和无人机送货。这一切表明商务智能已走进了我们的生活，"未来零售"正成为新的行业热点。

⑪ 在电子支付创新方面：随着移动应用的迅猛发展，不仅扩展了市场，催生了许多新业态，也拉动了非银行支付的快速发展。2017 年非银行支付机构发生的支付额已达 143.26 万亿元，同比增长 44.32%。2018 年，非银行支付机构发生网络支付业务 5 306.10 亿笔，金额 208.07 万亿元，同比分别增长 85.05% 和 45.23%。这表明中国网民正在悄然改变着传统支付习惯。

⑫ 在优化制度环境建设方面：商务部积极参与和推进《中华人民共和国电子商务法》（以下简称《电子商务法》）立法工作，全国人大已经通过并发布了《电子商务法》。国务院办公厅印发了《关于推进线上线下互动加快商贸流通创新发展转型升级的意见》《关于深入实施"互联网＋流通"行动计划的意见》等文件，商务部、中央网信办、发展改革委联合发布了《电子商务"十三五"发展规划》，商务部出台了《网络零售第三方平台交易规则制定程序规定（试行）》，并制订了《基于网络零售开放平台的电子商务服务商服务规范》等十五项行业标准，对规范电子商务发展起到了重要作用。

⑬ 在强化示范引领方面：商务部指导各地商务主管部门创建 100 家电子商务示范基地，并在创新管理、优化服务上进行了新探索，出台了许多优惠政策和奖励措施，培育并发展壮大中小微电子商务企业。还在全国创建了三批、近 500 家电子商务示范企业，在创新发展、诚信守法经营、抵制侵权假冒、提高服务水平等方面起到了良好的示范带动作用。

就各地电子商务产业园建设而言：目前，我国各种类型的电子商务产业园总数已超过 100 家，预计到 2020 年，我国各类电子商务产业园总数将会超过 500 家。一大批省市电子商务产业园已经成长起来，显示出集聚效应和规模效应。

以深圳为例，据不完全统计，目前深圳拥有跨境电子商务企业逾 2 万家，占全国的半壁江山，B2C 企业和大卖家超过 5 000 家，其活跃卖家占全国 40%，成为中国跨境电子商务的"大本营"。其龙岗区作为深圳的制造业及外贸进出口大区，跨境电子商务发展更呈井喷态势，已形成以华南城和坂田为中心的两个跨境电子商务集聚区，成为承接跨境电子商务产业汇聚的有力载体。

深圳跨境电子商务产业集群的规模效应已产生了巨大吸引力，不仅吸引了傲基、有棵树、赛维、价之链等在华强北起家的电商贸易公司入驻，也吸引了纳斯达克上市企业海伦尔赛、邻友通、触动力科技、游惠宝、韩都衣舍等多家知名跨境电子商务企业进驻。在行业龙头企业带动下，中小型跨境电子商务服务平台也不断集聚，产业链闭环逐步成形。与此同时，虚拟现实、增强现实、直播电子商务、社交电子商务，智能机器人管理仓库及无人机送货等新技术与新模式，都充分显示出产业集聚的优势和活力。

⑭ 在加强公共服务方面：国家商务部启动了商务大数据试点工作，编制并试运行《全国网络零售发展指数报告》《中国电子商务报告》《中国网络零售市场数据监测报告》。为加快与各大电子商务平台的数据共享，扩大动态监测平台数量，完善商品分类体系，提高监测分析时效，加强行业发展的引导，商务部还会同财政部、邮政总局在 11 个城市开展电子商务与物流快递协同发展试点。探索制约电子商务发展的物流短板解决方案，形成一批可复制、可推广的新鲜经验。截至 2018 年 7 月，我国已经生效实施的自贸协定有 15 个，涉及23 个国家和地区，涵盖了 8 000 余种进口产品，实现了零关税。

这一切表明：创新能力和服务能力的增强，已经成为我国电子商务企业推动自身持续发展的内生动力，也成了最无法被外界模仿的独门绝技。以阿里一达通为例，仅 2016 年以来，就为 7 万多名客户提供 55 万多次外贸通关服务，为 5 万多家企业提供 8 万多次外贸通关贴身服务。因此，该财年出口额一举突破 150 亿美元。

总之，历经五年的艰苦奋斗、砥砺前行，我国跨境电子商务企业已经由 2014 年底只有20 万家，成交额仅为 3.75 万亿元，到 2016 年跨境电子商务整体交易规模已经高达 6.3 万亿元，较 2015 年增长 23.5%，2017 年中国跨境电子商务交易规模为 8.06 万亿元，同比增长 20.3%，至 2018 年中国跨境电子商务交易规模已经达到 9.1 万亿元。

中国电子商务不仅已经由成长型，走向成熟型，走上了市场扩展、品质提升、效益显现的正确轨道，而且开始昂首阔步地走向了国际市场。

面向未来，我们信心百倍，我国电子商务的发展前景，必将更加美好！

## 3.2 中国跨境电子商务快速发展的八大特点

中国经济已全面走向世界，将为世界经济注入更多活力。中国跨境电子商务市场的迅速发展，不仅已成为国家新的经济增长点，而且已经昂首阔步地走向国际市场。

那么，中国跨境电子商务在国际化的进程中，有哪些特点呢？

### 3.2.1 以国际化视野布局六大洲

电子商务的国际化，需要满足国际化运营需求的运营环境和支撑技术，还需要跨国界、多语种的运营平台，以及大量基础设施的支撑。阿里巴巴为此做出了巨大努力。

自 2014 年首个"双十一"之前，阿里巴巴为保障首个全球化"双十一"的顺利进行，就做出了多项环境建设和支撑措施的周密布局，还开通了国际版。这些措施包括：

① 2014 年 6 月新建并交付了一个大型数据中心，用于保障境外业务需要。

② 将境外服务器数量翻倍。

③ 将国际专线网络带宽提升 10 倍。

④ 把境外 CDN 网络节点增加一倍，不仅欧美覆盖范围更加全面，还在亚洲的韩国、印度等国家和中国的澳门地区新增网络节点，目前，境外 CDN 节点带宽能力已经达到数百吉比特，可以充分保障境外用户访问速度和购物体验。

### 3.2.2 增加服务全球用户的承载力

由于"双十一"购物狂欢节拓展至全球范围，面对汹涌而来的流量，一旦技术保障方面不过关，整个电子商务生态圈将遭受数以十亿元计的损失。在历经五届"双十一"的考验之后，阿里巴巴技术团队根据大数据分析，全程模拟"双十一"当天海量用户的浏览、下单、支付等行为，进行了 8 次应对演练和全链路压力测试，并将可能出现的黑客攻击、局部爆发性流量增长、机房空调故障等种种"不确定因素"设定为可预估的风险，研究应对方案。最后，他们将 2013 年以来，逐步形成的 2 000 多套技术应急方案，缩减至 500 套以内。

实践开辟了认识真理的道路。应急方案数骤降 80％的背后，是阿里巴巴技术的逐渐成熟、理性思维的提升，及应对电子商务风险能力的增强。表明：中国电子商务网站已经具有了面向全球客户应用的承载能力！

还表明：一大批具有国际化视野的、能适应国际电子商务运营需要的、具有抗风险运营和管理能力的人才队伍，已经在中国电子商务和跨境电子商务发展的实践中锻炼和成长起来。成了中国电子商务快速发展的中间和骨干，成了中国跨境电子商务持续快速发展的基础性战略资源。

### 3.2.3 提升支撑大流量、高并发的应对能力

应急方案数骤降 80％的背后，是阿里巴巴技术的逐渐成熟。这种成熟，不仅表现在对

应用技术的掌控和娴熟上，更表现在能用前瞻性创新思维开发新技术、新模式和新业态上。正是基于在云计算领域长期的技术积累和前瞻性创新思维，阿里巴巴技术团队认识到：应对巨大的国际化商流潮，定会对"服务器资源弹性部署"和"数据中心异地双活"提出巨大挑战。为此，他们以此为重点，全力攻关。就在 2014 年"双十一"前夕，攻克了这两项世界级的创新难题，取得了解决"服务器资源弹性部署"和"数据中心异地双活"的话语权。这两项创新技术如下：

**（1）"服务器资源弹性部署"技术**

服务器资源弹性部署是指一旦有超出预期的业务热点突现，系统可自动调用其他资源使用不足的服务器的空闲资源，实现"分钟级无缝切换"，在不增加硬件部署的情况下，能自行适应更复杂的流量变化，动态应对不可预知的业务量的突然爆发。

**（2）"数据中心异地双活"技术**

数据中心异地双活可实现跨省的两地数据中心像一个数据中心一样工作，同时支持"双十一"的所有应用。其"两地数据中心的切换，能在不中断业务的情况下完成，这就像为正在飞行的飞机更换引擎，不仅可以不影响飞行，飞机上的乘客也不会有所感觉。能确保网上交易的顺利进行和完成。"

该项创新技术，可帮助阿里巴巴应对极端的自然灾害，进行预防范。即使杭州的数据中心出现问题，仍能确保"双十一"的顺利运转。据悉，该超大体量电子商务网站异地双活技术，目前全球只有阿里巴巴能完成部署，包括亚马逊在内的其他电商巨头并未实现。

总之，通过提升环境保证能力、资源保证能力、技术保证能力和运营保证能力，阿里巴巴确保了"双十一"期间，来自世界 235 个国家海外用户的访问体验和交易安全。

## 3.2.4　"双十一"成为全球性体验式购物节

阿里巴巴创建的"双十一"，历经八年发展，已走向成熟。其"双十一"名称已经品牌化。

2017 年的"双十一"期间，来自全球 235 个国家和地区的消费者通过中国电子商务平台购物，众多欧美知名电商也推出各种促销活动。"双十一"已发展成全球性购物节，其影响力正在持续提升。

至 11 月 11 日 24 点，2017 年阿里巴巴"双十一"全球狂欢节落下帷幕。这场几亿人参与的全球狂欢最终交出 1 682 亿元成交额的完美答卷，交易覆盖全球 235 个国家和地区。狂欢节期间，新零售能量全面爆发，"全球共振"效应充分凸显。

① "双十一"成交额 1 682 亿元中，无线成交占比 90％。

② 全天支付总笔数：达到 14.8 亿笔；全天物流订单数：达到 8.12 亿单。

③ 167 家品牌商的成交额进入"亿元俱乐部"。

④ 全球有超过 14 万品牌，参与网上购物节活动，有 1 500 万种商品参与天猫"双十一"营销。

⑤ 海内外有超 100 万商家，将线上线下打通。

⑥ 近 10 万智慧门店、超 50 万家零售小店，将新零售优势带到四面八方。

进入 2018 年的"双十一"，当天全国网络零售交易额超过 3 000 亿元，同比增长约 27％，再创历史新高。速卖通网购开始仅 1 小时，就有 199 个国家和地区的买家下单。整个"双十一"期间，有 230 多个国家和地区的消费者通过速卖通参与购物狂欢。其中，"一带一路"沿线国家，市场持续走强，沙特、阿联酋、波兰表现突出。非洲更爆发了空前的电子商务发展潜力，"双十一"交易额增长 78％。

正是这生动的效果和翔实的数据，不仅展示了"双十一"品牌的含金量和闪光点，而且为中国跨境电商走向世界，提供了条件，奠定了基础。

在"双十一"购物节中，电子商务平台利用其线下门店实现线上线下联通，促进全渠道融合，升级购物体验。再加上"娱乐电子商务"模式，引入了众多娱乐化元素，将媒体、商家和消费者结合起来，实现高效互动，打造全新营销模式。基于大数据、人工智能等先进技术的购物场景也为个性化、智能化消费提供了有力支撑。"双十一"已发展成为全世界集购物、娱乐、文化于一身的体验式购物节，不仅反映出供给侧结构性改革取得了积极成效，也使我们看到了三线以下城市和农村网购更加普及，城乡居民消费能力的进一步提升。所有这一切，正在汇聚成为新的消费驱动力！

### 3.2.5　加速支付宝全球化步伐

实践证明：电子商务的国际化，不仅需要跨境商务平台的国际化，客户资源的国际化，还需要全球化的支付工具和跨平台、多语种的支付服务。

为此，在与原有全球主流支付机构合作的基础上，自 2014 年开始，为了让境外用户更便利地参与"双十一"购物，支付宝在俄罗斯、巴西、印度尼西亚等大型新兴经济体，陆续接入了当地最流行的电子支付方式，还提供了钱包支付、网银支付和线下支付等多种方式选择。与此同时，在加拿大、欧洲、澳大利亚等发达市场，支付宝的脚步也在加速，目前已接入了多家本土网银、银行卡等支付手段，能使更多本地用户，可直接用本地货币进行支付。

自 2015 年初起，支付宝还增加接入了十多个新的国际支付机构，还在全球范围内大力推进国际用户快捷支付，使整体支付成功率提升了 5 个百分点，这将使境外用户参与当年的阿里巴巴"双十一"时，拥有更好的支付体验。正因此，短短半年时间，已经有超过 800 万境外用户在使用支付宝。

到 2015 年底，支付宝已具备了每秒稳定支持 6 万笔生意的支付能力。至目前，支付宝在技术架构上，已实现了全分布、全冗余、高弹性、低成本的海量交易与数据处理的"云架构"，不仅已经具备了可以支持十亿笔以上交易的日支付处理能力，并且具备了"异地多活"的数据容灾能力，可确保信息的安全和交易数据的安全。

对在中国大陆生活的外国人和中国港澳台人士来说，过去用支付宝只能依靠充值、转账等渠道实现资金进出。为了让境外在华用户也能和本地人一样，直接使用支付宝的各种生活服务，从 2017 年 10 月的 9.2 版本开始，外国人和中国港澳台人士已经可以通过支付宝绑定超过 20 家中外银行在中国大陆发行的银行卡。据悉，11 月推出的 9.3 版本还针对在中国大陆生活的外国人和中国港澳台人士提供了更多的重要更新。

益普索最新发布的《2018 上半年第三方移动支付用户研究报告》显示：近年随着智能手机的迅速普及，移动支付已融入中国人日常生活，成为居民日常消费支付的第一大工具。

目前，中国移动支付用户数约达到 8.9 亿人，其中，财付通用户 8.2 亿人，支付宝用户 6.5 亿人，财付通和支付宝的用户渗透率分别为 85.4％ 和 68.7％。当前，支付宝和财富通已经可以为全球 200 多个国家的用户，提供支付服务。庞大的客户资源，为中国电子商务和跨境电子商务的发展，奠定了坚实的客源基础。

支付宝在日本发展迅猛，已经领跑日本的移动支付。

据外媒报道：日本的许多机场、药妆店、百货商场早在 2016 年底，就已上线支付宝。截至 2017 年国庆期间，支付宝已可以在罗森便利店、各大电器店和百货商场等日本国内 3 万家以上的店铺使用。

日本出租车公司——"日本交通"在东京的 4 100 辆出租车，也都接入了支付宝，今后将拓展至全国范围内的 5 万辆出租车；接入支付宝的日本机场，目前已经达到了 22 家，肯德基在东京和大阪的 123 家店铺，也都可以使用支付宝了；家电连锁——"山田电机"在全国约 800 家店铺的收银台，也可使用支付宝。阿里巴巴表示，2018 年春季起，在日本推出基于智能手机的电子结算服务，力争 3 年内，赢得 1 000 万日本用户。

## 3.2.6　促进跨境旅游电子商务快速发展

世界旅游城市联合会的报告显示：2014 年中国出境旅游人数首次过亿人次。2015 年中国游客境外游人数达 1.2 亿人次，消费总额达 2 150 亿美元，占当年全球游客海外花费的 17%。2016 中国出境旅游人数达到 1.22 亿人次，旅游花费 1 098 亿美元。2017 年中国公民出境旅游突破 1.3 亿人次，旅游花费达 1 152.9 亿美元。2018 年中国公民出境游人数 1.5 亿人次，实现旅游总收入 5.97 万亿元。实践表明：中国已然成为世界最大的出境旅游市场和最大的出境旅游消费国。

另根据文化和旅游部的数据显示，2017 年国庆期间中国出境游客超过 600 万人次，分别从中国近 300 个城市出发，到达全球 88 个国家和地区、1 155 个境外城市。庞大的中国游客出境旅游热，不仅带动了旅游所在地的经济发展，且其巨大的消费能量和采购能量也拉动了旅游地跨境电子商务的发展。

在美国：中国游客及华人聚集区域的机场、酒店、景点、奢侈品门店等，都已经部署了微信支付及支付宝跨境移动支付，且纽约和拉斯维加斯 1.6 万辆出租车已接入了支付宝，中国的移动支付已在美国覆盖了衣、食、住、行、玩五大领域。

在欧洲："巴黎老佛爷百货"已上线微信支付，并以较低的汇率吸引消费者进行支付。2017 年 7 月，腾讯的微信支付服务又在欧洲发布，欧洲多个国家的政府机构和企业也对支付宝和微信支付给予支持，希望帮助中国游客获得更加顺畅的旅行体验。支付宝已与芬兰国家投资贸易旅游促进推广总署签署合作备忘录，将继续深入拓展更多热门旅游区域，让中国游客可以像在国内一样，方便地使用微支付和支付宝进行旅游消费和购物。

截至 2017 年，支付宝已经在欧美、日韩、东南亚等三十多个国家和地区上线使用，涉及范围包括餐厅、百货超市、便利店、免税店、机场等几乎所有消费场所；微信支付也已经登陆超过 13 个国家和地区，覆盖全球超过 13 万家境外商户，支持 12 种以上的外币结算。此外，支付宝的线上收付方面，已经与全球，包括万事达、渣打、德意志银行等金融机构达成合作意向。从东南亚到日韩，从欧洲到北美，中国的支付产品在海外覆盖范围不断扩大。

目前支付宝和微信用户不仅规模庞大，且支付生态完整，技术和服务优势明显。中国的移动支付依托于电子商务和社交平台的发展，已经领先全球。比起美国等国家，中国的移动支付不仅线上成熟，线下渗透广泛，而且比起其他国家的现金、NFC、信用卡等主流支付方式，更加便捷高效、成本更低。

特别是，近年来，中国的电子金融科技发展迅速，金融科技企业逐渐进入金融与科技深度结合发展阶段。在基础技术、应用开发和商业模式创新方面，都处于全球领先水平。从移动支付到消费金融、供应链金融，再到大数据征信体系等，百度、阿里巴巴、腾讯和京东这些电商巨头及其他相关公司，在金融的几大业务板块方面，都已经做得比较标准化，已经探索出一条切实可行的创新发展模式来。这种创新模式，在海外，不仅具有技术吸引力，而且具有可复制性。把这些新金融产品标准化后向海外输出，寻求增量，已经具有现实可能性。因此，支付宝和微支付，近年来已经昂首阔步地走向了国际市场。

当前中国的电商巨头，在电子金融科技业务出海的过程中，视野已经放开，路径已逐渐成熟，手段已经多元。特别是：随着"一带一路"倡议的实施，中国的电子金融产品进一步加快了进入世界市场的步伐。

内容上：中国的电子金融科技产品，已经涉及移动支付、微支付、网络信贷、财富管理等多种新业态。

做法上：中国的电子金融科技产品，已经从单纯的技术输出，扩展到以技术输出带动资本输出或以技术输出支撑资本输出的多种输出方式，布局海外金融。结合跨境游与海外商家合作，采取收购海外公司的股份，或者与海外商家共同成立合资公司以及无形资产输出等多种灵活的方式进行合作，以实现共赢。

蚂蚁金服投资了菲律宾数字金融市场；京东金融进入了泰国市场；腾讯在马来西亚申请了支付牌照，通过微信，在当地提供微支付服务；百度钱包已在泰国上线，并瞄准了日本、韩国等邻近国家；新联在线、闪银等网络借贷公司在新加坡设立分支机构，并与当地的金融机构合作运营；捷信在越南、菲律宾等地，采用"驻店式"消费信贷模式，与OPPO等企业合作，提供3C、摩托车等产品的分期消费贷款。在财富管理方面，宜信、陆金所、PINTEC等都已布局并进入海外市场。

随着互联网和高新科技成为经济增长的新动力和"一带一路"倡议的稳步推进，中国金融科技出海还采取了更加灵活的合作方式。比如在印度，蚂蚁金服就"针对合作伙伴的短板，给予具体领域的技术支持"，这些做法受到海外企业的欢迎。

### 3.2.7 实现跨境物流快捷化

空陆联运及跨境班列助推跨境物流快捷化，下面具体介绍。

**（1）陆空联运的概念**

陆空联运是火车、飞机和卡车整合的联合运输方式。简称TAT（Train-Air-Truck），或火车、飞机的联合运输方式，简称TA（Train-Air）。通过运用几种不同运输工具，进行一体化的整合运输，可以把不同运输资源的局部优势，整合在一起，形成聚合优势，极大地提升运输效能。真正地实现"门到门"的快捷运输服务，从而能更好地适应跨境物流对及时性和准确性的要求。

**（2）目前陆空联运的分类**

一是TAT，即Train-Air-Truck的联运。

二是TA，即Truck-Air的联运。

三是TA，即Train-Air的联运。

**（3）十城首发，国内首款空陆联运产品正式上线**

2016年10月30日，由传化智联旗下易货嘀与顺丰控股子公司悟空丰运共同打造的国内首款"空陆联运"物流产品正式上线，并在"双十一"全线投入使用，届时北京、上海、广州、深圳、杭州、成都、重庆、武汉、西安、沈阳十城首发，全力助阵"双十一"电子商务物流的通畅。

空陆联运是易货嘀和悟空丰运针对企业级客户推出的一款定制化空陆运输产品，可实现跨省门对门极速送达，易货嘀负责收派环节的陆运服务，悟空丰运负责进出港空运服务，通过向客户提供精准的送达时间，将企业的物流需求引领到"快""准""省"的多重标准上，打造多式联运的"中国方案"。

该产品直击城市物流痛点，在"快"的前提下，更注重节点控制，预约收货时间可精确到 10 分钟以内。"比如客户选择下午五点半收货入仓，易货嘀配送车辆将会在下午五点半如约送达，误差时间不超过 10 分钟"。这种精准的物流服务，很受顾客欢迎。

目前，此款空陆联运产品已聚焦新零售、商贸、生鲜水果、快消品、医药等多行业，配送范围涵盖大票普货、生鲜冷链、贵重物品和高端器械，最近又开通次日达服务，即日达和限时达服务也将陆续推出。

"本次联合开发的空陆联运产品，主要满足客户对时效、保鲜及高价值产品的物流需求。在保证速度的前提下，提供定制化服务，可做到精准、高效、低价，首发当月的次日达产品价格将优惠 10％～30％。""以深圳到北京的大票普货为例，100kg 普货，使用空陆联运次日达，价格将优惠至 700 多元，而市场价一般在 800～1 000 元。"

**（4）跨境班列的概念**

跨境班列是指按照固定车次、线路等条件开行，往来于中国与境外地区或国家的集装箱国际铁路联运班列。

**（5）义乌开往伦敦中欧班列首发**

2016 年 12 月 31 日 24 时，国内首趟开往伦敦的中欧班列从义乌启程。该班列共搭载 88 标箱货物，内为服装、袜子等小商品，总重约 700 吨，货值约 3 500 万元。

该班列从义乌铁路口岸海关监管场所始发后，经阿拉山口转关出境，途经哈萨克斯坦、俄罗斯、白俄罗斯、波兰、德国、比利时、法国，再经英吉利海峡隧道，终抵英国伦敦柏京车站，全程 12 451 千米，运行时间 18～20 天。图 3-1 为准备启程的中欧班列。

图 3-1　准备启程的中欧班列

随着中欧班列的开通，迅速辐射到相关城市，相继开通了多条直通欧洲的专列：

2017 年 8 月 22 日中欧班列郑州至慕尼黑线路开通；

2017 年 9 月 5 日银川至德黑兰国际货运班列开通；

2017 年 10 月 14 日长春至汉堡中欧班列首发。

自 2011 年中欧班列开行以来，至 2019 年初，已累计开行超 12 000 列。中欧班列现已连接境外 23 个城市、境内 14 个城市，并将加快打造 7 条国际铁路通道和 5 条国际铁海联运通道，还不断探索了中欧班列的制度创新和运营模式的创新，特别是探索了"多式联运"的门对门服务。

这些创新运营和服务模式的深入推广，不仅顺畅连接欧洲 12 个国家的 37 个城市，且使货物品类日益丰富，班列双向运输日趋均衡，回程班列数量与去程班列的占比已达到 71%，基本实现"去 4 回 3"，有效地提升了跨境物流的效能，呈现出良好的国际品牌效应和发展前景。对于打造快捷、安全、绿色的跨境运输大通道，打破国际物流发展的瓶颈，具有重要的意义。

为此，2018 年底，中欧班列运输协调委员会第三次全体会议在成都召开。会议总结了中欧班列本年度工作，研究了 2019 年发展大计，选举产生了第二届委员会领导机构和人员，并介绍了新加入的北京跨欧亚国际货运代理有限公司、内蒙古亚欧国际物流有限责任公司等 7 家成员单位。会议商定：坚持"共商、共建、共享"原则，搭建统一运输协调平台，共同协调解决中欧班列发展中面临的问题，进一步降低物流成本，提高运行品质，推动中欧班列优质可持续发展，让更多地区人民、更多企业客户共享中欧班列发展成果。

在古老的丝绸之路上，中欧班列再次将欧亚大陆紧紧地联系在一起，成为中国商品走向世界，世界商品进入中国的联通之路、快捷之路，成为沿线国家发展成果共享之路、互利合作共赢之路。

## 3.2.8 积极参与主导电子商务国际规则的制定

随着全球数字经济的快速发展，关于数字内容产品和数据流动的国际电子商务规则制定，成了近年来各国关注的焦点。世贸组织在 1998 年发表《关于全球电子商务的宣言》，并成立了电子商务工作组，这是在国际贸易领域较早建立的电子商务工作机制。

据此，近年来，以美国、日本为代表的发达国家签署或正在谈判的双、多边自贸协定中，基本都包含了专门的电子商务章节。在《跨太平洋伙伴关系协定》（TPP）中，更是提出了迄今最高标准的规则要求。关税、数字产品的非歧视待遇、电子签名和电子认证、无纸化认证、在线消费者保护、个人数据保护是当前被采用最多的几项规则，而开放网络、跨境数据流动、设施或内容的非本地化、垃圾信息、源代码、安全合作等是近几年美国倡议的新规则。

但是在电子商务国际规则领域，除了在 WTO 成员方之间一直坚持"不对电子传输征收关税"之外，其他尚未取得实质性进展。有鉴于此，习近平总书记指出："我们不能当旁观者、跟随者，而是要做参与者、引领者"，要"善于在国际规则制定中发出更多中国声音、注入更多中国元素"，并且"必须审时度势，努力在经济全球化中抢占先机、赢得主动"。

为落实习近平总书记的要求，我国在《电子商务"十三五"发展规划》中明确指出，要"积极利用现有多、双边及区域国际交流机制，发挥主动引领作用，深入推进国际电子商务规则谈判和政策协同，营造有利于电子商务发展的国际环境。"

为此，我国在 2015 年签署的《中国—韩国自由贸易协定》《中华人民共和国政府和澳大利亚政府自由贸易协定》中都设立了专门的电子商务章节。两个协定均包含免征关税、电子签名和电子认证、无纸化贸易、个人数据保护、国际合作与对话条款，而中澳自贸协定还包括在线消费者保护和国内监管框架条款。目前我国正在参与的《区域全面经济伙伴关系协定》（RCEP）、中日韩自贸区谈判等也都包含电子商务的专门章节。

从未来全球数字经济的发展趋势以及国际经贸规则的谈判情况看，未来五年，将是国际电子商务规则发展和规则形成的时期，也正是《电子商务"十三五"发展规划》所指出的我国要"发挥主动引领作用"的关键时期。因此，中国将在以下三个方面的国际电子商务规则制定中有更多的作为。这三个方面大致包含的内容如下：

① 促进货物贸易领域电子商务发展的规则，如无纸化贸易、电子签名和电子认证等。

② 数字产品贸易的相关规则，如数字产品非歧视待遇等。

③ 关于数据的最新规则，如个人数据保护、跨境数据流动、计算设施非本地化等。

鉴于我国电子商务产业和跨境电子商务的发展已经处于世界领先地位，我国将首先大力推进货物贸易领域的电子商务规则的制定，如建立跨境电子商务零售商品海关税收征管体系；建立"单一窗口"数字口岸；加强无纸化贸易等。促进跨境电子商务的便利化，推进我国电子商务企业的跨境贸易。

在数字产品的规则方面，虽然我国的数字内容产业正在蓬勃发展，而且相应的版权保护规则等也在逐步完善，但是鉴于数字产品与在线软件服务、视听服务、新闻服务等服务贸易的提供紧密相关，而这些服务贸易往往设有市场准入的限制，因此制定数字产品的规则时，应结合服务贸易规则的制定统筹考虑。

关于数据的规则方面，目前国内的立法已经针对关键信息基础设施领域的个人数据和重要数据，建立了以境内存储为原则，以跨境传输为例外的规则。因此，未来在国际谈判领域，我国要引领建立评估基础上的规则体系，促进商业数据的跨境安全流动。

在积极参与制定国际电子商务规则的同时，《电子商务"十三五"发展规划》也提出"深入推进国际电子商务规则谈判和政策协同"。要成为国际贸易规则领域的主导者，一个重要的标志就是能够成功地将国内法转化为国际规则。

目前，《电子商务法》中有专章对跨境电子商务进行了界定，提出"国家推动建立与不同国家、地区间跨境电子商务的交流合作，参与电子商务国际规则的制定，促进电子签名、电子身份等国际相互承认。国家推动和建立与不同国家、地区之间的跨境电子商务争议解决制度。"因此，将我国的电子商务立法与参与国际电子商务规则的制定紧密结合，相互促进是"十三五"期间电子商务国际合作的方向。

需要指出的是：电子商务在拉动消费需求的同时，也存在虚假宣传、变相设置价格陷阱及售假侵权等现象，严重影响了网络交易的社会公信力。针对此问题，2016 年"双十一"前，打击侵权假冒领导小组办公室和有关部门提前谋划，出台了一系列协同防范措施，商务部会同有关部门和有关电子商务快递企业联合签署了《反"炒信"信息共享协议书》。并多次召开告诫会、座谈会，研究加强网上监管的办法措施，都产生了积极的社会影响，有效促进了网购秩序的改善。

## 3.3　中国跨境电子商务的新亮点

进入 2017 年以来，随着党的十九大精神的贯彻落实，"我国经济已由高速增长阶段转向高质量发展阶段"。中国跨境电子商务行业，在十九大精神的指引下，也进入了高品质发展阶段。各跨境电子商务平台企业把握时机，顺势而为，不仅升级了国际供应链，建立了绿色生态圈，而且大胆创新，开拓进取，在高品质发展方面，做出了许多积极探索，创新了许多新业态。主要有以下四大新亮点。

**（1）重点跨境电子商务平台企业开始建立全球溯源体系**

很长时期以来，跨境购物的产品溯源问题，一直是个老大难问题。各国大都没有解决。

但是，随着党的十九大精神的贯彻落实，中国电子商务界，把这个问题作为贯彻落实十九大精神，实现"由高速增长阶段转向高质量发展阶段"必须解决的一个重点问题，全力攻关，很快就取得了明显进展。

如天猫国际在 2017 年 8 月就全面启动了跨境电子商务产品全球溯源计划。利用区块链技术以及大数据技术，对进口商品全链路进行跟踪，不仅汇集和整合了生产、运输、通关、报检、第三方检验等相关信息，且给每一个跨境进口商品配上了电子"身份证"，做到了可追溯、可查询。

京东在 2017 年 7 月就与中国出入境检验检疫协会等共同发起成立了"跨境溯源联盟"。溯源商品目前主要涉及：母婴、个人护理品和食品等。同时，为保障国内消费者权益，各级地方政府越来越重视跨境产品质量溯源体系建设。如广东省出入境检验检疫局就发布了全球质量溯源体系，并确定在南沙自贸区跨境电子商务监管中先行先试，初步构建起全链条的大质量监管模式。广东江门检验检疫局结合江门口岸和跨境电子商务新业态的实际情况，复制广东自贸区制度创新的经验，创建了全国首个跨境电子商务直购模式全球质量溯源系统。

所有这些创新探索表明：中国跨境电子商务已实现可查询、可溯源。

**（2）跨境电子商务出口产品，呈现出助推国产品牌"出海"的新特征**

跨境电子商务作为外贸新业态，为中国制造"出海"提供了新途径。随着我国经济走向高质量发展，我国跨境电子商务出口，也呈现出助推国产品牌"出海"的新特征。从 2017 年"双十一"的中国制造出海情况来看，京东就发起了"中国品牌抱团出海计划"，有 200 余家中国品牌与京东一起"扬帆出海"。上千家中国企业与京东签署了"出海"意向书。京东在"双十一"当天，向全球 200 多个国家和地区的消费者推荐中国的高品质商品。天猫在"双十一"当天帮助 100 多个中国品牌销往海外。

**（3）我国电子商务平台积极拓展国际市场，加快国际化发展步伐**

随着跨境电子商务市场的国际化发展，我国平台型电子商务企业开始放开视野，进行国际化运营。具有十五年外贸电子商务经验的知名品牌——敦煌网在全球化布局中，利用其拥有 2 100 万买家覆盖和全球 222 个国家和地区的客户资源，及拥有 17 个海外仓及 200 多条物流专线的物流仓储的优势，发展了 2 200 多项线上产品，积极帮助传统企业和广大中小企业走向国际市场，或直接走出去开辟海外市场。

2017 年 6 月，敦煌网首家海外数字贸易中心在匈牙利首都布达佩斯正式启动。敦煌网匈牙利数字贸易中心主要提供营销、交易、服务、培训等四大功能。截至 2017 年底，该中心已经在匈牙利、澳大利亚、西班牙、美国、土耳其、俄罗斯、秘鲁、阿联酋八国落地。未来敦煌网还会继续在英国、法国等欧洲市场布局直接面向消费者的营销模式（DTC）。这也让数字贸易商业模式、产业标准，有机会变成全球模式、全球标准，开创"全球数字贸易看中国，中国数字贸易看敦煌网"的崭新格局。

2017 年 11 月 3 日，阿里巴巴首个海外 eWTP 试验区——"马来西亚数字贸易区"也在吉隆坡全面启动运营。

**（4）中国电子金融产品开始由产品输出转向资本输出和技术输出**

近年来，支付宝和微支付能够昂首阔步地走向国际市场，其根源在于：近年来，中国的电子金融科技发展迅速，金融科技企业逐渐进入金融与科技深度结合发展阶段。在基础技术、应用开发和商业模式创新方面，都处于全球领先水平。

从移动支付到消费金融、供应链金融，再到大数据征信体系等，百度、阿里巴巴、腾讯和京东这些电商巨头及相关公司，在金融的几大业务板块方面，都已做得较标准化，已探索出一条切实可行的创新发展模式。这种创新模式在海外不仅具有技术吸引力，而且具有可复制性。因此把这些新金融产品标准化后向海外输出，寻求增量，已具有现实可能性。

通过近年来的实践，中国公司已经有了一整套运作较好的体系化配套流程及出海运作经验。现实中的中国电商巨头们，在布局海外金融业务时，注重结合跨境游与海外商家合作；还采取收购海外公司的股份，或者与海外商家共同成立合资公司等多种灵活的方式进行合作，以实现共赢。

蚂蚁金服：投资了菲律宾数字金融公司 Mynt、泰国支付企业 Ascend Money；与印度尼西亚 Emtek 成立合资公司，与联昌国际集团在马来西亚组建支付合资公司；与 Lazada 旗下在线支付公司 HelloPay 合并，并以"支付宝＋国名"的方式命名。

京东金融：通过与尚泰集团成立合资公司，进入了泰国市场，初期以支付业务为核心，未来会将业务拓展至消费金融、供应链金融、保险、理财等多个领域。

腾讯：在马来西亚申请了支付牌照，通过微信在当地提供微支付服务。

百度钱包：已在泰国上线，并瞄准了日本、韩国等邻近国家。其中，以成立合资公司或者收购股份的方式合作，这可以迅速解决牌照、人才、文化冲突等问题，效率更高。

新联在线、闪银等网络借贷公司：已经开始在海外提供融资借贷业务。新联在线在新加坡设立分支机构，拥有了 CMS 牌照，与当地的金融机构合作运营；并以此为基础，未来将继续开拓在越南、印度尼西亚、泰国等地的业务。

捷信：在越南、菲律宾等地，采用"驻店式"消费信贷模式，与 OPPO 等企业合作，提供 3C、摩托车等产品的分期消费贷款。

在财富管理方面，宜信、陆金所、PINTEC 等都已布局并进入海外市场。

PINTEC 与李泽楷旗下的香港富卫集团合资在新加坡成立金融科技公司 PIVOT，PIVOT 将向东南亚地区的金融机构提供 PINTEC 的动态、实时的财富管理和智能投顾技术。这种"动态资产配置"解决方案由机器学习算法驱动，为投资人提供适合的模型组合。在没有人工干预的情况下，资产组合将随着投资市场的变化，实时进行再平衡操作。这是中国智能投顾产业的一次漂亮的出海亮相。

平安集团主导的陆金所：已在新加坡成立陆国际开放平台，为全球普通个人投资者提供过去只有私人银行客户才能享有的产品和服务。2017 年 7 月，已经获得新加坡金融管理局（MAS）原则性批准"资本市场服务牌照（CMS）"。新加坡的中央银行和外汇交易监管部门，对国外金融机构准入严格，对信誉不佳的金融机构一概不予受理。陆国际在新加坡设立总部，是中国电子金融科技获得国际认可的有力证明。

蚂蚁金服：在印度，根据合作伙伴的技术能力、业务诉求不同，选择不同的合作方式。其做法是"针对合作伙伴的短板，给予具体领域的技术支持，比如它的风控不行，就去帮他们做风控；反洗钱能力不行，就去帮合作伙伴在他们的技术体系内补这个短板。"随着互联网和高新科技成为经济增长的新动力和"一带一路"倡议的稳步推进，中国与沿线国家的合作不断深入，中国的金融科技出海也迎来更多的发展机遇，中国电子金融的创新成果的不断输出，正在改变着世界。

## 3.4　"一带一路"对推进跨境电子商务发展的巨大作用

"一带一路"是"丝绸之路经济带"和"21 世纪海上丝绸之路"的简称。2013 年 9 月和

10月由中国国家主席习主席分别提出建设"丝绸之路经济带"和"21世纪海上丝绸之路"的构想。

"一带一路"倡议提出以来,从愿景转变为现实,取得了众多建设成果。实践证明,加强"一带一路"国际合作,为维护世界和平、促进共同发展提供了新平台、注入了新动力。

2017年以来,我国不断开拓电子商务国际发展空间,扩大国际影响力,积极参与并推动建立多、双边合作机制,寻求共同发展。跨境电子商务不仅已经纳入"一带一路"重要议题,而且大力推进了"丝路电商"的发展,已经成为"一带一路"建设的新亮点。

2017年我国已经与七个沿线国家建立了双边电子商务合作机制,并签署了相应的谅解备忘录(见表3-1)。我国将在政策沟通、公私对话、行业互动、人员培训、能力建设、联合研究等方面与七个国家展开电子商务领域的深入合作。表3-1为我国与沿线国家双边电子商务合作备忘录签署情况。

**表 3-1　我国与沿线国家双边电子商务合作备忘录签署情况**

| 时间 | 合作签署国 | 签署文件名称 |
| --- | --- | --- |
| 2017年11月28日 | 匈牙利 | 《中华人民共和国商务部和匈牙利外交与对外经济部关于电子商务合作的谅解备忘录》 |
| 2017年11月27日 | 爱沙尼亚 | 《中华人民共和国商务部和爱沙尼亚共和国经济事务和通信部关于电子商务合作的谅解备忘录》 |
| 2017年11月12日 | 越南 | 《中华人民共和国商务部和越南社会主义共和国工贸部关于成立电子商务合作工作组的谅解备忘录》 |
| 2017年11月10日 | 柬埔寨 | 《中华人民共和国商务部和柬埔寨商业部关于电子商务合作的谅解备忘录》 |
| 2017年9月15日 | 澳大利亚 | 《中华人民共和国商务部和澳大利亚外交与贸易部关于电子商务合作的谅解备忘录》 |
| 2017年9月1日 | 巴西 | 《中华人民共和国商务部和巴西联邦共和国工业外贸和服务部关于电子商务合作的谅解备忘录》 |
| 2017年5月11日 | 越南 | 《中华人民共和国商务部和越南社会主义共和国工业贸易部关于电子商务合作的谅解备忘录》 |

截至2019年6月,我国已分别与17个重点国家签署了电子商务合作备忘录,并建立双边电子商务合作机制。"丝路电商"已成为经贸合作新渠道和新亮点。

# 本章小结

本章是本书的重点章节。在本章中,介绍了中国跨境电子商务快速发展的态势;中国跨境电子商务快速发展的九大特点;中国跨境电子商务的新亮点;"一带一路"对推进跨境电子商务发展的巨大作用。

中国跨境电子商务快速发展的八大特点,分别为:以国际化视野布局六大洲;增加服务全球用户承载力;提升支撑大流量、高并发的应对能力;"双十一"成为全球性体验式购物节;加速支付宝全球化步伐;促进跨境旅游电子商务的快速发展;实现跨境物流快捷化;积极参与主导电子商务国际规则的制定。

# 思　考　题

1. 中国跨境电子商务有哪些特点？

2. 阿里巴巴在国际化的进程中，攻克了两项世界级技术难题是哪两项技术？该两项技术的特点是什么？

3. 敦煌网首家海外数字贸易中心向海外推出了什么创新解决方案？

4. 2017 年我国已经与七个沿线国家建立了双边电子商务合作机制，是哪七个国家？

5. 我国"双十一"开始向体验式购物节转变，有哪些新特征？

6. 近年来我国跨境电商发展中有哪些创新探索？请举出一种创新模式和一种创新技术加以说明。

7. 为什么说"丝路电商"的快速发展，已成为"一带一路"建设的新亮点？

8. 为什么说 PINTEC 与李泽楷旗下的香港富卫集团合资在新加坡成立金融科技公司 PIVOT，将向东南亚地区的金融机构提供动态、实时的财富管理和智能投顾技术是中国智能投顾产业的一次漂亮的出海亮相？

9. 请用实例说明：中国跨境电子商务进入高品质发展阶段有哪些新亮点。

# 第**4**章

# 跨境电子商务营销

---

## 4.1 跨境电子商务营销的基本概念

跨境电子商务营销可以简单地理解为利用互联网作为网络平台和营销渠道，从而实现买家和卖家最短路径链接和最快速度成交的一种电子化、便捷化的跨境营销活动和国际贸易方式。

这里需要明确的是，跨境电子商务营销并不是指全程的电子商务，后者体现为交易前、交易中和交易后的整个流程中借助互联网和其他电子手段实现交易的过程，广泛涉及信息流、商流、物流和资金流几大要素，而跨境电子商务营销只是电子商务要实现交易需要履行的核心任务，它主要扮演"信息流"的角色，将企业希望潜在客户获知的信息通过网络渠道传递给潜在客户，以促进客户实施交易的行为。

跨境电子商务营销和电子商务既紧密相关又有明显区别。电子商务的内涵很广，强调的是交易方式和交易过程延伸到物流配送的整个链条和全部环节，其核心是交易的电子化、便利化和快捷化。

而跨境电子商务营销是企业整体营销链条中的一个组成部分，电子商务营销本身并不是一个完整的商业交易过程，只是在交易发生之前，为了促成交易成功而提供的信息发布、信息对接、信息沟通、互动等前期营销活动，是电子商务中的一个重要支撑环节，发挥着重要信息的传递和对接作用。

### 4.1.1 跨境电子商务营销的特点

跨境电子商务营销的特点源自外贸行业的特殊性，传统的营销及推广方式不一定适合外贸推广的需求，因此，跨境电子商务营销有其自身的特点。

**（1）市场的全球性和客户资源的多样性**

跨境电子商务营销企业主要面对的是全球海外买家。每一个国家和地区的网民，不论地域、不分民族，都是电子商务营销平等的消费主体。但是我们必须注意，由于不同国家的客户资源不同，因此要有的放矢地针对不同的客户资源加以分析，提供适合他们的商品。

**（2）语言的多样性和民族禁忌的复杂性**

由于不同的国家的语言不尽相同，特别是民族的禁忌千差万别，所在国风俗习惯、传统文化、宗教信仰、法律政策等因素的影响，在跨境商品的宣传上要考虑不同民族的习惯、禁忌和民族文化的特殊性，以免闹出笑话，影响商品的销售。

**（3）商务平台的多样性和不同语系变化的复杂性**

不同国家的消费者对于商务平台的使用习惯具有多样性，因此要选择适合当地的商务平台销售商品。由于跨境电子商务的语言服务具有专业性、多样性、复合性、重复性和即时性的特点，为了满足不同国家用户的差异化语言服务的需求，就要选择好符合跨境电子商务实际需求的多语言服务体系。为此，当前许多跨境电子商务网站都提供多语言版本，或提供语言自动转换技术，以满足不同国家、不同地区、不同民族网民购物的需要。

**（4）物流多级衔接的安全性和跨境送达的实效性**

国内外物流环节之间缺乏协调统一，根据商品运动特点和方向，三大物流模块即国内物流、国际物流和目的国物流具有较强的互补性，但是在实际操作中缺乏协调统一性，导致跨境物流内部协同性水平偏低，安全性较差。除此之外，三大物流模块在信息共享方面缺乏完善的沟通机制，使得国内外物流信息对接存在不同步、不统一的问题，会降低跨境送达的实效性。

**（5）不同国别法规和商检要求的差异性**

不同国家在税收、法律、政策、贸易标准、产业保护、商检等政策等方面，也存在较大的差异性。这种差异性决定了不同的国家往往有不同的法规和商检要求。

## 4.1.2　跨境电子商务营销的方法与成功的要素

**（1）主动出击吸引买家**

出口商在网络时代面临全球市场的激烈竞争，必须主动出击占取先机，才能赢得商机。出口商可以通过建网站、做网页、发布供给信息和样品信息等方式进行宣传推广，并想办法扩大访问量，让买家可以很容易地找到自己，吸引买家注意，否则可能一年半载都没有买家来访问一次。网站的结构必须简单，网页上产品图片要清晰，要让买家能顺利下载，要使买家在短时间内了解出口商的实力、产品的品质、价格与交货能力等。

吸引买家访问的对策很多，最直接的做法是打知名度。由于各大搜索引擎门户网站仍是许多人上网查找信息时优先考虑的方法，所以，出口商应主动到这些搜索引擎上录入网站或网页资料，让买家可以很快搜索到，登录的人越多，导入的访问量就会越多，被搜索到的概率越大。有些网站还在提供登录服务之外，用一些技巧让网上资料更易被查到，以及查询时排名会靠前。在搜索引擎注册时，有很多软件可帮出口商自动注册到搜索引擎上，如输入关键词"免费搜索引擎"，就可找到这些软件。

还可以找别的网站作为合作伙伴，双方做友情链接、互换广告，提高访问量。若财力充足，也可到一些大的门户网站花钱做网上横幅广告，或在一些专业国际贸易网上发布样品信息和企业信息，以引起买家的注意。

**（2）主动向客户推送产品信息资料**

跨境电子商务营销的主动出击中，用电子邮件向买家发送信息，成本低而有效，但得慎用，以免被视为垃圾邮件。出口商可用定制电子刊物的方式，经读者的勾选许可后，主动发送指定的跨境电子商务营销信息，这种许可营销，既可取得信任感，又可建立良好的顾客关系。出口商也可以制作一些免费小程序，提供客户免费下载，还用抽奖等活动进行鼓励，加上网友间的电子邮件传送，也很有效果。出口商还可以主动在各大网站的留言板、BBS、新闻组、论坛、聊天室等引起一些话题的讨论，以吸引买家访问自己的网站或网页，提升其浏览量。

**(3) 主动进行市场调研**

出口商在看了买家在网上发布的信息后会主动回应，将自己的信息送到买家手中让其选择，这是推的过程，但只推还不够，还必须拉买家。出口商发现有买家访问过自己的信息，就要拉住买家继续让其深入了解自己的商品，才会激活买家的购买意向。

出口商可以用邮件列表系统，源源不断地将最新产品信息通知买家，让其保持长期兴趣和关注，从而留住回头客，促成买家下单。网上接到的询盘多是试探性询盘，无品质、数量、交货期等描述，这仅仅是了解出口商的产品；真正的实际上的询盘（实盘或虚盘）较少。出口商不可忽视试探性询盘，对之推拉并用，就有可能获得买家真实的购买信息。

网络的互动功能为出口商提供了高效率低成本的市场调研环境，为出口商跟踪买家的采购倾向提供了便利，可以根据买家选择信息的形态，或用技术手段解析得知潜在买家是谁，顺藤摸瓜分析买家的采购习性和喜好，迅速掌握买家的动向，从而有针对性地提供相应的商品和服务。

**(4) 建立适合海外客户阅读习惯的跨平台、多语种的商务网站**

作为一个在海外展示的网站，跟国内的网站略有不同，比如主要做美国市场的网站，可以购买美国服务器，这样网站的访问速度将会更快并且更加稳定。此外，外贸网站特别需要体现展示国的阅读习惯，注重网站的信用度。海外市场相隔甚远，要获取别人的信任，就需要用心研究如何通过网站的内容提高专业性和信任度。可以在网站上增加更多的公司信息、工厂图片。另外，网站的易用性、搜索引擎友好性、用户的导向性等，也都需要注意。

**(5) 熟练运用多种电子商务营销工具**

做好电子商务营销必须熟练掌握电子商务营销工具的使用。这些工具主要包括：搜索引擎营销、电子邮件营销、论坛营销、博客营销、微博营销、RSS（Really Simple Syndication）营销、网址导航、B2B平台营销等。除了要会用这些工具之外，还要熟练掌握电子商务营销效果检测工具的运用，分析广告效果、流量统计、电子商务转化率等。

**(6) 积极培养复合型的跨境电子商务营销人才**

人才是进行跨境电子商务营销的基础性战略资源。跨境电子商务营销需要的是复合型的跨境电子商务营销人才。

跨境电子商务营销人才之所以必须是复合型人才，主要表现在：这种人才必须具有多层次的复合知识结构，多层次的复合运营能力，包括现代网络运营知识和传统外贸运营知识的复合；还要具有网上捕捉商机的信息对接能力和沟通能力，以及民族语言和多种跨境语言沟通的复合交往能力。这在当前是一种极其稀缺的人力资源，媒体上曾出现过某市几十万年薪招不到一个跨境电子商务人才的报道。

# 4.2 跨境电子商务营销的主要模式

跨境电子商务营销方式主要有：电子邮件营销、搜索引擎营销、会展营销、跨境整合营销、社会化媒体营销、微博和微信营销、第三方跨境电子商务营销平台营销等。

## 4.2.1 电子邮件营销

**(1) 电子邮件营销的定义**

电子邮件营销（EDM）是利用电子邮件与受众客户进行商业交流的一种直销方式，是通过电子邮件的方式向目标用户传递价值信息的一种跨境电子商务营销手段。电子邮件营销有三个基本因素：用户许可、电子邮件传递信息、信息对用户要有价值。三个因素缺少一个，都不能称之为有效的电子邮件营销。

**（2）电子邮件营销的特点**

ⅰ．范围广

随着国际互联网的迅猛发展，截至 2019 年 6 月，中国网民数量达 8.54 亿人，全球的网民数量已经超过 44.22 亿人。面对如此巨大的用户群，作为现代广告宣传手段的电子邮件营销正日益受到人们的重视。只要拥有足够多的电子邮件地址，就可以在很短的时间内向数千万目标用户发布广告信息，营销范围可以是中国全境乃至全球。

ⅱ．操作简单，效率高

使用专业邮件群发软件，单机可实现每天数百万封的发信速度。操作人员不需要懂得高深的计算机知识，不需要烦琐的制作及发送过程，发送上亿封的广告邮件一般在几个工作日内便可完成。

ⅲ．成本低廉

电子邮件营销是一种低成本的营销方式，所有的费用支出就是上网费，成本比传统广告形式要低得多。

ⅳ．应用范围广

广告的内容不受限制，适合各行各业。因为广告的载体就是电子邮件，所以具有信息量大、保存期长的特点。具有长期的宣传效果，而且收藏和传阅非常简单方便。

ⅴ．针对性强，反馈率高

电子邮件本身具有定向性，可以针对某一特定的人群发送特定的广告邮件，可以根据需要按行业或地域等进行分类，然后针对目标客户进行广告邮件群发，使宣传一步到位。

ⅵ．精准度高

由于电子邮件是点对点的传播，所以可以实现非常有针对性、高精准的传播，比如可以针对某一特点的人群发送特定邮件，也可以根据需要按行业、地域等进行分类，然后针对目标客户进行邮件群发。

**（3）电子邮件营销的分类**

ⅰ．按照是否经过用户许可分类

可以将电子邮件营销分为许可电子邮件营销和未经许可的电子邮件营销。未经许可的电子邮件营销也就是通常所说的垃圾邮件。

ⅱ．按照电子邮件地址资源的所有权分类

可将电子邮件营销分为内部电子邮件营销和外部电子邮件营销，或者简称为内部列表和外部列表。内部列表是一个企业、网站利用一定方式获得用户自愿注册的资料来开展的电子邮件营销，外部列表也被称为电子邮件广告，是指利用专业服务商提供的电子邮件开展营销服务，自己并不拥有用户的电子邮件地址资料，也无须管理维护这些用户资料。

ⅲ．按照营销计划分类

可分为临时性的电子邮件营销和长期的电子邮件营销。临时性的电子邮件营销如不定期的产品促销、市场调研、节假日问候、新产品通知等；长期的电子邮件营销通常以企业内部注册会员资料为基础，主要表现为新闻邮件、电子杂志、顾客服务等各种形式的邮件列表。

ⅳ．按照电子邮件营销的功能分类

可分为顾客关系电子邮件营销、顾客服务电子邮件营销、在线调查电子邮件营销、产品促销电子邮件营销等。

　ⅴ．按照电子邮件营销资源是否为其他企业提供服务进行分类

可分为经营性电子邮件营销和非经营性电子邮件营销两类。

**（4）电子邮件营销的内容**

首先用户在注册之后立即收到欢迎信，然后可以通过程序设计一系列固定间隔的教程类东西。比如在注册的当天收到教程一，第3天收到教程二，直到收到7～10封邮件教程。这些都可以通过程序预设。

在这之后选择每个月固定的日期，写一篇有用的文章，发给所有订阅电子杂志的用户。当有新产品的时候，或有优惠活动的时候，都可以把信息发向用户。要注意的是，这类电子杂志必须包含实用的内容，广告性的东西很容易被退订。

　ⅰ．文本标志

电子邮件最通常的方式是文本标志，文本标志是一些有特定意义的字符，5行左右，一般放置在新闻邮件或经许可的电子邮件中间。这些文本标志也可以设置一个地址（URL），链接到广告主公司主页或提供产品或服务的特定页面。

　ⅱ．标志广告

HTML格式的电子邮件和新闻邮件可以设置与一般网页上所显示的一样的标志广告，不过并不是要在整页都放置广告，而是在特定目标受众的HTML格式的电子邮件和新闻邮件中放置标志广告，这些是事先征得目标受众许可的。

　ⅲ．其他方式

随着电子邮件营销的不断发展，出现了一些更有吸引力的其他方式，有时是由广告主和第三方撰写的电子邮件，在其中的一些营销方案中设有奖励或奖金计划。

**（5）电子邮件营销的要点**

当前，电子邮件营销已经被很多人广泛应用，但是并不是每个人都用得那么好，营销是有技巧的，想要使电子邮件营销抓住客户，还应该注意很多的问题和细节，其要点是：

　ⅰ．不要不分时间阶段狂轰滥炸发送邮件

在正式群发邮件之前，可先测试一下每隔多长时间发送电子邮件效果最好，哪个时段间隔用户的点击率最高，把握住适宜的发送频率，效果远好于不经思考、乱发一通。

　ⅱ．分众发送邮件

通过以往发送邮件的经验，测试哪些用户对哪种促销最感兴趣，再适当地调整自己的电子邮件营销策略。如针对那些喜欢购买物美价廉商品的消费者，如果一味地给他们发奢侈品的广告无疑是事倍功半的。

　ⅲ．抓住20%的黄金用户

经过长时间的分析和实验，电子邮件营销也有二八定律，大部分的收件人对不同的广告其实反应都差不多，只有20%的用户才会对定制的邮件反应敏感。因此不用特别花精力在设计独特的邮件上面，监测用户的点击率，抓住20%黄金人群会对下一步策略调整起重要的作用。

　ⅳ．邮件未经测试不要轻易发出

邮件的设计要简洁明了，开门见山，另外要仔细检查邮件内容，如果有图像，要确保打开邮件时图像可以显示，如果有链接，要确保是已经加了超链接的格式。

　ⅴ．保证邮件的到达率

鉴于全球严峻的反垃圾邮件趋势，导致很多正常邮件被错杀。因此，企业要和业界领先

的电子邮件服务商合作，确保绝大多数用户能够收到自己的邮件。

ⅵ. 设计有价值的邮件内容

企业发送的邮件尽量做到有价值，是对用户有意义的内容，让用户看后不觉得后悔，因此标题、首段和正文每个地方都要再三斟酌。

成功的电子邮件营销要明确电子邮件营销的目标，使用合适的沟通策略，明确自己的目标客户，设计有吸引力的电子邮件，分析效果，不断尝试和学习，以提高实效。

## 4.2.2　搜索引擎营销

**（1）搜索引擎营销的概念**

搜索引擎营销通常就是根据用户习惯使用搜索引擎的特点，利用用户检索信息的机会，将营销信息传递给目标用户。简单说，搜索引擎营销就是基于搜索引擎平台的跨境电子商务营销，它利用人们对搜索引擎的依赖和使用习惯，在人们检索信息时，将信息传递给目标用户。搜索引擎营销的基本思想是让用户发现信息，并通过点击进入网页，进一步了解所需的信息。企业通过搜索引擎付费推广，让用户可以直接与公司客服进行交流，增进了解，实现交易。

搜索引擎优化设计主要目标有两个层次：被搜索引擎收录、在搜索结果中实现排名靠前。简单来说，其目的，就是以最小的投入在搜索引擎中获取最大的访问量并产生商业价值。多数跨境电子商务营销人员和专业服务商对搜索引擎的目标设定基本处于这个水平。但从实际情况来看，仅仅做到被搜索引擎收录，并在搜索结果中排名靠前，还不够，这只能说是搜索引擎营销策略中两个最基本的目标。搜索引擎营销包括搜索引擎优化（SEO）、付费排名、精准广告以及付费收录等多种方法和手段。

**（2）搜索引擎营销的作用**

搜索引擎在跨境电子商务营销中的作用表现在六个方面：网站推广工具、网络品牌传播渠道、产品网络推广工具、网上市场调研工具、网站优化检测工具以及竞争对手制造网络推广壁垒等。

同时搜索引擎还可以带来更多的点击与关注，带来更多的商业机会，提升品牌知名度，增加网站曝光度。

**（3）搜索引擎营销的手段**

ⅰ. 竞价排名

竞价排名服务，是由客户为自己的网页购买关键字排名，按点击计费的一种服务。客户可以通过调整每次点击付费价格，控制自己在特定关键字搜索结果中的排名，并可以通过设定不同的关键词捕捉到不同类型的目标访问者。

当前，在国内最流行的点击付费搜索引擎有百度、雅虎和谷歌（Google）。值得一提的是即使做了 PPC（Pay Per Click，按照点击收费）付费广告和竞价排名，最好也依然应该对网站进行搜索引擎优化设计，并将网站发布到各大免费的搜索引擎中，以提高点击率。

ⅱ. 定价提名

定价提名是基于 DataEX 架构（关联型数据库实时交换管理系统）、FIBI 架构（费比架构，主要针对互联网搜索引擎的物理算法进行优化和整合）和云计算等技术，集效果和推广成本、排名和转化率多重优势于一体的互联网搜索引擎营销全新的解决方案。FIBI 架构实现全网搜索引擎的物理算法分析，DataEX 架构实现多个系统数据的无缝连接和实时交换。所以，与传统的搜索引擎优化不同，定价提名是互联网搜索引擎营销领域将技术产品化、服务化的一种全新解决方案。

### 4.2.3 会展营销

**(1) 会展营销概述**

会展是行业生产商、经销商和贸易商等进行交流、沟通和商业促进的平台。专业性会展是其所代表行业的缩影，在某种程度上甚至是一个市场的晴雨表和风向标。企业可以在会展中建立并维持与利益相关者的关系，融洽客户关系，建立在市场中的企业整体形象，还可以在会展中了解新产品的市场反应以及价格动向。

会展现场提供了进行市场调查的好机会。一方面，企业可以收集到有关竞争者、经销商和新老顾客的产品、价格以及市场营销战略等方面的信息，能够迅速、准确地了解国内外行业的发展现状与趋势及新产品的发布信息等，从而为企业制定下一步的发展战略提供依据。另一方面，如果企业正在考虑推出一款新产品或一种新服务，可以在展会上向参观者进行实地调查，前瞻性地了解其是否与目标市场的需求特征相一致。

通过会展提供的信息渠道，企业可以及时与目标顾客直接沟通，将产品的信息发送给特定的客户，并可获得来自客户的即时反应。据英联邦展览业联合会调查，会展营销的成本大大低于推销员推销、公关、广告等手段产生的费用。

大多数知名会展，特别是国际会展，通常都会吸引媒体的关注和全球的目光。利用媒体进行曝光，可成为参展企业的优势，极大地提升企业形象。日益成熟的展览业对现代市场营销的渗透效应越来越强，会展营销已经成为众多企业拓展市场的一把利刃。

ⅰ. 会展营销应注意的两个问题

同一个会展，对于不同的参展企业来讲可能收到截然不同的效果。作为参展企业，应该注意以下两点：

① 明确参展目标。参展目标的制定要配合企业整体的市场策略，具有实际性和可衡量性。一般来说，企业参展主要有以下几个目标：新产品宣传推广、融洽客户关系和维持与老客户的接触、接触更多的潜在客户和行业人士并认识实力强大的买家；企业形象宣传、产品品牌提升、收集市场信息、进行实地调研、找到新的市场推销思路等。

② 研究并选择展览会。每年，各地同一题材的主题会展很多，其内容、规模、功能都有所差别。选择参加哪些会展，要结合参展目标，根据公司市场策略，分析选择确定。

确定参展前要与各会展经理洽谈，了解前几届会展的观众数量、职业分布、地理分布和交易类别；了解往届参展商的数量，有哪些知名企业参展及其参展力度。同时，应尽可能要求会展经理寄上一份详细的招展说明以便判断各会展的质量和特色。

ⅱ. 利用会展资源，主动参观

每年国内外各地的行业会展有很多，企业或由于市场策略，或由于预算等种种原因，都只会有选择地参加其中的一些展会。但对于本行业的一些知名会展，企业即使没有参展，也应该予以关注，主动派市场人员参观，充分利用会展资源。甚至还应该关注一些重要的与本行业相关的上、下游产业的会展，关注整个产业链的动态。对企业的产品和市场的发展而言，会展是一个很好的信息窗口。企业市场人员在参观各展会时，应做好一些工作，以充分地利用会展资源。

**（2）如何让会展营销发挥作用**

企业要真正让会展发挥作用，就要对会展进行营销策划。

企业一般存在着两种截然不同的观点与做法：有的企业，包括国内一些知名的大型企业，仍无法脱离粗放式的营销管理，常常仓促应战，会展营销缺乏针对性，组织策划仅停留在模仿阶段，缺乏对自身品牌独特的风格、独特的销售主张和会展布局等方面的创新；另一类企业则在会展参加前就制定了严密、周到的会展营销计划。采用两种不同的做法，企业在会展中产生的效果也就大不一样。

一些企业往往抱怨，会展营销没有发挥应有作用。其原因主要有以下几个方面：

① 缺乏科学有效的营销工作规划。面对名目繁多的会展，没能选对与企业营销计划相匹配的会展，盲目参展。

② 参展的最终目的不明确。有的企业将会展营销仅作为一种事务性工作对待，为了参展而参展。参展的最终目的是什么，会展上要向谁传播哪些信息，如何吸引目标观众，如何胜出对手的传播，均未曾深入去考虑。

③ 在组织策划会展的过程中，企业决策层与执行层之间、企业与外协单位之间缺乏良好的沟通，对会展目的存在理解上的偏差。例如企业欲推广的产品、品牌文化与展台搭建的风格、活动组织的方式脱节等。

④ 在制定预算时，高估了会展效果，造成会展投入与产出比例的失调。近来，国内有些会展出现了一种展台搭建、活动组织一味求大、求豪华，而忽略会展活动本身表现效果的倾向，值得引起人们的思考和警觉。

## 4.2.4　跨境整合营销

整合营销是整合营销理论运用在外贸行业中形成的一套营销理念和方法。在跨境电子商务营销中，人们把这种整合营销理念进行了发展和创新，不仅注重将分散的信息资源整合成一个系统资源，而且注重将网络的/移动的/社会化的/云端的多种营销手段和营销资源进行多维度整合，让其产生协同效应和增值效应，从而极大地提升了跨境整合营销的效能。

跨境整合营销有利于合理配置企业资源，优化企业组合，提高外贸企业的经济效益；有利于企业信息的多渠道传播，广泛接触海外买家；有效增加外贸企业在海外买家面前的曝光度；减少对第三方平台的依赖度，让外贸企业掌握自主推广的权利。跨境整合营销费用低，投资回报率高。

## 4.2.5　社会化媒体营销

社会化媒体营销就是利用社会化网络、在线社区、博客、百科或者其他互联网协作平台和网络媒体，来传播和发布资讯，从而形成的营销、公共关系处理和客户关系服务维护及开拓的一种营销方式。一般社会化媒体营销工具包括论坛、微博、微信、博客、SNS 社区、图片和视频，通过自媒体平台或者网络媒体平台进行发布和传播。

**（1）社会化媒体营销的特点**

社会化媒体营销的特点是周期比较长，传播的内容量大且表现形式多样；每时每刻都会处在营销状态，注重与消费者的互动，强调内容性与互动技巧；需要对营销过程进行实时监测、分析、总结与管理；需要根据市场与消费者的实时反馈及时调整营销目标等。

社会化媒体的崛起是近些年来互联网的一个发展趋势。不管是境外的 Facebook 和 Twitter，还是境内的营销网络、微博、微信等，都极大地改变了人们的生活方式，企业将不可逃避地要面对社会化媒体给营销带来的深刻变革。

**（2）社会化媒体营销的运作**

社会化媒体营销在具体运作时要注意以下几点：

ⅰ．创造企业的网络曝光量

企业应用社会化媒体，可以在社交网络、微博、博客等拥有海量注册用户的社会化媒体网络上发布相关的服务信息和产品资讯，利用社会化媒体网络上的粉丝关注效用和社群效应，可大增企业产品与服务信息在社交网络上的曝光量。

社会化媒体的热点聚焦效应，使得企业能够通过社会化媒体实现与潜在用户之间更为广泛的沟通。社会化媒体还具有平等沟通的特性，更利于企业与潜在客户之间保持亲和的沟通，可持续深化关系。

ⅱ．增加网站流量和注册用户

传统的跨境电子商务营销是基于信息上网为特征的，企业通过在自己的官方网站上或是在垂直门户里的资讯频道上发布信息，然后通过关键词搜索，由搜索引擎带来相关的流量和点击。

社会化媒体的应用改变了以往过于依赖搜索引擎的跨境电子商务营销模式，通过社会化媒体不仅可以直接将社会化媒体上的用户流量转化为企业官网的流量，而且可以通过企业在社会化媒体上的信息吸引并发展注册用户。

ⅲ．吸引更多业务合作伙伴

社会化媒体在吸引个人用户的同时，也吸引了越来越多的企业用户。统计显示，美国有72％的企业在利用社会化媒体提供各种类型的服务。这不仅给许多企业提供了寻求合作的机会，也通过社会化媒体找到更多适宜的合作伙伴。特别是，社会化媒体的属性特征使得用户在社会化媒体上能够获得比搜索引擎更加全面和完善的资讯，也更容易判断合作伙伴的经验和能力，从而帮助企业带来更多潜在的合作机会。

ⅳ．提升搜索排名

传统的官方网站和产品网站是以信息发布为主，内容多是静态信息和资讯，内容更新频率比较低，主要通过关键词来被搜索引擎收录。

而社会化媒体上的信息更新与内容互动要频繁得多，企业在社会化媒体上频道页面的更新率非常高，更容易在搜索引擎中排在更靠前的位置。

ⅴ．带来高质量的销售机会

包括零售、旅游、金融等行业的许多企业在 Facebook 上的成功应用已经证明了社会化媒体对于销售机会的促进效应。

在美国的许多零售企业已经通过 FacebookAds 发布消息，利用网络下载优惠券，在微博上发起与产品有关的话题，监控感兴趣的客户行为，结合邮件营销和博客营销，带来了大量的销售机会。

ⅵ．减少整体营销预算投入

社会化媒体营销当然也需要投入，但是应用得好，整体营销预算会大大减少。这是因为社会化媒体有着其他传统媒体和网络媒体所不可替代的传播效应：一方面社会化媒体网络的开放性吸引了大量的注册用户；另一方面有关产品与服务的信息可以利用社会化媒体网络以更低的成本、更快的速度进行传播。如果企业能够将社会化媒体与视频营销、病毒营销结合起来，常常能够达到意想不到的营销效果。

荷兰皇家航空公司（KLM）就在 2011 年 3 月新开航的迈阿密航线上，成功地运用社会化媒体营销传播，利用 Twitter 发起话题，实现视频分享，以极低的投入对这条新航线的推广起到了意想不到的传播效果，大大增加了 KLM 的品牌美誉度。

ⅶ. 促进具体业务成交

社会化媒体的特性不仅是利用社会化网络、微博等发布信息，更重要的作用是可利用社会化媒体平台发起与潜在用户的互动。

企业的社会化营销团队不仅可以关注在社会化媒体上的用户，还可以监控用户对于相关产品与服务的关注，并且可以实时发起与潜在用户的互动，持续深化与潜在用户的关系，促进对企业产品与服务的兴趣，并且适时地发起社会化营销活动来促进成交。

ⅷ. 建构品牌社群

企业要进入社会化网络开展营销工作，需要懂得"如何正确进入"社会化网络，深入了解社会化网络用户生态，构建起品牌社群，制定完善的社会化战略及执行规范手册，管理好多账号、多平台的企业社会化营销行为，保证企业市场目标的实现，提升工作效率，降低不可控风险。

## 4.2.6　微博和微信营销

**（1）微博营销**

微博营销是指通过微博平台为商家、个人等创造价值而使用的一种营销方式，也是商家或个人通过微博平台，发现并满足用户的各类需求的商业行为方式。

微博营销以微博作为营销平台，每一个听众（粉丝）都是潜在的营销对象，企业利用更新自己的微博向网友传播企业和产品信息，树立良好的企业形象和产品形象。每天更新内容后，就可以跟大家交流互动，从而达到营销的目的。微博营销是一种便捷的营销方式。

该营销方式注重价值的传递、内容的互动、系统的布局、准确的定位，微博的火热发展也使得其营销效果尤为显著。随着近几年微博的发展，使用人数也在不断地增长，微博营销已成为一种常见的、必备的、为网民广泛使用的推广方法之一。

自 2012 年 12 月新浪微博推出企业微博服务平台，历经几年发展，目前全国的微博用户数量已经从 2010 年底的 6 311 万增长到 1.95 亿，成为一个庞大的客户群体。因此微博营销的受众是极其广泛的。

然而，微博营销并不像论坛推广那样简单，随便发个帖子就会有人去看，微博则不然，不合时宜地广告帖，不但起不到宣传作用，搞不好还会让企业的微博人气尽失，成为一个无人问津的死博。

因此，微博需要人们的精心呵护，要多加一些和网站同类的微群，从中寻找活跃的群友加为好友。一旦微博有了一定影响力，便可开始宣传，发少量广告，并继续用优质帖吸引客户，提升浏览量。

ⅰ. 微博营销的特征

微博营销是以传播学理论为基础，以营销学理论与案例指导，集成以往网络媒介营销手段的一种营销途径，微博营销有着极其明显的个性化特征。表现在：

① 注册简单，操作便捷，运营成本较低，方便实现"自营销"。

微博具有媒体属性，是将信息广而告之的媒介，但是与其他媒体相比，微博注册免费、操作界面简洁、操作方法简易，又有多媒体技术使信息呈现形式多样，而运营一个微博账号，不必花大价钱架构一个网站，不必有多专业的计算机网络技术，也不需要专门拍一个广告，或向报纸、电视等媒体支付高额的时段广告费用等，只要充分利用微博的"自媒体"属性，做好"内容营销"即是微博营销的王道。

② "品牌拟人化"特征易受用户关注。

社会化媒体时代，传播强调人性化与个性化，"官方话"和"新闻稿"在这样一个社会化与娱乐至上的场所就显得格格不入。企业用一个很人性化的方式去塑造自身的形象，不仅可以拉近和受众的距离，达到良好的营销效果，而且品牌的美誉度和忠诚度会大大提高。

③ 多账号组成的微博矩阵，便于针对不同产品受众进行精准营销。

微博矩阵是指在一个大的企业品牌之下，开设多个不同功能定位的微博，与各个层次的网友进行沟通，达到 360 度塑造企业品牌的目的。换句话说矩阵营销是内部资源在微博上的最优化排布，以达到最大效果。

④ 微博造星，可以借助知名微博主的影响力进行营销。

微博的传播机制建立在六度分格、二级传播等人际传播理论的基础之上，换句话说，微博中的社交关系是现实社交关系链的扩张性虚拟迁徙。微博的影响力同时也代表了一种关系的信用值。这种方法和渠道，多为营销公关公司利用，开展微博营销有偿服务业务。

ⅱ. 微博营销的分类

① 个人微博营销。很多个人的微博营销是由个人本身的知名度来得到别人的关注和了解的，明星、成功商人或者是社会中比较成功的人士，他们运用微博往往是通过这样一个媒介来让自己的粉丝更进一步地去了解自己和喜欢自己，微博在他们手中也就是平时抒发感情的，功利性并不是很明显，他们的宣传工作一般由粉丝们跟踪转帖来达到营销效果。

② 企业微博营销。企业一般是以盈利为目的性的，他们运用微博往往是想通过微博来增加自己的知名度，最后达到能够将自己的产品卖出去的目的。企业微博营销相比个人微博营销要难上许多，因为企业知名度有限，短短的微博不能让消费者直观去理解商品，而且微博更新速度快，信息量大，在企业微博营销时，应当建立起自己固定的消费群体，与粉丝多交流、多互动，多做企业宣传工作。

ⅲ. 企业微博营销的操作技巧

① 注重价值的传递。企业博客经营者要明确：企业微博是一个给予平台。目前，微博数量已经以亿计算，只有那些能对浏览者创造价值的微博自身才有价值，企业微博才可能达到期望的商业目的。企业只有认清了这个因果关系，才可能从企业微博中受益。

② 注重微博个性化。微博的特点是"关系""互动"，因此，虽然是企业微博，但也切忌仅是一个官方发布消息的窗口那种冷冰冰的模式。要给人感觉像一个人，有感情，有思考，有回应，有自己的特点与个性。

③ 注重发布的连续性。微博就像一本随时更新的电子杂志，要注重定时、定量、定向发布内容，让大家养成观看习惯。

④ 注重加强互动性。微博的魅力在于互动，拥有一群不说话的粉丝是很危险的，因为他们慢慢会变成不看你内容的粉丝，最后更可能是离开。因此，互动性是使微博持续发展的

关键。

⑤ 注重系统性布局。任何一个营销活动，想要取得持续而巨大的成功，都不能脱离了系统性，单纯当作一个点子，很难持续取得成功。之所以有些企业觉得微博营销作用不大的原因，往往是企业本身投入的精力与重视程度不高。

因此，企业想要微博发挥更大的效果就要将其纳入整体营销规划中来，这样微博才有机会发挥更大的作用。

⑥ 注重准确的定位。微博粉丝众多当然是好事，但是，对于企业微博来说，"粉丝"质量更重要。因为企业微博最终的商业价值，或许就在这些有价值的粉丝身上。这涉及微博定位的问题，很多企业抱怨：微博人数都十几万了，可转载、留言的人很少，宣传效果不明显。这其中一个很重要的原因就是定位不准确。

⑦ 注重企业微博的专业化。企业微博定位专一很重要。同场竞技，只有具备专业化才可能超越对手，吸引关注目光。微博不是企业的装饰品，如果不能做到专业，只会流于平庸。专业是一个企业微博重要的竞争力指标。

⑧ 注重方法与技巧。很多人把微博定位成短信，然后随笔、闲谈。千万注意，不能如此。我们开设微博不是为了消遣娱乐，创造企业的价值是己任，任何不以创造企业价值为目的的企业微博都是徒劳的。

因此，想把企业微博变得有声有色，单纯在内容上传递价值还不够，必须讲求一些技巧与方法。比如，微博话题的设定，表达方法就很重要。如果企业的博文是提问性的，或是带有悬念的，引导粉丝思考与参与，那么浏览和回复的人自然就多，也容易给人留下印象。反之，如果发的是新闻稿一样的博文，那么会让粉丝想参与都无从下手。

**（2）微信营销**

微信营销是网络经济时代企业或个人便捷化的一种营销模式，是伴随着微信的火热而兴起的一种跨境电子商务营销方式。微信不存在距离的限制，用户注册微信后，可与周围同样注册的"朋友"形成一种联系，订阅自己所需的信息，商家通过提供用户需要的信息，就可推广自己的产品，从而实现点对点的营销。

微信营销主要在以安卓系统、苹果系统的手机或者平板电脑中的移动客户端进行的区域定位营销，商家通过微信公众平台，结合转介率微信会员管理系统展示商家微官网、微会员、微推送、微支付、微活动，已经形成了一种主流的线上线下微信互动营销方式。

ⅰ. 微信营销的优势

在腾讯推出微信营销后的一年多时间内，微信的用户数量就达到了 7 亿人，发展空间堪称恐怖。当下，微信已经成了最火热的互联网聊天工具，而且根据腾讯 QQ 的发展轨迹看，我们有理由相信微信用户量会越来越多。

随着智能手机的普及，微信已经慢慢地从高收入群体走向大众化。当前，很多企业把微信当作移动微博，总是一味地向客户传达信息，而不关注客户的反馈。有互动功能的，也只是在微信后台设置好一些快捷回复的方案，这种缺乏人性化的沟通方式，损害了用户体验，就如同风靡一时的电子宠物无法长久流行的原因一样。当客户的咨询无法得到满意回复后，他们唯一的选择就是取消关注。而人工微信客服的核心优势，就在于实现了人与人的实时沟通，此时客户所需求的是一个个专业、服务质量优秀的客服人员，对于客户的咨询可以给出满意的回复。

ⅱ．微信营销的特点

① 点对点精准营销。微信拥有庞大的用户群，借助移动终端、天然的社交和位置定位等优势，每个信息都是可以推送的，能够让每个个体都有机会接收到这个信息，继而帮助商家实现点对点精准化营销。

② 形式灵活多样漂流瓶。用户可以发布语音或者文字然后投入大海中，如果有其他用户"捞"到则可以展开对话，如招商银行的"爱心漂流瓶"用户互动活动就是典型案例。

③ 位置签名。商家可以利用"用户签名档"这个免费的广告位为自己做宣传，附近的微信用户就能看到商家的信息，如饿的神、K5 便利店等就采用了微信签名档的营销方式。

④ 二维码。用户可以通过扫描识别二维码身份来添加朋友、关注企业账号；企业则可以设定自己品牌的二维码，用折扣和优惠来吸引用户关注，开拓 O2O 的营销模式。还可以利用二维码进行产品信息的追溯和查询。

⑤ 开放平台。通过微信开放平台，应用开发者可以接入第三方应用，还可以将应用的 LOGO 放入微信附件栏，使用户可以方便地在会话中调用第三方应用进行内容选择与分享。如美丽说的用户可以将自己在美丽说中的内容分享到微信中，可以使一件美丽说的商品得到不断的传播，进而实现口碑营销。

⑥ 高到达率。营销效果很大程度上取决于信息的到达率，这也是所有营销工具最关注的地方。与手机短信群发和邮件群发被大量过滤不同，微信公众账号所群发的每一条信息都能完整无误地发送到终端手机。

⑦ 高曝光率。曝光率是衡量信息发布效果的另外一个指标，与微博相比，微信信息拥有更高的曝光率。在微博营销过程中，除了少数一些技巧性非常强的文案和关注度比较高的事件被大量转发后获得较高曝光率之外，直接发布的广告微博很快就被淹没在了微博滚动的动态中了，除非企业是刷屏发广告或者用户刷屏看微博。而微信是由移动即时通信工具衍生而来，天生具有很强的提醒力度，比如铃声、通知中心消息停驻、角标等，随时提醒用户收到未阅读的信息，曝光率高达 100％。

⑧ 高接受率。正如上面提到的，微信用户已达 7 亿人，微信已经成为或者超过类似手机短信和电子邮件的主流信息接收工具，其广泛和普及性成为营销的基础。有些微信公众账号有数万甚至数十万粉丝，除此之外，由于公众账号的粉丝都是主动订阅而来，信息也是主动获取，完全不存在垃圾信息招致抵触的情况。

⑨ 高精准度。事实上，那些拥有粉丝数量庞大且用户群体高度集中的垂直行业微信账号，才是真正炙手可热的营销资源和推广渠道。比如酒类行业知名媒体佳酿网旗下的酒水招商公众账号，拥有近万名由酒厂、酒类营销机构和酒类经销商构成的粉丝，这些精准用户粉丝相当于一个盛大的在线酒会，每一个粉丝都是潜在客户。

⑩ 高便利性。移动终端的便利性再次增强了微信营销的高效性。相对于 PC 端而言，未来的智能手机不仅能够拥有 PC 端所能拥有的任何功能，而且携带方便，用户可以随时随地获取信息，而这会给商家的营销带来极大的方便。

ⅲ．微信销售平台的功能

微信营销离不开微信公众平台支持。微信作为时下最热门的社交信息平台，也是移动端的一大入口，正在演变成为一大商业交易平台，其对营销行业带来的颠覆性变化开始显现。消费者只要通过微信公众平台对接微信会员云营销系统，就可以实现微会员、微推送、微官网、微储值、会员推荐提成、商品查询、选购、体验、互动、订购与支付的线上线下一体化等众多创新服务模式。

① 商品管理，商城后台具备商品上传、分类管理、订单处理等与网上店铺都具有的设置功能。

② 自动智能答复，卖家可以在系统自定义设置回复内容，当用户首次关注企业的商城时，可自动发送此消息给客户，还可设置关键词回复，当用户回复指定关键词的时候，系统将自动回复相应设置好的内容，让客户第一时间收到想要的消息。

③ 支付功能，支持支付宝、财付通及货到付款的支付方式。

④ 促销功能，具有积分赠送、会员优惠等促销功能。

**(3) 微博营销与微信营销的本质区别**

微博比微信早诞生几年，但是这两种信息交流平台有着众多的相似性，甚至连名字都非常的相近。因此人们常常把这两种交流平台放到一起评说，久而久之就有许多人将这两个平台的特性和使用方法混淆起来。当前这两个最热门的平台究竟有哪些区别，如下所述。

ⅰ. 客户端不同

微博主要在 PC 客户端（电脑）上使用，虽然微博也有自己的移动客户端（手机），但用户更习惯使用电脑登录微博。而微信的个人用户只支持移动客户端注册（PC 客户端只能通过手机授权登录微信），微信公众平台则只支持 PC 客户端使用，因此普通微信用户都是使用手机登录微信的。

ⅱ. 平台的属性不同

虽然微博和微信都能够传递信息，但微博更倾向于社会化信息网络，发布的信息无论是好友还是陌生人都可以看到。而微信则倾向于社会化关系网络，比较注重用户圈子的维系，用户在圈子当中可以相互交流相互分享。

ⅲ. 信息内容的传播范围不同

在微博上，不论是关注的朋友还是没有关注的陌生人的微博，我们都能够看到。但微信不同，只有自己能看见在自己关注的圈子或被关注的圈子中发布的信息，陌生人则无法看到，因此，微信的传播环境更私密。

ⅳ. 平台传播特性不同

由于微博的传播没有限制，所以比较适合社会热点的实时传播。而微信中的信息传播更加精准，用户之间的关系更加密切，因此，微信是一个深度信息精确到达的平台。

ⅴ. 微博更具备媒体特性

微博每天发布的内容没有限制，因此有海量信息被同化，单条信息价值贬值，并且用户之间的关系相对微弱一些。虽然目前微信公众平台每天只能群发一条信息，但是保证了单条内容的价值，而且用户间的好友关系建立在双方的共同意愿上，因此用户间的关系更牢固。总的来说，微博是一个浅社交、广传播平台，而微信是一个深社交、精传播平台。

ⅵ. 两个平台对于企业营销的作用不同

微博更具有媒体的特性，因此更适合做企业品牌的曝光，维护公共关系和媒体关系，也可以做客户关系的维护。而微信是个朋友圈化的平台，适合企业的信息推送、维护客户关系、打折促销活动。

### 4.2.7　第三方跨境电子商务营销平台营销

第三方跨境电子商务营销平台（主要包括 B2B、B2C、C2C 电子商务平台）是指独立于产品或服务的提供者和需求者的第三方机构，按照特定的交易与服务规范，为买卖双方提供供求信息发布、商品搜索、交易洽谈、货款支付、商品物流等服务支持的网络服务平台。

这种跨境电子商务营销平台为供应商和采购商（消费者）不仅提供产品展示、信息发布、业务推广、销售管理、客户管理和信用管理等服务，有的还提供支付与物流等深层次服务。大多数中小企业在实施跨境电子商务营销计划时，会选择在第三方跨境电子商务营销平台上注册，以便为企业带来更多的商业机会。所以，第三方跨境电子商务营销平台是中小企业一个不容忽视的跨境电子商务营销阵地。

**（1）第三方跨境电子商务营销平台的优势**

ⅰ. 价格优势

加入或参与第三方跨境电子商务营销平台所需要费用较少。如参加一次广交会价格为 15 万～30 万元，时间仅为 1～2 星期；加入阿里巴巴英文站点每年费用才 4 万～6 万元，而且其中文站点免费，或者每年花费 2 800 元便可享受诚信通服务。

ⅱ. 信息优势

第三方跨境电子商务营销平台采用专业化运作、专业化推广、专业化服务，往往知名度较高，信息量较大。

ⅲ. 技术优势

第三方跨境电子商务营销平台具有较大的交易规模和其必备的管理技术力量，能较好地体现该模式的一般技术优势。

ⅳ. 聚集优势

信誉好的第三方跨境电子商务营销平台往往能够吸引一大批企业加盟，从而累积了数量庞大的企业数据库，这种集聚优势往往具有良好的示范效应。

ⅴ. 管理优势

良好的第三方跨境电子商务营销平台有专业人士进行维护，企业无须再提供专门技术人员进行管理。

**（2）第三方跨境电子商务营销平台的分类**

ⅰ. 按照行业划分

按照行业划分可分为专业性和综合性平台两类。专业性平台，业务只专注与某一个行业，或者与该行业相关性比较强的若干行业；综合性平台，涉及行业比较广泛，不拘泥于某个固定行业，有规模效应。

ⅱ. 按地域划分

按地域划分可分为地方性和全球性平台两类。地方性平台，一般以一个国家或地区，或者更小的范围，特别是以省份为主。根据在一个范围内，需求或者供应的特殊性开设的平台，其中以省份为单位的平台多以政府为主导。全球性平台，与地方性平台的主要区别就是涉及多个国家或地区，主要特点是平台要涉及语言翻译、报关服务和全球货运等功能。

ⅲ. 按功能划分

按功能划分可分为全程电子商务平台和部分功能电子商务平台两类。

全程电子商务平台是指能够全面参与到企业发生经济行为的"信息流""资金流""物流"等流程，从信息的采集到货物运送，再到资金的支付，都能够在一定程度上帮助企业开展业务。其主要特点就是功能全面，而且平台上的辅助功能或者说辅助性业务单元较多，甚至可以与企业内部的管理系统（如 ERP）系统相对接。

部分功能电子商务平台不会全程参与到企业开展业务之中，而是与企业本身具有的商务行为相结合，为之提供商业活动中的某些特定服务。

### 4.2.8　全球知名的适合跨境需求的社会化媒体营销平台

当前，有哪些全球知名的适合跨境电子商务需求的社会化媒体营销平台呢？

**（1）脸书（Facebook）**

作为全球最大的社交网站，Facebook 每月活跃用户数高达 13 亿人。大约有 3 000 万家小公司在使用 Facebook，其中 150 万企业在 Facebook 上发布付费广告。当前，做跨境 B2C 的兰亭集势、易宝（DX）等都开通了 Facebook 官方专页，Facebook 海外营销受到了越来越多跨境电子商务从业者的关注。

**（2）推特（Twitter）**

Twitter 是全球最大的微博网站，拥有超过 5 亿人的注册用户。虽然用户发布的每条"推文"被限制在 140 个字符内，但却不妨碍各大企业利用 Twitter 进行产品促销和品牌营销。例如，在 2008 年圣诞节购物期间，戴尔仅通过 Twitter 的打折活动就获得百万美元销售；著名垂直电商 Zappos 创始人谢家华通过其 Twitter 的个人账号与粉丝互动，维护了 Zappos 良好的品牌形象。以上两个案例都适用于跨境电商的海外营销。此外，跨境电商企业家们还可以利用 Twitter 上的名人进行产品推广，比如第一时间评论名人发布的"推文"，让千千万万名人的粉丝慢慢熟知自己，并最终成为自己的粉丝。2014 年 9 月，Twitter 又推出了购物功能键，这对于跨境电商来说无疑又是一大利好消息。

**（3）汤博乐（Tumblr）**

Tumblr 是全球最大的轻博客网站，上面有 2 亿多篇博文。轻博客是一种介于传统博客和微博之间的媒体形态。与 Twitter 等微博相比，Tumblr 更注重内容的表达；与博客相比，Tumblr 更注重社交。因此，在 Tumblr 上进行品牌营销，要特别注意内容的表达。比如，给自己的品牌讲一个故事，比直接在博文中介绍公司及产品效果要好很多。有吸引力的博文内容，很快就能通过 Tumblr 的社交属性传播开来，从而达到营销的目的。跨境电子商务网站拥有众多的产品，如果能从这么多的产品里面提炼出一些品牌故事，或许就能够达到产品品牌化的效果。

**（4）优兔（YouTube）**

YouTube 是全球最大的视频网站，每天都有成千上万的视频被用户上传、浏览和分享。相对于其他社交网站，YouTube 的视频更容易带来病毒式的推广效果。比如，鸟叔凭借《江南 Style》短时间内就得到全世界的关注。因此，YouTube 也是跨境电子商务中不可或缺的营销平台。开通一个 YouTube 频道，上传一些幽默视频吸引粉丝，或推出一些有创意的视频进行产品广告的植入，或者找一些意见领袖来评论产品宣传片，都是非常不错的引流方式。

**（5）Vine**

Vine 是 Twitter 旗下的一款短视频分享平台，推出后不到 8 个月，注册用户就超过了

4 000万人。用户可以通过它来发布长达 6 秒的短视频，并可添加一点文字说明，然后上传到网上进行分享。社会化媒体平台 8th Bridge 调查了 800 家电子商务零售商，其中 38％的商家会利用 Vine 短视频进行市场拓展。对于跨境电商，显然也应该抓住这样的一个免费平台，即可以通过 Vine 进行 360 度全视角产品展示，或利用缩时拍摄展示同一类别的多款产品，也可以利用 Vine 来发布一些有用信息并借此传播品牌。例如，卖领带的商家可以发布一个打领带教学视频，同时在视频中植入品牌，一定会取得不错的效果。

**(6) 拼趣**（Pinterest）

Pinterest 是全球最大的图片分享网站，其网站拥有超过 300 亿张图片。图片非常适合跨境电子商务网站的营销，因为电子商务很多时候就是依靠精美的产品图片来吸引消费者。卖家可以建立自己的品牌主页，上传自家产品图片，并与他人互动分享。2014 年 9 月，Pinterest 推出了广告业务。品牌广告主可以利用图片的方式，推广相关产品和服务，用户可以直接点击该图片进行购买。Pinterest 通过收集用户个人信息，建立偏好数据库，以帮助广告主进行精准营销。因此，除了建立品牌主页外，企业还可以购买 Pinterest 的广告进行营销推广。与 Pinterest 类似的网站还有 Snapchat、Instagram 以及 Flickr 等。

**(7) 其他社会化媒体营销平台**

社会化媒体营销的范围很广，除了以上形式外，还有论坛营销、社区问答营销等形式。这些形式尤其适合有一定专业门槛的产品，比如电子类、开源硬件等。主打 3C 电子产品的 DX，起家时依靠的正是其创始人高超的论坛营销能力。此外，如果企业的目标人群是毕业生或职场人士，全球最大的商务社交网站 LinkedIn 也将是一个不错的选择；Google＋作为全球第二大的社交网站，将社交和搜索紧密结合，也越来越受到营销者的青睐。

**(8) 社会化媒体营销效果的监测**

营销效果的分析衡量需要基于数据的监测。那么，对于社会化媒体营销，怎样来监测效果呢？来自捷克共和国的社会化媒体数据分析工具 Socialbakers 能够帮助企业解决这个问题。Socialbakers 不仅可以衡量粉丝增长率，分析参与度，追踪关键传播人，还能监测竞争对手的社会化媒体营销活动。目前，Socialbakers 支持 Facebook、Twitter、Google＋、LinkedIn 以及 YouTube 的社交数据分析。

如今，在关系导向型的营销时代，社会化媒体凭借天然的"强互动"属性，将企业和顾客紧密结合在一起，帮助企业以很低的成本（甚至零成本）达到品牌传播的目的。跨境电商企业应该对社会化媒体给予足够的重视，通过精细化运作，让社会化媒体真正成为最有效的跨境营销方式。

## 4.2.9　跨境电子商务的创新营销策略

**(1) 优化产品定价策略**

在跨境电子商务营销工作中，产品定价策略是影响实际营销效果的关键。跨境电子商务企业在产品定价中，一方面要综合考虑产品的实际成本，其中包括生产成本、仓储成本、物流成本、售后成本等；另一方面要对客户的实际接受能力进行认真分析，不同国家、不同消费群对于产品价格的敏感度相差较大。

在跨境电子商务优化产品定价策略时，要特别注意时间和材料两个要素，并且以此作为定价的基础。比如：跨境电子商务行业必须关注各国的出口与进口政策，在跨境政策红利阶段及时降低产品定价，而在政策紧缩阶段则要适当提高产品定价。又如：原材料价格波动直接影响了跨境电子商务产品的成本，加之物流价格、劳动力成本等处于不固定状态，跨境电子商务企业要灵活制定产品价格，以符合国际贸易市场的实际环境。

**（2）注重品牌效应的提升**

近年来，我国的跨境电子商务行业已经初具规模，常规营销模式已经形成体系，若想实现营销创新必须寻找新的"突破口"，其中品牌效应提升是不容忽视的营销策略之一。

在国际贸易市场中，跨境电子商务品牌产品与普通产品的市场影响力和价格差异较大，直接决定了跨境电子商务企业的可持续发展。跨境电子商务企业应注重营销中的产品与服务质量建设，优化客户的购物体验，深入了解出口国的文化发展与风俗习惯等，进而创建中国跨境电子商务的知名品牌。

**（3）重视移动端营销**

在传统的国际贸易中，营销多为传统的电视、广播、报纸等手段，但是在智能手机和网络技术普及的状态下，这些营销手段已经很难收获理想的效果。

跨境电子商务企业在营销中必须重视移动端营销，利用自身的网络技术和电子设备优势，在目标出口国做好移动电子商务的布局，了解目标出口国客户对于电子商务的实际需求，逐步改进跨境电子商务移动端的购物版面和流程。目前，越南、马来西亚、印度等东南亚各国逐渐成为我国跨境电子商务的新兴市场，而此类国家的移动端营销尚未有效推进，跨境电子商务企业要抓住这一良好机遇，积极借鉴国内阿里巴巴、京东、蘑菇街等成功电子商务企业的经验，在跨境电子商务的移动端营销做足功夫，从而实现市场占有率的提升。

**（4）选择有保证的支付系统与物流方式**

与传统国际贸易相比，跨境电子商务企业在营销中必须考虑支付系统与物流方式的因素，这也是创新营销中决定成败的关键。在跨境电子商务企业的营销中，要保证第三方支付、信用卡支付、国际金融转汇等多种支付方式的合理应用，并且在营销中有效宣传支付系统的便捷性和安全性，以打消境外客户的支付顾虑，这对于提高实际销量是极其有利的。

同时，物流是跨境电子商务企业必须关注的一个影响因素，客户希望在尽量短的时间内收到心仪的商品，这就要求物流服务既要有速度，又要有良好的服务保障。在跨境电子商务企业营销方案创新中，要突出不同形式的物流运输方式，如：数量较多，且不是客户急需的商品，可以推荐客户选择价格较低的国际海运方式；数量少，且精密、易碎的商品，则可以推荐客户选择口碑较好的国际性物流公司。

# 4.3　跨境电子商务营销的十种商务模式

创新是电子商务快速发展的动力，随着跨境电子商务的快速发展，各种创新探索一直在不断进行中。下面我们对其中十种主要的创新模式予以介绍。

**（1）"自营招商"模式——典型案例：苏宁海外购**

"自营招商"模式，是针对其内在优势缺乏或比较弱的情况，通过外来招商以弥补自身不足的措施。苏宁即选择了该种模式。苏宁进入跨境电子商务领域，是继天猫、亚马逊之后该市场迎来的又一位强有力的竞争对手。苏宁意识到，结合它的自身现状，在传统电子商务方面可发挥它供应链、资金链的内在优势，同时通过全球招商，可弥补其国际商用资源上的不足。

苏宁如能利用好国际快递牌照的优势建立完善的海外流通体系，充分利用自有的支付工具以及众多门店优势，其进军跨境电子商务市场的前景就更加值得期待。

**（2）"直营＋保税区"模式——典型案例：聚美海外购**

"直营"模式就是跨境电子商务企业直接参与采购、物流、仓储等海外商品的买卖流程，对物流监控、支付体系都有自己的一套体系。

目前，河南保税物流区已为聚美优品建设上万平方米自理仓，并于2014年9月完成对接。保税物流模式的开启会大大压缩消费者从订单到接货的时间，加之海外直发服务的便捷性，因此聚美海外购较常规"海淘商品"购买周期，可由15天压缩到3天，甚至更短，并保证物流信息全程可跟踪。

聚美做海外购有三大优势：用户优势（黏性、消费习惯、消费能力、高购买频率）、品类优势（体积小、毛利率高、保质期久、仓储物流成本低）和品牌优势（上市公司、资本、品牌商整合）。聚美在物流上打速度战，聚美海外购整合全球供应链的优势，直接参与到采购、物流、仓储等海外商品的买卖流程当中，或独辟"海外购""自营"模式。利用保税区建立可信赖的跨境电子商务平台，提升供应链管理效率，破解仓储物流难题，是对目前传统海淘模式的一次革命，它可让商品流通不再有渠道和国家之分。

**（3）"保税进口＋海外直邮"模式——典型案例：天猫国际**

天猫国际在跨境方面通过和自贸区的合作，在各地保税物流中心建立了各自的跨境物流仓。它在宁波、上海、重庆、杭州、郑州、广州6个城市试点跨境电子商务贸易保税区、产业园签约跨境合作，全面铺设跨境网点，规避了基本法律风险，同时获得了法律保障，压缩了消费者从订单到接货的时间，提高了海外直发服务的便捷性，使得跨境业务在"灰色地带"打开了"光明之门"。据中国跨境电商网监测显示，2014年"双十一"，天猫国际一半以上的国际商品就是以保税进口模式进入境内消费者手中。这种模式可以大幅降低物流成本，提高物流效率，给中国消费者带来更具价格优势的海外商品。

**（4）"自营而非纯平台"模式——典型案例：京东海外购**

京东海外购是京东海淘业务的主要方向。京东控制所有的产品品质，确保发出的包裹能够得到消费者的信赖。京东初期可能会依靠品牌的海外经销商拿货，今后会尽量和海外品牌商直接合作。

京东海外购在2012年底时上线了英文版，直接面向海外买家出售商品。直到2014年初，京东国际化进一步提升，采用自营而非纯平台方式，京东海外购并不是走全品类路线，而是根据京东会员需求来进行的。与其他电商如天猫国际、亚马逊、1号店相比，京东在开展海淘业务方面优势还未显现，海淘业务还将"深根细作"，等待收获。

**（5）"自营跨境B2C平台"模式——典型案例：亚马逊海外购、1号店海购、顺丰海淘**

亚马逊已在上海自贸区设立仓库，以自贸模式（即保税备货），将商品销往中国，这种模式目前还在推进中。海外电商在中国的保税区内自建仓库的模式，可以极大地改善跨境网购的速度体验，因此备受电商期待。

1号店是通过上海自贸区的保税进口模式或海外直邮模式入境，可以提前将海外商品进口至上海自贸区备货。除此之外，1号店的战略投资方沃尔玛在国际市场的零售和采购资源整合优势将利好"1号店海购"业务。

2015年1月9日，顺丰主导的跨境B2C电子商务网站"顺丰海淘"正式上线。提供的产品涉及美国、德国、荷兰、澳大利亚、新西兰、日本、韩国等海淘热门国家。"顺丰海淘"

提供商品详情汉化、人民币支付、中文客服团队支持等服务，提供一键下单等流畅体验。目前上线的商品锁定在母婴、食品、生活用品等品类。货物可在 5 个工作日左右送达。

保税进口模式在备货时占用的资金量大，对组织货源的要求高，对用户需求判断的要求高。而且，这类模式会受到行业政策变动的影响。

**（6）"海外商品闪购＋直购保税"模式——典型案例：唯品会全球特卖**

2014 年 9 月，唯品会的"全球特卖"频道亮相网站首页，同时开通首个正规海外快件进口的"全球特卖"业务。唯品会"全球特卖"全程采用海关管理模式中级别最高的"三单对接"标准，"三单对接"实现了将消费者下单信息自动生成用于海关核查备案的订单、运单及支付单，并实时同步给电商平台供货方、物流转运方、信用支付系统三方，形成闭合全链条管理体系。

比较以往海淘的反复跟单、缴税等困扰，唯品会的跨境电子商务模式让产品与服务更加阳光化、透明化，而且监管便捷化。

**（7）"直销、直购、直邮"的"三直"模式——典型案例：洋码头**

洋码头是一家面向中国消费者的跨境电子商务第三方交易平台。该平台上的卖家可以分为两类：一类是个人买手，模式是 C2C；另一类是商户，模式就是 M2C。它帮助境外的零售产业跟中国消费者对接，就是让境外零售商直销给中国消费者，中国消费者实现直购，中间的物流是直邮。

洋码头作为跨境电子商务的先行者，向第三方卖家开放，因此也面临着与亚马逊、京东、苏宁等电商企业的正面较量。洋码头想要立足，还要在境外供应商、产品和用户体验以及物流方面下足功夫。

**（8）"导购返利平台"模式——典型案例：55 海淘**

55 海淘网是针对境内消费者进行海外网购的返利网站，其返利商家主要是美国、英国、德国等 B2C、C2C 网站，如：亚马逊、eBay 等，返利比例在 2％～10％，商品覆盖母婴、美妆、服饰、食品等综合品类。

导购返利模式是一种比较简单的电子商务模式，技术门槛也相对较低，可以分为引流与商品交易两部分。这就要求企业在 B 端与境外电商建立合作，在 C 端从用户中获取流量。从目前来看，55 海淘在返利额度上有一定优势，但与商家合作方面的特色还未完全体现。

**（9）"垂直型自营跨境 B2C 平台"模式——典型案例：蜜芽宝贝**

垂直自营跨境 B2C 平台指的是，平台在选择自营品类时会集中于某个特定的领域，如美妆、服装、化妆品、母婴等。

蜜芽宝贝主导"母婴品牌限时特卖"，是指每天在网站推荐热门的进口母婴品牌，以低于市场价的折扣力度，在 72 小时内限量出售，致力于打开跨境电子商务业务。据中国母婴电商网监测数据显示，目前蜜芽宝贝用户已经超过百万，2014 年 10 月它的 GMV 超过 1 亿元，月复购率达到 70％左右。

**（10）"跨境 C2C 平台"模式——典型案例：淘宝全球购、美国购物网**

淘宝全球购是淘宝网奢侈品牌的时尚中心，全球购帮助会员实现"足不出户，淘遍全球"的目标，于 2007 年建立此平台。全球购期望通过严格审核每一位卖家，精挑细选每一件商品，为淘宝网的高端用户提供服务。

美国购物网是专注代购美国本土品牌商品，涵盖服饰、箱包、运动鞋、保健品、化妆品、名表首饰、户外装备、家居母婴用品、家庭影院等。该网站以批发零售兼顾，主打直邮代购。代购的商品均由美国分公司采用统一的物流配送——纽约全一快递，由美国发货直接寄至客户手中,无须经过国内转运。

淘宝全球购和美国购物网是国内第一批代购网站,走跨境 C2C 平台路线。与之类似的还有易趣全球集市等。这类网站一方面对跨境供应链的涉入较浅,难以建立充分的竞争优势,另外在消费者的信任度方面也比较欠缺。伴随着电商大佬如京东、苏宁、1 号店、亚马逊的加入,这类海外代购平台受到巨大冲击。

## 4.4 跨境电子商务网络营销的推广

### 4.4.1 海外营销推广

海外营销推广,顾名思义,是帮助企业直接将产品广告刊登在海外常用的互联网、杂志、报纸、手机端以及户外流媒体等上,使企业获得海外品牌及当地询盘的一种服务。由于海外推广资源需要熟悉当地语言及媒体的专业人士开发,给企业带来一定难度。

**(1) 推广模式**

海外推广的方式很多,主要有以下几种。

ⅰ. 通过网络推广公司进行推广

通过网络推广公司对企业的外贸营销网站进行搜索引擎排名推广。

ⅱ. 通过外贸 B2B 平台进行推广

通过大型外贸 B2B 平台对自身外贸产品进行推广。首先要找到适合自己的平台,目前主流的外贸平台有:环球资源网、中国制造网、Tradekey 网、Worldoftrade 网、ECVV 网等。在通过外贸 B2B 平台进行推广时要注意内容编辑和发布技巧,在选择关键词时,需要搜索这个词在百度、好搜、搜狗等搜索引擎是否有排名,有排名的情况下做重点发布。发布的标题和产品描述作为重点,尽量根据 B2B 平台的要求发布,合理地利用网站提供的功能。

ⅲ. 通过 WBS 模式进行推广

WBS(Work Breakdown Structure,工作分解结构)推广模式是联合互联网开发的营销性网站,利用 B2B 平台的优势,以及搜索引擎的高效使用率将企业营销网站、企业产品与境外买家联系起来。WBS 技术能给更多的外贸企业带来更多的商机。

WBS 模式推广方法仍然可采用搜索引擎营销、会展营销、邮件营销、外贸整合等方法,前面已经阐述过,在此不再赘述。

**(2) 推广的注意事项**

ⅰ. 选择和运用 B2B

各种各样的网站很多,到底哪一个是适合我的?我们应该在哪个方面投资?选择 B2B 平台时应该考虑哪一方面的因素?这些问题都需要考虑。

ⅱ. 收费平台上设立目标

设立目标就是要清楚企业的客户在哪,企业的市场在哪,这个网站建立以后是给谁看的,客户希望得到怎么样的信息,怎么样才能吸引客户,应该站在目标客户的立场上建立自身的网站。

ⅲ. 设计专业

企业要站在客户的立场上,包括欧美买家的一些采购习惯上设计网站。在页面的设置、内容的专业度、客户的关注度、域名、资源以及网站的互动性方面具备专业性。

ⅳ．具备整合营销原理

企业在建立网站后要进行有效的整合营销，要有网上和网下的有机结合。

ⅴ．不要盲目轻信引擎优化

不要认为通过一些关键词的运用就能帮企业带来很多的客源，帮助企业开发市场，应该还要了解里面的内涵包括关键词的一些作用以及用法。

ⅵ．经常分析和总结

在网站运行了一段时间以后进行有效的总结，如企业的市场在哪，企业的客户是谁，企业的产品定位，哪些地方能做一些改进，哪些地方应该做些调整。

ⅶ．维护人员须专业

在建立网站后要及时维护信息，维护人员要专业，增加投资回报率。

## 4.4.2　利用 Google 推广

Google（谷歌）推广是一种按效果付费的网络推广方式，用少量的投入可以给企业带来大量潜在客户，能有效提升企业销售额和品牌知名度。

**（1）谷歌广告**

谷歌广告也叫 Google AdWords，是一种在 Google 搜索结果页展示的按点击付费的关键字广告。当企业的潜在客户通过一定的关键字进行搜索时，企业的广告就会展示在搜索页右侧。

**（2）Google 推广的优势**

ⅰ．免费展示，按点击付费

按每次点击费用（CPC）定价，只需按自定的价格支付点击费用，不点击不付费。

ⅱ．精准的投放，按搜索关键字进行匹配

访客搜索某个关键字，表明他具有潜在需求。企业可以按照投放地区、使用语言、投放时间等特性设定更为精确的投放策略。

ⅲ．Google 自动为您节约成本

AdWords 折扣器将帮助企业自动下调点击价格，让其价格只比下一个竞争对手高出0.1 元。

ⅳ．灵活的预算控制

企业可以为广告设置"每日预算"，当天的预算花费完毕后，自己的广告将自动下线，直到第二天再自动上线。

ⅴ．全方位的广告投放平台

除了在 Google 搜索结果页出现外，企业的广告还将展示在 Google 搜索合作页、Google联盟网站页和其他 Google 产品上。

ⅵ．轻松策划和发布广告

专家将帮助企业轻松便捷地制作和优化 AdWords 广告，持续提升广告效果。

ⅶ．无人可永居首位

Google 独创的"质量得分"评估体系将帮助表现优越的广告以更低的点击价格获得更好的广告排名。

ⅷ．整合全球信息，使人人皆可访问并从中受益

谷歌是全球最大的搜索引擎之一，全球上万的合作伙伴，包括 AOL、纽约时报、迪士

尼、新浪、腾讯等。谷歌约占 65% 全球互联网搜索份额，拥有全球数十万广告商，在全球超过 20 个国家设有 40 多个办公地点，共有 158 个国际域名、112 种界面语言。

**(3) 利用谷歌英文关键字广告向海外推广**

Google AdWords 关键字广告出口易计划，是 Google 及其正式授权代理商为满足出口贸易企业海外推广需要而推出的英文关键字广告计划。

ⅰ. 选择出口易计划 TradeYep

可在全球 Google 和众多合作伙伴网站上推广企业的产品和服务。数据显示，到 2012 年 7 月，Google 约占全球 65% 的搜索市场份额，覆盖 200 多个国家和地区，有 100 多种界面语言和国际域名，在美国、英国、法国、澳大利亚、瑞典、丹麦、印度、墨西哥、阿根廷、瑞士、瑞典等国家市场占有率和访问量均排名第一。企业使用 Google AdWords 关键字广告出口易计划，可以把广告展示在 Google 以及 Google 数以万计的合作伙伴的网站上，覆盖全球，让搜索企业产品和服务的用户主动找到自己。

ⅱ. 广告只针对目标客户

让对企业产品和服务感兴趣的客户轻松找到该企业。目标买家在 Google 上进行搜索，相关关键字将触发企业的广告。企业的产品信息直接展示给对它们真正感兴趣的潜在客户。带有强烈意向的客户会带来更多成交机会。

ⅲ. 清楚广告投资花在哪

仅当有人点击企业的广告时，企业才需要付费，企业也可以自主决定广告花销。专业系统帮企业分析投资回报率，企业可以根据分析和跟踪系统，随时调整广告投放策略，重设广告时间和费用预算。企业自主决定如何花出去每一分钱，并能客观看到投资效果。

企业可以自主决定将广告投放的国家或地区、语言、投放时间。和传统广告有所不同的是，Google AdWords 关键字广告可以根据企业的策略变化和需要进行随时随地的调整。

该系统还提供地区定位功能：企业可以选择将广告投放到特定的 200 多个国家、地区甚至城市，也可以将广告投放到特定区域。

该系统还提供语言定位功能：企业可以选择将广告投放给使用特定语言的客户，目前有 40 多种语言可供选择。

该系统还提供时间定位功能：企业可以选择将广告在特定日期、时段或每周、每天的特定时段展示。

## 4.4.3 利用 Facebook 推广

Facebook 是当今唯一在流量上可以和谷歌并驾齐驱的站点，如何从 Facebook 为网站带来流量呢？下面进行介绍。

**(1) Facebook 推广的优势**

Facebook 以人为本的行销方案，在找到精准客户、抓住客户注意力方面具有一定的优势。

ⅰ. 最广的触及

全世界每个月登录 Facebook 的人数为 16.5 亿人，其中 66% 的人每天都会登录（2016 年第一季度数据）。Facebook 的使用人数亚洲最多，为 3.5 亿人，其次为美国 2 亿人、中东/非洲 1.95 亿人、巴西 1 亿人、英国 3 700 万人、德国 2 800 万人、加拿大 2 100 万人、澳大利亚 1 400 万人（2015 年第四季度数据）。这些相当于占全球网络用户数的 48%，其中 90%

是通过移动设备登录。值得一提的是，Facebook 的用户规模是微信的 3 倍、Twitter 的 5 倍、Snapchat 的 8 倍、YouTube 的 1.6 倍、QQ 的 2 倍、新浪微博的 7 倍。

ⅱ．积极的互动

人们在 Facebook 跟 Instagram 上花费的时间超越了其他一些主流社会化媒体平台的总和。在拉丁美洲，66％的购物者会在购物时登录 Facebook 了解折扣信息；在美国，51％的人称 Facebook 对他们的节日购物有一定甚至非常有影响力；在英国，人们用 Facebook 来寻找购物灵感的比例高于其他社会化媒体 2.1 倍；在马来西亚，70％的人称他们在购物之前先在 Facebook 上查看相关信息。另外，数据显示 Facebook 已经成为人们探索信息的新途径，76％的人称 Facebook 是他们观看视频的主要渠道；每天人们在 Facebook 上搜索次数为 15 亿次；超过一半的用户每天在 Facebook 上观看视频；每天视频的浏览量超过 80 亿次。

ⅲ．精准的投放

Facebook 用户使用真实身份登录，能实现从 PC 端到手机端的精准追踪。根据用户的年龄、国别、兴趣爱好、过去的购买行为实现更加精准的广告投放，并找到相同兴趣爱好的潜在消费者。针对不同产品，Facebook 能从整个产品目录中自动推广相关产品并生成不同的广告创意，透过跨装置展示一个或多个产品。

**（2）Facebook 推广的方式**

① 充分利用个人信息资料。Facebook 是交流式社区，人们都喜欢找寻自己感兴趣的人或者事，那么如何写出一个让人们眼前一亮的个性化资料，就必须去研究。

② 在涂鸦墙和照片夹中放置有关网站的各类图片和信息。Facebook 的涂鸦墙很像是中国的微博，能够让使用者写出当时的心情。另外就是常见的照片夹，平时大家制作的网站推广的图片和网站的 LOGO 在此处可以派上用场。

③ 建立起属于自己的网络。Facebook 是一个交友式的互动平台，使用者要学会建立起自己的友谊圈子，发掘对自己的网站感兴趣的人群。

④ 经常保持更新。必须时常保持 Facebook 的各类信息（包括博客的文章）更新，这样才能持续引来流量。

⑤ 活跃起来。如何让自己的 Facebook 主页受到更多人的关注，或者给人留下最深的印象呢？坐等可不行，必须活跃起来，多去参与别人的博客分享，多参加各类的圈子。

⑥ 安排好自己的个人主页。Facebook 的应用很灵活，安排好自己需要的应用，充分利用 RSS 的提交功能。

⑦ 使用 Facebook 的广告联盟。Facebook 的内部广告联盟，也可以说是 PPC，此项功能属于付费的功能，看使用者自己的使用情况了。

⑧ 确定哪些是自己需要的应用。Facebook 具有众多应用，挑选自己最擅长和最需要的放在首页，例如链接的发布和博客。

⑨ 建立一个自己的圈子。

**（3）如何正确使用 Facebook 推广**

ⅰ．建立自己的专页

建立专页的目的是推荐给自己的好友及关心自己以及自己产品的人，同时自己的朋友也可以将自己的专页分享给他们的朋友，比如我就收藏了自己喜爱的一些专页。

ⅱ．涂鸦墙

这是一个即时信息的发布工具，企业可以发布文字、照片、视频及链接，其好友在他们的动态里都能实时地看到企业发布的信息，如果好友足够多，那么涂鸦墙就是展示自己动态最好的舞台。当然，实时地推广一下网站的链接是非常有必要的。

ⅲ．加入群组

Facebook 是目前全球最活跃的社区平台之一，用户想得到的群组，在 Facebook 里一般都有。

ⅳ．建立群组

如果企业要做一个太极拳的英文网站，那么就建立一个群组，发布比较有吸引力的照片和内容以及视频，去人气比较旺的群组推荐自己的群组，在自己的群组中，自己是管理员，具备广告权。

ⅴ．增加好友

不能盲目地去增加好友，要有针对性和目的性地去添加好友。比如企业的站点是个宠物网站，那么就应该先加入一些关于宠物的群组，然后再添加里面的成员作为朋友。因为他们都是对宠物感兴趣的人，这些人才是企业应该添加的好友。再比如一个卖包的站点，那么就应该加入和手提包、时尚、年轻女性相关的群组里，因为这里的主体是目标客户群，加入相关群组后，在自己的主页上、照片里多放大家感兴趣的照片和内容，很快，企业就会拥有成百上千的好友，有了这些好友，要获取一些有价值的流量，不是问题。

**（4）Facebook 的营销策略：节日营销**

人们在节假日期间的联系交流方式正不断变化，美国 Facebook 用户在 12 月份平均每天发布帖子、照片跟视频的数量为 2.37 亿次，这跟 2015 年其他月份相比多出了 30％，而且 84％的内容是通过移动端分享的。有关节日购物的 Facebook 话题开始于 10 月 25 日，比传统电视广告的营销期最早提前三周。40％消费者表示万圣节前就会开始购物，42％的女性表示她们在 11 月结束前完成节日购物。另外，在利用开学季购物宣传造势中，移动设备也扮演了关键角色。69％的受访者表示移动端成为他们了解商品的重要手段，48％受访者表示会用手机进行开学季购物。

节日营销的五个步骤：

① 受众细分。为拥有不同人口统计数据和心理统计特征的细分受众群体打造定制化品牌信息。

② 广告创意。利用精彩的视觉化创意吸引目光，激发共鸣。

③ 广告格式。主要有视频广告、轮播广告、Canvas 形式。

④ 受众定位。利用人口统计数据、地理位置和行为定位开始构建宽泛的关键受众群体。

⑤ 优化。利用"覆盖和频次"购买工具优化营销活动。考虑最早提前 6 个月使用"覆盖和频次"购买工具预定广告库存，以便获得库存保障。

## 4.4.4 利用跨境广告推广

2016 年，跨境电子商务已经步入了精准化营销和精细化运营的时代，涉及订单变现的流量运营与广告投放则尤为重要。跨境电子商务广告投放的方式主要有以下几种。

**（1）谷歌广告**

谷歌广告分为三种：产品广告、关键词广告和展示广告。其优点是广告投放精准，预算可灵活控制，而且容易衡量效果；缺点是点击费用高，且操作复杂，投放平台多导致平台效果不好评定。

**（2）Facebook 广告**

Facebook 广告主要有主页面广告、右边栏广告、手机版广告和帖子广告。优点是有 16 亿用户，点击费用较低，投放广告精准，预算可灵活控制；缺点是转化率较低和难以确定多平台的效果。

**（3）Twitter 广告**

Twitter 广告有三种形式：推广帖子、推广账号和推广话题。优点是目标人群精准，点击费用低，预算可灵活控制。

**（4）其他媒体广告**

跨境卖家应当选择产品的潜在客户大量存在的渠道做广告推广。跨境电商未来广告投放的趋势是以移动端为主，流量集中在移动端，此外社会化媒体成为广告投放的主流方向。

## 4.4.5　在国内主要跨境营销网站上推广

目前我国主要跨境电商的平台如下所述。

① 国内 B2C 跨境电商平台：速卖通、亚马逊、eBay、Wish、兰亭集势、敦煌。

② 进口跨境电商平台：洋码头、天猫国际、苏宁云商海外购，以及网易考拉海购、顺丰海淘。

③ 本土化跨境电商平台：Flipkart 印度、Walmart 沃尔玛、Yandex 俄罗斯、New Egg 美国新蛋网、Trademe 新西兰、Mercadolivre 巴西美兰卡、Ali、DHgate 和 IPros。国内做跨境电商公司一览表如表 4-1 所示。

**表 4-1　国内做跨境电商公司一览表**

| 公司 | 上线时间 | 模式 |
| --- | --- | --- |
| 天猫国际 | 2014 年 2 月 | B2C 平台服务 |
| 淘宝全球购 | 2007 年 | C2C 中小卖家 |
| 京东全球购 | 2015 年 4 月 | 自营直采＋部分直邮 |
| 一号店（一号海淘） | 2014 年 9 月 | 保税进口＋海外直邮 |
| 唯品会全球特卖 | 2014 年 9 月 | 特卖保税＋海外直邮 |
| 亚马逊直邮 | 2014 年 8 月 | 保税区＋海外直邮＋国际精品店＋进口直采店 |
| 聚美优品（聚美海外购） | 2014 年 9 月 | 急速免税店保税闪购＋海外直邮 |
| 网易考拉海购 | 2015 年 1 月 | 自营直采＋部分直邮 |
| 顺丰海淘 | 2015 年 1 月 | 保税＋海外直邮 |
| 洋码头 | 2011 年 6 月 | C2C＋B2C 直邮 |
| 蜜芽宝贝 | 2014 年 2 月 | 保税＋特卖 |
| 贝贝网 | 2014 年 4 月 | 保税 B2C＋直邮 |
| 辣妈帮 | 2012 年 | 母婴保税特卖＋直邮＋社区 |
| 蜜淘 | 2014 年 3 月 | 自营保税＋直邮 |
| 淘世界 | 2014 年 7 月 | C2C 买手制平台 |
| 海蜜 | 2014 年 11 月 | C2C 买手制平台 |
| 小红书 | 2013 年 8 月 | 自营直采＋社交分享 |
| 街蜜 | 2014 年 8 月 | C2C 买手制平台＋分享 |
| OFASHION | 2014 年 1 月 | C2C 买手制平台＋全球时尚媒体搜索工具 |
| 金箍棒海淘 | 2014 年 | 对接境外电商＋转运 |
| 55 海淘 | 2011 年 | 对接境外网站代购特卖化＋限时特卖＋返利 |
| 西集网 | 2015 年 3 月 | 美国＋日本自营商城的限时抢购 |

| 公司 | 上线时间 | 模式 |
|---|---|---|
| 皇家空港 | 2014 年 8 月 | 自营保税 B2C＋量贩销售＋限时采购 |
| 么么嗖/爱美购 | 2014 年 8 月 | 对接海外电商＋自动数据同步 |
| Hai360/陶海科技 | 2013 年 | 对接海外电商＋技术导向 |
| 海猫季 | 2015 年 3 月 | 海外电商代购＋技术导向 |
| 海豹村 | 2014 年 | 海外移动保健品特卖 |
| Styler 风格家 | 2014 年 | 主打白领女性跨境时尚家居购物 |
| 笨鸟海阔 | 2014 年 5 月 | 跨境物流供应链服务商 |
| Wishpay | 1995 年 | 跨境电商 B2C 保税模式＋B2C 提供服务 |
| 采伴网 | 2015 年 5 月 | 跨境电商 B2B 信息平台 |
| 海欢网 | 2014 年 2 月 | B2C 模式供应链,搭建供应链平台 |

# 4.5 海外代购和海外营销需注意的几个问题

## 4.5.1 海外代购需要注意的问题

海外代购不是一个有既定概念的词汇,是一种由买方、代购方和卖方三方参与完成的跨境商品及服务交易模式。海外代购产业的形成主要原因有两个:一个是境内外商品及服务基于关税、境内增值税、营业税、消费税、检测检验费用等因素造成的差价;另一个是部分商品及服务种类在境内的稀缺性。

海外代购在我国已形成非常成熟的产业链,国内大型的电子商务交易平台和近几年大量涌现的奢侈品网站几乎都跟海外代购有着密切的联系。

在如此庞大的产业链背后,各有关方之间到底是什么样的法律关系?其中又隐藏着哪些法律上的隐患?代购者和第三方平台面临哪些法律风险以及如何运用网规最大限度地防患于未然?本书在尝试给出解答的同时,首先要明确几个海外代购的基本概念。

**(1) 海外代购**

一般来说,海外代购的货源有三种渠道:第一种是通过正常的货物运输。受 2010 年关税调整影响,小型的外贸公司或个人开始选择通过阿里巴巴或敦煌网等电子商务平台或物流公司,采用集约方式把需办理进出口手续的商品集中起来报关。比如在阿里巴巴上凑齐 1 000 家小额外贸公司或个人外贸商,通过外贸服务商可以集中起来办理进出口手续,1 000 元的外贸服务费则由这 1 000 家公司平摊,价格非常低廉。第二种是通过私人包裹邮递。第三种是个人携带通关。

在了解了货源渠道后,基本上可以得出海外代购商品的售价组成,即产品的成本价、购买地的购物消费税以及国际和国内的运输费(包括关税)三部分组成。

当前的海外代购主要有两种途径:一种是私人代购,包括熟人海外代购和职业私人代购,主要是通过委托私人的方式进行境外购买;另一种是专业代购平台,又称之为官方代购,是指通过设立相对稳定和合法的组织机构开展境外代购业务。

当然在很多情况下,两者的区别并不明显,尤其是前一种途径中为数不少的私人代购都通过后一种途径中的第三方平台开展业务。典型的代购平台如易趣代购平台、淘日本、淘宝全球购、帮购网、美国购物网等，此外现在大量涌现的奢侈品网站，很多也是通过代购来取得货源的。

**（2）海外代购行政监管**

有些商品种类因为涉及卫生、健康等因素从而具有特殊的属性，国内对于此类商品的流通实施一定程度的管制，尤其是通过在生产、进口和销售等环节实施许可制度的方式。以海外代购中比重最大的化妆品为例，化妆品出现的安全性问题主要集中表现在使用禁用原料、被微生物污染、存在过敏性物质等几个方面。我国对化妆品进口和流通方面的管理规定如下所述。

化妆品卫生监督条例规定：进口化妆品须经国务院卫生行政部门批准，对于部分类目的产品，国内有关部门对其进口审批和违规进口都规定了相应的措施，类似的规定和措施也适用于食品（奶粉）领域。此外，服装、电子产品等商品类目虽然没有设置明确的许可制度，但并非没有相配套的管制措施，例如《产品质量法》规定的产品质量检验合格证明及中文标注等，以及《电子信息产品污染控制管理办法》规定的电子产品有毒有害物质标准等。

**（3）知识产权与平行进口**

海外代购的存在有相当一部分原因是正品生产商在各个国家实施不同的定价策略，导致海内外同样的产品存在价格差，而把海外低价产品以代购的形式进口到国内销售就涉及知识产权的平行进口问题。

简言之，我国允许专利产品的平行进口，但对商标和版权的载体产品是否允许平行进口，并无明文规定。一般认为，平行进口进来的商品，如果改变了产品原有样貌或质量，导致产品声誉降低或消费者误认，则应该认定为侵权，否则应该依照权利用尽原则不认定侵权。

从目前的海外代购实践来看，基于国内外语言文字、商业环境等不同，代购的产品跟国内的同类产品相比较，在外观上还是存在一定的差异，这种差异一旦达到一定程度就有可能被法院所禁止。

**（4）消费者权益**

如果买的商品存在质量瑕疵，甚至对使用者造成损害，实际购买人想对海外零售商诉求赔偿，存在两大障碍，即法律的适用性和合同的相对性。

就法律适用性而言，比如名义购买人与海外零售商的购买合同在韩国等地订立，可以适用韩国本地法律，而损害发生在中国，又可适用中国的合同法和消费者权益保护法，就可能涉及法律适用性冲突的问题。

**（5）代购者和平台的法律风险**

ⅰ. 代购者的风险

国内有一种观点认为代购的法律关系的组成包括：

① 实际购买人和名义购买人（代购者）之间的委托合同关系，委托的内容是购买指定的商品；

② 名义购买人和商品出卖人之间的买卖合同关系。

但实际上，购买人和代购者之间并非完全是《中华人民共和国合同法》意义上的"受托人应当按照委托人的指示处理委托事务"的委托合同关系，因为大部分代购者是先行对其代购的内容予以展示和宣传，由购买人选择后再行代购，并非从一开始就是按照购买人的指示，这种商业模式跟进口商进口产品到国内销售没有实质性区别。

海外代购是两个买卖合同关系。基于上述这一前提，代购者作为卖方，其将面对前述分析中所有可能出现的潜在法律风险，包括税收、行政监管、知识产权以及消费者权益等。

ⅱ. 第三方代购平台的风险

这里的第三方代购平台，是指仅为代购行为提供技术平台支持，不参与实际代购也不从中分享获益的平台。此类平台国内法律没有要求其预先承担产品审查义务，但应当预先建立用户实名备案、消费者保障、侵权处理等一系列制度，尤其是在接到权利人的投诉后，应该及时采取必要措施，否则应该就侵权行为与实际侵权人一起承担连带法律责任。

**（6）海淘平台简介及注意事项**

ⅰ. 主要海淘网站

目前主要的海淘网站有：亚马逊海外购、天猫国际、洋码头、苏宁海外购、京东全球购、网易考拉海购等。

ⅱ. 海淘的注意事项

除了挑选适合的海淘平台外，海淘的一些细节也值得注意。

① 商品参数。由于不同品牌商品型号、款式、大小等商品属性可能因地域不同而存在差异，大家在购买之前最好详细了解确认，以免造成不必要的浪费。

② 关税和运费。大家海淘时都希望用更低的价格购买更高品质的商品，但有时如果没算清关税和运费就会显得得不偿失了。

③ 支付和个人信息。不论是转运、跨境还是直邮，购物之后的支付都是必需的过程，在境外网站购物需使用当地货币支付，因此最好能准备一张双币种或多币种信用卡，可以节约货币转换费。

④ 转运公司。一般来说，转运是海淘的必经之路。选择转运公司时，要看清收费标准页面，比如：自己想买的东西属哪类货物类型，每磅运费多少钱，转仓费多少钱，几磅起运；给不给合箱，最多几个包裹能合箱，是否包税；一个包裹重量最高限制为多少；不能运的东西有哪些。

⑤ 关注订单和物流进度。海淘购物过程较长，要随时关注订单和物流情况，避免因为没有及时交税而延误收货甚至退运。

## 4.5.2 海外营销需要注意的问题

**（1）请不要相信任何形式的软件推广或免费推广**

要靠专业的网络推广人员用心推广。

**（2）不要迷信某些关键词排名靠前的言论**

只有最适合自己的关键词搜索结果靠前，才是有效的。

**（3）不要迷信访问量，要学习如何得到有效访问量**

如何通过 IP 或搜索到需要的关键词来分析是否是有效访问量才是重要的。

**（4）分析企业产品的用途**

如果企业的产品主要是用来做外贸出口，那么企业的网站必须做成英文版或者双语版。如果推广时只面向海外市场，用英文引擎或海外的大 B2B 网站，不是为了省钱，是因为做中文引擎没效果。

**（5）关于网页页面的设计**

网页页面要简洁，不要过分花哨；不要用过于复杂的程序。

# 本章小结

本章首先介绍了跨境电子商务营销的基本概念和特点、方法和成功的要素。

重点介绍了跨境电子商务营销的主要模式，包括：电子邮件营销，搜索引擎营销，会展营销，跨境整合营销，社会化媒体营销，微博和微信营销，第三方跨境电子商务营销平台营销等。还介绍了跨境电子商务营销的十种商务模式，以及便于电子商务营销推广的海内外知名网站。

学习本章应重点把握如下问题：

① 跨境电子商务营销的基本概念和特点。

② 在进行海外代购时如何规避购买人、代购者和平台的法律风险？

③ 第三方代购平台是指仅为代购行为提供技术平台支持，不参与实际代购也不从中分享获益的平台。此类平台国内法律没有要求其预先承担产品审查义务，但应当预先建立哪些制度？尤其是在接到权利人的投诉后，应该怎么办？

# 思 考 题

1. 什么是跨境电子商务营销？

2. 跨境电子商务营销的特点有哪些？

3. 简述跨境电子商务营销的方法与成功的要素。

4. 简述跨境电子商务营销的主要模式。

5. 会展营销应注意哪两个问题？

6. 如何让会展营销发挥作用？

7. 微博营销与微信营销的本质区别有哪些？

8. 简述第三方网络营销平台的优势。

9. 跨境电子商务如何进行网络营销的推广？

10. 海外代购和海外营销需注意哪些问题？

# 第**5**章

# 跨境电子商务的六种创新营销模式

## 5.1 跨境联盟营销模式

### 5.1.1 跨境联盟营销模式的概念

跨境联盟营销起源于亚马逊。1996 年，亚马逊通过这种组建商业联盟的新营销方式，为数以万计的网站扩展了市场，提供增值收入的来源，成了网络 SOHO 族一种主要的生存方式。

目前，我国跨境联盟营销还处于起步阶段，虽然有部分企业开始涉足这个领域，但规模还不大，很多网络营销人员和网管人员对跨境联盟营销还较陌生。当前发展较快的是餐饮及食品行业，近两年开始普遍采用跨境联盟营销的形式，进行品牌扩展和市场扩展。随着移动商务的快速发展，则进一步推进了跨境联盟营销商业模式的扩展。目前各种火锅店、饮品店、早点店、咖啡店、眼镜店等连锁加盟商店，已比比皆是。其中，著名的百度联盟、谷歌联盟已成为国内最大的两家网络联盟的领头羊。

### 5.1.2 跨境联盟营销模式的主要类型

跨境联盟营销的类型很多，主要有以下几种分类方法。

**（1）按类别分类**

跨境联盟营销按类别分为广告联盟营销模式、图书联盟营销加盟店模式和饮食联盟加盟店模式等，这些模式大都具有同业联盟的形态。但最近也开始出现了异业联盟新形态。

**（2）按行业分类**

跨境联盟营销按行业分为眼镜行业联盟商店、饮食行业联盟商店、馒头行业联盟商店及服装行业联盟营销商店等。目前已扩展到干洗、家纺、化妆品及教育、保健等领域。如国内知名 O2O 配镜电商就采用跨境联盟营销模式，目前全国已有 218 家直营体验店加盟。

**（3）按产业链分类**

随着电子商务产业的细分，产品也越来越细化，并在细化中得到延伸。这种细化和延伸，具有内在关联性。这种内在关联性，既为产业链的延伸提供了条件，也为跨境联盟营销的扩展，奠定了基础。因此，按产业链细分所组成的产业联盟，为跨境联盟营销的市场扩展，提供了快速发展的可能。

跨境联盟营销按产业链分类，可以分为三类，即整链、半链和延伸扩展链三种。

**（4）按知名品牌分类**

由于知名品牌在市场营销中，具有很强的市场扩展力。因此，依托知名品牌，采取傍品牌而组建的跨境联盟营销，近年来也获得了快速发展。这样的跨境联盟营销，一般牵头企业都是国内外的知名品牌，或是知名的老字号企业。

比如：天津的"十八街麻花""狗不理包子铺"，成都的"黄老五"，北京的"六必居"等。由于这些知名品牌大都有极好的市场知名度和市场扩展力，由他们作为跨境联盟营销的牵头企业，很容易集聚人气，吸引商家加盟。组成以知名品牌或老字号知名企业为龙头的营销联盟。

特别是，近年来跨境电子商务展现了广阔的市场前景和品牌吸引力。婴幼儿奶粉、纸尿裤、化妆品等一大批以境外快销品名品牌为龙头的品牌加盟店，迅速崛起。

## 5.1.3　跨境联盟营销的主要网站介绍

当前，跨境联盟营销加盟网站很多。"皇家孕婴母婴用品生活馆"就是一个母婴行业领先的全国连锁加盟零售平台企业。该母婴用品加盟店独具特色的一站式连锁经营模式，深受消费者青睐。因此，获得了快速发展。

在母婴加盟店的经营上，"皇家孕婴母婴用品生活馆"奉行了精选、精供、以质取胜的经营方针。它不仅集合创新了商业设计，而且采取了七位一体的营销模式，不断进行孕婴护理服务升级，营造出全新的购物体验，真正实现了为新生儿家庭提供"一站式购物体验"和专业的育儿咨询导购服务。集团采购也能以更低的价格供货，确保了皇家孕婴连锁店的价格具有竞争力，使这个中国母婴用品联盟营销加盟企业，能在行业风口浪尖的竞争中，成为领军品牌。

图 5-1 所示的"乐友孕婴童"，成立于 1999 年，目前已在全国 500 多城市，开办了 2 000 多家加盟店。现在已经成为中国最具影响力的母婴连锁营销企业之一，也是安全健康母婴用品的全渠道著名零售商。

图 5-1　"乐友孕婴童"的主页面

2015 年 5 月，乐友作为安全健康可体验式的母婴跨境电商，推出全新 O2O 体验店。受到了消费者的欢迎。正是由于乐友创新地采用了"连锁店＋网上商城＋APP"的线上线下全渠道的整合经营模式，为消费者提供一站式专业服务，以及便捷、舒适的购物体验。乐友才获得了快速发展。目前乐友已与全球 21 个国家、530 多家供应商建立了合作关系，网上注册会员数已超过 600 万人。

### 5.1.4 异业联盟营销模式

异业联盟是又一种跨界联盟的营销模式。异业，往往是由于做这种业态的商家，看到了另一个行业的商机和前景，获得了一种市场吸引力，促其下决心跨界发展。因此，他有可能独自投资，切入某一业态中创新发展；或者选其一个或几个合作伙伴抱团进入新业态，合作发展；或直接在一个异业联盟的企业中投资，谋求共同发展。

对于众多商家而言，进入一个新业态，其根本目的往往是通过异业提供的商业机会，实现这些企业在淡季突围，或在市场营销同质化中的突围。2010 年，长虹就与圣象地板，大张旗鼓地推动了异业联盟营销模式的创新发展。

异业联盟所要达到的商业目的，从营销策略上分析，主要有 3 点。

① 通过异业联盟的品牌整合和品牌借势推广活动提升品牌形象。

② 通过联盟的实力，整合资源提升销售规模。

③ 进行品牌与销售的双向推广。即通过活动，达到提升品牌与销售业绩的效果。

当前，电子商务的跨界营销，正成为经济全球化时代的一种潮流和一个广泛使用的营销手段。法国红酒与日本温泉浴的异业联盟营销案例，就不仅跨过了行业，还跨过了国界。

备受世界葡萄酒迷们关注的法国"博若莱"鲜葡萄酒，在日本上市，就和东京郊外箱根的小涌园温泉浴场进行了异业联盟，创新推出了"'博若莱'温泉啤酒浴"这个创新的洗浴服务项目。这个项目一推出，立刻产生了强大的市场吸引力和好奇感。客人们纷纷泡在"博若莱"鲜葡萄酒温泉中举杯，充满了诗情与惬意。这一来，日本各大超市、餐厅，甚至连 24 小时便利店，都在 20 日项目开始这天，同步销售"博若莱"鲜葡萄酒，并赠送打折的温泉浴卷。因此，联盟营销取得了极好的营销业绩。

再如可口可乐做促销时，也以联想产品和腾讯 QQ 币做促销奖品，称之为促销跨界。

卡帕与东风雪铁龙 C2-VTS 新车上市也进行了异业联盟营销。他们推出命名为"C2-Kappa 炫装"的特制服装，不但在东风雪铁龙专卖店展示销售，也进入卡帕在全国的 100 多家旗舰店，进行营销跨界销售。

当前，异业联盟的跨界营销已有越来越猛之势，而长城与壳牌的合作，可以说是这其中一个十分典型的跨界合作的案例。

据了解，在长城与壳牌的跨界营销合作中，凡购买长城汽车旗下任一车型的用户，都可享受壳牌高品质润滑油。因此，凡是参与此次活动的长城车主都可以对壳牌"以养代修"的产品特点获得最真实的体验；而长城汽车更是借助壳牌的资源，将长城用户拉入到非常难得的法拉利 F1 赛道活动中，可参观 F1 与法拉利车手们精彩的赛事活动，成为 2009 年夏天长城车主们的盛宴。

总之，异业联盟营销模式——会给不同行业的创新营销带来一抹亮色。但跨界、跨行业如何营销得更好，还有待继续进行新的探索，以便获取更大的发展空间。

### 5.1.5 跨境联盟营销在"速卖通"跨境电子商务中的应用

应该说，联盟营销在跨境电子商务中得到了广泛的应用。其在跨境电子商务中，最典型的应用就是在"速卖通"中，不仅采用了跨境联盟营销的方法，而且该方法取得了极好的效果。

**（1）"速卖通"联盟的特点**

"速卖通"联盟是"速卖通"官方推出的一种"按效果付费"的跨境电子商务推广模式，它是国内最大的海外网络联盟体系之一。加入"速卖通"联盟营销的卖家，可以得到海量海外网站曝光机会并享有联盟专区定制化推广流量。"速卖通"联盟卖家只需为联盟网站带来的成交订单支付联盟佣金，不成交并不付费。因此，这是一种性价比极高的跨境联盟营销推广方式。

"速卖通"联盟营销，具有三大特点，如下所述。

① 海量曝光：可获得数十亿次网络曝光机会。

② 全球覆盖：可覆盖全球上百个国家，数十亿海外买家，并实现 PC 端和移动端全覆盖。

③ 精准投放：可实现精准地域匹配，精准购物习惯匹配。

"速卖通"采用跨境联盟营销的根本目的，就是要通过"速卖通"的跨境联盟营销，让入网店铺利用"速卖通"其广泛的社会化资源和日均流量上千万的流量资源，得到价值开发，通过其精准地域匹配和精准购物习惯匹配，把流量转化成订单，以提高平台店铺的成交率。

**（2）"速卖通"联盟营销的两种类型**

"速卖通"联盟营销有两种类型：①"速卖通"在跨境联盟营销中开通了联盟看板。用以吸引海外流量和海外客户资源。②和地方政府合建"跨境电商速卖通产业联盟服务平台"。

**（3）"速卖通"联盟看板的概念和组成**

ⅰ.联盟看板的概念

联盟看板是"速卖通"用以进行联盟营销的一个版块的总称。该板块由联盟看板、佣金设置、我的主推产品和四个报表组成。其中四个报表是：流量报表、订单报表、成交详情报表和退款表。

① 流量报表。通过流量报表，可以知道流量的具体情况。网站提供的报表上有营销近 6 个月的流量情况、总访客数和联盟访客数。"速卖通"页面提供的报表，真实地告诉我们：3 月 20 日当天，跨境联盟营销为店铺带来的访客数是 1 973 个，占店铺总访客数的三分之一。这表明跨境联盟营销对店铺营销起到了重要作用。因此，我们要养成每天留心报表、分析报表的习惯。

② 订单报表。通过订单报表，可以了解店铺里网上订单的成交情况。订单报表主要包含跨境联盟营销每天带来的支付订单数、支付金额、预付佣金数额、结算订单数、结算金额和实际佣金支付情况等。

③ 成交详情报表。通过这张报表可以清楚地知道，跨境联盟营销给商铺带来了什么效果，实现或完成了哪些订单交易。

④ 退款表，主要显示退款或退货的情况。

这里，有三点必须提请大家注意。

第一，跨境联盟营销所带来的订单数，不等于实际订单数。同样的，跨境联盟营销所带来的销售额的佣金，也不等于实际佣金。因为发生退款的订单数和退货应返还的佣金，会被排除在外。

第二，在"速卖通"的网站上，有许多图例符号。要关注这些图例符号，它们有不同的含义。有的图例符号表示已经付款；有的图例符号表示该订单在付款前，金额已经被降低或提高；有的图例符号表示该订单有部分退款。

第三，"速卖通"规定：卖家退出联盟后，买家点击过的推广链接对该用户在30天内继续有效，仍旧计算佣金，并从卖家处扣除。这一点也是入驻"速卖通"的商店千万要留心的。

ⅱ."速卖通"联盟营销的另一种模式——和地方政府合建"跨境电商速卖通产业联盟服务平台"

"速卖通"推出的跨境联盟营销，不仅有联盟看板，还有一种和地方政府联建海外联盟营销平台的服务，其目的在于帮助"速卖通"的客户，开拓海外市场，寻找更多的国际买家。

为深入贯彻国家"互联网＋外贸"及跨境电子商务发展战略，提升石狮市男装产业带优势，探索并实现石狮市服装产业的转型升级和石狮市大型外贸企业品牌服装的国际化。2015年11月，石狮市人民政府与阿里巴巴就"跨境电商速卖通石狮专区服务平台"签订了合作协议，指定由石狮市淘大电子商务公司作为产业带服务商。自2016年起，石狮市淘大电子商务公司先后组织了100多家企业、200多人次开展了四期跨境电子商务企业孵化培训。并充分利用政府的扶持政策和阿里巴巴的电商平台资源优势，组织石狮企业建立了"跨境电商速卖通产业联盟服务平台"。通过入驻该平台，抱团合作，切实帮助石狮企业通过跨境电子商务，创造新的利润增长点，提高了企业效益。

据了解，2016年，入驻速卖通联盟交易平台的石狮企业，在速卖通平台上年销售额已经达到1.2亿元。经过一年的运营与发展，速卖通产业联盟服务平台的部分企业品牌知名度确已得到了极大的提升，在国际市场上石狮服装企业的品牌已经颇具名气，取得了可喜的跨境联盟营销效果。

值得一提的是：石狮通过全力推动出口童装质量安全示范区创建和入驻速卖通联盟交易平台，目前，石狮童装业年产童装2亿～3亿件（套），石狮童装一度占据了全国童装市场份额的80％以上，一批颇具影响力的童装品牌已形成规模效应，产品销往中东、欧盟、美国、东南亚和非洲等国家和地区。无论是国内市场还是外贸出口，都占据了举足轻重的地位，石狮当地童装企业较为集中的凤里街道，还被中国纺织工业协会命名为"中国童装名镇"。

## 5.1.6 跨境联盟营销模式的典型案例

当前，我国跨境联盟营销发展很快，应用很广泛，因此，典型案例很多。比如：风车广告联盟，就是一个适合电商、酒楼、学校和房产商等实体商家进行网络广告推广的专业网络营销联盟推广平台。

该平台不仅专注于富媒体漂浮广告和弹窗广告的投放，且集合了大中小网站、手机APP、电脑软件等多种媒体和多种广告推广手段。其技术团队不仅具有十年的网络广告营销经验，还自主研发了可以指定广告投放地区的广告竞价系统和广告效果跟踪统计查询系统等先进软件，使广告投放者可以清楚地看到广告的投放效果。由于该平台的广告系统投放效果十分明显，因此，深受广告主的欢迎。

实践表明：风车广告联盟，不仅有广阔的市场，还有着公开、透明、共享的服务理念，愿意与网站主和广告主一起成长、发展、壮大。因此，风车广告联盟，在实践中取得了很好的营销效果和营销业绩。

## 5.2　跨境关联营销模式

### 5.2.1　跨境关联营销的概念

跨境关联营销，是指在一个宝贝页面上，同时放了其他同类、同品牌可搭配的有关联的产品，或有关联的网页信息。由此达到：让客户多看点产品，多获知点信息，以提高网上营销成交率的一种创新营销方式。

跨境关联营销是一种建立在双方互利基础上的营销，它为企业提供了一个低成本的渠道，去接触更多潜在客户。通过在事物、产品、品牌等方面，寻找关联性因素，用以实现深层次地吸引客流的一种引导式营销方法。

跨境关联营销还是一种低成本的、企业在网站上可以明显见到营销效能的营销方法。跨境关联营销已在国内很多网上店铺开始使用，而且随着对这种创新营销方法的广泛使用，一些店铺也对该方法进行了多种创新探索。

### 5.2.2　跨境关联营销的内涵和类型

跨境关联营销的内涵很广泛。主要有以下几种类型
① 生态关联，如：大王子冰箱、小王子冰箱的关联。
② 扩展关联，如：布鞋和防滑鞋的关联。
③ 延伸关联，如：水壶、水杯、水具、水桶的关联。
④ 相关性关联，如：纸尿布和纸尿裤、纸尿毯的关联。
⑤ 借用流量关联等，如：美国网站普遍借用明星网站人气旺、流量多的特点，用以附带卖女士内衣的做法，就是一种借用流量的跨境关联营销。

当前，我国的一些跨境电子商务网站，也已普遍尝试进行这种跨境关联营销，尽管尚在探索中，但有很多网站已经取得了很好的营销效果。

特别值得指出的是：最近在境外，"网红"由于看到了跨境关联营销的效果和魅力，开始和跨境关联营销搭接。善观世界网络风向的境内"网红"们，立刻抓住这个商机，也开始通过跨境关联营销，提高变现能力。

### 5.2.3　美国的跨境关联营销介绍

美国的电子商务网站，十分注重跨境关联营销。他们会寻找产品与产品之间的关联、产品与人之间的关联、人与物之间的关联。并利用这种关联去创造商机。

在美国，许多卖发卡的电子商务网站，就利用明星造势。他们邀请明星佩戴各种新发卡。然后把明星佩戴新发卡的照片发上网，用以说明：新发卡使明星更漂亮、更具生辉。靠这种跨境关联营销营造出的"美范式"去招揽顾客，大都取得了十分满意的销售效果。

## 5.3　跨境云营销模式

云营销也叫云销售模式，是一个全新的电子商务营销方式。云营销是 2009 年诺贝尔经

济学奖获得者奥利弗·E. 威廉姆森提出并倡导的新制度经济学的核心内容。近年来，随着云技术的深入发展，云数据挖掘价值的不断提升，推进了云营销资源开发和价值开发的进程。云营销也逐渐显现出其在远程营销和视频营销中的无尽魅力，特别是在跨境电子商务中获得了快速发展，成了一种创新的跨境电子商务营销模式。

### 5.3.1　跨境云营销的特点和类型

**（1）跨境云营销的概念**

云营销是分布式计算、网络存储、虚拟化等技术相互发展融合的产物，云营销是指利用云搜索、云平台、云资源库等技术，把多个成本较低的计算实体，通过云，整合成一个具有强大"云"信息覆盖能力、"云"数据管理能力、"云"逻辑计算能力，以及"云"资源整合能力的、一体化的云营销平台，去进行跨境网络营销。以实现跨境电子商务中，买家和卖家最短路径链接和最快速度成交；跨境营销中，物资的有序调度和有效监管；在途产品运输中的动态调控和追溯管理；仓储发货和补货的有机统一，近端和海外仓远端仓储的有序衔接；退货和退款的有效统一，以及退库商品的入账衔接。

**（2）跨境云营销的特点和优势**

云营销通过互联网，将复杂而昂贵的高效网络营销所需网络及系统架构，从云端推送至中小企业的普通终端，低门槛解决了最先进技术才能满足的中小企业的现实需求，实现了"架构即服务（IaaS）"的社会化目标。

云营销系统，将使广大中小企业无须再耗费大量人力、物力、财力来采购、搭建、维护自己的网络营销平台。"云营销"平台，不仅具有技术上的先进性，还可通过互联网，将凝结了无数资深网络营销专家经验与智慧的先进网络营销实战技能，投放到中小企业的计算机桌面，并告知中小企业主，如何轻松地实现最专业、最理性的、能获取最佳营销效果的网络营销实战。因此，云营销发展很快。

**（3）跨境云营销的类型**

跨境云营销大体上分为六种类型：以私有云平台为支撑的跨境云营销；以公有云平台为支撑的跨境云营销；以云定制或云推送服务为支撑的跨境云营销；以云为整合运营调度中心的跨境云营销；云动态发货、补货一体化的综合统计系统；云分销系统。

**（4）丝路云仓的云分销系统**

丝路云仓是一个跨境电商云分销平台，支持速卖通、Wish 等平台，提供一键铺货和一件代发功能，让人们轻轻松松做跨境电商。特别是，它可以提供三级分销模式，支持跨境进口产品的多级分销和移动分销。因此，进入丝路云仓的产品，可动态分销出去，为此，很受用户欢迎。如图 5-2 和 5-3 所示。

### 5.3.2　跨境云营销的典型云平台介绍

跨境云营销的典型云平台，近两年发展很快，应用很广。在此重点介绍一下云猴全球购云营销平台的情况。

云猴全球购目前采取的是香港公司全球直采、国内大型海淘公司合作直邮、海外网站合作、商家入驻等方式来搭建跨境电子商务供应链生态。它在香港设立全国采购中心，重点推进海外网站合作模式，成为国内首家与各个国家 TOP5 的海外网站合作的跨境电商平台。

图 5-2　丝路云仓的云分销平台

图 5-3　"移动分销" + "PC 引流" 平台

同时云猴全球购也根据业务的不同模式，分 5 个不同的仓库发货，包括保税仓、海外直邮仓和生鲜仓等。

正因为云猴全球购有独到的优势和特色，因此其上线后就宣布，2020 年零售额预计达 1 500 亿元，其中：

实体店占 500 亿元，电子商务平台占 500 亿元，生活联盟占 500 亿元。

2016 年覆盖湖南、江西、广西、四川、重庆、云南、贵州 7 省市。

到 2020 年，线上线下活跃用户人数预计将达 3 亿人。

数据还显示：云猴全球购业务自正式上线以来，不足半年便实现了日订单破 16.3 万单的业绩，2015 年在 9 月 20 日年中大促中，日订单超过 16 万单，"双十一"订单更是超过 21 万单，黑五大促第一小时订单量就突破 5 万单。2016 年，云猴全球购总注册用户数已超过 400 万人，全球进口品类破万。2015 年，其云猴全球购负责人就表示："在未来 12 个月内，要向跨境电子商务全国前三名进军；在未来 24 个月以内，其运营目标是在全国夺冠。"

为此，2017 年 3 月 25 日，云猴全球购又正式宣布聘用韩国某人气歌手为全球首席买手。借此提升云猴全球购的品牌影响力与市场份额，加速 "O2O + 跨境电子商务" 发展，助力公司构建更加完整的跨境电子商务生态系统。

## 5.4 跨境视频营销模式

### 5.4.1 跨境视频营销的概念

**(1) 海底捞火锅和福其道视频营销的探索和启示**

说起视频营销，特别是跨境视频营销，人们不能不想起海底捞和福其道最早的视频火锅的营销探索。海底捞最早的视频火锅，探索并提供了买家和买家最短路径连接的可能；福其道最早的视频火锅，提供了利用视频对分店进行远程管理的可能性。这两种模式的结合，提供了一种跨境视频营销的现实可能性。

视频营销是企业或个人利用媒体工具，通过视频来宣传推广自己的产品或服务的一种营销手段；也是企业或个人通过视频图像、图片、声音和场景氛围，来宣传推广自己的产品或服务的一种创新营销手段。

跨境视频营销，一般采用多种语言进行配音，并配有多语言自动翻译系统，便于跨境外商对自身企业和产品的了解，也有利于对自己产品或服务进行宣传和推广。特别是因为视频是一种最直接有效的媒介，所受关注度比较普遍，加上声音和画面，以及互动的语言交流，能给人直观、亲切而生动的感觉，有利于开发跨境营销市场。

**(2) 视频营销的类型**

ⅰ 微视频营销

微视频是指时长介于 30 秒和 20 分钟之间的视频短片。微视频的内容涉及面很广泛，视频形态多样，通常涵盖微电影、纪录短片、DV 短片、视频剪辑短片、广告片段等。微视频可通过 PC、手机、摄像头、DV、DC、MP4 等多种视频终端摄录或播放。具有短、快、精、大众参与性强的特点因此，获得了最广泛的投放空间。不仅如此，这种微视频，还可放置在商务网站平台上，或云平台上，供客户直接浏览或下载，便于客户对营销企业或产品的直观和全面的了解。

ⅱ. 网络视频营销

网络视频营销，指通过数码技术，将产品营销现场实时视频图像信号和企业形象的视频信号，传输至互联网上。企业将各种视频短片以各种形式拍摄好后，传输到互联网上，供人们浏览、转载或下载保存，从而达到一定宣传目的的数字化的营销手段。

网络视频广告的形式类似于电视视频短片，由于网络平台十分广泛和巨大，传播效果十分显著，而且经济实惠。因此，视频与互联网的结合，让这种创新营销形式，不仅具备了两者的优点，而且得到了快速发展。

需要特别指出的是：当前，品牌视频化、视频网络化、广告内容化已经成为一种趋势。因此，企业，特别是跨境电子商务企业一定要把握这种现代化的营销手段，充分利用网络视频营销手段，去扩展企业的形象和产品的国际市场。

ⅲ. 短视频营销及分类

毫无疑问，视频是推行产品和服务的重要方法，图像和视频是在线销售各类型产品的有力工具。据悉，在 YouTube 和 Facebook 上，每天有 70 多亿个视频被观看。短视频是指时长在 5 分钟以内的视频，随着移动终端普及和网络的提速，短视频得到了人们的青睐。有人说，现在已经进入了短视频时代。

那么，在跨境电子商务营销中，需要哪些短视频呢？概括起来有以下几种。

① 展示生产流程的短视频。这种视频主要是向消费者展示产品如何被开发和制造出来的，视频中可以包括一些制作的特写镜头。

② 产品开箱的短视频。这种短视频适用于科技类产品，短视频可展示把产品从一个密封箱子中拿出来的整个过程。该视频不仅在 YouTube 上很火，而且经常由消费者和评论者发布，能给公司带来很大的市场机会。

③ 产品测试过程的短视频。这类视频经常用于测试产品的极限，某搅拌机制造商推出的"它能搅碎吗？"系列视频就是一个很好的例子。

④ 企业空间浏览展示的短视频。视频可展示配置了卖家各种家具产品的房间和空间，或采用 360 度全景拍摄，介绍公司整体环境，便于客户对企业的了解。

⑤ 产品使用方法介绍的短视频。该视频适用于大多数可以描述如何使用某款产品：如何安装、清洗和穿戴，以及产品用在哪些生活场景中。

⑥ 产品性能对比型的短视频。常用于比较同类型但不同厂家产品的不同性能和特点，或某个产品与其竞争产品的性能比较，以显示自身产品的优势。

ⅳ. 小鱼易连的跨境视频会议营销系统

小鱼易连跨境视频会议营销系统由北京赛连科技有限公司开发，小鱼易连通过构建全球互联的视频云平台，打造"云端＋终端＋服务＋业务"的服务新生态。

某跨境电子商务品牌企业为解决跨境沟通问题，找到了小鱼易连，双方就如何解决跨境电子商务过程中的沟通问题打造了一个完整的跨境电子商务云视频解决方案，实现了会议沟通全视频化。小鱼易连视频会议系统，不仅可用于一般商务谈判，还可用于跨境电子商务的商务谈判。

小鱼易连的核心团队成员均来自 Polycom、微软、百度、用友等业内精英，掌握并创新了互联网音视频核心技术。现在，小鱼易连已经取得了骄人的业绩。云服务注册用户已超过130 万人，销售额高达 1 亿元，智能终端总出货量超过 2 万台，现已覆盖全球近 100 个国家，717 座大型城市，全球呼叫总量超过 1 亿次，总融资额已超过 3 亿元。

ⅴ. 境外视频营销的创新探索

目前，境外的一些勇于进行前瞻性探索的视频网站，已经进行了一些有益的创新摸索。美国视频网站 Videoegg 在视频末尾就提供了一个名为"指示器"的可点击的透明广告选择模块。当用户点击它时，正在观看的视频会暂停，而一个新的屏幕会打开，用户可观看相应的新广告片。如果用户不点击这个广告，就会显示下一个视频的预览片段。

这种技术可以提升 5％～8％的点击率，千人成本却仅是 10 美元。对比一下，传统贴片广告的千人成本要达 20～50 美元。现在搜狐视频等网站已在采用类似的技术或方法。

ⅵ. 跨境视频营销的典型案例

随着大数据和云计算技术的创新发展。更赋予了视频营销新的生机和活力。货车帮通过搭建覆盖全国货运信息平台，将 170 万辆货车司机和 30 万家货主连接起来实现了供需网上对接，又运用大数据技术使货车空驶率降低至 6％，取得了骄人的效果。

平台每天的货源信息发布量在 100 万条左右。货车帮为让广大司机提供的大量货源需求运力信息能及时看到，并实现有效对接，他们不仅将这些信息发布在网络的大平台上，还同步发布到移动终端的小平台上，司机们可以直接用手机在线查找货源和发布自己的空车信息，系统会第一时间帮其联系到需用车的货主，另外，司机还可在线购买保险和配件，方便快捷，及时高效。因此，货车帮深受欢迎，2014 年交易额已经达到 40 亿元以上。

有领导指出"信息很重要的一个特点就是共享,只要实现共享,数据就可以无限放大"。视频营销生动地体现了效益无限放大的优势,不仅人人皆可参与,而且人人皆可受益,有利于实现闲置资源的充分利用,形成新的增长点。

正因此,货车帮的创新探索,得到了国际社会的高度认可。2017年6月8日,在国际权威商业媒体《金融时报》与国际金融公司(IFC)联合举办的全球变革商业奖颁奖大会上,货车帮一举荣获专项奖——"变革基础设施成就奖"和综合奖——"颠覆性技术卓越奖"两项大奖。变革商业奖被认为是全球范围内新兴市场商业领域的"奥斯卡"奖,该奖自创立12年来,一直专注于在全球范围内发掘和认可那些旨在解决现实发展问题,同时可大范围商业化的突破性项目。

此次,货车帮的获奖,是对其创新探索的一种肯定和褒奖,也是2017年《金融时报》与国际金融公司的变革商业奖中唯一获奖的中国公司,也是中国互联网企业首次获得该项殊荣。

## 5.4.2 跨境视频营销的延伸服务

### (1) 通过跨境云视频对境外仓提供监装服务

跨境视频营销的应用范围越来越大,应用前景也越来越广泛。特别是随着大数据可视化技术的快速发展,视频营销在电子商务和跨境电子商务上的应用越来越多。不仅可通过云视频对境外仓进行监装,还可用在员工培训上,作为远程视频课堂使用。更值得提出的是,在我国已经出现了视频电子商务网站。相当多的电子商务企业表示,随着可视化技术的发展,要向电子商务可视化进军。

### (2) 利用跨境云视频进行会议营销

云的出现,使得视频会议资源不再像原来一样稀缺和珍贵,场景适应能力也更强。因此,未来的视频会议系统将会更多地服务于项目执行、销售、教育(云课堂、翻转课堂)等领域。这将是一个相对的蓝海市场,不仅将为视频会议业务开拓出新的增长点,也对现有的云视频会议系统提出了新的要求,比如整体硬件、互动录播等,预计都将有创新发展。

出海成了近年来移动APP、广告和电子商务领域常说的词。海外的市场发展程度、对知识产权的保护程度等,使得利润往往高于国内。目前来看云服务尤其是企业云服务领域,中国企业的出海能力略显不足,但随着中国技术的进步和综合国力的提升,企业云服务出海将会成为一种趋势。目前,阿里云已经在IaaS和PaaS领域率先破局,迅速发展了大批海外客户。SaaS企业在技术优势的基础上,深入挖掘海外客户/用户的文化和习惯,促进产品的国际化,也大大拓展了企业的市场空间。

在跨境电子商务中,利用云视频会议,除了可以远程进行商务谈判和视频交流,还可以对边境仓及境外仓的库存商品,进行远程管理。

### (3) 视频画质重生服务

视频画质重生,是依靠阿里云上强大的计算资源,先进的视频处理算法,快速完成高难度、高复杂度的画质重生处理,将客户现存的普通或受损的影视节目内容重制成超高清的或画质修复如初的新版本的一种创新服务新业态。如:阿里云就提供数据可视化方法对图形、图像进行处理,并用计算机视觉新技术对用户界面以及动画的显示,加以可视化解释。

图 5-4 为阿里云可视化购买功能的专门平台。

图 5-4　阿里云可视化购买功能的专门平台

## 5.5　跨境社会化媒体营销模式

### 5.5.1　跨境社会化媒体营销的概念和特点

**（1）跨境社会化媒体营销的概念**

社会化媒体的崛起是近年来互联网的一个发展趋势。不管是境外的 Facebook 和 Twitter，还是境内的人人网或微博，都极大地改变了人们的生活，将人们带入了一个社会化网络的时代。社会化网络属于网络媒体的一种，而营销人在社会化网络时代迅速来临之际，也不可逃避地要面对社会化化媒体给营销带来的深刻变革。

跨境社会化媒体营销是指利用社会化媒体（如微博、论坛、新闻、博客、短视频等）的特性，把握不同人群在不同社群的行为特点，进行作品的创意化设计，从而传播产品的品牌和商务信息，借以提高用户忠诚度、提升品牌和促进产品营销的创新营销方式。

跨境社会化媒体营销也是利用社会化网络、在线社区、博客、百科或其他互联网协作平台和媒体来传播和发布资讯，从而形成营销、公共关系处理和客户关系维护及开拓的一种方式。跨境社会化媒体营销工具包括论坛、微博、微信、博客、SNS 社区、图片和视频等。一般通过自媒体平台或社会化媒体平台发布和传播。

网络营销中的社会化媒体，主要是指具有网络性质的综合站点，其主要特点是网站内容大多由用户自愿提供（UGC），而用户与站点不存在直接的雇佣关系。

**（2）跨境社会化媒体营销的特点和作用**

根据《凯络社交媒体专业洞察》白皮书提供的数据表明，目前中国访问量最大的前 100 名网站中，有 11 个是社会化媒体平台，并且这还不包括类似于新浪博客与腾讯微博这样没有独立域名，但依然很热门的门户网站社交频道。其中最热闹的媒体平台新浪微博，访问量位居第 7 位，豆瓣排名第 23 位，天涯和人人网分列第 24、25 位。

当前，社会化媒体已经走进了人们的生活，社会化媒体已被证明是一个有效的、有着巨大商业前景的营销方法。

实践已经证明：随着社会化网络的日渐成熟和消费者行为的日趋理性，社会化媒体已成为电子商务企业品牌推广的强大平台，对推动销售额增长有巨大作用。特别是：到 2018 年，我国微信月活跃用户数已经达到 10.98 亿人。

事实上，Internet Retailer 杂志推出的 2014 年 500 强电子商务企业在社会化网络销售情况的调查显示：2013 年通过社会化网络仅仅实现了 26.9 亿美元的销售额，可是至 2018 年中国社会化电子商务市场规模已经达到 6 268.5 亿元，同比增长了 255.8％。社会化电子商务已经成为电子商务市场的一匹黑马。

## 5.5.2 跨境社会化媒体营销的知名品牌

跨境社会化媒体营销，经过近年来的创新发展，知名产品很多。其中最有闪光点和创新点，而又发展快，赢得社会认可，已经品牌化的品牌有 3 个，具体如下所述。

**（1）微盟**

微盟成立于 2013 年，已由最初的微信开发服务商，快速发展成为一家专注于移动社交领域的互联网多元化企业——微盟集团。基于移动社交的核心价值，微盟以跨界领域的 SAAS 软件、广告营销、电子商务、金融、资本和大数据，形成战略整合，打造微盟移动社交生态圈。为此，他们提出了三大引擎战略。

这就是：实施"软件＋营销＋平台"策略，力求把微盟打造成：以市场导向提供商业化服务工具；以效果导向提供精准化营销策略；以数据导向提炼标签化用户行为。

微盟，从 2013 年 4 月发展至今，凭借着丰富的产品功能、全新的产品设计、快速的产品创新、超出用户期待的产品价值，基于微信为企业提供开发、运营、培训、推广一体化解决方案，帮助企业实现线上线下互通（O2O）、社会化客户关系管理（SCRM）、移动电子商务、轻应用等多层面的业务开发，目前深入挖掘的行业有餐饮、汽车、房产、婚庆、快消、银行、影楼等数百个行业。

截至 2016 年 6 月微盟付费用户数突破 150 万人，2017 年入驻商户数已突破 240 万家。在全球已拥有代理商 1 321 家，其中一级代理商 488 家，二级代理商 669 家，海外代理商主要分布在美国、法国、新西兰、加拿大、澳大利亚等多个国家和地区，如图 5-5 所示。

**（2）云自媒——社会化媒体资源交易平台**

云自媒是全球最大的、国内领先的发稿资源交易平台和社会化媒体资源交易平台，该平台隶属于广州云自媒信息科技有限公司。依托国际公关集团十多年积累的丰富媒介资源而成立的 B2B 网站，为众多广告主提供媒体报价、采购、投放、效果追踪等专业媒体商务服务。

2013 年 10 月，云自媒推出了公关软文交易模块，让广告主用户不仅能够快速找到想要的软文资源，还能进行比价投放，并能享受较低的价格，从而有效地降低了企业推广成本。因此，其"平台投放，低价有效"的观念，随之深入人心，获得 1 000 多家客户的认可，客户重复广告

图 5-5 微盟入驻商户示意图

投放率高达 80%。

自 2014 年 3 月起，云自媒相继推出自媒体资源模块（包括微博、微信等资源类型），实现了对主流互联网媒体资源的真正覆盖。为用户提供了更丰富、多样且自主进行配置资源的选择平台，更以成熟的平台投放体系和创新的资源展示解决方案为广告主、媒介主这两方面用户提供了便捷、完善的交易服务。

截至 2014 年 12 月，云自媒平台新媒体传播数量已超 186 552 次，两年中，云自媒平台实现有效传播达 325 000 次，超过 16 万家中小企业主与公关公司使用了云自媒平台。

云自媒社会化媒体资源交易平台为客户提供的服务包括：网络新闻发稿、名人媒体资源合作、微博营销、微信营销、自媒体营销等。云自媒平台目前整合了超过 36 万个社会化媒体账号资源，横跨微信、微博、朋友圈等多个平台，其中包括 46 000 多个微信公众账号、18 000 多个朋友圈资源、26 万新浪微博资源、2 万多名人、草根大号、意见领袖、段子手资源、12 000 个腾讯微博资源等，覆盖了时尚、旅游、美食、汽车、家居等数十类营销受众。

云自媒平台持续为中国电信、中国联通、时代地产、富安娜、邓白氏、东风标致、广州本田、汤臣倍健、百岁山、肯德基、可口可乐、蒙牛、联想等知名品牌提供新闻策划传播和社会化媒体精准广告投放服务，为企业进行新媒体营销提供了源动力。

正因此，2016 年在第 7 届金鼠标·数字营销大赛上，云自媒凭借在社媒营销上强大实力，获得众多互联网业内权威专家的认可及万千网友的推荐，夺得第 7 届金鼠标·数字营销大赛"年度最佳数字营销平台"奖，见图 5-6。

图 5-6　云自媒荣获的"年度最佳数字营销平台"奖牌

**（3）微播易**

微播易是中国最大的社会化媒体精准广告投放平台，同时也是中国最早的社会化媒体营销实践者。它于 2009 年成立，一直专注于社会化媒体精准营销，率先开创了社会化媒体账号的平台自助投放模式，又开拓了社会化媒体营销细分市场的新领域。

2013 年，微播易率先开启了名人微博、微信营销服务。他们以精准的技术为支撑，不仅掌握了各行各业数百位名人明星资源，还与 400 余家经纪公司建立了战略合作关系，并独家建立了"名人微博、微信兴趣图谱分析体系"，运用微播易独有的 SNBT 专利技术，可根据 57 项数据指标，实时分析平台旗下海量数据，确定各类账号隐形属性，帮助广告主找到最精准的广告投放路径。

至 2014 年，微播易已在上海、北京、深圳、广州等地设有分支机构，并有超 45 万个社会化媒体受众资源加盟，横跨微信、微博、朋友圈、微视等多个平台。其中包括 58 000 多个微信公众账号，15 600 多个朋友圈资源，1 000 多个微视资源，超 24 万的新浪微博资源，10 万腾讯微博资源，覆盖了时尚、汽车、科技、女性、美食等数十类营销受众。

2014 年 6 月，微播易开发的微信朋友圈上线。多达 15 600 个朋友圈真人账号资源开始在微播易平台上接单，并率先在行业内实现了朋友圈信息的视频认证，帮助客户的品牌及推广信息通过熟人朋友圈进行商业扩散和传播。

微播易成立 10 年来，累计拥有超 75 万成功社媒营销客户资源，引领从微博，到微信、网红直播等数波社媒传播浪潮。拥有了横跨微博、微信公众账号、朋友圈、短视频、网红直播超 80 万细分账号资源，并总结出短视频原创内容营销的 50 余种玩法，满足了近 30 万客户在社会化媒体上的推广需求。

## 5.5.3　全球顶级品牌商如何进行跨境社会化媒体营销

为了了解顶级品牌是如何在社会化媒体上做营销，并获得可观投资回报的，有人调查了在 Facebook、Twitter 和 Pinterest 上销售电子商务产品的 100 个顶级品牌。

在整整两周时间里，他们从六方面跟踪了这些知名电商品牌发布的帖子。

这六个方面是：①输入（视频、照片或文字）；②目的（推广产品或树立品牌）；③是否是复制的内容；④是否有链接；⑤是否是原创或是用户产生的内容（包括转帖）；⑥发帖的时间。

然后，他们整理和分析了这些调查数据，并发现了有助于销售的社会化媒体发帖习惯。

**（1）要注重保持发帖的连贯性**

在 Facebook 上，通过对顶级品牌发帖数量的跟踪后发现：顶级品牌往往每周发帖 12 次，大多数品牌在工作日发帖数量较周末略多。至于发帖的时间，每个品牌都有自己的最佳时间节点。一旦找到自己品牌的最佳发帖时间节点，就有必要保持连贯性，坚持在这个时间节点上发布新帖。

大多数品牌在 Twitter 上表现得更活跃。通常，这些品牌在互联网上发布的内容与其帖子的内容基本一样，但是会针对 Twitter 观众的需求和感兴趣的问题，略做调整。

此外，这些品牌商们发现 Twitter 最适合扩大话题范围时，他们会即时地转帖。其转帖数量，往往占全帖数量的 20％。调查还发现，一些顶级的品牌商往往会把 Pinterest 当作数字目录来用，每周会发布大约 100 个帖子。在所有这些帖子中，约有三分之二是有关产品功能、季节性促销活动的，剩下的都是转帖的一些补充性内容，供网友浏览和参阅。

**（2）要充分吸收来自用户的新思维和新内容**

用户产生的内容对品牌来说是不错的广告——通常来自周围人的推荐是最值得信赖的、最强大的营销方式。充分利用用户产生的内容，它是品牌的强大助推剂，可以提高品牌的知名度。

而且，这样做会形成良性循环。当其他用户看到他们喜爱的某个品牌会分享用户产生的内容时，他们就更有动机来自己动手提交内容了。

人人都希望被别人关注，尤其是被他喜爱的品牌关注。品牌的放大作用可以让他们的声音被更多人听到。

**（3）要注重以图片为主**

顶级品牌在 Facebook 上发布的 90％以上的帖子均包含有图片。大多数 Twitter 消息都包含有图片或视频。研究结果表明（Facebook 算法也认为），图像要比文字更吸引人。

由于现代媒体技术的发达，品牌商很容易把内容制作成十分生动的图像，社会化媒体已迅速成为图像优先的媒体，因此图像是品牌商在社会化媒体上推销自己的最佳选择。

特别值得指出的是：顶级品牌平均每周发布一个视频。根据调查研究，比较受欢迎的视频内容包括"新品抢先看""产品设计师采访""品牌背后的故事"以及教用户使用产品的"产品操作指南"等。由于高质量的视频很吸引人，浏览量很高。因此，可以向这些顶级品牌商学习，推出更多的图像和视频内容用以推广自己的产品。

**（4）要坚持短帖制胜**

在社会化媒体上，短帖更易吸引用户。不能否认别出心裁写出重磅大帖的重要性，但是写出引人入胜的短帖也委实不易。精妙短帖配上图，更抓人眼球。调查发现，顶级品牌的帖子字数都不超过 100 个字。定时发推工具 Buffer 在 Facebook 上发布的帖子字数往往只有40～70 字。短而精、言而有物的帖子，是非常难能可贵的。

**（5）要凸显产品亮点**

研究发现，顶级品牌有 75％的帖子，突出了产品亮点；56％的消息突出了产品特点，65％的帖子突出了产品宣传。

这表明：如果希望在社会化媒体上提高销售额，那么就必须直观地展示自己的精美产品，从而让自己的粉丝下决心购买它们。

需要提请大家注意的是，产品在其他地方很受欢迎，并不意味着它在社会化媒体上也会很受欢迎。商户需要一些尝试，作一些数据分析，才能够弄清楚自己的哪些产品在社会化媒体上最受欢迎，以及如何提升受欢迎的程度等。

**（6）要配合链接解决用户所需**

顶级品牌往往会利用链接的方式来回复用户的提问和评论。这些链接可能是用户正在搜寻的产品、公司给用户推荐的产品，也可能是相关网站的登录页面等。这些链接提供的信息，要比现有帖子丰富得多，深入得多。能够顺利地解决用户关心的深度思考问题，不仅让他们对品牌产生好感，进而能进行引申应用和新的技术开发。

总之在社会化媒体上做销售，并不容易。但是，如果商户开始使用这些顶级品牌被证明行之有效的营销手法，那么可能会很快地上手。因此要大胆、要勇于利用这些被实践证明是正确的营销手法，去实践、去开拓、去探索。逐步形成自己的个性化的社会化营销策略，终能很好地满足粉丝的口味和需求。

# 5.6　跨境微营销模式

## 5.6.1　跨境微营销的概念

微电子商务的快速发展为零售业提供了全渠道的电子商务创新解决方案。企业通过自建微商城，以及社会化微分销平台，可帮助企业搭建起新一代的微电子商务销售体系，实现线上线下互通和互动，实现去中心化流量聚合，客户粉丝沉淀，助力企业快速步入移动电子商务时代。

随着跨境电子商务的快速发展，人们已经将微商国际化，并开始了大规模地利用微电子商务进行跨境微营销的创新探索。于是，跨境微营销的商务模式诞生了。

那么，什么是跨境微营销呢？

跨境微营销的发展，根源于微信群控软件和微信管理软件的创新开发。

正因为有了微信群控软件，一台电脑可以群控 300 多台手机。因此，极大地提升了手机的微营销能力。以盈客手机群控软件为例，该软件就拥有 23 种功能，如：

既可以一键发送好友通讯录，又可以一键发送梭鱼群聊消息；

既可以一键将信息分享到朋友圈，又可以一键点赞和评论；

既可以一键自动修改微信资料，又可以一键添加群成员；

既可以同屏操作，又可以分组操作；

既可以一台电脑控制和管理 300 台手机，又可以具有强大的任务管理功能。

正是这些强大的创新功能，为微营销的发展提供了强大的技术支撑，才极大地提升了手机的微营销作用，使微营销展现了强大的商务魅力，因此，近年来，微营销才获得了快速发展，取得了极好的营销效果。

截至 2018 年底，中国移动电话用户总数为 15.9 亿户，4G 用户突破 12 亿户。中国名正言顺地成为世界第一手机大国。这表明我国具有发展微营销的广阔市场和充分的基础性战略资源。这一切，为微营销的快速发展，不仅提供了条件，也奠定了发展基础。

**实践告诉我们：微营销，是现代社会一种低成本、高性价比的便捷化营销手段。与传统营销方式相比，微营销主要通过"虚拟"与"现实"的互动，建立一个涉及研发、产品、渠道、市场、品牌传播、促销、客户关系等更轻便、更高效的营销全链条，用以整合各类营销资源，通过资源集聚，达到能量提升和价值提升，实现以小博大、以轻博重的营销效果。**

## 5.6.2　跨境微营销的分类

由于微营销技术的快速发展，特别是在我国召开世博会期间，就已经产生了微网站自动建站生成技术。该技术使微营销网站建设，从编程的复杂劳动中解放了出来，推进了微营销商务模式的创新探索。因此，微营销的种类很多。主要有：微网店、微社区、微商一条街及微分销等。这些微营销的创新模式，随着跨境营销的快速发展，大都在跨境营销中得到了应用，但这些应用大都还是尝试性的，比较普遍的应用是微商店和微商城。

## 5.6.3　跨境微营销的创新发展

随着微营销技术的不断推进，以及大量相关技术的创新发展，微营销又有了很多创新探索。值得重视的是：手机和 PC 端打通，使手机的小屏幕和电脑的大屏幕实现了资源整合；手机的入云，又使手机的小终端和云端的大资源池连接起来。这就极大地跃升和扩展了微营销的发展能量和发展空间，不仅使小小的手机导演出无数多彩的营销活剧，创造出许多微营销的神话，而且创新地催生出手机云商、手机微分销系统等新业态，以及云微客等新营销模式。

**（1）云微客的诞生和创新发展**

ⅰ. 云微客的概念

云微客是北京同创蓝天投资咨询有限公司旗下产品。云微客是一个专门针对微信公众账号提供营销推广服务而打造的第三方平台，它针对微信商家公众号提供与众不同的、有针对性的营销推广服务。

ⅱ．云微客的发展历程

2013 年 11 月 16 日，云微客正式入驻腾讯微信公众平台。云微客作为腾讯微信公众号合作伙伴，针对微信商家公众号提供与众不同的、有针对性的营销推广服务，为客户提供一个企业级移动电子商务平台，用以帮助客户快速打开电子商务市场。

从 2013 年 11 月正式上线到 2014 年 6 月合作的商户已达 411 135 家。云微客作为最早提出行业解决方案的微信营销服务提供商，从美容行业迅速切入消费市场，并逐步扩展到餐饮、房产、汽车、旅游等行业。

2016 年，云微客在原有的多用户商务平台、三级分销、O2O 生活圈服务基础上，又重磅打造了适合广大创业者实现财富梦想的云微客掌上便利店系统，对于社区便利店的起步、转型和发展必将是一大助力。正因此，2016 年 10 月 27 日云微客作为微信平台斩获了"易观之星"大奖。

ⅲ．云微客的营销模式

云微客的微信营销 O2O 模式，通过线下消费，获取二维码，借助线上微信的二维码，来参与各种增值服务，包括刮刮乐、大转盘抽奖活动、消费优惠券、一站到底互动游戏等，以线上行为促成用户线下消费。

**（2）点创手机群控营销系统——创新的微营销模式**

ⅰ．点创群控技术的概念

深圳点创信息技术有限公司主要从事互联网软件开发、自动化营销、电子商务、大数据、市场营销策划及运营和网络技术服务为一体的互联网＋科技型公司，旗下拥有点创手机营销系统、点创云控系统、点创全网推广系统、点创云客服系统等，致力于互联网营销的研究开发和推广。它旨在创造全网"自动化网络营销"的商业模式，帮助企业实现互联网＋、自动化、标准化、智能化营销的目标。

ⅱ．点创群控技术的创新点

点创群控系统是基于安卓系统的底层控制，经过 Windows 系统服务器，将多个手机的操作界面映射到大家都容易操作的系统电脑显示屏上。支持批量发朋友圈，批量微信聊天，自动化批量加好友，真人模拟操作，便捷智能，一机一卡一号，稳定防封号，让微信营销成本更低、效率更高。

我们知道微信的封号规则限制，导致了用户数量的发展受到限制，但是点创手机群控引擎就没有这个问题。它远程控制手机，被动加粉，一个手机微信群控系统，是一款通过一台电脑控制几百台手机，实现自动化操作；采用上百个营销脚本，对话集中管控，自动养人，极速获取数万粉丝，自建流量池的全新移动新营销方式，从而实现一台电脑控制多部手机操作、一个人替代几十个业务员的工作。

## 5.6.4　跨境微营销的典型案例：澳库商城微电子商务

澳库商城是绍兴客大进出口有限公司投资的一个以澳大利亚产品为主的跨境进口电子商务平台。

澳库商城以 B2C 的跨境贸易模式运营，从澳大利亚进口各种优质产品，服务国内消费者。在跨境电子商务已成为热门话题的形势下，如何找到消费者？如何让消费者找到自己？澳库商城的选择是：基于人人店平台，开辟微营销渠道。

澳库商城不仅将自己原有的外贸业务渠道和供应链优势，与人人店的三级分销模式进行资源整合，并通过微营销渠道，树立品牌、达到提高销量的目的。

2015 年 11 月，澳库商城人人店正式上线。利用"双十一"活动契机，半个多月发展了 6 172 家分销商，成交订单达 5 489 单，销售额近 50 万元。到 2016 年人人店创下年销售额近千万元的优秀成绩。澳库商城从 5 个人的创业小团队，发现成为生鲜电子商务领域的领导品牌。

在澳库商城的众多案例中，成语接龙活动，是最受欢迎的，气氛和效果也是最好的。如普康酒业，就在每周五晚九点固定时间，开展成语接龙群组活动，取得了可喜的效果。

再如：世果汇通过策划 12.12 元专场活动，加上两重惊喜，引爆"双十二"购物狂欢。一般水果都是论斤卖，而世果汇开始引入跨境水果，论个卖。不仅更加划算，而且创造了跨境水果论个卖的成功经验。

纵观以上这些创新跨境营销模式的探索和快速发展，必将进一步推进中国电子商务走向世界的进程，必将进一步加快中国跨境电子商务的发展步伐。

# 本章小结

本章重点介绍了跨境电子商务的六种创新营销模式。即跨境联盟营销模式、跨境关联营销模式、跨境云营销模式、跨境视频营销模式、跨境社会化媒体营销模式和跨境微营销模式。学习本章，应重点把握，六种创新营销模式的概念和特点。

# 思 考 题

1. 跨境联盟营销按产业链分类，可以分为哪三类？
2. 跨境联盟营销所带来的订单数，不等于实际订单数，为什么？
3. 法国"博若莱"鲜葡萄酒，在日本上市采用了什么营销方法？有什么效果？
4. 简述跨境云视频营销有哪些延伸服务。
5. 举例说明：全球顶级品牌商是怎样进行社会化媒体营销的。
6. 跨境云营销有哪六种类型？
7. 什么是云微客？为什么云微客发展那么快？
8. 什么是点创群控技术？点创群控技术的创新点在哪？

# 第**6**章
# 跨境电子商务托管和代运营

## 6.1 电子商务托管和代运营的内涵

### 6.1.1 电子商务托管的概念

电子商务托管是一种全新的电子商务服务新业态。

由于电子商务本身是一个复杂的过程，需要网络技术、市场营销和多种电子商务服务业态的支持，才能完成交易过程，实现买家和卖家的最短路径连接和最快速度成交，并使网购物品尽快送达购买者手中，完成交易的全过程。

在网络日渐重要的当今社会，广大中小企业，一方面迫切希望能通过网络开展电子商务，提升企业运营效率，降低企业运营成本；另一方面又受到经验少、专业人才缺乏和自建网站运营成本高的限制，因此电子商务托管服务应运而生。

所谓电子商务托管，就是企业以合同的方式，委托专业电子商务服务商为企业提供其在互联网上的信息包装、产品宣传和产品销售及物流全流程以及与此相关的网站建设、网站推广和网上交易及支付等相关的一系列服务，帮助企业实现在线的电子商务交易和跨境电子商务贸易。当前，人们把这种一体化的/或选取其中部分功能进行的专项服务统称为电子商务托管服务。

### 6.1.2 电子商务代运营的概念

电子商务代运营的内涵是指生产商、品牌商或者渠道商，在自己无电子商务专业运营团队的情况下，外包电子商务全部业务或部分业务给从事电子商务运营的专业团队代行运营的一种服务模式。代运营商会根据双方商定的运营业务额提取一定的运营费用，代运营增值效果好的，委托方还会给予相应的提成或奖励。

电子商务代运营的服务内容主要包括：电子商务战略咨询、电子商务渠道规划、电子商务平台设计与建设、电子商务网站推广、电子商务营销策划、电子商务培训辅导、数据分析、客户关系管理、商品管理以及企业网络营销策划等方面服务内容。电子商务代运营能帮助企业降低成本、快速推进电子商务业务的增长。

## 6.2 世界电子商务代运营的快速发展及对我国的影响

### 6.2.1 世界电子商务托管和代运营的鼻祖

GSI（广船国际股份有限公司）是美国知名的电子商务解决方案及服务公司，是所有电子商务代运营的鼻祖。该企业的核心理念是：让传统品牌商专心做自己擅长的产品设计和生产，而将网络前端营销、后端 IT 信息处理、客户关系管理（CRM）和供应链管理交给 GSI 打理。2010 年该市场主要被三家公司占据：GSI、Art technology 和 IBM。

据 2010 年统计，美国排名前 500 的零售商中，43％使用 Art technology 辅助完成在线订单，31％使用 GSI，27％使用 IBM 电子商务平台软件。

2011 年 6 月，GSI 以 24 亿美元被 eBay 收购，收购价为每股 29.25 美元，高于市场价51％。在被收购之前，GSI 主营三项业务为电子商务服务、市场营销服务、消费者端服务及电子商务服务（GEC）。

**（1）电子商务服务包括的三项内容**

① 运营技术及支付手段支持服务。为零售商提供电子商务平台运营并提供在线支付手段、订单执行和运送服务，以及帮助客户进行物流管理和货物运输。

② 客户服务。主要是为品牌商提供在线用户服务支持。

③ 市场营销服务（GMS）。其为商户提供网络广告营销服务。其消费端服务，包括两项内容：购物网站 RueLaLa 和配送服务 ShopRunner。RueLaLa 是会员制限时打折网站，截至2011 年已经拥有 300 万会员。为吸引客源，ShopRunner 还为会员提供 2 天货物免费送达服务。

**（2）选择 GSI 的理由**

GSI 发展得非常迅速，到被 eBay 收购前一年，收入增长为 35％。在各大品牌商的竞争态势下，GSI 的服务很受欢迎。服饰品牌 Calvin Klein、Levis、AmericanEagle、Speedo，儿童玩具商 ToyRus、eToys，运动品零售商 Dicks、SportsAuthority，电子产品商 HP、RadioShock 等大品牌都是其客户。

收入对 GSI 来说从来不是问题，其最大问题是运营利润非常低，连续几年处于亏损状态，到 2011 年累计赤字已经达到 2 300 万美元。GSI 另一大问题是其在很大程度上依赖金融市场借贷维持，连年亏损，再加上长期负债大幅增长（2011 年银行长期借款高达 3 200 万美元），以至于运营资本大幅减少，使得投资者不得不提高对 GSI 的风险预期，从而对 GSI造成的不利影响是：借款难度增大和利息率增高，进一步增加其运营负担。

GSI 在运营上遇到的困难除了资金上的问题以外，还有其客户本身。GSI 的目标客户都是大品牌商，而大品牌商财大气粗，在被 GSI 带上电子商务之路后，很多商家会选择自建电子商务运营，而不再使用 GSI，所以 GSI 拥有庞大客户群体的理想模式，并没能使其发挥规模效益。直到被收购之前，GSI 50％的收入，来自五大主要客户。一旦其中某一客户因管理层变动等不可控因素与 GSI 终止合作，对 GSI 的收入影响是非常大的。依赖少数客户的另一个风险是收入不稳定，GSI 的收入来自固定服务费和客户的销售分成，但 GSI 能做到的只是对销售系统优化而对品牌本身没有掌控力，如某服装品牌对季度流行趋势判断错误而造成产品滞销，GSI 提供运营服务所获得的销售提成就会受到影响，但他们却因不敢得罪大客户，而无可奈何。

综上所述，GSI 自身发展已算前途光明，但长期亏损的问题迟迟没有解决。终于 2011 年被 eBay 收购。但 eBay 收购 GSI，并没有拿下 GSI 全部业务，只是收购了 GSI 电子商务服务和市场营销服务，放弃了消费端服务这一块。具体被放弃的内容包括：100％的 GSI 运动品经销、70％运送服务和购物网站 RueLaLa 的运营。

GSI 在并入 eBay 之后，业务发展依然处于相对平稳状态，GSI 盈利能力不强的问题，并没有得到有效的解决。尽管在当年 eBay 收购 PayPal 之后，有过一段短时间的业务增长，但这只是借助在 eBay 自身交易平台上的流量渗透，而 GSI 与 eBay 无论是在交易平台还是在支付系统的交集上，都没有明显的融合。显然，随着 GSI 营业额所占比例的增加，如不能增强其盈利能力，GSI 将势必沦为 eBay 的利润拖累。GSI 为了尽快提升盈利能力，于是开始了开辟代运营服务市场的探索。他们进行了多种代运营模式的探索，经过长期的努力，开辟了代运营创新服务，不仅使他们逐渐扭转了亏损的态势，实现了盈利，而且使他们找到了一个待开发的巨大市场机会，于是 CSI 开始了向电子商务代运营服务市场进发的历程。

## 6.2.2　美国亚马逊电子商务代运营的快速发展

美国亚马逊公司是美国最大的网络电子商务公司，位于华盛顿州的西雅图。该公司是 1995 年 7 月 16 日由杰夫·贝佐斯创立的，一开始叫 Cadabra，定位于网络书店，只经营网络书籍销售业务。具有远见的贝佐斯在看到了网络营销的潜力和特色后，意识到：当实体的大型书店提供 20 万本书销售时，网络书店却能够提供比 20 万本书更多的选择和服务给读者。因此，贝佐斯将 Cadabra 以地球上孕育最多种生物的亚马逊河重新命名，并于 1994 年在华盛顿州登记注册，于 1995 年 7 月用亚马逊的新名称重新开张。

目前，亚马逊公司是网络上最早开始经营电子商务的公司之一，至 2010 年 3 月 15 日，亚马逊已成为拥有 23 个大类、超过 120 万种商品的超级网上商城，现在已经发展成为全球商品品种最多的网上零售商和全球第二大互联网企业。在该公司名下，已经跨界扩展了包括 AlexaInternet、a9、lab126 和互联网电影数据库等众多子公司。至 2017 年 2 月，Brand Finance 发布的 2017 年度全球 500 强品牌榜单中，亚马逊排名第三。

亚马逊在扩展全球业务的进程中，大力发展代运营业务。不仅在各国和各地搭建代运营分公司，而且大力培养代运营人才。仅以其在我国注册的福克斯德亚马逊代运营服务商为例，公司拥有百人专业服务团队，可称是最专业的亚马逊咨询服务商。他们不仅提供亚马逊平台一站式解决方案，而且开展代运营全球开店业务和跨境电子商务人才培训，并专注于提升卖家销量。已帮助 10 000 多家企业入驻亚马逊平台，每年帮助企业创造 10 多亿元的利润。他们的做法给了中国 IT 企业很多启示，不仅使这些企业看到了代运营在电子商务发展中的巨大作用，而且看到了中国代运营巨大的市场空间。

## 6.2.3　韩国电子商务代运营平台的进展

韩国的电子商务发展很快，其电子商务代运营发展得更快。从韩国最大电子商务代运营服务商 CAFE24 了解到，其旗下网店总数达 75 万家，跨境出口业务中中国消费者贡献的销售占比越来越高。

资料显示，CAFE24 覆盖韩国用户数超过 400 万人，其中 70％以上是服饰网站，比如中国消费者熟知的 STYLENANDA、AURA-J、CHEERYSPOON 等都是 CAFE24 旗下的商家。

另外，CAFE24 还帮助品牌商构建中文、英文等海外版官方直营购物网站。CAFE24 主要通过中文网和旗舰店两种方式运营在中国的韩国品牌。例如，66girls、MIXXMIX 设立了中文官网；LG 健康生活和 stylenanda 在京东全球购开有旗舰店；另外，CAFE24 在天猫国际上拥有自己的旗舰店，出售的品牌有 Uptown Holic、Remember Click、Pinkboll、Gogosing、Goodims、Darkvitory、Yubsshop 等近 20 个。

CAFE24 相关负责人说："过去，出口企业主要通过发放宣传册、贸易博览会等方式去接触海外采购商，而如今这些韩国商家通过构建外文版的官方直营网站，将自己的品牌风格以及韩国当地的流行趋势展示给海外的顾客。"同时，还称："韩国时装企业 byther 自从 2011 年开设了中文、英文、日文的直营官方购物网站之后，B2B 的销售额逐步增加，现在海外的销售份额已占到全体销售额的 30％以上。"

对此，CAFE24 的 CEO 曾表示："在全球跨境电子商务蓬勃发展的大背景下，企业不需要像过去那样直接进军海外市场，通过互联网便可以打通线上与线下的出口渠道，特别是通过开设海外直营官方购物网站可以直接接触海淘消费群体，提升品牌知名度，并以此促进跨境 B2B 渠道的销售，形成良性循环商业模式。"

## 6.2.4　中国传统代运营在新技术冲击下的探索和重生

中国电子商务代运营行业的发展和成长，经历了一个曲折的过程。初期，由于这个行业进入门槛很低，三五人就可以成立一家公司，对外开展代运营业务，因此，进入代运营的企业，很不规范。有的代运营商为了赚钱，低价寻找客户，却不重视服务质量；有的代运营商，在超出了自己擅长的品类范畴之外贸然接单，带来了资源的浪费和更大的恶性竞争；还有的代运营商在接单时，过度吹嘘，实际上营业额做不上去，令委托方很不满意。所有这一切，曾一度败坏了电子商务代运营的名声。

于是，一度曾快速发展的代运营行业很快就面临了整个行业的效益、服务质量和信誉度的整体下滑。诸多信号预示着，电子商务代运营正步入夕阳产业的行列，甚至有人预计：代运营行业很有可能在一两年内彻底走向覆灭。

以前稳赚不赔高增长的好日子几乎走到尽头，留给代运营商回旋的余地并不多，他们大多开始寻求新的出路：或改做品牌经销商，或升级为自有品牌，或变身解决方案提供商，或干脆关门大吉。特别是，在杭州短期内一下子倒闭了几百家代运营公司后，可谓是：一时间，代运营寒夜笼罩，乌云盖顶。

虽然有数据显示，电子商务代运营市场份额已达百亿元，并以每年 300％的增幅高速成长。但根据从业者的经验判断，增速远远没有达到预期。面对整个代运营行业，无论是效益、服务质量，还是信誉度的整体下滑，促使一些代运营商开始了寻找新生路的探索。

在巨大的生存压力面前，一些存活下来的代运营公司，开始了冷静思考和创新探索。他们意识到：收了人家代理费，却不作为，不履行承诺的营业额是整个行业面临"乌云压顶"的根本原因，更看到：面临云计算、大数据和无线技术的强烈冲击，代运营行业继续抱残守旧，根本不能适应市场和委托方的需求。意识到：代运营行业必须洗心革面，重树市场形象。

在 PC 购物时代，代运营的任务是吸引流量，把流量转化成购买率，业务相对简单和可控。但在移动购物时代，代运营业务复杂化了，"小屏"强调的碎片化、多元化入口，流量不再是决定因素，而是强调如何通过制作内容和传播内容来与消费者保持实时顺畅的沟通。上海商派副总裁曾举例说："有一个意大利品牌，在 PC 购物时代，推广主要强调的是价格，而现在，该品牌根本不提价格，只是在自己的移动渠道宣传品牌文化底蕴、历史变迁、情感诉求，甚至介绍意大利风景和文化。这些传播内容成功地吸引了一批对该品牌感兴趣、愿意购买甚至主动传播该品牌的消费者，该品牌入华 7 年，也终于在移动浪潮下咸鱼翻身，实现了盈利。"

由此可见，唱衰代运营行业者其实并非看衰代运营业务，而是希望代运营行业能够迅速升级，由原先单一的代理运营和卖货模式变得更加立体，特别是在网络营销、IT 系统建设和供应链整合方面发挥第三方服务商的专业性，满足市场化和委托方提出的新要求。

于是，这些传统的代运营商开始调整思路，调转船头，重新杀上代运营的主战场。恰在这时，淘宝、天猫、京东等一批大型电子商务企业，也开始了建章立制，有的还推出了"合格代运营商的认证制度"，这就进一步推进了电子商务代运营行业的规范发展。

一旦这些企业，以新的面目示人，以新的技术招商。市场的口碑立时得到了转变。在新服务理念的指引和新技术的支撑下，中国电子商务代运营行业开始了浴火中的重生之路。

# 6.3 中国电子商务托管和代运营的分类和特点

## 6.3.1 中国电子商务托管的分类

中国电子商务托管的分类如下：

① 企业电子商务网站全托管。如：淘宝、天猫、京东等网店全托管。

② 企业电子商务网站部分功能托管。如：淘宝、天猫、京东等网店部分功能托管。

## 6.3.2 中国电子商务代运营的分类和特点

当前，中国电子商务代运营发展很快，不仅创造了多种创新服务业态，而且根据不同企业的不同需求，提供了不同方式、不同程度的代运营合作形式。如：有的企业只管供货，电子商务运营全部由代运营公司负责。有的代运营公司只负责网站美化设计、诚信通运营或直通车运营，其余的由企业自行完成。

概括起来，主要有七种电子商务代运营分类模式，如下所述。

**(1) 网店或网站全托管代运营**

ⅰ. 按代运营的不同类别分类

中国电商代运营按代运营的不同类别可分为网站代运营、网店代运营、微信代运营、仓储代运营，跨境电子商务代运营、海外仓代运营等。图 6-1 是"粤淘电商"为店铺代运营发布的招商广告。

ⅱ. 按被代运营网站的品牌分类

中国电商代运营按被代运营网站的品牌可分为淘宝代运营、天猫代运营、京东代运营、网易代运营等。如利普瑞成立于 2012 年 9 月，是一家专为电子商务企业提供电商代运营服

图 6-1 "粤淘电商" 为店铺代运营发布的招商广告

务的机构。利普瑞（北京）电子商务有限公司主要承接淘宝网店代运营、天猫网店代运营、京东微信代运营等业务。利普瑞始终秉持"真诚、专业、完美、创新"的服务理念，专注网络服务领域的每一个细微的发展和变化。采取独特的视角，运用丰富的运营经验，服务于每一位客户。利普瑞长期与多家皇冠店铺、天猫店铺、淘宝商城等网站合作，致力于为顾客提供满意的运营效果，提升店铺形象和销量。图 6-2 为跨境电子商务代运营网站的宣传广告。

图 6-2 跨境电子商务代运营网站的宣传广告

**（2）定制部分功能的委托代运营**

有一种代运营服务，委托方不想把全部网站或网店的管理权放出去，但又苦于人力资源缺乏，比如：网站美化，直通车等就没有人手打理。因此，希望能把自己干不了的若干工作包出去，委托给代运营商代做，或代为管理。企业的日常运营和维护工作依然由自己的人员来完成。这样做的好处是，只委托出去部分功能，网站的主体功能和网站的全部客户资源信息，以及市场动态，依然全面地掌控在企业自己的手中，既便于自身人员的培养和锻炼，又有利于保护企业的全部商业机密，掌控住企业的主体客户资源。顺应这种要求，就出现了定制部分功能的委托代运营服务。

目前，这种由企业定制代运营服务的品类很多，图 6-3 展示的就是其中一部分。

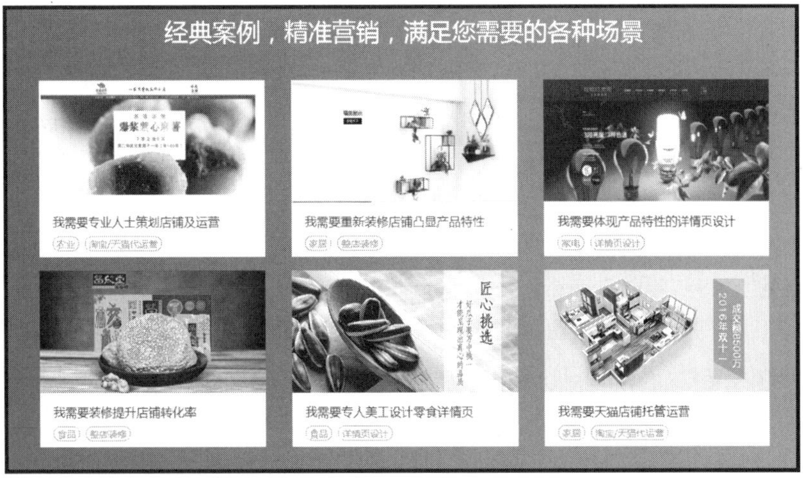

图 6-3 代运营网站为企业定制代运营服务提供的部分品类场景图

### （3）实战培训孵化式委托代运营

这种电子商务代运营模式，须由甲乙双方合作，共同派人组成联合运营团队。代运营商承担指导运营的主体责任，甲方选派的人员，初期主要是在代运营团队人员的指导下，学习跨境电子商务的运营技巧和经验，提升素质，增长才干。

以牛商网为例说明，其代运营的很多网站，刚开始的时候只有几个人，或者是被互联网冲击下濒临倒闭的网站，之后在牛商网的帮助带动下，通过网络营销奋起直追，逐渐成为自己所在行业的标杆。这些营销成果突出的标杆企业，还共同组成了"网络营销牛企联盟"，他们乐于分享，带动了更多传统企业在网上牛起来。

这样，经过半年或一年，跨境电子商务市场基本开拓出来，运营体系基本建立起来，在此过程中，由代运营公司委培的甲方新手也已经逐渐成长起来，今后能独立运营，继续开拓跨境电子商务市场，独立完成跨境电子商务网站建设或网店运营时，电子商务代运营商的人员，即可根据协议的规定，全部退出，或逐步分批退出，而交由代运营委托方自己继续运营的一种"以人才实战培训"为特征的电子商务代运营模式。

### （4）多点集群式委托代运营

"韩都衣舍"为让韩流品牌形成市场主流优势，2016 年依托淘宝、天猫、京东等综合性电子商务平台，打造出一个互联网时尚品牌生态系统，其中有一项计划就是利用代运营战略，集中进行一次集群性品牌"轰炸"造势，一下子推出 30 多个线下品牌。由代运营商集群性进行代运营，以便集中抢占市场商机。

这样做的结果是：集中了代运营商的技术和人才优势，以及市场开拓经验，在短期内，就使一大批韩国品牌，同时在淘宝、天猫、京东等综合性电子商务平台争相斗艳，迅速地抢占了中国网络主流市场的制高点，显示出集群式代运营强大的市场进击能力。

### （5）为外商进入中国市场服务的电子商务代运营

当前，境外企业纷纷看好中国市场和中国电子商务，在 2017 年两会上，跨境电子商务的发展连续第三年被写入政府工作报告。同时，商务部公布的数据显示，跨境电子商务正在成为整体贸易中的重要组成部分，其中 B2B 已经占据跨境电子商务进出口的七成以上。

据埃森哲的市场预估：未来五年，跨境电子商务可能继续保持 20% 以上的增长势头，预计到 2020 年，保守估计跨境电子商务交易额将占中国进出口总额的 37.6%，而这一占比在 2015 年仅为 19.5%。由此可见，跨境电子商务已经成为我国经济发展的助推器、外贸产业转型的新业态，为众多中小企业的发展提供了巨大发展空间。

特别是，中国的电子商务正在走向国际化。以"双十一"为例，当前已经有 273 个国家参与网上交易。顺应这种态势，境外很多企业，由于拥有了先行进军中国市场的经验，一些聪明的境外企业家，看到了这其中的巨大商机，开始为外商进入中国市场做代运营。

他们利用曾经进驻过某些中国电商网站，或能打通和中国电商网站合作通路的优势，开始为本国企业需要进军中国市场的外资企业做代运营服务。

比如法国的 FAST UP Commerce 就是一家成立于法国巴黎的跨境电子商务服务公司，其母公司 FAST UP Partners 是法国领先的电子商务咨询企业，服务客户包括法国欧舒丹、美国玛氏等知名企业。FAST UP Commerce 面向的都是欧洲本土的品牌商和制造商，为其提供一站式的跨境电子商务解决方案和进入中国市场的跨境电子商务托管服务和代运营服务。

FAST UP Commerce 的运营团队，来自 12 个国家，在线运营服务语言超过 15 种，它们帮助委托代运营的企业和工厂在欧洲 200 多个电子商务平台上，建立了与欧洲终端消费者的连接，通过其卓越的网络技术和高效的运营技能，锻造了微营销的品牌闪光点。它已成为众多欧美品牌制造企业，在欧洲本地运营和跨境运营指定的知名线上运营商。

如今，越来越多的中国制造商希望通过电子商务平台将产品直接销往欧洲终端消费者，FAST UP Commerce 也期待通过一站式的跨境电子商务服务，帮助来自中国的制造商和品牌商进驻欧洲主流电子商务平台，建立中国产品在欧洲 200 多个电子商务平台上的零售渠道，获取产品和品牌在欧洲销售的成功。同样，也愿意为法国和欧洲企业进军中国市场打开网上之门。

**（6）跨境电子商务的微信或微网店代运营**

微信代运营，是微信运营的一种创新发展，也是微信运营社会化后诞生的一种新业态。微信运营，类似于微博增粉儿，就是通过各种线上线下活动，获得微信关注人数的提升，以便后期能获得更好的广告传播效益。而代运营则是指由专业的微信运营公司，将企业的微信公众号、订阅号，按照企业要求的功能进行开放，实现代企业运营，通过微信运营来推销产品或服务，从而实现商业盈利的目的。

自 2013 年以来，微信公众平台在聚集一批电子商务企业账号后，电子商务服务商就开始瞄准这一领域的代运营市场。据了解，包括追信魔盒、耶客等在内的多家电子商务服务商，都已经开始涉足微信运营服务业务。不过，由于当时，微信公众账号的运营都还处在初步探索期，当时的微信服务也还处在通过低价来培养客户的阶段。因此，初期没有十分明显的效果。

随着微信公众账号能够实现一些基本的后台管理功能，如用户管理、群发消息、素材管理、关键词搜索、自定义菜单发布等，使人们开始看到了微信潜在的巨大商业价值，这就催生了微信运营产品的创新探索，推动了一些依托微信衍生的营销平台和相关模式的出现。于是，一些像云度 API 类运营商，依托微信平台，来推送多终端的市场营销解决方案，陆续走向了客户中间，并逐渐占领了市场。

特别是，随着大数据，云技术的快速发展和智能手机的出现，激活了移动商务应用的市场前景，一大批微商代运营服务商昂首阔步地走上了微代运营的服务市场。

**（7）云监管下的多级微信代运营**

云监管下的多级微信代运营，是多级微分销技术和云技术融合的产物。由于微分销技术的快速发展，出现了"多层级，多客户端，多合作方式，多产品品类"的"四多"现象。

面对这种"四多"现象，由于受到容量、页面宽度等多方面的限制，继续在手机客户端狭小的页面和有限的空间，对多级微信代运营分销商进行管理，显然是困难的。因此，人们开始把多级微信代运营商相关数据转移到云上。利用云平台极强的逻辑运算能力，资源整合能力，对多级微信代运营出现的"四多"现象提供支撑，并进行有效的监督和管理。这种放在云端的多级微信代运营管理系统，被称作云监管下的多级微信代运营。

ⅰ. 微信代运营运营商应做好的四项工作

根据一些具有多年微信代运营实践经验的代运营公司的体会和经验，微信代运营运营商主要应做好以下四项工作（图4-6）。这就是：

① 进行微信公众账号的功能开发。

② 进行APP多元化的功能开发。

③ 进行定制化的微营销或微分销网站的设计和运行。

④ 进行多层级微信营销系统的开发。

图 6-4　微信代运营运营商主要的四项工作

ⅱ. 微信代运营成功案例——微商四大天王

微商四大天王，是指四个微商运营中的高手，也是微商运营中的代表人物。

他们是：夫子、曾钧、胡应邦、心然四人。由于他们四人在微商运营中都取得了骄人的业绩，因此，被业界称为微商四大天王。微商四大天王如图6-5所示。

图 6-5　微商四大天王

微商四大天王是：

① 夫子——和他的三里人家。

三里人家有强大的云海系统，超强的连赢模式，独特的运作利器，无缝衔接的扶持政策。这一切，给三里人家代理商一个快速发展的平台。夫子认为："核心是我们能够给代理更多的扶持，让代理跟着我们一起向前走"。

② 曾钧——被誉为操盘手背后的操盘手。

曾钧是一个生于 1988 年的年轻人，进入互联网圈仅 3 年就获得了海量人脉；正式做张药师阿胶糕仅仅一年，销售额就轻松上千万元。他的创业之路较有策略，可以给创业者以启发。

2017 年 3 月，曾钧和夫子、心然、胡应邦四人合作打造的"劲家庄"品牌上线，短短几个月，就已经成功地销售了几亿元。

③ 胡应邦——优士圈创始人。

胡应邦精通整合网络营销、数据库营销、微博微信营销。曾帮助北京某牙科连锁，一年提升 500% 的业绩；其创办的医药招商网，九年稳居行业前三名，利润增长二十倍；拥有十年电子商务操盘经验，带领东方韵律多名专家顾问，打造了企业级网络营销服务体系。其服务客户包括央视网、时尚集团、新华网、用友软件等。

④ 心然——策划互动，引爆产品动销的高手。

心然也是著名的微信操盘手，不仅善于策划互动，引爆产品动销，而且善于利用多媒体视频把密训营策划的妙法、绝招，拍成视频短片在优酷等网站播放，不仅取得了极好的传播效果，而且带出了一批操盘手。

**（8）境外网站为外商进入中国市场服务的代运营**

法国微盟网络科技有限公司是一家总部设在法国巴黎的集商务咨询、品牌代理、电子商务运营、物流仓储服务为一体的综合性服务商。

随着近两年中国跨境电子商务的蓬勃发展，法国微盟开始借用自身的优势，为数量众多的法国本土企业开拓中国市场提供从品牌代理合作、运营平台设计到第三方电子商务平台代运营等一站式服务，成为法国本土企业开辟中国市场的桥梁。

由于，该公司拥有十多年的国际贸易经验，积累了众多欧洲、北非地区的客户群体，是一家具备市场调研、法务咨询、公关谈判、海外仓储、报关物流等综合性实力的企业。而且，对货物进出口欧盟的海关申报、检验检疫、运输仓储等方面的工作有着丰富的经验和高效的担保能力。为进一步扩大业务范围和项目承载能力，法国微盟正面向有实力的中国电子商务运营企业发出战略合作邀请。法国微盟将整合海外优势资源，结合公司在海外高效的行政运营经验，以及物流仓储能力，与战略合作伙伴双向合作，共享海外以及中国市场的商品需求。

**（9）淘宝内环境中的代运营**

淘宝内环境中的代运营，主要服务于传统企业，帮他们在淘宝开旗舰店并代他们运营，这一类淘宝内环境中的代运营服务占了其服务总量的 80%，扮演着类似于网络渠道代理商的角色，提供着专业化的电子商务代运营服务。

ⅰ.淘宝内环境中代运营服务的内容

该服务主要包括电子商务战略咨询、电子商务渠道规划、电子商务平台设计与建设、电子商务网站推广、电子商务营销策划、电子商务培训辅导，以及包括数据分析、客户关系管理、商品管理等在内的电子商务运营托管、企业网络营销策划等方面内容，帮助企业以低成本快速推进电子商务业务的增长和运营效益的提升。

淘宝内环境中的代运营服务除了上列各项常规服务内容以外，还具有独有的优势。特别是由于大量的基础信息资源在淘宝，许多大型知名品牌商在淘宝，淘宝代运营团队又有着极其丰富的电子商务和跨境电子商务运营经验。因此，其淘宝内环境中的代运营服务提供了许多别人没有提供的新服务业态。

ⅱ. 淘宝内环境中代运营提供的网络分销托管服务

淘宝通过与企业的沟通，结合企业的实际现状和需求，还提供符合企业实际需求的分销模式、分销规则、分销商品的选取以及分销售后咨询等一系列的或跨境商品进境后的去向实施规划。结合企业商品的特性，进行有效的分销渠道资源筛选，并制定相应的分销价格和分销策略。客户订单商品入库以后，立刻可以分销出库。这样不仅减少了库存时间，而且极大地提高了资金回收率。

ⅲ. 淘宝内环境中代运营提供的动态客服销售服务

淘宝内环境中的代运营服务是动态的。他们不仅根据品牌风格和文案策划进行首页设计、栏目设计、活动设计、产品内页设计，还根据推广活动的策划安排，定期进行动态修改。如根据分销计划，他们获知即将上线商品，即提前制作商品广告，进行前置性宣传。店长还会根据年度计划和月度销售计划，对品牌进行广告策划、运营推广策划，结合商城站内推广和站外综合资源推广。这样使新进店商品，立刻会进入旺销状态。

ⅳ. 淘宝内环境中代运营提供的动态的调货和补货机制

淘宝经验丰富的客服团队，会实时在线看店，提供 7×24 小时在线导购服务，实时监控服务过程，并及时回答客户问题。结合先进的供应商管理系统和订单管理系统，他们会及时处理销售订单的变动情况，进行动态补货和调货，并及时通知仓储物流发货。

除此之外淘宝运营团队之中还有一些专门做市场的外包小团队，比如专门做淘宝直通车服务的外包营销公司，直通车都委托这家专业的服务公司来做，而这个小团队，由于专门做直通车，动作娴熟，业务精湛，具有独有的优势。

正因为淘宝在代运营服务商方面，有许多独有的优势，因此，在电子商务之都的浙江杭州，2012 淘宝在册服务商仅 300 多家，当前在册服务商总计已经超过 1 000 多家。

综合以上的分析，由于至 2018 年 12 月，中国网民的数量已经激增至 8.29 亿人。这个庞大的市场资源表明：未来，中国电子商务代运营市场仍将维持持续稳定的增长态势。至 2014 年，我国电子商务代运营行业市场交易规模达 2 684.8 亿元，较 2009 年增长 54 倍，近三年又进一步获得了更加快速的发展。因此，有分析预计到 2020 年电子商务代运营的市场渗透率将达到 18%，整个电子商务代运营市场规模有望达 2.1 万亿元，对应的 5 年复合增速将达 40.9%。

由于中国电子商务代运营市场依然处在发展初期，与境外市场相比，仍然存在着很多的问题。比如，代运营商服务能力有待提高；前端渠道单一，多渠道运营经验少；传统企业单飞给代运营商带来较大威胁等。但是随着行业的发展，未来市场还存在很大的发展潜力。前瞻预测，未来 2～3 年，将会有更多的代运营商出现，电子商务的产业链将不断完善。

## 6.4　我国电子商务代运营的发展概况

### 6.4.1　我国电子商务代运营发展的态势

近年来，随着我国电子商务的快速发展，电子商务代运营发展很快。据易观智库的统计显示：2015 年我国电子商务代运营市场交易规模已经达 4 248 亿元，年复合增速达 97%。网络零售 B2C 市场作为电子商务代运营生存的重要空间，渗透率正不断提升，2015 年已达到 11.1%。

特别是，中国广大的传统企业和一大批中小企业面临着由传统营销向网络营销的转型。这就给电子商务代运营提供了难得的发展机遇和市场空间。促使中国电子商务代运营进入了快速发展期。

正是由于看到了中国跨境电子商务快速发展的态势，目前越来越多的境外传统企业品牌商，开始转型拓展境内市场的线上业务，跨境电子商务代运营行业将面对境内外市场双重热浪，必将进一步被加温、被催热。特别是，随着一大批传统企业的转型升级，急需大批电子商务和跨境电子商务的运营和管理人才。一些有识之士，看到了这其中的巨大市场和商机，开始为这些转型企业做人才培训的代运营。他们以这些转型企业培训人才为突破口，不仅把代运营做得风生水起，而且把代运营市场进一步催热。

这其中最突出的代表就是出海帮。出海帮根据企业缺少跨境电子商务人才的特点，从人才培训开始，切入跨境电子商务代运营市场。2016 年 11 月，第一批培训开课。经朋友介绍，出海帮的负责人周颖邀请到深圳的一个大卖家作为主讲人，为十几家报名企业现身说法，把培训课讲活了、讲火了。

特别是，出海帮的负责人周颖创业起家，经过了很多困苦和失败的磨炼，又经过了大量成功的探索和实践，当时，他的自营电子商务交易额已经达到每月 80 多万美元。因此，他的培训生动而鲜活，不仅具有穿透力和说服力，而且，有可操作性、可复制性。因此，培训班的声誉愈来愈大，参加培训的人员越来越多。以至于出海帮保持了每次参加企业约为 20 家，每个月 3 场培训的目标。

目前，出海帮已经为江浙地区 200 多家传统企业，提供了人才培训服务。此外，出海帮还和 10 家工厂达成代运营合作协议，主要为服装、快消品和 3C 领域，并正在拓展联合运营业务。

到目前，出海帮已经带领 200 多家传统企业出海。进入了网上营销的大市场，开拓了进军国际市场之路。

眼下，据悉出海帮正在进行 Pre-A 轮融资，计划融资 2 000 万元，资金将主要用于企业实战课程的完善、平台运营、自营货物的准备、团队扩充以及推广渠道的拓展等。出海帮必将在成功代运营的路上走得更远，必将带领更多的传统企业进入电子商务的主战场。

## 6.4.2 我国电子商务代运营发展的特点和成功案例

### （1）五大特点

ⅰ.以智力输出为特征的代运营服务机构的出现

近年来，我国电子商务代运营获得了快速发展。剥开"互金"外壳，其核心竞争力其实是技术实力。比如，百度金融基于 AI 的技术实力，叠加专业的金融服务能力，混血而成的 Fintech 能力，智能匹配营销需求。代运营公司开始注重对成功的经验进行总结，对大量代运营实践中的经验和成功的案例，进行理性梳理和理性提升，并注重总结代运营中的大量成功经验和失败教训，开始实现从能力输出向智力输出的转化，开始重视代营机构智力资源的建设和开发。

以广州奥淘电子商务代运营公司为例，他们为了打造快速提升店铺销量的经验，根据代运营中大量的实践经验，总结了"打造爆款的五大妙招"（如图 6-6 所示），并把它们放在网上，与更多的网友进行互动和交流。让代运营的成果，成为全社会的智力财富。

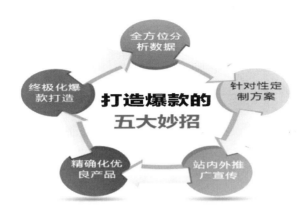

图 6-6　"打造爆款的五大妙招"示意图

与此同时，还涌现出了微信营销的四大天王。他们不仅带领其营销团队创造了骄人的业绩，而且总结出"代理销售业绩的放大器增值理念""出货后的运行流程的火箭跟踪理念"等创新的微营销理念。特别是提出了"微商做的不是产品，而是价值交换"的创新营销理念，使微商运营的理念和价值获得了极大提升。

这不仅引领和带动起一大批微营销人才的迅速成长，而且推动了微营销市场的迅速崛起。因此，创造出无数微营销的骄人业绩和典型案例。

这表明：中国电子商务的代运营机构正在成长起来，正在逐步走向成熟。而中国代运营机构在实践中逐步走向理性化、智能化的这种转变和提升，恰恰是我国电子商务代运营快速发展中的一大亮点。

其实，这种软实力的提升，是行业发展进程中的一种内在动力的提升，是行业发展中一种理性思维的提升。当这种软实力和硬实力紧密地结合起来，就会形成一个开拓行业商业前景的巨大力量。正是这种力量，推动了中国移动商务市场的快速发展，推动了中国代运营市场的快速发展。

ⅱ. 重资金多业态抢占电子商务主营阵地代运营商的出现

电子商务代运营公司是传统企业涉足电子商务的重要力量，从网站建设、营销推广、数据分析、分销渠道到仓储物流，代运营公司在电子商务运作的各个环节上相对传统企业优势明显，不仅得到传统企业的倚重，也受到了资本的青睐。

当前，电子商务代运营可分为两大派系：一类是轻公司，这类公司主做代运营核心业务，在软件、呼叫中心等领域选择可信的合作伙伴，一起为客户提供服务，如易网达境、益商优势、戈洛博等都可归入此类，专注于自己最擅长领域。另一类是重公司，其最大代表是兴长信达，以为用户提供全程服务为特征，从 ERP 到仓储物流都是自己构建。必要时还可向代运营企业提供资金支持，如宝尊、北联、瑞金麟、熙浪等。

通过分析相关代运营公司的发展轨迹后发现：轻公司更多是基于品牌营销、广告设计等领域起家，自身没有太多技术基因，对企业的服务会更多从渠道构建、营销推广、产品摄影、网店设计等方面切入，帮助企业在互联网上提升销售额、提升品牌影响力，分析用户需求行为，为用户提供代运营服务。

而重公司的经营者出身技术占比很高，对企业的服务，会从运营端向企业内容信息化管理渗透，如 ERP 解决方案、CRM 解决方案，甚至延伸到仓储/物流，供应链管理，更希望用最先进的多种信息化手段，帮企业解决问题，为企业提供深度服务。

在电子商务发展了十多年之后，尤其经过了 2012 年的疯狂洗牌，电子商务行业发展逐渐冷静清晰。就有这样一些电子商务公司：他们不烧钱不推广，年销售额数亿元，且仍以每年 300% 的增幅高速成长；他们在激烈的电子商务竞争中，不仅能占立潮头与数千大商家、大品牌商一起分食百亿市场，而且有众多中小商家的支撑。他们看似是电子商务界的"异类"。其实，他们是传统品牌试水线上渠道的捷径，是淘宝生态圈的重要组成部分，电子商务行业的不断成熟和快速发展，给了这些专业的代运营服务商深耕市场和快速发展的最好契机。

随着这些重资金企业进入代运营市场，吸引了更多的社会资本的进入，而随着重资本的进入，一些大的代运营公司也开始了对市场的扩展和深耕。于是，更多的适应代运营商需要的新的服务业态浮出水面，而越是这样，越受到市场的欢迎。中国的代运营市场进入了良性发展期。

ⅲ．顺风优选开放平台为代表的代运营支撑服务机构的出现

就代运营的发展环境看，现阶段大部分代运营商主要依靠淘宝和京东来开展代运营业务，但未来，将有更多的 B2C 企业演变成平台。2014 年初，顺风优选就明确表示：顺风优选将成为代运营模式的开放平台。这种为电子商务代运营商提供支撑服务平台的做法，不仅极大地促进电子商务代运营的快速发展，而且，产生了极大的带动效应，如当当、卓越、凡客等。这些企业已经允许第三方企业入驻，在其平台上开启店中店，进而收取适当的店面和物流费用。此外，一些 B2B 平台如阿里巴巴、慧聪等，也提供了多种多样的电子商务开放模式，使电子商务代运营成了电子商务未来发展一大趋势。

ⅳ．以电子商务代运营为特征的知名品牌商的出现

随着电子商务代运营的快速发展，以及代运营机构取得的效果越来越突出，使一大批电子商务代运营商的品牌含金量和品牌闪光点得到了快速提升，一些知名代运营品牌商开始涌现出来。

比如，深圳的加德士电源科技有限公司，已经成为华南区知名的电子商务代运营服务商。该企业成立于 2010 年，是一家专注于网络营销和提供技术解决方案的互联网技术服务商。2016 年时，他们不仅拥有了一套先进的管理模式，一套包含网站建设、网页设计、微信营销、网店托管、APP 开发、网络推广等众多项目的多样化服务体系，还拥有 1 200 多人的优秀技术和服务团队，和 200 多来自各专业领域的、拥有电子商务代运营丰富实战经验和专业技能的精英人士。10 年来，他们帮助一大批代运营企业，走上了网上营销的大市场。

除了深圳的加德士，上海的宝尊电商，以及茶马古道电子商务有限公司，杭州的碧橙电商和博乐莱电子商务有限公司，武汉的火蝠电商，陕西的灵猫电商，深圳的所能电子商务有限公司等一大批电子商务代运营公司的品牌，开始成为知名品牌。仅以杭州碧橙网络技术有限公司为例，碧橙网络成立于 2010 年 5 月，现在已成长为领先的互联网品牌解决方案提供商。为合作伙伴提供互联网品牌全链路管理服务，包括电子商务平台销售、跨境电子商务规划、消费者洞察、网络口碑营销、大数据营销、O2O 改造及广告投放等，助力高价值品牌，成就互联网梦想。其合作品牌包括西门子、林内、松下、欧姆龙、3M、美泰、Cybex、海信、容声、PPTV 等 500 强企业和国际国内知名品牌。

随着电子商务代运营市场的火爆和一大批知名品牌代运营商的出现，资本开始青睐这些代运营商。仅 2011 年，除宝尊和熙浪分别获得风投青睐之外，还有 E 店宝、商派网络、亿

玛在线、百分点科技等电子商务技术服务商获得融资。随着电子商务 B2C 融资规模趋近饱和，电子商务服务及上下游相关产业正成为新的投资热点。

Ⅴ. 我国微信代运营商的出现和快速发展

微信代运营商的出现及快速发展，是中国在移动商务领域和跨境电子商务领域创新探索的标志性事件。

微信代运营商的出现，不仅极大地扩展了微商的营销体系和市场空间，而且极大地加快了移动商务的发展。当前，不仅出现了众多微商城、微营销网店，而且出现了"微商一条街"。特别是随着智能手机的出现并大量走向市场，特别是微支付技术的出现，以及 RFAD 电子标签技术和手机的融合，使手机的商务功能、动态支付功能和产品追溯功能获得了极大提升，从而开拓了更加广阔的应用前景。

用手机进行微营销，需要娴熟的手机运营能力和专业技术，这就给微信代运营商提供了发展机遇和广阔的发展空间。于是，微信代运营商昂首阔步地走进了我们的生活。

由于中国是世界上最大的手机拥有国，手机已由 21 世纪初的可选消费品，渐渐转变为如今的必选消费品，到 2018 年底，中国智能手机用户数量已达 13 亿人次。中国智能手机普及率已经达到 58%。这个庞大的手机保有量和庞大的基础客户资源，就为中国移动商务的大发展奠定了基础，提供了条件。正是因此，中国的移动商务应用，特别是微商应用，近三年获得了快速发展。

前面已经介绍过，微商代运营在当前已经成为我国微营销市场的主力军，以微营销四大天王为代表的人才队伍已经成长起来，可以预见，进入下一个五年，我国的微营销市场，必将有更新、更快的发展。

**(2) 我国电子商务代运营的成功案例**

下面展示几个电子商务代运营的成功案例，来说明代运营的效果。

绿色农场旗舰店（天猫）是 2011 年申请的店铺，主要经营化妆品。自营三年，年年亏损。从 2015 年 10 月与运营大师成功合作后，运营团队大胆采用直播推广等多种营销方式，策划了三场网红直播，仅一场直播，就卖出面霜 4 600 多瓶。代运营商接手 2 个月，就把原来一个月销售额 5 万元的店铺，打造成月销售额高达 50 万元的店铺。

另外相关案例还有："威博"天猫代运营商助力"多灵五金"产品营销实现了 0 元到 8 000 万元的突破。"诺琪"携手"威博"天猫店代运营，两年取得了 1 亿元的销售业绩。

由此可见，代运营后的效果十分突出。

## 6.5　企业委托跨境电子商务代运营应注意的问题

### 6.5.1　要注重处理好放手托管和有效掌控的关系

实践告诉我们：做电子商务委托代运营，委托代运营方放不开手脚，不行；合同一签，啥也不问，坐等"大饼炒鸡蛋"，也不行。重要的是要处理好放手托管和有效掌控的关系。

我们知道：放手托管和有效掌控，是一对矛盾。可它又是电子商务代运营中一个不可回避、且必须解决好的问题，这就必须处理好放手托管和有效掌控的关系。

所谓放手托管是指对价格，要交上线，给底线；对产品，要给标准；给实物检测结果，确保能给用户一个真实的信息。

所谓有效掌控就是要把握代运营的进展情况和全面情况；把握代运营过程中商品信息的客户浏览情况，询盘情况，接单情况；特别是要把握客户资源的来源，需求与联系方式。因为这些客户，有可能成为自己的战略资源，成为自己的长久客户。

### 6.5.2　要注重严防电子商务代运营中的"飞单"现象

**(1) 什么是"飞单"**

简单说，就是代运营商的某些品行不端的业务员，拿到代运营商的订单后，不将订单交由自己公司来做，悄悄地把现成的订单"飞"出去，转交自己的亲戚或朋友的公司去做，从中吃回扣或拿提成的一种灰色代运营行为。

在电子商务代运营中，这种现象会经常出现。特别是：在代运营商经过一个阶段的努力，市场初步开拓出来，运营和接单状况日渐增多的情况下，最容易出现。因为，随着接单数量的日增，代运营委托方会沉浸在一种满足的喜悦中。在这种情况下，"飞"出去一单、两单，不会引起人们的注意，更不会引起代运营委托方的警觉，但听任这种现象发展下去，就会给代运营委托方造成巨大的经济损失。特别是会造成客户资源的大量流失。因此，这种情况，必须引起人们的高度关注和警惕，必须杜绝这种"飞单"现象的发生。

**(2) 怎样防止"飞单"现象的发生**

防止跨境电子商务代运营中"飞单"现象的发生，一般要把握好以下三个环节。

ⅰ.要对代运营人员加强思想教育和法制教育

使他们认识到：利用职务之便，"飞单"、吃回扣、拿提成的做法，是一种严重侵害代运营委托方权益的违法行为，是职业道德缺失的表现，从而能自觉地摈弃和抵制这种行为。

ⅱ.要采取来单双通知的制度和措施

所谓采取来单双通知的制度，就是要从制度上规范明确：只要网上有新的来单，只要代理工程师或业务员一开始阅读来单，就会同步发送短信通知委托方，告之负责此项目的对应人员，即"有新订单到达，请同步阅读"。

这样，委托方就可以即时地了解代理商到来的每一个新订单，便于进行全程地把握情况和进行相应的跟踪和管理。

ⅲ.要建立云备份和云监管的制度

所谓云备份和云监管，就是要委托第三方云服务平台，对代运营方发出去的全部电子邮件，在云平台上进行备份和存档，这样，无论是代运营的委托方或代理方的领导，或经授权的管理人员，随时可以对已经发出去的邮件进行查询。一旦有："飞单"现象发生，就会被发现，这就等于又多了一把监管的锁头。

有了这三项措施，基本上可以杜绝或防止"飞单"现象的发生。

### 6.5.3　注重规避网站托管和代运营的潜在风险

以上我们集中介绍了电子商务托管和代运营的许多优势，特别是相当多的传统企业和中小企业通过电子商务托管和代运营，不仅迅速地开辟了网上营销市场，而且通过网上代运营取得了很好的营销效果，提高了网上经营能力，开辟了产品进入国际和国内市场的新渠道。

但是，我们不能不指出的是：网站托管和代运营同样存在着巨大的安全风险。

2016 年 6 月 20 日上午，广东省公安厅召开新闻发布会通报了"飓风 9 号"行动战果。通报指出：2016 年 6 月 13 日上午，在广东省公安厅组织指挥下，深圳市公安局出动 1 100 多名警力，开展了代号为"飓风 9 号"的专案收网行动，打掉了一个网店代运营的特大诈骗团伙，共刑拘犯罪嫌疑人 253 名，冻结涉案资金 2 300 余万元。

通报介绍：自 2015 年下半年以来，深圳龙华公安分局陆续接到事主报警，称被深圳广某发信息咨询有限公司、深圳联某企业管理顾问有限公司等公司诈骗。警方调查发现一涉嫌网店代运营的特大诈骗犯罪团伙。

该团伙通过旗下注册的深圳广某发信息咨询有限公司等多家公司在某著名网络搜索引擎上投放网店代运营广告，并在其官方主页上进行虚假宣传，选取网络电子商务上经营成功的知名网店，对外宣称是自己公司运营的成功案例。

该团伙还以"私人订制电子商务托管"的身份，制造了许多证书，声称自己是"中国电子商务著名品牌""中国电子商务放心满意品牌""中国电子商务诚信单位"等，还冒充是某电视台和某知名网络电子商务指定的金牌运营公司，并以承诺达到高额网店运营额为诱饵，诱骗事主签订事先设定好的诈骗合同。

他们以首期服务费用作为主要诈骗目标（其首期服务费用约占全部运营费用的三分之一），承诺帮助受害人进行网店代运营，受害人一旦签订合同并交纳首期费用后，该团伙便采用多种手段故意拖延时间，并不断催促受害人继缴下期服务费用，其实并不真正实施运营。

待受害人发现被骗后要索回款项时，他们便以各种理由强行拒绝，受害人到该团伙所在公司维权时，他们还组织人员恐吓威胁，甚至暴力殴打。他们还把骗取钱财多少作为内部考核依据，规定团伙成员骗钱越多，分红越多。

通报时公安机关已经刑拘嫌犯 253 人，冻结账户 85 个，冻结涉案资金 2 300 余万元。据不完全统计，该团伙自 2014 年 1 月份以来，先后与大量事主签订网店代运营合同 4 000 多份，诈骗金额巨大。为此，警方也提醒计划或者已经在网络电子商务上从事经营的人员，寻找运营代理务必保持谨慎。

# 本章小结

本章主要讲了电子商务托管和电子商务代运营服务，目的是帮助企业降低成本、快速推进电子商务业务的增长。世界电子商务代运营的快速发展及对我国的影响，我国电子商务托管和代运营的分类和电子商务代运营发展的特点，我国电子商务托管和代运营的部分成功案例，以及企业委托跨境电子商务代运营应注意的问题是本章的重点。

特别应重点把握三个问题：

① 我国电子商务代运营快速发展有哪五大特点？

② 什么是"飞单"？怎样防止电子商务代运营中"飞单"现象的发生？

③ 结合广东省公安厅通报"飓风 9 号"行动战果，说明怎么样规避和防范网站代运营的潜在风险。

# 思 考 题

1. 什么是电子商务托管和代运营？
2. 简述世界电商代运营的快速发展及对我国的影响。
3. 简述美国亚马逊电商代运营的快速发展。
4. 简述中国传统代运营在新技术冲击下的探索和重生。
5. 简答中国电商托管和代运营的分类和特点。
6. 简答我国电商代运营创新发展呈现五大特点。
7. 我国电商代运营快速发展的态势有哪些？
8. 如何注重规避网站托管和代运营的潜在风险？

# 第 7 章

# 跨境电子商务仓储

　　跨境电子商务仓储管理是对仓库及仓库内储存物资所进行的管理，是为了充分利用仓储资源，提供高效仓储服务所进行的计划、组织、控制和协调过程，它包括仓储商务管理、流程管理、作业管理、人员管理、组织管理、物品养护管理、安全管理、现场管理、设备管理等多种管理工作及相关业务操作。

## 7.1　仓储的概念和仓库的分类

　　随着电子商务的发展，特别是"网购"深入到人们的日常生活中，使得仓储管理上升到一个全新的高度。通过网站人们能够完成购物过程，但货物的送达必须经过仓储物流阶段，所以电子商务与仓储管理密不可分。

　　（1）仓储的概念

　　仓储是产品生产、流通过程中因订单前置或市场预测前置而使产品、物品暂时存放的场地。它是集中反映工厂物资活动状况的综合场所，是连接生产、供应、销售的中转站，对促进生产效率的提高起着重要的支撑作用。仓储是物流、信息流、单证流的合一之地，还是产品，特别是跨境产品流转中进行深加工的重要阵地。

　　（2）仓储的作用

　　电子商务与仓储管理两者具有密不可分的关系。仓储不仅是电子商务和跨境电子商务产业链中的重要一环，且对电子商务和跨境电子商务的发展，有着十分重要的支撑和推动作用。

　　（3）仓库的分类

　　仓库按不同的标准分为 7 类。电子商务企业或部门可以根据自身的条件选择建设或租用不同类型的仓库。

　　ⅰ.按使用范围分类

　　① 自用仓库：是生产或流通企业为本企业经营需要而修建的附属仓库，完全用于储存本企业的原材料、燃料、产成品等货物或物资。

　　② 营业仓库：是一些企业专门为了经营储运业务而修建的仓库。

　　③ 公用仓库：是由国家或某个主管部门修建的为社会服务的仓库，如机场、港口、铁路的货场、库房等仓库。

　　④ 出口监管仓库：是经海关批准，在海关监管下存放已按规定领取了出口货物许可证

或批件，对外已结汇并向海关办理完全部出口海关手续的货物的专用仓库。

⑤ 保税仓库：是经海关批准，在海关监管下专供存放未办理关税手续而入境或过境货物的场所。

ⅱ. 按保管物品种类的多少分类

① 综合库：指用于存放多种不同属性物品的仓库。

② 专业库：指用于存放一种或某一大类物品的仓库。

ⅲ. 按仓库保管条件分类

① 普通仓库：指用于存放无特殊保管要求物品的仓库。

② 保温、冷藏、恒湿恒温库：指用于存放要求保温、冷藏或恒湿恒温物品的仓库。

③ 气调仓库：指用于存放要求控制库内氧气和二氧化碳浓度物品的仓库。

ⅳ. 按仓库的建筑特征分类

① 封闭式仓库：这种仓库俗称"库房"，该结构的仓库封闭性强，便于对库存物进行维护保养，适宜存放保管条件要求比较高的物品。

② 半封闭式仓库：这种仓库俗称"货棚"，其保管条件不如库房，但出入库作业比较方便，且建造成本较低，适宜存放那些对温湿度要求不高且出入库频繁的物品。

③ 露天式仓库：这种仓库俗称"货场"，其最大优点是装卸作业极其方便，适宜存放较大型货物。

ⅴ. 按仓库的建筑结构分类

① 平房库：平房仓库的构造比较简单，建筑费用便宜，人工操作比较方便。

② 楼房库：楼房仓库是指二层楼以上的仓库，它可以减少土地占用面积，进出库作业可采用机械化或半机械化。

ⅵ. 按仓库内货架的形态分类

① 单层地面库：一般多使用非货架型的保管设备。

② 多层货架型仓库：指采用多层货架保管的仓库。在货架上放着货物和托盘，货物和托盘可在货架上滑动。货架分固定货架和移动货架，如图 7-1 所示。

图 7-1　多层货架型仓库

③ 自动化立体仓库：指出入库用运送机械存放取出，用堆垛机等设备进行机械化自动化作业的高层货架仓库。

ⅶ．按仓库的集货和分货功能分类

现代物流管理力求进货与发货同期化，使仓库管理从静态管理转变为动态管理，仓库功能也随之改变，这些新型仓库具有了以下新的称谓。

① 集货中心式仓储：将零星货物集中成批量货物称为集货。集货中心可设在生产点数量较多，而每个生产点产量有限的地区；只要这一地区某些产品的总产量达到一定限额，就可以设置这种有"集货"作用的物流中心式仓储。它既可以是货物的集散地，又可以有短期储存的功能，适宜在海港和码头建设。

② 分拨中心式仓储：将大批量运到的货物分成批量较小的货物称为分货，分货中心是主要从事分货工作的物流据点。企业可采用大包装、集装货散装的方式将货物运到分货中心，然后按生产或销售的需要进行分装和按运输路线分路，分货可以降低运输费用。

③ 转运中心式仓储：转运中心的主要工作是承担货物在不同运输方式间的转运。转运中心既可以进行两种运输方式之间的转运，也可进行多种运输载体之间的转运，还可进行不同物流公司间的商品转运。在名称上，有的称为综合转运服务中心，有的称为一体化转运中心。转运中心式仓储包括加工中心式仓储和储调配送中心式仓储。

④ 加工中心式仓储：加工中心的主要工作是进行流通中产品的加工。商家可在加工中心中进行进入货物的分拨、分装和贴标等加工。设置在消费地的加工中心，主要满足商品快速送达的需求，以强化物流服务为主要目的。

需要注意的是：加工中心式仓储地，除了可供货品存储以外，还有许多分装设备和货品多路分拣机等，有的还有海关和商检机构的人员进驻，可以进行相关的查验。既可满足商家进行产品深加工的需要，又可以满足物流公司下一步分路送货的需要，以及海关监管的需要，这对提高进境物品的快速送达效能是十分必要的。

⑤ 储调配送中心式仓储：储调中心以储备为主要工作内容，主要支持和分拨站的快速配货。配送中心式仓储，主要为特定的专业用户服务，用以解决长期用户，批量订货，大宗订货的要求，在配送中心将货配齐，以便及时安排车辆，一次送货上门，既满足了客户的需求，又节约了运费。这种储调配送中心式仓储，以配送为主，储存为辅。

## 7.2　跨境电子商务催生下仓储新业态的大量出现

跨境电子商务的快速发展，催生了大量仓储新业态的出现。自动化立体仓库，就是仓储中出现的新概念。利用立体仓库设备可实现仓库高层存货合理化，存取自动化，操作简便化。自动化立体仓库是当前技术水平较高的仓储形式。

### 7.2.1　自动化立体仓库的出现和分类

**（1）自动化立体仓库的概念**

自动化立体仓库（AS/RS）是由立体货架、有轨巷道堆垛机、出入库托盘输送机系统、尺寸检测条码阅读系统、通信系统、自动控制系统、计算机监控系统、计算机管理系统以及其他如电缆桥架、配电柜、托盘、调节平台、钢结构平台、AGV 系统等辅助设备组成的复杂的自动化系统。它运用先进的集成化物流理念，采用先进的控制、总线和信息通信技术，通过以上设备的协调动作进行出入库作业。

**（2）自动化立体仓库的组成与分类**

ⅰ．自动化立体仓库的组成

① 货架：用于存储货物的钢结构。有焊接式货架和组合式货架两种形式。

② 托盘（货箱）：用于承载货物的器具，亦称工位器具。

③ 巷道堆垛机：用于自动存取货物的设备。按结构形式分为单立柱和双立柱两种基本形式；按服务方式分为直道、弯道和转移车三种基本形式。

④ 输送机系统：它是立体库的主要外围设备，负责将货物运送到堆垛机或从堆垛机将货物移走。输送机种类非常多，常见的有辊道输送机、链条输送机、升降台、分配车、提升机和皮带机等。

⑤ AGV 系统：即自动导向小车。根据其导向方式分为感应式导向小车和激光导向小车。

⑥ 自动控制系统：即驱动自动化立体库系统各设备的自动控制系统。以采用现场总线方式为控制模式为主。

⑦ 储存信息管理系统：亦称中央计算机管理系统，是全自动化立体库系统的核心。典型的自动化立体库系统均采用大型的数据库系统（如 ORACLE、SYBASE 等）构筑典型的客户机/服务器体系，可与其他系统（如 ERP 系统等）联网或集成。

ⅱ．自动化立体仓库的分类

自动化立体仓库的出现解决了人工成本、土地成本、能耗成本、物流成本等增长给企业的成本压力，具有节约用地资源、减少物流资金开支、提高物流仓储效率等优点。很多企业都抛弃了传统的仓储模式，纷纷选择改建自动化立体仓库。

① 按照货架高度分类：低层立体仓库、中层立体仓库和高层立体仓库。

低层立体仓库的建设高度在 5m 以下，一般都是通过老仓库进行改建的。中层立体仓库的建设高度在 5～15m 之间，这个仓库对于仓储设备的要求并不是很高，造价合理，受到很多用户的青睐。高层立体仓库高层的高度能够达到 15m 以上，对仓储机械设备要求较高，建设难度较大。

② 按照货架结构分类：货格式立体仓库、贯通式立体仓库、自动化柜式立体仓库和条形货架立体仓库。

货格式立体仓库应用范围比较广泛，主要特点是每一层货架都是由同一个尺寸的货格组合而成的，开口是面向货架通道的，便于堆垛车行驶和存取货物。贯通式立体仓库的货架之间是没有间隔的，没有通道，整个货架组合是一个整体。货架是纵向贯通的，存在一定的坡度，每层货架都安装了滑道，能够让货物沿着滑道从高处移动。自动化柜式立体仓库适合小型的仓储规模，可移动，特点就是封闭性较强、智能化、保密性较强。条形货架立体仓库主要用于存放条形货物的货架立体仓库。

③ 按照建筑形式分类：整体式自动化立体仓库和分离式立体仓库。

整体式自动化立体仓库也叫一体化立体库，高层货架和建筑是一体建设的，不能分开，这样永久性的仓储设施采用钢筋混凝土构造而成，使得高层的货架也具有稳固性。分离式立体仓库的货架是单独建设并与建筑物分离的。

**（3）自动化立体仓库的优势**

ⅰ．便于形成先进的物流系统，提高企业生产管理水平

传统仓库只是货物储存的场所，是一种"静态储存"，保存货物是其唯一功能。自动化立体仓库采用先进的自动化物料搬运设备，不仅能使货物在仓库内按需自动存取，而且可以

与仓库以外的生产环节进行有机连接，并通过计算机管理系统和自动化物料搬运设备，使仓库成为企业生产物流中的一个重要环节。

ⅱ．加快货物的存取节奏，减轻劳动强度，提高生产效率

建立以自动化立体仓库为中心的物流系统，其优越性还表现在自动化高架库具有的快速的入出库能力，能快速妥善地将货物存入高架库中（入库），也能快速及时并自动地将生产所需零部件和原材料送达生产线。这一特点是普通仓库所达不到的。同时，自动化立体仓库还能减轻工人劳动强度，提高生产效率。

ⅲ．提高空间利用率

早期立体仓库的构想，出发点就是提高空间利用率，充分节约有限且宝贵的土地资源。为此，有些地方甚至已把空间的利用率作为系统合理性和先进性考核的重要指标来对待。一般来说，自动化高架仓库其空间利用率为普通仓库的 2～5 倍。

## 7.2.2　冷库的概念和分类

**（1）冷库和冷链物流**

冷库也称冷藏库，是指用各种设备制冷，可人为控制和保持特定的温度及相对湿度的设施，是对易腐物品进行加工和储藏建筑物的总称。冷库能够使产品摆脱气候的影响，延长各种产品的储存期限，以调节市场供应，广泛应用于食品厂、乳品厂、制药厂、化工厂、果蔬仓库、禽蛋仓库、酒店、超市配送中心、医院、血站等。

冷链物流指冷藏冷冻类物品从生产、储藏、运输、销售到消费前的各个环节始终处于规定的低温环境下，以保证物品质量，减少物品损耗的系统工程（冷链物流的详细内容参加第 8 章）。

冷链物流的发展离不开冷库，当前我国的冷库很多只是起到低温储藏的作用，极大地制约了冷链物流的发展。因此，要充分利用冷库资源推动冷链物流的发展，必须对整个冷库链进行整合，提升和改进现有冷库，让冷库真正起到冷链作用，而不只具有冷藏作用。

**（2）冷库的分类**

ⅰ．按仓储量和库容大小分类

① 大型冷库：储量在 1 000t，库容在 1 000m³ 以上。

② 中型冷库：储量在 500～1 000t，库容在 500～1 000m³ 之间。

③ 小型冷库：储量在 500t，库容在 500m³ 以下。

ⅱ．按用途分类

① 生产型冷库：是生产企业在产品生产流动过程中的一个环节，冷库设在企业内部或货源地以储存半成品或成品。例如，在肉类生产企业、制药企业内设置冷库，这类冷库只对产品或半成品作短期储存，就进入下一工序或出厂。

② 流通型冷库：是在商品流通过程中，为了保持市场供应的连续性或降低成本的需要，要将商品冷却或冷冻保存一段时间，使商品保持一定温湿度而设置的冷库。这类仓库一般建在大中型城市、交通枢纽、人口众多和商品集中的地区。

③ 综合型冷库：是企业为了将生产和流通连在一起而设置的冷库。当产品生产出来之后，通过冷库进行冷却或冷冻，然后进入流通环节。这类冷库中的商品进出比较频繁，适用于在当地生产当地消费的商品，如冷饮等。

ⅲ. 按仓库温度的不同分类

① 高温冷库：温度在−5～+5℃左右，主要适用于果蔬菜类的保鲜。

② 中温冷库：温度在−10～−5℃左右，主要适用于冻结后的物品冷藏。

③ 低温冷库：温度在−25～−10℃左右，主要适用于冻结后的水产、肉类食品的冷藏。

④ 结冻冷库：温度在−25℃以下，主要适用于鲜品冷藏前的快速冻结。

ⅳ. 按库体结构类别分类

① 土建式冷库：是目前建造较多的一种冷库，建筑物的主体一般为钢筋混凝土框架结构或者砖混结构，可分为单层或多层。土建式冷库的围护结构属于重体性结构，热惰性较大，库内温度受室外空气温度波动的影响小。

② 装配式冷库：这种冷库的库板是钢框架预制隔热板装配结构，承重构件多采用薄壁型钢材制作，一般是单层。库板的内外面板采用彩色钢板（基材为镀锌钢板），芯材采用发泡硬质聚氨酯或粘贴聚苯乙烯泡沫板。由于除地面外，所有装配式冷库的构件均是按统一标准在专业工厂成套预制，在工地现场组装，所以施工进度快，建设周期短。

**（3）冷库使用过程中的注意事项**

① 要特别注意防水、防潮、防热气、防跑冷、防逃氨等，应保证库内清洁、干燥，及时清除库内的冰、霜、水，严禁带水作业。

② 合理利用冷库空间，合理设计商品堆存方式，严格执行库房货位的间距。

③ 要定时通风，保证合适的温湿度。

④ 要经常维护库内电器线路，防止发生漏电事故。出库房时要随手关灯。

⑤ 保管人员要严格遵守冷库安全操作规定，防止事故的发生。比如，不能在库内工作时间太长，防止缺氧窒息；避免人员被封闭在库内；要加强对制冷设备系统（压缩机、冷凝器、节流阀、蒸发管）的养护管理，保证设备的完好。

## 7.2.3 边境仓的概念和建立的条件

边境仓是建在边境地区的为邻近国家提供跨境物流、通关和仓储服务的仓库。目前中国跨境电子商务产品主要出口地是俄罗斯及附近地区，我们所说的边境仓一般指的是俄罗斯边境仓。边境仓只是具有相邻边境，才有可能取代海外仓的功效。

只有满足以下条件，建立边境仓才有意义。

① 边境仓要离目的国经济中心足够近，发货才足够快，如果不能满足 15～20 天覆盖目的国地区，那么边境仓就失去了存在的意义。

② 边境仓要离目的国足够近，国际运费才足够便宜，边境仓才有意义，因此必须大幅降低目前内陆空运直发的物流成本，边境仓才有意义。

③ 清关必须免税，免税才有可能让边境仓的成本和风险低于海外仓，整体收益高于海外仓。

④ 和空运比，边境仓限制较少只要不是相关国明令禁止的货品，基本都可运输和储存。

## 7.2.4 海外仓的概念和基本情况

**（1）海外仓的概念**

海外仓是指建立在海外的仓储设施。在跨境电子商务中，海外仓是指国内企业将商品通过大宗运输的形式运往目标市场国家，在当地建立仓库、储存商品，然后再根据当地的销售订单，第一时间作出响应，及时从当地仓库进行分拣、包装和配送，让商品尽快送达购买者手中。

**（2）海外仓的快速兴起和快速发展**

由于目前我国出口量下滑，政策导向向出口倾斜，出口 B2B 模式成主流，推动企业走出去的海外仓成为政策扶持的重点。商务部 2015 年发布《"互联网＋流通"行动计划》，确定建设 100 个电子商务海外仓。2016 年的政府工作报告明确提出要"支持企业建设一批出口产品海外仓"。从 2014 年《关于支持外贸稳定增长的若干意见》这个文件开始，国务院在后续的跨境电子商务政策文件中均谈及海外仓。《关于加快培育外贸竞争新优势的若干意见》中提到，鼓励跨境电子商务企业通过规范的海外仓等模式，融入境外零售体系。

海外仓不是一个单纯的跨境运输或库存方案，而是对现有所有物流运输方案的全面整合。海外仓不是在海外建一个仓库就好，而是建设以仓储为核心的综合物流配套体系，包括大宗货物运输、海内外贸易清关、精细化库存管理、个性化订单管理、包装配送及售后服务等，对经营海外仓的企业综合能力要求相当高。海外仓是做大跨境电子商务的必要优化，是中国制造走向国际大市场的海外支点。

由于跨境电子商务快速发展的需要和各级政府支持的叠加效应，各省市和大的企业集团纷纷出手，掀起了建设海外仓的热潮。随着商务部确定建设 100 个电子商务海外仓之后，杭州市迅速行动，2016 年已建立 40 余个公共海外仓，其中有 13 个被列入浙江省级跨境电子商务公共海外仓建设试点名单。据不完全统计，杭州市利用海外仓做跨境电子商务出口的企业有将近 400 家，主要销往美国、加拿大、德国、澳大利亚、荷兰、法国、英国、日本、俄罗斯、沙特、加纳等国家和中国香港地区。

超级大卖家或大型物流企业也纷纷行动起来，联建或自建海外仓，以提升店铺的信用和我国跨境电子商务产品的跨境送达时效。

跨境电子商务出口 B2B 行业龙头企业和领军品牌的大龙网联合网贸会以打造跨境电子商务产业生态圈为核心，在全球 50 余个国家和地区布局了前展厅、后仓库的馆仓结合的海外仓新模式。

在东北，俄速通海外仓成了中俄跨境电子商务海外仓储的领跑者。俄速通格林伍德海外仓于 2015 年 7 月 15 日在莫斯科正式启动，这也是中国电子商务企业在俄罗斯建立的第一个正规、合法、大型的海外仓。作为中俄两国海关总署绿色通道项目，海外仓占地面积 30 000m²，日处理订单能力可达 20 000 单。

俄速通海外仓拥有自主研发的订单履约系统及订单智能分拨系统，为客户提供头程、清关、物流、仓储、配送一站式解决方案。俄速通海外仓以其法务托管、通关完税、入库质检、产品认证、多渠道发货、后续运输这"六脉神剑"，有效解决了中国企业对俄销售的壁垒问题，真正实现了跨境电子商务本地化运营。

俄速通海外仓坚持阳光下运营，旨在服务于中俄跨境电子商务及中国制造出海。目前，俄速通海外仓已入驻中国品牌商品多达上千种。2016 年速卖通"双十一"大促期间，通过俄罗斯海外仓运送的电子商务包裹量共计 31 000 件，其中从俄速通海外仓运送的包裹数量共计 28 000 件，占货运总量的 90％以上。

俄速通格林伍德海外仓目前已是阿里巴巴、京东、菜鸟、唯品会、环球易购在俄唯一指定签约的服务商，同时目前已拥有 300 家注册用户及 50 家品牌制造商。

未来，俄速通作为黑龙江对俄电子商务立体化大通道建设的运营方，将利用哈尔滨至叶卡直邮包机、黑龙江口岸 B2B 物流通关、俄罗斯本土海外仓储，形成集仓储、配货于一体的大通道现代物流体系，将进一步推进黑龙江对俄跨境电子商务的发展。

**（3）海外仓的优势**

ⅰ．降低物流成本

从海外仓发货，特别是在当地发货，物流成本远远低于从中国境内发货。通过海运集装箱运输货物，能够克服单个商品走普通空运的限制，尤其是由于各种原因不能运输的物品，借助规模效应，批量运至海外，有效降低物流成本。

ⅱ．可摆脱低价竞争，提高毛利率

品类的扩大促进销量提高，发货速度快、售后服务好，得到海外买家的认可，摆脱恶性低价竞争，有利于卖家积累更多的资源去拓展市场，进一步扩大产品销售领域。

ⅲ．可加快物流时效

从海外仓发货，可以节省报关清关所用的时间，并且按照卖家平时的发货方式（DHL 5～7 天，FedEx 7～10 天，UPS 10 天以上）发货，若是在当地发货，客户就可以在 1～3 天收到货，缩短了运输时间，加快了物流的时效性。

ⅳ．可提高产品曝光率

如果平台或者店铺，在海外有自己的仓库，那么当地的客户在选择购物时，一般会优先选择当地发货，因为这样对买家而言可以大大缩短收货的时间，海外仓的优势，能让卖家拥有自己特有的优势，从而提高产品曝光率，提升店铺销量。

ⅴ．可提升客户满意度

因为并不是所有收到的产品，都能让客户满意，这中间可能会出现货物破损、短装、发错货物等情况，这时客户可能会要求退货、换货、重发等情况，这些情况在海外仓内便可调整，大大节省了卖家运输成本，减少损失，也提高了物流的时效性，必将得到买家的青睐。

ⅵ．可扩大选品范围，有利于开拓市场

海外仓拓展了跨境物流配送的适配性，为园艺、汽配等大件、重件，及高价值商品提供了有力保障，进一步拓宽了中国制造出口的品类。使用海外仓，卖家选品可以无限扩张，有些产品使用期很长，如烧烤炉、机电床、家具等，市场需求量大，零售价格和毛利都高。如今，很多外贸工厂也砍掉多层中间商，借助海外仓做生意，以扩大产品销售领域与销售范围。

**（4）建立和使用海外仓需考虑的问题**

ⅰ．必须支付的海外仓储费

海外仓的仓储成本费用，在不同的国家费用也不同，卖家在选择海外仓的时候一定要计算好成本的费用，与自己目前发货方式所需的成本，两者对比选择，择优选择。

ⅱ．占压资金

商家常常通过海运、空运、快递、专线批量补仓，货在海上漂着，就是本钱在海上漂着。

ⅲ．商品不方便退回国内

产品销售中，总会有对销量预测不准确的地方，滞销商品如果不及时促销或销毁，退回费用会远远高于发出运费。

ⅳ．不能 100％依赖海外仓

对于销量预测不准的订单，可能还需要直接发货到目的地。

**（5）海外仓选品的特点**

由于海外仓越来越成为未来跨境电子商务的必然趋势，什么类型的产品才是最适合海外仓的？选品上应该注意哪些问题呢？

首先，我们要对海外仓的产品进行一个定位，哪些产品适合做海外仓，大致可以分为以下几种情况。

①尺寸、重量大的产品：例如家居园艺、汽配等产品使用海外仓，能突破产品的规格限制和降低物流费用。

②单价和毛利润高的产品：例如电子产品、首饰、手表、玻璃制品等选择海外仓，可将破损率、丢件率控制到很低的水平，为销售高价值商品卖家降低风险。

③周转率高的产品：例如时尚衣物、快速消费品等畅销品，买家可以通过海外仓更快速地处理订单，回笼资金。

④有明显淡旺季的产品：例如旺季符合欧美节日主题的产品，短期适用海外仓。对于节日消费品，买家更注重时效。

⑤单次出货量较大的产品：虽然销售速度比较慢，但是已经形成一定的销售规模的产品，也可以选择使用海外仓。

⑥国内小包跨地无法运到的产品：如利润较高的液体类产品或锂电池产品等。

通过上面几点，我们对适合做海外仓的产品有了一个初步的了解和相对应的判断依据，那么海外仓如何选品？选品时需注意哪些细节呢？

一个产品是否在当地市场热销，当地民众的偏好，甚至具体到某一种产品的某个功能跟某种颜色，数据是最有说服力的。数据的来源不仅仅限于平台的本身，通过第三方工具来获取也是个不错的选择，搜索词分析类的工具例如 Google AdWords 就是一个比较典型的选择。可以从 Google AdWords 测出某个词在当地的被搜索量，还可以获得一个有用的关键词，这个方法可谓是一举两得。

然而，选品的方法并不局限于单纯的数据选品。一个产品的热销有很多促成因素：经济、政治、文化都可能是其中的因素之一。要真正做好一个产品，在了解产品自身的同时，应该花精力去了解愿意购买产品的将会是哪些人，以及产品该怎么做，才可以让他们喜欢。比如领带应该做成什么颜色的才最受欢迎，一把菜刀，什么尺寸，什么材料当地人用的最顺手等，这些都是影响一个产品的因素，只有去了解产品的受众。才能做出一个优秀的、热销的、能受当地客户欢迎的，而又能给我们带来丰厚利润的产品。

综上所述，目前海外仓选品一般适合高利润、高风险，一些体积大且重量超重的物品，国内小包无法运输，或者运费太贵（如灯具、户外产品等）的物品。低风险、高利润，日用快消品，需快速送达的产品（如工具类、家居、必备用品及母婴用品）等也比较适合海外仓。

而一些高风险、低利润的物品，如危险产品、美容美甲、化妆品等，特别是 3C 产品配件这类利润并不是太高的产品，都不太适合做海外仓。

**（6）海外仓的流程和运作**

海外仓运作流程，业内一般分为三段式，即头程、清关和尾程。

ⅰ.头程

头程从备货送仓开始。卖家可以选择自送或海外仓全程负责送货，前提是海外仓运营商要有足够的承运和清关能力。很多海外仓为了规避风险或连带责任，多鼓励卖家委托代理自行送货。海运拼箱或整柜是主要国际段物流方式，空运头程更适合紧急补货。

如果自送，卖家要在提交海外仓入库单时，明确货物明细及运输方式、承运商、运单号等信息，作为到货通知，便于仓库验货入库；卖家需要自行安排货物海内外清关及税费支付，都要以税后交货DDP的贸易模式发货。有些海外仓提供"进出双清"及提货方面的服务，多在口岸拥有公共集货仓，统一进行收货查验、打标、包装打托、产品拍照、复合称重等增值服务，并负责进仓入站、订舱、国内港口报关及目的国清关、托运至目的地，实现一站式跨境运输及含FBA的送仓服务。货物库上架后，卖家就有了库存，可以去线上销售了。

ⅱ. 清关

直邮走的邮政清关方式，其借用海外仓批量发货，是大宗货物贸易清关方式。各国贸易清关体系很成熟，但清关资质要求高、认证检查严格。如果卖家没有清关代理，很多做FBA头程、双清专线的物流商都能提供类似服务。进口清关，首要的是卖家所有货物确认符合目的国相关质量参数及安全标准等，货物入境通常由收货方或报关代理完成清关，价格必须如实申报，申报内容要完整。出口清关，海外仓还不同于普通外贸销售，海外仓BBC出口服务模式，比跨境电子商务B2C直邮出口更加方便操作。

ⅲ. 尾程

尾程要关注以下三个重点：

① 订单处理时效。在订单产生后，仓库人员会即时收到出库任务信息，由于时差，在24小时内会及时拣货、包装、出库，最能反映海外仓运营水平。

② 配送产品选择和配送渠道的选择。要考虑商品价值、客户要求、淡旺季等因素。有时为了获得用户一个好评，要使用更好的快递。海外仓出货规模越大，越能拿到更好的本地大客户折扣。

③ 追踪反馈要及时。完成发货后，海外仓要及时提供配送物流单号，让卖家上传平台。因为在本地发货，客户对于时效与可追踪的要求提高，海外仓要辅助提供查询、监控投递或退回情况，便于卖家掌握。

**(7) 海外仓售后增值服务**

在跨境电子商务业务中，会存在一定量的退换货需求，直邮条件下，基本只能重发。海外仓可以帮助卖家处理很多售后，而且每个环节都还可以做很多增值服务。退换货需要逐件验收，比较耗费人力，如重新整理、清洁、包装、贴标，甚至检测维修，有的组装和识别难度较大，降低处理效率。当吊牌或标识丢失，还要从SKU图库查找或等待国内卖家反馈。如果被退回的货物已经残次，无法二次销售只能放到坏货区待销毁，若还可以进行二次销售，则需进行二次上架，并优先匹配销售订单发货。退货的隐性成本太高，要尽可能减低退货率，当遇到顾客反馈产品问题时，卖家客服应首先使用优惠券等利益安抚消费者。

对于海外仓中的残次品及滞销品，由于运费高、手续繁，没必要运回国，则要及时"割肉止损"，对过季、过质保货物，残值不抵仓租时，可能成为废品，只能予以销毁。在FBA中，有瑕疵的退货都会被归类到Unfulfillable库存中，无法再以FBA的方式贩售。欧美有比较严格的治污法律，手机3C电子类产品的回收处理、销毁也要付一笔环境保护费。为此，海外市场上还衍生了专门处理卖家退货"存货报废"及滞销品"死货"的服务商。由于FBA对在库时间长的商品都要加收超期仓租费，因此商家要尽快销售，果断处理该类商品，以加快商品资金的流转。

最先使用海外仓的，基本上都是大卖家，依靠自建仓加快物流速度，提升服务和客户体验以及加速资金周转，也加速了行业的马太效应，优势凸显。中小卖家看到FBA的契机，纷纷参与，由于FBA频繁爆仓，因此卖家纷纷寻找第三方海外仓，使得海外仓发展进入一个混战期。据说，当时很多欧美华人华侨利用自家车库或院落做海外仓，到国内拉生意，这种方式尽管价格低，但专业性和安全性会出现问题。

从一些物流公司或大卖家的角度看，纯出资自建仓，要涉及选址、租仓、人员招聘、派送资源、招商等一系列问题，而且要外聘相应的法律、税务及财务人员进行专业的服务。以美国为例，各州商法和税法不同，严格且复杂，各类行业协会及税务监管等部门，经常对中国商品的知识产权及质量安全等方面的问题进行检查。以上几点，是自建海外仓和租用海外仓都要注意的。

对于海外仓的卖家，要快速打开局面，在备货方面，要选好主打产品，头程开始用"空＋派"尽快完成从交货到入库；在销售一段时间后，要分析各 SKU 销售情况及走势，再根据预测进行补货；如果销售情况良好，可以考虑启用海运，量大时启用海运比较划算。若店铺形成常态化的销售转化与提升，则对海外仓的依赖会进一步加强。随着海外仓的成熟，将出现类似淘宝代发货模式，一种新的跨境电子商务代理生态链，即大卖家依靠海外仓备货，然后通过自营和发展代理形成多渠道销售，小卖家作为下游代理，为大卖家提供流量和订单。

租用海外仓要考虑服务、时效、价格等因素，具体有以下几方面：

① 大宗运输。国际货运代理及承运人航线上的资源，要保证稳定的头程舱位和高质量的操作水平，及时补货上架，海外仓常常在整合物流资源的基础上兼营专线。

② 海内外贸易清关。对于外贸清关的能力要求高，符合各国海关政策法规的各项要求，降低税费成本。

③ 仓储管理。电子商务企业对仓储库存以及订单处理的准确率要求很高，加上每日大笔的订单量以及高频率的退换货，海外仓库内作业至关重要。海外人力成本高昂，免租期、仓租优惠、本地快递折扣等价格因素往往体现的是管理水平。

④ 技术。平台抓单、库存管理、先进先出、批次要求等，没有连贯的系统支持是不可想象的，而库内的拣选、包装、发运等环节应用自动化技术以提升服务效率及可靠性。

⑤ 服务。努力提供全程一站式门到门服务的同时，加强本地化举措，如提供特殊包装、简易修补、FBA 中转、退换货、报税、转售等增值服务；同步海外仓新政策，对接某些新平台、拓展尾程物流渠道等。

**（8）海外仓技术的内涵和特色**

现代仓储技术主要指装卸、搬运、计量、输送单元容器等设备技术；条码、传感、RFID 等为代表的数据采集与识别技术；软件系统、EDI、优化模拟等信息与仿真技术；自动分拣、辅助搬运、存储等自动化技术及物联网技术。

ⅰ．海外仓系统

在欧美，不同地区设有多个分仓，那么在备货策略上就不得不考虑订单分布与物流时效等因素，而不同仓的相同备货，也必须靠系统来计算最优成本与时效，决策订单履行方。亚马逊全球云仓平台，在精准的供应链计划的驱动下，多库联动，就近备货和预测式调拨。市面上有很多成品的 WMS（即仓库管理系统，Warehouse Management System）软件，很多功能看起来差别不大，系统的价值不是由购买的金额决定，而是由与流程的匹配程度决定的，面对规模性作业，性能和可靠性也很关键。

海外仓 WMS 要适应海外本土员工使用，获取上游电子商务平台的订单系统信息、外贸ERP 的计划指令，控制并跟踪库内作业过程，与外部自动化设备集成。企业依据海外仓系统提供的数据，建立计件、追溯和质量等统计，通过系统规范流程，设立绩效指标，保证流程执行的规范性，实现精细化运营。海外仓系统结构图如图 7-2 所示。

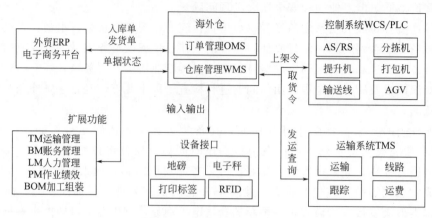

图 7-2 海外仓系统结构图

ⅱ. 仓储的自动化

智能化物流是未来趋势，自动化、智能化仓储将是海外仓规模化发展的必由之路。由于欧美发达市场的劳动力成本高、效率低，围绕 WMS 和 WCS（即仓库控制系统，Warehouse Control System），集成存储容器、搬运输送、拣选、条码检测、控制系统组成的高度自动化的作业系统将是海外仓的必然选择。海外仓自动化的成套系统包括：自动存取 AS/RS（自动存取系统，Automated Storage and Retrieval System）、高密度立体存储技术及高速分拣系统以及 AGV 自动导引运输车等，及机器人自动选货、配货系统等。通过这些自动化措施，以提高仓储利用率、拣选准确率和降低货物破损率。

传统的灯光拣选、RF 手持拣选、语音拣选等，都还是"人找货"模式，机器人 AGV作业颠覆了传统电子商务物流的作业模式，通过作业计划调动 AGV 实现"货找人"，极大地提升仓储物流效能。

在这方面，亚马逊进行了可贵的探索。亚马逊通过智能机器人，实现了库区无人化，各个库位 AGV 自动排序到作业岗位，作业效率、行动里程要比传统的人工提升 2～4 倍。DHL 也在其仓库提供自动手推车机器人。AGV 搬运机器人、shuttle 货架穿梭车、DELTA分拣机器人、六轴机器人等黑科技悉数亮相。2016 年京东的"无人仓"已经上线运行。

亚马逊还将大数据应用于精准预测库存、智能拣货算法、包装分拨、配货规划、运力调配及末端配送等方面；亚马逊的 Cubi Scan 仪器会对新入库的中小体积商品测量体积，随机存储和混放，实现见缝插针的最佳空间利用，保证每个员工的任务均衡；其独特发货"八爪鱼"分拣工作台，快速包裹还可分路向；亚马逊输出技术为网易考拉海购建立的宁波保税仓，不仅搭建了自动化系统，还设计了全流程的运营体系。

## 7.2.5 海外仓管理

任何一项管理活动，都会涉及"效率、质量、成本"三个目标。海外仓管理也一样，要追求三者的平衡和效能最大化。海外仓的库内管理与国内电商仓没有太多区别，主要是兼顾跨所处海外环境的特殊要求。

**（1）海外仓管理，重点要抓好四个方面**

海外仓储管理的边界比较清晰，主要工作为合理规划、流程科学、管理规范、数据准确，这四个方面是海外仓管理水平提升的基础。

① 规划。合理的库内规划是存储容积率、流程效率及运行安全的基础。

② 流程。是将事情分解后又形成特定的组合，好的流程可以减少损耗和浪费，如特定的系统逻辑和退货处理流程。

③ 管理。仓库管理制度是约束人的行为，需正确防护和管控，如安保措施、存储堆放原则、清楚的账目、完整的单据。

④ 数据。数据是基础，精准的 SKU 管理与盘存安排，确保实物、信息与账单的一致性。而这些设计，最终都将体现在海外仓系统上，做到全球库存共享和协作，多平台的全渠道对接。

这里特别要指出的是：电子商务仓储与传统仓储的大宗货物进出仓的特点完全不同。跨境电子商务仓储的特点是"整进零出"，其复杂性在于多货主、多品类、快进快出、高频来单、快速发货，必须动态补货等特点。商品种类越多、规格越杂，促销高峰越多，库内的作业组织及效率保障挑战越大，而且动态补货要越及时。

物流是对货物的时间与空间两个属性的管控，海外仓是以空间换时间，以境外暂存提升配送时效。而且，线上的销售机会稍纵即逝，订单处理的时间非常有限，更不能懈怠。这些特征决定了仓库布局、货品摆放、拣选方法、劳动力调配、计费统计等一系列问题。必须根据市场需求进行动态调整。

**（2）海外仓内的规划和组织管理**

海外仓内区域规划要结合库内条件及业务量设计，要具有办公区、出货区、进货区、零捡区、储存区、包装区、耗材区、退货区等常见功能区。

要有明显的分界线或区域特征，包括必要的作业通道、消防及安全隔离带等。科学合理的规划利于对库存商品进行妥善保管，快速、准确、便捷地完成拣选，提高效率减少误差。以整箱或栈板方式储存的存储区人员活动最少，陈列架密集的零捡区则人员活动最多，如果有自动化辅助设备要特殊布局，区位图、货架、储位、安全标识、宣传标语等要分门别类布置到位。海外仓需要的仓管、制单、客服、结算、客户经理、收货员、拣货员、包装员等职位，要配齐。由于时差原因，很多跨境订单与作业是异步的，不像国内具有实时性，但同样不能延误。

海外仓要做好排班及与卖家的沟通，还要做好作业人员的动态调整，特别要注意防止每当旺季大促时，前端卖家手忙脚乱，后端仓库作业通宵达旦的情况。任何流程设计都惧怕波动，因此，对突发的销售高峰，应有迎战预案。旺季大促时，也要保障作业现场忙而有序，只有精准高效地完成仓储作业，才能准确高效地保证订单的履约效率。

**（3）SKU 的重要性**

商品 SKU 是仓储管理的基础，跨境电子商务的 SKU 管理要贯穿始终，包括选品、销售、包装、清关、运输、库存等一系列运作过程。每种商品对应唯一的 SKU 编码，即最小库存单位的单品，如品牌、型号、配置、等级、花色、包装、价格、产地等属性与其他商品存在不同时，均可定义为单品。SKU 与仓储管理的复杂度直接相关，这就是服装和汽配是两个最难管理业态的原因。由于海外仓是多货主，这就使 SKU 具有多样性，即便是同样的商品，不同卖家也会定义成专属的 SKU。从仓储系统角度看 SKU 编码，精确的商品信息，决定了其存放条件、拣选方法、包装单位及发运条件。

**（4）入库管理**

入库含收货和上架，海外仓通常要求按预告收货。理论上，收货要做到"来货质控"，即要求核单、清点、质检。收货，可按托、箱收，或部分收，交叉转运，堆码后上架。

上架即货物入储位，可区域随机、补充原库位、围绕其附近上架、定义上架顺序等，多货主条件下可采用随机上架。退货的入库，处理客户不良产品，先入退货区，质检、加工包装后再入储位。对于代发 FBA 头程或转仓，可借助 WMS 的越库功能，避免不必要的入库程序，将货物直接转至发货处，上架后即形成可销售的库存。

入库环节看似容易，如果签约了很多大货物、慢销品、季节品的客户，又对新货的到货时间、数量不了解，稍有不慎就要爆仓、无法上架，同时大小货混合操作会使效率降低，目前很多海外仓巨头都已刻意控制货物分类。另外，还有上轻下重、中间常用、不得阻塞通道及消防等规范，稍有忽视可能影响其他环节效率，大型仓库甚至要对月台堆场进行相应管理。

### (5) 订单处理

订单处理是海外仓的核心任务，从拣货到包装再到发运，根据订单实现自动化批量发货，保证客户订单能顺利发运。由于涉及多个环节，订单处理的关键是拣选。接收客户订单，海外仓不存在国内电子商务的平行仓订单匹配，系统自动完成对订单的库存分配、审核、组合波次、任务下发等工作。

拣货的核心方法是波次 Wave 计划，利用运筹学原理，合理平衡作业负荷及资源效率，自动指引拣选活动。波次将多个订单汇总后再以某种标准进行分类，形成一个拣货批次，批次中的拣选任务再被分配给拣货员。因此，波次就是最大效率的优化订单，并且生成作业任务，在生成波次的时候需要考虑非常多的规则和逻辑：如匹配路向、订单量、优先级、快递产品、商品规格等约束条件。仓库可以形成各种各样的作业模式、拣货策略，并作为波次的分析和持续优化的条件。员工熟悉商品位置，可提升拣货速度和准确率，避免遍历所有货架。拣货员有超过 70% 的时间是用于反复行走的，平均每个拣货人员一天大致要行走 20～25km 的路程，降低行走强度至为关键。任务管理确定了仓库人员执行过程及范围，系统指示库位拣货，实时扣账，并提供最佳路径拣选，如 W 型、S 型等优化拣货路径，减少行走。典型的电子商务仓库拣货方法如下：

① 摘果式。直接去库位拣选对应的商品，可用于紧急订单、大件、异型商品的订单拣货。

② 播种式。不同订单进行汇总分类拣货，然后再分拨到每个订单，适合订单重合率高的订单拣货。

③ 边拣边分。拣货周转车有多个格子，对应不同的订单，适合重合率高、轻小件拣货。

④ 总捡式。订单汇合后直接拣货到包装台，以 SKU 匹配订单，直接复核打印，省去装箱，适合客户集中单一品类下单，即一张订单只要一两种相同商品，一单到底。

拣货完成后，进行复合、包装、称重、贴单，单据打印包含运单、发票、购物清单、宣传品等。完成包装即可发运快递，并做最后的复核查对，避免错发、漏发，形成装车清单，清点交接、运费登账、库内清理，出库完成扣减库存。

### (6) 海外仓库存管理方法

海外仓备货考验的是企业自身对于市场的判断力和销售经验，库存量往往很难把握，无论是滞销还是脱销对卖家本身来说都很不利。很多出口跨境电子商务之前都是采取现买现卖的模式，库存很少，也就形成了忽略库存管理的习惯。但当企业使用海外仓，或销售规模大起来时，会发现退货、备货、库存不准、库存超龄等问题，造成了大量的资金占用。库存是零售业及电子商务的利润黑洞，甚至会成为致命因素，如凡客服装，库存积压曾造成严重后果。库存周转、销售、毛利、资金链本质上是相关的，高效的库存周转能够带来更好的资金利用率。例如，旺季变化性非常高，而且资金成本也非常高，所以卖家一般宁可断货也不会占据库存。海外仓库存管理，包括盘点、对账、批次跟踪、库存调拨、补货、下架等功能。对于卖家而言，重点关注库存准确性、滞销及缺货等运行结果，例如补货，库位不足或达临界值，海外仓可从存储区自动补货，但如果库存短缺，则要从国内备货补发。

库存数据具有实时性，分为采购在途、发货在途、在库库存、冻结等类型，要分类合计，尤其注意"可销售库存"的监控。库存周期是衡量产品销售是否运营正常的一重要指标。通过单位库存品售出所需时间，不仅可了解哪些产品是快消品，还可盘点统计滞销率。

盘点即盘库，通过清点、过秤和对账等，检查仓库实际存货的数量和质量，查明存货盈亏的原因，发现超期或损毁的存货。库存差异，多由错漏"收、管、发"引起，海外仓要及时查账调平，避免超期商品形成坏账，引起双方赔付争议。SKU 越多，库存管理越复杂，可借助 ABC 分类控制法，通过分析，将"关键少数"找出来，并确定与之适应的管理方法。通常，A 类库存货值高、占库存空间及 SKU 不多，C 类相对货值占比小但数量不小，B 类介于 A 类和 C 类之间。通过压缩总库存量，释放被占压的资金，使库存结构合理化，避免热销货没库存、滞销货库存多。库内拣货布置也适用 ABC 方法，畅销品被上架在离包装台较近区域，减少拣货步行距离。

保持海外仓销售的连续性，健康库存需要及时补货。常见有两种补货模型：一是经济订货量，根据单位产品支付费用最小原则确定订货；二是动态补货，随出随补。

总之，库存管理是供应链里的顶级技能，跨境电子商务要做到两个基本点：一是爆款销量大，就不能断货，必须设一个库存预警值；二是动态补货，基于销售情况做库存分析及补货周期分析，保证库存最合理的值。

**（7）绩效管理**

仓储管理乃至大部分物流作业都是重复性的、枯燥乏味的事情，就算是最先进的仓库，员工基本上也还是体力劳动，仓库管理没有量化的标准就无所谓指标，所有的量化指标体系都是围绕"多快好省"这四个目标和仓库吞吐量、月均库存量、收发正确率、容积利用率、入库及时率、库存准确率、发货及时率、签收率、破损率等设计的。考核的目的不在于惩罚，而在于评估及优化，在于从数据分析中找到规律并运用，从而找到降本增效的方法，如平衡任务分配、减少怠工、提高全员劳产率、减少错分、减少错发、减少超时等问题。在评价仓库资源利用的绩效时，常使用仓库面积利用率和容积利用率。除了存储区，海外仓很少用平库，不同规格的商品，平库的仓库面积利用率指标变动较大；多层平衡式货架，要计算货架有效利用率。对卖家而言，商品的动销率越高，滞销产品就越少；库存周转率是一个重要数据，表示同额资金的利用效率，周转越快，说明相同存货产生的销售收入越大、利润越高。

**（8）海外仓的费用结构**

海外仓实际发生的成本，包括仓租、物流、人工、设备折旧、耗材等。换成卖家的核算视角，付出了头程费用、关税、仓租及处理费、本地配送费以及库存损耗等。

海外仓具有良好的发展趋势，但也存在一些问题。从仓库经营者角度看，问题不在于营销，而在于成本。一方面是海外仓运营的成本；另一方面是卖家的库存成本，运营成本又转嫁成卖家的仓储物流成本，在电子商务薄利的大趋势下，严重削弱了这一渠道的优势。

首先是仓租，美国的海外仓年租金是 $90 \sim 110$ 美元/$m^2$，英国的海外仓年租金为 $80 \sim 100$ 英镑/$m^2$，德国的海外仓年租金为 $70 \sim 100$ 美元/$m^2$，澳洲的海外仓年租金是 $100 \sim 130$

美元/m²，普遍是国内大中城市的两三倍。必要的固定资产投入不可缺省，托盘、货架、叉车、传送带、PDA 等硬件设施及办公装修，隐形的 IT 系统投入同步跟进。其次就是人力，发达国家的人工成本普遍较高，在美国仓工人的最低时薪为 10～15 美元，抵得上国内软件工程师的工资水平。然而，想要让海外仓运转，光有员工、场地、设备、物流渠道还远远不够，安保、税务、仿品被查、汇率波动等问题，都需要精打细算。以一个 1 000m² 的美国仓为例，租金是 8 000 美元/每月，需要 5～6 名当地员工，仓库经理的保守工资是 2 200～2 500 美元/月，不算代交劳工保险、失业险等，加上各种办公耗材、包装材料、水煤电、租赁保险等其他杂费，这些大概为 1 000 美元，这就意味着每个月需要付出 2.2 万～2.5 万美元左右的成本。以每单 1 美元的收益来算，需要一个月卖 2 万～2.5 万单才能保证不亏本，平均下来每天要处理 1 000 单，加上订单的波动性，人力配置始终是海外仓运营的第一难题。最后是库存，备货不当或货物销售不畅对仓库和卖家都不利，但很多卖家在选品和库存分析方面专业性不足，大量存货产生了资金占用和无效仓租的双重成本，只有产生订单才是双赢。

不亏损已成为经营海外仓最大的考验，第三方比自建仓及自己雇佣操作员要便宜一些。虽然仓库在日常运营上为了控制成本能省则省，但也不可能随意减少拣货打包的操作人员，与仓库的安全性与合规性有关的费用都省不得，卖家的基本服务诉求也省不得。未来，海外仓在降低成本措施方面可能会朝两个方向发展：要么是有针对性选择一类卖家及产品，提升库内流程一致性及标准化服务水平；要么是做大库，并从长远考虑增加自动化处理，提升人均劳产率。离开规模不要谈成本、离开成本不要谈物流，有了单量，头程集运和尾程配送才有好价格，这些都是联动效应。

通过对海外仓选品的介绍，在选出自己的海外仓产品后，企业需要对海外仓产品的费用进行计算，目前海外仓费用主要包括有头程费用、处理费、仓储费、尾程运费和关税/增值税/杂费。

① 头程费用：卖家将物品运送到海外仓的目的国，分为空运、海运散货、海运整柜、当地拖车。

② 处理费：入库费用、出库费用、订单处理费。

③ 仓储费：分为淡季和旺季，一般下半年的仓储费会更高。

④ 尾程运费：本地的派送运费，Fedex、DHL、UPS、当地邮政。

图 7-3 和图 7-4 给出两个海外仓费用实例。

图 7-3　海外仓费用实例 1

不同公司仓储收费方式不同，有的按体积算，有的按重量算。不同国家的关税也不同，如美洲国家只算进口关税，欧洲国家税收是进口关税和增值税之和，澳洲国家是进口关税、增值税和附加税之和。以下数据只是简单举例，以供参考。

图 7-4　海外仓费用实例 2

产品成本 1＝产品的采购成本＋产品的国内运费；

产品成本 2＝产品的到仓成本（头程运费＋仓储费＋处理费＋尾程派送费＋关税等）；

产品成本 3＝平台扣点＋计提损失；

产品定价＝（产品成本 1＋产品成本 2＋产品成本 3）＋规划利润。

随着跨境电子商务行业的日渐兴盛，海外仓也将慢慢成为每个跨境电子商务从业者必不可少的"本领"之一，只有充分掌握好海外仓的每一个细节，跨境电子商务企业才能在竞争激烈的跨境大军里面脱颖而出，早日走上成功的道路。

注意：大家的海外仓不要走散货，最好是凑齐整仓或者跟大卖家拼货凑齐整仓，因为大货品重量级发整仓海外仓的价格是非常有优势的。

## 7.2.6　如何选择使用海外仓及注意事项

### （1）海外仓的选址

目前，海外真正需要和适合开展海外仓的国家非常集中，全球选址比较成熟的如美国、德国、日本等。亚马逊在美国有 60 个运营中心，其实就是仓配一体，密集地网络联结各大机场或港口，避免了远距离的长途运输，缩短运输时间。海外仓的订单流及入仓成本是选址关键因素。

市场在哪，仓在哪，美国适合建海外仓。美国国土面积大，物流仓储门槛较高，选址要靠近重要港口和交通枢纽，靠近人口密集区，劳工资源丰富，仓库存量多等。根据行业数据显示，在全美电子商务订单中，美东占 50％，主要分布在佛罗里达、纽约、宾夕法尼亚、北卡罗来纳；美西占 25％，分布在加利福尼亚及华盛顿；其他地区占 25％，如南部得克萨斯及北部芝加哥等。这样，美国海外仓基本锁定在东西岸及南部地区，Amazon 仓库的分布也基本如是。除了就近消费区选仓，降低运费、时效提升等因素，劳动力、免税州及仓库存量等因素也很关键，因为境外拓展很难一步到位，仓库的扩展和搬迁随着业务发展不可避免，要长远考虑。基于以上分析，美东地区的新泽西州绝对是首选，比邻纽约、仓库集群、华人聚集、交通发达。大多数中资海外仓主要是聘用美国当地的华人库管和操作员，主要是基于成本控制、沟通方便考虑。租仓库则更复杂，从与中介治谈、律师审核、房东治谈到设备购置进场，周期很长。另外，建海外仓要解决本土化问题。

美国仓也可以部分覆盖加拿大，但由于起征点比较低，货物运送可能产生关税，时效也不佳。如果在加拿大设仓，通常选温哥华或多伦多，城市群附近；澳大利亚地广人稀，但高度城市化且消费区域集中，设仓只能在东岸的悉尼、墨尔本或布里斯班一线。

物流发达的地方仓库选址要容易很多，例如日本地域小，快递时效几乎不受地点影响，海外仓集中在从大阪、名古屋至东京之间的这一带近郊，并侧重于仓库本身配套情况。英国围绕核心大伦敦地区，外延相连的朴次茅斯、伯明翰及利物浦等都有可选之地，使用英国当地仓储的，一定需要注册 VAT，并且进行季度申报。德国的空港法兰克福仓库最集中，港口不莱梅、工业城杜塞、铁路港汉堡以及邻近法国的斯图加特等都有各具特点的物流中心。比利时与荷兰，也是靠海临港，还有些避税政策。注意德国也要注册 VAT，按照德国联邦税务局的规定，海外商家和个人纳税者在德国本地的经营和服务活动没有免税金额，无论业务大小都需要注册申报，在头程商品进口到德国海外仓时先缴纳进口税，当商品在德国境内销售时再产生销售增值税 VAT。

新兴市场的海外仓很难建立，需要注意不同的国情，主要三个原因：关税壁垒、法规薄弱、物流落后。对于俄罗斯，中国跨境电子商务过去全靠直邮，海关对包裹的重量、体积、价值都有一定的限制，俄罗斯境内广阔的投递范围，时限几乎失控。俄罗斯海外仓以解决配送时限为主要目的，理论上可将直邮的 20～50 天提升至 3～10 天。由于贸易清关较复杂，而且后续频繁补货带来的税费也很高昂，所有的产品认证、保险、完税、商检等准入要求齐全。中心城区的需求较高，莫斯科周围的需求最高。俄速通、旺集、捷网等相继推出莫斯科海外仓，本地人工及商业快递成本较高，目前看效果并不明显。

**（2）如何选择使用海外仓**

海外仓的痛点不在于仓，而在于"法"。

由于海外仓在异国他乡，必须遵从和实行仓库所在国的法律。因此，一个没有在本地市场有多年积累经验，并熟悉当地法律法规的团队，很难从根本上解决多品类商品的跨境销售，通过本地仓储配送过程中产生的法律和税务问题。同时，海外仓由于身处海外，高昂的仓储租赁、运营、劳动力成本，需要一个快速周转率，才能维持运转。而降低物流成本作为海外仓最基本的职能，也需要稳定流量的带动才能实现。

自建仓看起来很美好，但是一些国家当地的清关法务壁垒较多，没有本土资源优势一般较难很快顺利运作。相较于自建仓，第三方海外仓服务商大多实力较雄厚，拥有专业的关务团队以及客服团队，及多年的跨境物流经验，能为跨境电子商务卖家提供高效快速的清关服务，积极响应并处理各种异常事件。

选择第三方海外仓服务商，卖家可从以下几面选择。

① 海外仓服务商是否具有独立研发的 WMS 系统。因为系统的稳定性对于跨境卖家来说极为重要。以"出口易"为例，基于自主研发的 WMS/OMS 系统，才能保证库存的准确性，对接主流 ERP 和目的国快递公司及邮局，同时检测入库、上架、出库等所有操作节点，以最大程度提升海外仓的服务质量。

② 海外仓仓库的安全性。市面上有很多海外仓，在监管方面极其落后，盗货、丢货层出不穷，且很难实地考察。因此，选择海外仓，就不能只看价格，一定要把安全放在首位。

③ 与平台商的合作深度。一般情况下，能够与平台开展深度合作的海外仓服务商，大多实力雄厚，卖家可以放心的选择。

④ 海外仓服务是否有可扩展性。海外仓运营实践中，会遇到各种各样的问题，能够为卖家解决这些问题的海外仓，才是值得选择的。比如：库存呆滞的时候，能够提供解决方案；资金不足的时候，能够解决在线贷款等。

运营海外仓，难免出现呆滞库存。销毁可惜，转运回国还要支出大笔费用。如果有海外仓能够提供解决方案，那就是卖家的最佳选择。可惜，目前市面上能提供这样解决方案的服务商并不很多。

实践中，一旦海外仓卖家出现呆滞库存，或者因为账号问题无法销售时，可以将库存共享给其他卖家，或快速清理库存，化损失为盈利。

⑤ 资金出现问题时，能否提出解决方案。使用海外仓，需要积压一定的库存和资金，偶尔也会出现资金短缺的情况，那么出现资金短缺时，能够解决这一情况的海外仓就应成为首选。

**(3) 运营和管理海外仓需注意的事项**

建立海外仓也要投入很多，不要以为海外仓只是在海外租个仓库，用 Excel 管起来即可，忽略了后续库存、资金占用、当地法规、尾货等连带问题。

特别要认识到：仓库是非常重要的资产。如果自建海外仓，需巨大的前期投入和精细化管理，而仓库管理人员素质、效率以及系统支持等都很关键，想要达到 FBA 仓储运营中心那样的效率，将有很长的路要走。具体地说海外仓运营和管理要注意以下几点。

① 费用问题。只有在选品合适和运营顺畅的条件下，海外仓综合成本才会低。若选品出错，则会付出很大的代价。订单太少仓租就高，量小价低的产品最好直邮。一旦出现滞销则要赔钱。不同国家地区仓储及配送费用也不同，不要只关注仓租优惠，分段成本、头程运费、清关税费及配送费等绝不能忽视，一定要综合考虑。

② 库存问题。货物在海外仓须有一定存量，货物一旦发出去就变成看不见摸不到的库存，过多的存货会占用企业大量资金，这会让卖家有资金压力。因此，卖家要做好库存分析和销售周期的把握，尽量控制发货节奏及安全库存，根据销量补货，避免产品滞销、脱销的情况出现。比如服装、鞋类等季节性强的消费品，中小卖家定要考虑淡旺季的不同备货策略。

③ 运营风险。需要指出的是：海外仓有其特定的跨国运营风险。首先，产品是否符合进口国当地质量标准、是否有侵权，此类情形很容易被海关查扣。如因产品质量问题，引起客户投诉，仓库可能遭到查封，就会血本无归，甚至影响到其他商品的销售。其次，入境关税及在线销售税 VAT 也是无法回避的问题。此外，使用海外仓关键要选信誉好的服务商，因为货物要全部发给对方，但跨时区信息沟通不便，货损、结算及退货等异地协调，都很不方便。特别是要谨防租用的仓主，关门跑路，查无所踪。

# 本章小结

跨境电子商务仓储是对仓库及仓库内储存的物资所进行的储存管理。随着跨境电子商务的发展，使得仓储管理上升到一个全新的高度，催生了大量的仓储新业态。

自动化立体仓库有利于形成先进的物流系统，提高企业生产管理水平，加快货物的存取节奏，减轻劳动强度，提高生产效率，还可以提高空间利用率和仓储效能。

海外仓是指建立在海外的仓储设施。在跨境电子商务中，国内企业将商品通过大宗运输的形式运往目标市场国家，在当地建立仓库、储存商品，然后再根据当地的销售订单，第一时间作出响应，及时从当地仓库直接进行分拣、包装和配送。让商品尽快送达购买者手中。通过建立海外仓可以降低物流成本，提高产品的售价，增加毛利，加快物流时效，提高产品曝光率，还可以提升客户满意度，扩大选品范围。

由于海外仓建在异国他乡，所以，必须遵守仓库所在国的法律，还要付出高昂的仓储租赁，运营费用和劳动力成本。为了节省费用，还可以选择第三方海外仓服务商，这是由于一些国家的清关法务壁垒较多，没有本土资源优势一般较难很快顺利运作。第三方海外仓服务商大多有实力，拥有专业的关务团队以及客服团队，凭借多年的经验，能为跨境电子商务卖家提供高效快速的清关服务，积极响应并处理各种异常事件。

边境仓是建在边境地区的为邻近国家提供跨境物流、通关和仓储服务的仓储体系。目前我们所说的边境仓一般指的就是俄罗斯边境仓，边境仓只有在边境才有可能取代海外仓的功能。

# 思 考 题

1. 什么是自动化立体仓库？自动化立体仓库的组成与分类有哪些？
2. 边境仓和海外仓的优势是什么？
3. 建立和使用海外仓需考虑的问题有哪些？
4. 海外仓选品的特点有哪些？
5. 海外仓技术的内涵和特色是什么？
6. 如何管理海外仓？
7. 海外仓的费用结构有哪些？
8. 如何选择使用海外仓？
9. 建立海外仓的注意事项有哪些？

# 第**8**章
# 跨境电子商务物流

## 8.1 跨境物流的概念和特点

### 8.1.1 跨境物流的概念

跨境物流即国际物流，是指把货物从一个国家或地区通过海运、空运或陆运到另外一个国家或地区，再通过当地的物流公司，把货物送达买家的手中，实现买家和卖家的最短路径连接和最快速度成交，完成跨境商品交易的全过程。

跨境物流小件，大多选择空运。大宗的货物一般是走海运或路运，但需要单证和清关，时间也相对较慢，但价格便宜，是跨境物流主要选择的运输方式。随着我国跨境航班和跨境班列的开通。目前，跨境物流大都选择空运和跨境班列运输。

### 8.1.2 跨境物流的主要特点

随着经济全球化程度的不断加深，跨境的贸易往来越来越频繁，跨境电子商务交易规模的不断增大，加大了对跨境物流服务的需求。跨境物流作为跨境电子商务活动中的重要环节，其服务质量直接影响着跨境电子商务贸易的成败。"一带一路"倡议的实施，推动了沿线国家与地区之间的经济发展，也给我国跨境电子商务的发展带来了巨大的机遇和挑战。

目前中国的跨境电子商务市场主要分布于美、英、德、法等发达国家，境外对中国境内制造的大量需求促进了中国跨境电子商务的迅速发展，然而跨境物流的发展滞后于电子商务贸易的发展。目前我国跨境电子商务业务主要以 B2B 出口为主，跨境电子商务物流模式更倾向于传统的"集装箱"式运输。随着订单碎片化以及中后段供应链的建立，B2C 市场的交易额增加，跨境电子商务物流逐渐转变为"小批量、多批次、快速高效"的运输形式，因此对跨境电子商务物流服务提出了更高的要求。

**（1）物流流转的快捷化**

跨境电子商务要求国际物流上下游的物流配送需求反应的速度越来越快，前置时间和配送的间隔越来越短，商品周转和物流配送时效越来越快。

**（2）物流功能的集成化**

跨境电子商务要求将国际物流与供应链的其他环节进行集成，如物流渠道与产品渠道的集成、各种类型的物流渠道之间的集成、物流环节与物流功能的集成等。

**(3) 物流作业的规范化**

跨境电子商务国际物流强调作业流程的标准化，可以考核物流的操作方式，包括物流订单处理模板的标准化、物流渠道管理的标准化等，使复杂的物流作业流程变成简单的、可量化的流程。

**(4) 物流信息的电子化**

跨境电子商务国际物流强调订单处理、信息处理的系统化和电子化，用 ERP 信息系统功能完成标准化的物流订单处理和物流仓储管理模式。通过 ERP 信息系统对物流渠道的成本、时效、安全性进行有效的 KPI 考核（关键业绩指标考核），及对物流仓储中的库存积压、产品延迟到货、物流配送不及时等进行有效风险控制。

## 8.1.3 跨境物流常用的八种模式

**(1) 传统物流模式**

传统物流模式主要包括国际邮政小包与国际快递两种。国际邮政小包指通过万国邮政体系采用个人邮包的形式实现商品的跨境运输，如新加坡邮政、英皇邮政和中国邮政等；国际快递指通过国际快递公司实现商品的物流与配送，如 UPS、FedEx 等。在跨境电子商务兴起之初，国际邮政小包与国际快递成为首选的跨境物流模式，其中国际邮政小包具有成本低、清关容易等优势，在跨境物流中使用最为普遍，但国际邮政小包在时效性、安全性、追溯性等方面存在劣势，对商品的体积、重量与形状也有较大的限制，而国际快递具备时效性高、丢包率低等优点，但存在价格较高、有些商品无法速递等劣势。

**(2) 邮政包裹模式**

全球邮政网络覆盖全球 220 个国家，比其他任何物流渠道网络覆盖都要广泛。邮政包裹模式得益于万国邮政联盟，成员国之间的低成本结算使邮政包裹，特别是邮政国际航空小包裹的物流成本非常低廉，具有很强的价格竞争优势，一般按克收费，2 千克以内的包裹基本以函件的价格结算，提高了跨境电子商务运价的优势。万国邮政联盟会员国之间的海关清关便利，邮政包裹的清关能力比其他商业快递要强很多，产生关税或者退回的比例相对要小很多。邮政成员国之间强大的网络覆盖，也使得邮政包裹送无不达，经济发达的欧美国家物流时效有保证。据统计，中国出口跨境电子商务 70％的包裹都是通过邮政系统投递，其中中国邮政占据 50％左右，除此之外，中国卖家还经常使用新加坡邮政和香港邮政等。

**(3) 国际商业快递模式**

国际商业快递有四大巨头，即 DHL、TNT、FedEx 和 UPS，这些国际快递服务商通过自建的全球网络，利用强大的 IT 系统和遍布世界各地的本地化服务，为跨境电子商务平台网购中国产品的海外用户带来极好的物流体验。商业快递的时效基本在 3～5 个工作日，最快可在 48 小时内把货物送到买家手中。然而，优质的服务伴随着昂贵的价格。区别于邮政小包裹模式的按克收费的标准，商业快递收费标准则是 500 克为一个收费单位，所以跨境电子商务的商家一般把商业快递作为批发大批量货物时的最佳选择，以及客单价较高或者是邮寄样品等对时效要求较高的物流选择此项服务。

**(4) 海外仓储模式**

海外仓储物流服务，指物流服务商为卖家在销售目的国建有海外仓，通过海外仓进行货物仓储、分拣、包装和派送的一站式管理服务。海外仓储的成本包括头程运输、仓储管理和本地配送三个部分。头程运输是指中国商家通过海运、空运、陆运或者联运将商品运送至海外仓库。仓储管理是指中国商家通过物流信息系统，远程操作海外仓储货物，实时管理库存。本地配送是指海外仓储中心根据订单信息通过当地邮政或快递使商品完成最后一公里的配送服务。

**（5）国际物流专线**

国际物流专线是指针对特定国家或地区推出的跨境专用物流线路。其物流起点、终点、线路、运输工具、时间、周期基本固定。物流专线的时效比国际邮政小包快，成本比国际快递低，能够规避清关与商检风险。针对特定区域的跨境电子商务而言，国际物流专线是一种有效的跨境物流方案。但是物流专线具有区域局限性，目前较普遍的有美国专线、欧洲专线、澳洲专线、俄罗斯专线、中东专线、南美专线和南非专线等。

**（6）自贸区或保税区物流**

自贸区或保税区物流指预先将商品送至自贸区或保税区仓库，通过跨境电子商务实现商品的销售，再通过自贸区或保税区的仓储实现分拣、包装等，通过集中运输实现商品的物流与配送。这一新兴物流模式是依托自贸区或保税区的新兴物流服务模式，有利于降低物流成本、缩短物流时间，还有利于享受自贸区或保税区的综合优势与优惠措施，尤其是在物流、通关、商检、收付汇、退税等方面的政策，简化跨境电子商务与跨境物流的烦琐流程。

**（7）集货物流**

集货物流是跨境电子商务发展的一种产物，指先将商品运输到本地或当地的仓储中心，达到一定数量或形成一定规模后，通过与国际物流公司合作，将商品运到境外买家手中，或者与将各地发来的商品先进行聚集，然后再批量配送，或者与一些交易商品类似的跨境电子商务企业进行战略联盟，成立共同的跨境物流运营中心，利用规模优势和优势互补实现降低跨境物流费用的目的。

**（8）第四方物流**

第四方物流指为跨境电子商务的交易方和第三方提供物流咨询、规划、信息等服务的物流供应链集成方。通过整个供应链的影响力调配与管理供应链条的各类资源，在解决跨境电子商务的物流需求基础上整合资源，实现物流信息共享和社会物流资源充分利用。基于跨境电子商务与跨境物流的复杂性，涌现出一批第四方物流模式，为跨境物流添加了新的解决方案。

## 8.1.4　跨境电子商务国际物流服务管理

**（1）跨境电子商务国际物流服务管理的含义**

跨境电子商务国际物流服务管理，就是对跨境电子商务物流运作的计划、协调、控制和考核等，管理的目的就是使各项物流渠道实现最佳的协调和配合，从而降低物流成本，提高物流效率。

**（2）跨境电子商务国际物流服务管理的原则**

① 整体效益原则。跨境电子商务物流管理，不仅要求跨境电子商务物流本身的效益最大化、资源整合化、成本最优化，且也要求与跨境电子商务物流服务相关系统整合，以实现效益最大化。

② 标准化原则。跨境电子商务物流服务管理按照物流操作的重复性和常规性，用物流ERP系统对物流的订单处理流程、包裹状态的跟踪流程、财务报表分析流程，以及物流服

务管理的 KPI 考核流程进行标准化的体现和管理，实现自动化、智能化，提高管理效益。

③ 深化服务体验原则。跨境电子商务物流服务管理的核心在于对物流管理全过程的监控和协调。要掌握常规的物流风险，并且采取避免措施，用高效、优质的服务体系，提供给客户最好的物流体验。

## 8.2 跨境冷链物流

在物流行业向精细化迈进的过程中，冷链物流登上了物流发展的大舞台，近年来中国冷链物流市场规模和需求增速加快，冷链产业蕴藏着巨大商机。

### 8.2.1 冷链物流的概念及相关设备介绍

**(1) 冷链物流的概念**

冷链物流泛指冷藏冷冻类食品在生产、贮藏运输、销售，到消费前的各个环节中始终处于规定的低温环境下，以保证食品质量，减少食品损耗的一项系统工程。它是随着科学技术的进步、制冷技术的发展而建立起来的，是以冷冻工艺学为基础、以制冷技术为手段的低温物流过程。

冷链物流的适用范围：包括初级农产品（如蔬菜、水果、肉、禽、蛋、水产品、花卉产品等）；加工食品（如速冻食品、禽、肉、水产等包装熟食、冰激凌和奶制品、快餐原料等）；特殊商品（如药品等）。由于食品冷链是以保证易腐食品品质为目的，以保持低温环境为核心要求的供应链系统，所以它比一般常温物流系统的要求更高、更复杂，建设投资也更多，是一个庞大的系统工程。由于冷链物流的时效性要求冷链各环节具有更高的组织协调性，所以，冷链物流的运作始终是和能耗成本相关联的，有效控制运作成本与冷链物流的发展密切相关。

**(2) 冷链物流有哪些相关设备**

ⅰ. 保温周转箱

保温周转箱一般放置在冷藏车中，用于存放特殊要求的物品，具有隔离效果，防止与其他不同货品温度分开，保温周转箱不具有制冷源，但在外部制冷源停止制冷的情况下，自身温度仍能保持一定时间，有效防止物品变异。

ⅱ. 冷藏箱

根据产品质地不同分为不同种类，包括塑料的、布料的、泡沫的、金属材质的、木制的等各种冷藏箱。

ⅲ. 冷藏物流冰袋

冰袋有一次性和可重复使用两种。一次性冰袋：一面是高密度塑料，一面是无纺布，主要是用于对易腐产品、生物制剂及所有需要冷藏运输的产品，运输时科技随冰产品一起运走，不能收回来重复使用。

可重复使用冰袋：是世界上所有冰产品中保温时间最长的（是同体积大小普通冰保温时间的 6 倍）。可以重复使用 N 次，节省成本，冷热双用，最低可以被冷冻到 $-190℃$，最高可以被加热到 $200℃$，可以任意地切割尺寸，可以与食品直接接触，属于食品级的科技冰，安全无毒，环保节能。

ⅳ．干冰冷冻箱

干冰是固态的二氧化碳，在常温和压强为 6 079.8kPa 压力下，把二氧化碳冷凝成无色的液体，再在低压下迅速蒸发，便凝结成一块块压紧的冰雪状固体物质，其温度是 $-78.5℃$，这便是干冰。干冰蓄冷是水冰的 1.5 倍以上，吸收热量后升华成二氧化碳气体，无任何残留、无毒性、无异味、有灭菌作用。它受热后不经液化，直接气化。干冰是二氧化碳的固态，由于干冰的温度为 $-78.5℃$，因此经常用于保持物体维持冷冻或低温状态。

干冰一定要储存在专用的冷冻箱里，这样干冰才可保存 5～10 天。保存期过后干冰就开始结成冰团甚至气化，使用效果将明显降低。因此，每次使用结束后一定要把余下的干冰取出，放入冷冻箱里。

## 8.2.2　冷链物流模式的基本特征

随着人们生活水平的提高，对食品的安全性要求也越来越高，从而需要冷冻冷藏类食品，必须在规定的低温下以保持它的质量，一批国内优秀的冷藏物流品牌迅速崛起，逐渐成为冷链物流行业中的佼佼者。

**(1) 有效利用第三方物流**

由于一些生产或冷链物流企业不具备专业的冷链物流运作体系，也没有冷链物流配送中心，而冷链物流中心的建设是一项投资巨大、回收期长的服务性工程，建立冷链物流中心显然不适合他们。这些企业可与社会性专业物流企业结成联盟，有效利用第三方物流，实现冷链物流业务。

**(2) 建立与大型超市对接的乳制品智联物流**

冷链运输是冷链物流的关键环节，尤其是乳制品需要天天配送。鲜奶的质量要求比较高，需要特殊条件的保质运输，才能保证鲜奶的质量，因此建立由厂商直接配送的运输服务。如，一些大型超市与某乳品企业建立长期合作关系，由企业直接配送，直达超市的冷柜，以避免在运输过程中的鲜奶变质，影响企业的信誉和消费者的健康。

**(3) 整合冷链物流资源，实现共同配送**

由于冷链物流的低温特点，物流企业单独建立冷链物流中心，投资成本高，而且回收期较长。基于冷藏食品的特点相同，社会整个冷链物流业应该联合起来，共同建立冷链物流配送中心，实现冷链物流业的共同配送。

实现冷链物流的共同配送，可以减少社会车流总量，减少城市卸货妨碍交通的现象，改善交通运输状况；通过冷链物流集中化处理，有效提高冷藏车辆装载率。

共同配送是经过长期的发展和探索优化出的一种追求合理化的配送形式，也是美国、日本等一些发达国家采用较为广泛、影响面较大的一种先进的物流方式，它对提高物流运作效率、降低物流成本具有重要意义。

## 8.2.3　果蔬冷链物流

**(1) 我国果蔬冷链物流发展的现状和特点**

ⅰ．冷链物流发展条块分割，完整独立的现代体系尚未形成

我国果蔬冷链物流自 20 世纪 80 年代初兴起，现已初步形成一定规模的以果蔬加工、储存为主导的生鲜冷链物流产业。但就整体而言，我国果蔬冷链物流至今还未形成完整而独立的冷链体系。不仅在冷链物流管理体制上存在制度缺失和技术手段不足，条块分割、各自为

营的现象，且在硬件上存在冷链技术设施落后、运输设备陈旧，现代信息技术装备缺乏，导致果蔬流通环节损耗严重、物流效率低下。资料显示，现阶段我国水果、蔬菜的年冷藏量约占总产量的10％，冷链流通率仅为5％，果蔬采后的商品化处理率不足30％，果蔬物流损失率高达30％～40％，而发达国家的果蔬物流损失率可控制在5％以下。目前全国约有90％以上的新鲜水果、蔬菜及其制品基本上处在没有冷链保证的条件下运输。

ⅱ. 冷链物流市场化程度低，第三方物流发展滞后

目前我国生鲜果蔬除了外贸出口的部分外，国内销售的物流配送业务大多由大型超市集团的物流配送公司完成，果蔬冷链物流仍以自营为主，第三方物流发展较滞后。数据显示，目前上海现有各类冷库容量为35万吨，制冷车约为5 000辆（其中专业运输公司占40％），从事冷链物流的企业约30家，但占有一定市场份额、拥有一定规模，且布局合理的自有冷库、有较先进的PC系统和管理理念的第三方冷链物流仍处于参差不齐的发展阶段。现在国内仅有极少数物流供应商能够保证对整个冷链进行温度控制，而绝大多数冷藏供应商只能提供水果、蔬菜一般化的冷藏运输服务，而不能提供全程的冷链温控服务。

ⅲ. 冷链物流投入不足，技术落后，设施陈旧

目前我国果蔬冷藏运输主要采用公路和铁路两种形式，由于长期以来硬件投入严重不足，现在公路运输中生鲜果蔬的冷藏量仅占运输总量10％～20％。铁路运输中冷藏列车运输的货物只占果蔬运输总量的25％。目前全国各型冷运船只仅有200余艘，果蔬冷运量只占年水运总量的1％。从储存设备看，全国冷库总容量已达700万立方米，并呈现逐年增长趋势，但因这些冷库大多技术落后、设备陈旧，主要用于肉类、鱼类的冷冻贮藏，功能单一，导致冷库利用率并没有随着库容增加而提升，果蔬冷库储存量只占其库容总量的20％。同时，由于生鲜果蔬采收后低温加工、包装技术缺乏，导致绝大部分生鲜果蔬粗放经营，产后产值与采收时自然产值之比仅为0.38：1，而美国为3.7：1，加拿大为3.2：1。

ⅳ. 冷链物流协会不健全，行业内缺乏协同与自律

相对发达国家而言，我国冷链物流发展滞后，行业协会组织不健全是一个重要原因。目前除已成立中国冷链物流协会外，全国大多数省、市、自治区尚未建立地域性的行业协会组织。少数省、市建立了相应的协会组织，但也存在职能定位不明确、相互竞争激烈、开展活动雷同等问题，没有充分发挥行业协调和自律的功能。

随着国民经济的持续快速发展和人民生活水平的不断提高，果蔬冷链物流也开始在大中城市，尤其是在上海、北京、天津、广州、武汉等大城市和深圳、厦门、宁波等沿海开放城市蓬勃兴起。加之国际大型物流企业纷纷进入中国市场，加剧了国内市场物流行业的竞争。我国冷链物流行业必须加快健全行业协会网络，发挥政府与企业间的桥梁和纽带作用，推进冷链物流行业的快速发展。

ⅴ. 冷链物流相关政策法规亟待完善

冷链物流涉及果蔬"从田间到餐桌"的全过程。供应链上每个环节都事关产品的质量与安全。欧、美、日发达国家为确保生鲜果蔬的质量和安全，制定了一系列冷链物流的法规和标准，涵盖水果和蔬菜的生产、采摘、加工、包装、销售、运输、储存、标签、品质等级、农药残留等诸多方面，对促进冷链物流健康发展发挥了重要保障作用。我国由于冷链物流发展起步较晚，冷链物流意识不强，法律规章也尚不健全，不仅冷链物流管理缺少制度和监控手段，而且也缺少冷链物流的协调机制和规范，果蔬冷链物流市场及其体系建设尚处于粗放型发展和运行阶段。因此，亟待建立和完善相应的政策法规、标准化体系和诚信体系，以尽快营造果蔬冷链物流健康发展的良好环境。

**（2）发达国家果蔬冷链物流发展模式对我国的启迪**

ⅰ．建立"从农田到餐桌"的现代冷链物流体系

实行供应链集成化管理。果蔬冷链物流由多个环节所组成，是一项复杂的低温系统工程，确保各环节的质量与安全是冷链物流的核心。欧美各国政府十分重视冷链物流质量安全体系建设，并制定了一系列涉及果蔬的生产、加工、销售、包装、运输、储存、标签、品质等级、农药残留物含量等有关标准和规定，对果蔬进出口也有严格的检验、检测和认证制度，具有管理的系统性和很强的可操作性。如美国、加拿大国家食品检验局，制定了食品安全监督计划（FSEP），不但在肉类和家禽加工厂普遍实行，而且在蔬菜、水果物流中广泛应用；同时还鼓励国内果蔬协会开发必要的工具，使生产者在农场的食品生产环节实施与HACCP（Hazard Analysis Critical Control Point，即危害分析临界控制点，HACCP体系是国际上共同认可和接受的食品安全保证体系，主要是对食品中微生物、化学和物理危害进行安全控制）相一致的食品安全措施。体现了从初级产品生产到最终产品零售的多部门、跨行业的食品安全协作，最终实现"从农田到餐桌"冷链物流全程的食品安全管控。

ⅱ．引入市场竞争机制，鼓励多种冷链物流模式并存共赢

在发达国家，大型批发市场和超市集团等龙头企业在促进果蔬冷链物流发展中发挥了至关重要的作用。如日本、德国政府对大型批发市场建设给予批地、贷款和一定比例的资金扶持，为便于集中管理和获得最好的社会经济效益，政府对批发市场建设进行科学规划和宏观调控。美国、加拿大、英国充分发挥批发市场交易方便、品种齐全、货物费用成本低的优势和超市集团货物配送及时便捷、终端包装便于超市连锁经营等优势，使两种果蔬龙头企业相互竞争；加拿大改革传统运输体制，下放港口和内河运输经营权，实行国家铁路公司民营化等措施，使企业真正自主经营。充分发挥龙头企业的带动作用，建立起不同运输方式间的竞争机制，形成了海陆空多式联运，产地、加工企业、批发市场与配送中心和第三方物流企业等多方主体参与、并存共赢的果蔬冷链物流发展模式。

ⅲ．采用先进的冷链物流技术设施，提供全方位的高效优质服务

欧洲各国、美国、日本依靠技术创新提升冷链物流业的整体水平：一是在标准化原料基地使用友好型栽培管理技术和先进、快速的有害物质分析检测技术等，从源头保证了冷链物流的质量与安全。二是产地加工企业采用真空预冷技术和冰温预冷技术，有效消除田间热，降低果蔬的呼吸强度，延长了保鲜期。三是采用自动化冷库技术和气调储藏技术，使鲜活果蔬贮藏保鲜期比普通冷藏延长 1～2 倍。四是冷藏运输朝着多品种、小批量和标准化、法制化方向发展，节能和注重环保则是冷藏车技术发展的主要方向；冷集箱与铁路冷藏车的配套使用，大大提高了铁路冷藏运输的质量。五是运用信息技术建立电子虚拟的果蔬冷链物流供应链管理系统，对各种货物进行跟踪、对冷藏车的使用进行动态监控，同时将全国的需求信息和遍布各地区的连锁经营网络联结起来，确保物流信息快速可靠传递。

ⅳ．充分发挥果蔬物流协会的职能作用，促进冷链物流行业的协同与自律

德国、美国、法国的果蔬物流协会在政府与企业之间充当桥梁和纽带的角色，在完善行业管理过程中发挥着重要的协调配合与自律作用。一方面积极宣传政府的交通运输方针、政策和法规，代表企业利益反映企业呼声，对完善物流政策和改善企业经营提出意见和建议。另一方面协助政府部门制定冷链物流标准，协调冷链环节行为主体的关系，组织制定本行业共同遵守的行为规范和纪律，进行技术咨询和人员培训等。另外，果蔬协会还发挥沟通情况、协调关系、提供信息服务等作用。

ⅴ．创造良好的政策法律环境，保障冷链物流的健康发展

发达国家十分重视对冷链物流的财政支持和法律保障，以促进果蔬冷链物流业的快速发展。一是通过制定一系列优惠扶持政策，加大对冷链物流企业的投入。如加拿大通过对国家铁路公司实行补贴和相关政策扶持，使其扭亏增盈并成为北美地区效益最好的铁路冷链物流运输业。二是通过制定一系列法律法规和物流标准，确保了冷链物流的果蔬质量与安全。如加拿大制定了《防虫产品法》，明确规定了农药注册登记办法以及需要提供的数据和农药用量；法国《农药残留补偿法》规定，在任何情况下农民可以因为果蔬中农药残留超标导致损失而获得补偿；美国发布了《冷链质量标准》，用以检测、运输、处理和储存果蔬企业的可靠性、质量和熟练度，为整个易腐货物供应链的认证奠定基础。三是严格专业认证制度，实行市场准入。欧美一些发达国家几年来积极推动有机农业发展，国家认证机构向果蔬生产者授予证书并授权使用有机产品标识后，方能进入流通与消费环节。

# 8.3 RFID 技术在跨境电子商务物流中的应用

射频识别技术 RFID 是一种无线通信技术，它可以利用无线电信号识别特定的物体并读取有关数据，而不需要识别工具和特定对象之间建立机械的或者光学的接触。RFID 的工作原理是：读写器在数据管理系统的控制下发送出一定频率的射频信号，当标签进入磁场时产生感应电流从而获得能量，并使用这些能量向读写器发送出自身的数据和信息，该信息被读写器接收并解码后送至中央信息管理系统进行相关的处理，这一信息的收集和处理过程都是以无线射频通信方式进行的。

## 8.3.1 RFID 的特点和优势

RFID 技术是一种新兴的依靠计算机和互联网的技术，RFID 技术具有许多优点。

**（1）非接触识别**

非接触识别是射频识别技术最重要的优点，它可以通过障碍物阅读标签，这一点条码技术是无法做到的。在恶劣的环境下，依旧可以识别，而且阅读速度很快，大多数情况下不到 100ms。

**（2）可以重复读取**

现在的条码技术一旦印刷之后就无法更改，而 RFID 标签可以重复地增加、修改、删除标签内储存的数据信息，这样有利于标签的重复利用，也可以提高效率。

**（3）读取要求比较低**

体积小型化、形状多样化。RFID 在读取上并不受尺寸大小与形状限制，不需为了读取精确度而配合纸张的固定尺寸和印刷品质。此外，RFID 标签更可往小型化与多样形态发展，以应用于不同产品。

**（4）数据的记忆容量大**

一维条形码的容量是 50 字节，二维条形码最大的容量可储存 2～3 000 字节，RFID 最大的容量则有数兆字节。随着记忆载体的发展，数据容量也有不断扩大的趋势。未来物品所需携带的资料量会越来越大，对卷标所能扩充容量的需求也相应增加。

**（5）具有可查询和可追溯性**

利用 RFID 技术可以提供全方位的安全数据信息共享与服务，可进行各环节的信息查询、安全监测分析、事件预防及产品追溯。通过全码扫描，可查询到所购商品的各供应环节信息，也可以层层进行追溯，这种方法不仅可最终确定问题所在，也可用于问题产品的召回。

## 8.3.2　RFID 在海外仓储和配送中的应用

海外仓储主要是指跨境电子商务物流中海外消费者或者零售商下订单之前已经把货物储存在海外的仓储或者配送中心。当从海外市场当地发货时，发货速度会提高很多，物流运输成本也会降低，从而使企业更容易获得买家的信任感，增加客户满意度，提高成交量。海外仓储作业和国内的操作流程基本相同，主要包括入库、存储、出库三个基本环节。RFID 技术可以应用到 WMS（仓储管理系统）中，可提高企业反应速度，做到及时补货，及时更新库存信息。

RFID 技术的应用，可提高产品入库、出库效率，使仓储的信息化程度进一步提高。对于配送，RFID 技术可以降低货物的出错率，使配送和库存衔接得更加紧密，从而可以使海外仓储实现一体化操作。

## 8.3.3　RFID 在快速通关中的应用

跨境电子商务物流中，一般通关的服务都是物流企业提供的，所以我们把通关看作是物流的一部分，这是跨境电子商务物流与一般的电子商务物流的不同之处。对于跨境电子商务的交易基本是小批量、多批次，而且金额比较小，所以海关的报关通关就变成了比较麻烦的事情。现在的跨境电子商务基本是以个人使用为目的的报关，报关手续比较烦琐，一件物品和一批物品需要的报关手续是一样的，所以物流企业需要不停地报关。把 RFID 技术应用到报关系统，可以使海关系统和物流企业实现信息互联互通，就是把货物信息和海关的报关系统连接起来，货主只要把一件一件的货物信息，共享到海关，然后在货物上贴上 RFID 标签，就可集中在海关报关。由于 RFID 可以实现非接触读取，所以会提高报关效率。

## 8.3.4　RFID 在跨境物流商品追溯中的应用

RFID 技术在物流的各个环节的应用，可以增加供应链的可视化。产品从出厂、运输、储存、销售运输、配送到消费者手中，可以使用 RFID 技术做到对货物及时跟踪，也可以对货物溯源查询真伪等服务，从而可以增加跨境消费者对产品的信任，满足消费者或者零售商对货物运输和配送的速度要求。

## 8.4　跨境电子商务物流模式的创新探索

### （1）混合式一体化跨境物流的创新探索

跨境电子商务面对全球市场，要求跨境物流突破国家和地区的限制，同一物流模式在一国和地区的适用不一定适用于其他国家和地区。就跨境电子商务发展的实践来看，跨境物流更倾向于混合式一体化的模式。混合式一体化物流模式具体指在众多跨境物流模式中，采用两种或两种以上的跨境物流模式，如物流专线＋海外仓、物流专线＋海外仓＋边境仓、国际快递＋海外仓等。混合式跨境物流模式适用于复杂多变的跨境市场，能够提高跨境物流效率，降低跨境物流风险。随着跨境电子商务的发展，需要针对不同的国家和不同的商品种类，乃至在不同的时间阶段，适时推出合适的混合式跨境物流模式，满足跨境物流需求。

**(2) 云物流在跨境物流中的创新探索**

云物流是一个能使社会资源得到更高效率配置的物流系统。云物流计算服务平台是面向各类物流企业、物流枢纽中心等各物流部门的云解决方案，依靠大规模的云计算处理能力、标准的作业流程、灵活的业务覆盖、精确的环节控制、智能的决策支持及深入的信息共享来完成物流行业的各环节所需要的信息化资源要求。

ⅰ. 云物流具有的优势

云物流管理模式相对于传统的物流和快递企业的商业模式来说，具有独特的物流信息平台开放、资源共享、服务集成、终端无限的特点，在云物流信息平台上，整合了海量的订单信息，具有社会化、节约化和标准化三大优势。通过云物流管理模式，建立云物流信息平台，不仅整合了海量的订单，还集成了成千上万的快递公司、派送点、代送点，充分利用了这些物流资源，在集中建设的云物流计算平台下建立起规模效应，减少了每个公司都建立小型云计算平台所造成的资源浪费，并通过统一的平台标准，对运单查询流程、服务产品、收费价格、售后服务、保险费用等都进行标准化和透明化的管理，解决了物流行业标准不一的问题。

ⅱ. 基于云物流的跨境电子商务物流模式的优越性

① 资源云集，信息共享，提高服务质量。

鉴于在云物流平台上汇集着各种先进的物流技术、物联网技术、移动技术、数据分析技术，跨境电子商务企业和物流企业，可在云平台上数据共享，获得精准的市场信息和物流服务信息，还可通过平台了解最新的市场需求动向，有针对性地进行市场布局，为客户提供定制化服务。鉴于各国清关政策的不同，很多产品在清关时需要花费大量时间，从而不能保证时效，但在云物流平台上，能为跨境电子商务企业提供专业的报关、清关服务，提升时效。

② 优化路径，减少转运环节，降低成本。

基于云物流的跨境电子商务物流模式以云物流平台为载体，实现宏观资源共享。它不仅能优化配送路径，减少货物转运环节，降低物流成本，而且可以实现物资的云调整、云调动，还可以根据出货量的多少，实现动态补货，以便对远程库存及海外仓实现动态管理。

ⅲ. 跨境电子商务云物流常见的几种发货模式

① 保税备货模式。

电子商务企业在海外集中采购完成后，将货先通过国际空运、海运等物流方式入境，集中储存在保税区，待到销售后台接到订单后，利用电子清关，进行国内派送。可以缩短物流时间，节约成本，实现电子通关。

目前常见问题有：

- 备案。发货方备案、境内电子商务企业备案、产品备案。
- 监管。进口商品需经过海关和商检同时监管。
- 征税。按电子商务销售平台定价作为完税价格进行申报，交税。
- 仓租。30 天免堆期，超出后，按每天 3.5 元/kg 交纳租金。
- 资金。资金需先流通海外，再回流到境内电子商务企业财务。

适合的企业类型：保税备货模式适用于大型电子商务企业，且品项比较单一的集团公司，例如京东海外购、天猫国际、唯品会、聚美优品、美悦优选等。

② 海外直邮（直邮 B2C）。

电子商务企业接到订单后，在海外采购，集中发至海外代理集货站，通过空运或海运等物流方式将货发到境内机场口岸，代理的清关公司会在接到货后，集中安排清关，直接派送。可以缩短物流时间，减少中间环节，节约成本，快速通关，渠道正规，全程一站式服务，跟踪透明，品项不限，无须经过商检，资金无须回流。

目前常见问题有：境内电商无法和境外代理直接对接；一些电商无法直接提供客户身份证复印件、购物小票等。

适合的企业类型：品项多样的境外电商、代购、境内电商及没有清关能力的转运公司。

③ 海淘转运模式。

海淘族在转运公司先注册用户，然后在境外电商平台下单，下单成功后，填写地址给转运公司，由转运公司安排国际物流以及清关加派送服务。

适合的企业类型：对时效要求不太高，且发货地区较偏远，在境外没有代理商的电商、小代购及海淘族。

**(3) 中外运创新推出的可视化跨境物流电子商务平台**

中外运前不久推出了国内首个可视化跨境电子商务物流平台。这个平台整合了中国外运在全球超过 200 多个网点的数据信息，打通了包括海关在内的上下游数据通路，是对我国传统跨境物流业的一次改造。

该平台面向众多货主及货运代理，为物流服务的供给方和需求方搭建了在线撮合交易的渠道，并为物流服务的需求方提供多种物流服务模式选择及一站式服务所需各项功能。

以往同样一单货从北京送到巴黎，同一家货运公司的不同代理商的报价相差可能在 10％以上，而且在送递过程中，货物是否入仓、在途情况等信息，用户完全不知情，这种供需双方信息不对称导致的“不透明”，让跨境物流业的客户满意度始终不高。

中外运搭建的新电子商务平台，希望通过电子商务可视化服务模式的创新，使行业运营服务透明化得到提升，将主动权和知情权让给客户，进而通过提升作业效率提升客户满意度。

目前这一电子商务平台已初步实现了跨境物流作业流程的可视化和在线化。对货主来说，通过中外运电子商务平台，能方便、快捷地查询跨境货运的相关具体信息，如不同城市间的标准运价、各条相关航线运能情况，最重要的是还能全程视频跟踪货物流程情况，实时掌握货物沿途运转情况。

# 8.5　跨境电子商务物流的管理

## 8.5.1　跨境物流中的信息系统管理

跨境物流信息系统管理是对物流信息进行采集、处理、分析、应用、存储和传播的过程。在该过程中，通过涉及物流信息活动的各种要素（人工、技术、工具等）进行管理。该物流信息系统实现的是订单包裹的实施跟踪、转运、妥投等一系列物流跟踪数据管理，及对产品物流成本的财务报表分析，是实施物流 KPI 考核的重要参考手段。

物流信息系统管理强调应用系统化和集成化观念来处理企业经营活动中的问题，以求得系统整体化最优为目的，既要求信息处理的及时性、准确性和灵活性，也要求信息处理的安全性和经济性。

从提高企业高效管理的角度来看国际物流信息系统的目的主要体现在以下几个方面。

① 改善物流企业内部流程和信息沟通方式，满足跨境电子商务客户以及业务部门对信息处理和共享的需求。

② 提高办公自动化水平，提高工作效率，降低管理成本，实现成本优先的竞争优势。

③ 通过国际物流信息系统对货物实施跟踪和监控，可使物流企业的各层管理者及时掌握货物运输情况，增加对业务的控制，为决策提供数据支持。

④ 为客户提供实时的货物跟踪，提供个性化服务，提高服务水平。

市场是变化的，用户对物流企业的要求，以及企业自身发展的需求也在不断地发生变化，信息技术本身也在不断地创新发展，因此物流信息处理系统要不断地在用户的需求上改进和完善，使物流信息系统的综合性和专业性更强，决策支持功能不断提高，才能满足和适应市场和客户的需求。

## 8.5.2　跨境物流中的 ERP 管理系统

跨境电子商务 ERP 系统提供多渠道电子商务管理解决方案，支持多仓库、多品牌管理，为广大零售商户提供"一站式"信息系统服务。ERP 系统主要有采购管理、销售管理、接单管理、物流计划、仓储管理、价格体系管理、结算管理、发票管理、客户关系管理、报表管理等功能。成功案例目前已经涵盖医疗器械、3C、鞋服等行业品类。

跨境电子商务 ERP 系统的订单管理示意图，如图 8-1 所示。

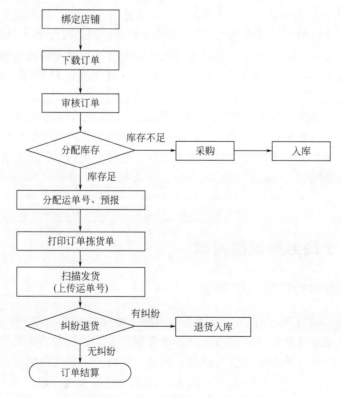

图 8-1　ERP 系统的订单管理示意图

## 8.6 全球快递业的快速发展和国内快递业的国际化布局

快递业起源于 20 世纪 60 年代的美国，从早期小件货物的运输演化而来。当时，美国服务业与高新产业蓬勃发展，物流行业逐步出现物品小型化、时效要求高的特征，客户需求与邮政能力的不匹配，催生了现代快递业。

当前全球快递市场空间大，资本密集度高，现金流稳定。国内市场，一些大的快递企业已经纷纷上市，不仅获得了快速发展，而且运输设施、仓储能力、管理水平和服务模式，都得到了很大提高。2018 年全年快递业务量已经达到 507.1 亿件，比上年增长 26.6%。业务规模全球领先。全国快递企业日均快件处理量 1.4 亿件，最高日处理量达到 4.2 亿件，同比增长 25.7%。快递业务收入达到 6 038.4 亿元，同比增长 21.8%。2018 年快递业务量和收入分别是 2010 年快递业务量和收入的 21.7 倍和 10.5 倍，年均复合增长率分别为 46.9% 和 34.2%，高于同期国内生产总值增速。仅京东物流一年送出快递件就达 85 亿件，成为新经济的亮点。

从全球范围看，2018 年，我国快递业务量超过美、日、欧发达经济体之和，规模连续五年稳居世界第一，是第二名美国的 3 倍多，占全球快递包裹市场的一半以上，成为全球快递包裹市场发展的动力源和稳定器。

根据国务院发布关于促进快递业发展的若干意见，按照当前年均增速，到 2020 年我国快递业务量，达到 600 亿件规模，收入达到万亿元规模。随着我国快递企业运输设施的完善和提升，以及跨境班列的运能提升，跨境快递的速度和效能还将得到新的提升。

### 8.6.1 万国邮联和全球邮政网络

**（1）万国邮联的概念**

万国邮联是联合国下属的专门机构，是商定国际邮政事务的政府间国际组织，成立于 1874 年，目前有 192 个成员国。联盟体系下的《万国邮政公约》是各国处理国际邮政业务遵循的基本法则，对邮件及包裹有明确的处理等级与服务标准。

目前万国邮联的 192 个成员国都建有国内的邮政网络。这些邮政网络的最大优势之一在于在本土范围内拥有密集的末端网络，几乎能将包裹递送到全国任何一个角落，提供了基于公共信誉的可靠服务。

由于历史悠久、业务链广，很多邮政都是兼有部分政府或公共职能的集团化公司，多个大型邮政公司是世界 500 强，如美国邮政 2016 年营业收入高达 704 亿美元，远高于 UPS。

**（2）邮政网络和快递业务有天然的通达性契合性**

邮政包裹和邮政小包业务恰恰和电商快递中的小包和小件业务有一种契合性，跨境电子商务之所以如此契合邮政的优势主要表现在：

ⅰ. 全球无盲点网络

依托各国既有的邮政包裹网络，轻小件投递，稳定可靠，而商业公司都有服务范围或固有的线路。

ⅱ. 价格优势明显

邮政包裹，提供了低廉的、基础性的物流服务，因此，大量电商快递通过邮政发运和投递具有独有的优势。

ⅲ．可无障碍清关

邮联框架下的娴熟的本土清关运作能力是邮政的独门绝技。当然，在跨境交接的松耦合网络下，邮政网络也有如时效不稳定、对邮件动态的客服咨询与追溯能力较差，跨境资源协调机制尚需改进等不足。

面对以上问题，万国邮联对此也进行了网络分层处置与服务创新研发。一是推出了邮政特快专递这个定位于"一个全程时限可靠的全球邮政网络"的"高质量、高可靠、标准化"的性价比服务。二是在海外设有诸多分公司或海外仓，如欧、美、日、韩等。因此，跨境邮件送达顺畅。如邮政 EMS 就具有国内通达范围广，国际件没有偏远地和无燃油附加费，清关手续简单，容易通关等优势，因此，该业务很受电商客户的欢迎。

**(3) 全球知名的邮政服务商和国际邮政合作组织**

ⅰ．USPS 美国邮政服务公司

USPS 美国邮政署（United States Postal Service），亦称美国邮局或美国邮政服务公司，是美国联邦政府的独立机构。始建于 1775 年，是财富世界 500 强企业，美国联邦政府的独立机构，拥有全球庞大的民用车队，其邮件几乎可寄至所有国家或地区。

美国邮政署拥有 596 000 名雇员，及 218 684 辆汽车，是全球最庞大的民用车队。每年处理 177 亿信件，占全球数量的四成。美国邮政署是少数在美国宪法中提及设立的机构。USPS 国际快递查询系统，可实时跟进 USPS 单号查询服务。国内与美国邮政合作的物流服务商，包括中邮小包、e 邮宝、美邮宝等都可和 USPS 系统对接，获得 USPS 单号查询服务。

ⅱ．DHL 是全球快递国际化程度最高的公司

DHL 业务占全欧国际快递市场份额的 41%，FedEx 并购 TNT 后，欧洲快递市场集中度还将进一步提升。除了美洲国际市场外，DHL 在国内市场、亚太与欧洲市场份额均处行业第一，DHL 全球员工超过 32.5 万人，空运机超过 250 架，能为各种物流需求提供完美的解决方案。

DHL 1969 年创立于美国旧金山，总部设在比利时的布鲁塞尔，2002 年与德国邮政合并，德邮控制了其全部股权并把旗下的敦豪航空货运公司、丹沙货代及欧洲快运公司整合为新的敦豪航空货运公司。自此德国邮政集团更名为 Deutsche Post DHL。其后，德邮又接连收购了美国的空运 Airborne、英国的 Exel 物流，逐步奠定了 DHL 难以撼动的物流巨头地位。作为全球最大的综合物流企业，DHL 业务范围遍布世界 220 个国家与地区。

目前 DHL 公司是德国国内最大的邮政服务商。该集团主营业务包括邮政、快递、货代与供应链四方面。具体在国际业务的空海运代理、合同物流、快递服务业务方面，其市场份额均居全球第一。

ⅲ．FedEx——隔夜空运的开创者

FedEx 是隔夜空运的开创者，截至 2016 年，已拥有 670 架飞机，可日处理 450 万件航空件。其国内业务占比高达 70% 以上。FedEx 把 2014 年收购的 Bong Intl 更名为 FedEx CrossBorder 跨境公司，作为 FedEx 的子公司，FedEx 于 2015 年又并购了北美第三方物流企业 Genco，至此，它扩展到零售及电子商务市场。2016 年又并购 TNT，使业务得到进一步发展。中国是 FedEx 国际业务发展最快、最具潜力的地区。

iv．UPS——联合包裹服务公司

UPS 作为世界上最大的快递承运商与包裹递送公司，也是运输、物流、资本与电子商务领导性服务的提供者。UPS 1907 年成立于美国，1988 年成立 UPS 航空，1991 年总部移至亚特兰大，1999 年上市。目前拥有雇员 44 万人，自有飞机 237 架，租赁飞机 413 架。在全美范围内拥有大型分拨中心 31 个，中小型分拨中心 1 000 个，陆运车高达 11 万辆，还不算外包线路。UPS 与 FedEx 一样，都是规模近 400 亿美元的重资产企业。

2015 年 UPS 实现营业收入 583.6 亿美元，净利润 48.44 亿美元，2018 年 UPS 实现营收 718.61 亿美元，同比增长 7.9%；营业利润为 73.84 亿美元。UPS 在美国快递市场的占比高达 45%，UPS 包裹量为 47 亿件，其利润的最大贡献者也来自国内。从件均价上看，FedEx 和 UPS 的空运件均价在 20 美元左右，陆运价在 7 美元左右。不仅如此，UPS 在中国市场有几个重大的投入，如上海国际转运中心、深圳亚太转运中心，以及上海、杭州的医疗保健仓储配送中心等。

v．欧洲几国占有份额较大的本地快递服务商

法邮 LaPoste 旗下的 GeoPost 及 DPD 在法国市场占有率第一，据称是欧洲第二大国际包裹配送网络，整个 DPD 集团日投递量可达 350 万件。

英国 Hermes 服务遍布欧洲，在英国占比最大，网络仅次于皇家邮政 RoyalMail。

荷兰 GLS 及该国邮政 PostNL 在欧洲市场活跃，为电商卖家提供配送解决方案。

比邮 Bpost 是比利时最大的邮件和包裹递送服务商，在跨境包裹揽收及专线配送方面具有优势。此外，DirectLink 是北欧邮政 PostNord 的一部分，Purolator 快递隶属于加拿大邮政，爱沙尼亚邮政 Omniva 主要在波罗的海区域活跃。

意大利 BRT Bartolini 快递在当地领先。澳大利亚的当属 Toll 及 TNT。由于快递业存在显著的网络效应和规模效应，要建立跨地域的服务网络，需要足够量的业务支撑。

vi．亚洲主要的快递服务商

日本的快递市场由大和运输（宅急便）、佐川急便、日本邮政（2010 年收购日本通运）三家公司垄断，合计占据 92% 的市场份额。其龙头企业宅急便处于绝对领先优势，并提供各种增值服务与精细化运作。日本物流业无论是快递还是仓储，都是全球精益化管理的最高水平。因此，日本快递顺畅便捷。

vii．"韩国到中国""中国到韩国"的航空快递电子商务平台

韩国汇智通快递是专门从事"韩国到中国""中国到韩国"航空快递的电子商务平台。韩国汇智通快递以细化流程、精准运输为原则，以客户满意为己任，经过发展，在韩国首尔东大门设有分公司，青岛设有客服部。

汇智通在韩国快递行业中树立了自己的品牌，跻身于优秀的韩国快递服务商之一，同时也赢得了中韩用户的广泛关注。

viii．卡哈拉邮政组织（KPG）

该组织起源于一项集团性的国际邮政业务合作项目。由中国内地、日本、韩国、美国、澳大利亚、中国香港 6 个国家和地区的邮政部门于 2002 年在美国夏威夷卡哈拉东方饭店召开了 6 个邮政 CEO 高峰会议，会后组成了卡哈拉邮政合作组织，旨在通过提高质量改善服务。会上推出一项新产品——承诺服务，确定通过集体合作行动，来提升竞争力。

2009 年 7 月 8 日，卡哈拉邮政合作组织 CEO 会议在日本京都召开，会上启动了至西班牙和英国的 EMS 承诺服务。中国邮政 EMS 承诺服务由此从环太平洋地区扩展至欧洲。

会议确定通过加强合作，提高 EMS 和航空包裹的投递速度和信赖感。来对抗拥有独立

国际网络的美国运输巨头联合包裹服务公司（UPS）和德国邮政集团下属的 DHL 公司等。

卡哈拉邮政合作组织要求其成员要提高服务质量，"要保证 98％的货物准时送达，逾期不到的有赔偿义务"。此次会议的成员已经发展成日本、中国、韩国、美国、英国、法国、澳大利亚、西班牙和新加坡九国。

## 8.6.2　国内快递业的快速发展

中国邮政最早可追溯至 1896 年成立的大清邮政，目前拥有众多业务板块。2015 年我国跨境电子商务出口轻小件包裹约 10 亿件，其中通过中国邮政渠道出口的包裹占 68％，增长率 60％以上。

比较中外快递服务，从时效、价格等方面看，中国快递既快又便宜，时效和性价比位居全球前列。据国家邮政局统计，2006—2016 年的 10 年间，我国快递业务量复合增速达50％，业务量从 2006 年的 10 亿件增长到 2016 年的 313.5 亿件，增长 30 倍，全国快递业从业人员达 200 万人，业务收入超 4 000 亿元，并在 2014 年首度超过美国，规模跃居全球第一。2017 年我国快递业务增长迅速，全年快递服务企业业务量完成 400.6 亿件，同比增长28％；快递业务收入 4 957.1 亿元，同比增长 24.7％。快递业务收入占行业总收入的比重为 74.9％。

2018 年，我国快递业务量达到 507.1 亿件。2018 年我国快递业务量超过美、日、欧发达经济体之和，规模连续五年稳居世界第一名，是第二名美国的 3 倍多，占全球快递包裹市场的一半以上，成为全球快递包裹市场发展的动力源和稳定器。

## 8.6.3　国内快递业的国际化布局

国家邮政局 2018 年 4 月公布的数据显示，中国快递业务量达到 507.1 亿件，较上年增长 26.6％。第 500 亿件快递的诞生，意味着中国快递进入年增量超百亿的发展新时期。快递物流业已经成为国民经济的基础设施，一大批快递物流企业已经成长起来，下面进行具体论述。

**（1）中国邮政 EMS**

中国邮政 EMS 是于 2010 年 6 月发起设立的股份制公司，是中国经营历史最悠久、规模最大、网络覆盖范围最广、业务品种最丰富的快递物流综合服务提供商。中国邮政速递物流在国内 31 个省（自治区、直辖市）设立分支机构，并拥有中国邮政航空有限责任公司、中邮物流有限责任公司等子公司。截至 2018 年底，公司注册资本 250 亿元，员工近 16 万人，业务范围遍及国内 31 个省（自治区、直辖市）的所有市县乡（镇），通达包括中国香港、中国澳门、中国台湾地区在内的全球 200 余个国家和地区，自营营业网点超过 5 000 个。

中国邮政速递物流主要经营国内速递、国际速递、合同物流等业务，国内、国际速递服务涵盖卓越、标准和经济不同时限水平和代收货款等增值服务，合同物流涵盖仓储、运输等供应链全过程。拥有享誉全球的"EMS"特快专递品牌和国内知名的"CNPL"物流品牌。

**（2）顺丰速运**

顺丰速运成立于 1993 年，总部位于深圳，当年靠中港件起家，借力快速发展的香港内地贸易，逐步抢占市场。于 2002 年转为直营模式，并扩展至全国性网络。目前，顺丰拥有近 34 万名员工，截至 2019 年 5 月顺丰全货机机队规模为 66 架，其中 50 架自有，16 架租赁。它由此开通了 65 条国内外定期航线和 12 000 多个营业网点。顺丰国际化进展迅速，从 2010 年开始，先后在多个国家设立营业网点，目前已开通美国、日本、韩国、新加坡、马来西亚、泰国、越南、澳大利亚、蒙古等周边国家的快递服务。顺丰控股发布的 2018 年年报显示：其 2018 年实现营业收入 909.43 亿元，同比增长 27.6%。

**（3）圆通速递**

圆通速递成立于 2000 年，总部位于上海，目前业务量排名居国内前列。2006 成立海外事业部，先后在东南亚、中东、北美等运作国际快件，2014 年，与 CJ 大韩通运合作，与俄罗斯 DCD 外运集团推专线产品，在德国建立转运服务机构。现已开通与中国港澳台、东南亚、中亚和欧美的快递专线。2015 年圆通正式启动全球速递项目，联合亚、美、欧等多个国家和地区快递企业发起成立了一个覆盖全球主要市场的"全球包裹联盟"网络。

圆通速递 2018 年营业收入达 274.65 亿元，同比增长 37.45%；净利润达 19.04 亿元，同比增长 31.97%。快递服务网络覆盖国内 31 个省、自治区和直辖市，地级以上城市已基本实现全覆盖，县级以上城市覆盖率达 97.19%；公司加盟商数量 3 604 家，末端网点 29 991 个，终端门店超 40 000 个；公司在全国范围拥有自营枢纽转运中心 67 个，自营城配中心 5 个；全网干线运输车辆超 5 100 辆，其中自有干线运输车辆 1 199 辆；公司自有航空机队数量达 12 架。圆通速递股价总市值约 394.57 亿元。

**（4）申通快递**

申通快递成立于 1993 年。2014 年在冲绳建立第一个海外物流处理中心，其后又成立了申通俄罗斯远东公司，并与俄罗斯驿马快递、荷兰邮政等达成合作。现服务范围已经覆盖日、韩、美、欧等全球 60 多个国家及地区，开通了中英、中美、中泰、中加等 11 条出口专线，为国际件的卖家或买家提供揽收、转运仓储、出口报关、国际运输、目的地国进口清关、订单管理、送货上门的跨境物流一体化服务。

**（5）中通快递**

中通快递成立于 2002 年，总部在上海。2013 年底，中通快递收购了俄速通 20% 的股权，开始涉足中俄跨境物流，"中通国际"全称为"大誉国际物流有限公司"，于 2015 年 3 月上线，专门从事国际物流、国际包裹业务、跨境电子商务出口或进口业务，目前有中俄、中欧等专线业务。

**（6）百世快递**

百世快递前身是汇通快运，于 2003 年在上海成立，总部位于杭州，是一家在国内率先运用信息化手段探索快递行业转型升级之路的民营快递。2014 年 3 月，百世汇通正式进军海外市场，开通全球国际快件业务，由百世汇通总部航空部运营，中国香港和中国台湾的快件则主要以专线为主，其他国际区域的快件与国际快递企业合作，并在部分线路上开通专线服务。

**（7）韵达速递**

韵达速递创立于 1999 年，总部位于上海。2013 年以来开启了国际化步伐，相继与日、韩、美、德、澳、印等国家和地区开展国际快件业务合作，逐步走出国门。2014 年 9 月，韵达曾上线了海淘代购网站"易购达"，后升级为韵达跨境直邮网站"UDA 优递爱商城"，定位于整合国内外优质产品资源的全球跨境品牌零售电商平台，后又上线美国服务中心官网，开始为国内海淘网购客户和全球华人提供美国仓储、转运及跨境物流运输查询业务。欧洲服务中心在德国法兰克福，在韩国、日本、澳大利亚等地也设有分公司。

占据国内快递 80% 市场份额的七大快递公司，都已经开始开展跨境物流业务，在与国际的接轨中，跨境物流已经昂首阔步地进入国际市场。

### 8.6.4 中国智慧物流的发展

2019 年 2 月 21 日，全球领先的新经济行业数据挖掘和分析机构 iiMedia Research（艾媒咨询）权威发布《2018—2019 中国智慧物流行业研究报告》。iiMedia Research 数据显示，当前物流企业对智慧物流的需求主要包括物流数据、物流云、物流设备三大领域，2018 年智慧物流市场规模超过 4 000 亿元，预计到 2025 年智慧物流市场规模将超万亿元。

随着物联网、人工智能等技术的发展，以及新零售、智能制造等领域对物流的更高要求，智慧物流市场规模将持续扩大。与此同时，新零售发展、用户消费升级以及用户体验期望值增加等因素促进即时配送行业需求逐步扩大。

**（1）中国智慧物流市场规模持续扩大**

iiMedia Research 数据显示，2013—2020 年中国智慧物流市场持续扩大，如图 8-2 所示。

图 8-2 2013—2020 年中国智慧物流市场规模

**（2）中国智慧物流市场政策**

ⅰ．智慧交通

2018 年 3 月 2 日，交通运输部办公厅发布关于加快推进新一代国家交通控制网和智慧公路试点的通知，智慧交通包括基础设施数字化、路运一体化车路协同、北斗高精度定位综合应用、基于大数据的路网综合管理、"互联网＋"路网综合服务新一代国家交通控制网五大主题。

ⅱ．航空物流信息化

2018 年 5 月 15 日，民航局发布关于促进航空物流业发展的指导意见，随着现代物流市场的高速发展，对航空物流服务升级的要求不断提升。为贯彻落实党中央、国务院关于深入推进供给侧结构性改革的决策部署，促进行业发展理念、商业模式创新，要加强航空物流信息化标准化建设。

ⅲ．物流供应链＋区块链

2018 年 5 月 28 日，习近平在中国科学院第十九次院士大会、中国工程院第十四次院士大会上指出："以人工智能、量子信息、移动通信、物联网、区块链为代表的新一代信息技术加速突破应用。"及"要推进互联网、大数据、人工智能同实体经济深度融合，做大做强数字经济。"

ⅳ．智慧物流枢纽布局

2018 年 12 月 25 日，国家发展改革委、交通运输部印发《国家物流枢纽布局和建设规划》，提出加快现代信息技术和先进设施设备应用，构建开放共享、智慧高效的国家物流枢纽网络，实现物流资源优化配置和物流活动系统化组织，进一步提升物流服务质量，降低全社会物流和交易成本。

**（3）中国智慧物流市场品牌**

ⅰ．京东物流

2018 年 2 月 23 日，京东自主研发的全球首个无人智慧配送站在陕西西安国家民用航天产业基地落成并投入使用。无人智慧配送站连接末端无人机和无人车，实现全程无人配送，致力于解决最后一公里难题。同年 5 月 24 日，京东物流对外开放上海亚洲一号第三期项目——全球首个全流程无人仓。同时，京东物流首次公开了无人仓建设标准，即"三极""五化"和"一优"原则。同年 5 月 29 日，京东 X 事业部在 618 JD CUBE 大会上，正式发布全自主研发的 L4 级别无人重卡，迈出地面干线物流向智慧化的决定性一步，成为京东空地一体智慧物流体系的重要拼图。

2018 年 6 月 18 日，京东集团在北京市海淀区首次开启了机器人全场景常态化配送运营。本次运营包括了小区配送、园区配送、快递员接驳等多种应用场景。京东"京鸿"大型货运无人机在西安正式下线。2018 年 6 月 20 日，京东三级航空智慧物流体系飞行验证暨通航物流试运行启动仪式在陕西丹凤机场举办，为京东"干线—支线—末端"三级航空智慧物流体系落地完成了又一次关键环节验证。2018 年 10 月 18 日，京东物流主办 2018 全球智能物流峰会，会上京东物流推出"GSSC-全球智能供应链基础网络"战略，并且宣布正式进军"个人快递"业务。

ⅱ．菜鸟网络

菜鸟网络成立于 2013 年 5 月 28 日，是由阿里巴巴集团、银泰集团联合复星集团、富春控股、顺丰集团、三通一达（申通、圆通、中通、韵达）、宅急送、汇通，以及相关金融机构共同组成的"中国智能物流骨干网"（CSN）项目下成立的，菜鸟网络致力于建设一个数据驱动、社会化协同的物流及供应链平台，即在现有物流业态的基础上，建立一个开放、共享、社会化的物流基础设施平台。菜鸟网络打通了覆盖跨境、快递、仓配、农村、末端配送的全网物流链路。2018 年 4 月 18 日，菜鸟网络开通了澳大利亚的大件物流海运线路。

2018 年 1 月 10 日，天猫联合屈臣氏、菜鸟网络、点我达推出了"定时达服务"，用户可以在 2 小时内收到在天猫屈臣氏官方旗舰店下单的产品。2018 年 5 月 24 日，阿里巴巴集团丝路总部在西安揭牌，打造服务于"一带一路"的西北地区智慧物流中心，引入部署以人工智能和机器人为代表的新一代智能仓储基地，帮助提升中西部地区的物流速度。

2018 年 5 月 29 日，阿里巴巴、菜鸟网络和中通快递宣布达成战略投资协议，三方围绕面向新零售的物流服务展开全方位合作，并在智慧物流方面进一步提升数字化、在线化、智能化水平。同年 5 月 31 日，杭州 2018 全球智慧物流峰会上，菜鸟网络展示"菜鸟语音助手"功能。凭借人工智能技术同时间自动拨打巨量电话，帮助快递员派件前沟通消费者，实时反馈结果，提升效率。同年 7 月 20 日，百世快运联合菜鸟网络推出电商大件"电子面单"，有效整合全链条各环节的信息，实现数据透传。同时屏蔽收件人信息，采用虚拟小号联系，更好地保护商家和消费者信息安全。同年 11 月 8 日，菜鸟网络宣布推出物流客服 AI 大脑，联手商家、快递业进行服务升级，通过在线协同 120 万客服人员，以技术加服务的方式，实时响应包裹递送异常，提升物流服务效率。

ⅲ. 点我达

点我达成立于 2015 年 6 月，系即时物流模式的开创者。点我达致力于末端即时物流服务，以众包共享模式，为用户提供直接从门到门的极速、准时、可信赖的物品送达服务。满足 2B 和 2C 的各类用户在移动互联网和 O2O 本地生活消费升级进程中，对于物流配送"极速、准时"送达的诉求。

点我达覆盖全国 300 多座城市，为天猫、菜鸟网络、饿了么、盒马鲜生、易果生鲜、百联等 100 万商家，以及近 1 亿终端消费者提供配送服务。

2018 年 3 月，点我达凭借其发展规模和估值成功入选"独角兽"企业榜单。2018 年 6 月，点我达根据最新公布的《电动自行车安全技术规范》，针对配送员人群而设计研发了国标电动车。该类电动车的推出，是点我达响应相关部门号召，保障骑手交通安全，提升配送服务品质的重要举措。同年 7 月 11 日，菜鸟网络宣布以众包业务和其他业务资源及 2.9 亿美元现金战略投资最大即时物流平台点我达，成为其控股股东，这是迄今为止国内即时物流领域最大的一笔投资。同年 11 月 5 日，点我达宣布推出"超能骑手"计划，平台通过技术升级，在 APP 内开设超能骑手客服专用通道，为失聪或听障人士在内的骑手在平台上的接单、配送，提供沟通工具、客服绿色通道等，方便商家、骑手和消费者之间畅通联系。

## 8.6.5　中国智能物流的快速崛起

随着信息技术的快速发展，工业 4.0 时代到来了。智能制造、机器人等现代科技把现代物流引入了智能化时代，给物流带来了革命性的变化。物流的智能应用主要表现在以下几个方面。

**（1）智能仓储**

在数字技术时代，物流行业正在打造更加智能的仓库，以重新定义供应链自动化。因此，物流仓储智能化将得到广泛应用。如井松科技就开发了堆垛机、穿梭车（RGV）、空中悬挂小车（EMS）、激光导航无人小车（AGV）、自动化分拣系统、桁架机器人、视觉导航机器人及 WMS、WCS、MES 等自动化物流管理软件等物流装备和物流软件，在国内外众多大型物流集成项目中得到广泛应用。图 8-3 就是该企业开发的部分物流智能化设备。

　　(a) 堆垛机　　　　(b) AGV　　　　(c) 穿梭车　　　　(d) 输送机

图 8-3　堆垛机、AGV、穿梭车、输送机

**（2）智能动态分拣技术**

智能时代的到来，使过去依赖人力的物流行业，开始从劳动密集型向技术密集型转变，从传统的人海战术向智能化升级。目前仓储、运输、配送等领域，物流硬件设备都处于智能化的进程中。分拣输送作为物流各环节中关键之一，智能化分拣设备已经进入应用中。

自动分拣系统一般由控制装置、分类装置、输送装置及分拣道口组成。控制装置的作用是识别、接收和处理分拣信号，根据分拣信号的要求指示分类装置，按商品品种、按商品送达地点或按货主的类别对商品进行自动分类。这些分拣需求可以通过条码扫描、色码扫描、键盘输入、重量检测、语音识别、高度检测及形状识别等方式，输入到分拣控制系统中，根据对这些分拣信号判断，来决定某一种商品该进入哪一个分拣道口，然后通过输送装置的传送带或输送机，使分好类的商品滑下主输送机（或主传送带）以便进行后续作业。进入集货区域的通道，使商品从主输送装置滑向集货站台，在那里由工作人员将该道口的所有商品集中后或是入库储存，或是组配装车并进行配送作业。这个智能化的自动分拣系统改变了人海战术的做法，极大地提升了分拣效能。与此同时，一些企业还创新研究了半自动智能分拣机，如图 8-4 所示。

图 8-4　半自动智能分拣机

**（3）智能运输和无人机送货**

ⅰ. 安吉开通国内首条无人直升机邮路（图 8-5）

图 8-5　安吉开通国内首条无人直升机邮路

2016 年 9 月 19 日上午 10 点半，中国第一条直升机邮路在浙江湖州安吉县杭垓镇进行试运行。一架无人机顺利地把 5kg 的货物送到了 10km 以外的七管村。

安吉县地处山区，实施邮政普遍服务难度很大。安吉邮政和杭州迅蚁网络科技有限公司合作，利用迅蚁科技全球领先的无人机飞行器设计及智能控制算法技术，推出"捷雁"站到站无人机物流服务，实现了物流运输的智能化与无人化，可以大幅提升物流工作整体效率。试运行成功后，中国邮政将逐步对偏远地区开通直升机邮路。

ⅱ．京东全面开启了智慧物流时代

在"2018 全球智能物流峰会"上，京东宣布成立城市智能物流研究院。该研究院将在雄安试行一项由无人车、无人管道构成的新型物流计划。京东将投入大量资金研发智能物流。

早在 2017 年 6 月 8 日，京东无人仓就已投入运营，6·18 期间，京东智慧物流体系全面落地。不仅无人仓、无人机、配送机器人均已投入运营，且京东同时宣布：智能物流机器人将批量化生产。京东重型无人机已可以携带一两吨货物，飞行五百到一千公里。

这表明：京东已经全面开启了智慧物流时代。

2016 年 3 月，京东 X 事业部成立，这是京东一个专注于孕育智慧物流黑科技的摇篮。京东无人仓就是京东 X 事业部自主研发的定制化、系统化整体物流解决方案，掌握了核心智慧物流的自动化设备与人工智能算法，拥有完全的自主知识产权。京东无人仓在控制算法、工业设计、机械结构、电气设计、应用场景等方面取得了大量的技术突破与创新，累计专利申请近 200 件。

无人仓的技术研发和应用，关键环节之一是大量智能物流机器人进行协同与配合。京东通过人工智能、深度学习、图像智能识别、大数据应用等诸多先进技术，为传统工业机器人赋予了智慧，让它们具备自主的判断和行为，适应不同的应用场景、商品类型与形态，完成各种复杂的任务。货架穿梭车、Delta 拣选机器人、搬运型 AGV 机器人、智能叉车、交叉皮带分拣线等一系列智能物流机器人与技术在京东无人仓中，组成了完整的智慧物流应用场景。

不仅如此，京东近日还获印度尼西亚政府批准，又在印度尼西亚完成了首次无人机试点飞行，如图 8-6 所示。此次飞行是无人机配送领域的一个重大突破，首航后无人机将率先在印度尼西亚得到全面应用，随后被更广泛地应用到其他东南亚国家和地区。

图 8-6　京东物流无人机在印度尼西亚爪哇岛完成首飞

这架无人机试航任务是从印度尼西亚巴隆班让（Parung Panjang）的 Jagabita 村起飞，将学生们的背包和书籍运送到 MIS Nurul Falah Leles 小学，是京东在印度尼西亚的慈善援助项目之一。

印度尼西亚是一个拥有 1.7 万座岛屿、分布在三个时区的群岛国家。无人机项目不仅是京东公司在此提供慈善援助的方式之一，也代表了电商企业为印度尼西亚带来更优服务的无限商机。京东指出，无人机将帮助其实现在当天或次日交付 85％ 订单的目标。京东首席战略官廖建文表示："我们期待着充分运用这项技术的潜力，为印度尼西亚公民提供更多便利"。印度尼西亚试航成功的重要性不只局限于物流无人机飞行获政府批准，而在于无人机未来应用的无限潜力。

几乎与此同时，京东的无人驾驶车也已上路送货，如图 8-7 所示。中国智能物流建设的步伐正在加快。

图 8-7　京东的无人驾驶车送货

# 本章小结

通过本章的学习，要求掌握跨境物流的定义和特点以及跨境物流常用的八种模式和跨境冷链物流的概念。冷链物流主要适用于水果、肉、蛋、水产品等初级农产品；速冻食品等加工食品，药品等特殊商品。由于食品冷链是以保证易腐食品品质为目的，以保持低温环境为核心要求的供应链系统，所以它比一般常温物流系统的要求更高、更复杂，建设投资也更多，是一个庞大的系统工程。冷链物流具有时效性，要求冷链各环节具有更高的组织协调性，所以，冷链物流的运作始终是和能耗成本相关联的。有效控制运作成本与冷链物流的发展密切相关。

掌握 RFID 技术在跨境电子商务物流中的应用，特别是在海外仓储和配送、快速通关、跨境物流商品追溯中得到了广泛的应用，并了解中国智慧物流的发展状况。

# 思 考 题

1. 什么是跨境物流？跨境物流的主要特点是什么？
2. 简述跨境物流常用的八种模式。
3. 简述跨境电子商务国际物流服务管理的含义和原则。
4. 什么是冷链物流？冷链物流有哪些相关设备？
5. 简述我国果蔬冷链物流发展的现状和特点。
6. 简述 RFID 的特点和优势，RFID 在海外仓储和配送及在快速通关中的应用。
7. 简述跨境电子商务物流模式的创新点。
8. 简述跨境物流中的信息系统管理。
9. 全球知名的邮政服务商和国际邮政合作组织有哪些？
10. 简述中国智慧物流的发展情况。

# 第**9**章

# 跨境支付与国际结算

## 9.1 跨境支付账户

### 9.1.1 跨境支付账户的设置

跨境支付，通俗地讲，就是中国消费者在网上购买境外商家产品或境外消费者购买中国商家产品时，由于币种的不一样，需要通过一定的结算工具和支付系统实现两个国家或地区之间的资金转换，最终完成交易。

当前，我国的工商银行、农业银行、中国银行、建设银行、交通银行、华夏银行、民生银行、招商银行、兴业银行、平安银行、浦发银行等银行都能够提供跨境支付业务，除了银行还可以选择与银行签约的第三方支付机构进行账户的设置，并完成跨境支付。

### 9.1.2 收款账户的主要类型及外币账户的设立

收款账户的主要类型有人民币账户和外币账户（主要是美元账户）。

为了规避信用卡支付存在的拒付风险，第三方支付平台为卖家开设了外币收款账户功能，主要用于收取买家用 T/T 银行汇款、信用卡（美元通道）等方式支付过来的美元。

目前外币收款账户的主要功能有美元收款账户管理、T/T 汇款和退款。

以支付宝为例，可以登录全球速卖通，点击"交易"进入"账户管理"界面，选择"美元收款账户"，点击"创建账户"就可以进行设置了。

要注意的是，客户只能创建一个公司的美元账户，或者一个个人的美元收款账户。且美元账户只能修改，不能删除。在美元账户申请表单填写时，按照平台规则，要准确填写表单信息，确保信息真实有效，否则将无法收到货款。

### 9.1.3 创建、绑定和修改支付宝收款账户的流程

**（1）通过创建或登录支付宝的方式进行绑定支付宝收款账户的流程**

具体操作流程如下：

① 登录全球速卖通，点击"交易"进入"收款账户管理"界面，选择"人民币收款账户"。也可以使用已经有的支付宝，点击"登录支付宝账户"进行设置。

② 通过登录支付宝账户，依次填写"支付宝账户姓名""登录密码""校验码"等必填

项，填写完毕后点击"登录"。登录成功后，即完成收款账户的绑定，也可以对收款账户进行编辑。

③ 如果还没有支付宝账户，可以点击"创建支付宝账户"，填写相应信息，完成支付宝注册。输入注册信息时，请按照页面中的要求如实填写，否则会导致支付宝账户无法正常使用。点击"填写全部"可以补全信息。

**（2）以前已经设置过支付宝收款账户的流程**

具体操作流程如下：

① 登录全球速卖通，点击"交易"进入"收款账户管理"界面，选择"人民币收款账户"。

② 由于已经设置过支付宝收款账户，请直接点击"确认为收款账户"，将支付宝账户作为收款账户。

③ 点击"确认为收款账户"后，支付宝即可作为收款账户。

**（3）修改已绑定的支付宝收款账户具体操作流程**

① 在创建收款账户之后，可以选择修改账户。

② 在"收款账户管理"页面，点击"编辑"按钮，即提示需登录支付宝账户，此时可输入新的支付宝账户号码。

③ 点击"登录"支付宝，显示登录支付宝界面，依次填写"支付宝账户姓名""登录密码""校验码"等必填项，填写完毕后点击"登录"。同时填写账户修改申请表，请公司法人签字盖章，邮寄至阿里巴巴。阿里巴巴工作人员会在收到邮寄资料之后的 2 个工作日之内完成审核。

## 9.1.4  支付宝账户的认证流程

为了确保用户资料的真实性，支付宝账户需要提供认证。认证分为个人认证和企业认证，企业认证是以公司信息注册的，个人认证使用的是个人信息，当账户内有可以提现的资金时，公司账户需要使用对公银行账户提现，而个人账户使用个人的银行卡。要注意的是账户类型是不能更改的，个人认证是不能更改为企业认证的，请在注册的时候谨慎选择账户类型。但是可以重新注册公司类型的账户，重新申请商家认证。

**（1）个人认证支付宝流程**

① 登录 www.alipay.com 支付宝账户（账户类型：个人账户），在"我的支付宝"首页，请点击"申请认证"，如图 9-1 所示。

图 9-1  个人认证支付宝流程图

② 进入支付宝实名认证的介绍页面，输入校验码，请点击"立即申请"继续。

③ 仔细阅读支付宝实名认证服务协议后，点击"我已经阅读并同意接受以上协议"按钮，才可以进入支付宝实名认证。

④ 您有两种进行实名认证的方式可选，请选择其中一种，点击"立即申请"。如通过"支付宝卡通"来进行实名认证，点击"立即申请"按照提示步骤来申请开通。

如选择"通过确认银行汇款金额的方式来进行实名认证",点击"立即申请"。

请正确选择身份证件所在的地区,正确选择后才能顺利地完成支付宝实名认证。

**(2) 企业认证支付宝流程**

① 登录 www.alipay.com,找到认证入口,点击"申请认证"。

② 填写认证信息,点击"继续"。

③ 确认后,进入填写信息页面,请正确填写公司名称、营业执照注册号和校验码。

④ 公司名称需与营业执照上完全一致,填写后即进入具体信息提交页面。

⑤ 请核对您提交的信息是否正确。

⑥ 确认无误,点击"下一步",进入审核页面,审核次数为两次。

⑦ 审核成功后,请等待客服工作人员对营业执照信息的审核。

⑧ 商家信息审核成功后,支付宝将在 1～3 个工作日内给该银行卡打款,确认后继续操作。

⑨ 请确认支付宝给申请账户打款金额,请点击"继续"填写收到的金额完成此次认证。

⑩ 点击"继续"进入金额款额,查询近期对公银行账户中支付宝打入的小于 1 元的金额;确认金额成功后,即完成整个商家认证。

## 9.1.5 支付工具的注册和激活

支付工具如何注册和激活?一般来说都是使用 email 地址或者手机号码来注册和激活支付宝账户,再用银行卡进行账户的绑定。

以支付宝为例,登录支付宝网站注册。

**(1) 进入支付宝网站点击"新用户注册"按钮**

进入支付宝网站,点击"新用户注册",如图 9-2 所示。

图 9-2 支付宝网站的新用户注册页面

**(2) 选择注册方式**

使用手机号码注册时,要注意支付宝账户分为个人和企业两种类型,请根据自己的需要慎重选择账户类型。企业类型的支付宝账户一定要有企业银行账户与之匹配。

**(3) 选择使用 Email 注册流程**

选择"Email 注册",并点击"注册"。

**（4）输入注册信息**

按照页面中的要求如实填写，否则会导致支付宝账户无法正常使用。

**（5）进入邮箱查收激活邮件**

进入邮箱查收邮件并激活邮件。

**（6）激活成功**

在补全支付宝账户基本信息后，就可以进行付款、充值操作了。

## 9.1.6　查询银行的 Swift Code 的方法

**（1）银行的 Swift Code**

Swift Code（银行国际代码）一般用于发电汇和接受电汇中。Swift Code 其实就是 ISO 9362，也叫 Swift-BIC、BIC Code、Swift ID，由电脑可以自动判读的八位或是十一位由英文字母或英文字母和阿拉伯数字组成，用于在 Swift 电文中明确区分金融交易中相关的不同金融机构。外贸行业、外汇交易出金，及境外广告联盟一般都采用电汇的方式支付。如何查询正确的 Swift Code，将直接影响是否能收到款项。

Swift Code 的十一位数字或字母可以拆分为银行代码、国家代码、地区代码和分行代码四部分。以中国银行上海分行为例，其 Swift Code 为 BKCHCNBJ300。其含义为：BKCH（银行代码）、CN（国家代码）、BJ（地区代码）、300（分行代码）。

① 银行代码：由四位英文字母组成，每家银行只有一个银行代码，并由其自定，通常是该行的行名字头缩写，适用于其所有的分支机构。

② 国家代码：由两位英文字母组成，用以区分用户所在的国家和地理区域。

③ 地区代码：由 0、1 以外的两位数字或两位字母组成，用以区分位于所在国家的地理位置，如时区、省、州、城市等。

④ 分行代码：由三位字母或数字组成，用来区分一个国家里某一分行、组织或部门。如果银行的 Swift Code 只有八位而无分行代码时，其初始值定为"×××"。

**（2）如何查询某个银行的 Swift Code**

① 可以拨打各个银行的服务电话，询问该行的 Swift Code。

② 可以通过登录 Swift 国际网站查询页面来查询某国某个城市具体某家银行的 Swift Code。首先，需要知道具体某家银行的缩写统一代码。

以中国农业银行成都分行为例，登录 Swift 网站。

在 "BIC or Institution name" 中填入 "AGRICULTURAL BANK OF CHINA"，在 "City" 中填入 "CHENGDU"，一般建议填写省会城市，多数情况下，只有省级分行才会有 Swift Code，"Country" 选择 "CHINA"。

输入验证码，区分大小写，确定。第一个就是查询结果，点击查看详情，BIC 就是所查询到的 Swift Code。

# 9.2　当前全球跨境电子商务主要支付工具介绍

## 9.2.1　美国和加拿大电子商务的主要支付工具

北美地区（泛指美国和加拿大）是全球最发达的网上购物市场，北美地区的消费者习惯并熟悉于各种先进的电子支付方式。网上支付、电话支付、邮件支付等各种支付方式对于美国消费者来说并不陌生。在美国，主流的付款方式是信用卡方式，因为信用卡是链接个人信用资料的，所以信用卡的方式也是非常安全的付款方式。

一般的美国第三方支付服务公司可以处理支持 158 种货币的威士（Visa）和万事达（MasterCard）信用卡，支持 79 种货币的美国运通（American Express）卡，支持 16 种货币的大来（Diners）卡。国际信用卡付款的风险控制，信用卡付款的风险核心点就是客户的退单和有小部分的信用卡诈骗行为。比如消费者退单或者悔单，因为国际小额贸易前期物流等其他费用投入，对卖家来说往往损失不少。而且现在很多主流的跨境电子商务平台也倾向买家。一般支付公司在提供支付服务时都提供了比较安全的各种验证加密措施，比如跟卡组织的黑卡库等信息共享，如果一旦碰到黑卡或者盗卡，则会被系统拒绝付款，导致订单失败。

同时 PayPal 也是美国人熟悉的电子支付方式。PayPal 与支付宝较类似，是美国 eBay 旗下的支付平台，在国际上知名度较高，尤其受美国用户信赖。其交易完全在线上完成，适用范围广，是目前小额支付的首选。跟其他支付手段相比较，PayPal 的优点是：①资金安全。②快速，基本上跟国内支付宝一样，买家付款后，立刻显示 PayPal 余额。③方便，可以使用各种工具管理交易提高效率。④全球市场接受度高，目前有 190 个市场和 6 种货币使用，是小额跨境贸易工具中最主流的付款方式。在北美地区目前使用小额支付首选还是 PayPal。

## 9.2.2 欧洲电子商务的主要支付工具

在欧洲，主流的付款方式还是信用卡方式。欧洲人最习惯的电子支付方式除了威士（Visa）和万事达（MasterCars）等国际卡之外，还很喜欢使用一些当地卡，如：Maestro（英国）、Solo（英国）、Laser（爱尔兰）、Carte Bleue（法国）、Dankort（丹麦）、4B（西班牙）、CartaSi（意大利）等。

相比较而言，英国的网上购物市场比较发达，而且不少特点类似美国，如 PayPal 在英国的使用也很普遍，由于欧洲国家的消费者诚信度较高，使用英国的 PayPal 账号来收款更有利，但对欧洲某些地区如西班牙的网上零售仍有比较大的风险。

## 9.2.3 日本电子商务的主要支付工具

日本本地的网上支付方式以信用卡付款和手机付款为主，日本人自己的信用卡组织为 JCB，支持 20 种货币的 JCB 卡常用于网上支付。除此之外一般日本人都会有一张威士（Visa）和万事达（MasterCard）。同其他发达国家相比，日本与中国的网上零售贸易没有那么发达，但线下日本人在中国的消费还是相当活跃，目前支付宝和日本软银电子支付已签订战略合作协议，面向日本企业提供支付宝的跨境在线支付服务。估计随着支付宝进入日本市场，国内习惯支付宝的用户可能在不久以后可以使用支付宝直接收取日元。

在日本使用手机上网的人群数量已经超过使用个人电脑上网的人群数量，他们也很习惯使用手机进行网上购物。他们的手机可以用来做机场登机验证、大厦的门禁钥匙、交通一卡通、信用卡、支付卡等。在这些应用背后提供技术和软件方案的是索尼的子公司 FeliCa 公司。支付手机内置 FeliCa 支付芯片，芯片中植入用户身份信息和支付数据。这些芯片有索尼联合 Renesas 和 Toshiba 提供。

另外，由索尼、手机运营商 NTT Docomo、交通运营商 JR East 组成的联盟推进着手机支付生态系统的发展。运营商、商店、信用卡发行商及手机制造商达成统一协议，FeliCa 负责具体实施。现在，在日本几个最大城市里，有大约 110 万人使用 Suica 手机购票或购买自动给柜台机的商品。

### 9.2.4　韩国电子商务的主要支付工具

在韩国网上购物市场非常发达，他们主流的购物平台多为 C2C 平台，如 Auction、Gmarket、11ST 等。另外还有众多的 B2C 网上商店，如一些品牌企业的店铺和一些明星开设的店铺。韩国的在线支付方式较为封闭，一般只提供韩国国内银行的银行卡进行网上支付，威士和万事达的使用人数比较少，而且多用在海外付款中，来方便非韩的外国客人购物。PayPal 在韩国也有不少人使用，但不是一种主流的支付方式。

### 9.2.5　澳大利亚、南非和南美地区电子商务的主要支付工具

对于与澳大利亚、新加坡和南非等地区的商人做贸易的商户来说，最习惯的电子支付方式是威士和万事达，他们也习惯用 PayPal 电子账户支付款项。澳大利亚和南非的网上支付习惯很类似于美国，使用信用卡较多，PayPal 也很普遍。

### 9.2.6　与欠发达国家进行跨境电子商务支付需注意的问题

如东南亚欠发达国家、南亚国家，非洲的中北部等，这些地区一般也是使用信用卡支付。在这些地区用电子收账的方式接收欠发达国家的跨境支付存在较大风险，这个时候要充分利用第三方支付服务商提供的反欺诈服务，事先屏蔽掉恶意诈骗的订单和有风险的订单，因此，对于直接面对客户的人们，一旦接到这些地区的订单，还是要请三思而后行，多进行背景调查，尽量减小经营风险。

## 9.3　国内的跨境电子商务平台主要支付工具

在国内，最主流的支付平台是以支付宝和财付通为首的非独立的第三方支付，这些支付采用充值的模式进行付款，他们都集成了大部分银行的网上银行功能，因此在国内不论是信用卡还是借记卡，只要自己的银行卡开通了网上银行功能，都可以用来网上购物。

### 9.3.1　亚马逊的跨境支付工具——支付宝和财付通

亚马逊目前支持的支付宝付款方式为：即时到账付款。这是支付宝所有付款方式中的一种，即客户自愿通过自己的支付宝账户即时向对方支付宝账户支付的一种方式，客户付款成功后，所支付的款项将立刻进入对方支付宝账户中。

而财付通则特别推出了财付通运通国际账号，一般国内办理海淘可以用的信用卡就是三种：威士、万事达和 AE 美国运通，运通卡在美国海淘的通过率是所有信用卡中最高的。而在手机端上目前仅支持在亚马逊中国移动客户端（IOS 5.0.3 及以上和 Android 6.0.2 及以上版本）中使用微信支付功能。

### 9.3.2　淘宝的跨境支付工具

国际支付宝（Escrow）的第三方担保服务是由阿里巴巴国际站同国内支付宝（Alipay）联合支持提供的。

在使用上，国际支付宝（Escrow）的服务模式与国内支付宝类似：交易过程中先由买家将货款打到第三方担保平台的国际支付宝（Escrow）账户中，然后第三方担保平台通知卖家发货，买家收到商品后确认，货款打给卖家，至此完成一笔网络交易（即：买家下单—买家付款—卖家发货—买家收货—卖家收款）。如果已经注册了国内支付宝账号，则无须再另外申请国际支付宝（Escrow）账户，可以通过绑定国内支付宝账号来收取货款。

### 9.3.3　京东的跨境支付工具

网银在线（北京）科技有限公司为京东集团全资子公司，是国内领先的电子支付解决方案提供商，专注于为各行业提供安全、便捷的综合电子支付服务。在 2011 年 5 月 3 日获央行"支付业务许可证"，当前许可业务范围是支付行业最全的支付机构之一。

公司业务包含：互联网支付、银行卡收单、线上开放预付卡、固定电话支付、跨境外汇支付、跨境人民币支付、基金支付及移动电话支付等。

**（1）跨境外汇支付**

网银在线（北京）科技有限公司为跨境电子商务外汇支付业务试点支付机构，业务覆盖酒店、机票、留学、货物贸易等进出口业务的结售汇和购付汇。

**（2）跨境人民币支付**

境内外商户均可以人民币作为支付以及结算的币种。

境外的商户/用户开设人民币账户，与境内的用户/商户通过支付机构直接以人民币进行交易，减少货币汇兑的汇差损失风险。

**（3）海外本地支付**

以"电商到哪里，支付到哪里"为原则开展海外本地支付业务，实现真正的国际支付本地化服务。

**（4）银行卡收单**

通过 Visa、Mastercard、AE、JCB 等卡组织进行国际卡收付款，境外持卡人购买境内商品或服务，只需一张带有 Visa、Mastercard 标志的信用卡即可线上支付或线下 POS 支付。

### 9.3.4　宁波跨境电子交易平台的跨境支付工具

"跨境购"是宁波国际物流发展股份有限公司旗下的项目之一，由国家发改委和海关总署授牌。

宁波作为跨境贸易电子商务服务试点城市，搭建了一套与海关、国检等执法部门对接的跨境贸易电子商务服务信息系统，为进口电子商务企业缩短通关时间、降低物流成本、提升利润空间，为海外中高端品牌进入中国市场提供一种全新的互联网模式，解决传统模式下海外品牌进入中国市场的诸多问题，其支付方式主要是银联在线和支付宝。

### 9.3.5　银联支付用于跨境电子商务支付的延伸服务

　　银联电子支付是银联旗下银联商务全资控股子公司，于 2008 年便试水跨境支付业务，是互联网第三方支付机构中最先尝试开展跨境业务的支付机构，也是第一批获得中国人民银行颁发的跨境外币和跨境人民币双牌照机构。

　　跨境支付的特点，是服务提供者和消费者处于不同的国家或地区，如银行通过网络提供的跨境服务。中国银联基于延伸全球的银联网络和先进的"银联在线支付"平台，推出了银联互联网跨境支付业务并发布了一系列跨境支付解决方案，包括基于跨境人民币、外汇支付业务资质，为境外商户提供面向境内持卡人的跨境 B2C 支付解决方案；为我国进出口企业提供的跨境收付款解决方案；为境内外电商按需提供人民币或外币的跨境收款结算的海关电子支付通关解决方案；持卡人在实体店内浏览陈列的进口商品样本后，通过实体店里的手持终端或手机 APP 直接下单完成购物的跨境 O2O 解决方案。

　　银联电子支付发扬自身的行业内先发优势，利用已获得的跨境外币和跨境人民币业务双项试点许可的政策支持，结合多年的跨境业务运营经验，凭借全面的银行渠道与支付产品覆盖，面向国内各区域市场及全球市场，协同银联体系内部机构，利用商业银行资源，实现跨境外币和跨境人民币业务"双轨"推进，成为专业的境内与跨境支付解决方案提供商。

### 9.3.6　中国香港、台湾和澳门地区电子商务的主要支付工具

　　在中国的香港、台湾和澳门地区，最习惯的电子支付方式是威士和万事达，他们也习惯于用 PayPal 电子账户支付款项。据台湾媒体 Digi Times 报道，台湾知名电子商务提供商、网易交易平台 eDynamics（网劲科技）.2008 年 11 月正式宣布与大陆最大的电子支付平台——阿里巴巴集团子公司支付宝合作。这意味着，今后大陆的支付宝用户可以在中国台湾的购物网站上进行购物，并通过支付宝解决支付问题。

## 9.4　跨境电子商务的支付流程和跨境支付工具的选择

### 9.4.1　跨境电子商务的收款和付款流程

　　跨境收款和付款由于币种的不一样，就需要通过一定的结算工具和支付系统实现两个国家或地区之间的资金转换，最终完成。基本流程是境内个人在境外网站按显示的外币报价购买商品后，向非金融机构支付对应的人民币金额货款，再由非金融机构的境内合作银行进行批量购汇并录入外汇局个人结售汇管理系统。境外商户在收到非金融机构发出的支付成功信息后，通过邮寄向境内居民发出商品。境内居民收到货物后，将向非金融机构发送清算指令。非金融机构按照与境外商户的结算约定，通过境内合作银行将外币货款向境外商户银行结算账户汇款，并完成跨境结算。

　　外卡收单是指境内非金融机构代境内网站，收取境外个人向境内支付的外汇货款。业务流程是境外个人在境内网站购买商品后，通过与境内非金融机构合作的境外支付公司向境内非金融机构开立在境外的银行账户支付外汇货款。境内非金融机构在确认收到外汇货款后，

通知境内网站向境外个人发货。境外个人收到货物后，确认并指令境内非金融机构向境内网站划转货款。境内非金融机构的合作银行根据指令办理外汇资金的跨境结算，经结汇后，将人民币资金划转给境内网站。

跨境电子商务的结算方式有跨境支付购汇方式和跨境收入结汇方式两种，见图 9-3 和图 9-4。

**（1）跨境支付购汇方式**

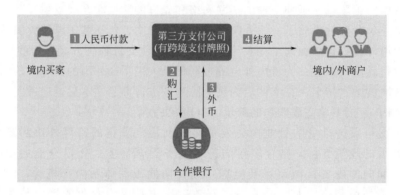

图 9-3　跨境支付购汇方式

**（2）跨境收入结汇方式**

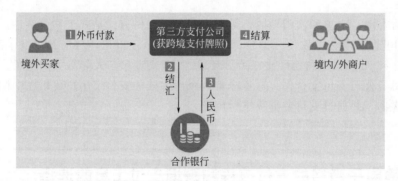

图 9-4　跨境收入结汇方式

## 9.4.2　跨境支付流程

跨境支付流程主要包括：境内消费者登录境外网站确定要购买的商品或服务，并下订单；境外电商将消费者的订单里的商品消息发送给第三方支付；第三方支付获取境内消费者认证信息；境内消费者输入信息并选择支付方式；第三方支付将支付信息发给托管银行；接收托管银行购汇款；境外电商收到第三方支付的购汇款；向境内消费者发送产品和有关服务。这些过程看似十分烦琐，但所有信息通过网络传输与电脑识别，速度很快。

## 9.4.3　跨境支付工具的选择

跨境支付有两大类：一是网上支付，包括电子账户支付和国际信用卡支付，适用零售小金额；二是银行汇款模式，适用大金额。不同收汇款方式有很大的差别，有着各自的优缺点、适用范围。

**（1）电汇**（T/T Telegraphic Transfer）

一般来说电汇是传统的 B2B 付款模式，适合大额的交易付款，在实际外贸中，大额的交易基本上选择电汇方式。电汇银行手续费一般分三部分，第一部分是付款人付款银行产生的手续费，可以由付款人单独支付，也可以在付款金额中扣取；第二部分为中转银行的手续费，一般在汇款金额中扣取；第三部分为收款银人收款银行的手续费，从汇款金额中扣取。值得注意的是使用电汇先付款后发货，能保证商家利益不受损失。

**（2）西联汇款**

西联汇款是西联国际汇款公司（Western Union）的简称，是世界上领先的特快汇款公司，迄今已有 150 年的历史，它拥有全球最大最先进的电子汇兑金融网络，代理网点遍布全球近 200 个国家和地区，而西联公司也是美国财富五百强之一的第一数据公司（FDC）的子公司。西联汇款的手续费由买家承担，而且汇款需要买卖双方到当地银行实地操作。西联在卖家未领取钱款时，买家可以将支付的资金撤销回去。

西联在欧洲和美国客户中接受度比较高，适用于 1 万美元以下的小额支付。

**（3）速汇金**（Money Gram）

速汇金是类似于西联的国际汇款方式之一，业务模式跟西联一样，目前在全球同类业务当中排名第二。汇款不走银行通道，走的是速汇金的汇款通道。

速汇金比西联手续费要相对便宜一些，在一定的汇款金额内，汇款的费用相对较低，无中间行费，无电报费。手续简单，汇款人无须选择复杂的汇款路径，收款人无须预先开立银行账户，即可实现资金划转。国内目前有中国工商银行、交通银行、中信银行三家代理了速汇金收付款服务。

**（4）PayPal**

PayPal 目前是小额支付的首选择。PayPal 是一个国际第三方在线支付，在线付款方便、快，同时可以解除买家付款收不到货的担忧，境外买家使用率占 80％以上，买家在欧美地区覆盖广，只需要一个邮箱便能注册，开户免费。值得注意的是 PayPal 用户消费者（买家）利益大于 PayPal 用户卖家（商户）的利益，双方权利不平衡，账户容易被冻结，商家利益容易受损失，而且每笔交易除手续费外还需要支付交易处理费，适用于跨境电子商务零售行业，几十到几百美元的小额交易。

**（5）中国香港离岸公司收款**

中国香港账户和离岸账户的优势主要在于中国香港账户无外汇管制，可以直接柜面操作，但离岸账户目前不能存入现金。而且账户开户速度快、功能齐全、银行收费少、接收电汇无额度限制，不需要像内地银行一样受 5 万美元的年汇额度限制，不同货币直接可随意自由兑换，适合国际支付。但是中国香港银行账户的钱要转到内地账户，较为麻烦。部分客户选择地下钱庄的方式，有资金风险和法律风险，适用于已有一定交易规模的卖家。

**（6）其他支付工具介绍**

这些支付工具，由于在国内接受度不高带来的不熟悉，支付安全性也不确定，一般不建议使用，但是一定要有所了解。

ⅰ. ClickandBuy

ClickandBuy 是独立的第三方支付公司，收到 ClickandBuy 的汇款确认后，在 3～4 个工作日内会入金到客户的账户中。入金每次最低 100 美元，每天最多 10 000 美元。如果客户选择通过 ClickandBuy 汇款，则可以通过 ClickandBuy 提款。经纪商保留选择通过 Clickand-Buy 退款的权利。

ⅱ．PaysafeCard

PaysafeCard 主要为居住在德国或奥地利玩家方便购买欧元提供帮助，是一种银行汇票，购买手续简单而安全。

ⅲ．webmoney

webmoney 是俄罗斯最主流的电子支付方式，俄罗斯各大银行均可自主充值取款。

ⅳ．CashU

CashU 隶属于阿拉伯门户网站（Maktoob），主要用于支付在线游戏、VoIP 技术、电信、IT 服务和外汇交易。CashU 允许使用任何货币进行支付，但该账户将始终以美元显示资金。CashU 现已为中东和独联体广大网民所使用，是中东和北非地区运用最广泛的电子支付方式之一。

ⅴ．LiqPAY

LiqPAY 是一个小额支付系统，对最低金额和支付交易的数量没有限制并立即执行。进行付款时，LiqPAY 使用客户的移动电话号码作为其标识。一次性付款不超过 2 500 美元，但可以在一天内尽可能多地交易。

ⅵ．Qiwi wallet

Qiwi wallet 是俄罗斯最大的第三方支付工具，其服务类似于中国的支付宝。

ⅶ．NETeller

NETeller 即在线支付或电子钱包，可免费开通，全世界数以百万计的会员选择NETeller 的网上转账服务。其类似于一种电子钱包，或者一种支付工具。

## 9.4.4　网上贷款如何在线办理

跨境贸易电子商务商家在经营过程中，由于跨境结算、资金周转、备战促销等原因，商家常常会遇到资金困难的情况。而对于跨境贸易的中小企业来说，网络卖家一般体量较小，缺少固定资产抵押，且资金周转一直有"短、小、频、急"等特点，而传统银行门槛过高，企业和银行信息不匹配，一直存在融资难的问题，且传统的民间贷款利息高、风险也大，向银行申请贷款，企业又很难去做抵押和担保，还要经过严格的审核、长时间的等待。往往不能满足企业的急迫需求。

而随着互联网金融的快速发展，以及和电商平台的完美结合，越来越多的银行、第三方金融服务机构开始与电商平台合作，开发出了针对企业不同阶段以及订单不同节点需求的创新金融服务产品。使在线、无抵押，无担保贷款不仅成为可能，而且外贸电商平台拥有强大的数据系统作为贷款授信的依据，企业一旦上网，它的信用就开始得到记录，交易频率、交易金融、回复客户询盘的时间、客户对产品的反馈等，都可以作为企业信用的累积。基于平台数据的贷款服务，对银行来说，是一种风险定价机制，拥有了给企业发放贷款的授信基础。对企业来说，他们的信用累积会作为获得贷款的依据，信用评级体系可以督促商户诚信经营、提高服务质量。

网上贷款一般需要在"网络信贷"相关网上注册账户，然后添加电商账户，授权预估借款额度，可以使用多个平台账号进行授信，添加的平台账号越多，授信额度越高；填写并提交申请表，等待审核；审核通过后，选择贷款方案、填写收款银行卡信息并签署合同；等待资金到账。

申请网上贷款，需要满足下列条件。

① 年龄要求：20 岁（含）～55 岁（含）；

② 适用对象：eBay、亚马逊、速卖通、wish、跨境易、淘宝、天猫、Lazada、京东商家为具有完全民事行为能力的中国大陆公民；

③ 经营时间：卖家的信用等级需要达到一定要求。

值得注意的是从事虚拟物品行业，比如点卡、游戏币等一般无法进行网上贷款。

## 9.5　国际结算的特点和注意事项

经营外汇业务的银行使用某些结算方式和特定的工具，来实现跨国界的资金转移与收付，就是国际结算。从微观上看：它是银行的一项重要中间业务；从宏观上看：它在一国对外经济发展过程中占据重要的地位。

### 9.5.1　国际结算的特点

**（1）国际性**

按照国际惯例进行国际结算，国际结算有相应的规则惯例，合同、票据法约束相关人行为，但不具强制性。

**（2）信用性**

以国际银行为中心，银行提供信用与保证，但不一定提供资金。

**（3）权益性**

国际间的债券交易形成特定的经济关系和责任，总体上涉及国际的经济权益，是以货币为表现形式的一定数量的财富国际转移。

**（4）时间性**

银行处理的标的物对象是外汇资金，外汇资金具有经济含义和法律含义。经济含义是指收益与支付量的固定性。法律含义是指责权的质的规定性。外币存在汇率风险，结算难度和风险很高，所以一般选择一定时间的变量作为结算依据。

**（5）政治性**

涉及不同国家制度。国际结算是国际间由于政治、经济、文化、外交、军事等方面的交往或联系而发生的以货币表示债权债务的清偿行为或资金转移行为。因为涉及多国结算制度，有多个国际惯例。

### 9.5.2　结汇

结汇是外汇结算的简称，分为个人结汇与公司结汇两种情况。结汇需到银行办理，也可以在网上银行办理，而且目前，我国国内多家银行都可以办理该业务。

出口货物装出之后，进出口公司即应按照信用证的规定，正确缮制（箱单、发票、提单、出口产地证明、出口结汇等）单据，在信用证规定的交单有效期内，递交银行办理议付结汇手续。

除采用信用证结汇外，其他付款的汇款方式一般有汇付和托收，其中汇付包括电汇、票汇、信汇等方式，由于电子化的高速发展，汇款主要使用电汇方式。

### 9.5.3 核销

**（1）核销的概念**

加工贸易的核销，是指加工贸易单位在合同执行完毕后将《加工贸易登记手册》、进出口专用报关单等有效单据递交海关，由海关核查该合同项下进出口、耗料等情况，以确定征、免、退、补税的海关后续管理中的一项业务。

**（2）核销的种类**

核销的种类很多。可分为贷款核销、坏账核销、进出口收付汇核销、加工贸易核销等。

**（3）核销单的作用**

① 对于国家来说，核销单的主要作用是保证国家将外汇收回，以保证我国的外汇储备。

② 对于企业来说，核销单的主要用途是产品出口中不可缺少的一种单据。

**（4）什么是出口外汇核销单**

出口外汇核销单指由国家外汇管理局制发，出口单位和受托行及解付行填写，海关凭此受理报关，外汇管理部门凭此核销收汇的有顺序编号的凭证（核销单附有存根）。

**（5）出口单位初次申领出口收汇核销单前应做好的准备工作**

ⅰ．开户

出口单位初次申领出口收汇核销单前应先行到外汇局办理登记开户工作。

ⅱ．领单

出口单位在开展出口业务前，凭单位介绍信、出口核销员证（现为开户单位印鉴卡）到外汇局领取出口收汇核销单。出口单位向外汇局申领出口收汇核销单时，应当场在每张出口收汇核销单的"出口单位"栏内填写单位名称或者加盖单位名称章。出口收汇核销单正式使用前加盖单位公章。

出口收汇核销单自领单之日起两个月以内报关有效。出口单位应当在失效之日起一个月内将未用的出口收汇核销单退回外汇局注销。

出口单位填写的出口收汇核销单应与出口货物报关单上记载的有关内容一致。

ⅲ．报关

出口单位持在有效期内、加盖出口单位公章的出口收汇核销单和相关单据办理报关手续。

ⅳ．送交存根

出口单位办理报关后，应当自报关之日起 60 天内，凭出口收汇核销单及海关出具的贴有防伪标签、加盖海关"验讫章"的出口报关单、外贸发票到外汇局办理送交存根手续。

ⅴ．核销

出口单位应当在收到外汇之日起 30 天内凭出口收汇核销单、银行出具的出口收汇核销专用联到外汇局办理出口收汇核销。

### 9.5.4 国际结算的注意事项

国际结算是指国际间由于政治、经济、文化、外交、军事等方面的交往或联系而发生的以货币表示债权债务的清偿行为或资金转移行为，分为有形贸易和无形贸易两类。有形贸易引起的国际结算为国际贸易结算，无形贸易引起的国际结算为非贸易结算。

### 9.5.5 怎样享用一达通的出口奖励制度

一达通（即深圳市一达通企业服务公司的简称）成立于 2001 年，建立了国内第一家面向中小企业的进出口流程外包服务平台，通过互联网（IE＋IT）一站式为中小企业和个人提供通关、物流、外汇、退税、金融等所有进出口环节服务。2010 年 11 月 10 日，阿里巴巴网络技术有限公司正式与深圳市一达通企业服务有限公司正式签约合作，双方共同布局外贸"Work at Alibaba"平台，发力为中小企业全程服务。

一达通的出口奖励主要在出口退税和出口补贴方面，但要想获得补贴，要使用一达通的代理出口（包含收汇、报关、退税三个基础环节）。如果不使用垫付退税款服务，退税时间会比较长。垫付退税款服务流程如图 9-5 所示。

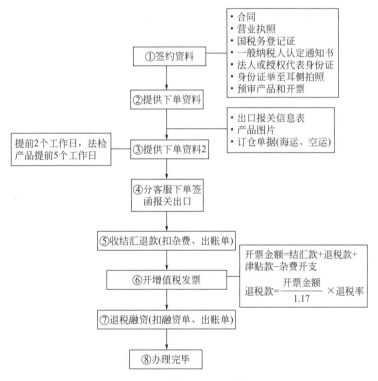

图 9-5 垫付退税款服务流程

# 本章小结

本章主要有 5 部分的内容，首先介绍了跨境支付账户的设置、创建及绑定修改收款账户的流程，通过一步步的演示，让读者能够了解并掌握。其次，介绍了当前全球跨境电子商务的主要支付工具和国内跨境电子商务的主要支付工具，涵盖了美国、欧洲、日本、韩国、澳大利亚等国家的电子商务的支付工具。再次，介绍了跨境电子商务的支付流程和跨境支付工具的选择。最后，介绍了国际结算的特点和注意事项。

# 思 考 题

1. 简述跨境支付和国际结算的主要方式，及当前全球跨境电商各区域主要支付工具。

2. 如何设置自己的跨境支付账户？

3. 收款账户的主要类型及外币账户的设立方法，创建、绑定和修改支付宝收款账户的流程。

4. 如何查询银行的 Swift Code？

5. 国内的跨境电商平台主要支付工具有哪些？

6. 国际结算的注意事项以及国际结算的特性是什么？

7. 什么是结算和核销？

8. 如何获得出口退税和出口补贴？

9. 申请网上贷款，需要满足哪些条件？

10. 从事虚拟物品交易行业的公司能进行网上贷款码？为什么？

# 第**10**章
# 跨境电子商务的海关监管

## 10.1  海关和海关监管的基本概念

### 10.1.1  海关的概念

海关是指依据本国（或地区）的法律、行政法规，行使进出口监督管理职权的行政机关。英语 Customs 一词，最早是指商人贩运商品途中缴纳的一种地方税捐，带有"买路钱"或港口、市场"通过费"和"使用费"的性质。这种地方税捐取消后，Customs 一词则专指政府征收的进出口税，the Customs 是征收进出口税的政府机构，即海关。

### 10.1.2  海关监管的概念

海关监管是指海关运用国家赋予的权力，通过一系列管理制度与管理程式，依法对进出境运输工具、货物、物品的进出境活动所实施的一种行政管理。海关监管是一项国家职能，其目的在于保证一切进出境活动符合国家政策和法律的规范，维护国家主权和利益。

海关监管不是海关监督管理的简称，而海关监督管理则是海关全部行政执法活动的统称。监管作为海关四项基本任务之一除了通过备案、查验、放行、后续管理等方式对进出境运输工具、货物、物品的进出境活动实施监管外，还要执行或监督执行国家其他对外贸易管理制度的实施，如进出口许可管理制度、外汇管理制度、进出口商品检验检疫制度、文物管理制度等，从而在政治、经济、文化道德、公众健康等方面维护国家利益。

### 10.1.3  海关监管的分类

根据监管对象的不同，海关监管分为三大体系，分别为：①运输工具监管。②货物监管。③物品监管。每个体系都有一整套规范的管理程序与方法。

### 10.1.4  海关监管的依据

海关监管的依据，根源于十大制度。这十大制度是：

**（1）进出口许可管理制度**

进出口许可管理制度是根据国家对外贸易方针政策，对进出口货物由经贸主管部门签发许可证等方式来实施管理的一项制度。它是海关监管和验放进出口货物的重要依据之一，这在《中华人民共和国海关法》里有明文规定。进出口许可证是保护和稳定国内经济免受国际市场冲击的一项有效措施。但随着我国申请加入世界贸易组织，进出口许可证作为一项非关税措施，如何控制并减少其管理范围，已成为我国外贸制度与国际惯例接轨和顺利进入世界贸易组织的敏感问题。

**（2）商品检验制度**

商品检验制度是指商品检验机构对进出口商品的质量、规格、重量、数量、包装、残损等依法进行检验，出具检验证书。此外，商检机构还负责对出口食品的卫生疫和向非协议国家出口动物产品的病虫害检疫，对进口货物的环保状况进行鉴定。国家出入境检验检疫局是我国负责检验进出口商品的主管机构，由该机构制定、调整并发布的《出入境检验检疫机构实施检验检疫的进出境商品目录》，调整后的《出入境检验检疫机构实施检验检疫的进出境商品目录》涉及编码商品 4 113 个。

我国商品检验的种类分为 4 种，即法定检验、合同检验、公证鉴定和委托检验。法定检验是指根据国家规定，对进出口商品实施强制性的检验，凡列入《出入境检验检疫机构实施检验检疫的进出境商品目录》的进出口商品均属法定检验商品。进口时，海关凭商检机关在报关单上加盖的印章放行；出口时，报验手续在向海关申报之前进行。海关凭商检机构的检验证书、放行单，或凭其在报关单上加盖的印章验放。

**（3）动植物检疫制度**

为了防止动物传染病、寄生虫病和植物危险性病、虫、杂草及其他有害生物的传播和蔓延，保障我国农、林、牧、渔业生产和人体健康，维护我国的对外信誉，国家规定对进出境的动植物及其产品实施检疫。凡属应当施行动植物检疫的进出境货物，无论以何种贸易方式进出境，都应当在报关前报请入境或出境口岸的动植物检疫机构实施检疫，由动植物检疫机构发给《检疫放行通知单》或在货运单据上加盖检疫放行章后，再向海关申报。

应实施动植物检疫的范围包括进出境的动植物、动植物产品和其他检疫物，装载动植物、动植物产品和其他检疫物的容器、包装物以及来自动植物检疫区的运输工具。具体如下所述。

① 动物：家畜、家禽、兽、蛇、鱼、虾、蟹、贝、蚕、蜂等。

② 动物产品：生皮张、毛类、肉类、脏器、油脂、蛋类、血液、精液、胚胎、骨、蹄、角等。

③ 植物：栽培植物、野生植物及其种子、种苗、繁殖材料等。

④ 植物产品：粮食、稻类、棉花、油类、麻类、烟草、籽仁、干果、鲜果、蔬菜、生药材、木材、饲料等。

**（4）药品检验制度**

药品检验制度是国家为了防止假药、劣药非法流入国内而制定的对进口药品（包括药材）实行检验的制度。我国对进口药品实行注册制度，即进口药品，须取得卫计委核发的《进口药品注册证》或《一次性进口药品批件》，经营进口药品的外贸企业，须具有卫生主管部门核发的《药品经营企业许可证》。药品到达口岸后，有关单位应及时向口岸药检所报检，海关凭药检所在进口货和报关单上加盖的已接受报检的印章放行。

对进口血液制品，国家规定从严掌握和限制，确属临床医疗需要进口的，进口单位应事先报经卫计委批准。进口时，由口岸药检所审查批准文件，按规定程序实施检验后放行。

对进出口精神药品、麻醉药品，按照国务院发布的《精神药品管理办法》和《麻醉药品管理办法》的规定执行。精神药品由外经贸部指定的单位按照国家有关外贸规定办理，麻醉药品由中国医药保健品进出口总公司及地方分公司或由卫计委、外经贸部指定的单位办理。进出口时，应报卫计委审查批准，发给《精神药品进出口准许证》《麻醉药品进出口准许可证》，海关凭准许可证验放。

**（5）食品检验制度**

食品检验制度指的是按照我国卫生标准和要求对进口食品、食品原料、食品容器、食品添加剂、包装材料等进行检验的制度。

进口时，由国境食品卫生监督检验机构进行卫生监督、检验。海关凭国境食品卫生监督检验机构出具的证书放行。出口食品，由国家进出口商品检验部门进行卫生监督、检验，海关凭上述机构的检验证书放行。

**（6）濒危物种管理制度**

濒危物种是指濒于灭绝和有灭绝危险的野生动物和植物，范围包括列入《濒危野生动植物种国际贸易公约》附录 1 和附录 2 文件中的全部物种。长期以来，人类在获得发展的同时，由于各种原因造成自然资源面临枯竭的危险，许多野生动植物灭绝的速度加快，成为珍贵稀有野生动植物。一旦自然生态失去平衡，危及的将是人类自身。为此，国际上要求保护濒危物种的呼声越来越高，管理上越来越严。在我国，有识之士不断呼吁制止滥捕滥杀珍贵、濒危野生动物的行为。我国现已加入了《濒危野生动植物种国际贸易公约》，并制定了《中华人民共和国野生动物保护法》。林业部也下发了《关于保护珍贵树种的通知》等许多法规。

此外，我国还制定了旨在与自然生态环境保持和谐的可持续发展战略。根据国家规定，凡进出口中国已加入的国际公约所限制的进出口野生动物或者其产品的，出口国家重点保护野生动物或者其产品的，必须经国务院野生动物行政主管部门或者国务院批准，并取得国家濒危物种进出口管理机构核发的允许进出口证明书，海关凭允许进出口证明书查验放行。凡出口含珍贵稀有野生动植物中成药，出口前，凭国家濒危物种进出口管理办公室签发的允许出口证明书向海关报关。

**（7）文物管理制度**

文物是一个国家的历史文化遗产，有的文物甚至价值连城。因此，许多国家都立法加以保护，以防止文物的流失。

《中华人民共和国文物保护法》规定，凡有重要历史、艺术、科学价值的文物，除经国务院批准运往境外展览以外，一律禁止出境。对暂时进出境文物，如经国家批准的对外文化交流、出口展览、合作研究等项目或其他需由我国驻外机构人员、出访人员携带、托运或邮寄的暂时出境文物，在出境前，由当地文物出境鉴定站根据批准文件和文物清单、照片，查验无误后签发出境证明；复带文物进境时，须根据清单、照片进行复验，海关凭出境证明按暂时出境货物予以验放。对出口文物或个人携带文物出境，必须在报关前，和国家文化行政管理部门指定的省、自治区、直辖市文化行政管理部门鉴定，海关凭该部门盖的火漆标志或文物出口证明放行。国家对需要办理鉴定的出境文物的品种作出了规定，在一些地方还成立了文物鉴定站负责此项工作，境外人员托运、携带文物出境的，应在报关时交验用外汇购买的文物销售发票。

**（8）金银、外汇管理制度**

根据国家有关金银管理条例的规定，出口金银制品，必须向海关递交中国人民银行制发的《金银制品出口准许证》，海关凭准许证验放。

为加工出口成品需从境外进口的金银原料，应当在进口后持进口报关单到中国人民银行办理登记手续，以便出口时审查发证。

根据国家有关对携带外汇进出境管理的规定，进出境人员携带外汇出入境超过规定数额，应视情况向银行申请"携带证"或向当地外汇管理局申请核准，银行凭核准文件签发"携带证"，海关凭"携带证"放行。

**（9）进口废物管理制度**

进口废物，俗称"洋垃圾"，是指在生产建设、日常生活和其他活动中产生的污染环境的有害物质、废弃物质，包括液态废物和气态废物。国际上列入有害废物管理的共有 23 项。

据估计，全球每年产生垃圾 100 亿吨，有害废物 3 亿多吨，这些垃圾和废物绝大部分得不到有效处理，由此出现有害废物和垃圾的跨国间转移。一些发达国家将大量工业和生产垃圾，特别是有害废物以各种名义，通过各种渠道向发展中国家转移，我国也成为转移的受害对象。

我国于 1990 年加入了联合国环境计划署通过的《控制危险废物越境转移及其处置的巴塞尔公约》。国家环保局、外经贸部、海关总署、国家工商总局、商检疫站局联合颁布了《废物进口环境保护管理暂行规定》并于 1996 年 4 月 1 日起施行。

《废物进口环境保护管理暂行规定》禁止进口境外废物在境内倾倒、堆放、处置。限制进口可以用作原料的废物，对列入国家限制进口可用作原料的九大类废物的进口，须经国家环保局审批，其他废物严禁进口。

《废物进口环境保护管理暂行规定》还对进口可用作原料的废物的申请和审批手续做了严格规定，实行环境保护风险责任，海关凭国家环保局签发的《进口废物批准证书》和口岸所在地商检机构的检验合格证明验放。对检验不合格的废物，海关依法责令退运和作罚款处理。对违反规定将境外废物进境倾倒、堆放、处置，或擅自将进口废物用作原料的行为，依法严肃处理，构成犯罪的，将追究刑事责任。

2018 年 12 月，调整《进口废物管理目录》，将废钢铁、铜废碎料、铝废碎料等 8 个品种固体废物，从《非限制进口类可用作原料的固体废物目录》调入《限制进口类可用作原料的固体废物目录》，自 2019 年 7 月 1 日起执行。

**（10）知识产权的海关保护制度**

知识产权保护是国际社会普遍关注的一个重要问题，面对与国际贸易有关的知识产权侵权在全球范围内的不断蔓延，许多国家海关纷纷采取保护措施，有关国际组织也在积极行动。1985 年世界海关组织制定了《关于授权海关实施商标和版权保护的国内立法的示范法》。关税与贸易总协定乌拉圭回合谈判最终于 1994 年形成了《与贸易有关的知识产权协议》（简称 TRIPS）。1995 年国务院第 179 号令发布了《中华人民共和国知识产权海关保护条例》，于当年 10 月 1 日起实施。该条例对知识产权边境保护的宗旨、范围、海关职权及义务、知识产权备案、保护申请、担保、调查和处理、法律责任等问题作出了明确规定。

其内容主要包括以下几个方面。

① 保护范围：受中国法律保护的，并与进出境货物有关的商标权、著作权、专利权；

② 法律依据：凡受中国法律、行政法规保护的知识产权侵权货物禁止进出口，表明了中国政府对保护知识产权所持的基本立场；

③ 保护备案：知识产权权利人需要海关对其知识产权实施保护，应当向海关总署备案；

④ 保护申请：海关除对侵权货物可以扣留外，原则上应由知识产权权利人请示海关采取保护行动；

⑤ 担保：申请人请求海关扣留侵权嫌疑进出境货物时，应当提供与进出口货物到岸或

离岸价格等值的担保金，以防因错扣而引起的赔偿损失要求及承担相关费用；

⑥ 处罚：海关可没收侵权货物并可同时处以罚款。

## 10.2 跨境贸易电子商务的通关

### 10.2.1 通关的概念

通关即结关、清关，是指进出口货物和转运货物进出入一国海关关境或国境必须办理的海关规定手续。只有在办理海关申报、查验、征税、放行等手续后，货物才能放行，放行完毕叫通关。同样，载运进出口货物的各种运输工具进出境或转运，也均需向海关申报，办理海关手续，得到海关的放行许可。货物在通关期间，不论是进口、出口或转运，都是处在海关监管之下，不准自由流通。

### 10.2.2 跨境电子商务通关的主要模式

现行跨境电子商务交易、支付、物流、监管及发展趋势的专属配套体系还需完善。跨境电子商务通关的主要模式如图 10-1 所示。

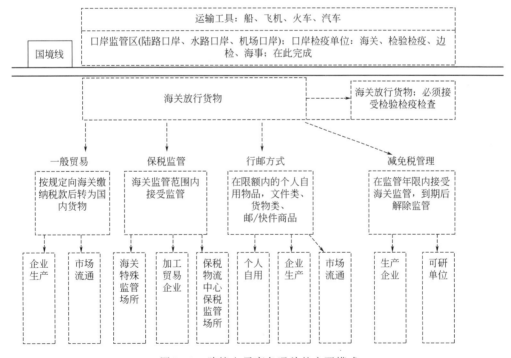

图 10-1 跨境电子商务通关的主要模式

### 10.2.3 通关的概念和流程

**（1）订单确认**

国内个人消费者登录电子商务网站选购商品，网站根据商品备案内容告知个人行邮税费金额，并根据消费记录"四限方案"给予提示或限制。消费者认可后选择收货地址、收货人、物流方式和支付方式，并完成订单确认。电商将确认后的订单信息自动发送至电商服务平台，服务平台暂存后同时向电商管理平台提交。

**（2）货款及税款支付**

国内个人消费者根据订单跳转到第三方支付网站，利用账户预存金额或者银行划账完成货款及税款支付。第三方支付企业应将货款及税款支付信息自动发送至电商服务平台，服务平台暂存后同时向电商管理平台提交。

**（3）境外发货**

电子商务企业根据订单信息和支付信息将相应的物品装箱打包，打印快件运单，交由物流企业承运。物流企业在核对运单和实际物品无误后，将物品装载上运输工具向国内发货。

**（4）舱单申报**

物流企业根据物品运单信息和实际的配舱情况生成舱单及分运单，向海关申报，系统对其进行自动确认。

**（5）提前申报**

电商服务平台根据之前收到的订单和支付信息自动生成个人物品申报单，由物流企业替个人消费者向海关正式申报。

**（6）电子审单**

申报单进入电商管理系统后，系统自动进行"三单对碰"，并检查申报单的逻辑关系，核对企业、商品、个人的备案情况，根据"四限方案"判断消费者是否超限，以及完成布控检查和通道判别。

**（7）税费计算**

电商管理系统根据审核后的个人物品申报单内容，结合支付信息、商品备案、归类、税率、汇率等因素，自动计算出应缴纳的个人行邮税费，生成电子税单。

**（8）税款预扣**

电商管理系统将个人行邮税电子税单通过电商服务平台发送给电商及支付企业，电商平台将税单反馈给个人消费者，支付企业根据税单内容进行税款预扣操作。税款预扣前，如交易订单取消，税款将直接退还消费者；税款预扣后，如订单取消，须经海关审核同意将个人物品申报单删除后，才能将税款退回。

**（9）人工审单**

电商管理平台根据预设的风险参数，将高风险重点敏感物品申报单转至人工审单岗位，由审单专家做重点审核。绿色通道或者人工审核结束的申报单置入审结标志。

**（10）运抵国内**

国际运输工具抵达国内，物流企业在清点完货物后向海关发送理货报告。

**（11）转关或分拨入区**

对跨境贸易电子商务货物，机场航空一级货站为其办理转关或分拨手续，将物品用监管车辆集中转运至电子商务监管中心。

**（12）流水线分拣**

物流企业扫描快件运单条码并将物品包裹放上流水线，监管关员利用自动分拣流水线 X 光机进行同屏比对检查，被布控需开拆查验和退单的物品从查验分拣口下线，其余包裹送至放行区下线。

**（13）开拆查验**

监管关员利用单兵查验终端，对拣入查验区的包裹扫描条码后，依据电子申报信息进行开包查验。

**（14）放行**

拣入放行区的包裹由流水线系统向电商管理平台发送放行区下线报文，系统凭此报文对申报单做自动放行操作；开拆查验正常的包裹，系统凭处理结果对申报单做自动放行操作。

**（15）税款划入海关账户**

放行后，电商管理平台向支付企业发送税款划转指令，支付企业将税款划入海关专用的保证金账户。税款实扣后，除退换货流程外原则上将不再退还个人。

**（16）国内配送**

物流公司将放行后的包裹通过国内物流网络送至消费者个人手中，消费者签单确认后完成整个物流流程。消费者拒签的，由物流公司暂为保管，等待进入退换货流程。

**（17）税款入库**

包裹放行 15 日后，保证金账户税款自动划转入库，入库后税款不能退还。电子商务企业向个人消费者提供一周的税款保全期，消费者签收后一周内如发生退换货，海关同意并查验无误后可全额退还税款；签收一周后发生退换货不再退还税款。

**（18）税单打印**

个人消费者如需纸质税单的，可待税款入库后凭身份证件到海关相关窗口打印，或由物流企业打印后，收费配送。

## 10.2.4　报关、清关、通关之间的区别

报关、清关和通关不是一个概念。

报关是办理所有海关手续的统称。报关是指进出口货物收发货人、进出境运输工具负责人、进出境物品所有人或者他们的代理人向海关办理货物、物品或运输工具进出境手续及相关海关事务的过程，包括向海关申报、交验单据证件，并接受海关的监管和检查等。报关是履行海关进出境手续的必要环节之一。一般来说，报关要办理海关规定的各项手续，履行各项法规规定的义务。报关的范围就包含了通关、清关。

通关是指进出口货物和转运货物，进出入一国海关关境或国境必须办理的海关规定手续。只有在办理海关申报、查验、征税、放行等手续后，货物才能放行，放行完毕叫通关。

清关指只有在履行各项义务，办理海关申报、查验、征税、放行等手续后，货物才能放行，货主或申报人才能提货。同样，载运进出口货物的各种运输工具进出境或转运，也均需向海关申报，办理海关手续，得到海关的许可。货物在结关期间，不论是进口、出口或转运，都处在海关监管之下，不准自由流通。

# 10.3　电子商务进口报检的基本程序

## 10.3.1　进口报检的基本程序

进口报检的基本程序是：接单—审单—预录—申报—放行—下账—验货。

**（1）接单**

报检操作人员接到客户或内部转来的单据后，在登记簿上登记，有特殊要求的应注明，询问入境商品到货日期、报关日期等。

**（2）审单**

核对进口报检单据是否齐全。需核对的单据有：发票、装箱单、提单及提货单复印件、报检委托书。根据入境货物贸易方式不同还需提供其他证明材料：

① 一般贸易进口的货物必须提供进出口贸易合同。

② 入境机电类产品必须提供免税表、机电审批等批文。

③ 入境动物产品必须提供动物产品审批（检疫局颁发）、兽医卫生证书（发货人提供）、原产地证书（发货人提供）。

④ 入境植物产品必须提供植物产品审批（检疫局颁发）、植物检疫证书（发货人提供）、原产地证书（发货人提供）。

⑤ 入境食品、酒水、饮料等产品必须提供食品标签审核证书（提前在检疫局办理）。

⑥ 入境来自疫区国家的商品包装物是无木质包装货物的，必须提供境外生产厂商出具的"无木质包装声明"。

⑦ 入境来自疫区国家的商品包装物是木质包装物的，必须根据要求出具"非针叶木包装声明"或官方检疫证书。

**（3）预录**

制单员根据要求使用九城单证预录入系统录制报检单据，另标明集装箱数量、船名、唛头以及原产国家等。

**（4）申报**

报检员对入境报检单据审查无误后，到报检前台递单申报，同时解答商检官员提出的有关问题，商检官员审查单据后接受申报并签字。

**（5）放行**

① 入境货物商检实施预放行后验货。

② 报检员将报检单据按要求送到各个科室，商检官员审查单据签字后放行。

③ 放行后到计费处计费，然后到财务缴纳相关检疫费用，最终打印"入境货物通关单"交操作员或报关员签收。

**（6）下账**

① 入境报检完成后，报检员应当及时将报检所产生的费用报给操作人员，以便下账出号，将发票交给财务签收。

② 将通关单复印留底，并将正本通关单交给操作人员或报关员。

**（7）验货**

入境货物通关后，根据货物要求不同，需要在码头或者厂家验货的，报检员或操作员要及时联系检疫局人员预约时间对入境货物进行查验。其中普货主要看检疫是否查包装，没有疑问检疫放行。法检货物根据货物特点不同，检疫局又分为口岸检疫（部分产品）和使用地检疫（大部分法检产品）。

## 10.3.2　电子报检

电子报检是指报检人使用报检软件通过检验检疫电子业务服务平台将报检数据以电子方

式传输给检验检疫机构，经检验检疫业务管理系统和检务人员处理后，将受理报检信息反馈报检人，实现远程办理出入境检验检疫报检的行为。

① 对报检数据的审核采取"先机审，后人审"的程序进行；企业发送电子报检数据，电子审单中心按计算机系统数据规范和有关要求对数据进行自动审核，对不符合要求的，反馈错误信息，符合要求的，将报检住处传输给受理报检人员，受理报检人员人工进行再次审核，符合规定的将成功受理报检住处同时反馈报检单位和施检部门，并提示报检企业与相应的施检部门联系检验检疫事宜。

② 出境货物受理电子报检后，报检人应按受理报检信息要求，在检验检疫机构施检时，提交报检单和随附单据。

③ 入境货物受理电子报检后，报检人应按受理报检住处的要求，在领取"入境货物通关单"时，提交报检单和随附单据。

④ 电子报检人对已发送的报检申请需更改或撤销报检时，应发更改或撤销报检申请。检验检疫机构按有关规定办理。

### 10.3.3　电子放行

放行是指海关在接受进出口货物申报、查验货物，并在纳税义务人缴纳关税后，在货运单据上签印放行。进出口商或其代理人必须凭海关签印的货运单据才能提取或发运进出口货物。未经海关放行的海关监管货物，任何单位和个人不得提取或发运。

电子放行是海关通关管理平台在接受企业、支付、商品等电子信息后对该商品进行放行，通关事前备案信息以增加通关效率。

## 10.4　电子商务产品报检的一般要求及相关规范

### 10.4.1　出入境快件的报检

快件运营人首先要向检验检疫机构备案登记，其次按照有关规定办理出入境快件的报检手续。快件出入境时，应由具备报检资格的快件运营人及时向所在地检验检疫机构办理报检手续，凭检验检疫机构签发的"出境货物通关单"或"入境货物通关单"向海关办理报关手续。

快件运营人在申请办理出入境快件报检时，应提供报检单、总运单及每一批快件的分运单、发票、提单等相关凭证。属于下列情形之一的，还应向检验检疫机构提供相应的文件资料：

① 输出动物、动物产品、植物种子、种苗及其他繁殖材料的，应提供相应的检疫审批许可证和检疫证明。

② 因科研等特殊需要，输入禁止入境物的，应提供国家相关部门签发的特许审批证明。

③ 属于微生物、人体组织、生物制品、血液及其制品等特殊物品的，应提供国家相关部门出具的准出入证明、"入出境特殊物品检疫审批单"及其有关资料。

④ 属于实施强制性认证制度、出口质量许可制度和卫生注册登记制度管理的，应提供有关证明。

⑤ 国家法律、法规、规章或有关国际条约、双边协议有规定的，应提供相应的其他审批证明文件。

检验检疫机构对出入境快件的检验检疫监管，以现场检验检疫为主，特殊情况的，可以取样作实验室检验检疫。出入境快件经检验检疫合格的或检验检疫不合格但经实施有效检验检疫处理符合要求的，检验检疫机构签发"出境货物通关单"或"入境货物通关单"予以放行；对检验检疫不合格的，检验检疫机构签发有关凭证交快件运营人，作退货或销毁处理。

## 10.4.2 进出境集装箱的报检

根据《进出境集装箱检验检疫管理办法》的规定，进境集装箱报检人应当在办理海关手续前向进境口岸检验检疫机构报检，未经检验检疫机构许可，不得提运或拆箱。

进境集装箱报检时，应提供集装箱数量、规格、号码、到达或离开口岸的时间、装箱地点和目的地、货物的种类、数量和包装材料等资料。

检验检疫机构受理进境集装箱报检后，对报检人提供的相关材料进行审核，并将审核结果通知报检人。

在进境口岸结关的以及国家有关法律法规定必须在进境口岸查验的集装箱，在进境口岸实施检验检疫或作卫生除害处理。

指运地结关的集装箱，进境口岸检验检疫机构受理报检后，检查集装箱外表（必要时进行卫生除害处理），办理调离和签封手续，并通知指运地检验检疫机构，到指运地进行检验检疫。

装运经国家批准进口的废物原料的集装箱，应当由进境口岸检验检疫机构实施检验检疫。经检验检疫符合国家环保标准的，签发检验检疫情况通知单；不符合国家环保标准的，出具检验检疫证书，并移交当地海关、环保部门处理。

进境集装箱及其装载的应检货物经检验检疫合格的，准予放行；经检验检疫不合格的，按有关规定处理。

过境集装箱经查验发现有可能中途撒漏造成污染的，报检人应按进境口岸检验检疫机构的要求，采取密封措施；无法采取密封措施的，不准过境。发现被污染或有危险性病虫害的，应作卫生除害处理或不准过境。

## 10.4.3 出口免验商品的报检

**(1) 适用范围**

列入必须实施检验的进出口商品目录的进出口商品。但有些进出口商品除外，如下所述。

① 食品、动植物及其产品。

② 危险品及危险品包装。

③ 品质波动大或者散装运输的商品。

④ 需出具检验检疫证书或依据检验检疫证书所列重量、数量、品质等计价结汇的商品。

**(2) 管理机构**

① 国家有关部门统一管理全国进出口商品免验工作，负责对申请免验生产企业的考核、审查批准和监督管理。

② 各地出入境检验检疫机构负责所辖地区内申请免验生产企业的初审和监督管理。

**（3）企业申请的条件**

需符合进出口商品质量应当长期稳定、有自己的品牌、符合《进出口商品免验办法》的要求等条件。

**（4）申请程序**

① 申请进口商品免验的，申请人应当向国家相关部门提出。

② 申请出口商品免验的，申请人应当先向所在地直属检验检疫局提出，经所在地直属检验检疫局依照本办法相关规定初审合格后，方可向国家相关部门提出正式申请。

③ 申请人应当填写并向国家相关部门提交进出口商品免验申请书、申请免验进出口商品生产企业的 ISO 9000 质量管理体系等文件。

④ 国家相关部门对申请人提交的文件进行审核，并于 1 个月内做出以下书面答复意见：予以受理还是不予受理。

⑤ 国家相关部门受理申请后，组成免验专家审查组在 3 个月内完成考核、审查。

⑥ 国家相关部门根据审查组提交的审查报告，对申请人提出的免验申请进行如下处理：

a. 符合本办法规定的，国家相关部门批准其商品免验，并向免验申请人颁发进出口商品免验证书。

b. 不符合本办法规定的，国家相关部门不予批准其商品免验，并书面通知申请人。

c. 未获准进出口商品免验的申请人，自接到书面通知之日起 1 年后，方可再次向检验检疫机构提出免验申请。

**（5）有效期及监督管理**

① 免验证书有效期为 3 年。

② 期满要求续延的，免验企业应当在有效期满 3 个月前，向国家相关部门提出免验续延申请，经国家相关部门组织复核合格后，重新颁发免验证书。

③ 对已获免验的进出口商品，需要出具检验检疫证书的，检验检疫机构实施检验检疫。

④ 免验企业不得改变免验商品范围，如有改变，应当重新办理免验申请手续。

⑤ 免验商品进出口时，免验企业可凭有效的免验证书、外贸合同、信用证、该商品的品质证明和包装合格单等文件到检验检疫机构办理放行手续。

⑥ 免验企业应当在每年 1 月底前，向检验检疫机构提交上年度免验商品进出口情况报告。

⑦ 检验检疫机构在监督管理工作中，发现免验企业的质量管理工作或者产品质量不符合免验要求的，责令该免验企业期限整改，整改期限为 3～6 个月。免验企业在整改期间，其进出口商品暂停免验。免验企业在整改期限内完成整改后，应当向直属检验检疫局提交整改报告，经国家相关部门审核合格后方可恢复免验。

⑧ 对不符合免验条件、弄虚作假，假冒免验商品进出口等情形的注销免验。被注销免验的企业，自收到注销免验决定通知之日起，不再享受进出口商品免验，3 年后方可重新申请免验。

## 10.4.4　报检单证的更改、撤销和重新报检

**（1）报检单证的更改**

报检人由于某种原因需要更改报检信息或检验检疫证单的，可以向受理报检的检验检疫机构申请，经审核批准后按规定进行更改。

ⅰ. 更改的条件

① 已报检的出入境货物，检验检疫机构尚未实施检验检疫。

② 虽已实施检验检疫但尚未出具证单的，由于某种原因报检人需要更改报检信息的。

③ 报检人需要更改已出具的检验检疫证单的。

ⅱ. 不予更改的条件

① 检验检疫机构尚未实施检验检疫，品名更改后与原报检不是同一种商品的。

② 检验检疫机构已实施检验检疫但尚未出具证单需要更改报检信息，或已签发证单需要更改证单的品名、重/数量、检验检疫要求、包装等重要项目更改后与原报检不一致的，或者更改后与输出、输入国家地区法律法规的规定不符的，均不能更改。

以上予以更改和不予以更改的判定除了看是否经过检验外，还要看更改的项目是否重要，更改的内容是否发生实质性的变化，例如输往国家更改了，检验检疫要求是否也发生变化等。原因是经过检验检疫后，对于原报检的品名和重/数量已经有了检验结论。

如果更改品名，不同品名的商品会有不同的检验检疫标准，就需要重新检验，重新得出检验结论，那就不是更改的问题，而是重新报检、重新检验的问题了。重/数量是检验检疫单据和通关单据中重要项目，已经经过检验的商品重/数量需要更改，就会发生取样数量的变化，也得重新检验。

检验检疫要求的更改会直接产生对于原检验检疫的商品是否适合更改后的检验检疫标准的问题，更需要重新检验检疫了。更重要的是要看更改后的检验检疫要求是否符合有关国家/地区法律法规的规定。

包装既是运输安全的保证，也是货物外观识别的重要依据。包装的改变也会引发对于更改后的包装是否符合内装物的问题，也得重新检验。

ⅲ. 办理更改应提供以下单据

① 填写"更改申请单"，说明更改的事项和更改的理由。

② 提供有关函电等证明文件，并提交原证单。

③ 变更合同或信用证的，须提供新的合同或信用证。

**（2）报检单证的撤销**

① 报检人向检验检疫机构报检后，因故需撤销报检的，可提出申请，并书面说明理由，经检验检疫机构批准后按规定办理撤销手续。

② 报检后 30 天内未联系检验检疫事宜的，作自动撤销报检处理。以后再要出口货物就要重新履行报检手续。

③ 办理撤销应填写"更改申请单"，说明撤销的理由，并提供有关证明材料。

**（3）重新报检**

ⅰ. 重新报检范围

报检人在向检验检疫机构办理报检手续并领取检验检疫证单后，有下列情况之一的应重新报检：

① 超过检验检疫有效期限的。

② 变更输入国家或地区，并有不同检验检疫要求的。

③ 改换包装或重新拼装的。

④ 已撤销报检的。

有些不符合更改要求的，需要进行重新报检。重新报检的条件和不予受理更改的条件是有相关性的。超过检验检疫有效期限会有如下情况：

超出已经出具的检验检疫单证的有效期。如一般货物的通关单有效期为 60 天；鲜活类货物为 14 天；植物和植物产品为 21 天等。这样的必须重新报检。

ⅱ. 重新报检

虽然超过了检验检疫证单的有效期，但有些工业产品并没有引起产品自身质量的变化，这样也需要重新报检。检验检疫机构会根据产品的实际情况采取查验等措施，再予以签发新的证单。

ⅲ. 重新报检的要求

按规定填写"入境货物报检单"或"出境货物报检单"，交附有关函电等证明单据；交还原发证单，不能交还的应按有关规定办理登报声明作废的手续。

## 10.5　特殊情况货物的报关

### 10.5.1　电子化手册保税加工货物的报关

#### (1) 电子化手册管理的概念和特点

电子化手册管理是加工贸易联网监管的另一个监管方式。电子化手册管理仍然以企业的单个加工贸易合同为单元实施对保税加工货物的监管，但不再使用纸质手册。海关为联网企业建立电子底账，一个加工贸易合同建立一个电子化手册。

电子化手册管理的特点如下：

① 以合同（订单）为单元进行管理。商务主管部门审批每份加工贸易合同（订单），海关根据合同（订单）建立电子底账，企业根据合同（订单）的数量建立多本电子化手册。

② 企业通过计算机网络向商务主管部门和海关申请办理合同审批和合同备案、变更等手续。

③ 纳入加工贸易银行保证金台账制度管理。

④ 纳入电子化手册的加工贸易货物进口时全额保税。

⑤ 无须调度手册，凭身份认证卡实现全国口岸的报关。

#### (2) 电子化手册的建立

电子化手册的建立同样要经过加工贸易经营企业的联网监管申请和审批、加工贸易业务的申请和审批、建立商品归并关系和电子化手册等 3 个步骤，基本程序同电子账册。电子化手册商品归并关系的建立是针对联网企业的所有料号级保税加工货物的，是一项基础性预备工作。归并关系一经海关审核，即产生企业以后所有向海关申报的 HS 编码级的基础数据，不需要每本电子化手册都进行申报审核。

电子化手册商品归并原则与"便捷通关电子账册"商品归并原则一致。

海关审核通过企业提交的预归类、预归并关系后，企业将申报地海关、企业内部编号、经营单位、加工单位、主管海关、管理对象等企业基本信息，以及保税进口料件和出口成品的序号、货号、中文品名、计量单位、法定单位等企业料号级物料数据传送到电子口岸数据中心，海关对数据进行审核，审核通过后，系统自动向企业发送回执。

企业接收回执后，再将包括归并关系列表、归并后物料信息、归并前物料信息列表等数据在内的料件归并关系和成品归并关系发送至电子口岸，海关予以审核通过，建立电子底账。

**（3）报关程序**

ⅰ.备案

电子化手册的备案分为按合同常规备案和分段式备案两种。

① 按合同常规备案。

按合同常规备案除不申领纸质手册以外，其他要求同纸质手册管理基本一样。详见纸质手册管理有关内容。

② 分段式备案。

分段式备案指将电子化手册的相关内容分为合同备案和通关备案两部分分别备案，通关备案的数据建立在合同备案数据的基础之上。

合同备案环节的备案内容有 3 部分，即表头数据、料件表和成品表。

表头数据：表头数据包括企业及企业合同的基本信息，如经营单位、加工单位、手册类型、主管海关、商务主管部门、贸易方式、征免性质、加工贸易业务批准证编号、进口合同、备案进口总额、进口币制、备案出口总额、出口币制、加工种类、有效日期、管理对象等内容。

料件表：料件表包括料件序号、商品编号、商品名称、申报计量单位、法定计量单位、申报数量、申报单价、总价、币制等内容。

成品表：成品表包括成品序号、商品编号、商品名称、申报计量单位、法定计量单位、申报数量、申报单价、总价、币值等内容。

电子化手册备案时，海关审核要求与对纸质手册的审核要求完全一致：审核企业的备案申请内容与商务主管部门出具的"加工贸易业务批准证"是否相符，备案申请数量是否超出了商务主管部门确定的加工生产能力，企业的相关申请是否符合法律、行政法规的规定。电子化手册审核通过后，系统自动生成手册编号。

ⅱ.备案变更

① 合同备案变更。

企业办理合同备案变更手续应当通过电子口岸向主管海关发送合同备案变更数据，并提供企业的变更申请与商务主管部门出具的"加工贸易业务批准证变更证明"，以及相关单证材料。

② 通关备案变更。

如果通关备案已通过，则合同备案变更通过后，系统将对通关备案的数据自动进行变更。

**（4）进出口报关**

电子化手册方式下联网监管企业的保税加工货物报关与纸质手册方式一样，适用进出口报关阶段程序的，也有进出境货物报关、深加工结转货物报关和其他保税加工货物报关 3 种情形。

ⅰ.进出境货物报关

① 报关清单的生成。

企业在加工贸易货物进出境报关前，应从企业管理系统导出料号级数据生成归并前的报关清单，或通过电子口岸电子化手册系统按规定格式录入当次进出境的料号级清单数据，并向电子口岸数据中心报送。

② 报关单的生成。

数据中心按归并关系和其他合并条件，将企业申报的清单生成报关单。企业通过中小企业模式联网监管系统的报关申报系统调出清单所生成的报关单信息后，将报关单上剩余各项填写完毕，即可生成完整的报关单，向海关进行申报。

如属异地报关的，本地企业将报关单补充完整后，将报关单上载，由异地报关企业下载报关单数据，进行修改、补充后向海关申报。

③ 报关单的修改、撤销。

异地报关的报关单被退单，且涉及修改表体商品信息的，应由本地企业从清单开始修改，并重新上传报关单，异地下载后重新申报；如仅需修改表头数据的，则可在异地直接修改报关单表头信息后，直接向海关申报。

有关许可证件管理和税收征管的规定与纸质手册管理下的保税加工货物进出境报关一样，参照纸质手册部分的有关内容办理。

ⅱ．深加工结转货物报关

电子化手册加工贸易深加工结转货物报关与纸质手册管理下的加工贸易深加工结转货物报关一样，参照纸质手册部分的有关内容办理。

ⅲ．其他保税加工货物报关

电子化手册管理下的联网企业以内销、结转、退运、放弃、销毁等方式处理保税进口料件、成品、副产品、残次品、边角料和受灾货物的报关手续，与纸质手册管理下的其他保税加工货物报关一样，参照纸质手册部分的有关内容办理。

后续缴纳税款时，同样要缴纳缓税利息（边角料除外）。缓税利息计息的起始日期为内销料件或者制成品所对应的加工贸易合同项下电子化手册记录的首批料件进口之日，截止日为海关签发税款缴款书之日。

**（5）报核和核销**

海关对电子化手册核销的基本目的是掌握企业在某个电子化手册下所进口的各项加工贸易保税料件的使用、流转、损耗的情况，确认是否符合以下的平衡关系：

进口保税料件(含深加工结转进口)＝出口成品折料(含深加工结转出口)＋内销料件＋内销成品折料＋剩余料件＋损耗－退运成品折料

海关核销除了对书面数据进行必要的核算外，还会根据实际情况采取盘库的方式进行核对。

电子化手册采用的是以企业合同（订单）为单元的管理方式，一个企业可以有多本电子化手册，海关根据加工贸易合同的有效期限确定核销日期，对实行电子化手册管理的联网企业进行定期核销管理，即对电子化手册按照对应的合同（订单）项下加工贸易进出口情况进行平衡核算。报核和核销的大体程序如下：

① 报核。

企业通过电子口岸数据中心向主管海关传送报核表头、报关单、进口料件、出口成品、单损耗等五方面的报核数据。

② 核销。

海关对报核的电子化手册进行数据核算，核对企业报核的料件、成品进出口数据与海关底账数据是否相同，核实企业申报的成品单损耗与实际耗用量是否相符，企业内销征税情况与实际内销情况是否一致。

③ 结案。

海关对通过核销核算的电子化手册进行结案处理，并打印结案通知书交付企业。

### 10.5.2　出口加工区货物的报关

出口加工区在进出口货物之前，应向出口加工区主管海关申请建立电子账册，包括"加工贸易电子账册（H 账册）"和"企业设备电子账册"。

**（1）与境外之间进出境货物的报关**

应填写"进出境货物备案清单"，并向出口加工区海关报关。

跨关区进出境的时候，按"转关运输"中的直转转关方式办理转关。对于同一直属海关的关区内进出境的出口加工区货物，可以按直通式报关。

① 境外货物运入出口加工区，采用直转转关方式办理转关。

② 出口加工区货物运出境外，采用直通式报关。

**（2）出口加工区与境内区外其他地区之间进出货物的报关**

出口加工区货物运往境内区外（出区进入国内市场）的规定：

① 出口加工区企业内销加工制成品，以海关接受内销申报的同时或大约同时进口的相同或类似货物进口成交价格为基础审查确定完税价格。

② 内销的副产品，以内销价格作为完税价格，由区外企业缴纳进口关税和进口环节海关代征税，免于交付缓税利息。属许可证件管理的，出具有效的进口许可证件。

③ 出口加工区内企业产生的边角料、废品、残次品等原则上应复运出境。如出区内销按照对区外其他加工贸易货物内销的相关规定办理：

a. 边角料、废品内销，海关按照报验状态归类后适用的税率和审定的价格计征税款，免予提交许可证件。

b. 边角料、废品以处置方式销毁的，或者属于禁止进口的固体废物需出区进行利用或者处置的，区内企业持处置单位的"危险废物经营许可证"复印件以及出口加工区管委会和所在地地（市）级环保部门的批准文件向海关办理有关手续。

c. 对无商业价值且不属于禁止进口的固体废物的边角料和废品，需运往区外以处置之外的其他方式销毁的，应凭出口加工区管委会的批件，向主管海关办理出区手续，海关予以免税，并免予核验进口许可证件。

d. 残次品出区内销，按成品征收进口关税和进口环节海关代征税，属于进口许可证件管理的，企业应当向海关提交相应许可证件；对属于《出入境检验检疫机构实施出入境检验检疫的进出境商品目录》内的出区内销残次品，须经出入境检验检疫机构按照国家技术规范的强制性要求检验合格后，方可内销。

④ 出口加工区内企业在需要时，可将有关模具、半成品运往区外进行加工，由区外企业向加工区主管海关缴纳货物应征关税和进口环节增值税等值的保证金或银行保函后方可处理出区手续。加工产品应按期，一般为 6 个月，复运回加工区。

⑤ 出口加工区区内企业经主管海关批准，可在境内区外进行产品的测试、检验和展示活动。

⑥ 运往境内区外维修、测试或检验的机器、设备、模具和办公用品等，不得用于境内区外加工生产和使用。应自运出之日起 60 天内运回加工区。因特殊情况不能如期运回的，区内企业应于期限届满前 7 天内，向主管海关说明情况，并申请延期。申请延期以 1 次为限，延长期不得超过 30 天。

⑦ 运往境内区外维修的机器、设备、模具和办公用品等，运回加工区时，要以海关能

辨认其为原物或同一规格的新零件、配件或附件为限，但更换新零件、配件或附件的，原零件、配件或附件应一并运回加工区。

### 10.5.3  特定减免税货物的报关

特定减免税是我国关税优惠政策的重要组成部分，是国家无偿向符合条件的进口货物使用企业提供的关税优惠，其目的是优先发展特定地区经济，鼓励外商在我国的直接投资，保证国有大中型企业和科学、教育、文化、卫生事业的发展。因而，这种关税优惠具有鲜明的特定性，只能在国家行政法规规定的特定条件下使用。

**(1) 进口申报应当提交进口许可证件**

特定减免税货物实际进口货物。按照国家有关进出境管理的法律法规，凡属于进口需要交验许可证件的货物，收货人或其代理人都应当在进口申报时向海关提交进口许可证件（法律、行政法规另有规定的除外）。

**(2) 进口后在特定的海关监管期限内接受海关监管**

进口货物享受特定减免税的条件之一就是在规定的期限，使用于规定的地区、企业和用途，并接受海关的监管。特定减免税进口货物的海关监管期限按照货物的种类各有不同。以下是特定减免税货物的海关监管期限：船舶、飞机，8 年；机动车辆，6 年；其他货物，5 年。

**(3) 其监管和报关要点**

特定减免税货物一般不交验进口许可证件，但是对外资企业和中国香港、中国澳门、中国台湾同胞及华侨的投资企业进口本企业自用的机器设备，可以免予交验进口许可证件；外商投资企业在投资总额内进口涉及机电产品自动进口许可管理的，也可以免予交验有关许可证件。特定减免税进口设备可以在两个享受特定减免税优惠的企业之间结转。结转手续应当分别向企业主管海关办理。出口加工区企业进口免税的机器设备等应当填制"出口加工区进境备案清单"，保税区企业进口免税的机器设备等应当填制"进口货物报关单"。

### 10.5.4  暂准进出境货物的报关

暂准进出境货物在申报暂时进出口的口岸，办理报关手续。暂准进出境货物转为一般进出口货物也在申报暂时进出口的口岸，办理报关手续。

## 10.6  货主在海关查验中享有的义务和权利

一些人遇到海关查验就会很不安，其实，查验是海关履行监管职能的一项基本工作，对进出口货物按一定比例实施查验，是一种正常的执法监管行为，对于维护正常贸易秩序是很有必要的。而且海关查验是在维护货主合法权利的前提下，遵循严格的程序进行的，货主应当积极配合。

**(1) 货主在海关查验过程中应履行的几项义务**

① 及时到场或委托代理人及时到场。当海关通知查验时，货主应及时到达，或委托代理人及时到达指定的查验作业区配合海关查验。如果超过规定时间不到场且又没有合理的理由，海关将径行开拆货物查验，由此可能引起的相关损失由货主自负。例如一些不宜直接开

拆的货物被海关开拆，导致损失等。所以，货主应清楚海关的查验通知，及时到场配合。

② 搬移、开拆和重封货物。海关相关法规规定，货主应负责搬移货物，开拆和重封货物包装。在实际查验中，海关根据情况对卸货有不同的要求。比如彻底查验是对货物全部卸开，逐件开箱；抽查是卸下部分货物，有选择地开箱。因此，货主应根据海关的卸货要求，自行或委托口岸搬运公司搬移、开拆和重封货物，并负责由此产生的相关装卸费用。

③ 提供资料、回答询问。海关相关法规规定，如海关查验需要，货主应提供必要的资料并如实回答海关人员的询问。当海关通知查验时，货主最好备齐相关资料，如装箱单、备案合同、产品说明书、品牌授权书或其他有助于说明货物性质、重/数量、产地等资料，到达查验区解释说明，回答询问。

④ 特殊情况提前告知。海关相关法规规定，因进出口货物所具有的特殊属性，容易因开启、搬运不当等原因导致货物损毁，需要查验人员在查验过程中予以特别注意的，进出口货物货主或其代理人应当在海关实施查验前声明。

⑤ 协助取样送检。海关并非对每一票查验货物都要送检化验。但是，如果海关对货物的性质有怀疑而要求送检时，货主就有配合海关取样送检的义务。《海关化验工作制度》规定，海关对进出口货物要求取样送检时，货主或其代理人应及时到场；在海关查验人员的监督下按照取样要求进行取样（特殊样品应由相关专业技术人员提取样品），并提供有关单证和技术资料，如产品说明书、生产工艺流程等。

**（2）货主在查验过程中享有的权利**

① 申请复验。海关相关法规规定，货主对海关查验结论有异议，可以提出复验的要求。海关批准同意后，将对已查验的货物进行复验。复验时海关将另外安排人员进行，原来的查验人员不参加复验。

② 损坏赔偿。海关相关法规规定，海关在查验进出口货物时，损坏被查验货物的，应当赔偿实际损失。这是一条对海关具有很强约束力、充分维护货主权利的规定。也就是说，海关在查验货物时，不管海关在主观上有无过错，只要在客观上给被查验货物造成损坏，就必须赔偿货物的实际损失。

③ 特殊情况申请免验。海关相关法规规定，进出口货物因特殊情况需要免验的，由货主直接向海关总署申请，经海关总署批准后可以免验。

④ 申请区外查验。海关相关法规规定，因货物易受温度、静电、粉尘等自然因素影响，或者其他特殊情况，需要在海关监管区外查验的，经货主或其代理人书面申请，海关可以派员到海关监管区外实施查验。

⑤ 申请优先查验。海关相关法规规定，对于危险品或者鲜活、易腐、易烂、易失效、易变质等不宜长期保存的货物，以及因其他特殊情况需要紧急验放的货物，经货主或其代理人申请，海关可以优先安排查验。

⑥ 申请担保放行。海关相关法规规定，在确定货物归类、估价或者办结其他海关手续前，货主要求放行货物的，海关应当在其提供与其依法应当履行的法律义务相适应的担保后放行。这是一条有助于货主加快通关速度的规定。如果在查验过程中，海关要求对货物取样送检，而货物的交货时间很紧，货主可以向海关申请担保放行。在符合有关担保规定的前提下，海关将允许办理担保后放行。

⑦ 要求保密。海关相关法规规定，在取样送检过程中，如果所提供技术资料涉及商业秘密，货主或其代理人应事先声明，海关应对其保密。如果海关工作人员泄漏企业的商业秘密，有相关的纪律处分。因此，协助海关送检，不必担心泄密的问题。

# 本章小结

本章主要介绍了海关监管概念、分类，海关监管的依据；跨境贸易电子商务的通关的模式和流程，电子商务进口报检的基本程序，重点介绍了电子商务产品报检的一般要求及相关规范，阐述了特殊情况货物如何报关，最后说明了货主应对海关查验享有的义务和权利。除此以外，读者还应重点把握以下问题。

# 思 考 题

1. 什么是海关监管？海关监管如何分类？
2. 简述海关监管的依据。
3. 简述跨境电子商务通关的主要模式。
4. 简述报关、清关、通关之间的区别。
5. 简述电子商务进口报检的基本程序。
6. 什么是电子报检和电子放行？
7. 怎样进行出口免验商品的报检？
8. 报检单如何更改、撤销和重新报检？
9. 什么是电子化手册管理？电子化手册管理有什么特点？
10. 货主在查验过程中享有哪些权利？

# 第**11**章

# 跨境电子商务检验和检疫

## 11.1 国家检验检疫管理部门概况

### 11.1.1 国家质量监督检验检疫总局（2018 年 3 月以前）

国家质量监督检验检疫总局（以下简称质检总局）是国务院主管全国质量、计量、出入境商品检验、出入境卫生检疫、出入境动植物检疫、进出口食品安全和认证认可、标准化等工作，并行使行政执法职能的直属机构。

质检总局对国家认证认可监督管理委员会和国家标准化管理委员会实施管理。国家认证认可监督管理委员会是国务院授权的履行行政管理职能，统一管理、监督和综合协调全国认证认可工作的主管机构。国家标准化管理委员会是国务院授权的履行行政管理职能，统一管理全国标准化工作的主管机构。

质检总局直属单位 17 个。即：质检总局机关服务中心、质检总局信息中心、质检总局国际检验检疫标准与技术法规研究中心、质检总局干部教育中心、国家质量监督检验检疫总局发展研究中心、中国纤维检验局、中国计量科学研究院（国家时间计量频率中心、国家标准物质研究中心）、中国检验检疫科学研究院（国家食品安全危害分析与关键控制点应用研究中心）、中国特种设备检测研究院、中国标准化研究院、中国信息安全认证中心、中国合格评定国家认可中心、中国物品编码中心、全国组织机构代码管理中心、中国质量认证中心、中国质检报刊社、中国质检出版社。

经国家民政部批准设立，挂靠质检总局管理的行业学会、协会 14 个，即：中国出入境检验检疫协会、中国国际旅行卫生保健协会、中国认证认可协会、中国质量检验协会、中国计量协会、中国防伪行业协会、中国质量万里行促进会、中国设备监理协会、中国特种设备安全与节能促进会、中国品牌建设促进会、中国检验检疫学会、中国消费品质量安全促进会、中国标准化协会、中国计量测试学会。

质检总局垂直管理出入境检验检疫机构，领导全国质量技术监督业务工作。

### 11.1.2 国家市场监督管理总局（2018 年 4 月起）

2018 年 3 月，十三届全国人大一次会议审议通过《国务院机构改革方案》，其中"二、关于国务院其他机构调整"中规定，"（一）组建国家市场监督管理总局。将国家工商行政管理总局的职责，国家质量监督检验检疫总局的职责，国家食品药品监督管理总局的职责，国家发展和改革委员会的价格监督检查与反垄断执法职责，商务部的经营者集中反垄断执法以及国务院反垄断委员会办公室等职责整合，组建国家市场监督管理总局，作为国务院直属机构。同时，组建国家药品监督管理局，由国家市场监督管理总局管理。将国家质量监督检验检疫总局的出入境检验检疫管理职责和队伍划入海关总署。保留国务院食品安全委员会、国务院反垄断委员会，具体工作由国家市场监督管理总局承担。国家认证认可监督管理委员会、国家标准化管理委员会职责划入国家市场监督管理总局，对外保留牌子。不再保留国家工商行政管理总局、国家质量监督检验检疫总局、国家食品药品监督管理总局。"

质检总局口岸管理职责和队伍划入海关总署，按海关总署传统职责，以后检验检疫政策制定等管理将由新的国家市场监督管理总局执行，海关依法履行口岸管理职责。

2018 年 4 月初，各地口岸检验检疫已统一换装海关制服、标识并统一执法。

## 11.2　国家质量监督检验检疫部门口岸监管职责

### (1) 通关管理

国家质量监督检验检疫部门参加国家对外开放口岸的规划和验收等有关工作，依法制定《出入境检验检疫机构实施检验检疫的进出境商品目录》，对涉及环境、卫生、动植物健康、人身安全的出入境货物、交通工具和人员实施检验检疫通关管理，在口岸对出入境货物实行"先报检，后报关"的检验检疫货物通关管理模式。

出入境检验检疫机构负责实施进出口货物法定检验检疫，并签发"入境货物通关单"和"出境货物通关单"，海关凭此放行；签发出境检验检疫证书至 100 多个国家和地区；依法对出入境检验检疫标志和封识进行管理；负责签发普惠制原产地证、一般原产地证、区域性优惠原产地证和专用原产地证及注册等相关业务。

2001 年开始实行"大通关"制度，以提高通关效率。国家质量监督检验检疫部门通过"三电"工程建设，即出入境货物电子申报、电子监管、电子放行，大大提高了口岸通关速度，并实现了报检、检验检疫、签证通关、统计汇总的网络化管理，作为"金质工程"的重要组成部分，"中国电子检验检疫"正在建设中，建设完成后将形成整套电子执法系统，实现检验检疫执法管理的科学化、规范化和制度化。

### (2) 卫生检疫

根据《中华人民共和国国境卫生检疫法》及其实施条例，国家质量监督检验检疫部门负责在我国口岸对入出境人员、交通工具、集装箱、货物、行李、邮包、尸体骸骨、特殊物品等实施卫生检疫查验、传染病监测、卫生监督和卫生处理，促进国家对外开放政策的实施，防止传染病的传入和传出，保证出入境人员的健康卫生。

### (3) 动植物检疫

根据《中华人民共和国进出境动植物检疫法》及其实施条例，国家质量监督检验检疫部门对进出境和旅客携带、邮寄的动植物及其产品和其他检疫物，装载动植物及其产品和其他检疫物的装载容器、包装物、铺垫材料，来自疫区的运输工具，以及法律、法规、国际条约、多双边协议规定或贸易合同约定应当实施检疫的其他货物和物品实施检疫和监管，以防止动物传染病、寄生虫病和植物危险性病、虫、杂草以及其他有害生物传入传出，保护农、林、牧、渔业生产和人体健康，促进对外贸易的发展。

检疫的措施主要包括：风险分析与管理措施、检疫审批、境外预检、口岸查验、隔离检疫、实验室检测、检疫除害处理、预警和快速反应、检疫监管等。

**（4）商品检验**

根据《中华人民共和国进出口商品检验法》及其实施条例，国家质量监督检验检疫部门对进出口商品及其包装和运载工具进行检验和监管。对列入《出入境检验检疫机构实施检验检疫的进出境商品目录》中的商品实施法定检验和监督管理；对该目录外商品实施抽查；对涉及安全、卫生、健康、环保的重要进出口商品实施注册、登记或备案制度；对进口许可制度民用商品实施入境验证管理；对法定检验商品的免验进行审批；对一般包装、危险品包装实施检验；对运载工具和集装箱实施检验检疫；对进出口商品鉴定和外商投资财产价值鉴定进行监督管理；依法审批并监督管理从事进出口商品检验鉴定业务的机构。

**（5）食品安全**

根据《中华人民共和国食品卫生法》和《中华人民共和国进出口商品检验法》及相关规定，国家质量监督检验检疫部门对进出口食品和化妆品安全、卫生、质量进行检验监督管理，组织实施对进出口食品和化妆品及其生产单位的日常监督管理。对进口食品（包括饮料、酒类、糖类）、食品添加剂、食品容器、包装材料、食品用工具及设备进行检验检疫和监督管理。建立出入境食品检验检疫风险预警和快速反应系统，对进出口食品中可能存在的风险或潜在危害采取预防性安全保障和处理措施。

参与制定并实施《中华人民共和国动物及动物源食品中残留物质监控计划》及《中华人民共和国动植物源性食品农药残留物质监控计划》，参与在全国范围内对动物及动物源性食品进行农兽药残留监测。

---

# 11.3  跨境商品检验检疫

跨境商品检验检疫指在口岸，按照国家的相关检验检疫规定办理商品的跨境通关过程中的商品检验检疫。

## 11.3.1  跨境商品检验检疫与普通货物检验检疫的区别

**（1）传统商品检验检疫的作用**

① 卫检、动植物检疫：进出口商品的检验检疫起源于晚清，当年主要是控制传染病。传染病又分为通过人与人之间传染（卫检）和通过活体动物传染（检疫）。随着贸易活动的扩大，在进出口贸易过程中，通过各种方式可能有有害的动物、植物带到境内，危害本土的动物、植物，所以国家非常重视检验检疫的作用。

② 商品检验：进口商品检验是指国家对进口的商品进行抽样检验，商品必须符合中国的质量标准才能进口，比如，在境外销售的食品，如果不符合中国的食品标准就不能在中国销售；境外的电器产品必须符合中国的 3C 认证要求才能在中国销售。出口商品检验是国家为了保证出口产品的质量，维护中国产品良好的声誉，防止假冒伪劣产品出口到境外进行的商品检验。

综上所述，中国商品检验检疫已有 100 多年的历史，相关法规非常健全。

**（2）跨境商品检验检疫**

跨境贸易电子商务是一种新的贸易形式，新的业态，不同于传统贸易。

　　跨境贸易电子商务指分属不同关境的交易主体，通过电子商务平台达成交易、进行支付结算，并通过跨境物流送达商品、完成交易的一种国际商业活动。简单地说，买家和卖家在不同的国家或地区买东西，商品直接从境外的卖家交给境内的买家，货款直接从境内的买家付到境外的卖家。卖家与最终消费者直接跨境达成交易，中间不需要中间商进行进出口贸易。根据海关总署 2016 年 4 月 7 日下发的第 26 号公告《关于跨境电子商务零售进出口商品有关监管事宜的公告》，电子商务企业或个人通过经海关认可并且与海关联网的电子商务交易平台实现跨境方式。进口主要包括保税进口模式（备货模式）和一般进口模式（直购进口模式）两种。

　　保税进口模式：自贸区、保税区的商品，在法律上可以视为还未通关入境，无须交税。因此，跨境电子商务企业可以在自贸区、保税区备货，根据消费者的订单要求，再通过海关跨境贸易电子商务系统快速通关，按行邮征税。这比从境外集货后发往境内，通过缓慢的行邮通道入关，消费者等待的收货时间要短得多。目前，保税进口模式已在郑州、杭州、上海、宁波、重庆、广州、深圳、福州、天津广泛应用。跨境交易进出境货物、物品，并接受海关监管，海关专门为跨境电子商务开辟了新的通关。

　　直购进口模式：是指符合条件的电子商务平台与海关联网，境内消费者跨境网购后，电子订单、支付凭证、电子运单等由企业实时传输给海关，商品通过海关跨境电子商务专门监管场所入境，按照个人邮递物品征税。一般进口模式下，国内消费者在与海关联网的购物网站上直接购买商品，商品直接从境外发货。

　　通过上面的介绍可知，跨境货物显著的特点不同于传统贸易大量进口，跨境货物是通过邮件和快件形式进口，这就造成原有普贸监管制度不适应新的贸易形式。

## 11.3.2　跨境贸易货物检验检疫监管难点

### （1）监管依据

　　按照国家质量监督检验检疫部门《出入境快件检验检疫管理办法》，国家质量监督检验检疫部门对于邮件、快件有规范的检验检疫的要求，法律依据为《中华人民共和国进出口商品检验法》《中华人民共和国进出境动植物检疫法》《中华人民共和国国境卫生检疫法》《中华人民共和国食品卫生法》等相关法律法规。目前跨境电子商务货物属于个人物品类快件，按照国家质量监督检验检疫部门的要求，检验检疫对于此类快件"免予检验，应实施检疫的，按有关规定实施检疫"，现行跨境货物大多数以此为依据进行进出口口岸检验检疫监管。

### （2）监管问题

　　国家质量监督检验检疫部门《出入境快件检验检疫管理办法》对于个人物品的监管，原是为了"样品、礼品、非销售展品和私人自用物品"，非贸易设计的（非贸最根本的一点是不存在支付环节）。2010 年以来跨境电子商务货物急剧增长，原有的业务流程已不能适应业务发展的需要。具体有哪些方面不适应呢？

　　概括起来有以下几方面：

　　问题 1：检验检疫原有政策都是针对普通贸易设计的，跨境电子商务兴起以后，相关政策的制定完全落后于行业的发展实际。例如：国家 2016 年 4 月 7 日公布新政后，关于通关单问题 5 月 24 日国家又通知通关单（监管 A）暂缓执行；

　　问题 2：信息系统滞后。跨境贸易电子商务货物的特点是碎片化，多批次、小批量，口岸检验检疫原半手工的方式，已经完全不能适应每天 1 万～5 万个包裹的通关需求；

问题 3：执法尺度。按照国家质量监督检验检疫部门的通知，跨境电子商务货物按普通货物监管：直购货物，每次只购买少量，如果让消费者去办理备案和许可证（一般时间超过 6 个月），显然从时间和成本上不现实；保税备货货物，如果严格执行通关单等监管措施，则跨境电子商务货物则失去了与普通贸易竞争的优势；各地目前执法尺度非常不统一，造成商家无所适从。

## 11.4 跨境商品出入境检验检疫机构

国家质量监督检验检疫部门统一管理全国出入境跨境电子商务货物的检验检疫工作。国家质量监督检验检疫部门设在各地的出入境检验检疫机构负责所辖地区出入境跨境电子商务货物的检验检疫和监督管理工作。

## 11.5 跨境商品检验检疫的依据

### （1）国家法规

针对跨境电子商务货物，国家质量监督检验检疫部门执法法律依据为《中华人民共和国进出口商品检验法》《中华人民共和国进出境动植物检疫法》《中华人民共和国国境卫生检疫法》《中华人民共和国食品卫生法》《质检总局关于跨境电商零售进口通关单政策的说明》等相关法律法规。

### （2）检验检疫法规

相关法规有：国质检通函〔2015〕84 号《中国（杭州）跨境电子商务综合试验区检验检疫申报与放行业务流程管理规程》的通知；质检通函〔2016〕44 号《关于转发国务院关于同意在天津等 12 个城市设立跨境电子商务综合试验区的批复的通知》；质检通函〔2015〕643 号《关于做好跨境电子商务经营主体和商品备案工作的通知》；国质检通〔2013〕593 号《质检总局关于支持跨境电子商务零售出口的指导意见》；国质检通〔2015〕202 号《质检总局关于进一步发挥检验检疫职能作用促进跨境电子商务发展的意见》。

## 11.6 办理跨境商品检验检疫的一般程序

### 11.6.1 备案

跨境电子商务经营主体开展跨境电子商务业务的，应当向通关口岸检验检疫局备案。经营企业在商品首次上架销售前，应当向通关口岸检验检疫局进行商品备案。备案信息按照国家质量监督检验检疫部门的统一要求，实施一地备案、全国共享（注：使用国家质量监督检验检疫部门统一版系统地区）。

境外跨境电子商务经营主体应委托境内已通过备案的跨境电子商务经营主体代理备案，被委托的跨境电子商务经营主体应承担相应的法律责任。

过渡期内，严格执行国务院有关跨境电子商务的要求。对商品备案实施正面清单管理，清单内商品应受理备案。正面清单备注中关于化妆品、婴幼儿配方奶粉、医疗器械、特殊食品（包括保健食品、特殊医疗用途配方食品等）、强制性产品认证工业品的首次进口许可批件、注册或备案要求暂不执行，其他类商品，仍应按照相关检验检疫要求及规定执行。

## 11.6.2　申报

企业应在公共服务平台上向出入境检验检疫机构进行相关申报，申报包括三单信息，订单、支付单、运单。

过渡期内，跨境电子商务网购保税模式和直邮模式货品按照物品管理。入境前，经营企业暂不需要通过 ECIQ 系统向出入境检验检疫机构报检，只需在跨境电商公共服务平台上申报，且暂不收费。

按照国务院统一部署，检验检疫口岸管理职责合并到海关总署后，未来企业申报将统一到"单一窗口"进行申报。

中国国际贸易单一窗口是指参与国际贸易和运输的各方，通过单一的平台提交标准化的信息和单证，以满足相关法律法规及管理的要求，这个单一的平台即为单一窗口。它有专门的网站，网址为：http://www.singlewindow.cn/。

中国国际贸易单一窗口于 2017 年正式上线。该系统：
① 能简化企业在通关过程当中的手续。
② 能缩短通关时间。
③ 能加强国际合作。

特别是监管部门进行监管的相互认证，使企业在通关过程当中避免重复认证。目前我国大部分地区都在推广使用中国国际贸易单一窗口，相关报关报检企业可在单一窗口网站注册并免费通过该平台向海关国检发送报关报检数据，省钱也省时。

## 11.6.3　保税备货入区

检验检疫局相关机构依法对电子商务商品、集装箱、木质包装实施检疫。跨境电子商务网购保税模式的集装箱检疫按照检验检疫局相关规定执行，其他检疫工作在已备案的物流仓储场所实施。

过渡期内，严格执行国家有关检疫的法律法规规定。遵循"合格假定原则"，入区只做检疫，不实施品质检验。检疫不合格的商品，企业需按货物在 ECIQ 系统中重新报检并进行。

## 11.6.4　风险监测

检验检疫局根据我国法律法规、规章、规范性文件和标准开展质量安全风险监测。根据国家质量监督检验检疫部门相关规定，风险监测可采信有资质的第三方检测报告。

对于网购保税模式，检验检疫局根据消费者反馈情况等信息，经风险分析定期制定监测方案，统一在检验检疫电商平台下发监测计划。对于向检验检疫反馈消费者质量安全反馈信息的企业，经风险分析降低监测比例和频次。

## 11.6.5　通关放行

跨境电子商务经营主体应在商品通关前通过出入境检验检疫机构认可的公共服务平台申

报订单信息、支付信息、物流信息和出区申报信息（注：直购货物只申报三单，保税货物需申报出区信息）。

### 11.6.6 货物查验

核查采用审核放行、X光机筛查、开包检查等手段进行，主要核查出区商品类型、名称、数量等的真实性以及与申报信息是否一致。核查符合要求的，直接放行。出区核查不符合要求的，要求企业整改，整改完成后经再次核查符合要求的，方可放行。货物查验率各地从1%到100%各有不同，其中直购货物100%过机，约5%查验率，保税货物一般5%过机，1%的查验率。

### 11.6.7 质量追溯

检验检疫局对跨境电子商务经营主体实施事中、事后监管，有利于开展质量安全追溯，建立风险信息采集及风险分析制度。

保税货物在商品出区前企业须加贴二维码，具体加贴环节、方式、时间等由企业自行确定，各分支机构应在出区核查放行时予以验证。

## 11.7 保税备货公共监管库检验检疫规定

① 配备符合检验检疫监管需要的具有承重、X光机、自动分拣以及能够实现X光机图像与进口申报数据进行比对等功能的检查设备。

② 具备内部管理系统，至少实现库存管理、产品追溯、进出库核销等功能。系统应与检验检疫系统联网，能按照检验检疫要求的格式实现相关电子数据的传输、交换。

③ 仓储布局合理，并按照货物的不同状态分区域存放，或通过信息化系统标识、桩脚卡等形式注明货物详细信息及状态，包括库存区、打包区、检验检疫出货查验区、已查验待放行区、不合格品区、退货或召回区等。

④ 存储面积应当与储存种类、数量相适应；提供符合产品质量安全要求的适宜的储存条件，确保储存过程中产品品质不会下降。易受污染的货物应分开存放。

⑤ 采用批次化管理方法对产品保质期进行控制，可采用系统保质期提示和先进先出的方法，保证销售的产品在保质期内。

⑥ 配备足量的视频监管设备，保证监管无死角，视频资料应保存6个月以上。

⑦ 储存场所地面应保持整洁、防滑、清洁；墙壁、天花板应无毒、防水、防雾、不易脱落，照明设施应配备防爆保护装置；储存场所应保持通风、防潮，并配备有效的防虫、防鼠设施，如粘鼠板、鼠笼、驱鼠器、诱蝇灯等。

⑧ 所经营业务防伪涉及国家质量监督检验检疫部门或上海检验检疫局有注册或备案要求的，须通过相关注册或者备案审核，取得相应资质。

⑨ 设立专门的检验检疫查验辅助岗和产品安全质量联络人岗，对相关人员做相应的培训。

⑩ 经营食品化妆品的电子商务物流集中监管场所，还应符合以下要求：
具有独立、相对封闭的库区，远离饲养场、兽医站、屠宰厂和水源等，并由围墙与其他

建筑物分开，以厂区或库区为中心半径 1 公里范围内没有动物饲料场、工业污染源。

建立包括卫生管理制度、动植物防疫制度、进出库管理制度、档案管理制度等的视频安全管理体系，并确保其管理体系持续有效运行。

接触食品化妆品从业人员应当定期接受健康检查，并留存相关合格证明。

存储场所内不得存放有毒有害物质或其他易腐、易燃物品，并与有毒、有害场所以及有害污染源保持一定距离。

存储场所内食品、食品添加剂、化妆品和食用农产品应当相对隔离存放，防止串味及交叉污染风险；鲜冻肉类产品、水产品应当有专区（库）存放。

存储场所应当根据储存产品的实际需要配备温度、湿度监测及调节装置；并如实填写温湿度记录、卫生清洁记录、防疫清扫记录等。

存放冷藏冷冻食品的，应具备符合要求的冷藏或冷冻设施，并自动记录温度，冷冻库温度应当达到 −18℃ 以下，昼夜温差不超过 1℃，冷藏房温度应当达到 4℃ 以下。

存储场所应当安装视频监控系统，并覆盖主要通道、工作区域及进出库区域，鲜冻肉类产品、水产品仓储企业视频监控应当覆盖全部储存区域。

对出入境检验检疫机构发现的不合格品、自查发现腐败变质、过保质期等不符合卫生要求的产品应单独存放在不合格品区，隔离存放、明显标示，并由专人管理，有效防止交叉污染。

⑪ 食品化妆品存储企业的档案记录应当符合以下要求：

a. 应当详细记录物流仓储信息，包括货物详细信息、理货信息、进出库信息等；

b. 接触食品化妆品从业人员应当定期接受健康检查，并留存相关合格证明；

c. 应当如实填写存放、展示场所温湿度记录、卫生清洁记录、防疫清扫记录等；

d. 不合格品应当及时处置、记录；

e. 应当保存视频监控记录。以上记录除视频监控记录外，都应当至少保存 2 年，视频监控记录应当至少保存 6 个月。符合检验检疫的其他相关规定。

本节所指的食品化妆品包括食品、食品添加剂、化妆品和食用农产品。

本节所指水产品，不包括干制、腌制、罐装、预包装等无须冷藏保存的水产品以及来（进）料加工复出口的水产品原料。

## 11.8 跨境食品、化妆品的检验检疫与管理

### 11.8.1 跨境食品检验检疫

本规定适用于向中国内地境内（不包括中国香港、中国澳门）出口食品的境外出口商或者代理商，以及境内进口食品的收货人（以下统称进出口商）的备案管理。

本规定所列经营食品种类之外的产品，如食品添加剂、食品相关产品、部分粮食品种、部分油籽类、水果、食用活动物等依照有关规定执行。

国家质量监督检验检疫部门主管进口食品进出口商备案的监督管理工作，建立进口食品进出口商备案管理系统（以下简称备案管理系统），负责公布和调整进口食品进出口商备案名单。

国家质量监督检验检疫部门设在各地的出入境检验检疫机构负责进口食品收货人备案申

请的受理、备案资料信息审核，以及在食品进口时对进出口商备案信息的核查等工作。

**(1) 出口商或者代理商备案**

① 向中国出口食品的出口商或者代理商，应当向国家质量监督检验检疫部门申请备案，并对所提供备案信息的真实性负责。

② 出口商或者代理商应当通过备案管理系统填写并提交备案申请表，提供出口商或者代理商名称、所在国家或者地区、地址、联系人姓名、电话、经营食品种类、填表人姓名、电话等信息，并承诺所提供信息真实有效。出口商或者代理商应当保证在发生紧急情况时可以通过备案信息与相关人员取得联系。

出口商或者代理商提交备案信息后，获得备案管理系统生成的备案编号和查询编号，凭备案编号和查询编号查询备案进程或者修改备案信息。

③ 出口商或者代理商地址、电话等发生变化时，应当及时通过备案管理系统进行修改。备案管理系统保存出口商或者代理商的所提交的信息以及信息修改情况。出口商或者代理商名称发生变化时，应当重新申请备案。

④ 国家质量监督检验检疫部门对完整提供备案信息的出口商或者代理商予以备案。备案管理系统生成备案出口商或者代理商名单，并在国家质量监督检验检疫部门网站公布。公布名单的信息包括备案出口商或者代理商名称及所在国家或者地区。

**(2) 进口食品收货人备案**

① 进口食品收货人（以下简称收货人），应当向其工商注册登记地出入境检验检疫机构申请备案，并对所提供备案信息的真实性负责。

② 收货人应当于食品进口前向所在地出入境检验检疫机构申请备案。申请备案须提供以下材料：填制准确完备的收货人备案申请表；工商营业执照、法定代表人身份证明、对外贸易经营者备案登记表等的复印件并交验正本；企业质量安全管理制度；与食品安全相关的组织机构设置、部门职能和岗位职责；拟经营的食品种类、存放地点；2 年内曾从事食品进口、加工和销售的，应当提供相关说明（食品品种、数量）；自理报检的，应当提供自理报检单位备案登记证明书复印件并交验正本。

出入境检验检疫机构核实企业提供的信息后，准予备案。

③ 填写并提交备案申请表。

收货人在提供上述纸质文件材料的同时，应当通过备案管理系统填写并提交备案申请表，提供收货人名称，地址，联系人姓名、电话，经营食品种类，填表人姓名、电话以及承诺书等信息。收货人应当保证在发生紧急情况时可以通过备案信息与相关人员取得联系。

收货人提交备案信息后，获得备案管理系统生成的申请号和查询编号，凭申请号和查询编号查询备案进程或者修改备案信息。

④ 通过备案管理系统提出修改申请。

收货人名称、地址、电话等发生变化时，应当及时通过备案管理系统提出修改申请，由出入境检验检疫机构审核同意后，予以修改。备案管理系统保存收货人所提交的信息以及信息修改情况。

⑤ 完成备案。

备案申请资料齐全的，出入境检验检疫机构应当受理并在 5 个工作日内完成备案工作。

⑥ 公布备案收货人名单。

出入境检验检疫机构对收货人的备案资料及电子信息核实后，发放备案编号。备案管理系统生成备案收货人名单，并在国家质量监督检验检疫部门网站公布。公布名单的信息包括：备案收货人名称、所在地直属出入境检验检疫局名称等。

**（3）监督管理**

① 检验检疫部门对已获得备案的进口食品进出口商备案信息实施监督抽查。

各地出入境检验检疫机构通过对进口食品所载信息核查出口商或者代理商的备案信息，通过查验有关证明材料或者现场核查收货人所提供的备案信息。

对备案信息不符合要求的，应当要求其更正、完善备案信息。不按要求及时更正、完善信息的，应当将有关信息录入进出口食品生产经营企业不良信誉记录。

② 进口食品的收货人或者其代理人在对进口食品进行报检时，应当在报检单中注明进口食品进出口商名称及备案编号。出入境检验检疫机构应当核对备案编号和进口食品进出口商名称等信息与备案信息的一致性，对未备案或者与备案信息不一致的，告知其完成备案或者更正相关信息。

③ 出口商或者代理商在申请备案时提供虚假备案资料和信息的，不予备案；已备案的，取消备案编号。

出口商或者代理商向中国出口的食品存在疫情或者质量安全问题的，纳入信誉记录管理，并加强其进口食品检验检疫；对于其他违规行为，按照相关法律法规规定处理。

④ 收货人在申请备案时提供虚假备案资料和信息的，不予备案；已备案的，取消备案编号。

收货人转让、借用、篡改备案编号的，纳入信誉记录管理，并加强其进口食品检验检疫。

## 11.8.2　进口化妆品检验检疫

① 出入境检验检疫机构根据我国国家技术规范的强制性要求以及我国与出口国家（地区）签订的协议、议定书规定的检验检疫要求对进口化妆品实施检验检疫。

我国尚未制定国家技术规范强制性要求的，可以参照国家质量监督检验检疫部门指定的境外有关标准进行检验。

② 进口化妆品由口岸出入境检验检疫机构实施检验检疫。国家质量监督检验检疫部门根据便利贸易和进口检验工作的需要，可以指定在其他地点检验。

③ 出入境检验检疫机构对进口化妆品的收货人实施备案管理。进口化妆品的收货人应当如实记录进口化妆品流向，记录保存期限不得少于 2 年。

④ 进口化妆品的收货人或者其代理人应当按照国家质量监督检验检疫部门相关规定报检，同时提供收货人备案编号。

⑤ 其中首次进口的化妆品应当提供以下文件：

a. 符合国家相关规定要求，正常使用不会对人体健康产生危害的声明；

b. 产品配方；

c. 国家实施卫生许可或者备案的化妆品，应当提交国家相关主管部门批准的进口化妆品卫生许可批件或者备案凭证；

d. 国家没有实施卫生许可或者备案的化妆品，应当提供下列材料：

e. 具有相关资质的机构出具的可能存在安全性风险物质的有关安全性评估资料；

f. 在生产国家（地区）允许生产、销售的证明文件或者原产地证明。

⑥ 销售包装化妆品成品提供的资料（除前一点的规定四项外）还应当提交中文标签样

张和外文标签及翻译件。

⑦ 非销售包装的化妆品成品还应当另外提供包括产品的名称、重/数量、规格、产地、生产批号和限期使用日期（生产日期和保质期）、加施包装的目的地名称、加施包装的工厂名称、地址、联系方式。

⑧ 国家质量监督检验检疫部门要求的其他文件。

上述文件提供复印件的，应当同时交验正本。

⑨ 进口化妆品在取得检验检疫合格证明之前，应当存放在出入境检验检疫机构指定或者认可的场所，未经出入境检验检疫机构许可，任何单位和个人不得擅自调离、销售、使用。

⑩ 出入境检验检疫机构受理报检后，对进口化妆品进行检验检疫，包括现场查验、抽样留样、实验室检验、出证等。

⑪ 现场查验内容包括货证相符情况、产品包装、标签版面格式、产品感官性状、运输工具、集装箱或者存放场所的卫生状况。

⑫ 进口化妆品成品的标签标注应当符合我国相关的法律、行政法规及国家技术规范的强制性要求。出入境检验检疫机构对化妆品标签内容是否符合法律、行政法规规定要求进行审核，对与质量有关的内容的真实性和准确性进行检验。

⑬ 进口化妆品的抽样应当按照国家有关规定执行，样品数量应当满足检验、复验、备查等使用需要。出现以下情况，应当加严抽样：

a. 首次进口的；

b. 曾经出现质量安全问题的；

c. 进口数量较大的。

抽样时，出入境检验检疫机构应当出具印有序列号、加盖检验检疫业务印章的"抽/采样凭证"，抽样人与收货人或者其代理人应当双方签字。

样品应当按照国家相关规定进行管理，合格样品保存至抽样后 4 个月，特殊用途化妆品合格样品保存至证书签发后一年，不合格样品应当保存至保质期结束。涉及案件调查的样品，应当保存至案件结束。

⑭ 需要进行实验室检验的，出入境检验检疫机构应当确定检验项目和检验要求，并将样品送至具有相关资质的检验机构。检验机构应当按照要求实施检验，并在规定时间内出具检验报告。

⑮ 进口化妆品经检验检疫合格的，出入境检验检疫机构出具"入境货物检验检疫证明"，并列明货物的名称、品牌、原产国家（地区）、规格、重/数量、生产批号/生产日期等。进口化妆品取得"入境货物检验检疫证明"后，方可销售、使用。

进口化妆品经检验检疫不合格，涉及安全、健康、环境保护项目的，由出入境检验检疫机构责令当事人销毁，或者出具退货处理通知单，由当事人办理退运手续。其他项目不合格的，可以在出入境检验检疫机构的监督下进行技术处理，经重新检验检疫合格后，方可销售、使用。

⑯ 免税化妆品的收货人在向所在地直属出入境检验检疫机构申请备案时，应当提供本企业名称、地址、法定代表人、主管部门、经营范围、联系人、联系方式、产品清单等相关信息。

⑰ 离境免税化妆品应当实施进口检验，可免于加贴中文标签，免于标签的符合性检验。在"入境货物检验检疫证明"上注明该批产品仅用于离境免税店销售。

首次进口的离境免税化妆品，应当提供供货人出具的产品质量安全符合我国相关规定的声明、境外官方或者有关机构颁发的自由销售证明或者原产地证明，具有相关资质的机构出具的可能存在安全性风险物质的有关安全性评估资料、产品配方等。

国家质量监督检验检疫部门对离岛免税化妆品实施检验检疫监督管理，具体办法另行制定。

### 11.8.3　预包装食品检验检疫标签申请

**（1）标签申报**

① 进口预包装食品报检时，应当按照进口预包装食品标签上标注的产品名称逐一进行申报，同一名称不同规格的产品，应当分别申报。已取得预包装食品标签备案的应将备案编号填写至报检单中的"合同订立的特殊条款及其他要求"一栏中。

② 首次进口的预包装食品（指未取得预包装食品标签备案编号的食品）报检时，报检单位除应按报检规定提供报检资料外，还应按以下要求提供标签检验有关资料并加盖公章：

a. 原标签样张和翻译件；

b. 预包装食品中文标签样张（标注与实物的对应比例）；

c. 标签中所列进口商、经销商或者代理商工商营业执照复印件；

d. 进口预包装食品标签中强调某一内容，如获奖、获证、法定产区、地理标识、有机食品等内容的，应提供相应证明材料；

e. 进口预包装食品标签中强调含有特殊成分的，应提供相应证明材料；标注营养成分含量的，应提供符合性证明材料。如证明材料为外文应随附中文翻译件并加盖企业公章；

f. 按照法律、法规及国家有关部门规定须办理保健食品（包括以补充维生素、矿物质而不以提供能量为目的的营养素补充剂）审批、新资源食品审批、新食品原料审批、益生菌审批，以及进口无食品安全国家标准食品审批的，应提供有关审批证明文件；

g. 进口预包装食品中使用《濒危野生动植物种国际贸易公约》附录中动植物及其产品，进口商应提供国务院农业（渔业）、林业行政主管部门准许其进口的批准证明文件、进出口许可证及海关的证明文件；

h. 进口预包装食品中文标签符合食品安全国家标准的证明材料或自我声明；

i. 应当随附的其他证书或者证明文件。

现场无法核实本条第 d 项证明文件真实性的，相关证明文件需经外交途径确认，外交途径确认是指经我国驻外使领馆或外国驻中国使领馆确认。

首次进口预包装食品的进口商或者其代理人在报检时如不能提供所要求的证明材料或检测报告，可以委托境内经 CNAS 认可的食品检测机构进行样品检测并出具证明材料或检测报告，检务部门可凭检测机构的受理回执接受报检。报检单位或进口商应在进口食品调离集中查验场库之前将证明材料或检测报告送交相关施检部门。

③ 首次进口预包装食品并已经取得中检集团公司"进口食品标签咨询报告"的，货主或代理可凭标签咨询报告原件报检，并在相应档案中留存证明复印件，免于提供第 c～h 项证明材料。

④ 对于首次进口并经标签检验合格的预包装食品再次进口时，报检单位仅需提供标签备案凭证与中外文标签样张，免于提供第 c～h 项证明材料。

⑤ 对已经取得标签备案编号或"进口食品标签咨询报告"的进口预包装食品，如相关

食品标签法规标准发生变化，进口商应依照新规定主动对标签进行自主审查，保证标签符合新的标准规定要求，并在报检时重新提交标签检验所需的全部资料。

**（2）标签检验**

① 对于首次进口的预包装食品，各施检部门应按照我国法律法规国家标准及有关标签规范对标签实施检验，检验合格后通过总局标签管理系统将初次检验合格后的标签信息发送食品处，上传的标签图片电子信息应包括外文标签样张、翻译件及中文标签，并且清晰可读，食品处对标签标注强制性内容的完整性进行检查，对标签标示内容的规范性进行抽查，合格后予以备案并由系统自动生成备案编号。

进口食品企业凭产品报检号，从进口口岸施检部门领取标签管理系统备案凭证。食品标签信息不同（不包括生产日期、葡萄酒年份等信息）的产品应分别获取预包装食品标签备案编号。

② 对已经取得标签备案编号或"进口食品标签咨询报告"的进口预包装食品，如标签实际内容与标签备案信息或"进口食品标签咨询报告"所附标签样张相符，施检部门可免于实施标签格式版面内容的检验。

如相关食品标签法规标准发生变化，施检部门应依照新规定对标签资料进行重新检验。

③ 经检验，进口预包装食品有以下情形之一的，应判定标签不合格：

a. 进口预包装食品无中文标签的。

b. 进口预包装食品的格式版面检验结果不符合我国法律、行政法规、规章及食品安全标准要求的。

c. 符合性检测结果与标签标注内容不符的。

d. 进口预包装食品标签检验不合格的，施检部门应一次性告知进口商或者其代理人不符合项的全部内容。涉及安全、健康、环境保护项目不合格的，由施检部门责令进口商或者其代理人销毁，或者出具退货处理通知单，由进口商或者其代理人办理退运手续。其他项目不合格的，进口商或者其代理人可以在施检部门的监督下进行技术处理。不能进行技术处理或者技术处理后重新检验仍不合格的，施检部门应当责令进口商或者其代理人退货或者销毁。

已经备案的标签经再次检验发现不合格的，除按前款规定进行不合格处置外，施检部门应在标签管理系统内进行记录，并废止其备案号。

e. 进口预包装食品未加贴中文标签或标签检验不合格但可以进行标签技术整改处理的，在重新检验合格之前，应当暂扣在出入境检验检疫机构指定或者认可的监管场所，未经允许，任何单位或者个人不得动用。

f. 经检验不符合标签标准的进口预包装食品，如通过加贴方式进行整改的，必须确保所加贴标签信息内容与原标签内容（包括被覆盖的原标签信息）相符，原标签上有生产日期、保质期等相关信息的，不得加贴、补印或篡改。

g. 进口预包装食品（不含已经过国家卫生食药部门审批的保健食品）的标签、说明书，不得含有虚假、夸大的内容，不得涉及疾病预防、治疗功能。

**（3）加强检查**

施检部门应加强预包装食品配料的检查，预包装食品配料应符合以下规定：

① 在适用范围内可以使用的配料。

a. 在我国有食用习惯的动物、植物和微生物及其分离、加工的食品原料。

b. 按照传统既是食品又是药品的原料。

c. 在《食品添加剂使用标准》（GB 2760）、《食品营养强化剂使用卫生标准》（GB 14880）品种和范围内的食品添加剂，包括卫计委公告调整或新增的食品添加剂。

d. 已经获卫生部门批准使用的新资源食品或新食品原料（审查配料时要注意食用人群和食用量）。

e. 按照卫生部门规定，传统上用于食品生产加工的菌种，以及"可用于食品的菌种名单"中列明的菌种。

f. "中国食物成分表"中所涉及的食品。

② 不得使用的配料。

a. 非食用物质，如三聚氰胺、硼酸、硼砂、吊白块、罂粟壳、工业用乙酸等。

b.《中华人民共和国药典》、相关文献典籍和国家食品药品监管部门有关文件中所列明的药品（不包括既是食品又是药品的物品和可用作食品添加剂的物品）。

c.《卫生部关于进一步规范保健食品原料管理的通知》（卫法监发〔2002〕51 号）中规定的"可用于保健食品的物品名单"和"保健食品禁用的物品名单"中所列物品，以及其他规定的只能用于保健食品原料的物品，如透明质酸钠等。

d. 国务院有关部门通知文件、国家质量监督检验检疫部门警示通报中禁止加入普通食品中的配料，如蜂胶、黄芪、冬虫夏草、羊胎素、野生甘草、麻黄草、苁蓉、雪莲、熊胆粉、肌酸等。食品国家标准或行业标准规定可以添加到特定食品的除外，如按照《运动营养食品运动人群营养素》（QB/T 2895）肌酸可添加到 B 类运动人群营养素中。

e. 运动营养食品不得使用世界反兴奋剂机构禁用物质。

f. 食品安全国家标准规定中不得加入特定食品的配料，如氢化油脂不得加入婴儿配方食品。

g. 某些产品中不得加入受检验检疫准入限制的配料，如速冻面米制品的肉馅应来自准入国家或地区，其他标准规定不允许使用的配料。

**（4）监督管理**

① 各标签施检部门应于每月第 1 个工作日向食品处报送上月进口预包装食品批次数和备案数，对未实施标签备案的情况要做出书面解释。

② 各标签施检部门在标签检验监督管理工作中，发现不合格的，应按照相关规定上报食品处。

③ 已经进入流通领域的进口预包装食品，发现标签不符合食品安全国家标准的，进口商应实施主动召回，向社会发布有关信息，通知销售者停止销售，告知消费者停止使用，并将食品召回情况报告食品处，由食品处通报其工商注册地食品安全主管部门，并根据产品影响范围按照规定逐级上报召回情况。

进口商不主动实施召回的，施检部门向其发出责令召回通知书，并报告国家质量监督检验检疫部门、同时通报进口商工商注册地食品安全主管部门。

## 11.8.4 　婴幼儿配方乳粉产品配方注册管理办法

目前国家对婴幼儿配方奶粉实行配方注册政策，对于成人奶粉只能在跨境保税模式中执行，跨境直邮形式不能进口成人奶粉，目前在跨境综试区此政策暂缓执行，保持现状到2018 年底。

① 申请人应当为拟在中华人民共和国境内生产并销售婴幼儿配方乳粉的生产企业或者

拟向中华人民共和国出口婴幼儿配方乳粉的境外生产企业。

申请人应当具备与所生产婴幼儿配方乳粉相适应的研发能力、生产能力、检验能力，符合粉状婴幼儿配方食品良好生产规范要求，实施危害分析与关键控制点体系，对出厂产品按照有关法律法规和婴幼儿配方乳粉食品安全国家标准规定的项目实施逐批检验。

② 申请注册产品配方应当符合有关法律法规和食品安全国家标准的要求，并提供证明产品配方科学性、安全性的研发与论证报告和充足依据。

申请婴幼儿配方乳粉产品配方注册，应当向国家市场监督管理总局提交下列材料：

a. 婴幼儿配方乳粉产品配方注册申请书。

b. 申请人主体资质证明文件。

c. 原辅料的质量安全标准。

d. 产品配方研发报告。

e. 生产工艺说明。

f. 产品检验报告。

g. 研发能力、生产能力、检验能力的证明材料。

h. 其他表明配方科学性、安全性的材料。

③ 同一企业申请注册两个以上同年龄段产品配方时，产品配方之间应当有明显差异，并经科学证实。

每个企业原则上不得超过 3 个配方系列 9 种产品配方，每个配方系列包括婴儿配方乳粉（0～6 月龄，1 段）、较大婴儿配方乳粉（6～12 月龄，2 段）、幼儿配方乳粉（12～36 月龄，3 段）。

### 11.8.5 医疗器械、机电产品的获批条件

目前医疗器械需要得到食品药品管理局的批准，一般医疗企业需要 3 年临床试验。机电产品金额比较大，金额一般要求超过 2 000 元。

跨境领域产品基本集中在日用消费品范围，医疗器械和机电产品基本上不通过跨境电子商务形式进口。

## 11.9 跨境运输工具、集装箱、包装物的检疫

### 11.9.1 运输工具检验检疫

**(1) 运输工具的动植物检疫范围**

① 来自动植物疫区的船舶、飞机、火车、入境的车辆、入境供拆船用废旧船舶。

② 装载出境/入境/过境的动植物、动植物产品和其他检疫物的运输工具。

③ 中华人民共和国国境卫生检疫法第四条规定：入境、出境的人员交通工具、运输工具以及可能传播检疫传染病的行李、货物、邮包等物品都应当接受检疫，经国境卫生检疫机关许可，方准入境或出境。

**(2) 出入境运输工具的检验检疫的规定**

口岸出入境检验检疫机构在对运输工具的检疫和监管过程中行使下列职责：

① 决定是否允许船舶、飞机进港或出港。

② 检查运输工具的有关证件是否有效。

③ 检查运输工具上是否有染疫病人、染疫嫌疑人或被疫源污染。

④ 检查运输工具上是否存在危险性有害生物或病媒昆虫或其他传播媒介。

⑤ 检查运输工具上的各类设施是否符合卫生要求。

⑥ 对运输工具实施除虫、灭鼠、消毒或其他除害处理。

⑦ 对来自疫区动植物产品或食品实施封存处理。

⑧ 做好入境汽车的轮胎消毒，保证汽车轮胎消毒池的药物容量和浓度符合国家规定。

⑨ 签发有关运输工具检疫的证书。

**（3）运输工具负责人应尽的义务**

运输工具负责人是指接受检疫的船舶、飞机、火车、汽车的船长、机长、列车长、汽车司机或他们的代表，其应尽如下义务：

① 应及时填写和交验有关单证。如"船舶总申报单""船员名单""旅客名单""船用物品申报单""航海健康申报书""载货清单""出入境检验检疫车辆（船舶）及货物申报簿"等。

② 如实回答检验检疫人员的询问，并在所提供的文件和询问记录上签字。

③ 提供与检验检疫有关的文件，如运行日志、载货清单、卫生证书、除鼠/免于除鼠证书等。

④ 配合检验检疫人员开展检疫工作，如打开船舶、飞机、火车的货舱、食品舱、配餐间储藏室，打开汽车的车厢，协助抽样等。

⑤ 落实检验检疫机关的管理措施，如做好运输工具的除虫、灭鼠、消毒或其他除害处理等。

**（4）运输工具检疫的主要内容**

① 检查运输工具内是否有染疫人、染疫嫌疑人，被检疫传染病污染部位。

② 检查运输工具内是否携带国家禁止或限制进境的物品。

③ 检查运输工具内是否携带动植物的危险性有害生物。

④ 检查运输工具内是否携带人类检疫传染病的传播媒介如鼠类、病媒昆虫等。

⑤ 检查运输工具的有关证件是否有效，并签发有关证书。

⑥ 检查运输工具的食品、饮用水、从业人员以及环境卫生是否符合国家规定要求。

⑦ 检查运输工具是否适合装载特定的进出口货物。

**（5）运输工具检疫的重点**

① 检查交通员工和乘客的健康状况。

② 交通员工和乘客生活、活动的场所，如船舶的生活舱等。

③ 存放和使用食品及饮用水、动植物产品的场所，如船舶的厨房、储藏室、食品舱，火车的餐车，飞机的配餐间等。

④ 容易隐藏动植物危险性有害生物的场所，如货舱壁、夹缝、船舷板、车厢壁等。

⑤ 容易隐藏病媒昆虫（如黄热病-埃及伊蚊）和其他传播媒介（如鼠疫-啮齿动物）的场所，如船舶、生活舱、货舱、机舱等。

⑥ 存放泔水和动植物性废弃物、垃圾等的场所和运输工具上的卫生间。

⑦ 陆路口岸出入境汽车的驾驶室。

⑧ 饮用水、压舱水（停泊下锚）。

**（6）运输工具的除害处理**

如果外国运输工具的负责人拒绝接受出入境检验检疫机构的卫生除害处理，除有特殊情况外，准许该运输工具在出入境检验检疫机构的监督下，立即离开中华人民共和国国境。

除害处理包括熏蒸、消毒、除鼠、除虫等，出入境检验检疫机构或其认可的机构按下列原则对出入境运输工具作防疫消毒或除害处理：

① 被人类检疫传染病污染的运输工具应当作检疫消毒处理。

② 发现有与人类健康有关的啮齿动物或者病媒昆虫的运输工具应当作除鼠、除虫处理。

③ 来自动植物疫区的进境车辆，应进行轮胎消毒。

④ 装运供应中国香港、澳门地区的动物的回空车辆（包括汽车和火车），实施整车防疫消毒。

⑤ 装运食品出境的集装箱、车厢、船舱，在装货前应当清洁并作消毒处理。

⑥ 装载进口动物的运输工具抵达口岸时，上下运输工具或接近动物的人员，应当接受口岸出入境检验检疫机构实施的防疫消毒，并执行其采取的其他现场防疫措施。

⑦ 装运过境动物的运输工具到达进境口岸时，由出入境检验检疫机构对运输工具容器的外表进行消毒。

⑧ 装载出口动物的运输工具，装载前在出入境检验检疫机构的监督下进行消毒处理。

⑨ 装载植物、动植物产品出口的运输工具，经检查发现危险性病虫害或者超过规定标准的一般性病虫害的，作除害处理后方可装运。

## 11.9.2 入境集装箱检验检疫

**（1）入境集装箱实施检验检疫的范围**

① 所有入境集装箱应实施卫生检疫。

② 来自动植物疫区的，装载动植物、动植物产品和其他检验检疫的，以及箱内带有植物性包装物或铺垫材料的集装箱，应实施动植物检疫。

③ 法律、行政法规、国际条约规定或者贸易合同约定的其他应当实施检验检疫的集装箱，按照有关规定、约定实施检验检疫。

**（2）入境集装箱报检的时限、地点及应提供的单据**

① 集装箱入境前、入境时或过境时，承运人、货主或其代理人，必须向入境口岸出入境检验检疫机构报检，未经出入境检验检疫机构许可，集装箱不得提运或拆箱。

② 入境集装箱报检时，报检人应根据不同的情况填写"入境货物报检单"或"出/入境集装箱报检单"；提供提货单，到货通知单等有关单据，提供集装数量、规格、号码、到达或离开口岸的时间、装箱地点和目的地、货物的种类、数量和包装材料等情况。

**（3）装载法定检验检疫商品的入境集装箱的检验检疫**

① 报检人应填写"入境货物报检单"，在入境口岸结关的集装箱和货物一次性向入境口岸出入境检验检疫机构报检。

② 受理报检后，集装箱结合货物一并实施检验检疫，合格的准予放行，并统一出具"入境货物通关单"。经检验检疫不合格的，按规定处理。

③ 需要实施卫生除害处理的，签发"检验检疫处理通知书"，完成处理后应报检人要求出具"熏蒸/消毒证书"。

④ 装运经国家批准进口的废物原料的集装箱，应当由入境口岸出入境检验检疫机构实

施检验检疫。符合国家环保标准的，签发检验检疫情况通知单；不符合的，出具环保安全证书，并移交当地海关、环保部门处理。

**（4）装载非法定检验检疫商品的入境集装箱和入境空箱的检验检疫**

① 在入境口岸结关的集装箱，报检人应填写"出／入境集装箱报检单"向入境口岸出入境检验检疫机构报检。

② 受理报检后，根据集装箱体可能携带的有害生物和病媒生物种类以及其他有毒有害物质情况实施检验检疫。

③ 实施检验检疫后，对不需要实施卫生除害处理的，应报检人的要求出具"集装箱检验检疫结果单"；对需要实施卫生除害处理的，签发"检验检疫处理通知书"，完成处理后应报检人要求出具"熏蒸／消毒证书"。

**（5）入境转关分流的集装箱**

指运地结关的集装箱，入境口岸受理报检后，检查外表，必要时进行卫生处理，办理调离和签封，到指运地进行检验检疫。

### 11.9.3　包装物检验检疫

运输包装物、铺垫材料是指国际贸易中运输货物所使用的包装和铺垫物。

**（1）包装物的种类**

① 按包装外部分：袋、包、桶、箱。

② 按包装材料分：纸、金属、塑料、植物性包装。

**（2）应检范围**

装载动植物、动植物产品和其他检疫物进出境和过境的包装物、铺垫材料，如木、竹、藤、柳、草、秸秆等做的箱、筐、篓、袋、围板及填充物、铺垫物等。

装载非动植物产品进境的植物性包装物、铺垫材料。

输入国有检疫要求的出境植物性包装物、铺垫材料。

**（3）检疫方法**

① 货物进境时，由货主或其代理人向入境口岸动植物检疫机构办理报检手续。检疫人员在受理报检、审核单证的同时，结合登轮、登机、登车检疫货物、运输工具，了解货物包装种类，防止漏报漏检。

② 包装物的检疫重点是现场检疫，发现问题，现场不能确定的，取回室内检验鉴定。装载动植物及其产品的包装物与货物一同检疫，装载非动植物及其产品的包装物经检疫机关许可的，可调到拆箱地点实施检疫。

③ 集装箱运输的转关货物的包装物，由货主或其代理人向入境口岸动植物检疫机构办理报检和动植物检疫调离手续，入境口岸动植物检疫机构负责审单，箱表检疫或进行防疫消毒，并签发"检疫调离通知单"，由到达地口岸动植物检疫机构对包装物进行检疫或作检疫处理。

## 11.10　跨境检验检疫信息系统

国家质量监督检验检疫部门为促进跨境电子商务的产业发展，方便企业通关开发了"跨境电商零售进出口检验检疫信息化管理系统"，系统在 2017 年初已在全国陆续部署，跨境电子商务企业可以联系当地出入境检验检疫机构，进行系统对接。

将国家质量监督检验检疫部门跨境电商零售进出口检验检疫信息化管理系统经营主体（企业）、第三方平台接入相事宜公告如下：

① 免费提供跨境电商零售进出口检验检疫信息化管理系统清单录入功能。电子商务经营主体（企业）或其代理人、第三方平台可登录跨境电商零售进出口检验检疫信息化管理系统企业端子系统（http：//www.kj.eciq.cn）进行清单的手工录入、修改、申报、查询等操作。具体操作参见《跨境电商零售进出口检验检疫管理系统（企业端）用户手册 V1.0》。

② 公开跨境电商零售进出口检验检疫信息化管理系统经营主体（企业）对接报文标准。参与跨境电子商务业务的经营主体（企业）、第三方平台按照标准自行开发或市场化采购接入服务。有关报文标准规范参见《跨境电商零售进出口检验检疫管理系统企业对接报文规范（试行）V1.0》。

③ 跨境电子商务经营主体（企业）、第三方平台对于其向出入境检验检疫局所申报及传输的电子数据承担法律责任。

④ 跨境电商零售进出口检验检疫信息化管理系统可接收经营主体（企业）、第三方平台提供的业务单证信息，主要有备案信息、商品清单、三单等，具体如表 11-1 所示。

表 11-1　业务单证数据传输主体

| 序号 | 业务单证信息名称 | 传输主体 | 备注 |
|---|---|---|---|
| 1 | 经营主体备案 | 电子商务企业、物流企业等跨境电子商务贸易参与企业或其代理人 | |
| 2 | 商品备案 | 电子商务企业或电子商务平台 | |
| 3 | 入区清单 | 电子商务企业或电子商务平台 | |
| 4 | 出区清单 | 电子商务企业或电子商务平台 | |
| 5 | 入库单 | 电子商务企业或仓储企业 | 暂缓执行 |
| 6 | 订单 | 电子商务企业或电子商务平台 | |
| 7 | 运单 | 物流企业 | |
| 8 | 支付单 | 支付企业 | |

⑤ 跨境电商零售进出口检验检疫信息化管理系统的企业用户操作手册、企业对接报文标准等附件文档如有变更将通过国家质量监督检验检疫部门官网发布。

⑥ 对于各地已经建成的跨境电子商务公共服务平台或"单一窗口"平台，如果数据标准与接入事宜完全能满足要求的，可以直接与总局版跨电系统对接；如果暂不能满足要求的，需通过升级改造后，与总局版跨电系统对接。

# 本章小结

本章从总体上对跨境检验检疫相关规定作了汇总说明，共包括十方面的内容，首先介绍了国家检验检疫管理部门概况，由于 2018 年 3 月十三届全国人大一次会议审议通过《国务院机构改革方案》，"将国家质量监督检验检疫总局的出入境检验检疫管理职责和队伍划入海关总署"，所以该部分内容以 2018 年 3 月为界分别阐述。后面就国家检验检疫在口岸对跨境商品进口监管场地、备案、申报管理等方面做了详尽的介绍。

# 思　考　题

1. 简述跨境商品检验检疫与普通货物检验检疫的区别。
2. 跨境贸易货物检验检疫监管难点有哪些？
3. 简述跨境商品检验检疫的依据。
4. 简述办理跨境商品检验检疫的一般程序。
5. 简述保税备货公共监管库检验检疫规定。
6. 如何申请预包装食品检验检疫标签？
7. 预包装食品配料应符合哪些规定？
8. 简述运输工具检疫的主要内容及特点。
9. 简述包装物检验检疫。

# 第12章

# 跨境电子商务保险

## 12.1　保险的概念和分类

### 12.1.1　保险的概念

保险既是一种经济制度，同时也是一种法律关系。从经济角度讲，保险用来在发生自然灾害和意外事故时，对保险人的财产损失给予经济补偿或人身伤亡给付保险金的一项制度。从法律角度讲，《中华人民共和国保险法》（以下简称《保险法》）第 2 条对保险的定义是："投保人根据合同约定，向保险人支付保险费，保险人对于合同约定的可能发生的事故因其发生所造成的财产损失承担赔偿保险金责任，或者当被保险人死亡、伤残、疾病或者达到合同约定的年龄、期限时承担给付保险金责任的商业保险行为。"

### 12.1.2　保险的分类

保险的分类如下：

① 按保险性质的不同分为商业保险、社会保险和政策保险三类。

② 按保险的标的分类，保险标的或称为保险对象是指保险合同中所载明的投保对象。在商业保险中，按不同的标的，广义上可分为财产保险和人身保险两大类；狭义上保险可细分为财产保险、责任保险、信用保证保险和人身保险四类。

③ 按保险的实施形式分为强制保险和自愿保险。

④ 按风险转移层次分为原保险和再保险。

### 12.1.3　保险的基本原则

保险的基本原则是投保人（或被保险人）和保险人签订保险合同、办理索赔和理赔工作所必须遵守的原则。保险的基本原则主要有：可保利益原则、最大诚信原则、补偿原则，代位追偿原则、重复保险分摊原则等。

**（1）可保利益原则**

ⅰ.可保利益的概念

可保利益，又称保险利益或可保权益，指投保人或被保险人对保险标的所具有的利害关系，这种利害关系是法律所承认的、可以投保的经济利益，这种经济利益可因保险事故的发生而受到损害，也可因不发生保险事故而获得利益。例如，在电子商务国际贸易中，跨境电子商务通过海运的货物，若安全抵达目的地，贸易商尚可安全地把货物送达客户手中。若中途灭失或损坏，贸易商的利益则可能丧失或减少。

ⅱ. 可保利益必须具备的条件

被保险人应当事实上与产生经济利益的保险标的之间存在关系，构成可保利益应当具备两个要件。根据《保险法》第 12 条第 3 款，可保利益须具备两个要件。

① 可保利益应当是一种经济利益。

被保险人如欲取得可保利益，必须可以合理地期待从保险财产的安全或预期到达受益，或者因其损失或滞留而遭受不利。如果保险标的事实上并不处于这种风险之中，或在保险开始之时不会处于此种风险之中，则不存在经济利益，从而也就没有可保利益。

可保利益作为经济利益须用金钱计算。被保险人遭受的非经济损失，如被保险人对保险标的的感情寄托或被保险人遭受的精神创伤、政治打击、行政或刑事处罚等，虽与被保险人有利害关系，也不能构成可保利益。不能以货币估价的财产，如无价之宝，保险人难以承保，也难以充作可保利益。

② 可保利益必须是合法的利益。

可保利益必须是严格的法定权利或根据合同产生的权利。可见，只有法律认可的特定经济利益才能成为可保利益。可保利益必须符合社会公共秩序要求，不违反法律禁止性规定，符合法律的强制性规定。否则，即使被保险人对保险财产存有利害关系，例如，对走私货物或没有进口权而进口的货物享有占有利益，仍无可保利益。

ⅲ. 可保利益原则的含义和作用

① 可保利益原则的含义。

可保利益原则是指投保人对要求保障的标的必须具备法律承认的经济利益，表现在财产保险中，投保的财产标的在遭受危险事故时会对投保人造成经济损失；表现在人身保险中，投保的人身标的在遭受意外事故或丧失劳动能力时会对被保险人或其家属带来经济困难，也就是说，保险标的遭到事故而导致投保人在经济上有所损失。宽限期：续期保费虽然订有缴费日期，但若是客户一时资金周转不灵，保险公司给予其补交所欠保费的机会，暂不行使解约权，仍维持合同效力的一种合同约定。法律或合同约定的宽限期一般为 60 天，从保险人的代理人进行催告之时开始计算。宽限期条款意味着，当投保人未按时缴纳第二期及第二期以后各期的保险费时，在宽限期内，保险合同仍然有效。如果发生保险事故，保险人仍予负责，但要从保险金中扣回所欠的保险费。同时，在宽限期内的任何时日，投保人都可以到保险公司交纳保险费，且不计利息。

② 可保利益原则的作用。

可以防止变保险合同为赌博性合同：众所周知，保险不是赌博，划分保险合同和赌博性合同的界限在于保险人对其投保人对其投保的标的是否具有可保利益。如果投保人或被保险人在没有可保利益的情况下与保险人签订了合同，则这个合同就是以他人的生命财产进行赌博的合同，如果保险法对利用保险合同进行赌博没有任何限制，任何对保险标的没有利害关系的人都可以通过保险标的的损失获得赔偿，即被保险人不是获得损失赔偿而是通过损失发财，这就背离了保险的宗旨，并将保险引入歧途。可保利益原则的确立，要求投保人或被保险人必须对保险标的具有可保利益，才能同保险人订立有限的保险的合同，这一规定可以从根本避免变保险合同为赌博性合同的行为。

**（2）最大诚信原则**

最大诚信原则是指保险合同要求保险双方高度诚信，投保人应向保险人如实申报标的的危险情况，不能隐瞒有关签订保险合同的任何重要事实，否则，保险合同无效。即使投保人非故意的、错误陈述某些重要事实，保险人也有权解除合同。

最大诚信原则主要涉及以下三方面的主要内容：

ⅰ．告知与不告知

告知是指被保险人在投保时把其所知道的有关保险标的重要事项告诉保险人。保险中所谓的重要事项也称重要事实，是指一切可能影响保险人作出是否承保，以及确定保险费率的有关情况。需要指出的是，对于重要事项的判断是以保险人对保险标的的风险分析为判断依据的，而不是以投保人或被保险人对保险标的的认识为依据的，即有关保险标的的情况是否为重要事项是由保险人决定的，而不是由被保险人决定的。

告知可以分为确认告知和承诺告知。前者是指投保人向保险人告知已经存在的事实与情况，属于事实告知；后者是指投保人告知将来可能发生的事实或情况，属于承诺告知。无论是确认告知或承诺告知，投保人对重要事项的告知义务必须严格属实，不能失误。

若投保时无论何种原因，投保人或被保险人对重要事项没有作说明，即构成不告知。如果投保人对重要事项故意不告知，或投保人对重要事项的告知有错误或不全面，则构成了保险上的隐瞒。对于不告知的法律后果，《中华人民共和国海商法》有下列规定：如果被保险人的不告知是故意行为，保险人有权解除合同，并且不退还保险费，合同解除前发生保险事故造成损失的，保险人不负赔偿责任，如果被保险人的不告知不是故意所为，保险人有权解除合同或者要求相应增加保险费。保险人解除合同的，对于合同解除前发生保险事故造成的损失，保险人应当负赔偿责任，但未告知或者错误告知的重要情况对保险事故的发生有影响者除外。

各国保险立法关于投保人告知义务的形式不完全相同，主要有两类：一类称"无限告知"义务，即投保人应自动将其所知道的与保险标的有关的一些重要事实告知保险人，而不仅限于投保单上所列的内容。另一类称"询问告知"义务，即保险人在投保单上将自己所要了解的事实列出，由投保人逐项回答，凡属投保单上所询问的事项，均视为重要事实，投保人只需逐项如实回答，即认为已履行了告知义务。

ⅱ．陈述与错误陈述

陈述是指被保险人在磋商保险合同或在合同订立前对其所知道的有关保险标的的情况，向保险人所作的说明；陈述是被保险人履行告知义务的一种形式。根据陈述内容不同，陈述有下列三种类型：

① 对重要事实的陈述。

按照国际保险市场的习惯做法，被保险人对重要事实所作陈述必须真实，如果不真实或对保险人所询问的事项保持沉默，即视为对重要事实的错误陈述，在此情况下，保险人将以被保险人违反最大诚信原则而解除合同。

② 对一般事实的陈述。

被保险人对一般事实所做的陈述，只要基本正确即视为真实。即使被保险人所做陈述与实际情况之间有一定差异，但从谨慎的保险人的角度上来看认为出入不大，即视为真实的陈述，保险合同不得解除。

③ 对希望或相信发生的事实的陈述。

被保险人对此类事实所作的陈述，只要出于善意和诚信，即为真实的陈述。这种陈述即使与事实有出入，保险人也不能解除合同。

如果投保人对重要事项的陈述错误，即构成了错误陈述。只要错误陈述事实上成立，保险人即可据此为由解除保险合同。

ⅲ. 保证与违反保证

保证也称担保，是指被保险人在保险合同中所做的保证要做或不做某种事情，或保证某种情况的存在或不存在，或保证履行某一条件。对于保险合同中的保证条件，不论其重要性如何，被保险人均须严格遵守，如有违反，保险人可自保证被违反之日起解除义务；而且被保险人即使在损失发生之前已对其违反的保证做出了弥补，也不能以此为由为其违反保证的事实提出辩护，保险人仍可按违反保证处理。如果被保险人违反保证，保险人虽可按规定自被保险人违反保证之日起解除义务，但对违反保证之前所发生的保险事故，仍须承担赔偿责任。

**（3）补偿原则**

保险的补偿原则是指当保险标的物发生保险责任范围内的损失时，保险人应按照保险合同条款的规定履行赔偿责任，但保险人的赔偿金额不能超过保单上的保险金额或被保险人的实际损失，保险人的赔偿不应使被保险人因保险赔偿而获得额外利益。

ⅰ. 赔偿金额既不能超过保险金额，也不能超过实际损失

保险价值是指保险人与被保险人双方商定的保险标的物的经济价值，它是保险人履行损失赔偿的最高限额，是确定保险金额的依据。

保险的补偿原则主要应用于财产保险中，各种财产因其在不同时期存在不同的市场价值，所以在投保时，主要采用不定值保险单的形式。在不定值保单中，保险人和被保险人双方在投保时只商定一个投保金额，当标的物发生损失时，再确定损失当时标的物的实际价值。

财产保险一般采用定值保险单，所谓定值保险单是指在投保时，保险人和被保险人双方对标的物的价值加以确定的保险单，并以这个确定的价值作为保额投保。当标的物发生损失时，则以这个确定的价值作为计算赔款的依据，不再核实标的物受损时的实际价值。因此，对定值保险单的赔偿是在保额的限额内按实际损失赔偿，最高赔偿金额不超过双方约定的保险价值。

ⅱ. 被保险人必须对保险标的具有可保利益

保险人承担经济赔偿责任，是以被保险人对保险标的具有可保利益为前提条件的。同时，赔偿金额也以被保险人在保险标的中所具有的可保利益金额为限度。

ⅲ. 被保险人不能通过保险赔偿而得到额外利益

保险的赔偿是对被保险人遭受的实际损失进行补偿，使其恢复到受损前的经济状态，而不应使被保险人通过保险补偿获得额外利益：如果保险事故是由第三者责任所引起的，被保险人从保险人处获得全部损失的赔偿后，必须将其享有的向责任方追偿损失的任何权利转让给保险人，他不能从第三者那里再得到额外的赔偿。虽然一个被保险人可以将其财产投保多张保单，但他不能获得超过其财产总值的赔款金额。

**（4）代位追偿原则**

根据保险补偿原则，保险是对被保险人遭受的实际损失进行补偿。当保险标的物发生了保险人承保责任范围内的灾害事故，并且这一保险事故是由保险人和被保险人以外的第三者承担责任时，为了防止被保险人在取得保险赔款后，又重复向第三者责任方取得补偿，获得额外利益，在保险补偿原则的基础上又产生了代位追偿的原则，所以说代位追偿原则是由补

偿原则派生出来的。

被保险人遭受的损失是否能构成代位追偿，有以下两个条件：

① 损失必须是第三者因疏忽或过失产生的侵权行为或违约行为所造成，而且第三者对这种损失，根据法律的规定或双方在合同的约定负有赔偿责任。

② 第三者的这种损害或违约行为又是保险合同中注明的保险责任。如果第三者的损害或违约行为与保险无关，就构不成保险上的代位追偿权。

**（5）重复保险分摊原则**

重复保险亦称双重保险，是指被保险人以同一保险标的物，向两个或两个以上的保险人投保了相同的保险，在保险期限相同的情况下，其保险金额的总和超过了该保险标的实际价值。

在重复保险的情况下，当发生保险事故，对于保险标的所受损失，由各保险人分摊。如果保险金额总和超过保险价值的，各保险人承担的赔偿金额总和不得超过保险价值。这是补偿原则在重复保险中的运用，以防止被保险人因重复保险而获得额外利益。

例如，某保险标的的实际价值是 200 万元，投保人分别向甲保险公司投保 80 万元，向乙保险公司投保 120 万元，向丙保险公司投保 40 万元，向丁保险公司投保 160 万元。发生保险事故后，该保险标的的实际损失为 60 万元，如果按照最大责任分摊法，则各家保险公司承保的保险标的的保险金额总额为：80＋120＋40＋160＝400（万元）。4 个保险人应分担的赔偿金额分别为：（80/400）×60＝12（万元），（120/400）×60＝18（万元），（40/400）×60＝6（万元）和（160/400）×60＝24（万元）。

## 12.2　海运货物保险

### 12.2.1　海运货物保险的风险

在海运货物保险实践中，通常将保险保障的风险分为海上风险和外来风险两大类。

**（1）海上风险**

海上风险一般是指船舶或货物在海上航行中发生的或随附海上运输所发生的风险。在现代海上保险业务中，保险人所承保的海上风险具有特定的含义和范围，一方面它并不包括一切在海上发生的风险，另一方面它又不局限于航海中所发生的风险。保险人承保的海上风险都在保单中或保险条款中有明确规定，保险人只负责由保单列明的风险造成的保险标的损失。因此，正确理解各种风险的确切含义就显得十分重要。

我国现行的《海洋运输货物保险条款》及《英国伦敦协会海运货物保险条款》所承保的海上风险，从性质上划分，主要可分为自然灾害及意外事故两大类。

ⅰ. 自然灾害

所谓自然灾害，就一般意义上讲，是指不以人的意志为转移的自然界的力量所引起的灾害。但在海上货物运输保险业务中，自然灾害并不是泛指一切由于自然界力量引起的灾害。按照我国的《海洋运输货物保险条款》的规定，所谓自然灾害仅指恶劣气候、雷电、海啸、洪水等人力不可抗拒的灾害。根据《英国伦敦协会海运货物保险条款》的规定，属自然灾害性质的风险有：雷电、地震、火山爆发、浪击落海，以及海水、湖水、河水进入船舶、驳船、运输工具、集装箱、大型海运箱或储存处所等。

ⅱ．意外事故

意外事故一般是指人或物体遭受到外来的、突然的、非意料之中的事故。但在海上保险业务中，所谓意外事故并不是泛指海上发生的所有意外事故。按照我国《海洋运输货物保险条款》的规定，意外事故是指：运输工具遭受搁浅、触礁、沉没、互撞、与流冰或其他物体碰撞以及失火、爆炸等；根据《英国伦敦协会海运货物保险条款》，除了船舶、驳船的触礁、搁浅、沉没、倾覆、火灾、爆炸等属意外事故外，尚有陆上运输工具的倾覆或出轨也属意外事故的范畴。在海上保险业务中，各种意外事故都有其特定的含义。海上货运保险承保的各种意外事故主要指火灾、爆炸、搁浅、触礁、沉没、碰撞、倾覆、投弃、船长或船员的恶意行为等。

**（2）外来风险**

外来风险是指海上风险以外的其他外来原因所造成的风险。外来风险同样必须是意外的和偶然的。外来风险可分为一般外来风险和特殊外来风险。

ⅰ．一般外来风险

一般外来风险是指货物在运输途中遭遇意外外来因素导致的事故，通常包括偷窃、提货不着、短量、雨淋、混杂、玷污、渗漏、碰损、破碎、串味、受潮受热、钩损、锈损等。

ⅱ．特殊外来风险

特殊外来风险是指除一般外来风险以外的其他外来原因导致的风险，往往是与政治、军事、社会动荡以及国家行政措施、政策法令等有关的风险。常见的特殊外来风险主要有战争风险、罢工风险、没收风险或进口国有关当局拒绝进口的风险等。

## 12.2.2　海运货物保险的损失

在海运货物保险中，保险人承保的由于海上风险和外来风险造成的损失，按照损失程度可分为全部损失和部分损失。

**（1）全部损失**

全部损失简称全损，是指被保险货物由于承保风险造成的全部灭失或视同全部灭失的损害。在海上保险业务中全部损失分为实际全损和推定全损。

ⅰ．实际全损

实际全损也称绝对全损，《中华人民共和国海商法》第 245 条规定：保险标的发生保险事故后灭失，或者受到严重损坏完全失去原有形体、效用，或者不能再归被保险人所拥有的，为实际全损。

构成被保险货物的实际全损有下列 4 种情况：

① 被保险货物的实体已经完全灭失。

② 被保险货物遭到严重损害，已丧失了原有的用途和价值。

③ 被保险人对保险货物的所有权已无可挽回地被完全剥夺。

④ 载货船舶失踪，达到一定时期（《中华人民共和国海商法》规定为 2 个月）仍无音讯。

保险标的发生实际全损时，被保险人无须办理任何法律手续即可向保险人请求按保险金额获得全损赔偿。

ⅱ．推定全损

推定全损也称商业全损，是指被保险货物在海上运输中遭遇承保风险之后，虽未达到完全灭失的状态，但是可以预见到它的全损将不可避免；或者为了避免全损，需要支付的抢救、修理费用加上继续将货物运抵目的地的费用之和将超过保险价值。

从上述定义可知，判断货物的推定全损有两个相互独立的标准：一是实际全损不可避免；二是为避免实际全损，所需支付的费用和续运费用之和超过保险标的价值。

在推定全损的情况下，被保险人获得的损失赔偿有两种情况：一种是被保险人获损的赔偿；另一种是被保险人获得部分损失的赔偿。如果被保险人想获得全损的赔偿，必须无条件地把保险货物委付给保险人。

ⅲ. 委付

所谓委付，是指被保险人在保险标的处于推定全损状态时，向保险人声明愿意将保险标的的一切权益，包括财产权及一切由此产生的权利与义务转让给保险人，而要求保险人按全损给予赔偿的一种行为。

在具体做法上，被保险人应以书面或口头方式向保险人发出委付通知，一方面向保险人表示其希望转移货物所有权，以获得全损赔偿，另一方面便于保险人在必要时能及时采取措施，避免全损或尽量减少被保险货物的损失。因此，被保险人一旦得知货物受损处于推定全损状态并愿按委付方式处理时，应立即发出委付通知，根据《中华人民共和国海商法》的规定，对于被保险人所提出的委付要求，保险人无论是否接受，他都应在合理的时间内做出决定并通知被保险人。

由于委付是海上货物运输保险中处理索赔的一种特殊做法，各国保险法都对委付有严格的规定，一般地讲，委付的构成必须符合下列条件：委付通知必须及时发出；委付时必须将被保险货物全部进行委付；委付不能附带任何条件；委付必须经保险人承诺才能生效。

ⅳ. 实际全损与推定全损的区别

① 损失的情况不同。

实际全损是指保险标的遭受保险事故后，确实已经灭失、损毁或失去原有用途和使用价值，不能再恢复原样或不再能收回，强调全部损失已经出现，无法补救；推定全损则是指保险标的已经受损，但当时并未完全灭失，将来会出现全部损失，或者可以修复或收回保险标的，只是因此所需支出的费用将超过保险标的的价值，强调全部损失是将来的或可以补救的。

② 赔偿的情况不同。

发生实际全损后，被保险人无须办理任何法律手续，即可向保险人要求按保险金额赔付全部损失；但在推定全损情况下，被保险人在要求保险人按全损赔偿前，必须先发出委付通知，将保险标的委付给保险人。

虽然实际全损和推定全损之间的区别是客观存在的，但在实践中，实际全损和推定全损之间并无绝对的界限，保险标的到底属于实际全损或推定全损并不取决于被保险人是否已经向保险人委付保险标的，而是往往取决于法院或仲裁庭的裁决。如果法院或仲裁庭认为损失为实际全损，委付失去意义，这并不影响被保险人按实际全损索赔的权利，因而在海上保险实务中，几乎在每一个全损案件中，被保险人都向保险人发出委付通知，作为推定全损处理。

**（2）部分损失**

部分损失也称分损，是指由保单承保风险直接造成的保险标的的没有达到全部损失程度的一种损失。任何损失如果不属于全部损失，即为部分损失。根据英国《1906 年海上保险法》的规定，货物的部分损失可分为货物的一部分全损和货物的一部分或全部遭受部分损失这两种情形。区分全部损失和部分损失的法律意义在于保险人对这两者在赔偿处理时有所区别，例如有的保险单仅承保货物的全部损失，对部分损失不予赔偿；又如保险人按全损赔偿后，可取得保险标的的全部权利和义务。因此，在保险理赔实践中，应明确货物的损失程度，按照损失的性质来划分，部分损失可以分为单独海损和共同海损。

ⅰ．单独海损

单独海损是指保险标的在海上运输中，由于保单承保风险直接导致的船舶或货物本身的部分损失。例如，载货船舶在海上航行中遭遇暴风巨浪，海水进入船舱致使部分货物受损，此项由承保风险造成的货物的部分损失即为货方的单独海损。单独海损是一种特定利益方的部分损失，它不涉及其他货主或船方。

构成单独海损应具备下述条件：一是单独海损必须是意外的、偶然的海上风险事故直接导致的损失；二是单独海损由受损货物的货主或船方自行承担。并不影响他人的利益。另外单独海损仅仅指保险标的本身的损失，并不包括由此引起的费用损失。

ⅱ．共同海损

① 什么是共同海损。

共同海损是指载货运输的船舶在同一海上航程中遭遇自然灾害、意外事故或其他特殊情况，使航行中的船东、货主及承运人的共同安全受到威胁，为了解除共同危险，维护各方的共同利益或使航程继续完成，由船方有意识地合理地采取抢救措施所直接造成的某些特殊货物损失或支出的额外费用。

共同海损由两部分组成：一是共同海损行为导致的船舶、货物等本身的损失，称为共同海损牺牲；二是为采取共同海损行为而支付的费用，称为共同海损费用。遭受共同海损牺牲的一方以及共同海损费用的支付方均有权向其他利益方请求按比例分摊其损失，这就是共同海损分摊。共同海损的损失应由有关的利害关系方按其获救财产的价值或获益大小的比例共同分摊。

共同海损行为是一种非常措施，这种措施在正常航行中是不会采用的。例如正常航行中船方有保管货物的责任，应谨慎地使货物处于安全状态，然而在特殊的危险状态中，为了船舶和货物的共同安全，船长可下令把货物部分抛入海中以减轻船舶载重，因而导致的货失为共同海损牺牲；又如船舶搁浅，雇佣拖轮拖带，使之起浮脱险，因此支付的费用为共同海损费用。

② 构成共同海损的条件。

根据共同海损的定义，共同海损的成立必须符合下列条件：

● 导致共同海损的危险必须危及船舶与货物共同安全，而且是真实的和不可避免的。

● 共同海损的措施必须是为了解除船货的共同危险，而人为地、有意识地采取的合理措施。

● 共同海损的牺牲是特殊性质的，费用损失必须是额外支付的。

● 共同海损的损失必须是共同海损措施的直接的、合理的后果。

● 造成共同海损的共同海损措施最终必须有效果。

③ 共同海损与单独海损的区别与联系。

共同海损与单独海损的区别主要表现在：

在造成损失的原因上，单独海损是由承保的自然灾害或意外事故等海上风险所直接造成的船、货的损失；共同海损则是为了解除或减轻承保风险而人为造成的一种损失。

在损失承担的方式上，共同海损的损失是由各受益方按获救财产价值的大小比例分摊，如果已经投保有关的海运保险，保险人应按保险合同的规定承担对被保险人分摊金额的赔偿责任；而单独海损的损失一般由受损方自己承担，如果已经投保有关的海运保险，保险人应按照保险合同的规定承担赔偿责任，如果损失是由第三者责任造成，则可向责任方进行追偿。共同海损与单独海损之间有密切的内在联系。按一般规律，单独海损先发生进而引起共同海损，在采取共同海损措施之前的部分损失，一般可列为单独海损。

### 12.2.3 海运货物保险的费用

一旦发生保险事故，除了货物的损失，往往还需支付各项费用，以避免损失扩大，这些费用包括施救费用、救助费用、续运费用和额外费用等。对于上述费用的支出，保险人赔付的原则是：如果是货物损失属于保险责任，则对费用支出予以赔付，否则保险人可以拒赔。

**（1）施救费用**

施救费用也称诉讼及营救费用或损害防止费用，是指被保险货物在遭遇承保责任范围内的灾害事故时，被保险人或其代理人、雇佣人员和受让人为了避免或减少货物损失而采取的各种抢救、防护、整理措施所支出的合理费用。

对于施救费用，其构成必须符合三个条件：

① 对保险标的进行施救的必须是被保险人或其代理人、雇佣人或受让人，其目的是减少标的物遭受的损失，其他的与被保险人无关的人员采取此项措施必须是受被保险人委托的，否则不视为施救费用。

② 保险标的遭受的损失必须是由保单承保风险造成的，否则，被保险人对其进行抢救所支出的费用不能作为施救费用得到补偿，保险人不予承担责任。

③ 施救费用的支出必须是合理的、必要的。如果施救行为不当，因此而支付的费用不能作为施救费用，保险人不予赔偿。

为了鼓励被保险人对受损货物积极采取抢救措施，减少灾害事故对被保险货物的损坏和影响，防止损失的进一步扩大，减少保险赔款的支出，我国和世界各国的保险法规或保险条款一般都规定：保险人对被保险人所支付的施救费用应承担赔偿责任，赔偿金额以不超过该批货物的保险金额为限。

海运货物保险合同中有关施救费用的规定，是一项补充性的保险合同或独立的协议，施救费用的赔付不受保险标的损失赔款的影响。《中华人民共和国海商法》第 240 条规定：被保险人为防止或者减少根据合同可以得到赔偿的损失而支出的必要的合理费用，应当由保险人在保险标的损失赔偿之外另行支付。

根据以上规定，如果保险标的受损，经被保险人等进行抢救并支付了费用，但仍未能获救而遭受全部损失时，保险人除了应支付保险标的全部损失的赔款之外，还应在另一保险金额的限度内赔偿被保险人因抢救保险标的而支付的施救费用，但保险人对保险标的的损失赔偿和对施救费用的赔偿两者之和不得超过两个保险金额。

**（2）救助费用**

ⅰ. 救助费用的定义

救助费用是指海上保险财产遭遇承保范围内的灾害事故时，由保险人和被保险人以外的第三者自愿采取救助措施并获成功，由被救方付给救助方的一种报酬。

救助费用一般都可列为共同海损的费用项目，因为通常它是在船、货各方遭遇共同危难的情况下，为了共同安全由其他船舶前来救助而支出的费用在各国保险法或保险公司的保险条款中，一般都列有保险人对救助费用负赔偿责任的规定。

海上救助是建立在人道主义基础之上的。按照国际惯例，任何海上航行的船舶都有义务和责任援助其他遇难船舶。根据国际法原则，如果对遇难船舶见危不救，轻者吊销船长、船员的资格证书，重者给予刑事处分。鉴于救助人进行救助工作时，常冒巨大风险并消耗大量人力和物力，有关救助的国际公约和各国法律都有给予救助人以报酬的明文规定。

ⅱ. 救助费用成立的条件

海上救助的成立和救助费用的产生必须具备以下几个条件：

① 被救的船舶或货物必须处于不能自救的危险境地。例如船舶发生碰撞、搁浅或是机器发生故障等，都会使船舶处于危险境地。但它与共同海损的不同之处在于只要船舶或货物的一方遇难，海上救助即可成立。

② 救助人必须是与被保险人和保险人无关的第三方。船上人员作为被保险人的雇佣人所进行的救助而支付的费用不得视为救助费用，但是一旦船长宣布弃船，原船上的人员对船舶、货物自愿进行的救助，可被视为第三者的救助行为。

③ 救助行为必须是自愿的，救助人必须是没有救助义务的第三者。这是指救助人救助遇难船舶并不是因为他对该船舶负有法律义务或合同规定的义务，例如船东担心甲船在航行时发生事故，在开航时就雇佣乙拖船对其进行拖带，在途中遇到大风浪，甲船遇难，乙船拖带甲船脱离险境，安全抵达目的地，这是合同规定的义务，不应视为救助行为。

④ 救助行为必须有实际效果。这是指遇难船舶或货物经救助全部或部分获救，但并非要求救助必须完全成功。救助如果取得效果，救助方就有权获得适当的报酬。

海上救助行为可以是多种多样的，无论是采取哪项具体的救助措施或是提供劳务，甚至是提供某项建议，只要能使遇难船舶、货物得以脱险，均可认为是救助行为。

ⅲ. 救助合同

在海上救助中，为明确双方的权利和义务，以使救助工作顺利进行，救助人和被救助人一般均在救助开始前或救助过程中订立救助合同。救助合同有两种：一种是雇佣性的救助；另一种是"无效果，无报酬"的救助合同。

ⅳ. 施救费用与救助费用的区别

① 采取行为的主体不同。

施救是由被保险人及其代理人等采取的行为，而救助是保险人和被保险人以外的第三者所采取的行为。

② 给付报酬的原则不同。

施救费用是施救不论有无效果，都予赔偿，而救助一般是"无效果，无报酬"。

③ 保险人的赔偿责任不同。

施救费用可在保险货物本身的保额以外，再赔一个保额；而保险人对救助费用的赔偿责任是以不超过获救财产的价值为限，亦即救助费用与保险货物本身损失的赔偿金额二者相加，不得超过货物的保额，是按保险金额与获救的保险标的价值的比例承担责任。

④ 救助行为一般总是与共同海损联系在一起，而施救行为则并非如此。

**（3）续运费用**

续运费用是指因保单承保风险引起的被保险货物的运输在非保单载明的目的港或地方终止时，保险人对被保险货物的卸货费用、仓储费用及继续运往保单载明的目的港口的费用等额外费用，其目的是为防止或减轻货物的损害。如果货物遭受的风险属于保险责任，因此而支付的费用保险人也应该负责。

**（4）额外费用**

额外费用是指为了证明损失索赔的成立而支付的费用，包括保险标的受损后，对其进行检验、查勘、公证、理算或拍卖受损货物等支付的费用。一般只有在索赔成立时，保险人才对额外费用负赔偿责任，但如果公证、查勘等是由保险人授权进行的，不论索赔是否成立，保险人仍需承担该项额外费用。

## 12.3  海运货物保险条款

由于海洋运输具有运量大和运费低廉的优点，跨境贸易中大部分货物的交付是通过海上运输来实现的。但货物在运输途中可能会遇到各种风险事故而造成损失，为避免经济损失和贸易中断，货主通常希望能通过保险的方式将损失转嫁给保险公司承担，于是海洋运输保险应运而生，它作为一种有效的补偿手段，促进了跨境贸易的蓬勃发展。

我国现行的《海洋运输货物保险条款》是由中国人民保险公司于 1981 年 1 月 1 日修订实施的，可分为基本险、附加险和专门险三大类。每一险别一般均包括 5 个部分：责任范围、除外责任、责任起讫、被保险人义务和索赔期限。图 12-1 给出了中国海洋运输货物保险险别种类。

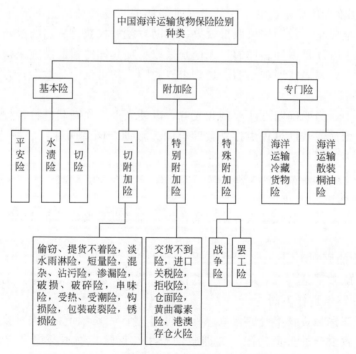

图 12-1  中国海洋运输货物保险险别种类

### 12.3.1  海运货物保险基本险

基本险，又称主险，是可以独立投保，不必依附于其他险别项下的险种。我国现行的《海洋运输货物保险条款》中规定的基本险有平安险、水渍险和一切险 3 种。下面分别介绍它们的责任范围、除外责任、责任起讫、被保险人义务和索赔期限。

**（1）责任范围**

ⅰ. 平安险的责任范围

平安险在三个基本险中承保责任范围最小，其英文原文是"Free from Particular Average，FPA"，意思是不负责单独海损。随着国际保险界对平安险条款的不断修订补充，平安险的承保责任已与其原义不相吻合，保险人对意外事故等原因造成的单独海损也予以负责。因此，平安险不能从险别名称字面上理解成为货物在运输途中一旦遇到风险事故发生损失而不平安，就可以获得保险赔偿，或是理解成为凡是单独海损概不负责。根据我国《海洋运输货物保险条款》的规定，平安险的承保责任如下：

① 被保险货物在运输途中由于恶劣气候、雷电、海啸、地震、洪水等自然灾害造成整批货物的全部损失或推定全损。

② 由于运输工具遭受搁浅、触礁、沉没、互撞、与流冰或其他物体碰撞以及失火、爆炸意外事故造成货物的全部或部分损失。

③ 在运输工具已经发生搁浅、触礁、沉没、焚毁意外事故的情况下，货物在此前后又在海上遭受恶劣气候、雷电、海啸等自然灾害所造成的部分损失。

④ 在装卸或转运时由于一件或数件货物整件落海造成的全部或部分损失。

⑤ 被保险人对遭受承保责任内危险的货物采取抢救，防止或减少货损的措施而支付的合理费用，但以不超过该批被救货物的保险金额为限。

⑥ 运输工具遭遇海难后，在避难港由于卸货所引起的损失以及在中途港、避难港由于卸货、存仓以及运送货物所产生的特别费用。

⑦ 共同海损的牺牲、分摊和救助费用。

⑧ 运输契约有"船舶互撞责任"条款，据该条款规定由货方偿还船方损失。

从平安保险责任的具体内容可以看出，平安险主要是对自然灾害造成的全部损失和对意外事故造成的全部及部分损失予以赔偿；对于海上意外事故发生前后，由于自然灾害造成的部分损失也予以赔偿。

在保险实务中平安险一般适用于低值的大宗货物，如铁丝、钢板、建筑用材、沙石等。

ⅱ. 水渍险的责任范围

水渍险的原含义是"负单独海损责任"，它的承保责任范围是：

① 平安险所承保的全部责任。

② 被保险货物在运输途中，由于恶劣气候、雷电、海啸、地震、洪水等自然灾害所造成的部分损失。

从具体责任范围也可以看出，这个险别的两种名称，即"水渍险"与"负单独海损责任"也没有能确切反映它所承保的内容，并且易使人发生误解。实际上，这个险别的责任范围包括了由于海上风险（自然灾害或意外事故）所造成的全部损失（实际全损或推定全损）和部分损失（单独海损或共同海损），并不是仅对货物遭受海水水渍的损失负责，也不是仅对单独海损负责。

若对水渍险与平安险的承保责任细加比较，可以发现水渍险与平安险的差异并不大，因为被保险货物如果因承保风险造成全部损失，无论是水渍险或平安险，保险人都是要负赔偿责任的，只有在发生部分损失的情况下，两者才有所不同。水渍险对不论是自然灾害或意外事故所造成的部分损失均予负责，而平安险对于意外事故所造成的部分损失负责，对由于自然灾害所造成的部分损失一般不予负责，但在运输过程中如运输工具发生搁浅、触礁、沉没、焚毁的情况下，即使是自然灾害所造成的损失也予以负责。

ⅲ. 一切险的责任范围

一切险是三个基本险中责任范围最大的险种。根据现行《海洋运输货物保险条款》规定，一切险除包括平安险和水渍险的各项责任外，还包括货物在运输途中由于外来原因所致的全部或部分损失，这里所说的外来原因，并非运输途中的一切外来风险，而是指一般外来风险，并不负责由于特别外来风险造成的损失。具体来说，一切险的责任范围是平安险、水渍险和一般附加险责任范围的总和。因此，一切险的责任范围也不是"一切"风险损失，其字面名称与实际内涵也不相符。

由于一切险提供的保障范围比较全面，所以适用于各类货物，例如纺织品、工艺品、精密仪器等。平安险、水渍险和一切险保险责任范围的关系如图 12-2 所示。

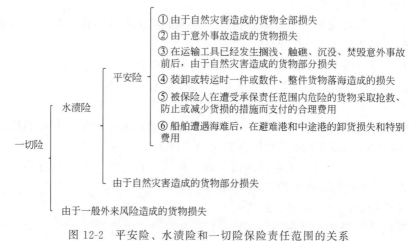

图 12-2 平安险、水渍险和一切险保险责任范围的关系

**（2）除外责任**

除外责任是保险人列明的不予承保的损失和费用。除外责任中听列出的各项致损原因，一般都是非意外和不具有偶然性的，或是比较特殊的，保险人通过将其列入除外责任，明确了保险人的责任范围。中国海运货物保险条款中的除外责任共包括以下五条。

① 被保险人的故意行为或过失造成的损失。

这里的被保险人是指被保险人本人或其代表，并不包括其代理人或普通雇员。在海运保险中，保险单合法持有者即为被保险人。由于法律不允许任何人由于本身的故意行为而获利，所以本条将被保险人的故意行为作为除外风险。例如被保险人指使船员把完好的货物抛弃并谎称发生海难，对此抛货损失，保险人不负责。又如发生火灾时被保险人如果采取措施本可减少损失，但被保险人见火不救致使损失扩大，对扩大的损失保险人不予赔偿。

② 属于发货人责任引起的损失。

属于发货人责任引起的损失是多方面的，主要包括发货人准备货物时包装不足或不当，不能经受航程中的通常风险，使货物在运输途中损坏；由于标志错误使货物运到非原定目的地；发货人发错货物引起的损失等，对上述损失，保险人均不负责赔偿。

③ 在保险责任开始前已有的损失。

在保险责任开始前，被保险货物已经存在的品质不良或数量短差所造成的损失对保险责任开始前便存在的货物损失，保险人并不负责，例如铁丝在装运前就存在严重的锈损现象，货主如果提出索赔，保险人有权拒赔。为避免对损失时间的确定引起争议，保险人往往规定装船前须进行检验。另外，提单上有关货物状况、数量的记载也是保险人据以判断货物损失时间的证明。

④ 被保险货物的自然损耗、本质缺陷或特性以及市价跌落、运输延迟所引起的损失或费用。

本条包括以下几方面内容：一是对货物的自然损耗不予赔偿，自然损耗具体表现为水分蒸发、渗漏、扬尘、易碎品破碎、散装货短量等；二是对货物本质缺陷或特性所致货物本身损失和支出的费用，保险人不予负责；三是对货物市价跌落引起的损失不予赔偿。货物的市价跌落不是直接物质损失，而是商业风险损失，保险人不予负责；四是运输延迟所引起的损失和费用，保险人也不负责。运输延迟可能导致鲜活商品的变质和死亡，也可能导致时令性商品，例如节日礼物，因过了节日而市价跌落的损失。不管导致运输延迟的原因是否属保险责任，凡是运输延迟所引起的损失，均作为间接损失，保险人一律不予承保。

⑤ 海洋运输货物战争险条款和罢工险条款规定的责任范围和除外责任。

战争风险和罢工风险属于特殊风险，凡与此有关的原因造成保险标的的损失，如果仅投保基本险，保险人均不负责赔偿。此外，本条还明确将战争险和罢工险条款的除外责任也作为海运货物保险主险的除外责任。

**（3）责任起讫**

保险的责任起讫，又被称为保险期限，指保险人对运输货物承担保险责任的起讫时限。我国海运货物保险基本险的责任起讫以运输过程为限，在保险实务中通常被称为"仓至仓"条款。它规定保险人对保险货物的责任自被保险货物运离保险单所载明的起运地仓库或储存处所开始运输时生效，包括正常运输过程中的海上、陆上、内河和驳船运输在内，直到该项货物运抵保险单载明的目的地收货人的最后仓库或储存处所或被保险人用作分配、分派或非正常运输的其他储存处所为止。

根据我国《海洋运输货物保险条款》的规定，保险责任的起讫时间可分为正常运输和非正常运输两种情况。

ⅰ. 正常运输情况下的保险责任起讫

正常运输是指将货物从保单载明起运地至目的地的整个航程所需要的正常的运输，包括用正常的运输工具、按正常的航线行驶并停靠港口以及途中正常的延迟和转道，包括为完成海运所需的，与之相关联的陆上、内河或驳船运输在内。

按基本险的条款规定，自被保险货物运离保险单所载明的起运地仓库或储存处所开始运输时，海运保险责任开始生效。至于集装箱货，在货物从起运地运往集装箱货运站及在货运站装箱过程中发生的损失，均属于保险期内的损失，保险人应予负责。

按照"仓至仓"条款的规定，在正常运输情况下，海运货物险的保险责任至保险货物运达保险单所载明的目的地收货人最后仓库或储存处所时为止。一旦货物运抵收货人的最后仓库，或被保险人用作分配、分派或非正常运输的其他储存处所，保险责任即行终止。

在实际业务中，由于保险货物所运往的目的港或目的地的情况往往不一样，货物经过正常运输，到保险单中载明的目的港卸下海轮后，其责任终止有以下几种情况：

① 以卸货港为目的地，被保险人提货后，将货物运到其在卸货港仓库时，保险责任即行终止。以内陆为目的地，被保险人提货后将货物运到其在内陆的仓库时，保险责任即终止，此后如果被保险人将货物出售或分配，保险人不再承担责任。

② 以卸货港为目的地，被保险人提货后不将货物运往自己的仓库而是将其进行分配、分派或分散转运，保险责任从开始分配、分派或转运时终止。

③ 以内陆为目的地，被保险人提货后没有将货物直接运往自己在内陆目的地的仓库，

而是先行存入另一仓库，然后在该仓库对货物进行分配、分派或分散转运，保险人的赔偿责任自货物到达此仓库时全部终止，而不管其中是否有部分货物最终运到了保险单所载明的内陆目的地仓库。

上述行为都必须在货物卸离海轮后 60 天内完成，否则，自货物卸离海轮满 60 天保险责任即终止。

ⅱ. 非正常运输情况下的保险责任起讫

非正常运输是指在运输过程中出现的被保险人无法控制的运输延迟、船舶绕道、航线变更、运输合同终止等异常情况以及由此引起的货物在途中被迫卸下、重新装载或转载、货物运到非保险单所载明的地点等非正常情况。

出现上述被保险人无法控制的海轮绕航、被迫卸货、重新装载或转载等的非正常运输情形，如果被保险人及时将具体情况通知保险人，并在必要时加缴一定的保险费，在此期间，保险合同继续有效。

出现非正常运输，货物可能继续运往目的地，也可能在途中被处理或将其运往其他地方，保险责任是否终止应视具体情况而定：

① 承运人运用运输合同赋予的权限，作出海上的变更或在中途终止运输合同后，保险货物如果在中途被出售，保险责任至交货时终止。

② 发生非正常运输后，保险货物如果继续被运往原定目的地，则保险责任的终止与正常运输情况相同。

③ 发生非正常运输后，保险货物如果转运其他目的地，则保险责任自转运时终止。

上述行为应在货物卸离海轮后 60 天内完成，否则，自货物卸下海轮后满 60 天保险责任即终止。

**（4）被保险人义务**

海运货物保险合同是保险人与投保人或被保险人共同签订的合同，在享有权利的同时，双方均需按合同的规定履行各自的义务。保险人在收取保险费以后，应承担货物因发生保险事故而遭受的损失的赔偿责任。与此相对应，被保险人为获得保险赔偿，必须履行保险合同中规定的有关义务和支付保险费，否则，保险事故发生时，保险人可以拒赔损失。

投保人在投保时，应如实告知保险货物的情况及相关事实，不得隐瞒或虚报。合同订立后，投保人或被保险人如果发现实际航程有所变动或保险单所载明的货物数量、船舶名称等有误，应立即通知保险人，并在必要时加缴保险费。如果在订立合同时，投保人或被保险人作了保证，就应自始至终遵循该项保证。

按我国海洋运输货物保险条款规定，被保险人应承担的义务有以下几个方面：

① 当保险货物运抵保险单所载明的目的港（地）后，被保险人应及时提货。因为能否及时提货关系到保险人的责任期限，货物存放在卸货码头仓库或海关仓库时间越长，发生损失的可能性就越大。

② 保险货物遭受责任内的损失时，被保险人应迅速采取合理的抢救措施，防止或减少货物损失的进一步扩大。被保险人采取此项措施，不应视为放弃委托的表示。该规定目的在于防止损失的扩大，是确保保险人和被保险人双方利益的积极步骤。

③ 如遇航程变更或发现保险单所载明的货物、船名或航程有遗漏或错误时，被保险人在获悉这种情况后应立即通知保险人，若有必要还应加缴一定保险费，以使保险继续有效。

④ 若保险货物遭受损失，被保险人向保险人索赔时，必须提供下列单证：保险单正本、提单、发票、装箱单、重量单、货损差证明、检验报告及索赔清单等。若涉及第三者责任，

还需提供向责任方追偿的有关函电或其他必要单证或文件。

⑤ 被保险人在获悉有关"船舶互撞责任"条款的实际责任后，应及时通知保险人。

**（5）索赔期限**

保险索赔期限又称为保险索赔时效，是指保险货物发生保险事故损失时，被保险人根据保险合同向保险人要求保险赔偿的有效期间。

我国《海洋运输货物保险条款》第 5 条规定，保险时效从被保险货物在最后卸载港全部卸离海轮后算起，最多不超过 2 年。一旦过了索赔时效，被保险人就丧失了向保险人请求赔偿的权利。但《中华人民共和国海商法》264 条规定，上述索赔时效是自保险事故发生之日起计算。

## 12.3.2　海运货物保险附加险

国际贸易货物在运输过程中可能遭遇到的风险和损失除了前面基本险所承保的由于自然灾害和意外事故所造成的风险损失之外，往往还有其他许多外来原因所引起的风险损失。为了满足投保人的需要，保险人在基本险条款之外制订了各种附加险条款。附加险是基本险的扩展，它不能单独投保，而必须在投保主险的基础上加保，它承保的是外来风险引起的损失：按承保风险的不同，附加险又可分为一般附加险、特别附加险及特殊附加险。

**（1）一般附加险**

一般附加险负责赔偿一般外来风险所致的损失，我国《海运货物保险条款》规定的一般附加险有 11 种，其条款内容非常简单，一般只规定承保的责任范围。由于一般附加险已包括在一切险中，所以若已投保一切险，则无须加保。

ⅰ. 偷窃、提货不着险

本险别主要承保两类损失：一是承保保险货物由于偷窃行为所致的损失，货物被偷走的损失和因偷窃而致货物的损坏均属承保范围（但偷窃与抢劫不同，偷窃指暗中进行的偷摸、窃取行为，而抢劫则是使用公开的暴力手段的抢夺，对于抢劫造成的损失，不属于本险别的承保责任）；二是承保被保险人未能在目的地提取整件货物或全部货物的损失，但本险别并非对任何原因所致的提货不着均予负责，例如货物在中途被作为危险品扣押，被保险人并不能据此险别获得赔偿。对提货不着损失，被保险人需向有关责任方取得整件提货不着的证明。

ⅱ. 淡水雨淋险

本险别承保货物因直接遭受雨淋或淡水所造成的损失。雨淋所致损失包括雨水及冰雪融化造成的货物损失；淡水所致损失包括船上淡水舱或水管漏水以及舱内水汽凝结而成的舱汗造成的货损，它是相对于海水而言的，由于海水所致损失一般均包括在平安险或水渍险的承保范围内，不需要另保附加险。

ⅲ. 短量险

本险别承保被保险货物在运输途中数量短少和重量短缺的损失。如果是包装货，必须以包装是否破裂、裂口、脱线等异常现象为依据判断是否由于外来原因造成短量，散装货则一般以装船重量和翻船重量的差额作为短量依据，至于运输途中的正常损耗，并不属短量险的责任范围，必须事先扣除，因此双方往往在保险单中约定一个免赔额，保险人仅赔付超过免赔额部分的损失。

ⅳ. 混杂、沾污险

本险别承保两类损失：一是承保货物在运输途中因和其他货物混杂而致的损失。例如装过矿砂的干货舱没有清扫干净，以致另一航程运送黄豆时导致砂石混入豆中，造成黄豆杂质过多而只能降价出售，或为清除杂质而必须支付一笔费用，保险人对此贬值损失或清理费用予以负责；二是承保货物在运输途中受其他货物沾污所致的损失，例如服装被油类沾污而只能降价出售，导致损失，本险别对此损失予以负责。

ⅴ. 渗漏险

本险别承保两类损失：一是承保装在容器中的液体、流质类货物由于容器损坏而引起的渗漏损失，例如装在铁桶中的汽油由于铁桶破裂而漏出桶外造成的损失；二是承保用液体储存的货物因液体渗漏而引起货物腐败变质等损失，例如装在坛中的咸菜由于坛子破裂，咸菜汁的渗漏而变质致损。

ⅵ. 碰损、破碎险

本险别承保货物在运输过程中因碰撞、震动、受压所造成的破碎和变形等损失。金属和木质货物往往会发生碰损，搪瓷器皿因受到震动颠簸而致脱瓷、凹瘪、变形，漆木家具因运输途中受挤压而致表面刮坏、破损、凹瘪，玻璃器皿、陶瓷器皿、大理石、玉制工艺品等易碎货物在运输途中容易因运输途中的震动、撞击、颠簸而致破裂或破碎，对于上述货物的损失，本险别均予承保。

ⅶ. 串味险

本险别承保食用物品、中药材、化妆品原料等货物在运输过程中因受其他物品的影响而引起的串味损失。例如茶叶在运输途中与皮革、樟脑等有异味的物品存放在同一货舱内，茶叶极有可能混入异味无法饮用而遭受损失。如果货物串味损失的原因是由于船方配载不当直接所致，保险人在赔偿被保险人的损失后，有权向船方进行追偿。

ⅷ. 受潮受热险

承保货物在运输过程中因气温突然变化或由于船上通风设备失灵致使船舱内水汽凝结，引起货物发潮或发热所造成的霉烂、变质等损失。如船舶经过炎热潮湿的赤道地带，舱内的谷物霉烂发生损失，被保险人可向保险人索赔，但同时被保险人须负举证之责，证明货物是由于外界原因而非本身缺陷致损。

ⅸ. 钩损险

承保货物在装卸过程中因使用钩子而使外包装破裂导致货物损失，或钩子直接钩及货物而致损失。此外，本险别还对必要的包装修补或调换所支付的费用负责赔偿。袋装水泥、粮食及捆装布、纸张等货物均可能遭遇此类损失，一般应加保钩损险。

ⅹ. 包装破裂险

承保货物在运输途中因装卸或搬运不慎，使外包装破裂而造成的货物损失。对于为继续运输而支付的必要的外包装修补和调换费用，本险别也予以负责。包装破裂险与钩损险的承保内容有所重叠，但侧重点不同，一是它仅适用于包装货物，二是它不限于货物在装卸过程中使用吊钩或手钩所致的损失。

ⅺ. 锈损险

承保金属及其制品在运输途中因各种外来原因所致的生锈损失。只要货物的锈损发生在保险期内，保险人均予以负责。由于有些裸装的金属板、块、条、管以及习惯装在舱面的体积庞大的钢铁制品等在运输途中非常容易生锈，保险人对此类货物一般不愿接受锈损险的投保。

**（2）特别附加险**

特别附加险所承保的风险大多与国家的行政措施、政策法令、航海贸易习惯有关，它并不包括在基本险中，必须另行加保才能取得保障。

ⅰ. 交货不到险

承保货物装上船后，如果在预定抵达目的地日期起满 6 个月仍未运到目的地交货的损失。交货不到险所承保的风险与提货不着险承保的风险并不相同，提货不着险承保的是因运输上的原因导致整件货物提货不着的损失，对此类损失交货不到险不予承保。此外，交货不到险对战争险项下应予负责的交货不到损失也不负责。交货不到险所承保的损失往往由政治风险所致，例如运输途中货物被中途国政府当局禁运而被迫卸货，导致货主收不到货而产生的损失即属于交货不到的责任范围。此时，被保险货物并没有实际全损，因此保险人按全损赔付时都特别要求被保险人将货物的权益转让给自己。保险人负责赔偿交货不到的损失以被保险人获得一切进口所需许可证为条件，如果被保险人由于未能获得许可证而致货物不能如期交到目的地，保险人不予负责。

ⅱ. 进口关税险

承保货物由于遭受保险事故损失，但被保险人仍需按完好货物价值缴纳进口关税的损失。各国政府对在运输途中受到损失的进口货物在征收进口税时的政策不同，有的国家规定受损货物可按货物受损后的实际价值减免关税，有的国家规定要区别货损发生在进口前还是进口后，前者可以减免关税，后者则不能；有的国家规定不论货物抵达目的港是否完好，一律按发票上载明的货物价值或海关估价征收关税。进口关税险承保货物不论是进口前或进口后发生的损失，按进口国法律规定，仍须按完好货物价值纳税而致的关税损失，但该保险货物在运输途中所遭遇的损失必须是属于保险责任范围内的。

进口关税险的保险金额应为货主须缴纳的关税，和货物本身的保险金额并不相同，因此要根据进口国的关税税率确定，一般是按货物发票金额的若干成投保，并在保险单上注明，以免和主险的保险金额相混淆。当被保险人索赔关税损失时，必须提交关税证明。

ⅲ. 舱面险

承保载于舱面的货物因遭受保险事故而致的损失以及抛弃和浪击落海损失。海运货物一般都是装在船舱内进行运输的，保险人对海运货物保障范围的确定和保险费率的制订也均以舱内货物为对象，因此，载于甲板上的货物，其损失并不属于保险责任范围。如果有些货物因为体积大、有毒性或易燃易爆而必须装载于舱面时，这些货物除了会遭到舱内货物可能遭遇到的风险外，还可能被海浪冲击落水，如需对此类货物遭遇的风险损失予以保障，就有必须加保舱面险。

投保了舱面险，保险人除了承担保险单中载明的风险外，还需承担抛弃及浪击落水的损失。但对于载于集装箱船甲板上的封闭式集装箱货物等习惯装于甲板上的货物，按照保险习惯做法，可视为普通载于舱内的货物，无需加保舱面险即可得到保险保障。

ⅳ. 拒收险

承保货物在进口时由于各种原因被进口国政府或有关当局（如检验检疫部门）拒绝进口或没收所造成的损失。保险人的赔偿金额为被拒绝进口或没收货物的保险价值。为得到本险别的保障，被保险人必须保证被保险货物的生产、质量、包装和商品检验等符合产地国和进口国的有关规定，还必须具有必需的有效的进口许可证或特许证，才可以在货物被拒收时根据本保险获得赔款。如果货物起运前进口国已经宣布禁运或禁止，保险人对拒收不负责任。

如果货物起运后但未到目的港时进口国宣布实行禁运或禁止，保险人负责赔偿运回出口国或转口到其他目的地而增加的运费，但最多不超过该批货物的保险价值。

由于市价跌落，货物标志错误，或与贸易合同不符等原因造成买方拒收货物，并不属于本险别的承保责任。

Ⅴ．黄曲霉素险

承保货物在保险责任有效期内，在进口港或进口地经当地卫生当局检验，证明黄曲霉素的含量超过进口地对该毒素的限制标准，因而被拒绝进口、没收或强制改变用途的损失。

ⅵ．出口货物到中国的香港（包括九龙）或中国的澳门存仓火险责任扩展条款

这一条款专门适用于中国内地出口到中国的港澳地区且内地在港澳的银行办理押汇的出口运输货物。它承保货物抵达香港或澳门卸离运输工具后，直接存放于保单载明的过户银行指定的仓库时发生火险造成的损失。

内地出口到港澳地区的货物，如果进口人向内地在港澳银行办理进口押汇，在进口人未向银行偿还货款之前，货物权益属于银行，在保险单上必须注明货物过户给放款银行。如果货到目的地货主仍未还款，货物往往就存放在过户银行指定的仓库里，此时运输险的责任已经终止，为避免在此期间货物发生损失而损害银行及货主的利益，就需要加保本保险。本险别的责任自运输险责任终止时开始，责任的终止则有两种情形：一是银行收回押款解除对货物的权益为止；二是自运输险责任终止时起计满 30 天为止，两者以先发生者为准。

**（3）特殊附加险**

特殊附加险也不包括在任何基本险中，需另行加保才能获得保障。特殊附加险主要承保战争和罢工的风险。

ⅰ．海运货物战争险

海运货物战争险承保直接由于战争、类似战争行为和敌对行为、武装冲突或海盗行为导致的损失及由此引起的捕获、扣留、拘留、禁制、扣押所造成的损失或由各种常规武器，包括水雷、鱼雷、炸弹所致的损失。海运货物战争险责任范围包括引起的共同海损的牺牲、分摊和救助费用。海运货物战争险的除外责任是对由于敌对行为使用原子或热核制造的武器所致的损失和费用不负责任；对根据执政者、当权者或其他武装集团的扣押、拘留引起的承保航程的丧失和挫折而提出的索赔也不负责。

海运货物战争险的保险期限与海运货物基本险的保险期限有所不同，它是以"水上危险"为限，即自被保险货物装上保险单所载起运港的海轮或驳船时开始。至于保险责任的持续和终止具体可分为以下几种情况：

① 保险责任到货物卸离保险单所载明目的港海轮或驳船时为止。但如果海轮到目的港后货物未卸船，则最长期限为海轮到达目的港当日午夜起满 15 天。

② 如果货物在中途港转船，不论货物在当地卸载与否，保险责任以海轮到达该港或卸货地点的当日午夜起算满 15 天为止，一旦再装上续运海轮时恢复有效。

③ 如果运输合同在保险单所载明的目的地以外的地点终止，该地即视为保险目的地。保险责任仍按货物抵达保险单载明的目的地的有关规定终止。如货物需运往原目的地或其他目的地，被保险人于续运前通知保险人并加缴保险费的情况下，保险责任自装上续运的海轮时重新有效。

如运输发生绕道、改变航程或承运人运用运输契约赋予的权限所作的任何航程上的改变，在被保险人及时将获知情况通知保险人并在必要时加缴保险费情况下，保险继续有效。

海运货物战争险只承保由战争风险造成的直接物质损失，对由于战争风险所致的附加费用不予以承保。例如因战争而致航程中断，引起卸货、存仓或转运等额外支出的费用，并不

属于海运货物战争险的承保责任。如果被保险人希望保险人对这些附加费用也予以负责，可再加保海运货物战争险的附加费用险，它实际上是对海运货物战争险责任范围的扩展。

ⅱ．罢工险

罢工险承保货物由于罢工者、被迫停工工人或参加工潮、暴动、民众斗争的人员的行为，或任何人的恶意行为所造成的直接损失和上述行动和行为引起的共同海损的牺牲、分摊和救助费用。

罢工险只承保罢工行为所致的被保险货物的直接物质损失。如果因罢工造成劳动力不足或无法使用劳动力，而使货物无法正常运输、装卸以致损失，属于间接损失，保险人不予负责。

罢工险的保险期限和海运货物基本险相同，都是以"仓至仓"条款为依据，保险人负责货物从卖方仓库起运到存入买方仓库为止的整个运输过程的风险。

如果投保人在投保海运货物保险基本险的基础上已加保海运货物战争险，如再加保罢工险，根据国际保险市场习惯，不需另行缴纳罢工险的保险费。若仅要求加保罢工险，则按海运货物战争险费率缴付保险费。

从上面所述各种基本险和附加险的承保责任中，可以看出风险、损失和险别三者的关系。风险是造成损失的原因，险别是保险人对风险与损失的承保责任范围，三者的关系如表 12-1 所示。

**表 12-1　海洋运输货物保险险别、风险与损失的关系**

| 风险和险别 | | | 损失 | | | | |
|---|---|---|---|---|---|---|---|
| | | | 海损 | | | 其他损失 | |
| | | | 全损 | 部分损失 | | 一般<br>其他损失 | 特别<br>特殊损失 |
| | | | | 共同海损 | 单独海损 | | |
| 风险 | 海上风险 | | √ | √ | √ | | |
| | 外来风险 | 一般外来风险 | | | | √ | |
| | | 特殊外来风险 | | | | | √ |
| 险别 | 基本险 | 平安险 | √ | √ | (注) | | |
| | | 水渍险 | √ | √ | √ | | |
| | | 一切险 | √ | √ | √ | √ | |
| | 附加险 | 一般附加险 | | | | √ | |
| | | 特别特殊附加险 | | | | | √ |

注：单独海损因意外事故造成者负责，因自然灾害造成者一般不予负责（除非船舶发生过触礁搁浅、沉没、焚毁等事故）。

## 12.3.3　海洋运输冷藏货物保险条款

本险别是根据冷藏货物的特性而专门设立的。对于新鲜的水果、蔬菜、肉类以及水产品等货物，为保持新鲜程度，运输时均须置于专门的冷藏箱，根据其特点保持一定的冷藏温度。这些冷藏货物在运输途中，除和一般货物一样，可能会遭遇各种海上灾害事故而受损，还可能因冷藏机发生故障，无法正常运转保持必要的温度而致腐败、变质，因而需要通过投保海运冷藏货物保险以得到全面保障。

**（1）海洋运输冷藏货物保险险别**

海洋运输冷藏货物保险分为冷藏险和冷藏一切险，两者均可单独投保。冷藏险的责任范围包括由于冷藏机器停止工作连续达到 24 小时以上所造成的货物腐败或损失和水渍险的承保责任，即对被保险的冷藏货物在运输途中由于自然灾害或意外事故造成的腐败和损失予以赔偿。这里所说的冷藏机器，包括载运货物的冷藏车、冷藏集装箱及冷藏船上的制冷设备。冷藏一切险的责任范围更广，在承保冷藏险的各项责任基础上，还负责被保险鲜货在运输途中由于外来原因所致的腐败或损失。

**（2）海洋运输冷藏货物保险的除外责任**

海洋运输冷藏货物保险的除外责任在海运货物保险条款的基础上稍有改变，一是增加了一项除外责任，将"被保险鲜货在运输途中的任何阶段，因未存放在有冷藏设备的仓库或运输工具中，或辅助运输工具没有隔湿设备所造成的鲜货腐败的损失"列入除外责任；二是将海运货物保险条款除外责任中的"在保险责任开始前，被保险货物已经存在的品质不良或质量短差所造成的损失"改为"被保险鲜货在保险责任开始时，因未保持良好状态（包括整理加工和包扎不妥，冷冻上的不合规定及骨头变质）所引起的货物腐败和损失"。

**（3）海洋运输冷藏货物保险的责任起讫**

海洋运输冷藏货物保险的责任起讫与海运货物保险的保险期限大致相同，区别仅在于冷藏险关于责任终止期限的规定根据冷藏货物的特点和储藏条件的特定要求有所差异，具体表现为：

① 货物到达保险单载明的最后目的港后，须在 30 天内卸离海轮，否则保险责任终止。而在海运保险中没有此种限制。

② 货物全部卸离海轮并存入冷藏仓库，保险人负责货物卸离海轮后 10 天内的风险。但在上述期限内，货物一经移出冷藏仓库，保险责任即终止。而在海运保险中，自货物卸离海轮后，保险人最多可负责 60 天，一旦货物存入目的地指定收货人仓库，保险责任即终止。

③ 如果货物卸离海轮后不存入冷藏仓库，保险责任至卸离海轮时即终止。而在海运保险中，货物如果未运往目的地指定仓库，保险责任自货物分派、分配或转运时才终止。

关于被保险人的义务和索赔的时效与海洋运输货物保险条款规定相同。

## 12.4　被保险人或投保人应如何选择险别

投保是指投保人向保险人表示订立保险合同的意愿，提出投保申请，将自己所面临的风险和投保的要求告知保险人，向保险人发出要约或询价，保险人表示承诺或对此询价提出包括保险条件及费率的要约的过程。在我国，投保人一般需要填写国际货物运输保险投保单来完成投保行为。

保险公司承担的保险责任是以险别为依据的，不同的险别所承保的责任范围并不相同，其保险费率也不相同，因此，投保人在选择保险险别时，应该根据货物运输的实际情况予以全面衡量。

**（1）依据货物的性质和特点选择险别**

不同种类的货物，由于其性质和特点不同，在运输时即使遭遇相同事故，所致的损失后果也不尽相同。因此，投保人在投保时应充分考虑货物的性质和特点，选择适当的险别。例如粮食的特点是含有一定的水分，经过长途运输，可能会因水分蒸发而造成分量损失，如果途中被水浸湿，或是船上通风设备不良，船舱中湿气过大，可能导致霉烂。对于这类商品，海运时一般需投保一切险，或在水渍险的基础上加保受潮受热险及短量险。此外，对某些大宗货物（如散装桐油、原煤、天然橡胶）以及某些特殊的货物（如冷藏货物），还需选择特定的或专门的保险条款进行投保，以求能得到充分保障。

**（2）依据货物的包装选择险别**

一般情况下，因货物包装不足或不当使货物遭受损失，属于发货人的责任，保险人一般不予负责。因此，投保时必须充分考虑货物的包装条件来选择适当的险别。比如货物的包装方式会直接影响到货物完好情况，包装货物会因包装材料不同而产生不同的损失。

**（3）依据运输路线及船舶停靠港口选择险别**

运输路线的长短和货物的损失也有一定的关系，一般而言，运输路线越长，所需的运输时间就越长，货物在运输途中可能遭遇到的风险越多；反之，运输路线越短，货物可能遭遇到的风险就越少。另外，运输过程中经过的区域的地理位置、气候状况及政治形势等也会对货物的安全运输产生影响。例如船舶在经过赤道地带时，有些商品（如粮谷类）很可能因气候潮湿炎热而致发霉变质。如果经过的区域发生政局动荡，或是正发生战争，货物遭受意外损失的可能性自然会增加。此外，货物如果不是直达运输，需在中途转道，由于增加了装卸、搬运等操作，也可能有人为损坏，风险就会增加。因此，投保人应先根据运输路线的不同选择合适的保险险别。

由于装货港（车站）、卸货港（车站）及运输工具中途停靠的港口（车站）条件不同，在运送能力、装卸设备、安全设施、管理水平及治安状况等方面均存在着差异，也会造成货物在装卸及存放时发生货损、货差的可能性。因此，投保人在投保时，应事先了解装卸地及中转地港口（车站）的情况，根据需要加保必要的险别。

**（4）依据运输方式与运输工具选择险别**

货物通过不同运输方式进行运输，途中可能遭遇的风险并不相同，可供选择的险别也有所差别。例如，海运保险的主险包括一切险、水渍险和平安险，陆运保险的主险则包括陆运一切险和陆运险。

随着运输技术的发展，多式联运作为新的运输方式越来越多地被采用，由于它利用现代化的组织手段，将海运、陆运、空运等单一的运输方式有机地结合起来，因此货主在投保时应全面考虑整个运输过程中分别采用运输工具的具体特点，分段选择相应的保险险别。

**（5）依据运输季节不同选择险别**

货物运输季节不同，也会对运输货物带来不同的风险和损失。例如冬季运送橡胶制品，货物可能出现冻裂损坏；而夏季运送水果，极易出现腐败现象。投保人应根据不同季节的气候特点来选择险别。

**（6）依据货物的用途与价值选择险别**

货物的用途各有不同。一般而言，食品、化妆品及药品等与人的身体、生命息息相关的商品，由于其用途的特殊性，一旦发生污染或变质损失，就会丧失全部使用价值。因此，在投保时应尽量考虑能得到充分全面的保障。

## 12.5　其他贸易条件下的出口货物保险

### 12.5.1　陆运货物保险

陆上运输货物保险始于 19 世纪末期，在第一次世界大战爆发后得到较快发展。陆上运输货物保险主要承保以火车、汽车等陆上运输工具进行货物运输的保险。与海洋货物运输可能遭受的风险不同，陆上货物运输的风险有其自身的特点。常见的陆上货物运输的风险主要有：运输工具碰撞、倾覆、出轨；公路、铁路坍塌，桥梁折断、道路损坏及失火、爆炸等意外事故；暴风、雷电、洪水、地震、泥石流、山体滑坡等自然灾害。此外，在海洋运输中由于外来原因可能造成的风险，陆上运输也同样存在。按照保险业的习惯，在陆上运输货物保险业务中，只要因发生承保责任范围内的风险所导致的损失，保险人一般都予赔偿，因此陆运货物保险不再区分全部损失和部分损失，这就决定了陆上运输货物保险的基本险别与海洋运输货物的险别有所区别。

根据中国人民保险公司1981年1月1日修订的《陆上运输货物保险条款》的规定，陆上运输货物保险的基本险别分为陆运险与陆运一切险两种。适用于陆运冷藏货物的专门保险，即陆上运输冷藏货物险，其性质也属基本险。在附加险中，除仅适用于火车运输的陆上运输货物战争险（火车）条款外，海运货物保险中的附加险，陆运货物保险也都适用。

**（1）陆运险与陆运一切险**

ⅰ. 责任范围

陆运险的承保责任范围与海洋运输货物保险条款中的"水渍险"相似。保险公司负责赔偿被保险货物在运输途中遭受暴风、雷电、洪水、地震等自然灾害或由于运输工具遭受碰撞、倾覆、出轨或在驳运过程中因驳运工具遭受搁浅、触礁、沉没、碰撞，或由于遭受隧道坍塌、崖崩或失火、爆炸等意外事故所造成的全部或部分损失。此外，被保险人对遭受承保风险的货物采取抢救、防止或减少货损的措施而支付的合理费用，保险公司也负责赔偿，但以不超过该批被救货物的保险金额为限。

陆运一切险的承保责任范围与海上运输货物保险条款中的"一切险"相似。保险公司除承担上述陆运险的赔偿责任外，还负责被保险货物在运输途中由于一般外来风险所造成的损失。以上责任范围均适用于火车和汽车运输，并以此为限。

陆运险与陆运一切险的除外责任与海洋运输货物险的除外责任基本相同。

ⅱ. 责任起讫

陆上运输货物险的责任起讫也采用"仓至仓"责任条款。保险人负责自被保险货物运离保险单所载明的起运地仓库或储存处所开始运输时生效，包括正常运输过程中的陆运和与其有关的水上驳运在内，直至该项货物运达保险单所载目的地收货人的最后仓库或储存处所或被保险人用作分配、分派的其他储存处所为止。如未运抵上述仓库或储存处所，则以被保险货物运抵最后卸载的车站满60天为止。陆上运输货物险的索赔时效为：从被保险货物在最后目的地车站全部卸离车辆后起算，最多不超过2年。

**（2）陆运冷藏货物险**

陆上运输冷藏货物险是陆上运输货物险中的一种专门保险。

ⅰ. 责任范围

陆上运输冷藏货物险主要责任范围除负责陆运险所列举的自然灾害和意外事故所造成的全部或部分损失外，还负责赔偿由于冷藏机器或隔温设备在运输途中损坏所造成的被保险货物解冻融化以致腐败的损失。

ⅱ. 责任起讫

陆上运输冷藏货物险的责任自被保险货物运离保险单所载起运地点的冷藏仓库装入运送工具开始运输时生效，包括正常的陆运及与其有关的水上驳运在内，直至货物到达保险单所载明的目的地收货人仓库为止，但是最长保险责任的有效期限以被保险货物到达目的地车站后 10 天为限。中国人民保险公司的该项保险条款还规定：装货的任何运输工具，必须有相应的冷藏设备或隔温设备；或供应和贮存足够的冰块使车厢内始终保持适当的温度，保证被保险冷藏货物不致因融化而腐败，直至目的地收货人仓库为止。陆上运输冷藏货物险的索赔时效为：从被保险货物在最后目的地全部卸离车辆后起计算，最多不超过 2 年。

　　ⅲ. 除外责任

　　陆上运输冷藏货物险对于因战争、罢工或运输延迟而造成的被保险冷藏货物的腐败或损失，以及被保险冷藏货物在保险责任开始时未能保持良好状况，包括整理、包扎不妥，或冷冻上的不合规定及骨头变质所造成的损失除外，一般的除外责任条款也适用本险别。

　　**(3) 陆运货物战争险**

　　陆运货物战争险是陆上运输货物保险的一种特殊附加险，只有在投保了陆运险或陆运一切险的基础上方可加保。这种陆运战争险，境外私营保险公司大都不予承保，但为适应外贸业务需要，我国保险公司接受加保，但目前仅限于火车运输，若汽车运输则不能加保。

　　加保陆上运输货物战争险后，保险公司负责赔偿在火车运输途中由于战争、类似战争行为和敌对行为、武装冲突所致的损失，以及各种常规武器包括地雷、炸弹所致的损失。但由于敌对行为使用原子或热核武器所致的损失和费用，以及根据执政者、当权者或其他武装集团的扣押、拘留引起的承保运程的丧失和挫折而造成的损失除外。

　　陆上运输货物战争险的责任起讫与海运战争险相似，以货物置于运输工具时为限。即被保险货物装上保险单所载起运地的火车时开始，到卸离保险单所载目的地火车时为止。如果被保险货物不卸离火车，则以火车到达目的地的当日午夜起计算，满 48 小时为止。如在运输中途转车，则不论货物在当地卸载与否，保险责任以火车到达该中途站的当日午夜起计算满 10 天为止。如货物在此期限内重新装车续运，仍恢复有效。如运输契约在保险单所载目的地以外的地点终止时，该地即视作本保险单所载目的地，在货物卸离该地火车时为止，如不卸离火车，则保险责任以火车到达该地当日午夜起计算满 48 小时为止。

　　陆上运输货物保险的特殊附加险，除战争险外，还可加保罢工。陆上运输罢工险的承保责任范围与海洋运输货物罢工险的责任范围相同。在投保战争险前提下，加保罢工险不另收费。如仅要求加保罢工险，则按战争险费率收费。

## 12.5.2　航空运输货物保险

　　航空运输货物保险是以飞机为运输工具的货物运输保险。由于航空运输与其他运输方式相比较复杂，加上航空运输货物保险起步较晚，致使航空运输货物保险迄今未能发展成为一个完整、独立的体系。为适应航空货物运输及保险业务的顺利开展，伦敦保险协会直至1965 年才对实际业务中最常用的航空运输货物一切险制定了一份比较完整的《协会航空运输货物一切险条款》，该条款于 1982 年重新修现为《协会货物险条款（航空）（邮包除外）》。伦敦保险协会还制定了《协会战争险条款（航空货物）（邮包除外）》和《协会罢工险条款（航空货物）》两种协会空运货物保险条款。目前，国际保险市场较多采用上述条款进行航空运输货物保险。

　　为了满足我国跨境电子商务业务发展的需要，中国人民保险公司也接受办理航空运输货物保险业务，并制定"航空运输险"和"航空运输一切险"两种基本险条款以及"航空运输货物战争险"的附加险条款。海洋运输货物保险中的附加险别也可在航空运输货物保险中有选择地使用。

**（1）航空运输险和航空运输一切险**

ⅰ.责任范围

航空运输险的承保责任范围与海洋运输货物保险条款中的"水渍险"基本相同，保险公司负责赔偿被保险货物在运输途中遭受雷电、火灾、爆炸或由于飞机遭受恶劣天气或其他危难事故而被抛弃，或由于飞机遭受碰撞、倾覆、坠落或失踪等自然灾害和危险事故所造成的全部或部分损失。

航空运输一切险的承保责任范围除包括上述航空运输险的全部责任外，保险公司还负责赔偿被保险货物货由于被偷窃、短少等一般外来原因所造成的全部或部分损失。航空运输险和航空运输一切险的除外责任与海洋运输货物险的除外责任基本相同。

ⅱ.责任起讫

航空运输货物险的两种基本险的保险责任也采用"仓对仓"条款，但与海洋运输险的"仓对仓"责任条款有所不同。

货物运达保险单所载明目的地而未运抵保险单所载明的收货人仓库或储存处所，则以被保险货物在最后卸载地卸离飞机后满30天为止。如在上述30天内被保险货物需转送到非保险单所载明的目的地时，则以该项货物开始转运时终止。

由于被保险人无法控制的运输延迟、绕道、被迫卸货、重新装载、转运或承运人运用运输契约赋予的权限所做的任何航行上的变更或终止运输契约，致使被保险货物运到非保险单所载的目的地时，在被保险人及时将获知的情况通知保险人并在必要时加缴保险费的情况下，本保险单继续有效，保险责任按下述规定终止。

① 保险货物如在非保险单所载目的地出售，保险责任至交货时为止。但不论任何情况，均以被保险货物在卸载地卸离飞机后满30天为止。

② 被保险货物在上述30天期限内继续运往保险单所载原目的地或其他目的地时，保险责任仍按上述的规定即在保险单所载目的地或其他目的地卸离飞机后满30天终止。

**（2）航空运输货物战争险**

航空运输货物战争险是航空运输货物险的一种特殊附加险，只有在投保了航空运输险或航空运输一切险的基础上方可加保。

加保航空运输货物战争险后，保险公司承担赔偿在航空运输途中由于战争、类似战争行为、敌对行为或武装冲突以及各种常规武器和炸弹所造成的货物的损失，但不包括因使用原子或热核武器所造成的损失。

航空运输货物战争险的保险责任起讫是自被保险货物装上保险单所载明的启运地的飞机时开始，直到卸离保险单所载明的目的地的飞机时为止。如果被保险货物不卸离飞机，则以飞机到达目的地当日午夜起计算满15天为止；如果被保险货物需在中途转运时，则保险责任以飞机到达转运地的当日午夜起计算满15天为止。后装上续运的飞机，保险责任再恢复有效。

航空运输货物保险的特殊附加险除战争险外，还可加保罢工险。与海运、陆运险相同，在投保航空运输货物战争险前提下，加保罢工险不另收费。如仅要求加保罢工险，则按航空运输货物战争险费率收费。航空运输罢工险的责任范围与海洋运输罢工险的责任范围相同。

## 12.5.3　邮包运输货物保险

邮包运输是一种比较简便的运输方式，但由于邮包运输一般须经过海、陆、空辗转运送，在运送过程中遭受自然灾害和意外事故而导致损失的可能性较大。由于邮包运送可能同时涉及海、陆、空三种运输方式，因此保险公司在确定承保责任范围时，必须同时考虑这三种运输方式可能出险的因素。各国保险公司针对邮包运输而使用的险别名称条款不尽相同，比较常见的是沿袭海洋运输货物险的"平安险""水渍险"与"一切险"的险别名称，但具体条款与海洋运输货物险的同名险别不完全相同。

中国人民保险公司参照国际上的通行做法，结合我国邮政包裹业务的实际情况，于 1981 年 1 月 1 日修订并公布了一套较为完备的邮包运输保险条款，具体包括"邮包险""邮包一切险"及"邮包战争险"三种。

**（1）邮包险和邮包一切险**

ⅰ. 责任范围

邮包险的承保责任范围是负责赔偿被保险邮包在运输途中由于恶劣气候、雷电、海啸、地震、洪水、自然灾害或由于运输工具搁浅、触礁、沉没、碰撞、出轨、倾覆、坠落、失踪，或由于失火和爆炸意外事故造成的全部或部分损失；另外，还负责被保险人对遭受承保责任范围内风险的货物采取抢救、防止或减少货损的措施而支付的合理费用，但以不超过该批被救货物的保险金额为限。

邮包一切险的承保责任范围除包括上述邮包险的全部责任外，还负责被保险邮包在运输途中由于一般外来原因所致的全部或部分损失。

ⅱ. 责任起讫

邮包险和邮包一切险的保险责任是自被保险邮包离开保险单所载起运地点寄件人的处所运往邮局时开始生效，直至被保险邮包运达保险单所载明的目的地，邮局发出通知书给收件人当日午夜起算满 15 天为止，但在此期限内邮包一经递交至收件人的处所时，保险责任即行终止。

ⅲ. 除外责任

邮包险和邮包一切险的除外责任包括：保险人因对战争、敌对行为、类似战争行为、武装冲突、海盗行为、工人罢工所造成的损失；直接由于运输延误或被保险物品本质上的缺陷或自然消耗所造成的损失，属于寄件人责任和被保险邮包在保险责任开始前已经存在的品质不良或数量短差所造成的损失，被保险人的故意行为或过失所造成的损失。

**（2）邮包战争险**

邮包战争险是邮政包裹保险的一种特殊附加险，只有在投保了邮包险或邮包一切险的基础上，经投保人与保险公司协商方可加保。

加保邮包战争险后，保险公司负责赔偿在邮包运输过程中由于战争、类似战争行为、敌对行为、武装冲突、海盗行为以及各种常规武器包括水雷、鱼雷、炸弹所造成的损失。此外，保险公司还负责被保险人对遭受以上承保责任内危险的物品采取抢救、防止或减少损失的措施而支付的合理费用。但保险公司不承担因使用原子或热核制造的武器所造成的损失的赔偿。

邮包战争险的保险责任是自被保险邮包经邮政机构收讫后自储存处所开始运送时生效，直至该邮包运达保险单所载明目的地邮政机构送交收货人为止。

邮包运输保险的特殊附加险除战争险外，还有罢工险：在投保战争险前提下，加保罢工险不另收费。如仅要求加保罢工险，按战争险费率收费。邮包罢工险的责任范围与海洋运输罢工险的责任范围相同。

# 本章小结

随着国家"一带一路"建设的不断推进，为我国跨境电子商务带来重大机遇的同时，传统保险已无法满足周边地区及跨境电子商务的需要，因此，跨境保险业务应运而生。

对于跨境电子商务保险主要涉及海运货物保险、陆运货物保险和航空运输货物保险。为了满足我国跨境电子商务业务发展的需要，中国人民保险公司也接受办理航空运输货物保险业务，并制定"航空运输险"和"航空运输一切险"两种基本险条款以及"航空运输货物战争险"等附加险条款。

# 思 考 题

1. 简述保险的基本原则。
2. 简述海运货物保险的风险。
3. 简述海运货物保险的损失。
4. 简述实际全损与推定全损的区别。
5. 海运货物保险的费用包括哪些？
6. 简述平安险的责任范围。
7. 简述水渍险的责任范围，一切险的责任范围。
8. 什么是海运货物保险附加险？
9. 海洋运输冷藏货物保险条款有哪些？
10. 简述其他贸易条件下的出口货物保险。

# 第 **13** 章
# 跨境电子商务的法律问题

随着经济全球化的深入发展，跨境电子商务在国际贸易中的地位和作用日益突显。目前，我国跨境电子商务蓬勃发展，生态环境日益繁荣，贸易交易额迅速扩大，形成了与实体经济深入融合的发展态势，推动了经济增长，扩大了内需和社会就业，促进了零售、内外贸和制造业的转型升级。跨境电子商务已经成为发展中国经济的新增长点和提升国家竞争力的新引擎。

## 13.1 跨境电子商务法律法规的特点和分类

### 13.1.1 跨境电子商务现行相关法律的现状

近年来，我国政府非常重视跨境电子商务的发展，政府工作报告多次提及"跨境电子商务"，国家层面的政策支持力度也在不断加码，陆续出台了一系列政策措施，电子商务立法建设取得重大突破。特别是 2019 年 1 月 1 日正式实施的《电子商务法》，除了明确规定跨境电子商务从业者应该遵守进出口监管的法律规定外，更加明确了解决跨境进口消费投诉热点问题的法律依据，多角度地促进了跨境电子商务行业的健康发展。

但是，也应看到，《电子商务法》作为一部综合性法律，对跨境电子商务的规范是框架式的、笼统的，具体可操作性还不强，但是其对跨境电子商务的态度是明确的，那就是"支持"——为跨境电子商务提供便利，同时也要求其合法合规。为引导和规范跨境电子商务零售进出口业务发展，海关总署、财政部等有关部门早在 2018 年底就密集发布了一系列针对性的法规和政策，对新时期跨境电子商务企业的合规运营提出了明确的具体要求。

### 13.1.2 跨境电子商务相关法律法规的特点

**（1）多样性**

纵观当前跨境电子商务的法律法规体系，虽以行政规章和政策性规范居多。但已初步形成以《电子商务法》为最高立法位阶，部门规章、政策规范、行业标准等多种形式相互依存、互为支撑的制度体系。

**（2）复杂性**

由于跨境电子商务交易活动包括跨境支付、外汇收汇结汇、物流配送、海关通关报关、检验检疫等众多环节，涉及税收、外资准入、知识产权、用户数据安全保障、产品质量责任分配、消费者权益保护、交易纠纷、跨境电子商务企业或平台责任界定、产品售后服务等众多问题。要规范和解决跨境电子商务交易活动中涉及的所有这些问题，其复杂程度，可想而知。

**（3）相关性**

跨境电子商务相较于境内普通电子商务而言，要涉及更多的环节，接受更多的监管。任何一项法律法规都不可能独立解决所有法律问题。比如跨境电子商务支付问题，跨境电子商务经营者除了要选择具有"支付业务许可证"的合格第三方支付机构进行资金收付和结售汇，确保资金收付和结售汇行为符合《支付机构跨境电子商务外汇支付业务试点指导意见》等法律法规的要求，同时还应当严格遵守国家在外汇管理方面的其他法律法规。

## 13.1.3 跨境电子商务相关法律法规的分类

经梳理，跨境电子商务相关的法律法规大体包括一部综合性法律、一系列跨境电子商务具体法规文件和七个子类的参照法律法规。

**（1）一部综合性法律**

2018 年 8 月 31 日下午，十三届全国人大常委会第五次会议表决通过了《电子商务法》，并于 2019 年 1 月 1 日起正式施行，这是中国电子商务领域首部综合性法律。整部《电子商务法》合计 89 条，其中，在二十六条、七十一条到七十三条都提到了跨境电子商务。

**第二十六条** 电子商务经营者从事跨境电子商务，应当遵守进出口监督管理的法律、行政法规和国家有关规定。

此条规定将跨境电子商务经营者纳入本法管辖范围，也规定了受本法约束的同时，还应当遵守其他法律法规及规定。

此条规定还为消费者权益提供了法律保护，也将为跨境电子商务的进一步增长提供保障。

**第七十一条** 国家促进跨境电子商务发展，建立健全适应跨境电子商务特点的海关、税收、进出境检验检疫、支付结算等管理制度，提高跨境电子商务各环节便利化水平，支持跨境电子商务平台经营者等为跨境电子商务提供仓储物流、报关、报检等服务。

此条规定印证了国家对促进跨境电子商务发展的支持，并将为跨境电子商务提供仓储物流、报关、报检等服务。

**第七十二条** 国家进出口管理部门应当推进跨境电子商务海关申报、纳税、检验检疫等环节的综合服务和监管体系建设，优化监管流程，推动实现信息共享、监管互认、执法互助，提高跨境电子商务服务和监管效率。跨境电子商务经营者可以凭电子单证向国家进出口管理部门办理有关手续。

此次电子商务法在跨境电子商务进出口方面相较 2016 年 4 月 8 日起实施的跨境电子商务零售进口新政（被业内称作"48 新政"）有着较大的改动，政策思路更加适应跨境电子商务进出口发展的现实情况和行业特点。例如，推进跨境电子商务海关申报、纳税、检验检疫等环节的综合服务和监管体系建设，优化监管流程，推动实现信息共享、监管互认、执法互助，提高跨境电子商务服务和监管效率。跨境电子商务经营者可以凭电子单证向国家进出口管理部门办理有关手续等。

一些原本的"法外之地"也被纳入了监管范围内，这将使很多领域发生改变。在《电子商务法》公布后，直邮模式纳入跨境电子商务范畴，也就意味着其也需要满足报关程序等。另外，微商及其他网络平台向消费者继续提供跨境购买食品的，也应当进行工商登记。这对进一步规范跨境电子商务，保障国内消费者食品安全有着很重要的意义。

第七十三条　国家推动建立与不同国家、地区之间跨境电子商务的交流合作，参与电子商务国际规则的制定，促进电子签名、电子身份等国际互认。

国家推动建立与不同国家、地区之间的跨境电子商务争议解决机制。

随着信息技术、互联网技术和跨境物流的不断完善，全球跨境网购消费者对中国优质商品的需求高速增长，跨境电子商务行业迅速发展。

中国的跨境电子商务卖家不再满足于美国、加拿大等市场，而是纷纷开始拓展东南亚市场、非洲市场以及消费水平高、利润率高，且增长潜力大的欧洲市场。但对于中国的跨境电子商务卖家来说，进入不同国家市场，在获得机遇的同时，也面临着种种挑战。

《电子商务法》提出国家推动建立国际和地区间的跨境争议解决机制，完善跨境电子商务消费者权益纠纷解决机制，依法维护跨境电子商务消费者的合法权益。这一规定从立法层面，对于跨境电子商务贸易纠纷的高效解决提供了法律依据。

除了以上四个条款直接提到了跨境电子商务，《电子商务法》中还有很多条款对国内的代购和进口，均提出了明确的规范要求。比如，电子商务经营者应当办理市场主体登记并依法纳税，鼓励跨境电子商务数据共享等方面的内容。

《电子商务法》中对跨境电子商务的规定，提高了跨境电子商务的监管效率，促进了跨境电子商务的健康发展，使其步入了有法可依的阶段。但其对跨境电子商务的规定，还只是宏观层面的，具体到跨境电子商务涉及的方方面面，还需要部门规章、政策规范、行业标准等规范性法律文件加以具体规范和指导。

**（2）一系列跨境电子商务具体法规文件**

近几年我国的跨境电子商务业务发展很快，国务院及跨境电子商务主管部门〔包括商务部、财政部、海关总署、国家税务总局、质检总局（现为国家市场监督管理总局）等〕发布了跨境电子商务有关法规文件，部分试点城市如上海、杭州等政府部门及出入境检验检疫部门也发布了一些法规文件及指导意见等，见表 13-1。

表 13-1　跨境电子商务具体法规文件

| 国家层面 | 地方层面 |
| --- | --- |
| 国务院办公厅转发商务部等部门关于实施支持跨境电子商务零售出口有关政策意见的通知 | 上海出入境检验检疫局关于发布跨境电子商务检验检疫管理办法的公告 |
| 国务院办公厅关于促进跨境电子商务健康快速发展的指导意见（国办发〔2015〕46 号） | 上海市人民政府办公厅印发《关于本市推进电子商务与快递物流协同发展的实施意见》的通知（沪府办规〔2019〕1 号） |
| 产品质量监督司关于征求《产品质量安全风险监控管理办法（征求意见稿）》和《电子商务产品质量监督抽查管理办法（征求意见稿）》意见的函（质检监函〔2016〕99 号） | 浙江省商务厅等 8 部门关于印发《浙江省跨境电子商务管理暂行办法》的通知（浙商务联发〔2016〕89 号） |
| 总局办公厅关于食品跨境电子商务企业有关监管问题的复函（食药监办食监二函〔2016〕630 号） | 杭州市跨境电子商务促进条例 |
| 关于跨境电子商务进口统一版信息化系统企业接入事宜的公告 | 深圳市市场监督管理局关于发布跨境电子商务产品质量信息监测进口葡萄酒的通知（深市监标〔2017〕38 号） |
| 质检总局关于跨境电子商务零售进口通关单政策的说明 | 深圳地区跨境电子商务出境货物原产地签证管理办法（试行） |

续表

| 国家层面 | 地方层面 |
|---|---|
| 《跨境电子商务零售进口商品清单（第二批）》有关商品备注的说明 | 深圳市市场监督管理局关于发布跨境电子商务检验检疫数据报文格式规范的通知（深市监标〔2017〕14 号） |
| 关于公布跨境电子商务零售进口商品清单（第二批）的公告（2016 年第 47 号） | 深圳检验检疫局关于印发《深圳地区跨境电子商务检验检疫监督管理办法试行》的通知（深检通〔2015〕66 号） |
| 《跨境电子商务零售进口商品清单》有关商品备注的说明 | 广东省人民政府办公厅关于印发广东省推进电子商务与快递物流协同发展实施方案的通知（粤府办〔2018〕35 号） |
| 关于跨境电子商务零售进出口商品有关监管事宜的公告（海关总署公告 2016 年第 26 号） | 深圳市网络经营者交易信用信息管理办法（深市监规〔2013〕19 号） |
| 财政部海关总署国家税务总局关于跨境电子商务零售进口税收政策的通知（财关税〔2016〕18 号） | 广州市人民政府办公厅关于印发推动电子商务跨越式发展若干措施的通知（穗府办函〔2019〕2 号） |
| 关于公布跨境电子商务零售进口商品清单的公告（2016 年第 40 号） | 北京市人民政府办公厅关于印发《中国（北京）跨境电子商务综合试验区实施方案》的通知（京政办发〔2018〕48 号） |
| 关于做好网购保税跨境电子商务进口动植物源性食品入境检疫监管工作的通知（质检食函〔2015〕177 号） | 国家税务总局北京市税务局北京市商务局北京市财政局关于跨境电子商务综合试验区零售出口货物免税管理有关事项的公告（2019 年第 6 号） |
| 质检总局关于发布《跨境电子商务经营主体和商品备案管理工作规范》的公告（2015 年第 137 号） | 江苏省政府关于印发中国（南京）、中国（无锡）跨境电子商务综合试验区实施方案的通知（苏政发〔2019〕7 号） |
| 关于对《网购保税模式跨境电子商务进口食品安全监督管理细则》征集意见的通知 | 陕西省人民政府办公厅关于印发中国（西安）跨境电子商务综合试验区实施方案的通知（陕政办函〔2018〕332 号） |
| 质检总局关于加强跨境电子商务进出口消费品检验监管工作的指导意见（国质检〔2015〕250 号） | 重庆市人民政府办公厅关于印发重庆市创新跨境电子商务监管服务工作方案的通知（渝府办发〔2017〕126 号） |
| 国务院关于大力发展电子商务加快培育经济新动力的意见（国发〔2015〕24 号） | 山东省人民政府关于印发中国（威海）跨境电子商务综合试验区实施方案的通知（鲁政字〔2018〕306 号） |
| 质检总局办公厅关于印发《电子商务产品质量提升行动工作方案》的通知（质检办监〔2014〕1066 号） | 云南省人民政府关于进一步加快跨境电子商务发展的指导意见（云政发〔2019〕7 号） |
| 质检总局关于支持中国（杭州）跨境电子商务综合试验区发展的意见 | 云南省人民政府关于印发中国（昆明）跨境电子商务综合试验区实施方案的通知（云政发〔2019〕6 号） |
| 国务院关于同意在北京等 22 个城市设立跨境电子商务综合试验区的批复（国函〔2018〕93 号） | 上海口岸深化跨境贸易营商环境改革若干措施 |
| 关于跨境电子商务综合试验区零售出口货物税收政策的通知（财税〔2018〕103 号） | 国家税务总局江苏省税务局跨境电子商务综合试验区零售出口货物免税管理办法（试行） |
| 关于实时获取跨境电子商务平台企业支付相关原始数据有关事宜的公告（海关总署公告 2018 年第 165 号） | 杭州经济技术开发区《关于促进跨境贸易电子商务加快发展的若干政策（试行）》 |
| 商务部发展改革委财政部海关总署税务总局市场监管总局关于完善跨境电子商务零售进口监管有关工作的通知（商财发〔2018〕486 号） | — |
| 关于调整跨境电子商务零售进口商品清单的公告（2018 年第 157 号） | — |

| 国家层面 | 地方层面 |
|---|---|
| 关于实时获取跨境电子商务平台企业支付相关原始数据有关事宜的公告(海关总署公告 2018 年第 165 号) | — |
| 关于实时获取跨境电子商务平台企业支付相关原始数据接入有关事宜的公告(海关总署公告 2018 年第 179 号) | — |
| 市场监管总局关于做好电子商务经营者登记工作的意见(国市监注〔2018〕236 号) | — |
| 关于跨境电子商务零售进出口商品有关监管事宜的公告(海关总署公告 2018 年第 194 号) | — |
| 国家邮政局 商务部 海关总署关于促进跨境电子商务寄递服务高质量发展的若干意见(暂行)(国邮发〔2019〕17 号) | — |

**(3) 七个子类的参照法律法规**

除了一部综合性的《电子商务法》和近年来有关主管部门和地方发布的一系列跨境电子商务相关的法规文件和指导意见外。由于跨境电子商务的复杂性和相关性,在跨境电子商务活动中,货物都需要通过海关、商检,经营参与者需要进行收汇和结汇,在通关过程中还会遇到税收问题。此外,整个跨境电子商务活动中涉及国际贸易、物流运输、产品质量及知识产权等众多相关问题。因此,对跨境电子商务的规范和监管很多时候还需要考虑和参照已有的此类法律内容。这主要包括以下七个子类的法律法规。

ⅰ. 有关规范外贸电子商务主体的一般性法律法规

跨境电子商务仍然需要参照电子商务的一般性法律法规。当前我国电子商务主要的法律法规可以分为以下几类:

① 电子商务企业登记、准入、认定相关法律制度。

当前,此类法律制度主要以部门规章或规范性指导文件的形式存在,参与交易的企业以及各类第三方服务商都有一定的登记和准入要求,个人准入条件则较为模糊和宽泛。若涉及设立网站行为,应主要依据《中华人民共和国电信条例》和《互联网信息服务管理办法》进行审批和登记。从参与交易或服务经营的角度,应符合国家市场监督管理总局出台的《网络商品交易及有关服务行为管理的暂行办法》。电子商务各项活动的参与者应参照《电子商务模式规范》中关于成立、注册、身份认定审核的条件。第三方平台服务商还需要符合《第三方电子商务交易平台服务规范》的其他准入条件。

② 电子商务合同、签名、认证相关法律制度。

目前电子商务合同主要参照的应该是《中华人民共和国合同法》中的相关条文。电子商务合同中的较多内容可以在《中华人民共和国合同法》中找到对应的等同的条文,其他如点击合同、确认规则、电子错误等问题目前应借鉴国际上有关的电子商务法律所规定的关于电子商务合同的条文,如联合国《电子商务示范法》和美国《统一计算机信息交易法》等。我国已经出台了《中华人民共和国电子签名法》,对电子签名的适用范围、法律效力、法律责任进行了详细规定。

③ 电子商务支付、电子签名效力相关法律法规。

目前,主要参照的文件是《电子支付指引(第一号)》,对电子支付的原则、安全、差错处理、各方法律关系和权利义务等进行了说明和规范。

④ 知识产权、安全隐私、消费者权益保护类相关法律。

知识产权相关的法律除遵守一般的《中华人民共和国商标法》《中华人民共和国著作权法》《中华人民共和国专利法》的相关规定外，还需要参照一些关于域名管理、网络信息传播管理的相关规定，见表 13-2。

表 13-2　电子商务类法律法规

| 名称 | 类型 |
| --- | --- |
| 中华人民共和国电子签名法 | 法律 |
| 中华人民共和国侵权责任法 | 法律 |
| 电子支付指引(第一号) | 文件 |
| 中华人民共和国电信条例 | 规章 |
| 互联网信息服务管理办法 | 文件 |
| 公司登记管理条例 | 规章 |
| 网络商品交易及有关服务行为管理的暂行办法 | 文件 |
| 第三方电子商务交易平台服务规范 | 文件 |
| 电子商务模式规范 | 文件 |

ⅱ. 有关国贸规范和贸易合同方面的法律法规

跨境电子商务的参与者很多具有贸易主体的地位；跨境 B2B 电子商务可适用于货物贸易。在这个方面，我国出台的最重要的法律基础是《中华人民共和国对外贸易法》。在修订后的对外贸易法中，规范了贸易参与者、货物进出口、贸易秩序、知识产权、法律责任等。从根本上确立了贸易参与者的备案登记、对货物进出口的许可管理和监管及保护知识产权等措施。与此同时，针对贸易参与者的登记问题，又出台了《对外贸易经营者备案登记办法》，规范了登记需要递交的材料和审核细节。针对货物进出口环节，我国还具体制定了《货物进出口管理条例》，具体规定了对禁止进出口、限制进出口、自由进出口等的管理措施，见表 13-3。

表 13-3　贸易类法律

| 相关业务 | 名称 | 类型 |
| --- | --- | --- |
| 对外贸易 | 中华人民共和国对外贸易法 | 法律 |
| 对外贸易 | 对外贸易经营者备案登记办法 | 规章 |
| 对外贸易 | 货物进出口管理条例 | 规章 |
| 对外贸易 | 联合国国际货物销售合同公约 | 国际公约 |
| 商事合同 | 中华人民共和国合同法 | 法律 |
| 商事 | 国际货物运输代理业管理规定 | 规章 |
| 商事海事 | 中华人民共和国海商法 | 法律 |
| 商事运输 | 中华人民共和国民用航空法 | 法律 |
| 知识产权 | 中华人民共和国知识产权法 | 法律 |
| 知识产权 | 中华人民共和国商标法 | 法律 |
| 质量责任 | 中华人民共和国产品质量法 | 法律 |
| 消费者保护 | 中华人民共和国消费者权益保护法 | 法律 |

　　跨境电子商务的合约除了电子合同的属性外，还具有贸易合同的性质。当前国际上比较重要的公约是《联合国国际货物销售合同公约》，该公约实际规范的是一般贸易形态的、商业主体之间的、非个人使用、非消费行为的货物销售合同订立。该公约具体规范了合同订立行为、货物销售、卖方义务、货物相符（含货物检验行为等）、买方义务、卖方补救措施、风险转移、救济措施、宣布合同无效的效果等，同时，也需要参照《中华人民共和国合同法》进行规范。《中华人民共和国合同法》不仅仅规范了销售合同，而且也对商事代理方面的合同行为提出了专门的条款，对运输过程中的一些问题也做了规定。

　　ⅲ. 有关跨境物流运输和仓储方面的法律法规

　　跨境电子商务交易活动后期会涉及较多的跨境物流、运输问题，涉及海洋运输、航空运输方面的法律。主要应参照《中华人民共和国海商法》《中华人民共和国民用航空法》和《国际货物运输代理业管理规定》。这些法律法规对承运人的责任、交货提货和保险等事项做了具体规定，同时也对国际贸易中的货物运输代理行为做了规范、理清了代理人作为承运人的责任。这部分的法律规范同时还需要与《中华人民共和国合同法》进行参照，解决代理合同当中委托人、代理人、第三人之间的责任划分问题。货运代理的代理人身份和独立经营人身份/合同当事人的双重身份也需要参照《中华人民共和国合同法》进行规范。

　　ⅳ. 有关产品质量和消费者权益保护方面的法律法规

　　在法律实践中，跨境电子商务常常面临商品质量的责任和纠纷。在贸易过程中，产品/商品质量问题和责任需要通过法律来规范，消费者权益需要通过法律进行保护。法律对生产者、销售者的责任进行了梳理，以及对欺诈、侵权的行为进行了规制。

　　ⅴ. 有关知识产权保护方面的法律规范

　　跨境电子商务活动中交易的商品需要遵守知识产权有关规范。主要涉及商品的专利、商标、著作权等问题的规范。我国相继出台了《中华人民共和国专利法》《中华人民共和国商标法》和《中华人民共和国著作权法》。我国已经加入或批准了《保护工业产权巴黎公约》以及《商标国际注册的马德里协定》，在加入 WTO 之后同时也受到了《与贸易有关的知识产权协定》（TRIPS）的约束。这些法律以及国际公约详细规定了知识产权的性质、实施程序和争议解决机制。知识产权方面的海关保护措施将在下一个部分进行论述。

　　ⅵ. 有关通关、商检及贸易监管的法律法规

　　跨境电子商务活动仍然需要受到跨境贸易监管部门的监管，主要涉及通关、商检、外汇、税收方面的法律法规，见表 13-4。

　　① 通关方面的法律法规。

　　跨境电子商务所涉及的货物/物品需要经过海关的查验。我国出台了《中华人民共和国海关法》，并通过《中华人民共和国海关企业分类管理办法》《中华人民共和国海关行政处罚实施条例》进一步细化。《中华人民共和国海关法》涉及海关的监管职责，负责对进出境运输工具、货物、物品的查验及关税等内容。《中华人民共和国海关企业分类管理办法》对海关管理企业实行分类管理，对信用较高的企业采用便利通关措施，对信用较低的企业采取更严密的监管措施。同时，也在通关环节，加强了"知识产权的海关保护"，出台了《中华人民共和国知识产权海关保护条例》及其实施办法。针对目前空运快件、个人物品邮件增多的情况，也出台了一些专门的管理办法，如《中华人民共和国海关对进出境快件监管办法》以及《海关总署公告 2010 年第 43 号（关于调整进出境个人邮递物品管理措施有关事宜）》等。

② 商检方面的法律法规。

跨境电子商务所交易的较多货物都需要通过商检的检验环节。目前的依据主要是《中华人民共和国商检法》，涉及商品检验检疫方面的进口、出口的检验以及监督管理职责。同时依据《中华人民共和国商检法》出台了《中华人民共和国商品检验法实施条例》，对《中华人民共和国商检法》各个部分拟定了细则。还出台了一些针对邮递和快件的检验检疫细则，如《进出境邮寄物检疫管理办法》和《出入境快件检验检疫管理办法》等。

③ 外汇管理的有关规定。

跨境电子商务主要涉及向外汇管理部门、金融机构的结汇问题。当前的规范主要有《中华人民共和国外汇管理条例》等。《中华人民共和国外汇管理条例》中所涉及的经常项目售汇、结汇条文会直接影响跨境电子商务的部分支付问题。

④ 税收方面的法律法规。

跨境电子商务进出口环节可能会面临征税问题。该类法律法规主要有《中华人民共和国进出口关税条例》，以及涉及退税阶段的各类的规章制度。《中华人民共和国进出口关税条例》在《中华人民共和国海关法》和国务院制定的《中华人民共和国进出口税则》的基础上来具体规定关税征收的规定和细则，包括货物关税税率设置和适用、完税价格确定、进出口货物关税的征收、进境货物的进口税征收等。针对新出现的跨境电子商务企业的征税和退税问题，税务总局也出台了一系列文件。

表 13-4　监管类法律

| 相关业务 | 名称 | 类型 | 实施日期 | 颁布机构 |
|---|---|---|---|---|
| 出口退税 | 关于进一步规范外贸出口经营秩序切实加强出口货物退（免）税管理的通知（国税发〔2006〕24 号） | 规章 | 2006/3/1 | 国家税务总局、商务部 |
| 出口退税 | 关于出口货物劳务增值税和消费税政策的通知（财税发〔2012〕39 号） | 规章 | 2012/7/1 | 财政部、国家税务总局 |
| 外汇管理 | 中华人民共和国外汇管理条例（国务院令第 532 号） | 法规 | 2008/8/5 | 国务院 |
| 外汇管理 | 国家外汇管理局关于印发货物贸易外汇管理法规有关问题的通知（汇发〔2012〕38 号） | 规章 | 2012/8/1 | 国家外汇管理局 |
| 外汇管理 | 国家外汇管理局、海关总署、国家税务总局关于货物贸易外汇管理制度改革的公告（2012 年第 1 号） | 规章 | 2012/8/1 | 国家外汇管理局、海关总署国家税务总局 |
| 外汇管理 | 货物贸易外汇管理指引 | 规章 | 2012/8/1 | 国家外汇管理局 |
| 通关 | 中华人民共和国海关法 | 法律 | 1987/7/1 | 全国人民代表大会 |
| 通关 | 中华人民共和国海关企业分类管理办法（海关总署令第 197 号） | 规章 | 2011/1/1 | 海关总署 |
| 通关 | 中华人民共和国海关行政处罚实施条例（国务院令第 420 号） | 法规 | 2004/11/1 | 国务院 |
| 通关 | 中华人民共和国海关关于《中华人民共和国知识产权海关保护条例》的实施办法（海关总署令第 183 号） | 规章 | 2009/7/1 | 海关总署 |
| 通关 | 中华人民共和国知识产权海关保护条例（国务院令第 395 号） | 法规 | 2004/3/1 | 国务院 |

续表

| 相关业务 | 名称 | 类型 | 实施日期 | 颁布机构 |
|---|---|---|---|---|
| 通关 | 国务院关于修改《中华人民共和国知识产权海关保护条例》的决定(国务院令第 572 号) | 法规 | 2010/4/1 | 国务院 |
| 通关/税务 | 中华人民共和国进出口关税条例(国务院令〔2003〕第392 号) | 法规 | 2004/1/1 | 国务院 |
| 商检 | 中华人民共和国进出口商品检验法 | 法律 | 1989/8/1 | 全国人民代表大会 |
| 商检 | 中华人民共和国进出口商品检验法实施条例 | 法规 | 2005/12/1 | 国务院 |

vii. 网络安全方面的法律法规

数据保护对于许多国家而言是重大的公共问题。在贸易领域，一些国家甚至运用个人数据保护作为贸易壁垒，不允许进口没有完善个人信息保护的商品，也不允许与没有完善信息保护的国家、地区进行某些类型的商业合作。

在跨境电子商务的业务流程中，常常有境内企业、个人的信息被境外机构、个人获取（交易数据汇总、信用数据展示、海关数据展示等），或向境外机构发生转移（如数据合作等）。而境外买家的个人信息和数据实际上也向中国境内的机构做了转移。为建立信用体系，中国跨境电子商务平台也往往会查询他国（地区）海关数据，这也是一种跨国（地区）数据转移。

当前，许多国家出台了个人信息和数据保护的法律，还有国家制定了信息安全的一般性法律。在我国，出台了部分信息安全方面的法律法规，如《中华人民共和国计算机信息系统安全保护条例》《互联网信息服务管理办法》《信息网络传播权保护条例》，但对于数据（含个人信息）的进出境问题基本没有法律上的规定，是目前的法律空白。个人数据保护规定的不健全，导致我国境内向外数据转移没有很好的保护机制，而向我国境内转移数据又会面临境外的审查和壁垒。

2016 年 11 月 7 日，《中华人民共和国网络安全法》表决通过，并将于 2017 年 6 月 1 日起正式实施。从此我国网络安全工作有了基础性的法律框架，有了网络安全的"基本法"。

《中华人民共和国网络安全法》共计七十多条，对关键信息基础设施保护、个人信息安全保护、数据安全管理等网络安全各方面事项进行法律规定。明确了网络空间主权的原则；明确了网络产品和服务提供者的安全义务；明确了网络运营者的安全义务；进一步完善了个人信息保护规则；建立了关键信息基础设施安全保护制度；确立了关键信息基础设施重要数据跨境传输的规则等。通过立法将社会各群体的权益法定下来，能够为今后国际合作竞争中保障国家和国民利益争取更多主动。

# 13.2　世界主要国家跨境电子商务法律法规的情况和特点

## 13.2.1　世贸组织及国际贸易机构电子商务的法律法规

目前，世界各国以及包括 WTO 在内的国际组织对于跨境电子商务各个方面的问题尚未取得一致的意见。跨境第三方交易平台的法律地位和权利义务如何确定？怎样确立包括知识产权侵权在内的跨境交易纠纷在线调解机制？怎样建立跨国协调机制以打击和防范跨境欺诈？对这些重大问题，发达国家以及发展中国家各国的立场不一，WTO 以及 OECD 等国际组织尚未拿出各国都能认可的国际条约或协定，只有个别国家进行了双边协商，签订了双边贸易协定。美国主导的 TPP 中有专门的跨境电子商务章节，在中国近两年签署的双边自由贸易协定也已开始将跨境电子商务的相关条款纳入。

**（1）世贸规则及关贸总协定介绍**

世界贸易组织（World Trade Organization，WTO）。WTO 是由各成员方缔结多边条约所建立的政府间的国际组织，从国际条约法的一般理论和 WTO 的实践看，WTO 规则是国际法的有效组成部分。在具体适用和规范作用时，也可称为 WTO 协定、WTO 法，是目前国际经贸领域最重要的多边贸易规则，为多边贸易体制提供了法律框架和组织基础。WTO 协议共包括 29 个法律文件，其基本组成是 3 个协议：关贸总协定（GATT）、服务贸易总协定（GATS）和知识产权总协定（TRIPS），主要内容涵盖货物贸易、服务贸易、与贸易有关的知识产权保护以及与贸易有关的投资措施等。此外，还有 20 多个部长宣言和决定。这些法律文件旨在通过规定各成员国应当承担的义务，确立争端解决机制和贸易政策审议机制，监督各成员有关贸易的法律、法规、规章和政策措施的制定与实施，力求为世界提供一个开放、公开、统一的多边贸易体制框架。WTO 是一个超国家的经济立法和司法机构，WTO 的规范要高于个别国家的法律规范，任何国家的经济立法只要与 WTO 的规范相抵触，就可能被判违背世贸规则和遭受制裁。

**（2）WTO 规则具有不同于一般国际法的特点**

ⅰ. 主体特点

WTO 法作为国际贸易公法，是调整成员方间宏观经贸关系的条约，WTO 协议大多是框架性和原则性的规定，主要针对的是成员方，它并不具有赋予成员方境内自然人或法人以权利和义务的目的和性质，即其权利义务主体是各成员方政府而不是自然人、法人。私人或企业在因别国贸易壁垒而受到利益损害时，由于 WTO 协议缺乏明确而具体的行为准则，只能通过本国政府提起 WTO 争端解决程序获得间接法律救济，而并不能直接诉诸 WTO 争端解决机制。

ⅱ. 规则特点

WTO 规则具有实用性和公平性，在严谨性与严肃性方面与一般国际协议有很大不同。WTO 规则集中体现了成员方之间的贸易利益、减让关系，是各方政治谈判和妥协的产物，而不是通常严格意义上的法律原则，它有许多非法律因素，在具体争端解决中，有较大灵活性。从这个意义讲，WTO 和所有国际组织一样，其功能和价值主要体现在政治方面而不是法律方面。

ⅲ. 结构特点

WTO 规则在法律结构上带有松散性。由于 WTO 成员之间在经济发展水平、市场结构、价值取向上存在很大差异，所以，反映在法律上，对成员之间法律协同的要求就较低，这就使得 WTO 规则缺乏应有的约束力。WTO 协议的许多例外条款就是佐证。

ⅳ. 争端解决特点

WTO 作为国际组织，具有立法、行政、司法三位一体的功能。这种状况有其积极一面，有利于规则的统一实施和执行，但也有较强的排他性，意味着 WTO 本身是其贸易规则的最终裁判和解释者，其他组织或机构无权作出最终裁判。这说明 WTO 的执法机制独立于其他国际司法机构和其他国际仲裁机构，尤其是独立于国内法院。由此不难看出，既然贸易商不是 WTO 规则的权利主体，WTO 规则反映的是国际政治谈判和妥协的产物，WTO 已建立了自身的争端解决机制，那么，国内法院和行政机关是无从和难以直接适用 WTO 规则的，如果直接适用 WTO 规则，则超越了法院和行政机关的职能范围。

**(3) 主要的贸易规则介绍**

ⅰ.《1994 年关税与贸易总协定》(GATT 1994)

《1994 年关税与贸易总协定》简称《关贸总协定》，是世界贸易组织管辖的一项多边贸易协定。该《关贸总协定》是在乌拉圭回合多边贸易谈判对 1947 年的《关贸总协定》进行了较大修改、补充后所形成的。协定本身条款由序言和四大部分 38 条组成，规定缔约方之间在关税和贸易方面相互提供无条件的最惠国待遇原则以及关税减让事项；对缔约方贸易政策，包括国民待遇、反倾销、反补贴、保障措施、一般性取消数量限制、法统统一与透明度、国有贸易企业和磋商程序等作出规定，并新增了与贸易有关的知识产权、服务贸易等约定。

① 《关贸总协定》的主要内容：

一是适用最惠国待遇，缔约国之间对于进出口货物及有关的关税规费征收方法、规章制度、销售和运输等方面，一律适用无条件最惠国待遇原则。但关税同盟、自由贸易区以及对发展中国家的优惠安排都作为最惠国待遇的例外。

二是关税减让。缔约国之间通过谈判，在互惠基础上互减关税，并对减让结果进行约束，以保障缔约国的出口商品适用稳定的税率。

三是取消进口数量限制，总协定规定原则上应取消进口数量限制，但由于国际收支出现困难的，属于例外。

四是保护和紧急措施。对因意外情况或因某一产品输入数量剧增，对该国相同产品或与它直接竞争的生产者造成重大损害或重大威胁时，该缔约国可在防止或纠正这种损害所必需的程度和时间内，暂停所承担的义务，或撤销、修改所作的减让。

② WTO 确立的一系列规则和机制，是对 GATT 的继承和发展。但是，WTO 与 GATT 又有不同，主要表现在：

一是在法律人格上，GATT 只是一个"临时适用"的政府多边贸易协定，还不是一个正式的国际组织；WTO 则是常设的永久性国际组织，在国际上具有独立的法人资格，享有联合国机构的权利和义务。

二是在适用范围上，GATT 主要规范货物贸易；WTO 则涉及货物、服务、投资、知识产权保护、劳工标准与贸易、电子商务以及与贸易有关的投资措施等，称得上是世界经济的联合国。

三是在权威性上，按照 GATT 规则，各缔约方可以有选择地接受一个或几个协议，还可以利用"协商一致"原则阻挠争端的解决；WTO 规则则要求各成员"一揽子"接受有关的协定、协议，不得提出保留。WTO 建立了一套有效的争端解决机制，具有比 GATT 更高的权威性。

四是在成员构成上，WTO 成员比 GATT 缔约方更广泛。GATT 被称为"富人俱乐部"；而 WTO 的 135 个成员中，发达国家 28 个，发展中国家和地区 170 个（占 80%），还有 31 个国家和地区正在积极申请加入 WTO。尽管由于经济实力不同，至今发达国家在 WTO 的主导地位还没有发生根本变化，但发展中国家和地区正在发挥越来越大的作用。

ⅱ.TPP 贸易协议

TPP（跨太平洋伙伴关系协议）中与跨境电子商务有关的主要内容，是明确了海关手续中的无纸化贸易、快件处理与风险管理，以及政府采购中的鼓励通过电子化平台采购。

TPP 的主要特征：一是试图突破传统自由贸易协定中较多涉及例外的模式，达成所有商品和服务在内的高标准的自由贸易协议；二是更加关注工人、中小企业、农民和环境；三是以自由和公平贸易为旗帜，维护发达国家出口利益；四是在贸易协议中推行美国的全球价值观。

TPP 在跨境电子商务方面的分歧在于，美国主张不受约束的电子数据跨境传输，澳大利亚等则主张给予政府更多的酌情处置权。

从多边的角度来看，目前大部分成员都意识到电子商务的巨大潜力，都具有尽早制定规范电子商务国际规则的意识和需要，许多双多边机制、协定已将电子商务作为重要的议题，电子商务规则正在成为 WTO 谈判和各个自贸区谈判的新热点。截至 2016 年 3 月，向 WTO 通报的 269 个区域贸易中有 65 个协定包括电子商务条款。包括美国、欧盟、日本、加拿大、新加坡、巴西在内的不少国家和地区，都向 WTO 提出了关于电子商务规则方面的提案。从多边国际机制来看，APEC、OECD 等多边机制都有关于电子商务的一些重点倾向和共识。美国主导的 TPP 中有专门的跨境电子商务章节，在中国近两年签署的双边自由贸易协定已开始将跨境电子商务的相关条款纳入。从各国对跨境电子商务的关注和采取的行动来看，跨境电子商务国际规则已在酝酿中，若有强有力的大国引领和推动，跨境电子商务国际规则制定俨然可期。

**(4)《联合国国际贸易法委员会电子商务示范法》的主要内容及作用**

《联合国国际贸易法委员会电子商务示范法》（The United Nations Commission on International Trade Law Model Law on Electronic Commerce）简称《电子商务示范法》。1996 年 12 月 16 日，联合国国际贸易法委员会第 85 次全体大会通过了《电子商务示范法》，该法是第一个世界范围内的电子商务的统一法规。

《电子商务示范法》分两部分，共 17 条。主要内容是：

① 一般条款，包括适用范围、定义、解释、经由协议的改动等 4 个条款。

② 对数据电文的适用的法律要求，包括对数据电文的法律承认、书面形式、签字、原件、数据电文的可接受性和证据力、数据电文的留存。

③ 数据电文的传递，包括合同的订立和有效性，当事各方对数据电文的承认，数据电文的归属、确认、收讫、发出和收到数据电文的时间、地点等 5 个条款。

④ 电子商务在特定领域中的运用，主要涉及货物运输中的运输合同、运输单据、电子提单的效力和证据效力等问题。

《电子商务示范法》对电子商务的一些基本法律问题作出的规定，有助于填补国际上在电子商务上的法律空白。虽然它既不是国际条约，也不是国际惯例，仅仅是电子商务的示范法律文本，但却有助于各国完善、健全有关传递和存贮信息的现行法规和惯例，并给全球化的电子商务创造出统一的、良好的法律环境。

## 13.2.2　美国跨境电子商务相关的法律法规

美国是全球电子商务发展最早最快的国家，它不仅是世界上最大的在线零售市场，也是全球最受欢迎的跨境市场，在 2013 年跨境电子商务交易中，美国网站是在线交易的最主要目的地，占全部交易的 45％。美国政府出台了一系列的法律和文件，采用鼓励投资、税收减免等措施，营造促进电子商务发展的便利环境。

在跨境贸易的管辖方面，美国宪法对政府机构的管理权限进行了划分，明确规定对外贸易的管理权由国会享有。国会通过制定法律、批准条约、决定征税以及掌握开支等方式行使对外贸易管理权。行政部门负责实施执行外贸法。这种执行权在美国由多个部门分别享有，负责对外贸易管理的部门主要包括美国贸易代表、商务部，以及国际贸易委员会。同时，美国国务院、财政部、农业农村部、劳工部、海关总署等部门也承担相应的外贸管理职能。除此之外，司法部门由于其司法审查的功能，也对外贸政策发挥着重要影响。美国的国际贸易法院和联邦巡回上诉法院则分别受理一审和二审的国际贸易案件。

美国制定了一系列与电子商务相关的法律和文件，在整体上构成了电子商务的法律基础和框架。主要包括以信息为主要内容的《隐私权法》《电子信息自由法案》《公共信息准则》等；以基础设施为主要内容的《1996 年电信法》；以计算机安全为主要内容的《计算机保护法》和《网上电子安全法案》等；以商务实践为主要内容的《统一电子交易法》和《国际国内电子签名法》；还有属于政策性文件的《国家信息基础设施行动议程》《全球电子商务纲要》《全球电子商务政策框架》等。

美国 1996 年签署了《全球电子商务纲要》，强调税收中性原则、国际税收协调原则、电子商务免税等原则，将互联网宣告为"免税区"。1997 年又发布了《全球电子商务框架》报告，再一次明确了美国对于无形商品或网上服务等经由互联网进行的交易全部免税；对有形商品的网上交易，其税赋则参照现行规定。1998 年美国国会通过的《互联网免税法》是美国历史上第一个正式的有关网络经济税收方面的法律。该法案明确"信息不应该被课税"。该法案的有效期由最初三年内避免对互联网征新税几次被延长。2014 年 7 月，众议院通过了一项被称为"永久性互联网免税法"的法案，用以替代《互联网免税法》。而与此同时，美国参议院则提出了一项"市场和网络公平税收法案"，允许各州对向其境内消费者销售的境外零售商征税。

**（1）关税方面**

美国针对不同的国家实行不同的税率，主要包括两大类。第一类包括一般税率和特殊税率。一般税率指享有美国最惠国待遇的税率，特殊税率指享有美国特别优惠的税率，其税率大大低于最惠国待遇的税率。第二类是法定税率，适用于没有取得美国最惠国待遇或特殊待遇的国家。

**（2）知识产权方面**

美国制定了贸易法 337 条款，规定对于侵犯专利、商标以及版权等知识产权的行为，无须证明损害的存在，即可构成不公平贸易行为。对于该条款所规定的不公平贸易行为，国际贸易委员会可以做出禁止进口令、中止进口令和没收等救济行为，还可以临时禁止进口。

**（3）针对跨境电子商务的监管**

美国海关和边境保护局（CBP）是最重要的执法机构，其主要负责商品安全、食品健康及知识产权侵权等方面的监管。电子商务交易通过邮寄渠道完成的，对于申报额在 200 美元以下的商品，进口人无需向 CBP 申报，CBP 随机抽检确定价格无误后直接放行，对于价值 2 500 美元以下的商品，CBP 允许以非正式报关的简化形式申报，进口人纳税后可当场放行。对于价值超过 2 500 美元的商品，进口商或其代理必须通过正式报关方式向海关申报。电子商务交易通过快递渠道完成的，快递承运人需要替收货人完成海关申报手续并缴纳规定的税款后，才能将商品送达收货人。电子商务交易通过货运渠道完成的，商品申报价值低于 2 500 美元的，购买人可自行向海关进行申报，商品价值超过 2 500 美元的，一般需通过报关代理正式向海关申报，避免进口人由于不熟悉海关申报程序而造成损失。

为促进跨境贸易，美国建立了官方出口促进会，与商务部一起负责组织展览会并向国内的公司提供有关出口指导和支持。美国农业农村部和进出口银行还负责为出口企业提供补贴。同时，美国和相关贸易国家签订了一系列互惠协议，例如，美国和加拿大政府签订协议提高低价值运输品缴纳关税的上限，并扩大了可快速通关的货物范围。美国和加拿大之间低价值运输品的快速通关，使货物在到达当天就可以放行并进行投递。而归类为"低价值"运输品的价格则提高门槛，美国和加拿大之前分别为 2 000 美元和 1 600 加元，目前均提高至 2 500 美元。美国和墨西哥则在 2014 年就跨境贸易在关税标准统一和证书认证方面达成了一致意见，双方计划达成操作细化文本。这意味着墨西哥和美国将统一标准，巩固和促进两国跨境贸易，一方认证批准的证书对方也同样认可。届时，边境两侧双方获得认证的企业将在通关便利化方面获益匪浅。

### 13.2.3 欧盟跨境电子商务相关的法律法规

欧洲的 8.2 亿居民中有 5.3 亿互联网用户，2.59 亿在线购物用户。电子商务为欧洲贡献了大约 5% 的 GDP。从区域上看，欧洲地区已成为全球最大的跨境电子商务市场。

欧盟共同贸易政策是由欧盟成员国统一执行的对外贸易政策、海关税则和法律体系。其内容最初仅涉及改变关税税率、缔结关税和贸易协定等。1999 年 5 月欧盟签署生效《阿姆斯特丹条约》，将进出口政策覆盖范围从之前只包括货物贸易扩展到大部分服务贸易，2003 年 2 月签署生效《尼斯条约》，又扩展到所有服务贸易以及与贸易相关的知识产权。2009 年 12 月又签署生效《里斯本条约》，进一步扩大了欧盟在 FDI（外商直接投资）领域中贸易政策的权限。

在国际贸易中，欧盟独享共同贸易政策的管辖权。欧盟各机构在共同贸易政策中承担不同的职能。欧委会具有立法权和执行权，负责处理多双边贸易事务及向议会和理事会提出政策建议。欧洲议会代表公民，就有关贸易政策方面的问题接受咨询。理事会则代表欧盟各成员国发布贸易政策相关指令。欧洲议会有共同贸易政策共决权，有权审批欧盟对外签署的贸易投资协定，并就欧盟重大贸易投资问题提出意见和建议。欧盟法院负责监督欧盟法律实施，解决争端并进行司法解释。

跨境电子商务具有跨境流通的特点，但欧盟各国的法律存在很大的差异，这势必成为跨境电子商务发展的法律障碍，一个成员国可能限制来源于另一成员国的服务进入本国市场，而且适用于电子商务的法律也具有不确定性。为此，欧盟颁布了一系列重要法律文件以保障和促进联盟内部电子商务的发展，并期望建立一个清晰的概括性法律框架，以协调欧盟统一市场内部的电子商务相关法律问题。1997 年欧盟推出《欧盟电子商务行动方案》，明确欧盟必须在信息基础设施、管理框架、技术和服务方面做好充分准备，提出了行动原则。1999 年 12 月 13 日，欧洲议会通过了《电子签名指令》，旨在协调欧盟各成员国之间的电子签名法律，将电子签名区分为简单、一般和严格三类，并根据技术的安全级别，给予不同的法律地位在法律上如证据的效力方面进行区别对待。2000 年 5 月 4 日欧盟又通过了《电子商务指令》，全面规范了关于开放电子商务市场、电子交易、电子商务服务提供者的责任等关键问题。这两部法律文件就电子商务立法的基本内容做了规范协调，成为欧盟国家电子商务立法的核心和基础。

欧盟法律规范的各类电子商务活动概括称之为信息社会服务，即在接受服务的用户的要求下，通过处理和存储数据的电子装置远程提供的服务。信息社会服务涵盖的范围很广，例如通过互联网进行的实物货物买卖以及提供信息或商业宣传等行为均属于信息社会服务。欧盟法律对通过互联网络进行的信息、广告、购物、签约等经贸活动进行协调。欧盟要求成员国保障信息社会服务在欧盟统一市场内的自由流通。

电子商务具有跨国界流通的性质，因此法律的适用成为一个难点。欧盟不主张建立任何新的冲突法或管辖权规则，但也认为依照原有规则所适用的法律，不应该限制提供信息社会服务的自由。欧盟为了保证法律适用的确定性，规定信息社会服务应当受到服务提供者机构所在国法律的管辖。

**（1）在电子合同签订方面**

欧盟要求成员国保证其法律允许以电子形式缔结合同，相关法律不得对采用电子形式的合同制造障碍，不得因合同的电子形式而剥夺其有效性和约束力。欧盟还要求各成员国承认电子签名与手写签名具有同等的效力。

**（2）在税收方面**

欧盟对个人从欧盟境外邮购的商品，其价值在 150 欧元以下的，免征关税，价值超过 150 欧元则按照该商品在海关关税目录中规定的税率征收关税，其中关税的税基不仅仅是商品价值，而是商品价值和进口增值税的总额。欧盟对企业通过网络购进商品则普遍征收增值税。1997 年 7 月欧盟签署了《波恩声明》，规定不对国际互联网贸易征收关税和特别税，但对网上交易则并不排除要征收商品税。1998 年 6 月欧盟发布《关于保护增值税收入和促进电子商务发展的报告》，认为征收增值税和发展电子商务并不矛盾，欧盟企业，无论其通过欧盟网站还是国外网站购入商品或劳务，一律须征收 20% 的增值税。非欧盟企业在向欧盟企业提供电子商务时，也需要缴纳增值税，而向欧盟个人消费者提供电子商务时则不用缴纳增值税。这使欧盟成为世界上第一个对电子商务征收增值税的地区。

2000 年 6 月，欧盟委员会就网上交易增值税提出新的议案，规定对欧盟境外的企业，通过互联网向欧盟境内消费者销售货物或提供劳务，金额超过 10 万欧元，应在欧盟进行增值税纳税登记，并按当地税率缴纳增值税。2002 年欧盟通过《欧盟电子商务增值税指令》，规定非欧盟企业通过互联网向欧盟境内企业或个人提供数字产品时，均应向欧盟成员国申报和缴纳相应增值税。电子商务领域的征税范围包括提供网站服务器空间、远程系统和设备维护，提供软件及相关服务，提供图像、文字、信息等数据服务，提供音乐、电影、游戏以及远程教育等。税率根据欧盟各国现行增值税税率而定。

**（3）在知识产权保护方面**

针对跨境电子商务中行邮快递渠道通关的商品日趋增多，侵权人大量选择通过旅客随身携带或分运行李或邮递快件等渠道化整为零地将侵权产品进行跨境运输与交付少量货运的情况，欧盟于 2013 年在《欧盟知识产权海关保护条例》中规定了对假冒和盗版的少量货运采用"特殊销毁程序"，使海关有权以简单快捷方式迅速销毁侵权货物。该特别程序是权利人在其边境保护申请中已提出总请求的条件下，允许各具体案件在没有权利人个案申请而销毁涉嫌货物，并由权利人承担实施该特殊程序所产生的费用。

## 13.2.4　亚洲和东欧国家跨境电子商务相关的法律法规

**（1）新加坡**

新加坡没有基本的贸易法规，其对外贸易政策通过专项法令和条例进行规范实施，关税、贸易禁令等单个贸易政策问题分别由专门的立法机关研究处理。其对外贸易主要涉及法律包括《进出口贸易规则法令》和《自由贸易区法令》。《进出口贸易规则法令》重点规定了对进出口货物实行登记注册、管制及控制的政府授权，许可证的发放及撤销，计算机服务及商业秘密保留。授权官员可以行使的具体权利包括扣押货物、没收货物、对运输工具的检查权利、检查货物及包装、搜查等。《自由贸易区法令》重点规定了自由贸易区内商品的处理、自由贸易区内的操作和生产、关税的计算，及管理部门的责任和功能。

1998 年新加坡为了推动本国电子商务的发展，颁布了《电子交易法》。该法主要涉及电子签名、电子合同的效力、网络服务提供者的责任等三个与电子商务有关的核心法律问题，明确了电子签名的效力、规定了特定类型的安全电子签名技术及其法律意义、使用电子签名者的义务、电子签名安全认证机构的义务等重要问题；明确了电子合同的法律有效性，合同不能仅因采用电子形式效力就受到影响；明确了网络服务提供者的责任，对于其无法控制的第三方电子形式的信息造成的问题，不应让网络服务提供者承担民事或刑事责任，即便第三方利用网络服务提供者的网络系统传播了违法或侵权的信息。这一规定与欧美的立场完全一致，符合国际发展潮流，即限制网络服务提供者的法律责任风险是非常必要的，否则会阻碍电子商务的发展。

新加坡于 2000 年 8 月 31 日发布了电子商务的税收原则，确认了有关电子商务所得税和货物劳务税的立场。在所得税方面，主要以是否在新加坡境内营运作为判定所得来源的依据。如在新加坡境内营运，则包括电子商务交易在内的所有营业利润，均应征收新加坡所得税，而在新加坡境外营运所得则不征收新加坡所得税。在货物销售方面，如果销售者是货物登记的营业人员，在新加坡境内通过网络销售货物和传统货物一样要征税；在劳务及数字式商品方面，在新加坡登记的营业人提供的劳务，劳务收买人应缴纳 3% 的货物与劳务税，除非提供的劳务属于非应税劳务。

**（2）韩国**

韩国的宪法是政治和经济的基本法，从宏观上调整和指导对外贸易政策法律的制定。韩国宪法第 37 条规定了总统与议会在对外贸易的条约和法律制定中具有不同的职权划分。宪法第 6 条规定了 WTO 的相关规则与国内法具有相同的地位，国内法院同样适用。

韩国产业资源部于 2001 年 2 月 3 日发布《韩国对外贸易法》，以期促进对外贸易，确立公正的交易秩序并谋求国际收支平衡和扩大通商。韩国关税制度的基本法律是《关税法》，该法规定了关税的种类和税率，并规定了关税调整的负责机构。韩国财政与经济部是关税政策的制定机构，关税厅及下属机构是关税法的执行机构。

韩国目前征收的关税仅针对进口商品，平均税率为 8%。进口关税的税率主要有基本关税率和在此基础上的临时关税率、弹性关税率、替代退还优惠关税率，以及和其他国家协商决定的减让税率。对旅游者随身携带进口的物品、邮寄物品、托运物品等，则可适用简易税率。

韩国于 2002 年颁布了《电子商业基本法》，对电子商务涉及的多方面法律问题进行了较为原则性的规范，包括电子讯息、数字签名、电子认证、电子商务安全保证、消费者权益保护、行业促进政策制定等。对电子商务安全性的规定，包括对保护个人信息的规定和对电子交易者保证电子信息交易系统安全的规定；对保障消费者权益的规定，既规定了政府在保护电子交易消费者的合法权益方面的责任，又特别规定了电子交易者和网上商店经营者等成立损害赔偿机构的责任；对促进电子商务发展的规定。包括政府应制订促进电子商务发展的政策和方案，该法对方案的具体内容做出了规范；采取促进电子商务标准化的措施；加强多方面的信息技术开发；税收优惠和补贴政策。此外，还包括国际合作、机构成立及职责设置等规范。

**（3）日本**

日本在跨境贸易方面制定了一系列的法律法规，包括《外汇及对外贸易管理法》《进出口交易法》《贸易保险法》和《日本贸易振兴会法》等，根据有关进出口的法律，日本政府还颁布了《输入贸易管理令》和《输出贸易管理令》，日本经济产业省则颁布了具体的《输入贸易管理规则》和《输出贸易管理规则》。

《外汇及对外贸易管理法》规定日本的对外交易活动可自由进行，政府部门仅在必要时采取最低限度的管理和调控。《进出口交易法》允许日本的贸易商在价格、数量等贸易条件方面进行协同以及结成诸如进出口协会之类的贸易组织，必要时政府可以通过行政命令对外贸进行调控。该法同时确立对外贸易的秩序，以实现对外贸易的健康发展。在此基础上，日本政府制定《输入贸易管理令》和《输出贸易管理令》，可对货物进行具体分类加以管理。

日本政府于 2000 年 6 月发布了《数字化日本之发端——行动纲领》。该行动纲领针对电子商务制定了相关的政策，核心是建立高度可靠的互联网络商业平台，其中对电子商务的发展趋势、如何构建电子认证系统、界定网络服务提供者的责任、推进跨境电子商务以及网络域名等问题进行了细致的分析论述，并对比欧美的做法提出适合日本国情的建议。该行动纲领指出，为了发展跨境电子商务，除了要解决语言、税收、汇率等问题之外，重点要明确电子合同具有法律认可的效力，合理解决跨境贸易中的合同纠纷。同时，为了克服在语言、司法管辖、适用法律等方面的障碍，该行动纲领建议草拟出适合跨境电子商务的格式合同文本，并建立不同于司法审判的其他更为便捷的纠纷处理机制。

**（4）印度**

印度的基本贸易法为《1992 年外贸（发展与管理）法案》，其他相关法律法规还包括《1993 年外贸（管理）规则》《1962 年海关法》和《1975 年海关关税法》。

为促进电子商务的发展，印度于 1998 年制定了《电子商务支持法》，内容涉及电子商务具体的交易形式，以及证据、金融、刑事责任方面的内容，具有较强的操作性。该法在亚洲是制定的较早的电子商务法案，在体例上也具有明显独特性，它从法律上明确了针对传统交易方式制定的法律不能因电子商务的新型交易方式而造成障碍，而且在证据、金融、刑事责任方面该法也有具体的规定，有很强的操作性。

为了给电子商务中基于电子数据交换的交易行为提供法律支持，印度信息产业部于 1999 年以联合国《电子商务示范法》为蓝本制订了《信息技术法》，该法明确了电子合同、电子签名的法律效力，规定了网络民事和刑事违法行为的法律责任，以保障电子商务的安全性和便捷性。2003 年，印度政府又对《信息技术法》进行了修订，明确了电子票据的法律效力。2008 年 12 月印度政府对《信息技术法》再次进行修订，通过《信息技术（修订）法案》，对不适应电子商务发展的规定进行了修订，如将"数字签名""数字认证"修订为"电子签名""电子认证"等，同时针对一些新出现的网络违法犯罪形式，加了网络犯罪的种类。

此外，印度政府于 2006 年出台了《个人数据保护法案》，重点解决网络环境下个人数据保护和隐私保护的问题。2011 年出台了《合理安全实践及程序及敏感个人数据与信息规则》《中介指引规则》《网吧行为规则》《电子服务提供规则》，统称为《2011 信息技术规则》。

**（5）俄罗斯**

俄罗斯主管对外贸易的政府部门包括经济发展部、工业与贸易部、联邦海关署等。经济发展部、工业与贸易部主要负责制定对外贸易的政策和管理对外贸易，签发进出口许可证，制定出口检验制度，管理进出口外汇业务，审批对外贸易协定或公约等。海关总署负责执行政府对外贸易管理政策，办理关税和报关等业务。俄罗斯联邦在对外贸易方面制定了一系列的法律法规，包括《对外贸易活动国家调节法》《对外贸易活动国家调节原则法》《俄联邦海关法典》《海关税则法》《关于针对进口商品的特殊保障、反倾销和反补贴措施联邦法》《外汇调节与监督法》《技术调节法》《在对外贸易中保护国家经济利益措施法》等。

在电子商务方面，俄罗斯是世界上最早进行立法的国家之一，颁布了一系列法律法规，包括《俄罗斯信息、信息化和信息保护法》《电子商务法》《电子合同法》《电子文件法》《俄联邦因特网商务领域主体活动组织的建议》《电子商务组织和法律标准》《提供电子金融服务法》《利用全球互联网实现银行系统的信息化法》《国际信息交流法》《俄联邦电子商务发展目标纲要》《国家支付系统法》《电子签名法》《电子一卡通法》及电子商务税收有关的法律等。

其中，2001年出台的《电子商务法》明确了电子商务领域中的法律调整关系，电子商务中电信通信的使用规则，电子商务主体的权利和义务以及签订电子合同的规则和电子文件的法律凭证。2001年颁布的《2001—2006年俄联邦电子商务发展目标规划》制定了一系列鼓励电子商务发展的措施，包括开展电子商务试点、开发电子商务示范系统、借助网络进行国家采购以带动电子商务的发展等。2011年颁布的《国家支付系统法》规定了对电子货币汇兑业务的要求，包括对电子货币运营商、货币支付和接收系统运营商，以及电子货币支付基础设施服务商的行为进行监管，俄罗斯中央银行为主管部门。同年颁布的《电子签名法》规定了电子签名的使用目的、原则、类型、确认、安全等。

# 本章小结

跨境电子商务具有高频次、小单化、碎片化的特点，其商业模式和规则标准具有市场驱动、灵活高效、快速迭代的特点。当前中国跨境电子商务通过保税模式，可以将大量零散的个人采购和运输行为变成集中采购和运输，进入国家监管区域，通过"三单合一"等制度安排掌握有关信息和数据，有效实行监管。

可以说，跨境电子商务零售进口（保税模式）是中国在跨境电子商务发展方面的最大创新，符合互联网本质和未来发展方向，也是新阶段中国深化改革开放、引领全球经贸规则发展的重要领域。在政策设计上，只有保税模式比个人携带、邮包和快递等方式，在成本和管理上更加优惠和便利，才能进一步发展，才能避免重走邮包和"人肉携带"老路，实现跨境电子商务"阳光化"监管。

但是，如果我们用传统的思维、理论和管理方式来对待正在蓬勃发展的新事物、新经济、新商业模式，势必做出与之相反的理论判断和政策设计，会阻碍新生事物的发展，会丧失重要的发展机遇。"十三五"时期是中国从经济大国向经济强国转变的关键时期，我们需要从经济发展的新动力、新引擎和新商业模式进行思考，坚定决心、开拓创新、抓住机遇，促进跨境电子商务发展，更好把握数据经济发展的主动权和国际贸易新规则、新标准的制定权。

# 思 考 题

1. 简述跨境电子商务法律法规的特点和分类。
2. 简述《电子商务法》的主要内容及作用。
3. 简述美国跨境电子商务相关的法律法规。
4. 简述欧盟跨境电子商务相关的法律法规。
5. 简述亚洲和东欧国家跨境电商相关的法律法规。

# 附　录

## 附录 A　250 个跨境电子商务新名词解释

互联网向来就是词汇创新的重要领域。自从"互联网＋"与各种传统产业融合之后，催生出无数新技术、新业态，这成了新名词层出不穷的沃土和根基。

下面列举 250 个大家经常会听到，但可能不知道什么意思的新词，对这些新词做出简单的注释，供大家在学习跨境电子商务的实践中参考和查询。

### 一、250 个跨境电子商务新名词的简单梳理

#### （一）250 个跨境电子商务新名词解释之一
##### ——跨境电子商务基本概念名词解释（1～30）

1. 什么是"互联网＋"？
2. 什么是微商？
3. 什么是微商城？
4. 什么是第三方交易平台？
5. 什么是海淘？
6. 什么是 B2C？
7. 什么是 G2C？
8. 什么是 G2B？
9. 什么是 O2O？
10. 什么是 CRM 系统？
11. 什么是 LBS？
12. 什么是 CIM？
13. 什么是 SaaS？
14. 什么是 POP？
15. 什么是网货？
16. 什么是网商？
17. 什么是网络经济？
18. 什么是跨境电子商务？
19. 什么是供应链？
20. 什么是互联网生态链？
21. 互联网 2.0 时代是什么意思？
22. 什么是网络购物？
23. 什么是网络团购？

60. 什么是工残？

61. 什么是运输节点？

62. 什么是杂货船？

63. 什么是干散货船？

64. 什么是冷藏船？

65. 什么是木材船？

66. 什么是集装箱船？

67. 什么是滚装船？

68. 什么是载驳船？

69. 什么是油槽船？

70. 什么是岸吊？

71. 什么是港口仓库堆场面积？

72. 什么是进出境船舶？

73. 什么是远洋船舶？

74. 什么是小型船舶？

75. 什么是兼营船舶？

76. 什么是外籍船舶？

77. 什么是中国籍船舶？

78. 什么是内航船舶？

79. 什么是远洋运输？

80. 什么是近洋运输？

81. 什么是沿海运输？

82. 什么是海上运输？

83. 什么是内河运输？

84. 什么是港澳航线？

85. 什么是国际航线？

86. 什么是集装箱？

87. 什么是标准箱？

88. 什么是港池？

89. 什么是锚地？

90. 什么是配载图？

91. 什么是航次？

92. 什么是航海日志？

93. 什么是引水？

94. 什么是船籍港？

95. 什么是吨位证书？

96. 什么是船长？

97. 什么是管事？

98. 什么是港务监督？

99. 什么是提单？

100. 什么是载货清单？

## （四）250 个跨境电子商务新名词解释之四
### ——跨境电子商务仓储和物流名词解释（126～150）

139. 我国网贸会海外仓有什么特点和优势？

140. "西港全球购"荷兰海外仓有什么特点和优势？

141. 什么是"洋葱海外仓"？"洋葱海外仓"有什么特点和优势？

142. "后铺"深入澳大利亚建立海外仓有什么特点？

143. 京东全球购是如何扩展海外仓增加直供的？

144. 我国还有哪些省市建立了海外仓？

145. 我国有哪些物流企业建立了海外仓？

146. 在海外仓的支撑政策上，各地有什么新举措？

147. 就海外仓与国内发货形式对比看，从海外仓发货有哪方面优势？

148. 有免仓租费的海外仓吗？其申请流程是什么？

149. 企业从海外仓发货应如何纳税？

150. 企业做海外仓备货特别需注意哪三个问题？

## （五）250 个跨境电子商务新名词解释之五
### ——海关与商检部分名词解释（151～170）

151. 什么是报关？报关后要经过哪些环节才可通关？

152. 什么是进出口报关的基本流程？需提供哪些资料？

153. 报关的种类如何划分？

154. 什么是跨境电子商务国际贸易中的报关？

155. 报关和报检是一回事吗？区别何在？

156. 危险品申报和危险品报关是一回事吗？危险品申报需找谁做？

157. 什么是关税？

158. 关税的特点和类型是什么？

159. 我国出入境检验检疫的主管机关是哪个部门？

160. 什么是商品检验检疫证书？

161. 商品检验检疫证书包括哪些种类？

162. 什么是必须实施的进出口商品检验？

163. 什么是产地检疫？

164. 什么是检疫许可？

165. 什么是检疫处理？

166. 进出口商品检验抽样需注意哪些问题？

167. 我国进出口化妆品检验检疫监督管理办法从什么时候开始实施？

168. 化工危险品进口申报需要哪些资料？

169. 化工危险品进口清关的流程是怎样的？

170. 危化品标签是什么样的？

## （六）250 个跨境电子商务新名词解释之六
### ——电子金融部分名词解释（171～200）

171. 什么是虚拟货币？

172. 什么是移动支付？

173. 什么是电子资金传输？

174. 什么叫互联网金融？

175. 什么是大数据金融？

176. 什么是信息化金融机构？

177. 什么是绿色互联网金融？

178. 什么是普惠金融？

179. 党的十八届三中全会通过的《中共中央关于全面深化改革若干重大问题的决定》提出，要"发展普惠金融，鼓励金融创新，丰富金融市场层次和产品"。为什么？

180. 什么是折叠金融门户？

181. 什么是 P2P 网贷？

182. 企业需要什么条件，才可以办理商业保理业务？

183. 什么是数字黄金货币？

184. 什么是重筹？

185. 众筹融资模式有哪些？

186. 众筹融资流程有哪些？

187. 怎样进行众筹？

188. 众筹融资有什么成功的典型案例？

189. 众筹融资有哪些可选的平台？

190. 什么是金融风险预警系统？

191. 什么是全面风险管理？

192. 什么是数字货币？

193. 什么是第三方支付？

194. 什么是利率？

195. 什么是浮动利率？

196. 什么是保理业务？

197. 什么是反向保理业务？

198. 什么是流动性风险？

199. 什么是金融风险预警系统？

200. 什么是全面风险管理？

## （七）250 个跨境电子商务新名词解释之七
### ——有关保税物流中心的名词解释（201～220）

201. 保税物流中心分为哪几种类型？

202. 保税物流中心（A 型）和保税物流中心（B 型）的主要区别是什么？

203. 目前国内有多少保税物流中心（B 型）？

204. 什么是流通性加工？什么是生产性加工？

205. 保税物流中心可以存入什么样的货物？

206. 申请保税物流中心（A 型）的经营企业应具备哪些条件？

207. 申请设立保税物流中心应当具备哪些条件？

208. 申请设立保税物流中心的企业，应当向直属海关提出书面申请，并递交哪些加盖企业印章的材料？

209. 设立保税物流中心（A 型），向哪里提出申请？由哪个部门审批？

210. 企业申请建立保税物流中心（A 型）由谁验收？

# 二、250 个跨境电子商务新名词的具体解释

## （一）250 个跨境电子商务新名词解释之一
### ——跨境电子商务基本概念名词解释（1～30）

**1. 什么是"互联网＋"？**

答："互联网＋"是创新 2.0 下互联网发展的新形态、新业态，其意为：将互联网的创新成果深度融合于经济社会各领域之中，充分发挥互联网在生产要素配置中的优化和集成作用，提高实体经济的创新力和生产力，形成更广泛的以互联网为基础设施和实现工具的经济发展新形态。它是知识社会创新 2.0 推动下的互联网形态新的演进。

新一代信息技术发展催生了创新 2.0，而创新 2.0 又反过来作用于新一代信息技术形态的形成与发展，重塑了物联网、云计算、大数据等新一代信息技术的新形态，并进一步推动了知识社会以用户创新、开放创新、大众创新、协同创新为特点的创新 2.0，改变了我们的生产、工作、生活方式，也引领了创新驱动发展的"新常态"。

**2. 什么是微商？**

答：微商是基于微信生态下的社会化分销模式诞生的，基于企业或者个人利用社会化媒体开网店的一种新型电子商务终端用户。

（1）微商从模式上分类，主要可分为三种：

① 即基于微信公众号的微商，称为 B2C 微商。

② 基于朋友圈开店的微商，称为 C2C 微商。

③ 利用云平台进行微营销的微商，称为云微客。

（2）微商从构成要素分类，微商主要由基础完善的交易平台——微盟旺铺、营销插件、分销体系，以及个人端分享推广微客，四个部分组成。

微商和淘宝一样，有天猫平台（B2C 微商）也有淘宝集市（C2C 微商）。所不同的是微商基于微信"连接一切"的能力，可以实现商品的社交分享、熟人推荐与朋友圈展示。因此，具有很强的营销能力。

**3. 什么是微商城？**

答：微商城是指基于微信而创新研发的一款社会化电子商务系统，同时也是一款集传统互联网、移动互联网、微信、易信四网一体化的微信线上购物系统。消费者只要通过微信商城平台，就可以实现商品查询、选购、体验、互动、订购与支付的线上线下一体化

服务。通过手机微商城，消费者完全可以实现网上的购物功能。微商城极大地方便了企业和消费者。

当前，还有一种新业态叫微街，微街是以一种街面多种店铺毗邻的形式出现，其实质类同于微商城。不管是微街还是微商城，其营销效果都是十分喜人的。

**4. 什么是第三方交易平台？**

答：在互联网经营活动中，为双方或多方提供网页空间、虚拟经营场所、交易规则、交易撮合、电子订单等服务，供交易双方或多方开展交易活动的信息网络系统，一般称为第三方交易平台。

**5. 什么叫海淘？**

答：海淘，顾名思义就是从海外淘宝。现在有的人不满足于在国内购物，开始将眼光转向海外市场。通过互联网检索海外商品信息，并通过电子订单发出购物请求，然后填上私人信用卡号码，利用多种在线支付系统进行支付，然后由海外购物网站通过国际快递发货，或是由转运公司代收货物再转寄回国，通过快递物流，直接送达购物者手中。

相比出境购物，依托随时都能下单的境内外购物网站，直接购物，无疑成为海淘一族境外购物的最佳选择。人们通常把这种购物方式称为海淘。海淘按国家分，可分为美淘、日淘、德淘和英淘等。

购物者在海淘时，需要准备一个双币信用卡，VISA 和 MASTERCARD 居多，也有人办美国运通卡。有些银行还推出多币信用卡，就是除了使用人民币和美元消费外，还可以使用日元、英镑和新加坡元等消费。当购物者在一个国家使用本国多币信用卡进行交易时，是没有货币转换费的，因此多币信用卡很受青睐。

除此之外，购物者还要寻找一个放心购物的海淘网站，并挑选一个安全、放心、口碑好的海外转运公司，由这些转运公司负责在海外帮自己收货，并帮自己把货寄回国内。转运公司良莠不齐，收费也不尽相同，选择时要谨慎对比，挑口碑好的，一般都能顺利收到货。

**6. 什么是 B2C？**

答：B2C（Business to Customer）是指企业与消费者之间的电子商务模式。一般以网络零售业为主，主要借助于 Internet 开展在线销售活动。

**7. 什么是 G2C？**

答：G2C（Government to Citizen）是指政府与公众之间的电子政务，其包含的内容十分广泛，主要的应用包括：公众信息服务、电子身份认证、电子税务、电子社会保障服务、电子民主管理、电子医疗服务、电子就业服务、电子教育、培训服务、电子交通管理等。

**8. 什么是 C2B？**

答：C2B 是电子商务模式的一种，即消费者对企业，即由消费者发起需求，企业进行快速响应的一种电子商务模式。它指客户需要什么，企业就生产什么。C2B 的核心是企业角色的变化，由传统工业时代的被动响应者，变为真正适应市场需求的快速决策者，且能按照市场需求，快速进行柔化生产。

但这需要实现由传统生产到柔化生产的观念转变和企业发展战略的转变！

**9. 什么是 O2O？**

答：O2O 即线上到线下（Online To Offline），是指将线下的商务机会与互联网结合，让互联网成为线下交易的前台。但 O2O 的概念非常广泛，既可涉及线上，又可涉及线下。因此，很多电子商务网站把 O2O 模式扩展和延伸开来，既可实现网站上的商家和消费者在线的互动，又可以实现线上了解产品信息和线下到体验店观看实物，达到线上线下的统一。

**10. 什么是 CRM 系统？**

答：CRM 最初由 Gartner Group 提出，其作为全球比较权威的研究组织，对 CRM 给出的定义为客户关系管理系统。CRM 是为增进企业赢利、为提高企业收入和提高客户满意度而设计的企业客户资源管理系统。

CRM 的延伸定义：CRM 是指企业的一项商业策略；不仅是一项以客户为中心的经营策略，更是强调了企业加强与客户的互动沟通来提高企业业绩的创新营销思路。正是如此，CRM 已经成为企业广泛使用的一套客户关系管理系统。

**11. 什么是 LBS？**

答：LBS 英文全称为 Location Based Services，它包括两层含义：首先是确定移动设备或用户所在的地理位置；其次是提供与位置相关的各类信息服务。简称"定位服务"。

也还有另外一种叫法为 MPS（Mobile Position Services），称为"移动定位服务"系统。如找到手机用户的当前地理位置，就是依托这种位置定位服务功能提供的一种增值服务。利用这种服务我们就可以提供上海市 6 340 平方公里范围内寻找手机用户当前位置处 1 平方公里范围内的宾馆、影院、图书 LBS 馆、加油站等的名称和地址。将这些增值信息，及时提供给客户，客户会感到十分方便。

因此说：LBS 就是要借助互联网或无线网络，在固定用户或移动用户之间，完成定位和增值服务两大功能的一种新型增值服务新业态。

**12. 什么是 CIM？**

答：由客户信息管理（CIM）、营销管理（Marketing Sales）、服务与技术支持管理（Service Support）三部分组成计算机客户关系管理软件系统。企业主要通过该系统，来管理与客户之间的关系。

**13. 什么是 SaaS？**

答：SaaS 即 Software-as-a-Service（软件即服务）是一种基于互联网提供软件服务的应用模式。该模式可为中小企业搭建信息化所需要的所有网络基础设施及软件、硬件运作平台，并提供一系列服务，能大幅度降低中小企业信息化的门槛与运营风险。

**14. 什么是 POP？**

答：POP 为向网站以外的用户提供服务的开放平台，例如京东、苏宁、亚马逊等都推出了这种开放平台业务。

可以预计，未来电子商务在这块领域的竞争，将会日趋激烈。

**15. 什么是网货？**

答：以网络零售平台作为主营销渠道所销售的时尚流行商品叫网货。

**16. 什么是网商？**

答：网商最初专指那些网络服务提供商（接入商、ISP、ICP、应用平台提供商等）。现在网商泛指运用电子商务工具，在互联网上进行商业活动的个人，包括企业家、商人和个人网店的店主。

**17. 什么是网络经济？**

答：网络经济是一种建立在计算机网络基础之上，以现代信息技术为核心的新型经济形态，是国家大力培育的战略性新兴产业之一，也是实现经济发展方式转变、调整优化经济结构的重要战略举措。

**18. 什么是跨境电子商务？**

答：跨境电子商务是指分属不同国家或地区间的交易主体，通过网络及其相关信息平台将传统国际贸易加以网络化和电子化，并通过跨境物流送达商品、完成交易，实现在线批发和零售的一种国际商业活动。

从狭义上看，跨境电子商务基本等同于跨境零售。跨境零售指的是分属于不同关境的交易主体，借助计算机网络达成交易，进行支付结算，并采用快件、小包等行邮的方式通过跨境物流将商品送达消费者手中的交易过程。

从广义上看，跨境电子商务基本等同于外贸电子商务，是指分属于不同关境的交易主体，通过电子商务的手段将传统进出口贸易中的展示、洽谈和成交环节电子化，并通过跨境物流送达商品、完成交易的一种国际商业活动。

从更广意义上看，跨境电子商务是指电子商务在进出口贸易中的应用，是传统国际贸易商务流程的电子化、数字化和网络化。它涉及多方面的活动，包括货物的电子贸易、在线数据传递、电子资金划拨、电子货运单证等内容。从这个意义上看，在国际贸易环节中只要涉及电子商务应用的都可以纳入这个统计范畴内。

**19. 什么是供应链？**

答：围绕核心企业，通过对信息流、物流、资金流的控制，从采购原材料开始，制成中间产品以及最终产品，最后由销售网络把产品送到消费者手中的将供应商、制造商、分销商、零售商，直到最终用户连成一个整体的功能网链结构。这就是供应链。

**20. 什么是互联网生态链？**

答：我们维持现实社会正常运转，需要一个强有力的支撑体系一样，互联网这个虚拟世界，若要保证其正常运转，同样需要有一个功能完备的支撑系统。由于互联网具有相关性，促使我们，依托这种相关性，可以构建起一条保证网站生存和发展所必需的、完整的生态链条。我们将此称为：互联网生态链。

互联网生态链，在网络世界里，是一条相互关联的链条，又是一条企业可以获得增值效益的链条，更是一个竞争激烈的链条。

**21. 互联网 2.0 时代是什么意思？**

答：互联网 2.0 是相对互联网 1.0（2003 年以前的互联网模式）的新一代互联网应用的统称。

**22. 什么是网络购物？**

答：购物者通过互联网检索商品信息，并通过电子订购单发出购物请求，然后填上私人支票账号或信用卡的号码，或者使用类似支付宝这样的支付工具，直接从线上完成支付，然后商家通过邮购物流的方式，实现所购物的送达，或是通过快递公司直接送货上门的线上购物方式。

**23. 什么是网络团购？**

答：由一定数量的购物者，通过互联网渠道组织成一个购物团，以获取产品的溢价能力。利用产品厂家所给予的折扣，去购买同一种商品。这种电子商务模式可以称为 C2B（Consumer to Business），网络团购模式。它和传统的 B2C、C2C 电子商务模式有所不同，它需要将购物者聚合起来，形成一个购物的"团"，才能形成与货主的溢价交易能力，从而获得一个有利于购物者的物品价格。购物者从网络团购中，能够获得很大的价格实惠。

正因此，团购一度发展很快，甚至涌现了一批很有名的团购网站。

但是，需要指出的是：团购，需要有即时通信（Instant Messaging）和社交网络（SNS）作支撑，才能集聚团购人气资源，形成团购的优势。

**24. 什么是海淘族？**

答：通过互联网检索海外商品信息，并通过电子订购单发出购物请求，然后填上支付信息，并由海外购物网站通过国际快递物流发货，或是由转运公司代收货物再转寄回国内，交由邮政或物流公司直接送达购物者。

海淘，一般付款方式是款到发货（在线信用卡付款、PayPal 账户付款）。

这种经常利用互联网进行海淘的人被称为：海淘族。

**25. 什么是网络传销？**

答：网络传销是传统传销的一种网络化的变种。它利用网络手段，具有网络传销中拉人头，发展下线加入等非法转销活动的基本特征。网络传销通常使用隐秘的、不公开的手段，通过网站或利用手机微信，编制各种虚假活动信息，拉人加入。或通过人拉人，发展下线。拉的人越多，所购的特定产品越多，就挣的钱越多，它的得利方式，同样是靠交纳会费（或享受产品费），然后再拉人进入，作为自己的下线，而获取的拉人头的提成费。

如此方式，不仅与传统传销没有本质的区别。且与传统传销相比，网络传销的虚拟性、隐蔽性更强、更具欺骗性。特别是发展下线的活动，通过网络进行，跨地域传播，不仅更容易处于工商监管的"灰色地带"，而逃避打击。而且更容易诱骗更多的人上当。

**26. 什么是七天无理由退货？**

答：消费者有权自收到商品之日起七日内退货，且无须说明理由，退回商品的运费由消费者承担。但消费者定做的、鲜活易腐的、数字化商品等特殊商品不适用此规定。

2014 年 3 月 15 日正式实施新消费者权益保护法明确规定，除特殊商品外，网购商品在到货之日起 7 日内无理由退货。2014 年 3 月 15 日，《网络交易管理办法》施行，消费者的网购"后悔权"将在法律和部门规章层面都获得支持。

《网络交易管理办法》第十六条，网络商品经营者销售商品，消费者有权自收到商品之日起七日内退货，且无须说明理由，但有四种商品除外：消费者定作的，鲜活易腐的，在线下载或者消费者拆封的音像制品、计算机软件等数字化商品，以及交付的报纸、期刊。

《网络交易管理办法》规定，除了这四类商品之外，其他根据商品性质并经消费者在购买时确认不宜退货的商品，不适用无理由退货。另外，消费者退货的商品应当完好。

**27. 什么是避风港原则？**

答：避风港原则，是指在发生著作权侵权案件时，因 ISP（网络服务提供商）只提供空间服务，并不制作网页内容，如果 ISP 被告知侵权，则有删除的义务，否则就被视为侵权。

如果侵权内容既不在 ISP 的服务器上存储，又没有被告知哪些内容应该删除，则 ISP 不承担侵权责任。这一规定，就被称为避风港原则。

避风港原则包括两部分，"通知＋移除"（notice-take down procedure）。由于网络中介服务商没有能力进行事先内容审查，一般事先对侵权信息的存在不知情。所以，采取"通知＋移除"规则，是对网络中介服务商间接侵权责任的限制。后来避风港原则也被应用在搜索引擎、网络存储、在线图书馆等方面。

我国现行法律中，有关避风港原则的规定，最早来自美国 1998 年的《数字千年版权法案》（有的译为《千禧年数字版权法》，即 DMCA 法案）。美国当时规定避风港原则，主要是为了互联网行业的发展，考虑到有些类型的网络服务提供者没有能力事先对他人上传的作品进行审查，而且事前也不知道并且不应该知道侵权事实的存在，在著作权人通知的情况下，对侵权内容进行移除的规则，即"通知＋移除"。避风港原则的适用减少了网络空间提供型、搜索链接型等类型互联网企业的经营成本，从而刺激了这些互联网企业的发展壮大。

我国 2006 年 7 月 1 日施行的《信息网络传播权保护条例》对此有所借鉴。《信息网络传播权保护条例》第 20 条是对提供自动接入服务或者自动传输服务的网络服务提供者予以免责的规定。《信息网络传播权保护条例》第 21 条是对提供系统缓存服务的网络服务提供者免责的规定。《信息网络传播权保护条例》第 22 条是对提供信息存储空间服务的网络服务提供者免责的规定。《信息网络传播权保护条例》第 23 条是对提供搜索或者链接服务的网络服务提供者予以免责的规定。

根据《信息网络传播权保护条例》第 22 条的规定，网络服务提供者为服务对象提供信息存储空间，供服务对象通过信息网络向公众提供作品、表演、录音录像制品，并具备下列条件的，不承担赔偿责任。

这些规定是：

① 明确标示该信息存储空间是为服务对象所提供，并公开网络服务提供者的名称、联系人、网络地址。

② 未改变服务对象所提供的作品、表演、录音录像制品。

③ 不知道也没有合理的理由应当知道服务对象提供的作品、表演、录音录像制品侵权。

④ 未从服务对象提供作品、表演、录音录像制品中直接获得经济利益。

⑤ 在接到权利人的通知书后，根据本条例规定删除权利人认为侵权的作品、表演、录音录像制品。

需要指出的是：当前，就《信息网络传播权保护条例》第 22 条规定的，对提供信息存储空间服务的网络服务提供者能不能按照"避风港"的免责规定，享受"免责"问题，在我国是存在较大争议的。

**28. 什么是红旗原则？**

答：红旗原则是避风港原则的例外适用，红旗原则是指如果侵犯信息网络传播权的事实是显而易见的，就像是红旗一样飘扬，网络服务商就不能装作看不见，或以不知道侵权的理由来推脱责任，如果在这样的情况下，不移除链接的话，就算权利人没有发出过通知，我们也应该认定这个设链者的第三方是侵权的。

**29. 什么是数据集市？**

答：通常将面向企业中的某个部门（主题）而在逻辑上或物理上划分出来的数据仓库中的数据子集，称为数据集市。

**30. 什么是数据挖掘？**

答：数据挖掘，就是从大量的、不完全的、有噪声的、模糊的、随机的、实际应用数据中，提取隐含其中的、事先未知的、但又具有潜在价值的信息和知识的过程。当前，我们对大数据进行资源开发和价值开发，就十分需要数据挖掘技术的支撑。

## （二）250 个跨境电子商务新名词解释之二
### ——跨境电子商务铁路及货运名词解释（31～40）

**31. 什么是铁路托运？**

答：托运是指发货人要求铁路运输部门以某种形式完成其货物运输的整个过程。在实践中，委托运输的一方即为托运人，托运人可以是企业单位，也可以是个人。

**32. 什么是承运？**

答：承运是指铁路运输部门接受发货人的委托，代为运输货物并承担某些责任的过程；零担和集装箱运输的货物，由发站接收完毕；整车货物装车完毕，发站在货物运单上加盖车站日期戳时起，即为承运。

承担铁路运输任务的一方即为承运人。

**33. 什么是铁路运输系统？**

答：交通运输是经济发展的基本需要和先决条件，是现代社会的生存基础和文明标志，也是社会经济的基础设施和重要纽带，是现代工业的先驱和国民经济重要的基础设施。

**34. 什么是铁路运输合同？**

答：铁路运输合同，是明确铁路运输企业与托运人之间权利、义务关系的协议，即货物运单。

**35. 什么是行包快运专列？**

答：行包快运专列，即固定车辆编组及发、到站的专门运送旅客行李包裹的列车。

**36. 什么是"五定"班列？**

答："五定"班列是定点、定线路、定车次、定时、定价的货物列车，在货运量较大的货运站间开行、发到直达、运行线路全程贯通、车次全程不变、发到时刻固定、以车或箱为单位报价的货物列车。

**37. 什么是快运货物列车？**

答：快运货物列车是指以快速客运系统的线路条件为基础，采用运行速度120km/h的专用车辆，按旅客列车的形式，以高附加值货物为重要运输对象的快速列车，其重量不大于1 500t。

**38. 国际物流系统的概念是由哪些部分构成的？**

答：国际物流系统是由商品的包装、储存、装卸、运输、报关、流通加工和其前后的整理、再包装以及跨国配送等子系统组成的。

国际物流系统具体包括运输子系统，储存子系统，检验子系统，通关子系统，装卸搬运子系统和信息子系统。

**39. 什么叫作一次性集装箱液袋？**

答：一次性集装箱液袋是集存储、包装、运输三种设备功能于一体，针对每一种液体货物选用兼容的材料特制而成。每个一次性集装箱液袋可正好置放在一个20英尺（1英尺＝30.48厘米）的集装箱内，最大型号的液袋可储存24 000升液体。

一次性集装箱液袋，将一个普通的20英尺干货集装箱转化为一个运输液体的工具。以同一个20英尺集装箱计算，使用一次性集装箱液袋较桶装储存量多，亦较油罐箱的处理成本低。

**40. 一次性集装箱液袋的优势在哪？**

答：以澳森特一次性集装箱液袋为例说明，每个集装箱液袋可以转化任何一个20英尺标准集装箱成为运输液体的工具。其特点为：

（1）运量比用桶装多出40％。

（2）运费是按普通20英尺标准集装箱的运费计算，而非按油罐箱的运费计算，这就节约了很多运费。

## （三）250 个跨境电子商务新名词解释之三
### ——港口和码头名词解释（41～125）

**41. 什么是港口？**

答：位于江、河、湖、海沿岸，具有一定设施和条件，可供船舶进行作业性的地方叫港口。

**42. 什么是港湾？**

答：具有天然掩护的自然港湾（有时也辅以人工措施），可供船只停泊或临时避风的地方叫港湾。

**43. 什么是避风港？**

答：避风港是供船舶在航行途中，或海上作业过程中，躲避风浪的港口。一般是为小型船、渔船和各种海上作业船设置。

**44. 什么是国家级港口？**

答：国家级港口是指列入国务院交通主管部门公布的主要港口名录的港口。

**45. 什么是省重要港口和一般港口？**

答：重要港口是指经省人民政府确定并公布的港口。一般港口是指主要港口和重要港口以外的港口。

**46. 什么是港口岸线？**

答：港口岸线包括港口深水岸线和港口非深水岸线，港口深水岸线是指港口总体规划确定的沿海、沿长江适宜建设万吨级以上以及内河适宜建设千吨级以上泊位的港口岸线。港口非深水岸线是指港口总体规划确定的港口深水岸线以外的港口岸线。

**47. 什么是泊位？**

答：供停泊一艘船舶所备的位置，称为一个泊位。泊位的类型很多，包括有码头泊位、浮筒泊位，以及供船舶锚泊的锚地泊位、水上过驳的平台泊位等。

**48. 什么是港口码头长度？**

答：港口码头长度指港口用于靠泊船舶，进行装卸货物和上下旅客地段的长度。港口码头长度包括固定的、浮动的及各种形式码头的长度。

固定式码头指顺水域，自码头的一端至另一端的全部长度。

浮动式码头指只计算其本身可靠泊船舶的正面长度，不包括浮动码头两端及其靠岸边的内档长度。

**49. 什么是港口经营？**

答：从事下列港口经营活动，应当依法取得港口经营许可证，并办理工商登记：

（1）为船舶提供码头、过驳锚地、浮筒等服务设施。

（2）为旅客提供候船及上下船舶的设施和服务。

（3）在港区内为委托人提供货物装卸（包括过驳）、仓储、驳运、集装箱堆放、拆拼集装箱以及对货物及其包装进行简单加工处理等作业。

（4）为船舶进出港口、靠离码头、移泊提供顶推、拖带等服务。

（5）为船舶提供岸电、燃物料、船员接送以及废弃物接收、压舱水处理、围油栏服务等船舶港口服务。

（6）国家规定的其他港口经营活动。港口经营人从事危险化学品港口作业，应当具备国家规定的条件，并向设区的市港口行政管理部门申请危险化学品港口作业资质认定。未取得危险化学品港口作业资质的，不得从事危险化学品港口作业。

**50. 什么是港口岸线使用报批规定？**

答：在港口总体规划区内建设港口设施需要使用港口岸线的，应当在项目立项前或者申请项目核准前向港口行政管理部门提出书面申请，说明港口岸线的使用期限、范围、功能等事项，并按照下列规定报经批准：

（1）申请使用港口深水岸线的，由设区的市港口行政管理部门受理，经省交通部门审查并征求省发展和改革部门意见后，报国家有关部门审批。

（2）申请使用沿海以及内河四级以上航道内港口非深水岸线的，由设区的市港口行政管理部门受理，报省交通部门审查并征求省发展和改革部门意见后审批。

（3）申请使用内河五级航道内港口岸线的，由设区的市港口行政管理部门受理，征求同级发展和改革部门意见后审批。

（4）申请使用内河其他航道内港口岸线的，由县（市、区）港口行政管理部门受理，征求同级发展和改革部门意见后审批。

**51. 什么是港口吞吐量？**

答：港口吞吐量又称港口通过能力或港口吞吐能力。港口吞吐量是指报告期内经由水路进、出港区范围并经过装卸的货物数量。港口吞吐量是衡量港口规模大小的最重要的指标，反映在一定的技术装备和劳动组织条件下，一定时间内港口为船舶装卸货物的数量，以吨数来表示。

**52. 什么是船舶的重量吨位？**

答：船舶的重量吨位是表示船舶重量的一种计量单位，以 1 000 公斤为一公吨，或以 2 240 磅为一长吨，或以 2 000 磅为一短吨。目前国际上多采用公制作为计量单位。船舶的重量吨位，又可分为排水量吨位和载重吨位两种。

**53. 什么是船舶的排水量吨位？**

答：船舶的排水量吨位是船舶在水中所排开水的吨数，也是船舶自身重量的吨数。排水量吨位又可分为轻排水量、重排水量和实际排水量三种。

（1）轻排水量，又称空船排水量，是船舶本身加上船员和必要的给养物品三者重量的总和，是船舶最小限度的重量。

（2）重排水量，又称满载排水量，是船舶载客、载货后吃水达到最高载重线时的重量，即船舶最大限度的重量。

（3）实际排水量，是船舶每个航次载货后实际的排水量。

排水量的计算公式如下：排水量（长吨）＝长×宽×吃水×方模系数（立方英尺）/35（海水）或 36（淡水）（立方英尺）。排水量（公吨）＝长×宽×吃水×方模系数（立方米）/0.9756（海水）或 1（淡水）（立方米）。

排水量吨位可以用来计算船舶的载重吨；在造船时，依据排水量吨位可知该船的重量；在统计军舰的大小和舰队时，一般以轻排水量为准；军舰通过巴拿马运河，以实际排水量作为征税的依据。

**54. 什么是船舶的载重吨位（D. W. T.）？**

答：船舶的载重吨位表示船舶在营运中能够使用的载重能力。载重吨位可分为总载重吨和净载重吨。

（1）总载重吨是指船舶根据载重线标记规定所能装载的最大限度的重量，它包括船舶所载运的货物、船上所需的燃料、淡水和其他储备物料重量的总和。总载重吨等于满载排水量一空船排水量。

（2）净载重吨是指船舶所能装运货物的最大限度重量，又称载货重吨，即从船舶的总载重量中减去船舶航行期间需要储备的燃料、淡水及其他储备物品的重量所得的差数。

船舶的载重吨位可用于对货物的统计；作为期租船月租金计算的依据；表示船舶的载运能力；也可用作新船造价及旧船售价的计算单位。

### 55. 什么是船舶的容积吨位？

答：船舶的容积吨位是表示船舶容积的单位，又称注册吨，是各海运国家为船舶注册而规定的一种以吨为计算和丈量的单位，以 100 立方英尺或 2.83 立方米为一注册吨。容积吨又可分为容积总吨和容积净吨两种。

（1）容积总吨，又称注册总吨，是指船舱内及甲板上所有关闭的场所的内部空间（或体积）总和，是以 100 立方英尺或 2.83 立方米为一吨折合所得的商数。

容积总吨的用途很广，它可以用于国家对商船队的统计；表明船舶的大小；用于船舶登记；用于政府确定对航运业的补贴或造舰津贴；用于计算保险费用、造船费用以及船舶的赔偿等。

（2）容积净吨，又称注册净吨，是指从容积总吨中扣除那些不供营业用的空间外所剩余的吨位，也就是船舶可以用来装载货物的容积折合成的吨数。容积净吨主要用于船舶的报关、结关；作为船舶向港口交纳的各种税收和费用的依据；作为船舶通过运河时交纳运河费的依据。

### 56. 什么是船舶载重线？

答：船舶载重线指船舶满载时的最大吃水线。它是绘制在船舷左右两侧船舶中央的标志，指明船舶入水部分的限度。船级社或船舶检验局根据船舶的用材结构、船型、适航性和抗沉性等因素，以及船舶航行的区域及季节变化等制定船舶载重线标志。此举是为了保障航行的船舶、船上承载的财产和人身安全，它已得到各国政府的承认，违反者将受到法律的制裁。

载重线标志包括：甲板线、载重线圆盘和与圆盘有关的各条载重线。各条载重线含义如下：

（1）TF（Tropical Fresh Water Load Line）表示热带淡水载重线，即船舶航行于热带地区淡水中总载重量不得超过此线。

（2）F（Fresh Water Load Line）表示淡水载重线，即船舶在淡水中行驶时，总载重量不得超过此线。

（3）T（Tropical Load Line）表示热带海水载重线，即船舶在热带地区海水中航行时，总载重量不得超过此线。

（4）S（Summer Load Line）表示夏季海水载重线，即船舶夏季在海水中航行时，总载重量不得超过此线。

（5）W（Winter Load Line）表示冬季海水载重线，即船舶冬季在海水中航行时，总载重量不得超过此线。

（6）WNA（Winter North Atlantic Load Line）表示北大西洋冬季载重线，指船长为 100.5 米以下的船舶，在冬季月份航行经过北大西洋（北纬 36 度以北）时，总载重量不得超过此线。标有 L 的为木材载重线。

我国船舶检验局对上述各条载重线，分别以汉语拼音首字母为符号，即以"RQ""Q""R""X""D"和"BDD"代替"TF""F""T""S""W"和"WNA"。在租船业务中，期租船的租金习惯上按船舶的夏季载重线时的载重吨来计算。

**57. 什么是装卸自然吨？**

答：装卸自然吨是反映港口装卸任务大小的一个数量指标，是港口装卸货物的实际数量。一吨货物从进港至出港（包括用于本港消耗的物资）止，不论经过几个操作过程，都按一吨计算，其单位为吨。

**58. 什么是货物吞吐量？**

答：货物吞吐量又称港口吞吐量，货物吞吐量是衡量港口生产任务大小的重要数量指标，经由水运进、出港区范围，并经过装、卸的货物数量，就是货物吞吐量。其计算单位为吨。

**59. 什么是操作量？**

答：操作量是反映港口装卸工作量大小的数量指标，是通过一个完整的操作过程所装卸、搬运的货物数量。计算单位为操作吨。

**60. 什么是工残？**

答：工残是指货物在装卸和搬运过程中，因操作不当所造成的残损。造成工残的重要原因大多是由违章操作，使用工具不当，或成组不当等原因造成的。为了保证货运质量、防止工残，装卸时，要求不拖关、不倒关、不堆垛、不"挖井"、不破包、不混装，散包不装船，根据货物性质合理使用装卸机具和成组工具等。

**61. 什么是运输节点？**

答：所谓运输节点，指以连接不同运输方式为主要职能、处于运输线路上的、承担货物的集散、运输业务的办理、运输工具的保养和维修的基地与场所。运输节点是物流节点中的一种类型，属于转运型节点。

**62. 什么是杂货船？**

答：杂货船一般是指定期航行于货运繁忙的航线，以装运零星杂货为主的船舶。这种船航行速度较快，船上配有足够的起吊设备，船舶构造中有多层甲板把船舱分隔成多层货柜，以适应装载不同货物的需要。

**63. 什么是干散货船？**

答：干散货船是用以装载无包装的大宗货物的船舶。依所装货物的种类不同，又可分为粮谷船、煤船和矿砂船。这种船大都为单甲板，舱内不设支柱，但设有隔板，用以防止在风浪中运行的舱内货物错位。

**64. 什么是冷藏船？**

答：冷藏船是专门用于装载冷冻易腐货物的船舶。船上设有冷藏系统，能调节多种温度，以适应各舱货物对不同温度的需要。

**65. 什么是木材船？**

答：木材船是专门用以装载木材或原木的船舶。这种船舱口大，舱内无梁柱及其他妨碍装卸的设备。船舱及甲板上均可装载木材。为防甲板上的木材被海浪冲出舷外，在船舷两侧一般设置不低于一米的舷墙。

**66. 什么是集装箱船？**

答：集装箱船可分为部分集装箱船、全集装箱船和可变换集装箱船三种。

（1）部分集装箱船，仅以船的中央部位作为集装箱的专用舱位，其他舱位仍装普通杂货。

（2）全集装箱船，指专门用以装运集装箱的船舶。它与一般杂货船不同，其货舱内有格栅式货架，装有垂直导轨，便于集装箱沿导轨放下，四角有格栅制约，可防倾倒。集装箱船的舱内可堆放三～九层集装箱，甲板上还可堆放三～四层集装箱。

（3）可变换集装箱船，其货舱内装载集装箱的结构为可拆装式的。因此，它既可装运集装箱，必要时也可装运普通杂货。集装箱船航速较快，大多数船舶本身没有起吊设备，需要依靠码头上的起吊设备进行装卸。这种集装箱船也称为吊上吊下船。

**67. 什么是滚装船？**

答：滚装船又称滚上滚下船。滚装船主要用来运送汽车和集装箱。这种船本身无须装卸设备，一般在船侧或船的首、尾有开口斜坡连接码头，装卸货物时，或者是汽车，或者是集装箱（装在拖车上的）直接开进或开出船舱。这种船的优点是不依赖码头上的装卸设备，装卸速度快，可加速船舶周转。

**68. 什么是载驳船？**

答：载驳船又称子母船，是指在大船上搭载驳船，驳船内装载货物的船舶。载驳船的主要优点是不受港口水深限制，不需要占用码头泊位，装卸货物均在锚地进行，装卸效率高。目前较常用的载驳船主要有"拉希"型（Lighter Aboard Ship）和"西比"型（Seabee Ship）两种。

**69. 什么是油槽船？**

答：油槽船是主要用来装运液体货物的船舶。油槽船根据所装货物种类不同，又可分为油轮和液化天然气船。

（1）油轮，主要装运液态石油类货物。它的特点是机舱都设在船尾，船壳衣身被分隔成数个贮油舱，有油管贯通各油舱。油舱大多采用纵向式结构，并设有纵向舱壁，在未装满货时也能保持船舶的平稳性。为取得较大的经济效益，第二次世界大战后油轮的载重吨位不断地增加，目前世界上最大的油轮载重吨位已达到60多万吨。

（2）液化天然气船，专门用来装运经过液化的天然气。

**70. 什么是岸吊？**

答：岸吊也称作岸边起重机，包括集装箱吊和码头吊。集装箱吊可以吊最大45t的物体，码头吊有5～15t的载重规格。岸吊主要吊起散货产品。

**71. 什么是港口仓库堆场面积？**

答：港口仓库堆场面积指用于堆存和保管待货物的建筑物，包括露天场地。仓库面积不包括墙壁厚度，堆场面积不包括场外道路。

**72. 什么是进出境船舶？**

答：进出境船舶是参与进出境活动的船舶，一般指须向海关办理联检手续的船舶。进出境船舶是海关所监管的运输工具的一种，由于国际贸易主要依靠海洋运输，船舶的种类繁多，属性各异，因此海关对不同船舶区别对待，按有关规定办理。

**73. 什么是远洋船舶？**

答：远洋船舶，特指我国经批准参与国际航线运营，从事远洋运输的船舶。该类船舶属于进出境船舶的一种，在参与进出境活动时，接受海关监管，其船员携带的进出境物品，海关按远洋船舶船员待遇验放。

**74. 什么是小型船舶？**

答：小型船舶一般指一千吨级以下的船舶，特指我国经国务院批准参与港澳航线运营的千吨级以下的船舶，是进出境船舶的一种，在参与进出境活动时接受海关监管，其船员携带的进出境物品，海关按小型船舶船员待遇验放。

**75. 什么是兼营船舶？**

答：兼营船舶指既可参与国际航线运营又可以进行国内航线运营的船舶，该类船舶须符合海关监管条件，经批准后领取《船舶兼营登记本》，但从一种航线转为另一种航线时，须向海关办理改营手续。兼营船舶在参与国际航线运营时，属于进出境船舶，接受海关监管，船员享受进出境运输工具服务人员待遇。

**76. 什么是外籍船舶？**

答：外籍船舶是船舶在境外港口注册，挂外国国旗的船舶。外籍船舶属于进出境船舶的一种，在参与进出境活动时接受我国海关监管，其船员海关按外籍船员待遇办理。

**77. 什么是中国籍船舶？**

答：中国籍船舶是船舶在我国港口注册，挂中国国旗的船舶。其特指参与国际航线营运的中国籍船舶，属于海关监管的进出境运输工具，船员享受进出境运输工具服务人员待遇。

**78. 什么是内航船舶？**

答：内航船舶只在我国内河或沿海航行，也就是只航行于国内航线的船舶。其不属于进出境船舶，但在承运进出口货物工程运输或转关货物时，接受海关监管，船员不享受进出境运输工具服务人员待遇。

**79. 什么是远洋运输？**

答：远洋运输，即使用船舶跨越大洋的运输。对中国籍船舶而言，批准其进行远洋运输，即确定其运输航线，意味着该船舶为进出境船舶。参与远洋运输即是行走国际航线。

**80. 什么是近洋运输？**

答：近洋运输指本国各海港至邻近国家海港间的海上运输的通称。在我国，通常指东至日本海，西至马六甲海峡，南至印度尼西亚沿海，北至鄂霍次克海的各海港的海上运输。参加近洋运输亦即航行国际航线，意味着航行该航线的中国籍船舶为进出境船舶。

**81. 什么是沿海运输？**

答：沿海运输指本国沿海各港口间的海上运输。从事沿海运输的航船一部分为内航船舶，另一部分为进出境船舶，如港澳航线的小型船舶。

**82. 什么是海上运输？**

答：海上运输简称海运，是使用船舶通过海上航道运送货物和旅客的一种运输方式。其包括沿海运输、国际海洋运输。

**83. 什么是内河运输？**

答：使用船舶通过国际内江湖河川等天然或人工水道，运送货物和旅客的一种运输方式，叫内河运输。

**84. 什么是港澳航线？**

答：港澳航线指我国华南各港与香港、澳门之间的沿海运输航线。

**85. 什么是国际航线？**

答：国际航线指我国与世界各国之间的远洋运输与近洋运输航线。

**86. 什么是集装箱？**

答：集装箱是货物运输过程中一种供重复使用的大型容器。一般按统一规格，用金属制造而成。

**87. 什么是标准箱？**

答：以 20 英尺长的集装箱为标准箱，其余规格的集装箱再折合为 20 英尺计算，如 40 英尺、45 英尺为两个标准箱。

**88. 什么是港池?**

答：港池指港口码头前沿防波堤以内的水域，供船舶停靠、抛锚、避风之用，也是海关对船舶联检的主要场所。

**89. 什么叫锚地?**

答：锚地亦称泊地或停泊地。在水域中指定地点专供船舶抛锚停泊、避风、检疫、装卸货物以及供船队进行编组作业的地方。

**90. 什么是配载图?**

答：配载图表示船上各舱室货物装载位置的计划图。

**91. 什么是航次?**

答：船舶完成一次航运任务的周期称为航次。

**92. 什么是航海日志?**

答：航海日志亦称航行日志，是指记载船舶在航行和停泊过程中主要情况的文件。航海日志由值班驾驶员按时登记。记载事项包括航向、航速、航位、气象、潮流、海面和航道情况、燃料消耗、旅客上下、货物装卸以及船舶在航行和停泊时所发生的重大事件等。航海日志是船舶日常工作的记录，检查船员值班责任的依据，也是处理海事时所必须引用、且能在法律上起作用的原始资料。

**93. 什么是引水?**

答：由熟悉港内航道、江河航道并具驾驶经验的专业人员，引领（或驾驶）船舶进出港口，或在江、河、内海一定区域航行，称为引水，也称为领水或引航。其目的在于保证船舶的安全航行。

**94. 什么是船籍港?**

答：船籍港，亦称船舶登记港、登记港，是船舶所有人办理船舶所有权登记的港口。船籍港的名称应在船舶国籍证书、船舶登记证书内载明，并在船尾处明显标出。

**95. 什么是吨位证书?**

答：吨位证书，亦称船舶吨位证书，是证明船舶吨位的文件，由国家验船机构对船舶进行丈量后发放。船舶在营运中缴纳税费，以证书内载明的登记吨位为计算依据。

**96. 什么是船长?**

答：船长是船员职称之一，是一艘船舶的总负责人或主要负责人。在中国，船长是船舶的行政和技术领导人。他的主要职责是直接驾驶和指挥船舶航行，安全地完成客货运输任务，执行船舶技术操作规则及有关规章法令，签署有效文件。

**97. 什么是管事?**

答：管事是船员的职称之一，是一艘船舶的生活总管。海关联检一般由管事接待安排。

**98. 什么是港务监督?**

答：港务监督是国家设在港口行使航务行政管理权的机关。其主要任务是管理引航、信号、安全秩序、处理海事、防止水域污染，以及监督沿海航行进出港口和港内航行或停泊的本国和外国船舶有无违反国家法令政策、规章制度等工作，以维护国家主权，保障港内安全航行和航道畅通。

**99. 什么是提单?**

答：提单简称 B/L，在对外贸易中，运输部门承运货物时签发给发货人的一种凭证。收货人凭提单向货运目的地的运输部门提货，提单须经承运人或船方签字后始能生效。提单是海运货物向海关报关的有效单证之一。

**100. 什么是载货清单?**

答：载货清单，亦称舱单，是船方或其代理人对全船所载货物编造的清单。在对外贸易中它是向海关报关时必须交验的单据之一。

**101. 什么是装船单?**

答：装船单是船舶出口装船的凭证。海关对出口放行的货物在装船单上要加盖放行章。

**102. 什么是理货?**

答：理货是在货物装卸中，按装船单、载货清单等的记载，分清标记（唛头）、核点件数、整理货物、办理交接手续等工作的总称。国际航行船舶装卸进出口货物时，通常委托外轮理货公司办理。海关在出口时一般凭外理落货单核对放行。

**103. 什么是海关发票?**

答：海关发票是进口商向进口国海关报关的证件之一。海关发票由出口商填写，其格式由进口国具体规定。主要项目有货物的生产国别、货物名称、数量、唛头、出口地市价及出口售价等。

海关发票的作用是便于进口国按国别及化价信用不同税率征收关税。采用海关发票的有加拿大、澳大利亚、新西兰等国。

**104. 什么是车船使用牌照税?**

答：中国对行驶于国家公共道路的车辆、航行于国内河流、湖泊和领海港口的船舶（外国船舶同外商租用中国船舶只征收吨税）所征收的税，称为车船使用牌照税。

**105. 什么是登轮证?**

答：登轮证是由边防检查站发放的一种供船员和联检单位以外人员登上外轮所需的证件。

**106. 什么是挂港?**

答：船舶从出发港至目的港途中所挂靠港口称为挂港。

**107. 什么是联检?**

答：联检是由口岸单位对出入境行为实施的联合检查。对进出境人员由边检、海关、卫生检疫、动植物检疫部门联合检查。对进出境船舶由边检、海关、卫生检疫、港监部门联合检查。联检由港监任组长，各单位根据有关规定办理联检手续。

**108. 什么是联检预报?**

答：进出境船舶到港后，由港监事先通知其他联检单位准备联检，内容有船名、地点、时间、进出等项。联检预报方式有电话通知、传真、书面、口头等形式。

**109. 什么是联检单位?**

答：根据四部文件（交通部、海关总署、卫计委、公安部），船舶联检由海关、边检、港监组成，港监为联检组长。

**110. 什么是黄旗?**

答：黄旗是船舶联检的标志旗，挂黄旗的船舶表示该船舶要进行联检。

**111. 什么是船舶监管?**

答：船舶监管是海关对进出境船舶、船员物品以及所载货物实施的一种监管。船舶监督简称船管。

**112. 什么是驻船监管?**

答：驻船监管是海关派员进驻进出境船舶，对船舶船员物品，及货物实施的一种持久、细致的监管。驻船监管是船舶监管的一种模式，这种模式在改革开放前普遍采用，现在除必要时使用外，极少采用。

**113. 什么是船边监管？**

答：船边监管是海关在船边对船舶上船员物品、装卸货物及船用物料进行的定点、实时监管。

**114. 什么是巡视监管？**

答：巡视监管是指海关在港口、码头包括堆场、仓库等海关监管区内对船舶船员物品以及进出境货物进行的一种机动监管。

**115. 什么是闸口监管？**

答：闸口监管亦称卡口监管，是指海关在港口大门进出境船员经过的闸口对船员物品进行的一种定点监管。

**116. 什么是监管上船？**

答：监管上船是指海关将某些船用物料或物品由陆地监管至进出境船上。如免税烟酒、免税食品、专供船舶用品等。

**117. 什么是船员验放？**

答：船员验放是指海关根据不同船员享受的待遇，对进出境船员所携带行李物品进行查验放行的手续。

**118. 什么是船边验放？**

答：船边验放是指海关在船边对进出境船员行李物品办理验放手续。我国籍船员在入境时，海关为方便船员，到船边验放其所携带的大、小件行李物品。

**119. 什么是上船验放？**

答：上船验放是指经船方申请，海关到船上办理船员验放手续。中国籍船员入境时，海关视需要上船在船员"购物本"上办理验放手续，通常不实际验放其行李物品。上船验放的条件是：船舶在锚地停留，船员人数较多、较集中，需办理合并手续，需清点船员携带物品等。

**120. 什么是闸口验放？**

答：闸口验放是指海关在闸口办理船员验放手续。闸口一般设在港口进出港的大门处。

**121. 什么是验放年度？**

答：验放年度是海关在验放物品时，所掌握的一种以年度为单位的计算期限，从船员上船算起累计满360天为一个验放年度，超过360天计入下一个验放年度，验放年度可以跨越自然年度。

**122. 什么是验放季度？**

答：海关在验放船员物品时所掌握的一种以季度为单位的计算期限，即满90天为一个验放季度。

**123. 什么是验放天数？**

答：海关在验放船员物品时所掌握的一种计算标准。验放天数以若干天数为验放标准。

**124. 什么是自然年度？**

答：以公历年度为自然年度，不做人为的特别规定。自然年度不十分严格，每月有28天、29天、30天、31天不等。

**125. 什么是货物操作量？**

答：货物操作量是指报告期内装卸作业中，完成一个完整操作过程的货物数量。一个完整操作过程是指：船—船、船—驳、船—车场、车—驳、管道—船、车—库场。货物操作量可衡量港口工人工作量太小。在同样装卸自然吨情况下货物操作量大，意味着港口成本也大。货物操作量在某种程度上也可反映港口生产组织是否科学。

### （四）250 个跨境电子商务新名词解释之四
#### ——跨境电子商务仓储和物流名词解释（126～150）

**126. 什么是高层货架仓库？**

答：高层货架仓库简称高架仓库，一般指采用几层、十几层乃至几十层高的货架贮存单元货物，并且用相应的起重运输设备进行货物出库和入库作业的仓库。

目前，这类仓库的最大高度已经达到 40 多米，最大库存量达到数万个乃至十多万个货物单元，可以做到完全无人操纵而按计划入库和出库的全自动化运行机制。并且对于仓库的管理，也可以实现计算机网络的全程和全面管理。

**127. 什么叫立体仓库？**

答：货架自动化立体仓库简称立体仓库。一般是指采用几层、十几层乃至几十层高的货架储存单元货物，用相应的物料搬运设备进行货物入库和出库作业的仓库。由于这类仓库能充分利用空间储存货物，故常形象地被称为立体仓库。

**128. 立体仓库有哪几种分类方式？**

答：立体仓库通常有 6 种分类方式。

（1）按货架高度分类。

根据货架高度不同，立体仓库细分为高层立体仓库（15 米以上）、中层立体仓库（5～15 米）及低层立体仓库（5 米以下）等。由于高层立体仓库造价过高，对机械装备要求特殊，且安装难度较大，因而相对建造较少；低层立体仓库主要用于老库改造，是提高老库技术水平和库容的可行之路；较多的是中层立体仓库。

（2）按货架构造分类。

立体仓库分为单元货格式立体仓库、贯通式立体仓库、自动化柜式立体仓库、条型货架立体仓库。

（3）按建筑物构造分类。

立体仓库可分为一体型立体仓库、分离型立体仓库。

（4）按立体仓库装取货物机械种类分类。

立体仓库可分为货架叉车立体库、巷道堆垛机立体库。

（5）按操作方式分类。

① 人工寻址、人工装取方式。

由人工操作机械运行并在高层货架上认址，然后由人工将货物由货架取出或将搬运车上的货物装入货架。

② 自动寻址、人工装取方式。

按输入的指令，机械自动运行寻址认址，运行到预定货位后，自动停住，然后由人工装货或从货架中取货。

③ 自动寻址、自动装取方式，也是无人操作方式。

按控制者的指令或按计算机出库、入库的指令进行自动操作。

以上三方式，人工寻址、人工装取主要适用于中、低层立体仓库，另两种适用于中、高层立体仓库。

（6）按功能分类。

① 储存式立体仓库。

以大量存放货物为主要功能，货物种类不多，但数量大，存期较长。各种密集型货架的立体仓库都适于做储存式立体仓库。

② 拣选式立体仓库。

以大量进货，多用户、多种类、小批量发出为主要功能的立体仓库。这类仓库要创造方便拣选和快速拣选的条件，往往采取自动寻址认址的方式。由于用户需求差异较大，难以整进整出，因此，不适合用自动化无人作业方式，而使用人工拣选。拣选式立体仓库较多用于配送中心。

**129. 什么叫高架立体仓库？**

答：高架立体仓库是由立体货架、有轨巷道堆垛机、出入库托盘输送机系统、尺寸检测条码阅读系统、通信系统、自动控制系统、计算机监控系统、计算机管理系统以及其他如电线电缆桥架配电柜、托盘、调节平台、钢结构平台等辅助设备组成的复杂的自动化系统。运用一流的集成化物流理念，采用先进的控制、总线、通信和信息技术，通过以上设备的协调动作进行出入库作业。

一般来说，高架立体仓库其空间利用率，为普通平库的 2～5 倍。这已经是相当可观的了。

但是，需要指出的是：尽管高架立体仓库，曾经是高仓储利用率的象征，是现代工厂物流的基本配置。不过现在，它越来越不适应工厂物流的快速发展，特别是不能适应"精益物流"发展的需要。

高架立体仓库空间利用率并没有想象中的那么高，由于货架之间的通道通常需要 2～3m，这将是货架本身宽度的 2～3 倍（货架宽 1m），如此计算，地面空间利用率只有 30% 左右。

建设高架立体仓库还带来了一个问题就是必须同步建设相应的消防防火高架喷淋系统。这将带来两个问题。首先是水能不能上到高架上去，另一个就是这样一套适应高架立体仓库需求的喷淋设施的投入成本也很高。

而一些已经建成的高架立体仓库，其实际内部配送的效率也很低。其原因在于：把物料从仓库配送到生产线，过程包括叉车卸货、分拣、分拣后再叉回货架（零件仓储通常是整进散出，搬回货位是无效的浪费），配货时间约为 2 小时左右。按照如此频率和效率，生产线旁边要保持 4 小时以上的库存货品量。

随着精益生产的推进和客户对响应速度要求的不断提高，生产线旁边的库存只会越来越低，很多时候都不会超过 2 小时，很多企业已经是 1 小时，甚至更少。高架立体仓库的配货效率已经不能满足生产的需求。因此，企业建设高架立体仓库应该慎重决策。

**130. 什么叫智能仓库？**

答：应用智能仓库管理系统的 RFID 智能仓库管理技术，实现物流仓储的智能化管理的仓库叫智能仓库。目前，境外的智能仓库，除了实行智能化管理以外，还普遍地采用了智能机器人管理。智能仓库对于提高仓库的管理效能作用和效果都很大。

**131. 什么叫保税仓？**

答：保税仓是用来存储在保税区内，未交付关税的货物的多功能仓储库房，就如境外仓库一样。

### 132. 什么叫边境仓？建设边境仓对发展跨境电子商务有什么意义和作用？

答：边境仓，就是在主要业务目标国相临近的中国边境城市，建立仓储基地（如对俄贸易就在哈尔滨建仓储基地）。运营网站得到订单信息，即可从边境仓发货，用以缓解跨境电子商务物流配送时间过长的问题，并提升跨境电子商务的送达效能。

### 133. 什么是海外仓？

答：海外仓就是把仓储设在海外。商家先要把货运往海外的仓库，然后再根据海外买家订单由海外仓直接进行派送。简单说，就是把仓库搬到了海外，这样就能实现产品在本地的配送。中国卖家通过海运、空运或者快递等方式将商品集中运往海外仓储中心进行存储，并通过物流承运商的库存管理系统下达操作指令，实现就近送达。这样，就缩短了物流时间，极大地提升了物流效能。

### 134. 海外仓有什么功能和优势？

答：在传统的跨国商品运输流程中，海外仓主要发挥代收和发运两大仓库传统功能。随着国际贸易进程的深入，其功能不断丰富，就一般情况而言，海外仓还具有 4 大主要增值功能。这就是：

（1）代收货款功能。

由于跨国交易存在较大的风险，因此为解决交易风险和资金结算不便、不及时的难题，在合同规定的时限和佣金费率下，海外仓在收到货物的同时，可以提供代收货款的增值业务。

（2）拆包拼装功能。

对一般国际 B2C 跨国电子商务模式而言，订单数量相对较小、订单金额相对较低，频率较高，具有长距离、小批量、多批次的特点。因此为实现运输规模效应，可对货物实行整箱拼装业务运输。货物到达海外仓之后，由仓库将整箱货物进行拆箱，同时根据客户订单要求，为地域环境集中的用户提供拼装业务，再进行整车运输或配送。

对于类别比较单一、单品销售量比较大的产品，也就是一些热销产品，库存周期较短，使用海外仓储比较划算。

（3）保税功能。

当海外仓经海关批准成为保税仓库时，其功能和用途范围就会更为广泛，不仅可简化海关通关流程和相关手续。而且，在保税仓库，可以进行转口贸易，以海外仓所在地为第三国，连接卖方和买方国家。

在保税海外仓内，还可以进行简单加工等相应增值服务，这就能有效丰富仓库功能，提升产品在所在国的竞争力。

（4）运输资源整合功能。

由于国际贸易 B2C 订单数量相对较小、频率较高，因此，为了对国内仓库的上游供应商资源和海外仓库下游的客户资源进行更好地整合，满足物流高时效的配送要求，分别将国内仓库作为共同配送的终点、海外仓作为共同配送的起点，实现对运输资源的有效整合，达到运输的规模效应，降低配送成本。

一般难以实现规模运输的产品，通过海外仓服务，一方面可以实现集中运输，有效减少运输成本；另一方面，在海外通过共同配送，可以更好地搭建逆向物流的运输平台，提高逆向物流货品的集货能力，降低成本费用。

因为，通常情况下，一旦逆向物流产生阻滞，将面临高额的返程费用和关税征收，而海外仓储的建立，可以在提高逆向物流速度的同时，增加客户满意度，提升客户价值。因此，海外仓的建立和使用，能在一定程度上解决跨境电子商务的物流痛点，且能更有利于开拓产品的当地市场，扩大产品的销售范围。

**135. 企业在进行海外仓商品运营时，有哪些问题是需要特别注意的？**

（1）海外仓当地的仓储费用，需要事先打听清楚，并作出成本比较。

（2）也要了解和掌握清楚，当地的商业法律和宗教禁忌等，不要因为触犯当地的法律和禁忌，产生贸易纠纷，就得不偿失了。

（3）需要把握清楚发往海外仓存储的货品在当地的需求状况。一旦信息不准，滞销了，货物如何处理？运回来，还是在当地低价处理？必须周密考虑风险预判。

海外仓未来可能的发展重点。现阶段，大型电子商务平台企业的海外仓全球化布局趋势已经十分明显，如 eBay 与 Winit 合作，针对平台卖家推出了 Winit 美国海外仓和英国海外仓，积极拓展北美市场和英国市场。阿里巴巴与中海集团达成跨境物流和海外仓的合作意向，以进一步强化其全球储运能力。

相比之下，对于中等规模电子商务企业而言，海外仓布局仍主要依附于第三方物流服务供应商。物流和快递企业作为海外仓业务顺利运转的重要部分，分别负责海外仓的进、出业务。国内物流和快递企业借鉴在国内与电子商务平台企业成功合作的经验，将业务扩展至海外，纷纷在海外自建仓储中心，力求在跨境物流中掌握更多自主权。

在未来中短期内，海外仓的发展仍然会呈现出以电子商务平台企业为主导，电子商务卖家需求为导向，欧美国家等发达地区为重点的基本特征。随着更多的中国品牌产品逐步打开海外市场，海外仓的布局重点将随着消费市场和销售渠道的变化而涉及更多的国家和地区。

海外仓的本土化问题将成为未来企业关注的重点。伴随着跨境电子商务海外本土化服务水平提升和本土化营销策略的实施，海外仓本土化服务能力的提升是不可回避的问题，企业能否充分整合当地储运资源，能否提供符合当地消费者习惯和满意的物流服务，能否获得与当地企业水平相当的利润率等问题，不仅将关系到其物流体系本身的成本和效率，也将是关系到未来跨境电子商务企业能否可持续发展的关键。

**136. 海外仓储费用由哪些部分构成？企业该如何进行成本控制？**

答：成本控制是租用海外仓企业关注的重点。海外仓储费用主要由三部分构成，即头程费用、仓储及处理费和本地配送费用。其中：

头程费是指货物运输到海外仓前段产生的运输费用。

仓储及处理费是指客户货物存储在海外仓和处理当地配送时产生的费用。

本地配送费用是指在海外对商品进行配送产生的费用。

可以预见，为进一步降低物流运输成本，共同集货和共同配送，将被更加广泛地运用到海外仓物流系统中，从而尽可能地减少分散运输和订单碎片化带来的物流成本攀升。此外，对于仓储及处理费用而言，以往建立在需求预测基础上的库存策略也将受到拷问，企业将更注重通过大数据处理和实时库存信息的动态分析等手段强化对海外仓库存产品数量和产品结构的控制。

**137. 目前海外仓服务共有几种类型？**

答：目前，国内电子商务外贸卖家采用海外仓储服务大致分三类：

（1）提供交易平台。与物流服务商共同提出物流解决方案（这是主流渠道）。

（2）单独建仓。与物流服务提供商合作运营。

（3）独立在海外开设仓储。为国内客户提供海外仓储运服务（卖家需具有一定规模才会尝试此类服务）。

虽然，对于外贸电商来说，海外仓储还是件新鲜事，但不可否认，海外仓储服务，对于外贸电子商务的"提速"作用，已经十分明显。这势必引起了海内外贸交易平台的普遍关注，成为未来引领中国外贸电商快速发展的一大引擎。

**138. 什么是海外仓 2.0 模式？**

答：所谓海外仓模式，是指跨境电子商务企业按照一般贸易方式，将商品批量出口到境外仓库，电子商务平台完成销售后，直接由海外仓将商品送达境外的消费者。在 1.0 时代，海外仓只具备代收和发运两大传统仓库功能，而在网贸馆所代表的互联网＋海外仓的 2.0 时代，不仅可以为中国出口企业提供"两信一保"的整合式解决方案，解决跨境交易信任问题，还可提供集物流、资金流于一体的信息，为中国出口企业提供量身定制的保姆式服务。

**139. 我国网贸会海外仓有什么特点和优势？**

现如今，网贸会已在全球 50 多个国家和地区建立了网贸馆，并继续进驻巴基斯坦、印度、韩国、巴西、德国等 20 多个国家和地区。

通过遍布全球的网贸馆，中国企业一方面可以将展会开到海外采购商的家门口，另一方面则可以迅速建立全球分销渠道，打通国际市场。图 A-1 为我国网贸会在越南建立的"2.0海外仓——越南网贸馆"。

图 A-1　我国网贸会在越南建立的"2.0 海外仓——越南网贸馆"

**140. "西港全球购"荷兰海外仓有什么特点和优势？**

答：2016 年 6 月 14 日，重庆对外经贸集团宣布，本土规模最大的跨境电子商务平台"西港全球购"荷兰海外仓正式启用，自此，开启了重庆跨境电子商务的海外直邮模式，这意味着重庆跨境电子商务境外供应链正式延伸到欧洲市场。

"西港全球购"是重庆对外经贸集团控股的重庆渝欧跨境电子商务有限公司（简称渝欧公司）旗下的跨境电子商务平台，也是重庆市政府重点扶持的电子商务企业。2016 年 4 月，重庆对外经贸集团与荷兰签署海外仓合作协议，并于 6 月初正式运营。

荷兰海外仓位于阿姆斯特丹机场，占地 5 000 多平方米，可以辐射整个欧洲市场。目前该仓已备有 3 000 多万元的欧洲著名品牌婴幼儿配方奶粉等，下一步渝欧公司将加大对欧洲保健品、化妆品等品类的备货。

据介绍，渝欧公司荷兰海外仓，一方面会直接从欧洲厂商采购当地商品，销售给国内的其他跨境电子商务平台；另一方面，则会通过直邮的方式直接发货给国内消费者，物流环节成本可降低20%～50%。同时，利用渝新欧国际铁路大通道，把重庆特色优质产品销往荷兰等欧洲市场，为重庆产品"走出去"开辟了新通道。

接下来，重庆对外经贸集团将陆续在澳大利亚、美国、日本、韩国等地布局海外仓，做大跨境进口产品规模。同时，结合重庆产业优势大力发展跨境B2B出口，带动重庆企业直接融入海外营销渠道，推动更多"重庆造"产品走向国际市场。

**141. 什么是"洋葱海外仓"？"洋葱海外仓"有什么特点和优势？**

答："洋葱海外仓"是中国海关特批的跨境电子商务平台，是国内"100%海外直采自营，原产地集货直邮"的跨境电子商务新模式。

"洋葱海外仓"所售商品100%海外直采，仓储于4地海外仓，后台订单系统采集到订单后，由海外空运至中国香港，交由中国香港海关检验商品备案码、原产地、集货来源等信息，进行通关检验。香港海关清关后，用中港运输至中国保税区，再由中国海关清关查验，最后转用国内物流，送达消费者手中。发货全程受到香港海关、中国海关双海关监管，双清关放行，有力地确保了货品的真实性和安全性。

"洋葱海外仓"主营海外美妆、母婴、个人护理、健康产品四大品类，现已开发移动端商城，用户还可通过手机、ipad等进行购物。"洋葱海外仓"旨在为国内消费者打造一个中国最大、囊括全球口碑爆品的全球购平台。该平台选品横跨欧美澳亚5区8国，700多个品牌，超过10 000多个洋货单品。

"洋葱海外仓"不仅品牌丰富，而且坚持"正品洋货、免税低价、海量爆品"，让人们能以国货价买到正品洋货的经营理念。目前"洋葱海外仓"不仅可确保每周上架数百款海外名品，而且拥有3～7个工作日闪电国际物流的优势，还具有21天售后退货的承诺。因此，该海外仓极具发展潜力。

**142. "后铺"深入澳大利亚建立海外仓有什么特点？**

答："后铺"是B2C模式的跨境电子商务，商品从电子商务平台直达消费者。"后铺"在澳大利亚建仓，直接参与货源组织，物流环节直接对接海关报税系统，全程跟踪物流，货物14天内到达国内所有省份。

鉴于如今，国内消费者已经不满足在每年"双十一"期间采购国内商品，还将目光瞄准海外商品。为满足中国消费者的需求，2016年"双十一"期间，"后铺"带来12个澳大利亚顶尖护肤品牌——Aesop伊索、Jurlique茱莉蔻、QV、Trilogy趣乐活等的特价活动，受到了国内网民的欢迎。

不仅如此，"后铺"还在悉尼召开"澳村代淘大会"，为当地消费者服务。满足境内和境外消费者的不同需求。

随着我国自由贸易试验区版图不断扩容，跨境电子商务的布局战也在全国拉开帷幕，加之消费升级大趋势的推动，跨境电子商务再次迎来发展机遇，保持了快速增长态势。艾瑞咨询预计，随着我国进口零售电子商务市场交易规模的不断增长，其在网购市场中的渗透率也将稳步增长。

基于此，大量的海淘商家、电商搭上了早班车，不过假货混卖、偷税漏税等一系列问题也时有存在。为规范跨境电子商务市场，我国于2016年4月出台跨境电子商务零售进口税收新政。尽管新政延期一年实施，但对于以后的成本增加问题，跨境电子商务需要寻求方式解决。

面对行业巨变，"后铺"深入澳大利亚建立海外仓。该海外仓的设立，首先保证了货物的正品问题，"后铺"接受的是澳大利亚零售业监管，进货渠道均为澳大利亚厂商正规授权。众所周知，假货在澳大利亚是零容忍，一旦被举报或是投诉，澳大利亚消费者保护协会将有绝对权利冻结商家所有资产。同时，在货品的多样性上，"后铺"不会局限于"爆款"商品，并且海外仓大幅降低了采购成本，提高了资金使用效率。

"立足澳大利亚"是"后铺"在跨境电子商务 2.0 时代的一个立足点。凭借在澳大利亚的根基，"后铺"在当地从广泛的澳大利亚品牌中选取符合国类消费者需求的各式商品，商品种类涵盖化妆品、母婴、羊毛制品、保健品、食品等，与国内的多数跨境电子商务相比，商品种类更多，品牌更全。2016 年，"后铺"在澳大利亚悉尼、墨尔本等地建仓，不仅整合了多家澳大利亚在中国的知名品牌，如母婴品牌 A2、贝拉米、爱他美，羊毛制品品牌 UGG Australia，保健品品牌 Blackmores、Swisse，食品品牌 Timtam、吉百利巧克力等，还为国内消费者选取了例如 Nature's Own、Selsun、Kora 等澳大利亚本地人热衷的品牌，这些品牌虽然目前在中国的名气不是很大，但在澳大利亚是同类品牌中的佼佼者。

"面向中国"是"后铺"在跨境电子商务 2.0 时代的另一个立足点。移动端碎片化消费已经成为国内消费者习惯的新特点，"后铺"商城以微信公众平台为传播载体，将国人生活与澳大利亚人们的生活有机地联系在一起。与此同时，"后铺"有一支由澳大利亚本地资深媒体人、市场营销专家、时尚达人和国家一级导演等组成的编辑团队，分享真正的澳大利亚生活给所有粉丝。旨在建立一个全方位描述澳大利亚生活的圈子，让国内的消费者能感受到澳大利亚生活的精致与乐趣。

### 143. 京东全球购是如何扩展海外仓增加直供的？

答：自 2015 年 4 月 15 日成立以来，京东全球购以"自营＋POP 平台"的双轮驱动模式迅速成长，相继开启韩国、日本、澳大利亚、美国等九大国家馆，与 eBay、Lotte、Rakuten、花王集团等顶级合作伙伴建立战略合作关系，业务涉及 40 多个国家和地区，SKU 超过 300 万个。

在商品品质方面，京东多年积累了"正品、行货"的口碑，全球购严格执行商家资质和进货渠道、不定时抽检、自主研发质控系统、严格的惩罚机制等六大品控措施，对假货零容忍，并建立了海外直采、品牌商直供的供应链体系，在源头上阻绝了假货。

在物流方面，京东为海外品牌提供了包括海外仓储、国际运输、跨境保税仓、国内配送等跨境物流解决方案。2015 年，京东与 EMS 签订全球范围内的跨境电子商务业务层面合作协议，在境外仓储、小包裹直邮等方面进行深入合作，进一步提升海外直邮和保税区备货的配送能力。同时，京东全球购已经在荷兰以及中国的香港、杭州、广州、郑州、宁波等建立多个海外仓和国内保税仓，加强与国际供应链、保税仓的无缝对接，真正打通从海外到中国消费者最后一公里的通道。

### 144. 我国还有哪些省市集中建立了海外仓？

答：当前，大建海外仓已经是跨境外贸的一种趋势。特别是：商务部 2015 年发布的《"互联网＋流通"行动计划》提出，将推动建设 100 个电子商务海外仓。2016 年政府工作报告也明确支持企业建设海外仓。这些政策报告都指向一个重点：海外仓。一时之间，海外仓成为行业热词。因此，当前各省市和电子商务平台纷纷加快步伐建立海外仓。

这里，我们为大家提供两省、两市、两网的六个海外仓建设的案例。

两个省：

其一是浙江。浙江省布局跨境电子商务，计划三年建成覆盖五大洲主要出口国家的 60 个海外仓，实现"本土直邮"。

2014 年浙江省跨境电子商务出口销售额增至 63.5 亿美元，位居全国第二。目前浙江全省从事跨境电子商务的经营主体约 3 万多个，在各大跨境电子商务平台上开设各类网店已超过 30 万家。例如，eBay 有 2 万家左右的大陆卖家，30％是浙企。全国最大的跨境电子商务平台——阿里巴巴速卖通，仅义乌卖家就有 1.7 万家，销售的产品涉及服装、饰品、箱包、鞋、汽摩配及家电等数十种商品，出口欧美、俄罗斯、南美、中东等 180 多个国家和地区。

为此，浙江将积极推进跨境电子商务公共海外仓建设，支持有实力的企业在美国、俄罗斯、德国、澳大利亚、南美等跨境电子商务主要出口市场设立海外仓。该负责人表示，"让其为浙江跨境电子商务企业提供一站式的仓储配送服务，将零散的国际间运输转化为大宗运输，降低企业的物流成本，缩短订单周期，增强竞争力。"

其二是山东。山东 2017 年底建成 50 个省级跨境电子商务公共海外仓。

山东省政府出台《山东省跨境电子商务发展行动计划》，据悉，山东将以商业模式创新为重点，给跨境电子商务发展带来不少优惠政策。其中，把推动跨境电子商务公共海外仓建设作为创新外贸营销手段，提出了明确的发展目标。今后，山东将引导有实力的企业通过租用或自建方式，到日本、韩国、美国、欧盟、俄罗斯、东盟、非洲、拉美等重点市场建立跨境电子商务公共海外仓，搭建以公共海外仓为支点的目的国配送辐射网点，提供一站式仓储配送服务。在培育跨境电商队伍、建设服务平台、打造产业聚集区等方面，山东还出台了一系列扶持新举措。

两个市：

其一是杭州。杭州抢占优势资源，鼓励和支持杭企在法兰克福大建海外仓。

因为法兰克福位于莱茵河中部的支流美因河的下游，是德国乃至欧洲重要的工商业、金融和交通中心。无论是货物，还是旅客，法兰克福机场的吞吐量在全欧洲都是名列前茅的。就旅游而言，越来越多的中国游客也是先来到法兰克福，一半以上再中转至德国的其他城市，甚至欧洲的其他国家。因此，越来越多的杭州企业在跨境电子商务这个风口上，将触角伸向欧洲市场的第一步，就是把自己的海外仓，建到法兰克福。目前，已经有韵达、圆通和环宇集团在法兰克福建立了海外仓。

其二是哈尔滨。哈尔滨俄速通在莫斯科建立了海外仓。

目前，哈尔滨的俄速通已成长为对俄重要跨境物流企业。仅 2013 年至 2014 年间，俄速通物流运送对俄电子商务包裹 1664 万单，约占中国对俄电子商务物流市场的 27％。也就是说，俄罗斯买家每购买 4 件中国货物，其中至少有 1 件是从哈尔滨中转运出的。

特别是，俄语系国家对中国日用消费品有着持续的刚性需求。2013 年旺季时，仅在新疆的两个陆路口岸一天出口俄罗斯的日用消费品就有 200 车左右，接近 600 吨货物。

正因此，俄速通与俄罗斯企业格林伍德合作建立的格林伍德—俄速通海外仓，是中国企业在俄罗斯建立的首家大型、合法、正规的中国电子商务公共服务海外仓。该仓仓储空间大，日处理订单能力达 1 万件。海外仓弥补了跨境电子商务在物流运输上的短板，货运时长由原来的 30～45 天缩短至 2～7 天，不但能减少物流纠纷问题，还能降低物流成本，回笼资金更快速。

目前已有多家企业的产品入驻格林伍德—俄速通海外仓，其中包括汽车配件、电脑零配件、服装等俄罗斯热销产品。如果是俄罗斯莫斯科本地买家只要两天就能收到货物。一旦买家对购买的商品不满意或在运输中出现破损等情况，退换货服务也很方便，真正实现了让跨境买家没有后顾之忧。目前，俄速通设在莫斯科的海外仓正式开仓纳货。

两个网络平台：

其一是大龙网。

早在国家提出建立海外仓前，大龙网的决策层就率领大龙网团队在海外 50 个国家和地区建了海外仓，并升级到了"前展后仓＋大数据"的 2.0 模式。

其二是敦煌网。

为了让中国制造商品以更快的速度到达全球买家手中，敦煌网一直将为平台卖家提供更安全、高效并低价的国际物流运输服务放在重要的战略地位加以部署，并于 2014 年启动了"突出显示备货地"项目，旨在提升全球买家购物时的物流体验服务项目，随着该项目的实施，海外买家在敦煌网上采购的商品，可以在页面上清楚看到卖家位于当地国家和地区有商品存货的仓库，从而清楚地了解到海外直发的最快到货时间。目前中国很多卖家的商品已在海外多国同时备有库存，且海外仓基本设置在北美及欧洲几个较大的国家。

2014 年 10 月 13 日起，"突出显示备货地"项目已经上线。敦煌网在买家页面搜索页"有备货"选项处添加了具体备货所在地的筛选（见图 A-2）。

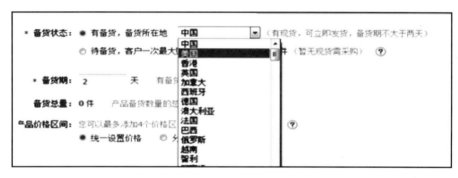

图 A-2　敦煌网新推出的显示备货地的查询页面

由此，全球买家可以清楚地在页面上看到卖家是否在距离自己最近的国家有备货，以及最快几天可以到货。以前买家认为往往需要 10 天以上物流时间的商品如今可以从敦煌网页面上清楚地看到最快仅需 2 天即可到达。此举可以充分展示出已在海外备货的商品的海外直发优势。

该项新服务实施后，相关卖家只需要在敦煌网的卖家页面将海外有货商品的备货地更新为正确的国家，并选择对应的海外发货的运费模板查询，从而做到了一切都让客户心明眼亮。

敦煌网相关负责人透露，该项目首期受益者是目前在美国有海外仓的中国卖家和美国及周边地区买家，随着项目的推进，2014 年 11 月底，启动了该项目的后续阶段，将根据订单量在国家间的分配率，实现更多的国家作为卖家的多国备货地，包括美国、英国、澳大利亚、加拿大、荷兰、俄罗斯、中国等国家，从而将大大提高海外买家的购买体验，同时提高在海外有库存商品的卖家的销售额、出单率及买家转化率，为卖家的海外商品带来了更大的竞争优势。

另悉，敦煌网还与出口易公司合作，出口易公司是一家专业的国际仓储与配送物流服务的运营商。敦煌网在与出口易公司合作后将实现出口易公司的客户一键完成敦煌网平台的注册开店功能，并且实现出口易公司与敦煌网后台下单系统的对接。

**145. 我国有哪些物流企业建立了海外仓？**

答：我国很多物流企业都在着手建立海外仓。其中动作最快，规模较大的有四家。

（1）韵达快递。

（2）圆通速递。"三通一达"中另一个抢占法兰克福的快递企业，是圆通速递。

（3）环宇集团。为开辟海外仓市场，环宇集团还特地成立浙江点库电子商务有限公司。以德国为例，先把货物送至他们的海外仓里，然后根据订单重新包装发货，并进行派送及更新库存和售后服务配套等。

（4）点库。点库在法兰克福周边的 Fechenheim 地区建立海外仓，海外仓面积 2500 平方米。海外仓货品中 60％为环宇自营，剩下的 40％，则是与国内其他跨境电子商务企业合作。

**146. 在海外仓的支撑政策上，各地有什么新举措？**

答：辽宁签发首份"海外仓"优惠原产地证书，支持海外仓发展，让海外仓的优势进一步显现。

辽宁检验检疫局于 2017 年 2 月 27 日对外披露，辽宁省首份"海外仓"优惠原产地证书近日在锦州正式签发，锦州市一家汽车零部件生产企业为其出口波兰海外仓活塞杆申请了 5 份普惠制原产地证书，涉及货值 43.66 万美元。

为帮助企业通过海外仓出口产品享受相关优惠，锦州检验检疫局组织对企业海外仓建设情况开展调研，在了解到一家汽车零部件生产企业在波兰建有海外仓后，检验检疫局方面主动向该企业提供相关原产地政策解读和签证指导，并制定详细的帮扶措施，实施无纸化申报和信用签证等便利化措施，利用优惠原产地证书推动企业海外仓建设，支援新型贸易业态发展。

这种积极为建立海外仓配套支撑政策，支持海外仓发展的做法，在全国不仅是首开先河的，也是很有战略眼光的。

**147. 就海外仓与国内发货形式对比看，从海外仓发货具有哪方面优势？**

答：从以下几个方面的比较中可以看出从海外仓发货的优势。

（1）从价格方面比较。

各种跨国物流各有特点，大同小异，其中可以肯定的是一般普货重量在 400 克以下的运费比从国内发货的运费便宜很多。

（2）从时效方面比较。

退货当中至少占三分之一是由于货物运输时间过长所致，虽然客户预期从中国发货将会有 15 天左右的等待时间，但国际货运的不稳定因素，包括天气、旺季等待、排仓、清关等都会影响货运时效。时间过长就会给客户带来不好的购物体验。即使收到的产品再好，对于评价星级也会有很大的影响；而从海外仓发货，与本土邮政合作，相当于国内平邮，一般 2～3 天就能送达客户手上。这就会给客户一个十分美好的购物体验。

（3）从发货渠道方面比较。

作为跨境电商，做好本土化服务尤其重要，同一件商品显示从哪里发货也会影响用户的选择偏好，一般价格相差很小，本土买家更情愿选择从本地发货的商铺。这应该是各国买家的共同购物心理，在价格差不多的情况下，更愿意购买本国的产品。

（4）从退货方面比较。

一般国内发货被退邮件，只能由买家退回国内，且沟通不及时，快递费用贵，时效长；海外仓可以提供更好的退货服务，一般货物都不会损坏，可以重新包装后二次销售，免去了寄回国内昂贵的国际快递费用。

**148. 有免仓租费的海外仓吗？其申请流程是什么？**

答：网上有提供免租海外仓服务的平台，这就是"出口啦"，图 A-3 为"出口啦"的主页面。

图 A-3　"出口啦"的主页面

"出口啦"提供出口美国的仓储服务，专注于为 eBay、亚马逊、速卖通等跨境电商提供专业海外仓储服务。

其主要服务内容为商品的存储、分拣、包装、打印标签、递送邮局、拍照、处理退货等。

其免仓租费的海外仓的申请流程如下：

① 注册账户。

② 选择仓储城市。

③ 填写经营内容。

只要按照上述流程简单操作，大约只需 10 秒，即可在线完成申请。

目前，该平台已经入驻企业：1 421 家；已派送订单：936 006 票。

**149. 企业从海外仓发货应如何纳税？**

答：保税区发货是商家先从海外大批量备货至保税区存放，但是不需要交税。当购买行为发生时，商家再从保税仓打包清关发货，因为少了海外段的路程，所以到货时效快，损坏的概率也降低了很多。

但是，因为保税仓是需要提前备货的，所以商品的种类可能比较少，一般只有销量比较大的商品才会选择保税仓备货模式。

而海外直邮，是商家收到订单后，直接从海外通过快递发货—清关—入境的消费形式。速度相对要慢一些，费用可能也会更高，但是商品的种类会比较多，很多海外的商品都可以买到。

**150. 企业做海外仓备货特别需注意哪三个问题？**

答：（1）我的产品适不适合做海外仓？

从理论上讲，海外仓可使覆盖的产品无限延展，不再限于小包时代 2 公斤、不超过多少厘米总长等一系列的限制。特别对于那些重物流产品（比如五金类、家具类、户外类等）特别适合做海外仓。如果自己的产品还是小包时代的轻物流品类，而且产品 SKU 还很多，没法对于热销产品有一个预估的话，可能就不合适选择海外仓。因为海外仓要求对于自己产品的销售有一个预判，然后才可提前囤货，以大货的形式发送到海外仓。海外顾客一旦有需求，很快就能收到货。但是，这些都不是绝对的选择标准，还是要根据企业自身的具体情况来做决策。

需要指出的是，并不是所有的产品都适合采用海外仓，总的来说，适合用海外仓的产品主要有：

① 尺寸、重量大的产品。由于这些产品用小包、专线邮递规格会受到限制，而且使用国际快递费用又很昂贵，而使用海外仓的话会突破产品的规格限制和降低物流费用。

② 单价和毛利润高的产品。

这是因为，高品质的海外仓服务商可将破损率、丢件率控制至很低的水平，为销售高价值商品的卖家降低风险。

③ 货物周转率高的产品。

即我们常常所说的畅销品。对于畅销品来说，买家可以通过海外仓更快速地处理订单，回笼资金；对于滞销品，占用资金的同时还会产生相应的仓储费用。因此，相比之下，周转率高的商品会比较适合使用海外仓。

（2）企业应该选择哪种海外仓？

答：海外仓可以分为两大类：与平台相关的海外仓和独立的第三方海外仓。

企业选择亚马逊，就采用 FBA 仓储物流。使用 FBA 仓储物流，亚马逊会给企业产品一定的优惠，如更多的曝光机会、更低的运费等。但风险是企业的仓储货物将与企业的账号紧密捆绑，万一企业的账号出了问题，处理仓库里的货就会成为一个很大的问题。

在选择第三方海外仓的时候，就要考虑第三方服务商提供的订单管理系统是否符合企业订单系统整合的需求。另外，还要关注的是，第三方海外仓除了提供海外仓储服务之外，还有没有其他的附加服务？比如：整柜出口、清关、退税、仓储地法律支持等。

海外仓相对邮政小包时代而言，它更正规化，所需要的环节也更全面，但是对于一个卖家或者企业来说，完成这个链条上的各个环节的东西需要耗费很大的精力和很多的时间，即使做了也可能做得不是很正规高效。

（3）做海外仓有哪些需要注意的"特别提示"？

① 清关问题：做海外仓一般是以大货的形式通过海运或者空运的形式发到海外仓，如果这个时候选择的物流服务商不专业，或者涉及一些违禁品导致货物被扣关，这个问题就比较严重了。

② 滞销问题：做海外仓需提前备货，只要有库存就有滞销的风险，因此，企业在选择做海外仓的时候，一定要对自己产品的销售有一个预判，如果对于自己产品的销售没法很好把握的话，建议刚开始不要发货太多，先发一部分产品，试销售，通过销售分析，然后再大量补充。对于滞销品的处理，一般来说不会再运回中国，否则就变成一个进口的问题，因此要通过各种促销手段将这些滞销品尽量消耗掉。

③ 定位问题：做与不做，怎么做，企业一定要根据自身定位和产品定位来慎重思考。

关于海外仓的选择和使用，应该坚持三个有利于的原则。这就是：

a. 一定要有利于跨境物流运输。

b. 一定要有利于更好地为客户服务。

c. 一定要有利于仓储账号的发展。

只有出现上述情况，企业才应该去做。

## （五）250个跨境电子商务新名词解释之五
### ——海关与商检部分名词解释（151～170）

**151. 什么是报关，报关后要经过哪些环节才可通关？**

答：报关是履行货物进出境手续的必要环节之一。报关是指进出口货物收发货负责人、进出境运输工具负责人、进出境物品所有人或者他们的代理人向海关办理货物、物品或运输工具进出境手续及相关海关事务的过程，包括向海关申报、交验单据证件，并接受海关的监管和检查等。

**152. 什么是进出口报关的基本流程？需提供哪些资料？**

答：进出口报关的基本流程见图A-4。

进出口商向海关报关时，还需提交以下单证：

（1）进出口货物报关单。一般进口货物应填写一式二份；需要由海关核销的货物，如加工贸易货物和保税货物等，应填写专用报关单一式三份；货物出口后需国内退税的，应另填一份退税专用报关单。

（2）货物发票。要求份数比报关单少一份，对货物出口委托海外销售，结算方式是待货物销售后按实销金额向出口单位结汇的，出口报关时可准予免交。

（3）陆运单、空运单和海运进口的提货单及海运出口的装货单。海关在审单和验货后，在正本货运单上签章放行退还报关员，凭此提货或装运货物。

（4）货物装箱单。其份数同发票数。但是散装货物或单一品种且包装内容一致的件装货物可免交。

（5）出口收汇核销单。一切出口货物报关时，应交验外汇管理部门加盖"监督收汇"章的出口收汇核销单，并将核销编号填在每张出口报关单的右上角处。

（6）海关认为必要时，还应交验贸易合同、货物产地证书等。

（7）其他有关单证。包括：

① 经海关批准准予减税、免税的货物，应交海关签章的减免税证明，北京地区的外资企业需另交验海关核发的进口设备清单。

② 已向海关备案的加工贸易合同进出口的货物，应交验海关核发的登记手册。

**153. 报关的种类如何划分？**

答：报关大体上可以分为三类，分别是：

（1）按经营单位的不同可以分为自理报关和代理报关。

（2）按商品的流向不同可以分为进口报关和出口报关。

（3）代理报关又可以分为直接代理报关和间接代理报关。

**154. 什么是跨境电子商务国际贸易中的报关？**

答：报关是履行海关进出境手续的必要环节之一。报关指的是进出境运输工具的负责人、货物和物品的收发货人或其代理人在通过海关监管口岸时，依法向海关进行申报，并办理有关手续的过程。

报关涉及监管的对象，可分为进出境的运输工具和货物、物品两大类。由于性质不同，其报关程序各异。

运输工具：如船舶、飞机等，通常应由船长、机长签署到达、离境报关单。交验载货清单、空运、海运单等单证向海关申报，作为海关对装卸货物和上下旅客实施监管的依据。

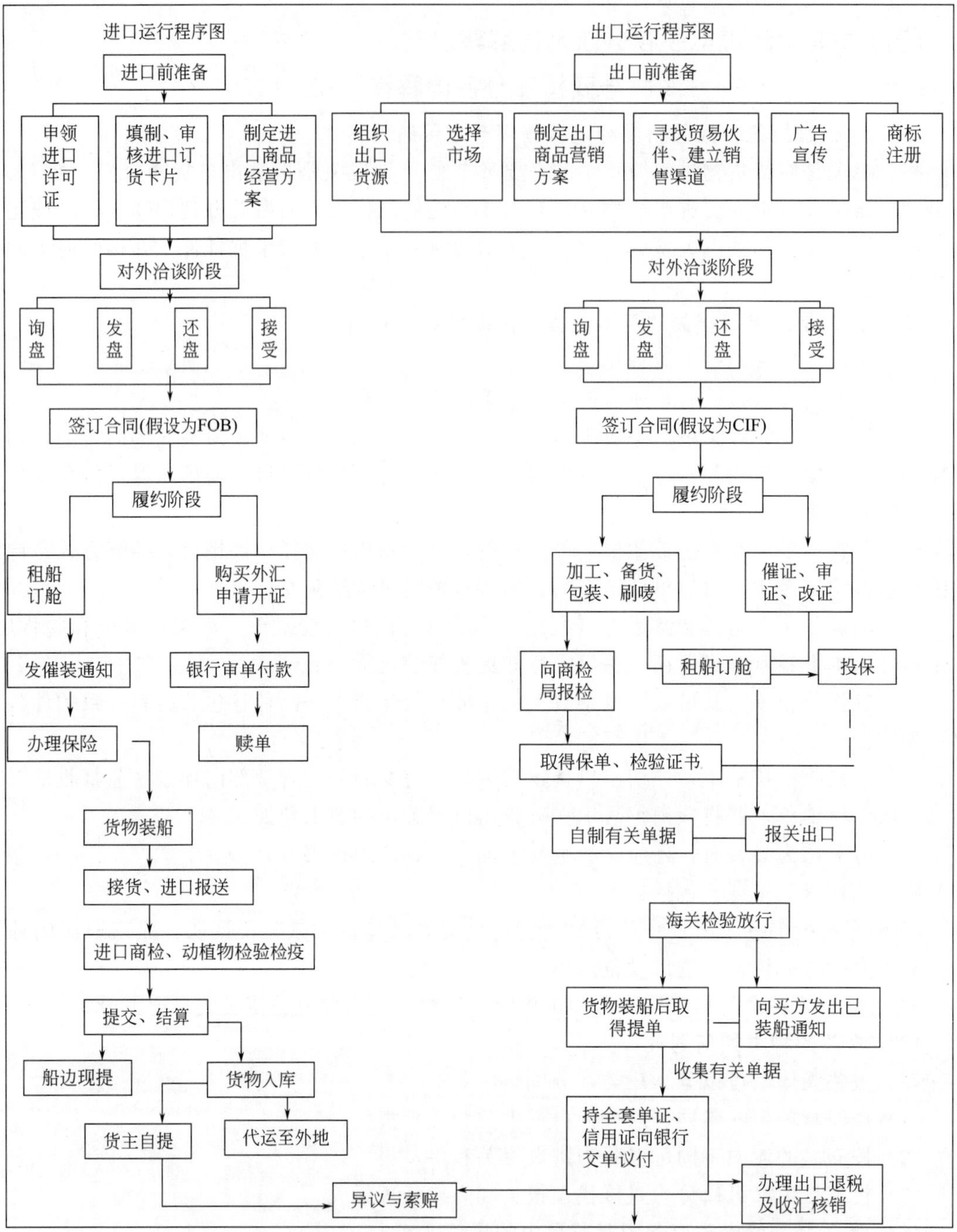

```
进口运行程序图                          出口运行程序图

        进口前准备                              出口前准备

  申领    填制、审  制定进口    组织   选择  制定出口  寻找贸易伙  广告   商标
  进口    核进口订  商品       出口   市场  商品营销  伴、建立销  宣传   注册
  许可    货卡片    经营方案    货源         方案     售渠道
  证

        对外洽谈阶段                            对外洽谈阶段

   询    发    还    接             询    发    还         接
   盘    盘    盘    受             盘    盘    盘         受

     签订合同(假设为FOB)                  签订合同(假设为CIF)

          履约阶段                             履约阶段

  租船        购买外汇            加工、备货、        催证、审
  订舱        申请开证            包装、刷唛          证、改证

 发催装通知    银行审单付款         向商检          租船订舱      投保
                                 局报检

  办理保险       赎单             取得保单、检验证书

       货物装船                 自制有关单据      报关出口

     接货、进口报送                    海关检验放行

   进口商检、动植物检验检疫           货物装船后取      向买方发出已
                                 得提单          装船通知
     提交、结算
                                        收集有关单据
  船边现提      货物入库
                               持全套单证、
  货主自提     代运至外地          信用证向银行      办理出口退税
                               交单议付         及收汇核销
          异议与索赔
```

图 A-4　进出口报关的基本流程

　　货物和物品：应由其收发货人或其代理人，按照货物的贸易性质或物品的类别，填写报关单，并随附有关的法定单证，及商业和运输单证，报关。

　　如属于保税货物应按"保税货物"方式进行申报。海关对应办事项及监管办法，与其他贸易方式的货物有所区别。

**155. 报关和报检是一回事吗？区别何在？**

　　答：报关和报检不是一回事。报关是将进出口货物向海关申报；报检是将进出口货物向商检局申报。

报关和报检是分开的。然而，报关和报检的某些环节又是相互联系的。

我们说，报关和报检是分开的，是说报关和报检是两件事，要分别由报关员和报检员到海关和商检局两个不同的部门，办理申报手续。

例如：某个货物需要报检。那么这个货物就是法检货物，如果说得不严谨，也可以说某个货物需要做商检，查验分海关查验和商检查验，就是打开箱子看看货物情况，海关验货是抽验，如果在海关放行之前，商检验货的概率要高一些，而在海关放行之后，商检需要到厂家或商检查验区验货。

### 156. 危险品申报和危险品报关是一回事吗？危险品申报需找谁做？

答：危险品申报和危险品报关是两个概念。危险品要出口首先要有资质，然后定个危险品柜，申请证件，并办理一系列手续，比较麻烦。

因此，企业如果进行危险品申报，简单的做法是直接找有危险品包装资质认证的厂家。他们会给企业提供有资质的人员，帮企业进行申报。

应该明确的是：运输危险品，其申报，必须找具有危险品申报员证书的人员去做。做申报，本质上是为了给货主出运危险品履行备案手续。这是海事局和海关为了运输的安全，而确定的必要手续。

应该注意的是：危险品申报人员做好申报后，会得到有关部门给企业的申报后的文件，这些文件，企业要再交给船东和海关。

### 157. 什么是关税？

答：关税是指进出口商品在经过一国关境时，由政府设置的海关向进出口商所征收的税收。1985年3月7日，国务院发布《中华人民共和国进出口关税条例》。1987年1月22日，第六届全国人民代表大会常务委员会第十九次会议通过《中华人民共和国海关法》，其中第五章为关税。2003年11月，国务院根据海关法重新修订并发布《中华人民共和国进出口关税条例》。作为具体实施办法，《中华人民共和国海关进出口货物征税管理办法》已经于2004年12月15日审议通过，自2005年3月1日起施行。《2017年关税调整方案》已经国务院关税税则委员会第七次全体会议审议通过，并报国务院批准，自2017年1月1日起实施。

### 158. 关税的特点和类型是什么？

答：（1）关税的特点。

① 对象是进出境的货物和物品。

② 是单一环节的价外税。

③ 是涉外税。

（2）关税的主要类型。

按照不同的标准，关税有多种分类方法。按征收对象分类，关税可分为正税和特别税两类；按征收目的分类，可分为财政关税和保护关税；按征税计征标准分类，可分为从价税、从量税、复合税、滑准税；按货物国别来源而区别对待的原则分类，可分为最惠国关税、协定关税、特惠关税和普通关税等。

下面对部分类型进行具体说明。

ⅰ. 按征收对象分类，可以分成正税和特别税。

① 正税包括进口税、出口税和过境税三种。

进口税是海关对进口货物和物品所征收的关税。我国加入WTO后，于2002年1月

1 日再次调整了进口税则税目税率,将总税目数增加到 7 316 个,其中 5 332 个税目的税率有不同程度的降低。进口税是关税中最重要的一种,在许多废除了出口税和过境税的国家,进口税是唯一的关税。

出口税是海关对出口货物和物品所征收的关税。目前,世界上大多数国家都不征收出口税。我国在 2002 年出口税则中仅对一小部分关系到国计民生的重要出口商品征收出口税,一共有 36 个税目,其中对 23 个税目实行出口暂定税率,其余的不征税。

过境税是对外国经过本国国境运往另一国的货物所征收的关税。目前,世界上大多数国家都不征收过境税,我国也不征收过境税。

② 特别税,即由于特定的目的而对进口的货物和物品征收的关税。常见的特别税有反倾销税和反补贴税。

反倾销税是针对实行商品倾销的进口商品而征收的一种进口附加税。

反补贴税是对于直接或间接接受奖金或补贴的进口货物和物品所征收的一种进口附加税。

我国政府规定,任何国家或者地区对其进口的原产于中华人民共和国的货物征收歧视性关税或者给予其他歧视性待遇的,我国海关对原产于该国家或地区的进口货物,可以征收特别税。

ⅱ 按征收关税的标准划分,可分为从价税、从量税、复合税、滑准税。

① 从价税。从价税是一种最常用的关税计税标准,它是以货物的价格或者价值为征税标准,以应征税额占货物价格或者价值的百分比为税率,价格越高,税额越高。

② 从量税。从量税是按照商品的重量、数量、容量、长度和面积等计量单位为标准计征的税收。从量税额计算的公式是:税额=商品的数量×每单位从量税。

③ 复合税。复合税又称为混合税,是对某一进出口货物或物品既征收从价税,又征收从量税,即采用从量税和从价税同时征收的一种方法。复合税可以分为两种:一种是以从量税为主加征从价税;另一种是以从价税为主加征从量税。这种税制有利于为政府取得稳定可靠的财政收入,也有利于发挥各种税的不同调节功能。现代各国普遍采用复合税制,我国现行税制也是复合税制。

④ 滑准税。滑准税又称滑动税,是对进口税则中的同一种商品按其市场价格标准分别制订不同价格档次的税率而征收的一种进口关税。其高档商品价格的税率低,或不征税,低档商品价格的税率高。

**159. 我国出入境检验检疫的主管机关是哪个部门?**

答:我国出入境检验检疫工作的主管机关是国家出入境检验检疫局,其全称是中华人民共和国国家出入境检验检疫局。

**160. 什么是商品检验检疫证书?**

答:商品检验检疫证书是指进出口商品经商品检验检疫机构检验、鉴定后出具的证明检验检疫结果的书面文件。商品检验检疫证书的种类很多,在实际进出口商品交易中,应在检验检疫条款中规定检验检疫证书的类别及其商品检验检疫的要求。

**161. 商品检验检疫证书包括哪些种类?**

答:商品检验检疫证书的种类很多,如下:

(1) 折叠重量/数量检验证书。

折叠重量/数量检验证书是出口商品交货结汇、签发提单和进口商品结算索赔的有效凭证，它也是境外报关征税和计算运费、装卸费用的证件。

（2）折叠兽医检验证书。

折叠兽医检验证书是证明出口动物产品或食品经过检疫合格的证件。它适用于冻畜肉、冻禽、禽畜罐头、冻兔、皮张、毛类、绒类、猪鬃、肠衣等出口商品，是对外交货、银行结汇和进口国通关输入的重要证件。

（3）折叠卫生/健康证书。

折叠卫生/健康证书是证明可供人类食用的出口动物产品、食品等经过卫生检验或检疫合格的证件。它适用于肠衣、罐头、冻鱼、冻虾、食品、蛋品、乳制品、蜂蜜等，是对外交货、银行结汇和通关验放的有效证件。

（4）折叠消毒检验证书。

折叠消毒检验证书是证明出口动物产品经过消毒处理，保证安全卫生的证件。它适用于猪鬃、马尾、皮张、山羊毛、羽毛、人发等商品，是对外交货、银行结汇和境外通关验放的有效凭证。

（5）折叠熏蒸证书。

折叠熏蒸证书是用于证明出口粮谷、油籽、豆类、皮张等商品，以及包装用木材与植物性填充物等，已经过熏蒸灭虫的证书。

（6）折叠残损检验证书。

折叠残损检验证书是证明进口商品残损情况的证件。它适用于进口商品发生残、短、渍、毁等情况时，可作为受货人向发货人或承运人或保险人等有关责任方索赔的有效证件。

（7）折叠积载鉴定证书。

折叠积载鉴定证书是证明船方和集装箱装货部门正确配载积载货物，作为证明履行运输契约义务的证件。它可供货物交接或发生货损时处理争议之用。

（8）折叠财产价值鉴定证书。

折叠财产价值鉴定证书是作为对外贸易关系人和司法、仲裁、验资等有关部门索赔、理赔、评估或裁判的重要依据。

（9）折叠船舱检验证书。

折叠船舱检验证书可用来证明承运出口商品的船舱清洁、密固、冷藏效能及其他技术条件是否符合保护承载商品的质量和数量完整与安全要求的证书。它可作为承运人履行租船契约适载义务，对外贸易关系方进行货物交接和处理货损事故的依据。

（10）折叠生丝品级及公量检验证书。

折叠生丝品级及公量检验证书是出口生丝的专用证书，其作用相当于品质检验证书和折叠重量/数量检验证书。

（11）折叠产地证书。

折叠产地证书是出口商品在进口国通关输入和享受减免关税待遇和证明商品产地的凭证。

（12）折叠舱口装/卸载证书。

折叠舱口装/卸载证书有舱口检视证书、监视装/卸载证书、舱口封识证书、油温空距证书、集装箱监装/拆证书几种，它们可作为证明承运人履行契约义务，明确责任界限，便于处理货损货差责任事故的证明。

（13）折叠价值证明书。

折叠价值证明书可作为进口国管理外汇和征收关税的凭证。在发票上签盖商检机构的价值证明章与价值证明书具有同等效力。

（14）折叠货载衡量检验证书。

折叠货载衡量检验证书是证明进出口商品的重量、体积吨位的证件。它可作为计算运费和制订配载计划的依据。

（15）折叠集装箱租箱交货检验证书。

折叠集装箱租箱交货检验证书、租船交船剩水/油重量鉴定证书，可作为契约双方明确履约责任和处理费用清算的凭证。

**162. 什么是必须实施的进出口商品检验？**

答：必须实施的进出口商品检验，是指确定列入目录的进出口商品是否符合国家技术规范的强制性要求的合格评定活动。

合格评定程序包括：抽样、检验和检查；评估、验证和合格保证；注册、认可和批准以及各项的组合。

**163. 什么是产地检疫？**

答：产地检疫有两种：一种是动物产地检疫，属于动物检疫；另一种是植物产地检疫，属于植物检疫。图 A-5 为检疫证明范本。

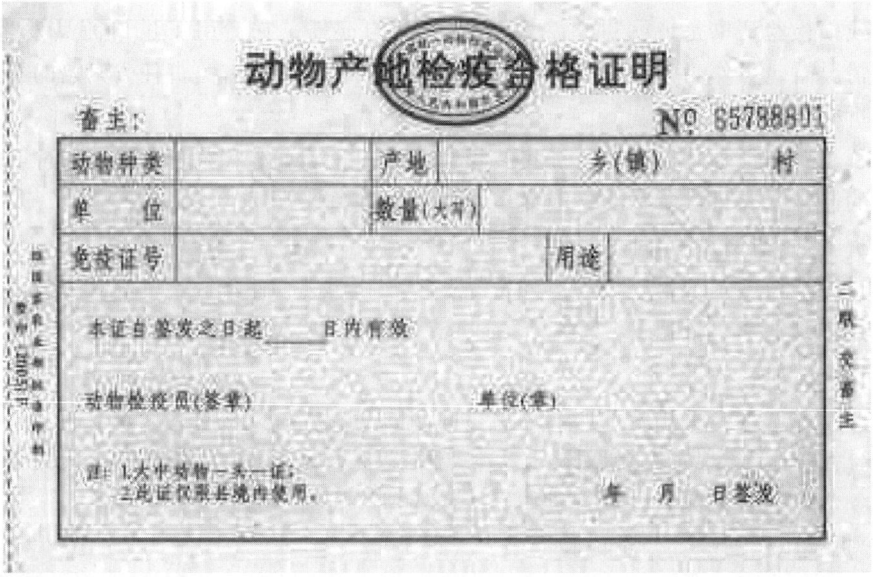

图 A-5　检疫证明范本

动物产地检疫是指动物及其产品在离开饲养、生产地之前由动物卫生监督机构派官方兽医到现场或指定地点实施的检疫。

植物产地检疫是指植物检疫机构对植物种子、苗木等繁殖材料和植物产品在生产地（原种场、良种场、苗圃以及其他繁育基地）进行的检疫。

**164. 什么是检疫许可？**

答：《中华人民共和国进出境动植物检疫法》第十条规定：输入动物、动物产品、植物种子、种苗及其他繁殖材料的，必须事先提出申请，办理检疫审批手续。

在《进境动植物检疫审批管理办法》中描述了"审批"的详细内容。其第三条规定：国家市场监督管理总局统一管理本办法所规定的进境动植物检疫审批工作。国家市场监督管理总局或者国家市场监督管理总局授权的其他审批机构负责签发《中华人民共和国进境动植物检疫许可证》。

综上，我们知道：检疫许可也称检疫审批，是指在调运、输入某些检疫物或引进禁止进境物时，输入单位须向当地的植物检疫机关提出申请，检疫机关经过审查做出是否批准引进的法定程序。

检疫许可的意义在于：通过检疫许可，能够向出口国家或地区提出相关的检疫要求，从而有效地预防有害生物，特别是检疫性有害生物的传入；通过检疫许可能够避免盲目进口，并且有助于进行合理索赔。

**165. 什么是检疫处理？**

答：指采用物理或化学的方法灭杀植物、植物产品及其他检疫物中有害生物的法定程序。

**166. 进出口商品检验抽样需注意哪些问题？**

答：抽样是进出口商品检验工作中的一个重要环节，检验结果是否准确，同抽样工作有密切的关系。要做好抽样工作必须注意以下 10 个问题：

（1）研究掌握商品的特性，全面了解合同、标准中有关的检验项目和具体要求，做到心中有数。

（2）制定和实施抽样方案时，要根据商品的数量和堆存地点以及实际情况，研究和采用正确的抽样方式和方法。如合同、信用证中规定抽样方法的，应按照规定的方法执行，合同、信用证没有具体规定的，应按照标准规定或国家出入境检验检疫部门规定的抽样方法和操作规程办理；金属材料抽样需要明火作业进行气割的，要做好有关准备和联系手续，注意防火安全等。

（3）准备好适用的抽样工具和盛样容器。要根据商品的特性和实际情况准备好相应的抽样工具和盛样容器。盛样容器一般应具备坚固、清洁、干燥、密封等条件，以保证所抽样品不受污染或发生变化。例如对需要进行水分检验的，要能及时密封；需进行卫生检疫的食品，抽样工具和盛器都要进行消毒防细菌感染；对金属材料抽样需用带电工具，如电钻等，要事先检查绝缘安全，并准备好抽样时必要的防护设备等。

（4）到现场抽样前，必须查对商品品名、标记和批次是否与有关单证所列完全一致，防止批次发生差错。裸装货物如锡块、铝锭、钢材等一般全都刷有标志或涂上色漆或加附印有标志的铁片、铝牌、布条、纸卡等，据以识别。散装商品要从数量上加以匡计核对，防止批次错乱，对包装商品同时进行包装检验。

（5）注意商品的外观检查，查核整批商品有无异常情况。对出口商品如发现标记不符、批次混乱、包装破损、货物受潮受损，以及外观质量低劣、参差不齐或混入不应有的夹杂物等不正常情况时，应由货主重新整理后方可抽样。对进口商品如发现同批商品品质有显著差异时，应研究分别抽取样品，对个别特异情况，可另行抽取参考样品，供检验时研究处理。对外包装破损的进口商品，应按残损鉴定的规定办理。

（6）抽样要严格按照规定的操作规程进行，按规定数量抽取。遇有特殊情况难以按照规定执行时，应在保证抽样代表性的原则下采取合理的措施，并作好记录。对出口商品计数的贵重商品，抽样后应由货主以同样品质的商品补足数量，无法补足的应在包件上加盖"抽过样品"的戳记。对需要加附检验标志或进行封识的应按规定办理（经检验不合格的商品要注意把该项标志的封识消除）。抽样时对一些颗粒较大的出口农产品，如花生果、核桃等，需进行倒包抽样，以确保抽样的真实性。

（7）认真做好制样工作，制样是抽样工作的一个重要环节。进出口商品按规定抽样后，由于数量很多，一般要进行混合缩分，有的要进行粉碎后才能缩分，都必须按照规定办法认真进行操作，混合样品要力求均匀一致，不能改变样品的实质。金属材料的样品要按照规定进行机械加工。同时制作多份检验样品的，要保证各份样品完全一致。

（8）在抽样和制样过程中，都要严格防止外来物的污染，或受外来影响使样品变质。对危险品抽样时要注意安全，防止意外，样品盛器上要加贴特殊标志妥善处理。

（9）抽样完毕，要全面做好抽样记录，详记货物品名数量、堆存情况、运输标记、包装情况和商品的外观状况及开件数量、有关的包件号码，抽取样品数量、标志封识以及其他特殊情况。还应记载抽样时的天气情况，如晴、雨、大风、气温、温度等，以供拟制证稿和发生问题时研究参考之用。有些矿产品在抽样时要进行粒度检验，一般商品应同时执行包装检验，都要记录具体的检验结果。

（10）抽样、制样后剩余的样品，应发还报验人，抽样、制样后的检验样品和备查样品应立即送实验室进行检验。

**167. 我国进出口化妆品检验检疫监督管理办法从什么时候开始实施？**

答：依据国家质量监督检验检疫总局（现为国家市场监督管理总局）令第 143 号，《进出口化妆品检验检疫监督管理办法》已经于 2011 年 1 月 13 日国家质量监督检验检疫总局（现为国家市场监督管理总局）局务会议审议通过并公布，自于 2012 年 2 月 1 日起施行。

**168. 化工危险品进口申报需要哪些资料？**

答：化工危险品进口申报需要的资料有：《危险品质量证书》《化工危险品成分报告》《产品标签和基本单据》等。

**169. 化工危险品进口清关的流程是怎样的？**

答：化工危险品进口清关，必须遵从以下流程进行：

（1）必须向已取得道路危险货物运输经营资格的运输单位办理托运。

（2）必须在托运单上填写危险货物品名、规格、件重、件数、包装方法、起运日期、收发货人详细地址及运输过程中的注意事项。

（3）货物性质或灭火方法相抵触的危险货物，必须分别托运。

（4）对有特殊要求或凭证运输的危险货物，必须附有相关单证，并在托运单备注栏内注明。

（5）托运未列入《汽车运输危险货物品名表》的危险货物新品种，必须提交《危险货物鉴定表》。

凡未按以上规定办理危险货物运输托运，由此发生运输事故，由托运人承担全部责任。

**170. 危化品标签什么样？**

答：内容见书后插页。

## （六）250 个跨境电子商务新名词解释之六

### ——电子金融部分名词解释（171～200）

**171. 什么是虚拟货币？**

答：虚拟货币指不具有完全真实货币属性的准货币或者记账单位，也称为影子货币。

**172. 什么是移动支付？**

答：移动支付也称为手机支付，就是允许用户使用其移动终端（通常是手机）对所消费的商品或服务进行账务支付的一种服务方式。移动支付主要分为近场支付和远程支付两种。

**173. 什么是电子资金传输？**

答：（1）电子资金传输就是电子支票系统，它通过剔除纸面支票，最大限度地利用了当前银行系统的自动化潜力。EDI 是英文 Electronic Data Interchange 的缩写，中文译为电子数据交换。EDI 是将贸易、生产、运输、保险、金融和海关等事物文件，通过电子邮箱按各有关部门或公司企业之间的标准格式进行数据交换，并按国际统一的语法规则对报文进行处理，是一种利用计算机进行事物处理的新业务。

（2）电子数据交换的优点是迅速准确。在国际、国内贸易活动中使用 EDI 业务，以电子文件交换取代了传统的纸面贸易文件（如订单、发货票、发票），双方使用统一的国际标准格式编制文件资料，利用电子方式将贸易资料准确迅速地由一方传递到另一方，是发达国家普遍采用的"无纸贸易手段"，也是世贸组织成员国将来必须使用和推广的标准贸易方式。方便高效采用 EDI 业务可以将原材料采购与生产制造、订货与库存、市场需求与销售，以及金融、保险、运输、海关等业务有机地结合起来，集先进技术与科学管理为一体，极大地提高了工作效率，为实现"金关"工程奠定了基础。安全可靠在 EDI 系统中每个环节都建立了责任的概念，每个环节上信息的出入都有明确的签收、证实的要求，以便于为责任的审计、跟踪、检测提供可靠的保证。

在 EDI 的安全保密系统中广泛应用了密码加密技术，以提供防止流量分析、防假冒、防否认等安全服务。而且 EDI 系统规范了信息处理程序，信息传递过程中无须人工干预，在提高了信息可靠性的同时，大大降低成本。

香港对 EDI 的效益做过统计，使用 EDI 可提高商业文件传送速度 81%，降低文件成本 44%，减少错漏造成的商业损失 41%，降低文件处理成本 38%。

（3）电子数据交换的应用。EDI 用于金融、保险和商检，可以实现对外经贸的快速循环和可靠的支付，降低银行间转账所需的时间，增加可用资金的比例，加快资金的流动，简化手续，降低作业成本。

（4）EDI 用于报关和通关，可加速货物通关速度，提高对外服务能力，减轻海关业务压力，防止人为弊端，实现货物通关自动化和国际贸易的无纸化。因此，EDI 用于外贸业，可提高用户的竞争能力。

（5）税务部门可利用 EDI 开发电子报税系统，实现纳税申报的自动化，既方便快捷又节省人力物力。

（6）制造业利用 EDI 能充分理解并满足客户的需要，制订出供应计划，达到降低库存、加快资金流转的目的。运输业采用 EDI 能实现货运单证的电子数据传输，充分利用运输设备、仓位，为客户提供高层次和快捷的服务。仓储业采用 EDI，可加速货物的提取及周转，减缓仓储空间紧张的矛盾，从而提高利用率。

**174. 什么叫互联网金融？**

答：互联网金融是传统金融行业与互联网精神相融合后的电子金融新业态，也是传统金融业与互联网精神相结合的新兴领域。互联网"开放、平等、协作、分享"的精神往传统金融业态渗透，对人类金融模式产生根本影响。人们把具备互联网精神的金融新业态，统称为互联网金融。

互联网金融不是互联网和金融业的简单结合，而是在实现安全、移动等网络技术水平上，被用户熟悉接受后，自然而然为适应新的需求而产生的新模式及新业务。它是传统金融行业与互联网技术相结合的新兴领域。

互联网金融与传统金融的区别不仅仅在于金融业务所采用的媒介不同，更重要的在于金融参与者深谙互联网"开放、平等、协作、分享"的精髓，通过互联网、移动互联网等工具，使得传统金融业务具备透明度更强、参与度更高、协作性更好、中间成本更低、操作上更便捷等一系列新特征。因此，更有利于开拓和扩展金融市场。

### 175. 什么是大数据金融？

答：金融业积累的大数据就是金融大数据，根据银行金融和证券金融本身的不同，这些数据也分成银行金融大数据和证券金融大数据。积累数据过程中，产生了数据采集、存储、使用的相关工作和企业，这样就完成了金融大数据的产业链，但总体依然是信息技术产业链。

随着信息技术全面发展，金融大数据产业具备提供信息技术服务之外的金融服务能力时，就产生了大数据金融。大数据金融是脱颖于金融大数据的新服务，是技术服务催生出来的金融服务。

大数据金融是指集合海量非结构化数据，通过对其进行实时分析，可以为互联网金融机构提供客户全方位信息，通过分析和挖掘客户的交易和消费信息掌握客户的消费习惯，并准确预测客户行为，使金融机构和金融服务平台在营销和风险控制方面有的放矢。

基于大数据的金融服务平台主要指拥有海量数据的电子商务企业开展的金融服务。大数据的关键是从大量数据中快速获取有用信息的能力，或者是从大数据资产中进行深度价值开发，并快速变现的能力。大数据的信息处理往往以云计算为基础、为支撑。

### 176. 什么是信息化金融机构？

答：所谓信息化金融机构，是指通过采用信息技术，对传统运营流程进行改造或重构，实现经营、管理全面电子化的银行、证券和保险等金融机构。金融信息化是金融业发展趋势之一，而信息化金融机构则是金融创新的产物。从金融整个行业来看，银行的信息化建设一直处于业内领先水平，不仅具有国际领先的金融信息技术平台，建成了由自助银行、电话银行、手机银行和网上银行构成的电子银行立体服务体系，而且以信息化的大手笔——数据集中工程在业内独领风骚，其除了基于互联网的创新金融服务之外，还形成了"门户""网银、金融产品超市、电商"的一拖三的金融电子商务创新服务模式。

### 177. 什么是绿色互联网金融？

答："绿色概念"深入到我国金融领域中，是最近几年的事。绿色金融有两层含义：一层含义是金融业如何促进环保和经济社会的可持续发展；另一层含义是指金融业自身的可持续发展。

前者明确绿色金融的主要作用，是引导资金要流向生态环境保护产业中去，引导企业生产注重绿色环保，引导消费者形成绿色消费理念；后者则明确金融业，要保持可持续发展，避免注重短期利益的过度投机行为。

绿色互联网金融的概念就是以"绿色"为标准，以"互联网金融"为落脚点，让平台用户享受到安全、便捷、贴心的互联网金融服务。该概念，最早由天津的砖头网提出。该网提出的绿色互联网金融理念，一方面以助推互联网金融行业的健康发展为目标；另一方面是通过平台自身努力帮助周围人们的生活更加和谐有序。

### 178. 什么是普惠金融？

答：普惠金融的概念来源于英文：Inclusive Financial System，是联合国系统率先在宣传 2005 国际小额信贷年时，广泛运用的一个词语。其基本含义是：能有效、全方位地为社会所有阶层和群体提供服务的金融体系。

　　鉴于目前的金融体系，并没有为社会所有的人群提供有效的服务，联合国希望通过小额信贷（或微型金融）的发展，促进普惠金融体系的建立。

　　普惠金融体系应该包括以下几个层次的内涵。

　　（1）它是一种理念。2006年诺贝尔和平奖得主、孟加拉乡村银行总裁尤纳斯教授说："信贷权是人权"。就是说，每个人都应该有获得金融服务机会的权利。只有每个人拥有金融服务的机会，才能让每个人有机会参与经济的发展，才能实现社会的共同富裕，建立和谐社会与和谐世界。

　　（2）为让每个人获得金融服务机会，就要对现有的金融体系进行创新，包括制度创新、机构创新和产品创新。

　　（3）由于大企业和富人已经拥有了金融服务的机会，建立普惠金融体系的主要任务就是为传统金融机构服务不到位的低端客户，贫困、低收入人口和小微和贫困人口提供的一种小额信贷或微型金融服务。

　　因此，首先要在法律和监管政策方面提供适当的空间。其次，要允许新建小额信贷机构的发展，鼓励传统金融机构开展小额信贷业务。

　　国内最早引进这个概念的是中国小额信贷发展网络。为了开展2005国际小额信贷年的推广活动，他们决定利用这个概念进行宣传。白澄宇提出用"普惠金融体系"作为 Inclusive Financial System 的中文翻译。也有人提出用"包容"等名词，但经过考虑，觉得其他词汇不能表达服务对象的广泛性，最后还是用"普惠"这个概念，就是要让所有人平等享受金融服务。

　　2004年11月，中国小额信贷发展促进网络的主页开通，首页的标题就醒目地写下了网络的宗旨："促进普惠金融体系，全面建设小康社会"。在11月9日召开的网络成立大会上，他们再次提出这个概念，并写进了网络的倡议书。中国人民银行研究局焦谨璞副局长于2006年3月在北京召开的亚洲小额信贷论坛上，正式使用了这个概念。

　　**179. 党的十八届三中全会通过的《中共中央关于全面深化改革若干重大问题的决定》提出，要"发展普惠金融，鼓励金融创新，丰富金融市场层次和产品"。为什么？**

　　答：普惠金融的理念最早由世界银行在2005国际小额信贷年时提出，旨在为那些被排除在传统金融体系之外的个人或组织（贫困、低收入人口和小微企业）提供足够的金融服务产品和渠道。通过持续性和体制化地向贫困人群和偏远地区提供金融产品和服务，最终实现所有人平等享受金融服务。

　　普惠金融服务虽然缘起于小额信贷，但实际上是一种多元化、综合性的金融服务，不仅为客户提供小额信用贷款，还提供包括存款、理财、基金、保险、汇款、资金转账、代理、养老金等全功能的服务。

　　普惠金融在大多数发展中国家已经成为帮扶贫困群体、解决低收入人群特别是农民融资困难的一种有效金融体制，有利于帮助穷人把握经营机会，改善收入分配，降低社会矛盾、带动经济增长。

　　**180. 什么是折叠金融门户？**

　　答：折叠金融门户是指利用互联网进行金融产品的销售以及为金融产品销售提供第三方服务的平台。它的核心就是"搜索比价"的模式，采用金融产品垂直比价的方式，将各家金融机构的产品放在平台上，用户通过对比挑选合适的金融产品。

　　互联网金融门户多元化创新发展，形成了提供高端理财投资服务和理财产品的第三方理财机构，提供保险产品咨询、比价、购买服务的保险门户网站等。这种模式不存在太多政策风险，因为其平台既不负责金融产品的实际销售，也不承担任何不良的风险，同时资金也完全不通过中间平台。

### 181. 什么是 P2P 网贷？

网络借贷是随着互联网的发展和民间借贷的兴起而发展起来的一种新的金融模式，这也是未来金融服务的发展趋势。

网络借贷指的是借贷过程中，资料与资金、合同、手续等全部通过网络实现，它不仅将借款标的的审核和发布以及用户的实名认证、手机认证等功能集中于一个网络借贷平台。系统还拥有强大的数据统计功能，可实时观察平台交易的状态，并提供出最新的、动态统计结果。

P2P 网贷系统是支撑 P2P 网络借贷正常运转的具有一定复用性的站点或平台，一般拥有全套完整的资金流数据分析计算和支撑工具。为借贷双方提供信息流通交互、信息价值认定和其他促成交易完成的服务。不实质参与到借贷利益链条之中，借贷双方直接发生债权债务关系，网贷系统则依靠向借贷双方收取一定的手续费维持运营。该平台的建立有益于解决中小微企业资金困难。图 A-6 为 P2P 网贷平台示意图。

图 A-6　P2P 网贷平台示意图

### 182. 企业需要什么条件，才可以办理商业保理业务？

答：企业申办商业保理业务，需要把握以下三条基本原则：

（1）企业的赊销业务对象应当是具备一定信用资质的客户。如果企业提供的客户的信用能力不足，将导致保理业务失败。这就要求企业必须强化客户的资信管理能力，不断筛选优质客户，规避高风险客户。

（2）需要严格规范赊销业务，降低交易纠纷。大多数商业保理业务是以有追索权的方式提供应收账款融资，假如由于买方以交易纠纷为理由拒付货款，保理商将向卖方追回融资款项。

因此，寻求保理服务的企业首先需要保证自身的产品质量并严格履行供货合同。同时，企业应与客户签订严格的保理项下的赊销合同，尽量减少发生交易纠纷的可能性。

（3）需要权衡赊销收益机会与风险成本，整体规划应收账款外包服务。企业是否需要保理服务，首先取决于营销战略和财务融资策略。在竞争性市场条件下，采用信用方式扩大销售规模，必将面临应收账款的回收和现金流风险。此时，要求企业在统一的信用管理制度和信用政策指导下，合理安排应收账款的融资和风险控制事项。其中，保理应当作为企业获得应收账款融资的一个有效手段。

### 183. 什么是数字黄金货币？

答：数字黄金货币是一种以黄金重量命名的电子货币形式。这种货币的典型计量单位是金衡制克，或者是金衡制的盎司。

数字黄金货币通过未配额或者分散配额的黄金存储来资助。到 2006 年 1 月，数字黄金货币供应商持有超过 8.6 公吨的黄金作为储备，价值大约 1.54 亿美元。

**184. 什么是众筹?**

答：众筹是指融资者借助于互联网上的众筹融资平台为其项目向广泛的投资者融资，每位投资者通过少量的投资金额从融资者那里获得实物（例如预计产出的产品）或股权回报。

当前，众筹模式正在全球快速发展。《经济学人》说，对于那些拒绝相信的人而言，众筹模式是悄然无声的，但对于那些欣然接受的人而言，会发现众筹模式就在身边。一些众筹网站已经将业务扩展到海外。Kickstarter 2012 年已经在英国上线，继续向其他国家进军；另一家美国众筹网站 Indiegogo 早已进入德国，其海外营收占营收总额的比重增加到 30%；CrowdValley 和 Give2Gether 等更多国际知名公司进军美国市场。

全球众筹融资网站或企业已经超过 1 500 家，众筹模式的最大特点是任何人都可以出资，由于不再受限于风投，Kickstarter 的确让很多创业或创意有了可以实现的可能，从而帮助了众多年轻人实现了创业的梦想。其网站的主要收入来源则是从募集到的资金中抽取很低的佣金。

**185. 众筹融资模式有哪些?**

答：众筹从某种意义而言，是一种 Web 3.0，它使社交网络与"多数人资助少数人"的募资方式交叉相遇，通过 P2P 或 P2B 平台的协议机制使不同个体之间的融资筹款成为可能。构建众筹商业模式由项目发起人（筹资人）、公众（出资人）和中介机构（众筹平台）这三个有机组成部分。

众筹融资模式有很多种。按业态分有股权众筹、项目众筹；按项目发起的主体分有企业众筹、个人众筹、社群众筹；按众筹的性质分，有公益钱物资助性众筹、知识帮助性众筹等。

**186. 众筹融资流程有哪些?**

答：图 A-7 是一张典型的众筹融资流程图。

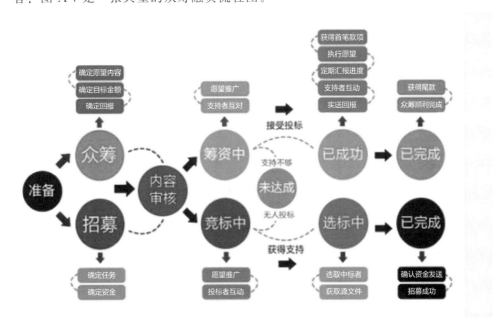

图 A-7　众筹融资流程图

### 187. 怎样进行众筹?

答:发起众筹,一定要选择好一个第三方众筹平台。这个平台要有实力,有威望,有人脉资源,有组织能力和号召力。比如:水滴筹平台,就已经帮助 17 万名患者,筹到治病钱。累计筹款金额多达 37 亿元。有 8500 万名爱心人士,参与捐款。图 A-8 为众筹方法。

图 A-8　众筹方法

### 188. 众筹融资有什么成功的典型案例?

答:众筹的成功案例有很多。就国际而言,2012 年,在 Kickstarter 上有超过 1.8 万个项目获得众筹融资,总额达 3.2 亿美元,投资人数为 220 万人,来自全球 177 个国家。2012 年在网站上推出的所有项目中,有 44% 的项目成功获得所需要的资金。

当然,各种项目的成功率参差不齐,最低的是时装项目,只有 26% 的成功率,最高的是舞蹈项目,成功率有 74%。目前,全球只有美国和英国两个国家的用户能够在 Kickstarter 上发起筹资项目,但 Kickstarter 创始人之一扬西·斯楚克勒表示,Kickstarter 正计划将业务推广到更多国家,让越来越多的创意者通过众筹实现梦想。

美国《商业周刊》就报道了美国地产商 Prodigy 用众筹方式建楼的故事。哥伦比亚波哥大市有座 66 层高楼,其建设花费了 2.39 亿美元。2010 年,Prodigy 在市场上募集到 3 100 名小额投资者,他们总共为这幢楼投资了 1.718 亿美元。这幢大楼的股份在建成后上涨了 43%。现在,这些投资者可以出售持有的大楼股份来获取收益。

Prodigy 启动下一个众筹项目,它以 5 800 万美元购买位于曼哈顿威廉大街的一幢大楼。公司出资 3 200 万美元,其余的 2 600 万美元在全球 11 个国家募集个人投资者。Prodigy 认为,这种方式将使得海外投资者有机会投资纽约等有潜力的地产市场。

就国内而言,众筹成功的案例也很多。这里,我们仅就国内融诺网上介绍的大量成功案例中选择 4 个案例,介绍给大家。如图 A-9 所示。

### 189. 众筹融资有哪些可选的平台?

答:众筹融资可选的平台如下:
(1) 投融界(图 A-10)。
(2) 融诺网(图 A-11)。

融诺网专业团队辅助陕西省光热项　　融诺网助力大型奢侈品上门维修服　　汽车环保专利项目通过融诺网平台　　上海智能家居项目成功获得北京投
目成功融资3000万元　　　　　　务平台成功融资1500万元　　　　　成功融资2000万元　　　　　　　资公司投资1000万元

图 A-9　融诺网上的众筹案例

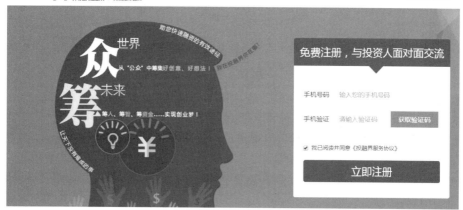

图 A-10　投融界平台主页面

图 A-11　融诺网主页面

（3）京东金融融资平台（图 A-12）。

这三个融资平台的详细情况，请大家浏览网站进行了解。

**190. 什么是金融风险预警系统？**

答：风险预警，是一个系统的名称，其全称为风险预警系统。

风险预警系统的意义：随着 WTO 的加入，国有商业银行要参与国际竞争，需要在风险
管理方面能够达到国际标准的要求，而国内商业银行的现状和巴塞尔协议的要求还有很大的
差距，如何加强风险管理力度，提高风险管理水平，已经是国内商业银行面临的重要问题。

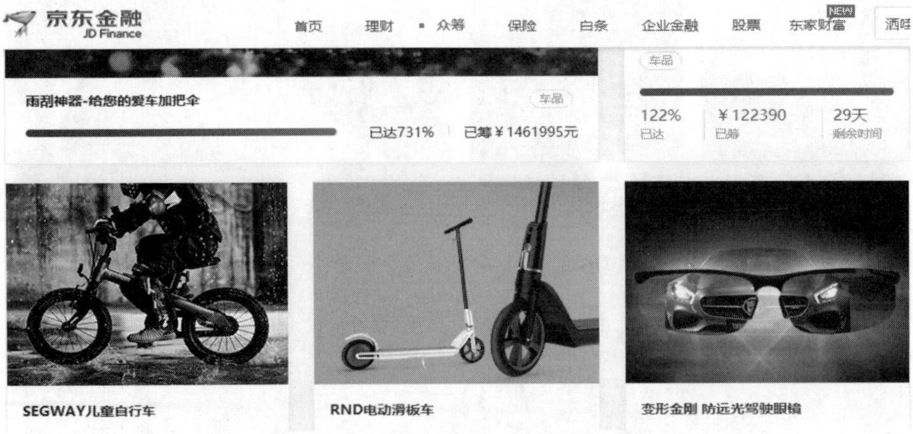

图 A-12　京东金融融资平台主页面

（1）预警的内涵。

大家知道：企业活动是一种集合了经济、技术、管理、组织等各方面的综合性社会活动，在各个方面都存在着不确定性。企业风险预警系统就是通过建立风险评估体系，进而进行风险预控，化解风险的发生，并将风险造成的损失降至最低程度的有效手段。开展企业活动的风险分析与管理，预防和化解风险的发生，将风险造成的损失控制在最低限度，已成为保证企业经营活动并创造最大效益的重要措施之一。

（2）风险预警系统。

实际上就是根据所研究对象的特点，通过收集相关的资料信息，监控风险因素的变动趋势，并评价各种风险状态偏离预警线的强弱程度，向决策层发出预警信号并提前采取预控对策的系统。因此，要构建预警系统必须先构建评价指标体系，并对指标类别加以分析处理；其次，依据预警模型，对评价指标体系进行综合评判；最后，依据评判结果设置预警区间，并采取相应对策。

企业风险预警系统主要包括三个子系统，即风险识别子系统、风险评价子系统和风险预警子系统。风险识别子系统的关键是要树立风险识别分析的系统观。通常采用的方法有核查表、WBS、因果分析图、流程图。风险评价子系统就是对识别出的风险因素进行量化和重要性评价，进而通过风险预警子系统来判断是否应当发出警报以及发出警报的级别。

2016 年 6 月 27 日，在达沃斯论坛上，国务院总理李克强再次预警金融风险。指出，在推动资本市场发展的过程当中，要防范系统性、区域性金融性风险，防止金融市场风险交叉感染，改革和完善金融监管体制。

2019 年 3 月 5 日，李克强总理在第十三届全国人民代表大会第二次会议的政府工作报告中进一步指出："加强金融风险监测预警和化解处置。我国财政金融体系总体稳健，可运用的政策工具多，我们有能力守住不发生系统性风险的底线。"因此，中国金融系统一定要切实加强金融风险预警系统的建设。

**191. 什么是全面风险管理？**

答：全面风险管理是指当项目或者企业处在一个肯定有风险的环境里，如何把风险可能造成的不良影响减至最低的管理过程。风险管理，对现代企业而言十分重要。当企业面临市场开放、法规解禁、产品创新，均使变化波动程度提高，会连带增加经营的风险性。良好的风险管理有助于降低决策错误的概率，避免可能损失。

所谓全面风险管理，是指企业围绕总体经营目标，通过在企业管理的各个环节和经营过程中执行风险管理的基本流程，培育良好的风险管理文化，建立健全全面风险管理体系，包括风险管理策略、风险理财措施、风险管理的组织职能体系、风险管理信息系统和内部控制系统，从而为实现风险管理的总体目标提供合理保证的过程和方法。

我们理解全面风险管理的含义，要把握如下一些要点：

（1）风险管理的对象是风险。

（2）风险管理的主体可以是任何组织和个人。

（3）风险管理的内涵包括风险识别、风险估测、风险评价、选择风险管理技术和评估风险管理效果等。

（4）风险管理的基本目标是以最小的成本获得最大的安全保障。

（5）风险管理，当今已经成为一个独立的管理系统，并成为一门新兴的学科。

（6）风险管理的类别主要分为两类：

① 经营管理型风险管理：主要研究政治、经济、社会变革等所有企业面临的风险的管理。

② 保险型风险管理：主要以可保风险作为风险管理的对象，将保险管理放在核心地位，将安全管理作为补充手段。

（7）风险管理的研究方法主要有定性分析方法和定量分析方法。

定性分析方法是通过对风险进行调查研究，做出逻辑判断的过程。定量分析方法一般采用系统论方法，将若干相互作用、相互依赖的风险因素组成一个系统，抽象成理论模型，运用概率论和数理统计等数学工具定量计算出最优的风险管理方案的方法。

**192. 什么是数字货币？**

答：数字货币是电子货币形式的替代货币。可用于真实的商品和服务交易的电子货币与虚拟货币，统称为数字货币。根据欧洲中央银行的定义，虚拟货币是非央行、信用机构、电子货币机构发行的，在某些情况下可以作为货币替代物的价值的数字表现。

（1）数字货币的主要特征

① 数字货币具有网络数据包的特征。

这类数据包由数据码和标识码组成，数据码就是我们需要传送的内容，而标识码则指明了该数据包从哪里来，要到哪里去等属性。

基于数字货币的特性，数字货币带给央行的直接好处不仅是节约纸币发行、流通、结算成本，还增强了央行对于资金的掌控能力。

数字货币是一种价值的数据表现形式，通过数据交易并发挥交易媒介、记账单位及价值存储的功能，但它并不是任何国家和地区的法定货币。它产生于互联网中，并在网络社会中完全或部分的充当一般等价物的角色，而且更多的时候被定位成一种投资理财的产品。

中国数字货币是以现实人民币为基础的，不是凭空制造的一种货币，两者只是存在形式上的不同，前者是电子数据，后者是人民币纸钞。

② 在支付结算方面，其不依赖机构，是一个公开可查的，由整个分布式网络维护的数字总账，称之为"区块链"。

③ 在发行和生产方面，本质就是在一个相互验证的公开记账系统上记账，在一定算法的模式下，找出符合条件的一串随机代码，然后将这串代码同其他交易信息打包成一个区块，记录在这个账本里，这样就获得了一定数量的数字货币。

④ 无国界性，使其在全球范围内流动。虚拟世界与现实世界相对应，通过数字货币与

传统货币的兑换关系发生联系，在一定条件下，特定的数字货币可以购买实物商品，传统货币也能购买特定的虚拟商品。

⑤ 其分布式总账系统理论上可以让任何参与者都无法伪造数字货币，减少交易风险。

⑥ 数字货币的较低交易成本会促使银行等金融机构提升服务水平，降低交易费用。

⑦ 数字货币与移动金融商业模式，能够促进普惠金融发展。

（2）数字货币的用途

① 央行发行的数字货币。

央行发行的数字货币是真正的货币，是货币数字化的形式。央行的数字货币是有"中心化"的，价格会由国家来控制。老百姓能像纸币一样使用数字货币来进行买卖交易，这一切的买卖交易都是在互联网上完成的，因此数字货币的使用会比纸币更加方便，更加安全，来源更加透明。

② 市面上的数字货币。

从2008年的比特币到现在各式各样的数字货币来看，市面上的这些数字货币虽然不是真正的货币，但是他们都有一定的流通性和可交易性。尤其是比特币。比特币是以"去中心化"的形式存在，流通于世界各国国家，几乎在每个交易平台都能见到比特币的存在。

**193. 什么是第三方支付？**

答：第三方支付（Third-Party Payment）狭义上是指具备一定实力和信誉保障的非银行机构，借助通信、计算机和信息安全技术，采用与各大银行签约的方式，在用户与银行支付结算系统间建立连接的电子支付模式。

根据中央银行2010年在《非金融机构支付服务管理办法》中给出的非金融机构支付服务的定义，从广义上讲，第三方支付是指非金融机构作为收、付款人的支付中介所提供的网络支付、预付卡、银行卡收单以及中国人民银行确定的其他支付服务。

当前，第三方支付已不仅仅局限于最初的互联网支付，而是成为线上线下全面覆盖，应用场景更为丰富的综合支付工具。

**194. 什么是利率？**

答：利率亦称利息率，是指一定时期内利息额与本金额的比率。利率是计算利息额的依据，是调解经济发展的重要杠杆，其高低对资金借出者来说，意味着收益的多少，对资金使用者来说，则意味着成本的高低。利率一般有年利率、月利率和日利率三种表现形式。年利率按本金的百分之几表示，在中国称为"分"；月利率按本金的千分之几表示，在中国称为"厘"；日利率按本金的万分之几表示，在中国称为"毫"。利率公式为：利率＝利息额/本金额。

**195. 什么是浮动利率？**

答：银行等金融机构规定的以基准利率为中心在一定幅度内上下浮动的利率。它有利率上浮和利率下浮两种情况。高于基准利率而低于最高幅度（含最高幅度）为利率上浮，低于基准利率而高于最低幅度（含最低幅度）为利率下浮。在中国，中国人民银行授权某一级行、处或专业银行在法定利率水平上和规定的幅度内根据不同情况上下浮动，以充分发挥利率的调节作用，并与"区别对待，择优扶持"的信贷原则结合起来考虑。浮动利率已成为中国利率体系的重要组成部分。

**196. 什么是保理业务？**

答：保理业务这个词不是新发明的词，但是却在互联网金融兴起之后被媒体广为传播。

其通俗地讲就是企业把赊销出去的货物的应收账款有条件地转给银行，银行为企业提供资金，并负责管理、催收应收款和坏账担保，企业可借此及时回收账款、加快资金流转。P2P、供应链金融等这些子领域几乎每天都会接触保理业务。

**197. 什么是反向保理业务？**

答：反向保理是指保理商所买断的应收账款的对家是一些资信水平很高的买家。这样，银行只需要评估买家的信用风险，就可以开展保理，而授信的回收资金流也直接来自买家。

开展反向保理业务的目的旨在构筑大买家和小供应商之间的低交易成本和高流动性的交易链，使融资困难的小供应商得以凭借它们对大买家的应收账款进行流动资金融资，并且通过让大买家的低信用风险替代小供应商的高信用风险，从而降低小供应商的融资成本。

目前，国内金融业这项业务还没有广泛地开展起来。我们期待随着电子金融的创新发展，这种适合跨境电子商务企业需求的反向保理业务，能更快地、在更大范围进行创新探索。

**198. 什么是流动性风险？**

答：在事前管理失效的时候，往往会发生流动性风险。流动性风险（FDI）指金融机构没有足够的流动性资金来及时支付流动性负债，乃至引发挤兑风潮的危险。其原因可以是金融机构的资产和负债的期限搭配不当，把大量短期资金来源进行长期资金运用，又没有足够的支付准备，造成资金周转不灵。也可以是因为出现资产损失又无力弥补，失去了支付流动性负债的能力。流动性风险的危害性极大，严重时甚至会置金融机构于死地。

**199. 什么是金融风险预警系统？**

答：金融风险预警系统是金融监管机构为了更好地对金融经营机构实施有效监控，对其可能发生的金融风险进行预警、预报所建立的早期预警系统。该系统通过设置的一系列监测比率和比率的"通常界限"，对金融经营机构的经营状况进行监测。早期预警系统可通过对金融经营机构的主要业务经营比率和比率的"通常界限"加以仔细分析，对接近比率"通常界限"的金融经营机构及时预警并进行必要的干预。这种早期预警系统属于事前监管，而互联网金融行业是最需要事前监管的，因为一旦发生不和谐事件，事后往往很难弥补。

**200. 什么是全面风险管理？**

答：全面风险管理理念侧重通过公司治理、内部控制等制度设计，降低信息不对称的程度，从而降低道德风险，并保证组合风险管理和交易风险管理的有效性。国际先进银行的风险管理，经历了从传统的交易风险管理阶段到组合风险管理阶段再到全面风险管理阶段。当然，金融行业从传统金融行业慢慢向互联网金融过渡，"风险管理"也随之进化，但是现在互联网金融的风险管理系统需要进行功能完善和能力提升。

## （七）250个跨境电子商务新名词解释之七
### ——有关保税物流中心的名词解释（201～220）

**201. 保税物流中心分为哪几种类型？**

答：保税物流中心的分类方法有多种，在此介绍。

以按照海关的监管要求进行分类的方法，按照此分类方法，保税物流中心一般分为A型和B型。

（1）保税物流中心（A型）。

它是指经海关批准，由中国境内企业法人经营、专门人事保税仓储物流业务的海关监管场所。

保税物流中心（A型）按照服务范围的不同，又可以分为两种：公用型物流中心和自用型物流中心。

① 公用型物流中心指由专门从事仓储物流业的中国境内企业法人经营，向社区提供保税仓储物流综合服务的海关监管场所。

② 自用型物流中心指由中国境内法人经营，仅向本企业或者本企业承包集团内部成员提供保税仓储物流服务的海关监管场所。

（2）保税物流中心（B型）。

它指经海关批准，由中国境内一家企业法人经营，多家企业进入并从事保税仓储物流业务的海关集中监管场所。

**202. 保税物流中心（A型）和保税物流中心（B型）的主要区别是什么？**

答：保税物流中心（A型）和保税物流中心（B型）的主要区别有五个方面。

（1）从物流中心的主体构成上看：

保税物流中心（A型），是经海关批准，由一家企业法人设立并经营的、从事保税物流服务的海关监管场所。

保税物流中心（B型），是经海关批准，由多家保税物流企业，在空间上集中布局，保税物流业务的海关监管场所。

（2）从审批和验收程序上看：

保税物流中心（A型），应由企业申请，经直属海关审批并由直属海关会同省级国税、外汇部门验收。

保税物流中心（B型），由直属海关受理审核后报海关总署审批，并由海关总署国家税务总局和国家外汇管理局等部门组成联合验收小组进行验收。

（3）从企业申办的资格条件上看：

保税物流中心（A型），因主要针对大型生产型的跨国公司和大型物流企业，因而对申请设立物流中心企业的资格要求较高。

保税物流中心（B型）经批准设立后，对企业的入驻资格要求较低。

（4）从保税物流中心出口货物的管理上看：

无论是保税物流中心（A型），还是保税物流中心（B型），保税存储货物范围、辐射范围基本相同。可以面向境内外两个市场，进行采购分拨、配送，但在货物存储期限上是不一样的。

保税物流中心（A型）的货物存储期限为1年，而保税物流中心（B型）的货物存储期限为2年，且特殊情况可予延期。

（5）从保税物品在库加工的要求看：

保税物流中心（A型），通常是可对来料进行流通性的简易加工，则保税物流中心（B型），则设有对货物进行深入加工的保税仓库，进行深加工。

**203. 目前国内有多少保税物流中心（B型）？**

答：目前国内的保税物流中心（B型）有29个，具体如下：

（1）苏州高新保税物流中心。

（2）南京龙潭保税物流中心。

（3）北京空港保税物流中心。

（4）天津经济技术开发区保税物流中心。

（5）上海西北物流园区保税物流中心。

（6）东莞保税物流中心。

（7）中山保税物流中心。

（8）广州空港保税物流中心。

（9）江阴保税物流中心。

（10）太仓保税物流中心。

（11）杭州保税物流中心。

（12）青岛保税物流中心。

（13）日照保税物流中心。

（14）厦门火炬（翔安）保税物流中心。

（15）营口港保税物流中心。

（16）西安保税物流中心。

（17）成都保税物流中心。

（18）长沙金霞保税物流中心。

（19）南昌保税物流中心。

（20）山西方略保税物流中心。

（21）武汉东西湖保税物流中心。

（22）南宁保税物流中心。

（23）沈阳保税物流中心。

（24）宁波栎社保税物流中心。

（25）连云港保税物流中心。

（26）深圳机场保税物流中心。

（27）丹东SK保税物流中心。

（28）北京亦庄保税物流中心。

（29）河南保税物流中心。

**204.什么是流通性加工？什么是生产性加工？**

答：流通性加工，就是为了使产品在流通市场更方便的流通，所做的加工，比如说，给散装的物品加个包装，使之销售起来更方便。

生产性加工，是指改变了货物的物理属性，比如说，把初级材料毛线加工成了制成品毛衣。

**205.保税物流中心可以存入什么样的货物？**

答：保税物流中心可以存入以下八种货物：

（1）国内出口货物。

（2）转口货物和国际中转货物。

（3）外商暂存货物。

（4）加工贸易进出口货物。

（5）供应国际航行船舶和航空器的物料、维修用零部件。

（6）供维修外国产品所进口寄售的零配件。

（7）未办结海关手续的一般贸易进口货物。

（8）经海关批准的其他未办结海关手续的货物。

**206.申请保税物流中心（A型）的经营企业应具备哪些条件？**

答：（1）经工商行政管理部门注册登记，具有独立的企业法人资格。

（2）注册资本不低于3 000万元人民币。

（3）具备向海关缴纳税款和履行其他法律义务的能力。

（4）具有专门存储货物的营业场所，拥有营业场所的土地使用权。租赁他人土地、场所经营的，租期不得少于3年。

（5）经营特殊许可商品存储的，应当持有规定的特殊经营许可批件。

（6）经营自用型物流中心的企业，年进出口金额（含深加工结转）东部地区不低于2亿美元，中西部地区不低于5 000万美元。

（7）具有符合海关监管要求的管理制度和符合会计法规定的会计制度。

**207. 申请设立保税物流中心应当具备哪些条件？**

（1）符合海关对保税物流中心的监管规划建设要求。

（2）公用型物流中心的仓储面积，东部地区不低于20 000平方米，中西部地区不低于5 000平方米。

（3）自用型物流中心的仓储面积（含堆场），东部地区不低于4 000平方米，中西部地区不低于2 000平方米。

（4）建立符合海关监管要求的计算机管理系统，提供供海关查阅数据的终端设备，并按照海关规定的认证方式和数据标准，通过"电子口岸"平台与海关联网，以便海关在统一平台上与国税、外汇管理等部门实现数据交换及信息共享。

（5）设置符合海关监管要求的安全隔离设施、视频监控系统等监管、办公设施。

（6）符合国家土地管理、规划、消防、安全、质检、环保等方面的法律、行政法规、规章及有关规定。

**208. 申请设立保税物流中心的企业，应当向直属海关提出书面申请，并递交哪些加盖企业印章的材料？**

答：主要有以下11项需要加盖印章的材料。具体如下：

（1）申请书。

（2）市级（设区的市）人民政府意见书（附可行性研究报告）。

（3）企业章程复印件。

（4）企业法人营业执照复印件。

（5）法定代表人的身份证明复印件。

（6）税务登记证复印件。

（7）开户银行证明复印件。

（8）会计师事务所出具的验资报告等资信证明文件。

（9）物流中心内部管理制度。

（10）选址符合土地利用总体规划的证明文件及地理位置图、平面规划图。

（11）报关单位报关注册登记证书复印件。

**209. 设立保税物流中心（A型），向哪里提出申请？由哪个部门审批？**

答：申请设立保税物流中心（A型）的，需由直管海关受理，需要报海关总署审批。

**210. 企业申请建立保税物流中心（A型）由谁验收？**

答：企业自海关总署出具批准其筹建物流中心文件之日起1年内向直属海关申请验收，由直属海关会同省级税务、外汇管理等部门进行审核验收。

物流中心验收合格后，由海关总署向企业核发《保税物流中心（A型）验收合格证书》

和《保税物流中心（A 型）注册登记证书》，颁发保税物流中心（A 型）标牌。物流中心在验收合格后方可以开展有关业务。

获准设立物流中心的企业确有正当理由未按时申请验收的，经直属海关同意可以延期验收，但延期不得超过 6 个月。如果有特殊情况需要二次延期的，报海关总署批准。

获准设立物流中心的企业无正当理由逾期未申请验收或者验收不合格的，视同其撤回设立物流中心的申请。

**211. 什么是保税物流中心（B 型）？**

答：保税物流中心（B 型）是指经海关批准，由中国境内一家企业法人经营，多家企业进入并从事保税仓储物流业务的海关集中监管场所。

**212. 保税物流中心（B 型）可以存入哪些货物？**

答：保税物流中心（B 型）可以存入以下八种货物：

（1）国内出口货物。

（2）转口货物和国际中转货物。

（3）外商暂存货物。

（4）加工贸易进出口货物。

（5）供应国际航行船舶和航空器的物料、维修用零部件。

（6）供维修外国产品所进口寄售的零配件。

（7）未办结海关手续的一般贸易进口货物。

（8）经海关批准的其他未办结海关手续的货物。

**213. 保税物流中心（B 型）经营企业可以开展哪些业务？**

答：保税物流中心（B 型）经营企业可以开展以下业务。

（1）保税存储进出口货物及其他未办结海关手续货物。

（2）对所存货物开展流通性简单加工和增值服务。

（3）全球采购和国际分拨、配送。

（4）转口贸易和国际中转业务。

（5）经海关批准的其他国际物流业务。

**214. 设立保税物流中心（B 型）应当具备哪些条件？**

答：设立保税物流中心（B 型），应具备如下条件：

（1）仓储面积，东部地区不低于 10 万平方米，中西部地区不低于 5 万平方米。

（2）符合海关对物流中心的监管规划建设要求。

（3）选址在靠近海港、空港、陆路交通枢纽及内陆国际物流需求量较大，交通便利，设有海关机构且便于海关集中监管的地方。

（4）经省级人民政府确认，符合地方经济发展总体布局，满足加工贸易发展对保税物流的需求。

（5）建立符合海关监管要求的计算机管理系统，提供供海关查阅数据的终端设备，并按照海关规定的认证方式和数据标准，通过"电子口岸"平台与海关联网，以便海关在统一平台上与国税、外汇管理等部门实现数据交换及信息共享。

（6）设置符合海关监管要求的安全隔离设施、视频监控系统等监管、办公设施。

**215. 设立保税物流中心（B 型）经营企业应当具备哪些条件？**

答：需要具备以下四个条件：

（1）经工商行政管理部门注册登记，具有独立企业法人资格。

（2）注册资本不低于 5 000 万人民币。

（3）具备对中心内企业进行日常管理的能力。

（4）具备协助海关对进出物流中心的货物和中心内企业的经营行为实施监管的能力。

**216. 申请设立保税物流中心（B型）的企业应当向直属海关提出书面申请，并递交哪些加盖企业印章的材料？**

答：需要如下 8 份材料：

（1）申请书。

（2）省级人民政府意见书（附可行性研究报告）。

（3）企业章程复印件。

（4）企业法人营业执照复印件。

（5）法定代表人的身份证明复印件。

（6）税务登记证复印件。

（7）会计师事务所出具的验资报告等资信证明文件。

（8）物流中心所用土地使用权的合法证明及地理位置图、平面规划图。

**217. 申请设立保税物流中心（B型）的由哪级海关受理和审批？**

答：申请设立保税物流中心（B型）的，由直属海关受理，报海关总署审批。

**218. 申请设立保税物流中心（B型）的什么时候申请验收？如何验收？**

答：企业申请设立保税物流中心（B型）的，应自海关总署出具批准其筹建物流中心文件之日起 1 年内，向海关总署申请验收，由海关总署会同国家税务总局、国家外汇管理总局等部门或者委托被授权的机构按照本办法的规定进行审核验收。

保税物流中心验收合格后，由海关总署向保税物流中心经营企业核发《保税物流中心（B型）验收合格证书》（样式见图 A-13）和《保税物流中心（B型）注册登记证书》，并颁发标牌。

保税物流中心在验收合格后方可以开展有关业务。

获准设立保税物流中心的企业确有正当理由未按时申请验收的，经海关总署同意可以延期验收。

获准设立保税物流中心的企业无正当理由逾期未申请验收或者验收不合格的，视同其撤回设立保税物流中心的申请。

**219. 在保税物流中心内设立企业需要什么条件？**

答：在保税物流中心内设立企业需要如下条件：

（1）具有独立的法人资格或者特殊情况下的中心外企业的分支机构。

（2）具有独立法人资格的企业注册资本最低限额为 500 万元人民币；属企业分支机构的，该企业注册资本不低于 1 000 万人民币。

（3）具备向海关缴纳税款和履行其他法律义务的能力。

（4）建立符合海关监管要求的计算机管理系统并与海关联网。

（5）在物流中心内有专门存储海关监管货物的场所。

**220. 申请设立保税物流中心（B型）需注意哪些问题？**

答：需要注意以下几个问题。

（1）申请时间和审核部门。企业自海关总署出具批准其筹建物流中心文件之日起 1 年内向海关总署申请验收，由海关总署会同国家税务总局、国家外汇管理局等部门或者委托被授权的机构进行审核验收。

中　华　人　民　共　和　国　海　关

保税物流中心（B型）验收合格证书

海关编号：（..）中心B验字第　　号

_____：

　　你单位于___年_月_日申请验收_____保税物流中心（B型），根据《中华人民共和国海关法》和《中华人民共和国海关对保税物流中心（B型）的暂行管理办法》的规定，经验收合格，准予开展保税物流中心（B型）业务。

　　此证。

中华人民共和国海关总署（印章）

___年___月___日

（证书样式说明：框边外白底，框边红色，框内黄底黑字。证书外套为墨绿色封皮，证书名称为金字，尺寸37.65cm×25.8cm）

图 A-13　保税物流中心（B型）验收合格证书

（2）开展业务前要获取的证书。物流中心验收合格后，由海关总署向物流中心经营企业核发《保税物流中心（B型）验收合格证书》和《保税物流中心（B型）注册登记证书》，颁发标牌。物流中心在验收合格后方可以开展有关业务。

（3）延期申请时间。获准设立物流中心的企业确有正当理由未按时申请验收的，经直属海关同意可以延期验收，但延期不得超过6个月。如果有特殊情况需要二次延期的，报海关总署批准。获准设立物流中心的企业，无正当理由逾期未申请验收或者验收不合格的，视同其撤回设立物流中心的申请。

## （八）250个跨境电子商务新名词解释之八
### ——有关保税仓、边境仓和海外仓的名词解释（221～235）

**221. 什么是保税仓？**

答：保税仓即保税仓库是指经海关核准的专门存放保税货物的专用仓库。根据国际上通行的保税制度要求，进境存入保税仓库的货物可暂时免纳进口税款，免领进口许可证件（能制造化学武器的和易制毒化学品的除外），在海关规定的存储期内复运出境或办理正式进口手续。

**222. 我国的保税仓主要有几种类型？**

答：我国的保税仓主要有三种类型：

（1）转口贸易保税仓。

转口贸易项下的进出口货物可以免征进出口关税和其他税收，如果需要改变包装、加刷唛码，必须在海关监管下进行。

（2）加工贸易备料保税仓。

来料加工、进料加工项下存入保税仓的免税进口的备用物料，经过海关核准之后提取加工复出口的，海关将根据实际出口数量征收或者免征原进口物料的关税。

（3）寄售维修保税仓。

为引进先进技术设备提供售后服务进口的维修零备件，可以免办纳税进口手续存入保税仓。在保税仓内储存保税货物一般以1年为限。如果有特殊情况，经过海关核准，可以适当延长。

**223. 怎样申请经营保税仓？**

答：申请经营保税仓，应当凭工商行政管理部门颁发的营业执照和经贸主管部门的批件，向当地海关提出申请。经过海关审查，符合有关规定和条件的，才准予经营保税业务。

具体办理时，需交验以下材料：

（1）书面申请报告。

（2）工商营业执照副本，如系租赁仓库，还应提供租赁仓库的工商营业执照副本。

（3）税务登记证明副本。

（4）有关主管部门批准经营有关业务的批件。

（5）企业可行性研究报告、章程或协议。

（6）保税仓管理制度。

（7）海关需要的其他有关资料：如租赁仓库的租赁协议、仓库位置平面图、自理或代理报关注册登记证书副本等。

主管海关办事机构在接到相关申请以后，要派员审核申请资料，并派员实地勘察企业管理、仓库情况、账册设置等具体情况，均符合条件的，按分级审批程序，最终上报海关总署审批或备案。

审批通过的，海关颁发《保税仓库登记证书》和保税仓库标牌。

**224. 什么是边境仓？**

答：边境仓是依托边境口岸和跨境物流通道，针对跨境电子商务需求建立的，具有多种服务功能的仓储配送系统。

**225. 跨境电子商务企业建立边境仓有什么作用？**

答：边境仓的性质和作用与海外仓接近，卖家的货物存在边境仓内，接到客户订单后，货物从边境仓出关，用邮政清关，依托买家境内的物流公司进行配送。

由于边境仓设在国内，租地成本、人员运营成本都相对较低，人文环境相对宽松，有利于降低跨境物流的运营成本，提高跨境物流运营效能。

**226. 什么是海外仓？海外仓有哪三大优点？**

答：海外仓是指企业按照一般贸易方式，将商品批量出口到境外仓库，待拿到订单后，再将商品直接由海外仓送达境外的客户及消费者手中，这样可以极大地提升跨境物流的运输效能，使海外客户获得很好的购物体验。

海外仓有三大优点，分别是：

（1）海外仓能提供更好的跨境购物体验。3～5天收到和30～60天收到网购货物给客户的体验简直是天壤之别。据2015年对某服装电商拒收原因的统计：物流时间太长是排在尺码不合适之后的第二大拒收因素，占整体拒收原因的34%。

（2）能提高电商毛利，这个很好理解。若只能在平台上卖平均单价不超过18美元包邮的产品，毛利必然越来越低。差异化是战略选择，也是提高毛利的现实选择。

（3）能提高企业资金周转率。海外仓虽然需要增加一定的库存压力，但实际上由于缩短了送货时间，减少了纠纷，减少了拒收，缩短了收款时间，整体上资金周转率还是提高了。

**227. 海外仓跟边境仓有哪些区别？**

答：边境仓在边境，海外仓在境外；一般情况而言，边境仓的运营成本较低，而海外仓的运营成本较高；边境仓的风险较为可控，而海外仓的运营风险较难掌控。边境仓的积压货物在国内，便于处理，而海外仓的积压货物在国外，处理成本往往很高。

**228. 什么是保税商店？**

答：保税商店的商品要全程受到海关的监督，所购的商品也需要缴税，但缴纳的是行邮税。当单笔订单税额不超过 50 元时，免征税；超过，要按照海关规定缴税。

购买的商品税额超过了 50 元的话，还需要到线上完成交易流程。其程序为：先用身份证和电话在线上注册，下单支付完成后，还要填写购物清单，向海关系统进行申报，也就是说，需要再走一个完整的购物程序，才能现场提货。

**229. 国内最大的保税展示中心在哪？**

答：一座总建筑面积 26.6 万平方米的大型国际名品城——进口商品保税展示交易中心主展区 2015 年在济南建成，并投入使用，不管是商品的种类还是档次都有大的拓展。

该中心建成后，不仅规模居 21 个国家级综合保税区之首，也是除上海自贸区之外首个集保税、展示、交易三大功能于一体的进口商品综合平台。中心经营门类非常齐全，涵盖日用品、食品、工业机械、农林产品、大宗货物交易等，将探索实体店和电子商务相结合的运营模式。主展区内两座各 4 万平方米的主展馆将分门类不定期举办各种展览活动，四周环绕多个个性馆、精品馆，以展示交易为主。

该中心还配备保税仓库、冷鲜存储仓库等配套设施。山东中西部首个国际艺术品保税展示中心也将开建。主展区地标建筑保税大厦以企业总部办公、电子商务平台为主。

**230. 我国目前各地有哪些保税商店？**

答：我国目前各地的保税商店已经有很多。现将一些大城市开办的保税商店和保税商品营销中心做个简单介绍。

（1）海南

① 海口美兰机场免税店。

② 海口三亚免税店。

（2）广州：广州珠江新城首家跨境直购体验店。2015 年 1 月 23 日广州珠江新城首家跨境直购体验店正式营业。据介绍，体验店采取"商品整批入区、B2C 缴交行邮税出区"的方式，所以价格合适，多数商品价格比市场价便宜 3～6 成。因此，开业当天人山人海。

（3）上海

① 浦东保税商店。

② 上海保税商店。

③ 上海自贸区保税商店。

（4）北京：北京亦庄"ET 保税"品牌示范店。于 2016 年 3 月 30 日正式对外营业，1 000 平方米的店铺里，标着英语、德语、韩语等文字的食品、酒水、咖啡、粮油等产品在一排排货架上整齐地排列着，很受网购一族的欢迎。

据了解，"ET 保税"直购店内所选商品均可现场直接购买取走，实现"所见即所得"，且店内所有消费品均已办结海关、国检手续，品质得到保障。

店铺内所售商品以进口快消品为主，分为食品、饮料、酒水、粮油、母婴用品等。目前，来自德国、韩国、美国等 40 多个国家与地区的千种优质商品已经上架。由于商品省去了代理、代购层层加价的环节，店铺内大部分商品的零售价能优惠约 10%～30%。同时，店内开通了微信支付功能，消费者购买商品，十分便利。

对企业而言，在进口商品传统的完税销售模式下，进口商品是先清关完税后再进行销售。如果销售不畅就会成为存货，给企业造成损失。"ET 保税"直购店依托现有的亦庄保税物流中心的优势进行货物仓储，根据需要采用分批出库、集中报关的方式按月度完税，则大大降低了企业销售的成本和风险。

（5）天津：天津最大保税直销店欧贸中心于 2015 年 12 月 28 日开业，价格挑战海淘。

欧贸中心是目前为止中国北方最大的保税商品交易中心，坐拥天津跨境电子商务试点城市政策优势，兼具线上展示与线下体验的跨境实体功能。

益思乐保税商品直销中心、蜗牛德国体验馆、美市库保税商品中心、中邮优选韩国馆、易派克时尚品牌集合店等特色场馆，集中落户欧贸中心。

在 4 万余平方米的商业空间中，近百个品类的进口母婴产品、食品、家居用品、日化用品、时尚品牌服饰，近百个国际知名品牌如普兰达、万宝龙、葆蝶家、古驰等汇聚于此，很受天津市民欢迎。

（6）湖南：湖南长沙金霞保税店于 2015 年 11 月开业，3 万种全球商品超值购。首日来店体验人数超过两万人。未来保税店将形成湖南乃至中部地区颇具影响力的进出口商品集散中心，在轻松实现"买全球"的同时，更将实现"卖全球"。

在金霞保税店，还开了一家湖南出口馆（湖南名优特商品展示交易中心）。这个特别的展馆里，展示着来自湖南 14 个地州市的"湘字品牌"。

（7）武汉

① 武汉经发保税商品交易中心。

② 分店 1 光谷保税展示交易中心。

③ 分店 2 东湖综合保税区 ice（常青店）。

④ 分店 3 东湖综合保税区（金桥店）。

⑤ 分店 4 东湖综合保税区 ice（奥山店）。

⑥ 爱保税进口商品交易中心。

a. 分店 1 爱保税进口商品交易中心（泛海店）。

b. 分店 2 爱保税进口商品交易中心（中南店）。

（8）南京

① 南京最大进口商品保税店于 2016 年 7 月 11 日开业。

② 江宁保税区直营店。

③ 上海外高桥进口商品直销中心。

（9）济南：位于济南综合保税区老卡口的济南综合保税区进口商品保税展示中心，于 2015 年 6 月 1 日起试营业，那时跨境易购网站同时起步，大量"免税"商品与市民见面，市民能买到更多更便宜的洋品牌商品。

（10）宁波：宁波保税区进口商品直销中心旗舰店于 2016 年 6 月 8 日开业。

（11）青岛：中国·青岛保税港区国际商品直营中心。

（12）大连：大连保税商店。

（13）重庆：重庆保税商店。

（14）无锡：无锡保税商店。

（15）郑州：郑州保税商店。

（16）福州：马尾保税区免税商店。

（17）河北：曹妃甸保税区商店。

**231. 保税店和免税店有什么区别？**

答：下面对保税店和免税店分别介绍。

（1）保税店

① 保税店是保税仓功能的延伸，相当于把保税仓的货物放到店里展示，而保税仓内的货物未交税不能随便拿出仓外。因此保税店可以开在国内任何地方，从严格意义上来说应该称作保税体验店。

② 在保税体验店可以体验各类保税商品实物样板，看上哪个保税品，直接通过手机 APP 扫码下单就可以了，保税仓就会直接发货邮寄到消费者手中，而展示的体验品是不能直接付款拿走的。

③ 保税店的商品全程受到海关的监督，东西也需要缴税，缴纳的是行邮税。购买的东西税额超过了 50 元的话，需要在线上进行。先用身份证注册，下单支付完成后还要填写购物清单，然后向海关系统进行申报，再走一个物流程序，才能现场提货，整个结算流程要超过 10 分钟，操作较烦琐。

（2）免税店

① 免税店是指经海关总署批准，由经营单位在国务院或其授权部门批准的地点设立符合海关监管要求的销售场所或免税仓库，向规定的对象销售、供应免税品的商店。免税商店通常设置在国际机场、国际港口以及邮轮内，鲜少设置于公路或火车站旁。

② 目前，我国境内的免税店主要有口岸免税店、运输工具免税店、市内免税店、外交人员免税店、供船免税店及我国出国人员外汇免税店。

③ 免税店供应对象主要有因公出国人员、远洋海员、华侨、外籍华人、港澳台同胞、出国探亲的中国公民及在国内的外国专家等。

④ 免税店的特点是免税，特别是奢侈品免税，价格比市面上便宜很多。

⑤ 免税店经营的免税品品种，应由经营单位统一报经海关总署批准。免税店销售的免税进口烟草制品和酒精饮料内、外包装的显著位置上均加印"中国关税未付"的中、英文字样。

**232. 当前，为满足国内消费需求，丰富国内消费者购物选择，我国有关进口免税店新政的内容又有哪些规定？**

答：为满足国内消费需求，丰富国内消费者购物选择，方便国内消费者在境内购买境外产品，决定增设和恢复口岸进境免税店，合理扩大免税品种，增加一定数量的免税购物额。进口免税店新政的内容具体如下。

（1）口岸进境免税店。

口岸进境免税店是设立在对外开放的机场、陆路和水运口岸隔离区域，按规定对进境旅客免进口税购物的经营场所。国家对口岸进境免税店实行特许经营。

（2）销售对象及条件。

口岸进境免税店的适用对象是尚未办理海关进境手续的旅客。在口岸进境免税店购物必须同时符合以下条件：

① 进境旅客持进出境有效证件和搭乘公共运输交通工具的凭证购买；未搭乘公共运输交通工具的，进境旅客持进出境有效证件购买。

② 进出境有效证件指护照、往来港澳通行证或往来台湾通行证。

③ 购物应按规定取得购物凭证。

④ 免税税种有关税、进口环节增值税和消费税。

⑤ 免税商品以便于携带的个人消费品为主，具体商品品类和限购数量见有关规定。

（3）免税购物金额。

在维持居民旅客进境物品5 000元人民币免税限额不变基础上，允许其在口岸进境免税店增加一定数量的免税购物额，连同境外免税购物额总计不超过8 000元人民币。

（4）购物流程。

进境旅客在口岸进境免税店购物后，由本人随身携带入境。在同一口岸既有出境免税店又有进境免税店，进境旅客在出境免税店预订寄存后，在进境时付款提取的，视为在口岸进境免税店购物。

### 233. 正规的保税仓出货，较于普通仓库而言有什么不同？

答：正规的保税仓出货，较于普通仓库而言，流程相对较复杂一些，这也是为了保证发出的商品的品质更好。与普通仓库不同的是，保税区在周末和国家规定的法定节假日是不出货的。比如说元旦，国家规定1～3号为法定节假日，若客户在此期间，在美悦优选商城上下单，海关不予审核是不能出货的，这是因为美悦优选商城仓储于广州保税区的进口品牌商品24小时处于海关和商检特殊监管状态。

### 234. 如何区分保税商品、完税商品和直邮商品？

答：保税商品指海外进口商品，未缴纳税费，产品页的价格显示税费计算。

直邮商品指海外直邮商品，产品页图片标记"直邮"，无现货，当客户下单后，商品直接从海外直邮到国内，再寄达至客户手中，需要10～20个工作日。

完税商品指海外进口商品，已经缴纳税费，产品页图片标记"已完税不限购"，购物无须再额外缴纳税费，订单金额不受限制。

### 235. 网购保税商品能退换货吗？直邮商品退换货有什么政策规定？

答：（1）保税商品的退换货规定。

保税商品一经售出，非质量问题不予退货，因质量问题的退货请保持商品及相关配件购货时开具的完整单据。

但是，从国内网购的保税商品，也有的电子商务平台实行退货政策，如从美悦优选购买的保税商品，自收货日起，实行7天内质量问题退货政策。

需要注意的是：

① 保税商品直接对接海关系统，订单付款成功后，即提交海关进行备案审核，此时无法将客户的订单取消。

② 保税商品的个人购买信息直接提交到海关系统进行备案，遇质量问题，仅支持退货退款，不能换货。

（2）直邮商品的退换货规定。

由于海外直邮购物的特殊性，退换货需要从国内退回海外的品牌商，过程中会产生高额费用，因此非质量问题，直邮商品不接受退换货。

如果有质量问题，需在收到产品的七天之内提出退换货申请。因质量问题造成的退换货费用，由卖家承担。

需要注意的是：

① 直邮商品订单付款成功后，订单信息将提交到海关系统及海外品牌商，订单无法再进行修改或取消。

② 海外直邮的购物周期为 10～15 个工作日，遇周末及节假日则顺延，如受海关部门特殊原因的影响，发货时效可能会有所延迟。

③ 因海外直邮厂商的政策调整，直邮订单可能会出现暂时无货的情况，届时卖家的客服会与客户联系，为客户办理退款。

由于客户主观原因（如：颜色尺码不满意/不喜欢等）需要退换货的，可与卖家协商退换，如果买卖双方一致同意退换货，在客户同意自行承担退换货时产生的国际及境内运费的前提下，卖家为客户办理退换货相关事宜。

## （九）250 个跨境电子商务新名词解释之九
### ——有关经济学名词解释（236～245）

**236. 什么是对外贸易额？什么是贸易差额？**

答：对外贸易额是指一个国家或地区在一定时期出口贸易额与进口贸易额之和。所谓贸易差额是指一个国家或地区，在一定时期（如一年内），出口额与进口额的相差数。

**237. 什么是贸易顺差？**

答：出口额大于进口额，就是贸易顺差。

**238. 什么是贸易逆差？**

答：出口额小于进口额，就是贸易逆差。

**239. 什么是贸易平衡？**

答：出口额与进口额相等，就是贸易平衡。

**240. 什么是价格消费曲线？**

答：价格消费曲线是指在一种商品的价格水平和消费者收入水平为常数的情况下，另一种商品价格变动所对应的两种商品最佳购买组合点组成的轨迹。也就是当某一种物品的价格改变时的消费组合。

**241. 什么是技术系数？**

答：技术系数即为生产一定量某种产品所需要的各种生产要素的配合比例。技术系数有可变技术系数与不变技术系数之分。

**242. 什么是破窗理论？**

答：关于破窗理论，目前有两种解释。

其一是把破窗理论，称为"破窗谬论"。

这种观点认为："破窗谬论"源于一个叫黑兹利特的学者，他在一本小册子中的一个譬喻（也有人认为这一理论是法国 19 世纪经济学家巴斯夏作为批评的靶子而总结出来的，见其著名文章是《看得见的与看不见的》）。

这位黑兹利特说："假如小孩打破了窗户，必将导致破窗人更换玻璃，这样就会使安装玻璃的人和生产玻璃的人开工，从而推动社会就业。"在这里，学者是为了说明孩童的行为与政府的行为所能产生的后果，从而彻底地否定凯恩斯主义的政府干预政策。因此，"破窗谬论"就是典型的"破坏创造财富"。把这样的理论放之于洪灾，放之于地震，放之于战争，毁灭人类的灾害和战争，岂不都变成帮助人类创造财富的好事了?! 因此，有人认为：这种观点是典型的谬论。

实践中，关于破窗理论，也还有另外一种认识。这是以美国政治学家威尔逊和犯罪学家凯琳为代表的一派。

他们从一扇窗户被打破，如果没有及时修复，将会导致更多的窗户被打破，甚至整栋楼逐渐被拆毁的观察中，总计和研究破窗理论。他们认为："破窗理论指出了环境可以对一个人产生强烈的暗示性和诱导性。"因此，他们呼吁进行环境修复和环境再造。认为人类应创造适宜人居的发展环境。

**243. 什么是绿色物流？**

答：所谓绿色物流，就是以降低对环境的污染、减少资源消耗为目标，利用先进物流技术规划和实施运输、仓储、装卸搬运、流通加工、配送、包装，以及物流包装物的回收、利用等物流活动，使物流对环境的损害降到最低。

绿色物流是近年来才被提出的新课题，对这一问题进行探讨具有重要的理论意义和实践意义。

**244. 什么是绿色包装材料？**

答：绿色包装材料是指在生产、使用、报废及回收处理再利用过程中，能节约资源和能源，废弃后能够迅速自然降解或再利用，不会破坏生态平衡，而且来源广泛、耗能低，易回收且再生循环利用率高的材料或材料制品。

因此，绿色包装材料的定义就是：我们在生产、制造、使用和回收的包装物中，对人体健康无害，对生态环境有良好保护作用和回收再用、可降解的新型包装物料。

目前人们常见的绿色包装材料大致有可降解塑料和天然生物分子材料类等。现在全球性大力研究和发展的新型绿色包装材料（可降解材料），都是针对难于处理的"白色污染"而提出的。

**245. 物流的绿色包装材料分哪几类？**

答：绿色包装材料按照环境保护要求及材料使用后的归属大致可分为三大类：

（1）可回收处理再造的材料。

这类材料包括纸张、纸板材料、模塑纸浆材料、金属材料、玻璃材料，通常的线型高分子材料（塑料、纤维），也包括可降解的高分子材料，如光降解、生物降解、氧降解、光/氧降解、水降解的高分子材料及生物合成材料。

（2）可自然风化回归自然的材料。

这类材料如纸张、纸板、模塑纸浆材料及草填充、麦秆填充、贝壳填充、天然纤维填充材料等。

（3）可食性材料，即准绿色包装材料。

可食性材料指那些即可回收焚烧，不污染大气，且可能再生的材料。包括部分不能回收处理再造的线型高分子、网状高分子材料、部分复合型材料（塑-金属、塑-塑、塑-纸）等。可食用包装材料如豆皮包装材料、米汤汁纸包装材料等。

## （十）250个跨境电子商务新名词解释之十
### ——有关自贸区试点问题名词解释（246～250）

**246. 2016年6月我国新增10个服务外包示范城市是哪些城市？**

答：2016年6月23日中国海关总署消息称，海关总署将国际服务外包业务进口货物海关保税监管模式推广到服务贸易创新发展试点地区和10个新增服务外包示范城市，新增地区包括：海南省、威海市、贵安新区、西咸新区、沈阳市、长春市、南通市、镇江市、宁波市、福州市（含平潭综合实验区）、青岛市、郑州市、南宁市和乌鲁木齐市等 14 个省市（区域）。

为贯彻落实《国务院关于促进服务外包产业加快发展的意见》（国发〔2014〕67 号）、《国务院关于同意开展服务贸易创新发展试点的批复》（国函〔2016〕40 号）精神，海关总署决定在服务贸易创新发展试点地区和新增的服务外包示范城市推广国际服务外包业务进口货物海关保税监管模式，现将有关事项公告如下：

（1）在现有 21 个服务外包示范城市（北京、天津、上海、重庆、广州、深圳、武汉、大连、南京、成都、济南、西安、哈尔滨、杭州、合肥、长沙、南昌、苏州、大庆、无锡、厦门）的基础上，将国际服务外包业务进口货物海关保税监管模式推广到服务贸易创新发展试点地区和 10 个新增服务外包示范城市。

（2）国际服务外包业务进口货物海关保税监管模式适用企业范围为上述地区内经主管部门认定的技术先进型服务企业。

（3）国际服务外包业务进口货物海关保税监管模式的适用范围、申报规范、管理要求等，仍按照《海关总署关于全面推广实施国际服务外包业务进口货物保税监管模式的公告》（海关总署公告〔2010〕39 号）执行。

**247. 近 3 年来，自贸试验区建设取得了哪些成效?**

答：新华社北京 2016 年 8 月 31 日发表了题为《扩大自贸试验区试点范围　启动改革开放探索新航程》的记者专访。商务部部长高虎城就此问题做出了回答。

他说：“三年来，自贸试验区建设大胆探索，取得阶段性成果。”高虎城部长指出：“自贸试验区建设工作启动以来，上海、广东、天津、福建 4 个自贸试验区在投资、贸易、金融、创业创新、事中事后监管等多个方面进行了大胆探索，有效激发了市场主体活力，推动了大众创业、万众创新。”具体讲，这些成效表现在以下几个方面：

（1）以负面清单管理为核心，投资管理体制改革持续深化。

4 个自贸试验区深入试点外商投资准入前国民待遇加负面清单管理模式，持续拓展商事登记制度改革，推行企业设立“一口受理”及对外投资合作“一站式”服务。

（2）以贸易便利化为重点，贸易监管制度创新成效明显。

口岸管理部门加快实施信息互换、监管互认、执法互助，不断优化“一线放开、二线安全高效管住”监管模式，支持自贸试验区试点“进境动植物检疫审批负面清单制度”“货物状态分类监管”等举措。国际贸易“单一窗口”率先上线。各自贸试验区通关效率平均提高约 40%。

（3）以提升服务实体经济质量和水平为目标，金融开放创新举措稳步推出。

上海自贸试验区自由贸易账户试点由人民币业务拓展至外币；黄金国际板平稳运行，国际板黄金交易规模近 2 000 吨。广东、天津、福建自贸试验区试点推出公募房地产信托投资基金产品、中小微企业贷款风险补偿、“银税互动”诚信小微企业贷款免除担保等。

（4）以防控风险为底线，严密高效的事中事后监管体系初步形成。

事前诚信承诺、事中评估分类、事后联动奖惩构成了自贸试验区全链条信用监管体系。信用信息公示平台普遍建立。中央金融监管部门与 4 省市政府协作完善金融监管框架和协调机制，跨境资金流动监测等机制平稳运行，金融宏观审慎管理不断深化，未发生系统性、区域性金融风险。

（5）以鼓励创业创新为着眼点，公共服务支撑体系不断完善。

上海市将自贸试验区建设与科技创新中心建设相结合，探索完善高层次人才引进、留学生就业等制度；广东自贸试验区出台人才建设意见，推进粤港澳人才合作示范区建设；天津自贸试验区专辟"双创特区"，为创业创新企业提供"一条龙"服务；福建自贸试验区引入两岸金桥（福建）就业培训机构、福建工程学院创新创业孵化中心等"双创"服务支持机构。

以服务国家战略为根本，差别化功能举措不断推出。4 个自贸试验区各辟蹊径推动"一带一路"建设，上海自贸试验区建立亚太示范电子口岸网络；广东自贸试验区"走出去"与伊朗、马来西亚、印度尼西亚等国家自贸园区开展合作；天津自贸试验区推出"一带一路"过境货物专项便利检验检疫制度；福建自贸试验区以中欧班列（厦门）常态化运营为契机，融入"一带一路"倡议。

总体看，自贸试验区营商环境受到境内外投资者欢迎。国务院发展研究中心等第三方机构对上海自贸试验区的联合评估显示，82%的受访企业反映营商环境进步明显，95%以上的企业看好后续发展。有关问卷调查结果显示，企业对自贸试验区政府部门服务效率、企业设立便捷度、办事透明度等都打了高分。

**248. 我国新增设 7 个自贸试验区是哪几个？**

答：中国政府决定，在辽宁、浙江、河南、湖北、重庆、四川、陕西新设 7 个自由贸易试验区。中国商务部部长高虎城说，新的自贸区形成各具特色、各有侧重的试点格局。

据新华社报道，在辽宁等省市新设的 7 个自贸区，代表大陆自贸试验区建设进入试点探索的新航程。

中国商务部部长高虎城指出，新的自贸试验区进一步对接高标准国际经贸规则，在更广领域、更大范围形成各具特色、各有侧重的试点格局，推动全面深化改革扩大开放。

**249. 自贸试验区作为改革开放试验田，一直以试点经验可复制可推广为根本要求，自贸试验区在这方面取得了哪些进展？**

答：高虎城部长在答记者问中指出："边试点、边总结、边推广"是自贸试验区工作的重要原则之一。自 2013 年以来，自贸试验区不断产生可复制可推广的经验，主要通过三种方式进行复制推广。

（1）集中推广。包括：2014 年国务院印发《关于推广中国（上海）自由贸易试验区可复制改革试点经验的通知》推广了 34 项试点经验；2015 年国务院自由贸易试验区工作部际联席会议在投资、贸易、事中事后监管方面选取了 8 项制度创新性强、市场主体反映好的做法，国际贸易"单一窗口"、跨境电子商务监管新模式、政府智能化监管服务等，作为"最佳实践案例"印发供各地借鉴。

（2）各部门自行推广。各个部门对看得准、效果好的试点经验，及时在全国或部分地区复制推广。

（3）地方推广。4 省市高度重视试点经验复制推广工作，积极宣传、主动发布自贸试验区成功经验，不少地方也主动向 4 省市取经。另外，商务部又会同有关单位，总结了新一批可复制改革试点经验，履行报批程序后向全国复制推广。

需要特别提出的是，外商投资负面清单管理模式在自贸试验区的试点取得了显著成效，具备了复制推广的条件。国务院提请第十二届全国人大常委会第二十二次会议审议，修改外资三法及《台湾同胞投资保护法》有关行政审批的规定，将负面清单以外领域外商投资企业设立及变更审批调整为备案管理。本次法律修改一经审议通过，会改变自改革开放以来运行了 30 多年的外商投资"逐案审批"管理模式，是我国外商投资管理体制的一次重大变革，贯彻了"法无禁止皆可为"法治理念，将为外国投资者在华投资创造更加公平、稳定、透明的法律环境。

**250. 下一步是否会扩大自贸试验区试点范围？新设立的自贸试验区在对接高标准国际经贸规则，及在推动全面深化改革扩大开放上将有哪些作为？**

答：商务部高虎城部长在答记者问中指出，上海、广东、天津、福建自贸试验区建设取得的成效，彰显了自贸试验区的试验田作用。而且，党中央、国务院决定，在辽宁省、浙江省、河南省、湖北省、重庆市、四川省、陕西省新设立7个自贸试验区。这代表着自贸试验区建设进入了试点探索的新航程。

新设的7个自贸试验区，将继续依托现有经国务院批准的新区、园区，继续紧扣制度创新这一核心，进一步对接高标准国际经贸规则，在更广领域、更大范围形成各具特色、各有侧重的试点格局，推动全面深化改革扩大开放。

辽宁省主要是：落实中央关于加快市场取向体制机制改革、推动结构调整的要求，着力打造提升东北老工业基地发展整体竞争力和对外开放水平的新引擎。

浙江省主要是：落实中央关于"探索建设舟山自由贸易港区"的要求，就推动大宗商品贸易自由化、提升大宗商品全球配置能力进行探索。

河南省主要是：落实中央关于加快建设贯通南北、连接东西的现代立体交通体系和现代物流体系的要求，着力建设服务于"一带一路"建设的现代综合交通枢纽。

湖北省主要是：落实中央关于中部地区有序承接产业转移、建设一批战略性新兴产业和高技术产业基地的要求，发挥其在实施中部崛起战略和推进长江经济带建设中的示范作用。

重庆市主要是：落实中央关于发挥重庆战略支点和连接点重要作用、加大西部地区门户城市开放力度的要求，带动西部大开发战略深入实施。

四川省主要是：落实中央关于加大西部地区门户城市开放力度以及建设内陆开放战略支撑带的要求，打造内陆开放型经济高地，实现内陆与沿海沿边沿江协同开放。

陕西省主要是：落实中央关于更好发挥"一带一路"建设对西部大开发带动作用、加大西部地区门户城市开放力度的要求，打造内陆型改革开放新高地，探索内陆与"一带一路"沿线国家经济合作和人文交流新模式。

下一步，商务部将尽快会同相关省市和部门，研究完善新设自贸试验区总体方案，履行必要审核程序后实施。

---

# 附录 B　《电子商务法》及跨境电子商务政策解读

## 一、电子商务法

**目　　录**

第一章　总则
第二章　电子商务经营者
　　　　第一节　一般规定
　　　　第二节　电子商务平台经营者
第三章　电子商务合同的订立与履行
第四章　电子商务争议解决
第五章　电子商务促进

第六章　法律责任

第七章　附则

## 第一章　总　　则

**第一条**　为了保障电子商务各方主体的合法权益，规范电子商务行为，维护市场秩序，促进电子商务持续健康发展，制定本法。

**第二条**　中华人民共和国境内的电子商务活动，适用本法。

本法所称电子商务，是指通过互联网等信息网络销售商品或者提供服务的经营活动。

法律、行政法规对销售商品或者提供服务有规定的，适用其规定。金融类产品和服务，利用信息网络提供新闻信息、音视频节目、出版以及文化产品等内容方面的服务，不适用本法。

**第三条**　国家鼓励发展电子商务新业态，创新商业模式，促进电子商务技术研发和推广应用，推进电子商务诚信体系建设，营造有利于电子商务创新发展的市场环境，充分发挥电子商务在推动高质量发展、满足人民日益增长的美好生活需要、构建开放型经济方面的重要作用。

**第四条**　国家平等对待线上线下商务活动，促进线上线下融合发展，各级人民政府和有关部门不得采取歧视性的政策措施，不得滥用行政权力排除、限制市场竞争。

**第五条**　电子商务经营者从事经营活动，应当遵循自愿、平等、公平、诚信的原则，遵守法律和商业道德，公平参与市场竞争，履行消费者权益保护、环境保护、知识产权保护、网络安全与个人信息保护等方面的义务，承担产品和服务质量责任，接受政府和社会的监督。

**第六条**　国务院有关部门按照职责分工负责电子商务发展促进、监督管理等工作。县级以上地方各级人民政府可以根据本行政区域的实际情况，确定本行政区域内电子商务的部门职责划分。

**第七条**　国家建立符合电子商务特点的协同管理体系，推动形成有关部门、电子商务行业组织、电子商务经营者、消费者等共同参与的电子商务市场治理体系。

**第八条**　电子商务行业组织按照本组织章程开展行业自律，建立健全行业规范，推动行业诚信建设，监督、引导本行业经营者公平参与市场竞争。

## 第二章　电子商务经营者

### 第一节　一般规定

**第九条**　本法所称电子商务经营者，是指通过互联网等信息网络从事销售商品或者提供服务的经营活动的自然人、法人和非法人组织，包括电子商务平台经营者、平台内经营者以及通过自建网站、其他网络服务销售商品或者提供服务的电子商务经营者。

本法所称电子商务平台经营者，是指在电子商务中为交易双方或者多方提供网络经营场所、交易撮合、信息发布等服务，供交易双方或者多方独立开展交易活动的法人或者非法人组织。

本法所称平台内经营者，是指通过电子商务平台销售商品或者提供服务的电子商务经营者。

**第十条**　电子商务经营者应当依法办理市场主体登记。但是，个人销售自产农副产品、家庭手工业产品，个人利用自己的技能从事依法无须取得许可的便民劳务活动和零星小额交易活动，以及依照法律、行政法规不需要进行登记的除外。

**第十一条**　电子商务经营者应当依法履行纳税义务，并依法享受税收优惠。

依照前条规定不需要办理市场主体登记的电子商务经营者在首次纳税义务发生后，应当依照税收征收管理法律、行政法规的规定申请办理税务登记，并如实申报纳税。

**第十二条**　电子商务经营者从事经营活动，依法需要取得相关行政许可的，应当依法取得行政许可。

**第十三条**　电子商务经营者销售的商品或者提供的服务应当符合保障人身、财产安全的要求和环境保护要求，不得销售或者提供法律、行政法规禁止交易的商品或者服务。

**第十四条**　电子商务经营者销售商品或者提供服务应当依法出具纸质发票或者电子发票等购货凭证或者服务单据。电子发票与纸质发票具有同等法律效力。

**第十五条**　电子商务经营者应当在其首页显著位置，持续公示营业执照信息、与其经营业务有关的行政许可信息、属于依照本法第十条规定的不需要办理市场主体登记情形等信息，或者上述信息的链接标识。

前款规定的信息发生变更的，电子商务经营者应当及时更新公示信息。

**第十六条**　电子商务经营者自行终止从事电子商务的，应当提前三十日在首页显著位置持续公示有关信息。

**第十七条**　电子商务经营者应当全面、真实、准确、及时地披露商品或者服务信息，保障消费者的知情权和选择权。电子商务经营者不得以虚构交易、编造用户评价等方式进行虚假或者引人误解的商业宣传，欺骗、误导消费者。

**第十八条**　电子商务经营者根据消费者的兴趣爱好、消费习惯等特征向其提供商品或者服务的搜索结果的，应当同时向该消费者提供不针对其个人特征的选项，尊重和平等保护消费者合法权益。

电子商务经营者向消费者发送广告的，应当遵守《中华人民共和国广告法》的有关规定。

**第十九条**　电子商务经营者搭售商品或者服务，应当以显著方式提请消费者注意，不得将搭售商品或者服务作为默认同意的选项。

**第二十条**　电子商务经营者应当按照承诺或者与消费者约定的方式、时限向消费者交付商品或者服务，并承担商品运输中的风险和责任。但是，消费者另行选择快递物流服务提供者的除外。

**第二十一条**　电子商务经营者按照约定向消费者收取押金的，应当明示押金退还的方式、程序，不得对押金退还设置不合理条件。消费者申请退还押金，符合押金退还条件的，电子商务经营者应当及时退还。

**第二十二条**　电子商务经营者因其技术优势、用户数量、对相关行业的控制能力以及其他经营者对该电子商务经营者在交易上的依赖程度等因素而具有市场支配地位的，不得滥用市场支配地位，排除、限制竞争。

**第二十三条**　电子商务经营者收集、使用其用户的个人信息，应当遵守法律、行政法规有关个人信息保护的规定。

**第二十四条**　电子商务经营者应当明示用户信息查询、更正、删除以及用户注销的方式、程序，不得对用户信息查询、更正、删除以及用户注销设置不合理条件。

电子商务经营者收到用户信息查询或者更正、删除的申请的，应当在核实身份后及时提供查询或者更正、删除用户信息。用户注销的，电子商务经营者应当立即删除该用户的信息；依照法律、行政法规的规定或者双方约定保存的，依照其规定。

**第二十五条**　有关主管部门依照法律、行政法规的规定要求电子商务经营者提供有关电子商务数据信息的，电子商务经营者应当提供。有关主管部门应当采取必要措施保护电子商务经营者提供的数据信息的安全，并对其中的个人信息、隐私和商业秘密严格保密，不得泄露、出售或者非法向他人提供。

第二十六条　电子商务经营者从事跨境电子商务，应当遵守进出口监督管理的法律、行政法规和国家有关规定。

## 第二节　电子商务平台经营者

第二十七条　电子商务平台经营者应当要求申请进入平台销售商品或者提供服务的经营者提交其身份、地址、联系方式、行政许可等真实信息，进行核验、登记，建立登记档案，并定期核验更新。

电子商务平台经营者为进入平台销售商品或者提供服务的非经营用户提供服务，应当遵守本节有关规定。

第二十八条　电子商务平台经营者应当按照规定向市场监督管理部门报送平台内经营者的身份信息，提示未办理市场主体登记的经营者依法办理登记，并配合市场监督管理部门，针对电子商务的特点，为应当办理市场主体登记的经营者办理登记提供便利。

电子商务平台经营者应当依照税收征收管理法律、行政法规的规定，向税务部门报送平台内经营者的身份信息和与纳税有关的信息，并应当提示依照本法第十条规定不需要办理市场主体登记的电子商务经营者依照本法第十一条第二款的规定办理税务登记。

第二十九条　电子商务平台经营者发现平台内的商品或者服务信息存在违反本法第十二条、第十三条规定情形的，应当依法采取必要的处置措施，并向有关主管部门报告。

第三十条　电子商务平台经营者应当采取技术措施和其他必要措施保证其网络安全、稳定运行，防范网络违法犯罪活动，有效应对网络安全事件，保障电子商务交易安全。

电子商务平台经营者应当制定网络安全事件应急预案，发生网络安全事件时，应当立即启动应急预案，采取相应的补救措施，并向有关主管部门报告。

第三十一条　电子商务平台经营者应当记录、保存平台上发布的商品和服务信息、交易信息，并确保信息的完整性、保密性、可用性。商品和服务信息、交易信息保存时间自交易完成之日起不少于三年；法律、行政法规另有规定的，依照其规定。

第三十二条　电子商务平台经营者应当遵循公开、公平、公正的原则，制定平台服务协议和交易规则，明确进入和退出平台、商品和服务质量保障、消费者权益保护、个人信息保护等方面的权利和义务。

第三十三条　电子商务平台经营者应当在其首页显著位置持续公示平台服务协议和交易规则信息或者上述信息的链接标识，并保证经营者和消费者能够便利、完整地阅览和下载。

第三十四条　电子商务平台经营者修改平台服务协议和交易规则，应当在其首页显著位置公开征求意见，采取合理措施确保有关各方能够及时充分表达意见。修改内容应当至少在实施前七日予以公示。

平台内经营者不接受修改内容，要求退出平台的，电子商务平台经营者不得阻止，并按照修改前的服务协议和交易规则承担相关责任。

第三十五条　电子商务平台经营者不得利用服务协议、交易规则以及技术等手段，对平台内经营者在平台内的交易、交易价格以及与其他经营者的交易等进行不合理限制或者附加不合理条件，或者向平台内经营者收取不合理费用。

第三十六条　电子商务平台经营者依据平台服务协议和交易规则对平台内经营者违反法律、法规的行为实施警示、暂停或者终止服务等措施的，应当及时公示。

**第三十七条**　电子商务平台经营者在其平台上开展自营业务的，应当以显著方式区分标记自营业务和平台内经营者开展的业务，不得误导消费者。

电子商务平台经营者对其标记为自营的业务依法承担商品销售者或者服务提供者的民事责任。

**第三十八条**　电子商务平台经营者知道或者应当知道平台内经营者销售的商品或者提供的服务不符合保障人身、财产安全的要求，或者有其他侵害消费者合法权益行为，未采取必要措施的，依法与该平台内经营者承担连带责任。

对关系消费者生命健康的商品或者服务，电子商务平台经营者对平台内经营者的资质资格未尽到审核义务，或者对消费者未尽到安全保障义务，造成消费者损害的，依法承担相应的责任。

**第三十九条**　电子商务平台经营者应当建立健全信用评价制度，公示信用评价规则，为消费者提供对平台内销售的商品或者提供的服务进行评价的途径。

电子商务平台经营者不得删除消费者对其平台内销售的商品或者提供的服务的评价。

**第四十条**　电子商务平台经营者应当根据商品或者服务的价格、销量、信用等以多种方式向消费者显示商品或者服务的搜索结果；对于竞价排名的商品或者服务，应当显著标明"广告"。

**第四十一条**　电子商务平台经营者应当建立知识产权保护规则，与知识产权权利人加强合作，依法保护知识产权。

**第四十二条**　知识产权权利人认为其知识产权受到侵害的，有权通知电子商务平台经营者采取删除、屏蔽、断开链接、终止交易和服务等必要措施。通知应当包括构成侵权的初步证据。

电子商务平台经营者接到通知后，应当及时采取必要措施，并将该通知转送平台内经营者；未及时采取必要措施的，对损害的扩大部分与平台内经营者承担连带责任。

因通知错误造成平台内经营者损害的，依法承担民事责任。恶意发出错误通知，造成平台内经营者损失的，加倍承担赔偿责任。

**第四十三条**　平台内经营者接到转送的通知后，可以向电子商务平台经营者提交不存在侵权行为的声明。声明应当包括不存在侵权行为的初步证据。

电子商务平台经营者接到声明后，应当将该声明转送发出通知的知识产权权利人，并告知其可以向有关主管部门投诉或者向人民法院起诉。电子商务平台经营者在转送声明到达知识产权权利人后十五日内，未收到权利人已经投诉或者起诉通知的，应当及时终止所采取的措施。

**第四十四条**　电子商务平台经营者应当及时公示收到的本法第四十二条、第四十三条规定的通知、声明及处理结果。

**第四十五条**　电子商务平台经营者知道或者应当知道平台内经营者侵犯知识产权的，应当采取删除、屏蔽、断开链接、终止交易和服务等必要措施；未采取必要措施的，与侵权人承担连带责任。

**第四十六条**　除本法第九条第二款规定的服务外，电子商务平台经营者可以按照平台服务协议和交易规则，为经营者之间的电子商务提供仓储、物流、支付结算、交收等服务。电子商务平台经营者为经营者之间的电子商务提供服务，应当遵守法律、行政法规和国家有关规定，不得采取集中竞价、做市商等集中交易方式进行交易，不得进行标准化合约交易。

## 第三章　电子商务合同的订立与履行

**第四十七条**　电子商务当事人订立和履行合同，适用本章和《中华人民共和国民法总则》《中华人民共和国合同法》《中华人民共和国电子签名法》等法律的规定。

**第四十八条**　电子商务当事人使用自动信息系统订立或者履行合同的行为对使用该系统的当事人具有法律效力。

在电子商务中推定当事人具有相应的民事行为能力。但是，有相反证据足以推翻的除外。

**第四十九条**　电子商务经营者发布的商品或者服务信息符合要约条件的，用户选择该商品或者服务并提交订单成功，合同成立。当事人另有约定的，从其约定。

电子商务经营者不得以格式条款等方式约定消费者支付价款后合同不成立；格式条款等含有该内容的，其内容无效。

**第五十条**　电子商务经营者应当清晰、全面、明确地告知用户订立合同的步骤、注意事项、下载方法等事项，并保证用户能够便利、完整地阅览和下载。

电子商务经营者应当保证用户在提交订单前可以更正输入错误。

**第五十一条**　合同标的为交付商品并采用快递物流方式交付的，收货人签收时间为交付时间。合同标的为提供服务的，生成的电子凭证或者实物凭证中载明的时间为交付时间；前述凭证没有载明时间或者载明时间与实际提供服务时间不一致的，实际提供服务的时间为交付时间。

合同标的为采用在线传输方式交付的，合同标的进入对方当事人指定的特定系统并且能够检索识别的时间为交付时间。

合同当事人对交付方式、交付时间另有约定的，从其约定。

**第五十二条**　电子商务当事人可以约定采用快递物流方式交付商品。

快递物流服务提供者为电子商务提供快递物流服务，应当遵守法律、行政法规，并应当符合承诺的服务规范和时限。快递物流服务提供者在交付商品时，应当提示收货人当面查验；交由他人代收的，应当经收货人同意。

快递物流服务提供者应当按照规定使用环保包装材料，实现包装材料的减量化和再利用。

快递物流服务提供者在提供快递物流服务的同时，可以接受电子商务经营者的委托提供代收货款服务。

**第五十三条**　电子商务当事人可以约定采用电子支付方式支付价款。

电子支付服务提供者为电子商务提供电子支付服务，应当遵守国家规定，告知用户电子支付服务的功能、使用方法、注意事项、相关风险和收费标准等事项，不得附加不合理交易条件。电子支付服务提供者应当确保电子支付指令的完整性、一致性、可跟踪稽核和不可篡改。

电子支付服务提供者应当向用户免费提供对账服务以及最近三年的交易记录。

**第五十四条**　电子支付服务提供者提供电子支付服务不符合国家有关支付安全管理要求，造成用户损失的，应当承担赔偿责任。

**第五十五条**　用户在发出支付指令前，应当核对支付指令所包含的金额、收款人等完整信息。

支付指令发生错误的，电子支付服务提供者应当及时查找原因，并采取相关措施予以纠正。造成用户损失的，电子支付服务提供者应当承担赔偿责任，但能够证明支付错误非自身原因造成的除外。

第五十六条　电子支付服务提供者完成电子支付后，应当及时准确地向用户提供符合约定方式的确认支付的信息。

第五十七条　用户应当妥善保管交易密码、电子签名数据等安全工具。用户发现安全工具遗失、被盗用或者未经授权的支付的，应当及时通知电子支付服务提供者。

未经授权的支付造成的损失，由电子支付服务提供者承担；电子支付服务提供者能够证明未经授权的支付是因用户的过错造成的，不承担责任。

电子支付服务提供者发现支付指令未经授权，或者收到用户支付指令未经授权的通知时，应当立即采取措施防止损失扩大。电子支付服务提供者未及时采取措施导致损失扩大的，对损失扩大部分承担责任。

### 第四章　电子商务争议解决

第五十八条　国家鼓励电子商务平台经营者建立有利于电子商务发展和消费者权益保护的商品、服务质量担保机制。

电子商务平台经营者与平台内经营者协议设立消费者权益保证金的，双方应当就消费者权益保证金的提取数额、管理、使用和退还办法等作出明确约定。

消费者要求电子商务平台经营者承担先行赔偿责任以及电子商务平台经营者赔偿后向平台内经营者的追偿，适用《中华人民共和国消费者权益保护法》的有关规定。

第五十九条　电子商务经营者应当建立便捷、有效的投诉、举报机制，公开投诉、举报方式等信息，及时受理并处理投诉、举报。

第六十条　电子商务争议可以通过协商和解，请求消费者组织、行业协会或者其他依法成立的调解组织调解，向有关部门投诉，提请仲裁，或者提起诉讼等方式解决。

第六十一条　消费者在电子商务平台购买商品或者接受服务，与平台内经营者发生争议时，电子商务平台经营者应当积极协助消费者维护合法权益。

第六十二条　在电子商务争议处理中，电子商务经营者应当提供原始合同和交易记录。因电子商务经营者丢失、伪造、篡改、销毁、隐匿或者拒绝提供前述资料，致使人民法院、仲裁机构或者有关机关无法查明事实的，电子商务经营者应当承担相应的法律责任。

第六十三条　电子商务平台经营者可以建立争议在线解决机制，制定并公示争议解决规则，根据自愿原则，公平、公正地解决当事人的争议。

### 第五章　电子商务促进

第六十四条　国务院和省、自治区、直辖市人民政府应当将电子商务发展纳入国民经济和社会发展规划，制定科学合理的产业政策，促进电子商务创新发展。

第六十五条　国务院和县级以上地方人民政府及其有关部门应当采取措施，支持、推动绿色包装、仓储、运输，促进电子商务绿色发展。

第六十六条　国家推动电子商务基础设施和物流网络建设，完善电子商务统计制度，加强电子商务标准体系建设。

第六十七条　国家推动电子商务在国民经济各个领域的应用，支持电子商务与各产业融合发展。

第六十八条　国家促进农业生产、加工、流通等环节的互联网技术应用，鼓励各类社会资源加强合作，促进农村电子商务发展，发挥电子商务在精准扶贫中的作用。

第六十九条　国家维护电子商务交易安全，保护电子商务用户信息，鼓励电子商务数据开发应用，保障电子商务数据依法有序自由流动。

国家采取措施推动建立公共数据共享机制，促进电子商务经营者依法利用公共数据。

**第七十条** 国家支持依法设立的信用评价机构开展电子商务信用评价，向社会提供电子商务信用评价服务。

**第七十一条** 国家促进跨境电子商务发展，建立健全适应跨境电子商务特点的海关、税收、进出境检验检疫、支付结算等管理制度，提高跨境电子商务各环节便利化水平，支持跨境电子商务平台经营者等为跨境电子商务提供仓储物流、报关、报检等服务。

国家支持小型微型企业从事跨境电子商务。

**第七十二条** 国家进出口管理部门应当推进跨境电子商务海关申报、纳税、检验检疫等环节的综合服务和监管体系建设，优化监管流程，推动实现信息共享、监管互认、执法互助，提高跨境电子商务服务和监管效率。跨境电子商务经营者可以凭电子单证向国家进出口管理部门办理有关手续。

**第七十三条** 国家推动建立与不同国家、地区之间跨境电子商务的交流合作，参与电子商务国际规则的制定，促进电子签名、电子身份等国际互认。

国家推动建立与不同国家、地区之间的跨境电子商务争议解决机制。

### 第六章 法律责任

**第七十四条** 电子商务经营者销售商品或者提供服务，不履行合同义务或者履行合同义务不符合约定，或者造成他人损害的，依法承担民事责任。

**第七十五条** 电子商务经营者违反本法第十二条、第十三条规定，未取得相关行政许可从事经营活动，或者销售、提供法律、行政法规禁止交易的商品、服务，或者不履行本法第二十五条规定的信息提供义务，电子商务平台经营者违反本法第四十六条规定，采取集中交易方式进行交易，或者进行标准化合约交易的，依照有关法律、行政法规的规定处罚。

**第七十六条** 电子商务经营者违反本法规定，有下列行为之一的，由市场监督管理部门责令限期改正，可以处一万元以下的罚款，对其中的电子商务平台经营者，依照本法第八十一条第一款的规定处罚：

（一）未在首页显著位置公示营业执照信息、行政许可信息、属于不需要办理市场主体登记情形等信息，或者上述信息的链接标识的；

（二）未在首页显著位置持续公示终止电子商务的有关信息的；

（三）未明示用户信息查询、更正、删除以及用户注销的方式、程序，或者对用户信息查询、更正、删除以及用户注销设置不合理条件的。

电子商务平台经营者对违反前款规定的平台内经营者未采取必要措施的，由市场监督管理部门责令限期改正，可以处二万元以上十万元以下的罚款。

**第七十七条** 电子商务经营者违反本法第十八条第一款规定提供搜索结果，或者违反本法第十九条规定搭售商品、服务的，由市场监督管理部门责令限期改正，没收违法所得，可以并处五万元以上二十万元以下的罚款；情节严重的，并处二十万元以上五十万元以下的罚款。

**第七十八条** 电子商务经营者违反本法第二十一条规定，未向消费者明示押金退还的方式、程序，对押金退还设置不合理条件，或者不及时退还押金的，由有关主管部门责令限期改正，可以处五万元以上二十万元以下的罚款；情节严重的，处二十万元以上五十万元以下的罚款。

**第七十九条** 电子商务经营者违反法律、行政法规有关个人信息保护的规定，或者不履行本法第三十条和有关法律、行政法规规定的网络安全保障义务的，依照《中华人民共和国网络安全法》等法律、行政法规的规定处罚。

第八十条　电子商务平台经营者有下列行为之一的，由有关主管部门责令限期改正；逾期不改正的，处二万元以上十万元以下的罚款；情节严重的，责令停业整顿，并处十万元以上五十万元以下的罚款：

（一）不履行本法第二十七条规定的核验、登记义务的；

（二）不按照本法第二十八条规定向市场监督管理部门、税务部门报送有关信息的；

（三）不按照本法第二十九条规定对违法情形采取必要的处置措施，或者未向有关主管部门报告的；

（四）不履行本法第三十一条规定的商品和服务信息、交易信息保存义务的。

法律、行政法规对前款规定的违法行为的处罚另有规定的，依照其规定。

第八十一条　电子商务平台经营者违反本法规定，有下列行为之一的，由市场监督管理部门责令限期改正，可以处二万元以上十万元以下的罚款；情节严重的，处十万元以上五十万元以下的罚款：

（一）未在首页显著位置持续公示平台服务协议、交易规则信息或者上述信息的链接标识的；

（二）修改交易规则未在首页显著位置公开征求意见，未按照规定的时间提前公示修改内容，或者阻止平台内经营者退出的；

（三）未以显著方式区分标记自营业务和平台内经营者开展的业务的；

（四）未为消费者提供对平台内销售的商品或者提供的服务进行评价的途径，或者擅自删除消费者的评价的。

电子商务平台经营者违反本法第四十条规定，对竞价排名的商品或者服务未显著标明"广告"的，依照《中华人民共和国广告法》的规定处罚。

第八十二条　电子商务平台经营者违反本法第三十五条规定，对平台内经营者在平台内的交易、交易价格或者与其他经营者的交易等进行不合理限制或者附加不合理条件，或者向平台内经营者收取不合理费用的，由市场监督管理部门责令限期改正，可以处五万元以上五十万元以下的罚款；情节严重的，处五十万元以上二百万元以下的罚款。

第八十三条　电子商务平台经营者违反本法第三十八条规定，对平台内经营者侵害消费者合法权益行为未采取必要措施，或者对平台内经营者未尽到资质资格审核义务，或者对消费者未尽到安全保障义务的，由市场监督管理部门责令限期改正，可以处五万元以上五十万元以下的罚款；情节严重的，责令停业整顿，并处五十万元以上二百万元以下的罚款。

第八十四条　电子商务平台经营者违反本法第四十二条、第四十五条规定，对平台内经营者实施侵犯知识产权行为未依法采取必要措施的，由有关知识产权行政部门责令限期改正；逾期不改正的，处五万元以上五十万元以下的罚款；情节严重的，处五十万元以上二百万元以下的罚款。

第八十五条　电子商务经营者违反本法规定，销售的商品或者提供的服务不符合保障人身、财产安全的要求，实施虚假或者引人误解的商业宣传等不正当竞争行为，滥用市场支配地位，或者实施侵犯知识产权、侵害消费者权益等行为的，依照有关法律的规定处罚。

第八十六条　电子商务经营者有本法规定的违法行为的，依照有关法律、行政法规的规定记入信用档案，并予以公示。

第八十七条　依法负有电子商务监督管理职责的部门的工作人员，玩忽职守、滥用职权、徇私舞弊，或者泄露、出售或者非法向他人提供在履行职责中所知悉的个人信息、隐私和商业秘密的，依法追究法律责任。

**第八十八条** 违反本法规定，构成违反治安管理行为的，依法给予治安管理处罚；构成犯罪的，依法追究刑事责任。

第七章 附 则

**第八十九条** 本法自 2019 年 1 月 1 日起施行。

## 二、跨境电子商务政策解读

### 1. 跨境电子商务政策的演变

进口跨境电子商务政策的演变可以分为四个阶段：

**(1) 第一阶段——前期探索阶段**

2012 年，国家发现传统进出口贸易业务不容乐观，而民间利用邮政通道进出口货物的模式却发展得如火如荼。民间的这种模式，出口方面表现为外贸电商，也即利用亚马逊、eBay 等平台将产品销售到海外；进口方面表现为海淘代购，即从海外网站或实体店购买商品并运回国内。

发改委和海关总署牵头并试点，初期选择了 5 个城市（郑州、杭州、宁波、上海、重庆），之后增加了深圳、广州，再后来又补增了天津、福州、平潭。开始重点试点出口，但出口这边的试点难度大、进展慢。进口方面，在国内大量刚性需求的推动下，试点大获成功：不仅推出了 1210（保税进口）和 9610（直购进口）两种模式，还首次提出"订单、支付单、物流单三单对碰"的监管原则。

"征税方式"和"监管方式"是整个跨境电子商务进口政策演变的核心逻辑。在征税方式方面，该阶段是按照个人物品征税，也即行邮税，有 50 元的免税额度。在监管方式方面，各地监管不一，有的地方政府（例如上海）管的较严，对很多产品的首次进口都有前置审批要求，类似一般贸易进口监管；有的地方政府（例如郑州）管的宽松，类似个人物品入境模式。

**(2) 第二阶段——"四八新政"及延期阶段**

以 2016 年 4 月 8 日为起点，到 2017 年 12 月 31 日结束。

"四八新政"做了重大调整，把此前的行邮模式切换到跨境电子商务综合税模式。本质上看，跨境电子商务综合税模式，是按照一般贸易进口征税的思路制定的，均包含关税、增值税、消费税。考虑到跨境电子商务零售进口是按照零售价作为完税价格，而一般贸易是按照 CIF 价作为完税价格，因此对跨境电子商务商品的关税调整为 0，增值税和消费税则按 70% 征收。

在监管方式这方面，"四八新政"的要求是要执行通关单及首次进口的各项批件，与一般贸易进口模式相同。由于舆论较大，这一监管方式在一个月之后就紧急暂缓执行。"延期"指的就是"四八新政"中的监管方式延期执行，其他方面（诸如税、限额等）是不变的。这个阶段发生了两次延期，一次是到 2017 年 5 月 11 日，另一次是到 2017 年年底（注意：共三次延期）。

这一阶段的试点区域没有变化，还是此前的"5＋2＋3"合计 10 个城市。需要提醒的是，这里说的试点城市，专门指能进行 1210 保税进口的试点城市，不包括实行直购进口及 1239 保税进口的城市。这一阶段首次提出了正面清单、单笔限额及年度限额模式，以确保试点的可控性，是国家在试点中实施"审慎"原则的体现。

**（3）第三阶段——逐步清晰阶段**

以 2018 年 1 月 1 日为起点，到 2018 年年底结束。这一阶段，国家各部委通过在郑州、杭州、广州等地区的多次集中调研，结合此前的试点反馈，基本明晰了监管思路。

在征税方式方面，继续延续此前的跨境电子商务综合税。这说明，此前税收的调整，已经达到试点的预期，让市场主体、监管部门、消费者都能接受。这也说明，后续税收方面只会进行微调，大的框架不会变动。

在监管方式方面，明确提出"暂按个人物品监管"，并继续将此前的"四八新政"中涉及的通关单及首次进口批件监管模式继续暂缓执行（即：第三次延期）。试点区域方面，将 1210 保税进口试点扩大到所有跨境电子商务综合试验区。这样，就有 15 个城市能做 1210 保税进口了。

**（4）第四阶段——最终确定阶段**

从 2019 年 1 月 1 日起，给予 3 个月的过渡期，之后就基本按照这个方案执行。这一阶段，意味着跨境电子商务零售进口的试点工作结束。

在征税方面，继续保持不变。然而，监管方式上，国家部委明确"按个人物品监管"。从此前的"暂按个人物品监管"，到现在的"按个人物品监管"，这意味着在未来很长一段时间内，都将是以个人物品的方式进行监管。对于行业从业者来说，这是一个极为重要的利好政策。

此外，政策明确规定了禁止二次销售及非保税区的线下自提业务，同时对正面清单进行了调整扩充，年度限额和单笔限额也得到了提升。在试点区域方面，将 1210 保税进口试点扩大到 37 个城市。

**2. 进口跨境电子商务政策**

这一阶段，发布了四个文件（具体内容见下）：

2018 年 11 月，商务部等六部委《关于完善跨境电子商务零售进口监管有关工作的通知》。

2018 年 11 月，财政部等三部委《关于完善跨境电子商务零售进口税收政策的通知》。

2018 年 11 月，财政部等十三部委《关于调整跨境电子商务零售进口商品清单的公告》。

2018 年 12 月，海关总署《关于跨境电子商务零售进出口商品有关监管事宜的公告》（194 号文）。

**（1）商务部等六部委《关于完善跨境电子商务零售进口监管有关工作的通知》**

① 文件涉及商务部、财政部、海关总署、市场监督管理总局、税务总局、发改委等六部委，由商务部统筹，重点是海关总署和市场监督管理总局来监管。

② 明确了按照个人物品进行监管，从 2019 年 1 月 1 日开始，在未来很长一段时间内，这个政策一直延续。但对"明令暂停进口的疫区商品"和"出现重大质量安全风险的商品"除外。如此前核辐射区的产品，如果没有解除禁令，依旧无法进入。

③ 跨境电子商务企业（即卖家，货权所有人）承担质量安全主体责任，平台需要履行"先行赔付"责任，如果消费者在平台购买了某商品，出现质量问题，平台先赔付，之后平台再向卖家追索。这就是为何跨境电商需要在各大平台缴纳高额的保证金的原因。在天猫国际，保健品类的保证金高达 30 万人民币。

④ 跨境电子商务企业（即卖家，货权所有人）需要出具告知书，内容包括：

第一，相关商品符合原产地有关质量、安全、卫生、环保、标识等标准或技术规范要求，但可能与我国标准存在差异，消费者自行承担相关风险。

第二，相关商品直接购自境外，可能无中文标签，消费者可通过网站查看商品中文电子标签。

第三，消费者购买的商品仅限个人自用，不得再次销售。

⑤ 跨境电子商务平台的运营主体必须在境内，至于网址是否要做 ICP 备案，则没有具体要求。

⑥ 明确禁止二次销售。关于这点，会涉及 BbC 一件代发模式的探讨。我们可以确认的是，类似云集这类的社交电子商务平台，其"店主"（也即"b"）充当的是营销人的角色，因此并非二次销售。至于"b"作为贸易主体的其他一件代发平台，如果其本身是在保税仓内完成的"B"到"b"货权转移，是没问题的。

⑦ 原文"原则上不允许网购保税进口商品在海关特殊监管区域外开展网购保税＋线下自提模式"，基本给线下自提业务判了死刑。此前在深圳、郑州、杭州等地轰轰烈烈的线下自提业务都已经叫停，未来也不会开放。因为这个模式对线下的冲击太大，跨境电子商务已经在商品准入方面获得了极大便利，如果再在销售范围内放开，那基本就是完全放开了。

⑧ 海关主要对虚假三单、身份证信息盗用、走私、商品质量安全等行为进行监管，市场监督管理总局主要对流入到线下市场的二次销售行为进行监管。

⑨ 试点扩大到 35 个跨境电子商务综试区及福州、平潭，由各个试点城市人民政府（合计有 37 个城市）作为进口跨境电子商务政策的责任主体。

⑩ 政策从 2019 年 1 月 1 日实施，但给予了企业 3 个月过渡期。即 2019 年 3 月 31 日之后就不允许有任何跟政策不符的情况。

**（2）财政部等三部委《关于完善跨境电子商务零售进口税收政策的通知》**

① 单笔限额从 2 000 元调整到 5 000 元，年度限额从 2 万元调整到 2.6 万元。单笔限额的提升，意味着更多高价产品能进入跨境电子商务通道，包括轻奢服装类、美容仪器类、高端箱包类、高端保健品等。年度限额的提高，是根据家庭收入水平相应调整的，后续每年或每几年都会适度调整。

② 完善价格超过 5 000 元但低于 2.6 万元的单件不可分割商品，也可通过跨境电子商务渠道销售，但按照一般贸易进口的货物税率进行征税。

③ 再次强调不允许二次销售，不允许非保税区的"网购保税＋线下自提"模式。

**（3）财政部等十三部委《关于调整跨境电子商务零售进口商品清单的公告》**

① 这是最新的"正面清单"，详细内容可到财政部官网下载。

② 这份清单新增了 63 个税目商品，涉及部分食品、纺织服装、鞋靴、首饰、小家电、文体用品、健身器材等商品类别，具体包括葡萄汽酒、麦芽酿造的啤酒、望远镜、电子游戏机、滑雪靴、旱冰鞋等，其中也涵盖了蒸汽眼罩、家用粉尘仪、剃须刀刀头等国内"网红"商品。

③ 从业者还需要继续关注清单的"备注"项目，有不少产品是仅限网购保税进口，也有不少产品要同时符合其他文件的限制要求。另外，还有些类目只限特定的商品，例如，税目号为 38249999 的"其他税目未列明的化学工业及其相关工业的化学产品及配置品"，在备注中明确说明"仅限蒸汽眼罩、暖宝宝贴、暖宫贴、肩颈及配置品"。

**（4）海关总署《关于跨境电子商务零售进出口商品有关监管事宜的公告》（194 号文）**

① 这是海关总署落实国务院关于跨境电子商务零售进口决议的落地文件，取代此前的 26 号文件。这个文件涉及通关管理、税收征管、物流监控、退货管理、检疫查验等多项内容。

② 在企业管理方面，继续要求各参与方进行海关注册登记，并纳入海关信用管理。

③ 在通关管理方面，明确 1210 及直购进口按照个人物品模式进行监管，1239 模式则执行"正面清单（2018 年版）"的备注要求（即按照一般贸易进口模式）。另外，在没有经过主管部门认证的情况下，订购人和支付人必须一致。至于收货人，则没有做具体要求。

④ 在税收征管方面，再次强调了订购人是纳税主体，海关注册登记的跨境电子商务平台企业、物流企业或申报企业则作为税款的代收代缴义务人。注意，如果出现税收问题，代收代缴义务人需要承担补税及相应的法律责任。目前，行业还存在低报等现象，这种涉嫌逃税的危险行为，各地服务商承担首要责任。

⑤ 在物流管理方面，允许保税区区内调拨流转及不同 1210 保税区之间的调拨流转。实际上，区内流转现在已经非常成熟，而不同 1210 保税区之间的流转依旧存在不少操作层面的问题。至于 1210 保税区和 1239 保税区之间，是不允许商品调拨流转的。

⑥ 在退货管理方面，只要商品不影响二次销售，都可以退回保税区。此前的退货操作，在实操层面碰到层层阻碍，没有大范围推广。现在对退货管理较以前稍微松些，估计很多地方会出具可实操的方案。

⑦ 其他方面，194 号文强调了对虚假三单信息、二次销售、身份信息泄露的查处力度。其中，利用他人身份证信息刷单的，海关按走私处理，并叠加其他法律条款处理。

**3. 《电子商务法》对进口跨境电子商务的规定**

整部《电子商务法》合计八十九条，其中有七条跟代购或进口跨境电子商务相关，我们将其分成三方面来说明。

**（1）对代购有严重影响的两条规定**

代购不是进口跨境电子商务，关键区分点就是代购是通过行邮通道或一些非法渠道入境，而跨境电子商务进口是在三单对碰的基础下缴税通关的。代购最典型的场景是淘宝上的全球购代购卖家，他们一般将货通过各种渠道入境后囤在国内仓库，淘宝上接单后再发给顾客。

**《电子商务法》下面两条规定对这些代购影响较大：**

**第十条**　电子商务经营者应当依法办理市场主体登记。但是，个人销售自产农副产品、家庭手工业产品，个人利用自己的技能从事依法无须取得许可的便民劳务活动和零星小额交易活动，以及依照法律、行政法规不需要进行登记的除外。

**第十一条**　电子商务经营者应当依法履行纳税义务，并依法享受税收优惠。

依照前条规定不需要办理市场主体登记的电子商务经营者在首次纳税义务发生后，应当依照税收征收管理法律、行政法规的规定申请办理税务登记，并如实申报纳税。

在市场主体登记方面，目前绝大部分代购没有进行主体登记。按照电子商务法要求，他们要么申请个体工商户，要么以公司形式来运作。一旦有了市场主体，接下来就涉及电子商务法规定的依法纳税问题。不管是个体工商户还是公司主体，都需要缴纳增值税、所得税（个体户的所得税就是个人所得税）。

在线下，很多个体工商户由于存在销售额难以核算问题，较容易避税。然而，对于线上的代购而言，数据非常透明，个体工商户避税空间极其有限。对于代购类个体工商户来说，由于产品的来源在海外，且没有商业化的合规通关单据，因此没有进项税发票，进而造成增值税和所得税异常高。这几乎是一个致命的问题，如果按照电子商务法严格执行，没有任何一家淘宝代购可以存活下来。

**（2）对进口跨境电子商务有严重影响的两条规定**

《电子商务法》第二十五条、第二十六条是适用于所有电子商务从业者的，好像对跨境电子商务进口没有太大的关系。然而，从专业角度看，这两条对进口跨境电子商务影响较大。

**第二十五条** 有关主管部门依照法律、行政法规的规定要求电子商务经营者提供有关电子商务数据信息的，电子商务经营者应当提供。有关主管部门应当采取必要措施保护电子商务经营者提供的数据信息的安全，并对其中的个人信息、隐私和商业秘密严格保密，不得泄露、出售或者非法向他人提供。

这条明确规定，政府主管部门可以调取电子商务平台数据。此前，政府部门希望拿到电子商务平台的数据，但很多电子商务平台尤其是电商巨头把数据视为核心机密，拒不提供。有了电子商务法的规定后，情况很快就变了。海关总署在 2018 年 11 月发布《关于实时获取跨境电子商务平台企业支付相关原始数据有关事宜的公告》（165 号文），这意味着，进口跨境电子商务企业的支付单原始数据，都将和海关总署系统打通。结果就是，业内所有在电子商务平台上相关的转支付操作、虚假支付单、虚假物流单、低报通关等都将一网打尽。所有给电子商务平台上的 POP 店做一件代发业务的，也很可能全军覆没。

**第二十六条** 电子商务经营者从事跨境电子商务，应当遵守进出口监督管理的法律、行政法规和国家有关规定。

**（3）鼓励发展跨境电子商务的三条规定**

《电子商务法》中有三条专门谈论跨境电子商务的规定。这三条规定基本是传递一个支持跨境电子商务的正面积极信号，表达了政府及立法机构对跨境电子商务的基本态度。

**第七十一条** 国家促进跨境电子商务发展，建立健全适应跨境电子商务特点的海关、税收、进出境检验检疫、支付结算等管理制度，提高跨境电子商务各环节便利化水平，支持跨境电子商务平台经营者等为跨境电子商务提供仓储物流、报关、报检等服务。

国家支持小型微型企业从事跨境电子商务。

**第七十二条** 国家进出口管理部门应当推进跨境电子商务海关申报、纳税、检验检疫等环节的综合服务和监管体系建设，优化监管流程，推动实现信息共享、监管互认、执法互助，提高跨境电子商务服务和监管效率。跨境电子商务经营者可以凭电子单证向国家进出口管理部门办理有关手续。

**第七十三条** 国家推动建立与不同国家、地区之间跨境电子商务的交流合作，参与电子商务国际规则的制定，促进电子签名、电子身份等国际互认。国家推动建立与不同国家、地区之间的跨境电子商务争议解决机制。

# 附录 C  2012 年以来我国出台的涉及跨境电子商务的主要政策

**1. 综合性政策**，参见表 C-1。

表 C-1  我国涉及跨境电子商务的综合性政策

| 时间 | 制定单位 | 政策名称 | 主要内容 |
| --- | --- | --- | --- |
| 2013 年 8 月 | 国务院 | 《关于实施支持跨境电子商务零售出口有关政策意见的通知》 | 在已开展跨境贸易电子商务通关服务试点的上海、重庆、杭州、宁波、郑州等 5 个城市试行该政策 |
| 2014 年 5 月 | 国务院 | 《关于支持外贸稳定增长的若干意见》 | 着力优化外贸结构、进一步改善外贸环境、强化政策保障、增强外贸企业竞争力、加强组织领导 |

续表

| 时间 | 制定单位 | 政策名称 | 主要内容 |
|---|---|---|---|
| 2015 年 5 月 | 国务院 | 《关于大力发展电子商务加快培育经济新动力的意见》 | 指出推动电子商务走出去,抓紧研究制定促进跨境电子商务发展的指导意见,明确提出鼓励发展面向"一带一路"沿线国家和地区的电子商务合作 |
| 2015 年 6 月 | 国务院 | 《关于促进跨境电子商务健康快速发展的指导意见》 | 跨境电子商务发展的纲领性文件。从国内企业发展、海关监管、检验检疫、进出口税收、支付结算、财政支持、综合服务、行为规范、国际合作等多方面进行了全方位的部署 |
| 2016 年 5 月 | 国务院 | 《关于促进外贸回稳向好的若干意见》 | 充分发挥出口信用保险作用,大力支持外贸企业融资,进一步提高贸易便利化水平。调整完善出口退税政策,减免规范部分涉企收费,进一步完善加工贸易政策,支持边境贸易发展,实行积极的进口政策 |
| 2017 年 11 月 | 国务院 | 《关于调整部分消费品进口关税的通知》 | 国务院关税税则委员会自 2017 年 12 月 1 日起,以暂定税率方式降低部分消费品进口关税 |

**2. 地区试点政策,参见表 C-2。**

表 C-2  我国关于跨境电子商务的地区试点政策

| 时间 | 组织制定单位 | 名称 | 主要内容 |
|---|---|---|---|
| 2012 年 12 月 | 国家发改委、海关总署 | 中国跨境贸易电子商务服务试点工作部署会 | 中国跨境贸易电子商务服务试点工作全面启动,郑州、上海、重庆、杭州、宁波作为五个试点城市将"先行先试" |
| 2015 年 3 月 | 国务院 | 《关于同意设立中国(杭州)跨境电子商务综合试验区的批复》 | 重点突破,着力在跨境电子商务各环节先行先试,打造跨境电子商务完整的产业链和生态链 |
| 2016 年 1 月 | 国务院 | 《关于同意在天津等 12 个城市设立跨境电子商务综合试验区的批复》 | 同意在天津、上海、重庆、合肥、郑州、广州、成都、大连、宁波、青岛、深圳、苏州等 12 个城市设立跨境电子商务综合试验区 |

**3. 海关监管政策,参见表 C-3。**

表 C-3  我国关于跨境电子商务的海关监管政策

| 时间 | 制定单位 | 政策名称 | 主要内容 |
|---|---|---|---|
| 2013 年 8 月 | 商务部等 9 个部门 | 《关于实施支持跨境电子商务零售出口有关政策的意见》 | 将跨境电子商务零售出口纳入海关的出口贸易统计范围,提出对跨境电子商务零售出口的支持政策以及出口检验、收结汇等 6 项具体措施 |
| 2014 年 1 月 | 海关总署 | 海关总署公告 2014 年第 12 号《关于增列海关监管方式代码的公告》 | 海关总署特别针对跨境电子商务增设了监管方式代码 9610 |
| 2014 年 4 月 | 海关总署 | 《关于跨境贸易电子商务服务试点网购保税进口模式有关问题的通知》 | 规定了保税进口商品及金额,规范了保税进口运作模式 |
| 2014 年 7 月 | 海关总署 | 海关总署公告 2014 年第 57 号《关于增列海关监管方式代码的公告》 | 增列海关监管方式代码 1210,全称为"保税跨境贸易电子商务",赋予了跨境电子商务保税进口合法身份 |
| 2014 年 11 月 | 海关总署 | 《关于跨境贸易电子商务进出境货物、物品有关监管事宜公告》 | 为做好跨境贸易电子商务进出境货物、物品监管工作,促进电子商务健康发展,规定了电子商务进出境货物、物品监管问题细则 |

续表

| 时间 | 制定单位 | 政策名称 | 主要内容 |
|---|---|---|---|
| 2016 年 5 月 | 海关总署 | 《关于执行跨境电子商务零售进口新的监管要求有关事宜的通知》 | 明确了过渡期内跨境电子商务零售进口商品新的监管要求,过渡期 1 年,截止期为 2017 年 5 月 11 日(含 11 日) |
| 2016 年 10 月 | 海关总署 | 《关于跨境电子商务进口统一版信息化系统企业接入事宜公告》 | 为促进跨境电子商务发展,提供便利通关服务,现将跨境电子商务进口统一版信息化系统企业接入 |
| 2016 年 12 月 | 海关总署 | 《关于加强跨境电子商务网购保税进口监管工作的函》 | 海关总署在总结前期各试点城市海关经验做法的基础上,对网购保税进口业务海关监管中的有关事宜进行规定 |
| 2018 年 12 月 | 海关总署 | 《关于跨境电子商务零售进出口商品有关监管事宜的公告》 | 适用"网购保税进口"(监管方式代码 1210)进口政策的城市:天津、上海、重庆、大连、杭州、宁波、青岛、广州、深圳、成都、苏州、合肥、福州、郑州、平潭、北京、呼和浩特、沈阳、长春、哈尔滨、南京、南昌、武汉、长沙、南宁、海口、贵阳、昆明、西安、兰州、厦门、唐山、无锡、威海、珠海、东莞、义乌等 37 个城市(地区) |

### 4. 进出口税收政策,参见表 C-4。

表 C-4  我国关于跨境电子商务的进出口税收政策

| 时间 | 制定单位 | 政策名称 | 主要内容 |
|---|---|---|---|
| 2013 年 12 月 | 商务部 | 《关于跨境电子商务零售出口税收政策的通知》 | 跨境电子商务零售出口可享退免税 |
| 2014 年 4 月 | 国家税务总局 | 《关于外贸综合服务企业出口货物退(免)税有关问题的公告》 | 明确了外贸综合服务企业可作为退税主体的情形,明确了对外贸综合服务企业作为退税主体的要求 |
| 2016 年 2 月 | 税务总局等五部门 | 《关于口岸进境免税店政策的公告》 | 财政部、商务部、海关总署、国家税务总局、文化和旅游部等五部门发布了关于口岸进境免税店政策的公告。五部门决定增设和恢复口岸进境免税店,合理扩大免税品种,增加一定数量的免税购物额 |
| 2016 年 4 月 | 财政部等 11 个部门 | 《关于跨境电子商务零售进口税收政策的通知》 | 在限值以内进口的跨境电子商务零售进口商品,关税税率暂设为 0%,进口环节增值税、消费税取消免征税额,暂按法定应纳税额的 70% 征收,称为跨境电子商务综合税 |

### 5. 支付、检疫、物流等其他方面政策,参见表 C-5。

表 C-5  我国关于跨境电子商务支付、检疫、物流等方面的政策

| 时间 | 制定单位 | 政策名称 | 主要内容 |
|---|---|---|---|
| 2013 年 2 月 | 国家外汇管理局 | 《支付机构跨境电子商务外汇支付业务试点指导意见》 | 确定在上海、北京、重庆、浙江、深圳等 5 个地区开展支付机构跨境电子商务外汇支付业务试点 |
| 2015 年 5 月 | 国家质检总局(现为国家市场监督管理总局) | 《质检总局关于进一步发挥检验检疫职能作用促进跨境电子商务发展的意见》 | 对跨境电子商务的检验检疫工作进行了针对性的安排,推出了具体举措 |
| 2015 年 7 月 | 国家质检总局(现为国家市场监督管理总局) | 《关于加强跨境电子商务进出口消费品检验监管工作的指导意见》 | 建立跨境电子商务进出口消费品监管新模式;建立跨境电子商务消费品质量安全风险监测机制;建立跨境电子商务消费品质量安全追溯机制;明确跨境电子商务企业的质量安全主体责任;建立跨境电子商务领域打击假冒伪劣工作机制 |

续表

| 时间 | 制定单位 | 政策名称 | 主要内容 |
|---|---|---|---|
| 2016 年 4 月 | 财政部、海关总署、国家税务总局 | 《关于公布跨境电子商务零售进口商品清单的公告》 | 为营造公平竞争的市场环境,促进跨境电子商务零售进口健康发展,落实跨境电子商务零售进口税收政策,经国务院批准,财政部、海关总署、国家税务总局已印发《关于跨境电子商务零售进口税收政策的通知》,并公布了《跨境电子商务零售进口商品清单》 |
| 2016 年 6 月 | 国家发改委 | 《营造良好市场环境推动交通物流融合发展实施方案》 | 鼓励快递企业发展跨境电子商务业务,建设国际分拨中心、海外仓,加快海外物流基地建设 |
| 2017 年 6 月 | 质检总局(现为国家市场监督管理总局) | 《关于跨境电子商务零售进出口检验检疫信息化管理系统数据接入规范的公告》 | 按照检验检疫法律法规规定,进口法检货物应凭检验检疫机构签发的通关单办理海关通关手续。为提高跨境电子商务商品通关效率,质检总局(现为国家市场监督管理总局)在通关单管理上采取了相应的便利措施 |
| 2017 年 9 月 | 商务部等 14 部门 | 《关于复制推广跨境电子商务综合试验区探索形成的成熟经验做法的函》 | 2017 年 9 月 20 日召开的国务院第 187 次常务会议决定,将跨境电子商务线上综合服务和线下产业园区"两平台"及信息共享、金融服务、智能物流、风险防控等监管和服务"六体系"等成熟做法面向全国复制推广 |

# 附录 D　2018 年中国跨境电子商务十大政策

中国跨境电子商务的发展离不开政策的支持,2018 年在跨境电子商务领域中,国务院、全国人大常委会、财政部、税务总局、商务部和海关总署等国家部门都出台或参与了跨境电子商务政策,政策的出台都对跨境电子商务行业的健康发展起到了推动作用。

## 政策一:　国务院常务会议决定新设一批跨境电子商务综合试验区,持续推进对外开放促进外贸转型升级

【发布时间】2018 年 7 月 13 日

【政策概述】2018 年 7 月 13 日,国务院常务会议决定推动跨境电子商务在更大范围内发展,择优选择电子商务基础条件好、进出口发展潜力大的地方,并向中西部和东北地区倾斜,在北京、呼和浩特、沈阳、长春、哈尔滨、南京、南昌、武汉、长沙、南宁、海口、贵阳、昆明、西安、兰州、厦门、唐山、无锡、威海、珠海、东莞和义乌等 22 个城市新设一批跨境电子商务综合试验区。

跨境电子商务综试区继续扩容为我国外贸打开新上升通道。国务院继续扩容跨境电子商务综合试验区,杭州首批以外的 12 个综合试验区基本囊括了中国目前最发达的几个城市,经济基础、国际物流条件、电子商务氛围以及城市人口都在这些区域具有优势,总体分布为珠三角、长三角和中部地区等,此次扩容向中西部地区倾斜,能极大地促进这个地区跨境电子商务的发展。跨境电子商务作为新的外贸方式、新的交易模式和新的经济增长点,有着巨大的市场潜力和生命力。随着国家电子商务运营环境的改善和相关扶持政策的出台,为跨境电子商务的发展提供了更大机遇,未来跨境电子商务行业有望继续保持强劲增长态势。

此次国务院新设 22 个跨境电子商务综合试验区，从所属地域来看向中西部和东北地区倾斜，入选的这 22 个城市，大都基础条件好、发展潜力大，有良好的产业带基础，有成熟的电子商务氛围，区域辐射带动明显，有一定的国际物流条件，对外贸易发展好，城市发展跨境电子商务主观能动性强，同时兼顾分布平衡。从杭州第一个试点到 12 个跨境电子商务综试区的经验复制再到此次的大规模扩张，从试点到普惠，足以说明国家政策对跨境电子商务行业的利好持续。

## 政策二： 国务院常务会议， 从 2018 年 11 月 1 日起， 降低 1 585 个税目工业品等商品进口关税税率

【发布时间】2018 年 9 月 26 日

【政策概述】国务院关税税则委员会发布公告：2018 年 11 月 1 日起，我国降低 1585 个税目的进口关税，主要涉及人民生产和生活所需的众多工业品，包括机电设备、零部件及原材料等。至此，我国关税总水平从 9.8％降至 7.5％。这是继 1449 个税目商品 2018 年 7 月 1 日迎来降税之后，国务院再推一批更大规模的降税。

进口关税的下调释放的政策红利反映到消费者身上需要有一个缓冲期。以食品为例，如：我们并没有感受到太多奢侈品价格的下调，这是因为，首先大部分的商品是提前备货的，在下调前已经按照之前的政策交纳了关税，需要先把这些商品销售掉，然后政策开启后新进入的商品价格才能反映到消费者身上。另外，实体的专柜有很多的品牌附加值，还有就是品牌溢价以及高昂的黄金地段，商业地产租金，品牌商为了维持利润形成的全国统一的一个价格体系。

## 政策三： 全国人大常委会《电子商务法》 获通过

【发布时间】2018 年 8 月 31 日

【政策概述】《电子商务法》是我国电子商务领域首部综合性法律。其中，新增第二十六条"电子商务经营者从事跨境电子商务，应当遵守进出口监督管理的法律、行政法规和国家有关规定"，将跨境电子商务经营者纳入本法管辖范围，也规定了受本法约束的同时，还应当遵守其他法律法规及规定。

长期以来，跨境电子商务存在两种业务模式：保税和直邮，由于法律关系不明确，合同关系还是委托关系导致的责任也不同，因此，产生了一系列纠纷。此外，跨境交易还存在逃税避税、涉嫌走私；部分跨境经销商真假掺卖、不提供售后；私下交易、现金交易以逃避监管以及侵犯知识产权等问题。本次该法第二十六条明确了跨境电子商务无论采用何种模式，必须遵守进出口以及国内法律。

## 政策四： 财政部等四部门《关于跨境电子商务综合试验区零售出口货物税收政策的通知》

【发布时间】2018 年 9 月 28 日

【政策概述】通知指出，对综试区电子商务出口企业出口未取得有效进货凭证的货物，但符合相关条件的，试行增值税、消费税免税政策。电子商务出口企业在综试区注册，并要在注册地跨境电子商务线上综合服务平台登记出口日期、货物名称、计量单位、数量、单价

及金额。

中国出口跨境电子商务一直存在退税难问题。由于跨境电子商务采用市场采购模式，无法获得增值税发票，商品出口后无法获得退税，同时，企业还有可能再次被征收国内流通税。在这样的情况下，对跨境电子商务零售出口"无票"商品免征增值税，成了市场的最大诉求。

### 政策五：　海关总署《关于实时获取跨境电子商务平台企业支付相关原始数据有关事宜的公告》

【发布时间】2018 年 11 月 8 日

【政策概述】参与跨境电子商务零售进口业务的跨境电子商务平台企业应当向海关开放支付相关原始数据，供海关验核。上述开放数据包括订单号、商品名称、交易金额、币制、收款人相关信息、商品展示链接地址、支付交易流水号、验核机构、交易成功时间以及海关认为必要的其他数据。

### 政策六：　海关总署《关于启用进出境邮递物品信息化管理系统有关事宜的公告》

【发布时间】2018 年 11 月 8 日

【政策概述】为进一步严密进出境邮件监管，提高邮件通关效率，海关总署决定自 2018 年 11 月 30 日起在全国海关推广使用进出境邮递物品信息化管理系统，海关总署与中国邮政集团公司实现进出境邮件全国联网传输数据；邮政企业办理邮件总包的进境、出境和转关手续，应当向海关传输总包路单等相关电子数据。

海关推广邮递物品信息化管理系统对跨境电子商务带来的影响表现为：一是将进一步提高邮递物品通关效率及实现数据的互联互通。该系统的推广使用改变了以往国际邮件仅凭各国邮政面单申报，没有电子数据、缺乏信息化监管系统的问题，实现申报信息、收发件人信息等底层数据的互联互通，也加强了对邮包的监管力度。二是此举将对以邮包为主要进出境渠道的中小跨境电子商务企业、个人代购等带来打击，随着监管政策的不断加码，跨境电子商务的门槛也在不断提高。

### 政策七：　国务院常务会议决定延续完善跨境电子商务零售进口政策并扩大范围

【发布时间】2018 年 11 月 21 日

【政策概述】11 月 21 日，国务院常务会议决定，从 2019 年 1 月 1 日起，延续实施跨境电子商务零售进口现行监管政策，政策适用范围扩大到 22 个新获批的综试区城市，并新增群众需求量大的 63 个税目商品，将单次交易限值由目前的 2 000 元提高至 5 000 元，将年度交易限值由目前的每人每年 2 万元提高至 2.6 万元。

国务院再次决定延续和完善跨境电子商务零售进口政策并扩大适用范围，对中国进口跨境电子商务行业将带来重大利好，这也是"四八新政"出台后第三次延期执行。不仅延续个人自用进境物品监管，继续有利于跨境电子商务企业做大做强。跨境电子商务零售进口的监管模式和措施继续完善，对质量的监管和把控也会加强。政府已在反思外贸监管政策，在跨境电子商务所引发的全球贸易新趋势下要进行监管创新，仍需要时间继续推行试点并总结经验，研究出一套更符合全球贸易发展趋势的跨境电子商务监管制度。

配合2019年《电子商务法》的实施，跨境电子商务行业进入了一个真正的可以快速且持续成长的行业。政策的顶层设计是对跨境电子商务扶持和政策红利的逐步释放。此次延迟跨境电子商务进口的过渡政策，是国家在整体世界经济动荡时期，对于国内电子商务企业的真正鼓励，无论对于跨境电子商务企业还是普通消费者都是非常利好的。进一步扩大政策范围提高个人的采购限额，会真正推动2019年跨境零售更加迅猛发展，通过跨境进口的方式真正满足国内对于海外美好产品的需求，同时通过这样的激励，推进中国的供给侧结构性调整，加快产业升级。同时通过推动跨境电子商务的发展，本质上给全球的跨境外贸市场带来新的动力。

### 政策八： 商务部、 财政部等十几个部委《关于完善跨境电子商务零售进口监管有关工作的通知》 等

**【发布时间】** 2018年11月30日

**【政策概述】** 商务部、财政部等十几个部委联合发布了三份进口跨境电子商务政策文件，进一步完善我国跨境电子商务零售进口监管工作，调整跨境电子商务零售进口税收政策，提高享受税收优惠政策的商品限额上限，扩大清单范围，于2019年1月1日起执行。商务部等六部委《关于完善跨境电子商务零售进口监管有关工作的通知》；财政部等三部委《关于完善跨境电子商务零售进口税收政策的通知》；财政部等十三部委《关于调整跨境电子商务零售进口商品清单的公告》。

原则上不允许网购保税进口商品在海关特殊监管区域外开展"网购保税＋线下自提"模式，基本给线下自提业务判了死刑。最新补充的有海鲜、奶制品、鲜或干果、家居、文具、运动和电子产品等。根据备注限制条件，针对国内市场情况和企业情况，对国内制造业比较强势的产品也放开进口了，倒逼国内品牌竞争和品质升级。还有很多产品仅限网购保税，禁止直邮，这是从保证产品质量的角度，更好地保护国内消费者。

### 政策九： 财政部等三部委《关于完善跨境电子商务零售进口税收政策的通知》

**【发布时间】** 2018年11月30日

**【政策概述】** 通知显示，自2019年1月1日起，跨境电子商务零售进口政策将调整：将跨境电子商务零售进口商品的单次交易限值由人民币2 000元提高至5 000元，年度交易限值由人民币20 000元提高至26 000元。

此次国务院新增加了63个税目商品，提高单次交易限值和年底交易限值。进口跨境电子商务依靠削减中间环节提高了交易效率，降低了成本，更好地迎合了国内消费升级背景下对于更高性价比的境外产品的需求，从而发展迅猛，市场规模迅速扩大。跨境进口电子商务未来需向中高端市场发展，以多种物流形式结合以应对形势的变化，行业巨头将更加凸显自身供应链管理及资金运营优势，带动整个行业走向更加规范的道路。

### 政策十： 海关总署《关于跨境电子商务零售进出口商品有关监管事宜》

**【发布时间】** 2018年12月10日

**【政策概述】** 通知指出，跨境电子商务企业、消费者（订购人）通过跨境电子商务交易

平台实现零售进出口商品交易，并根据海关要求传输相关交易电子数据的，按照本通知接受海关监管。跨境电子商务平台企业、物流企业和支付企业等参与跨境电子商务零售进口业务的企业，应当依据海关报关单位注册登记管理相关规定，向所在地海关办理注册登记；境外跨境电子商务企业应委托境内代理人向该代理人所在地海关办理注册登记。还提到，参与跨境电子商务零售进出口业务并在海关注册登记的企业，纳入海关信用管理，海关根据信用等级实施差异化的通关管理措施。

## 附录 E　全球各国主要电子商务平台简介

当前世界各地涌现出一些著名的电子商务网站，如著名的社交网站 Facebook，搜索引擎网站 Google，购物类网站 Amazon 等。现就主要的电子商务平台介绍如下：

**1. Amazon（美国：亚马逊）**

成立时间：1995 年。创始人：Jeff Bezos。

亚马逊是美国最大的网络零售商，是一个世界级的电子商务平台。网站最初以销售书籍起家，以自营模式为主，现在则扩展为全品类经营，1997 年 5 月 15 日登陆纳斯达克。

成立至今 20 多年，已成功涉足硬件、物流、生鲜、文化等领域，2015 年亚马逊开始布局线下零售店。旗下包括了 Alexa Internet、a9、lab126 和互联网电影数据库（Internet Movie Database，IMDB）等子公司。同时，亚马逊在美国、加拿大、英国、法国、德国、意大利、西班牙、巴西、日本、中国、印度和墨西哥等 14 个国家均开设了零售网站，而其旗下的部分商品通过国际航运的物流方式销往这些国家。

2018 年，亚马逊的年销售额达到 2 329 亿美元，平台上的产品数量超过 10 亿件，仅北美站产品总数就超过 2 000 万件，如今，亚马逊站点上有来自全球 130 多个国家和地区的商户。网站月访问量有 1.75 亿人。有数百万的中小企业，其中，近 20 万家中小企业年销售额超过 10 万美元（较 2017 年增加近 6 万家），逾 5 万家年销售额超过 50 万美元；年销售额超过 100 万美元的中小企业数量在 2017 年基础上又增长了 20%。

**2. 阿里巴巴（中国）**

阿里巴巴（中国）网络技术有限公司（Alibaba.com）是全球企业间（B2B）电子商务的著名品牌，是全球国际贸易领域内最大、最活跃的网上交易市场和商人社区。杰出的成绩使阿里巴巴受到各界人士的关注，两次入选哈佛大学商学 MBA 案例，在美国学术界掀起研究热潮，入选《中国品牌价值研究院》中国品牌 500 强。

成立时间：1999 年 9 月 10 日（国际总部）、2000 年 9 月 9 日（中国总部）。创始人：马云。

阿里巴巴集团经营多元化的互联网业务，包括促进 B2B 国际和中国国内贸易的网上交易市场、网上零售和支付平台、网上购物搜索引擎，以及以数据为中心的云计算服务，致力为全球所有人创造便捷的网上交易渠道。阿里巴巴集团由中国互联网先锋马云于 1999 年创立，他希望互联网能让大众受惠。阿里巴巴集团由私人持股，现服务来自超过 240 个国家和地区的互联网用户。阿里巴巴集团及其关联公司在大中华地区、印度、日本、韩国、英国及美国等 70 多个城市共有 25 000 多名员工。

阿里巴巴作为中国最大的电子商务集团公司，2014 年 9 月 19 日，登陆纽约证券交易所，成为美国历史上最大的 IPO。旗下包括淘宝、天猫、聚划算、1688、全球速卖通、阿里巴巴国际交易市场、口碑等 C2C、B2C、B2B、O2O 电子商务平台，以及阿里妈妈、阿里云、阿里音乐、蚂蚁金服、菜鸟网络等。阿里巴巴从成立至今 20 个年头，已经发展成为一个围绕电子商务核心的，集电子商务、金融、物流、文化、云计算、大数据、医疗、教育、房产、游戏、硬件、社交、旅游等一体化的"商业帝国"。

阿里巴巴在大中华地区、印度、日本、韩国、欧洲和美国共设有 70 多个办事处，目前业务已经遍布全球 200 多个国家，全球化是其未来三大战略之一。另外两个是农村电子商务和大数据。

全球速卖通（AliExpress）正式上线于 2010 年 4 月，是阿里巴巴旗下唯一面向全球市场打造的在线交易平台，被广大卖家称为"国际版淘宝"。全球速卖通面向海外买家，通过支付宝国际账户进行担保交易，并使用国际快递发货，是全球第三大英文在线购物网站。

全球速卖通是阿里巴巴帮助中小企业接触终端批发零售商，小批量多批次快速销售，拓展利润空间而全力打造的融合订单、支付、物流于一体的外贸在线交易平台。

2019 年 3 月，阿里巴巴旗下跨境电子商务零售平台全球速卖通在俄罗斯推出在线售车服务。俄罗斯消费者可以直接在全球速卖通上一键下单，支付预付款，到指定线下门店支付尾款即可提车。

**3. eBay（美国）**

成立时间：1995 年 9 月 4 日。创始人：PierreOmidyar，他以 Auctionweb 的名称创立于加利福尼亚州圣荷西，1997 年 9 月该公司正式更名为 eBay。

eBay（中文名为电子湾、亿贝、易贝）是一个管理可让全球民众上网买卖物品的线上拍卖及购物网站。

如今 eBay 已有 1.471 亿注册用户，有来自全球 29 个国家的卖家，每天都有涉及几千个分类的几百万件商品销售，成为世界上最大的电子集市。2003 年交易额为 238 亿美元，净收入 22 亿美元。

2014 年 2 月 20 日，eBay 宣布收购 3D 虚拟试衣公司 PhiSix。2017 年 6 月 6 日，"2017 年 BrandZ 最具价值全球品牌 100 强"公布，eBay 名列第 86 位。2018 年 7 月 25 日，eBay 终止与长期支付伙伴 PayPal 的合作，宣布与后者的竞争对手苹果和 Square 达成新的伙伴关系。2018 年 12 月 20 日，"2018 世界品牌 500 强"排行榜发布，eBay 位列 47 位。

**4. Wish（美国）**

成立时间：2011 年。创始人：Peter Szulczewski 和 Danny Zhang。

Wish 平台致力于以亲民的价格提供给消费者优质的产品，让消费者能在移动端便捷购物的同时享受购物的乐趣。

2013 年 Wish 正式进军外贸电子商务领域为用户提供超值产品的分享、购买服务。Wish 目前已成为北美及欧洲地区最大的移动电子商务平台和全球第六大电子商务平台，创造了无数互联时代的新高。

2014 年基于业务的快速发展，Wish 在中国上海静安 CBD 成立了全资子公司以及中国总部。

全球领先的移动电子商务平台 Wish 在各国移动端的排名均居购物类前列。目前 Wish 平台拥有的注册买家用户超过 3 亿，每天有超过 1 000 万用户活跃在平台上游览商品，月活跃用户数超过 7 000 万，周复购率达到 75.45%。

Wish平台的创始人是两位硅谷顶尖的工程师，这也奠定了平台以技术为核心的发展战略。平台通过反复计算以及对消费者行为和偏好的分析，为消费者呈现有趣及个性化的产品。对消费者而言，Wish并不仅仅是一个纯粹的购物平台，更是一个分享、消遣和娱乐的平台。

随着平台的飞速发展，目前平台已拥有超过7 500万的品类。Wish正在产品广度和覆盖范围上做更深入的发展，以提供给买家更富创意和更好质量的产品。

目前Wish旗下拥有的移动端APP有：Wish、Mama、Home、Geek和Cute。Wish平台建立了一个直接由产品供应商组成的全球供应链，缩短了零售环节，使产品变得价廉物美。通过了解用户行为和偏好，Wish平台为每个用户营造了一个愉悦有趣、个性化的浏览体验，使产品曝光更有效，销售转化率更高。

**5. 京东（中国）**

成立时间：1998年6月18日。创始人：刘强东。

京东是中国自营式电子商务企业，创始人刘强东担任京东集团董事局主席兼首席执行官。旗下设有京东商城、京东金融、拍拍网、京东智能、O2O及海外事业部等。2013年正式获得虚拟运营商牌照。2014年5月在美国纳斯达克证券交易所正式挂牌上市。2015年7月，京东凭借高成长性入选纳斯达克100指数和纳斯达克100平均加权指数。2016年6月与沃尔玛达成深度战略合作，1号店并入京东。

2017年1月4日，中国银联宣布京东金融旗下支付公司正式成为银联收单成员机构。2017年4月25日，京东集团宣布正式组建京东物流子集团。2017年8月3日，"中国互联网企业100强"榜单发布，京东排名第四位。

2018年3月15日，京东内部公告成立了"客户卓越体验部"，该部门将整体负责京东集团层面客户体验项目的推进。京东集团副总裁余睿出任该部门负责人。2018年京东获《财富》世界500强排行榜第181名。2018年7月24日，京东增资安联财险中国的方案获得了银保监会的批准。9月4日，京东集团与如意控股集团签署战略合作协议。

2019年6月19日凌晨，京东618公布最终数据，从2019年6月1日0点到6月18日24点，累计下单金额达2 015亿元，覆盖全球消费者达7.5亿人。

**6. Allegro（波兰）**

Allegro成立于1999年，是波兰本土最大的电子商务平台，主要出售电子、家庭与花园、儿童、时尚等产品品类，其品牌认知度在波兰高达98%，对于当地的网购爱好者来说，Allegro是他们的首选。

从2006年开始，Allegro在捷克、匈牙利、俄罗斯等国家开设了众多姐妹网站，也被媒体称为东欧最大拍卖网站。根据Lengow法国乐售的调查数据显示，Allegro目前在波兰拥有电子商务零售市场份额的57%，每月活跃用户1 400万，每月访问1.65亿次，创造了20亿页面浏览量。

Allegro作为波兰最大的电子商务平台，它的消费者数量达1 600人，每月销售7 000万件商品。90%的人经常在这个平台购物。

Allegro隶属于Allegro Group。除了电子商务平台，Allegro Group旗下还有PayU支付、比价网站Ceneo、汽车电子商务网站OtoMoto和门户网站Bankier。

Allegro之所以在波兰这么受欢迎，优势明显，是因为它自1999年成立之后，不断扩大业务，2006年起该企业把业务扩大到了其他国家，分别在捷克推出了Aukro.cz网站、在匈牙利推出了TeszVesh.hu网站、在俄罗斯推出了Molotok.ru网站、在乌克兰推出了Aukro. ua 平台。基于上述原因使 Allegro 最终成为波兰的市场巨头。

**7. Bol. com（荷兰）**

推出时间：1999 年。创始人：Daniel Ropers。

Bol. com 是比荷卢地区（比利时、荷兰、卢森堡）最大的电子商务平台，也是荷兰最大的在线销售平台。绝大部分的荷兰人和比利时人会在这个平台上购物，产品类别包含电子产品、书籍、娱乐用品、家居用品和玩具等。Bol. com 从 1999 年开始运行，历经 20 年，它已经成为荷兰和比利时市场的最大的电子商务平台，可向荷兰和比利时顾客提供 980 万件商品。Bol. com 拥有超过 750 万的活跃用户，拥有 1.6 万个卖家，并销售超过 1 500 万种不同的产品，覆盖 20 多个品类。Bol. com 是荷兰领先的书籍、玩具和电子产品电子商务零售商，超越了亚马逊。其在 2014 年，Bol. com 的销量已经超出一亿欧元。Bol. com 净在线销售增速从 2017 年的 28.8％，提升至 2018 年的 32.0％。其在比利时和 Plaza 平台的业务是重要的增长动力。

**8. Cdiscount（法国）**

成立时间：1998 年。创始人：Charle Brothers。

Cdiscount 是目前法国最大的电子商务平台，很多批发商在 Cdiscount 注册开店，产品涵盖日常生活用品、食品、电子产品、家用电器、婴幼儿用品、箱包、玩具等，其经营模式类似于批发商城，因此价格非常有优势。法国人喜欢在 Cdiscount 网站上购买电器和电子产品，Cdiscount 也经常有低价促销活动，据说 Cdiscount 的口碑还不错。

2011 年 1 月，Casino Goup 购买了 Cdiscount 99.6％的股份，目前拥有 20 万平方米的物流仓，大量发展机械化作业，每天可处理 8 万个包裹。Cdiscount 的国际业务主要分布在哥伦比亚、科特迪瓦、厄瓜多尔、泰国及越南，并建有以上几个国家的子网站。2015 年底，Cdiscount 新增 4000 个品类扩充食品频道。

Cdiscount 自 1998 年起就是法国本土首屈一指的电子商务平台，拥有 1 600 万买家，每月独立访客 1 117.5 万。Cdiscount 成为法国海淘消费者的宠儿。

**9. FNAC（法国）**

成立时间：1954 年。创始人：马克斯·特雷（Max Théret）和安德烈·艾塞尔（André Essel）。

FNAC 是法国知名的文化产品和电器产品零售商（全称：Fédération Nationale d'Achats Cadres，意为"国家经理人采购联盟"），在数十年的发展中创造了独特的经营理念。1994 年，FNAC 并入 PPR 集团。

FNAC 是法国本土第二大电子商务网站，也是法国知名的文化产品和电器产品零售商。FNAC 的业务覆盖卡塔尔、西班牙等 8 个国家，在全球范围内拥有 189 家网店，经营的业务涉及电子产品、文化音像制品和厨具等品类，目前又开辟了时尚类，运动类和家居用品。

该网站在欧洲大部分地区销售，FNAC 已经建立了强大的客户基础和门店网络。每天有超过 75 万人的访问量；客户可以在它线下的门店里去取在线订购的商品；卖家可以在线订购新品或出售用过的产品。

**10. La Redoute（法国：乐都特）**

成立时间：1837 年。创始人：Charles Pollet。

La Redoute 公司原是一家邮购公司，目前 La Redoute 已经成为法国家喻户晓的顶级时装和家居的著名电子商务品牌，也是女性服装的第二大销售商。La Redoute 平台有超过 100 个大卖家，这些卖家提供法语服务和欧元的价格。另有 70 万的用户，通过移动端访问它的网站。

该网站的运营特点是：可以在用户的整个购买过程中，突出显示卖家的品牌闪光点，给卖家的产品营造了一个专营店的感觉；Listing 服务费包含在月费里；每个月可有三次回款。

现该电子商务销售平台已经覆盖全球 120 多个国家。1994 年起，成为世界第三大奢侈品和零售业电商巨头。该网站上面有数以千计的知名品牌。每月有超过 920 万的独立访问者。目前在 La Redoute 平台上，有 26 个国家的运营者，有超过 1000 万的活跃用户。

La Redoute 主营服饰和家具，拥有包括 Guess、Kaporal 和 Tommy Hilfiger 等众人熟知的品牌，其平价时尚的定位很受市场青睐。数据监测公司 Médiamétrie 对电子商务企业在法国的月独立访问量进行了排序，La Redoute 以 574.6 万的月访问量排名全国第七，在服装类电子商务在线平台中名列第一。

该网站的国际业务已占 La Redoute 整体营业额的 1/4，而中国是 La Redoute 在亚洲进军的第一个国家。La Redoute 公司商业发展总经理 Vanessa Xing 表示："我们在海外共有七家分公司——英国、比利时、瑞士、俄罗斯、西班牙、葡萄牙、瑞典、挪威，以及两个市场——波兰和意大利，它们都是由我们总部直接经营。我们同时逐步发展 La Redoute.com 网站以及在全球电子商务平台的销售业务，而中国是一个极为重要的增长点。"

### 11. Spartoo（法国）

成立时间：2006 年。创始人：Boris Saragaglia、Paul 和 Jérémie。

该网站是一家网上鞋店，名字取材于罗马一种古代用皮草编织的凉鞋，产自古希腊的城邦——斯巴达（Sparta），创始人又巧妙地添上两个字母"O"——象征着互联网最伟大的成功。

Spartoo 自 2006 年开始在网上卖鞋，后到 2013 年扩展到服装和时尚类。目前在欧洲销售超过 1000 个服装品牌。产品销往 30 个国家。每个国家的手续费是使用包月制的。现在 Spartoo 已成为一个闻名的网络时尚销售商（特别是鞋类），每个月有 140 万次的访问量。

Spartoo 对网上卖家一些具体条件，包括交付订购 2～3 天发货，而且必须有物流信息，卖家也必须给予响应且客服要给力。特点是一旦进驻，意味着卖家是可以认可和信赖的鞋业品牌。

### 12. Rakuten（日本：乐天）

成立时间：1997 年。创始人：三木谷浩史（Hiroshi Mikitani）。

Rakuten 是日本最大的电子商务集团，最初专门从事计算机及电子产品的网络销售，后来拓展为全品类商品销售。2000 年 4 月登陆 JASDAQ（当时还是一个场外市场，类似于美国纳斯达克，2004 年成为证券交易所，2010 年与大阪证交所合并成"新 JASDAQ 市场"），随后开始扩张布局，如今已经发展成一家综合性集团公司，核心业务包括电子商务、旅游、信用及支付、金融证券、新闻门户等。

目前乐天员工超过 15 000 名，平台有超过两亿种产品，其全球总交易额达到了 1 000 亿美元，乐天成为全球排名第三的电子商务巨头。在乐天上每月销售额达到 50 万美金的卖家非常多。乐天的平均毛利率能达到 40%～50%。

### 13. Fruugo（芬兰）

成立时间：2010 年。创始人：Dominic Allonby 和 Darren Naylor。

Fruugo 网站是芬兰推出的一个国际性在线市场。鼓励国际销售，在 Fruugo 的零售商可以通过该平台，销售给 23 个国家（奥地利、比利时、丹麦、芬兰、法国、德国、爱尔兰、意大利、卢森堡、荷兰、波兰、葡萄牙、西班牙、瑞典、英国、挪威、瑞士、俄罗斯、澳大利亚、加拿大、新西兰、南非和美国），并可在本国获得货款。

Fruugo 自动为卖家的商品进行本地化服务（比如货币、语言和 VAT 等），简化了销售。Fruugo 会检查所有订单，判断是否有欺诈行为，并具有追究欺诈行为的责任。Fruugo 配备有商家支持专家，随时准备为卖家提供本地客户服务，并竭诚帮助卖家挑选出适合销往海外的适当商品。

Fruugo 是一个相对新的平台，因此它的客户群仍然小于其他市场，但它的增长速度确实惊人，2016 年增长了 200％，现在每个月有 100 万的独立访问量。

Fruugo 网站的主要特征为 Fruugo 本土化界面友好，可以转化成买家的语言和币种，符合当地的使用习惯；Fruugo 没有月租，佣金比例是 10％～15％之间。

**14. Gmarket（韩国）**

成立时间：2000 年。创始人：young Bae Ku。

Gmarket 是韩国最大的综合购物网站，是 eBay 旗下子公司，也是韩国最流行的 C2C 购物平台，在韩国在线零售市场中的商品销售总值方面排名第一，主要销售书籍、MP3、化妆品、电脑、家电、衣服等。目前业务覆盖全球近 100 个国家。

2010 年 5 月 7 日 eBay 公司宣布，将与韩国电子商务公司 Gmarket 组建合资公司，eBay 出资 1 000 万美元。合资公司将帮助 Gmarket 开拓日本与新加坡市场。新公司成立后，eBay 持有 49％的股份，而 Gmarket 公司创始人 young Bae Ku 持有 51％股份，双方大约各出资 1 000 万美元。

随着中国市场不断开放，作为亚洲最大货源批发网的 Gmarket 与中国代购网站 GOU4U 进行全面合作，让中国消费者在中国当地即能享受韩国式淘宝生活。

**15. Flipkart（印度）**

成立时间：2007 年。创始人：Sachin Bansal 和 Binny Bansal。

Flipkart 是印度最大的电子商务平台和全球十大电子商务巨头之一，在成立之初，与亚马逊一样只是一个卖书的网站，除了销售图书和电子产品，Flipkart 还运营着一个在线市场，允许第三方厂商入驻，销售其产品。

据维基百科介绍，Flipkart 约有 3 万个入驻商家，销售的商品数量超过 2 000 万，目前市值达到 152 亿美元，拥有 7 000 万用户，每日访问量达到 1 亿次，每月配送商品 800 万次。

2015 年 4 月 22 日，印度最大电子商务 Flipkart 关闭网页版，只在手机 APP 端开展业务。2017 年 4 月 10 日，印度最大电子商务平台 Flipkart 证实，该公司在新一轮融资中获得 14 亿美元的投资，公司估值为 116 亿美元。2018 年 8 月 8 日，印度反垄断监管机构批准沃尔玛以 160 亿美元收购 Flipkart。

**16. Lazada（东南亚：来赞达）**

成立时间：2012 年。创始人：Maximilliana Bittner。

Lazada 是东南亚地区最大的在线购物网站之一，是德国创业孵化器 Rocket Internet 桑威尔兄弟为打造"东南亚版亚马逊"而创立的公司，其销售的产品包括电子设备、衣服、器械、书籍、化妆品等。其目标主要是印度尼西亚、马来西亚、菲律宾以及泰国用户。

起初，Lazada 只有自营业务，2013 年秋季开始允许第三方商家入驻，目前已经有超过 15 000 个入驻商家，占整个网站销售额的 70％以上。前段时间小米登陆菲律宾，也是通过 Lazada 平台进行销售的。目前的市场范围涵盖了印度尼西亚、马来西亚、菲律宾、泰国、以及越南等东南亚国家和地区。

2018 年 3 月 19 日，阿里巴巴集团宣布，向东南亚最大电子商务平台 Lazada 追加 20 亿美元投资，用于该公司在东南亚地区的业务扩张。蚂蚁金服集团董事长彭蕾出任 Lazada CEO 职务。

**17. Ulmart（俄罗斯）**

成立时间：2008 年。创始人：Dmitry Kostygin。

Ulmart 位列俄罗斯电子商务之首，占据俄罗斯互联网公司总排名第 4 名。创立初期主营电子产品，目前，销售 12 万种商品，囊括家电、手机、电脑、汽配、服装、母婴、家装、图书等品类。目前，Ulmart 年收入达到 11 亿美元，经营范围已扩展至全俄 240 个城市，并开放了 443 商业网点。2015 年 Ulmart 牵手京东，通过其平台，来宣传和销售京东提供的商品。

**18. MercadoLivre（巴西）**

成立时间：1999 年。创始人：Marcos GalPerin。

MercadoLivre 是巴西本土最大的 C2C 平台，相当于中国的淘宝，也是目前为止南美洲最大的电子交易平台，2007 年 8 月，MercadoLivre 登陆 NASDAQ。最初，它只是一个拍卖网站，后来发展为一个全品类的电子商务平台。

MercadoLivre 目前的注册用户超过 2 亿人，并且自 2011 年以来每季度用户数增长超过 19％。用户数增长带来了更多的销售，过去两年产品销量平均年增长 31％。特别是 MercadoLivre2019 年 3 月获得了 8.5 亿美元投资，今后将进入快速发展期。

除电子交易平台之外，旗下还有南美洲最大的类似于支付宝的支付平台 MercadoPago。业务范围覆盖 13 个国家和地区（巴西、阿根廷、智利、哥伦比亚、哥斯达黎加、厄瓜多尔、墨西哥、巴拿马、秘鲁、多米尼加、巴拉圭、委内瑞拉和葡萄牙），以至于墨西哥和阿根廷等国没有本地化网站。

**19. Zalando（德国）**

成立时间：2008 年。创始人：Daivd Schneider 和 Robert Gentz。

2008 年在柏林还是不起眼的 Zalando，现在已经成长为欧洲最大的网上时装零售商。现在技术部门在德国，如果卖家锁定的目标是德国的消费者，那么卖家就一定要关注 Zalando。

要想得到 Zalando 的 1 300 万客户不是看起来那么容易，需要通过 Zalando 的严格审核。首先，必须有品牌，而且这些品牌与网站的情调是否搭界，再确定是否合作。另外，Zalando 还需要，第三方卖家有一个注册办事处在德国和有效的营业执照，才能合作。

该网站的特点是产品的页面不仅出现卖家的名字，还有 Zalando 自己的产品推荐；Zalando 有免费送货，100 天免费退换的政策。

**20. DaWanda（德国）**

成立时间：2006 年。创始人：Claudia Helming。

根据德国联邦电子商务和物流业协会（bevh）发布的信息，德国电子商务蓬勃发展，2018 年电子商务交易额达 650 亿欧元，增幅 11.4％。也就是说，德国目前每八欧元就有一欧元用于网购。

DaWanda 大约有 520 万的买家和 27 万的卖家，拥有每月单页浏览量为 2 亿，每月有 2 000 万的浏览者。这个网站是德国的，不过已经能提供英文、法语、荷兰语、西班牙语和意大利语和波兰语等多语种版本。显然，已经走向国际化。

该网站的特点是强调手工制作、回收类、复原类、定制类的项目；在销售价格里提取费用；免费设计个性店铺。

DaWanda 于 2018 年 8 月底停止运营，它建议买家和卖家切换到美国门户网站 Etsy。

## 附录 F　简便快捷辨别原装进口商品的方法

### ——附条形码前缀查询一览表

2008 年石家庄三鹿奶粉污染事件发生之后，很多品牌都打出了"100％原装进口"的口号，但这些商品是否真的是原装进口，还是国外品牌国内制造，有很多消费者仍然难以识别。为此，这里向大家介绍一种非常方便的辨别方法，那就是看条形码。通过条形码可以很容易地判断出商品的真实产地。

目前商品上最常使用的就是 EAN 商品条形码（通用商品条形码），分为 EAN—13（标准版）和 EAN—8（缩短版）两种。

EAN—13 通用商品条形码一般由前缀部分、制造厂商代码、商品代码和校验码组成。商品条形码中的前缀码是用来标识国家或地区的代码，赋码权在国际特别编码协会。如 00～09代表美国、加拿大。45～49 代表日本。690～699 代表中国大陆，471 代表我国台湾区，489 代表我国香港特区。表 F-1 为部分条形码前缀及对应产地。

表 F-1　部分条形码前缀及对应产地

| 前缀码 | 所在国家（地区） | 前缀码 | 所在国家（地区） |
| --- | --- | --- | --- |
| 00～09 | 美国和加拿大 | 486 | 格鲁吉亚 |
| 30～37 | 法国 | 487 | 哈萨克斯坦 |
| 380 | 保加利亚 | 489 | 中国香港 |
| 383 | 斯洛文尼亚 | 50 | 英国 |
| 385 | 克罗地亚 | 520 | 希腊 |
| 387 | 波黑 | 528 | 黎巴嫩 |
| 400～440 | 德国 | 529 | 塞浦路斯 |
| 45～49 | 日本 | 531 | 马其顿 |
| 460～469 | 俄罗斯 | 535 | 马耳他 |
| 471 | 中国台湾 | 539 | 爱尔兰 |
| 474 | 爱沙尼亚 | 54 | 比利时和卢森堡 |
| 475 | 拉脱维亚 | 560 | 葡萄牙 |
| 477 | 立陶宛 | 569 | 冰岛 |
| 478 | 乌兹别克斯坦 | 57 | 丹麦 |
| 479 | 斯里兰卡 | 590 | 波兰 |
| 480 | 菲律宾 | 594 | 罗马尼亚 |
| 481 | 白俄罗斯 | 599 | 匈牙利 |
| 482 | 乌克兰 | 600～601 | 南非 |
| 484 | 摩尔多瓦 | 609 | 毛里求斯 |
| 485 | 亚美尼亚 | 611 | 摩洛哥 |

| 前缀码 | 所在国家（地区） | 前缀码 | 所在国家（地区） |
|---|---|---|---|
| 613 | 阿尔及利亚 | 780 | 智利 |
| 621 | 叙利亚 | 784 | 巴拉圭 |
| 625 | 约旦 | 786 | 厄瓜多尔 |
| 626 | 伊朗 | 789 | 巴西 |
| 64 | 芬兰 | 80～83 | 意大利 |
| 690～699 | 中国 | 84 | 西班牙 |
| 70 | 挪威 | 850 | 古巴 |
| 729 | 以色列 | 858 | 斯洛伐克 |
| 73 | 瑞典 | 859 | 捷克 |
| 740 | 危地马拉 | 860 | 南斯拉夫 |
| 741 | 萨尔瓦多 | 867 | 朝鲜 |
| 742 | 洪都拉斯 | 869 | 土耳其 |
| 743 | 尼加拉瓜 | 87 | 荷兰 |
| 744 | 哥斯达黎加 | 880 | 韩国 |
| 745 | 巴拿马 | 885 | 泰国 |
| 746 | 多米尼加 | 888 | 新加坡 |
| 750 | 墨西哥 | 890 | 印度 |
| 759 | 委内瑞拉 | 893 | 越南 |
| 76 | 瑞士 | 899 | 印度尼西亚 |
| 770 | 哥伦比亚 | 90～91 | 奥地利 |
| 773 | 乌拉圭 | 93 | 澳大利亚 |
| 775 | 秘鲁 | 94 | 新西兰 |
| 777 | 玻利维亚 | 951 | 蒙古国 |
| 779 | 阿根廷 | 955 | 马来西亚 |

# 参 考 文 献

[1] 艾媒咨询集团．艾瑞咨询：2014 年中国跨境电商行业研究报告．［2014-12-16］．http：//www. iresearch. com. cn/re-port/2293. html.

[2] 云同盟．跨境电商和传统贸易的区别＿出口跨境电商＿创富互联．［2016-5-17］．http：//www. skxox. com/20160517/0927390414. html.

[3] 文子．互联网＋启动了中国电商飞向世界贸易大市场的引擎．［2015-12-28］．http：//www. wjage. com/cy/3153. html.

[4] 云投汇．跨境电商的生态圈 6 大主体全景图．［2016-5-18］．http：//www. aiweibang. com/yuedu/116893124. html.

[5] 吴敏．"互联网＋"视域下跨境电商生态圈构建思路探析．电子商务，2015，（34）：46-48.

[6] 华梅电器．进口零售类电商五大模式盘点．［2016-6-3］．http：//sanwen8. cn/p/186FoR1. html.

[7] 搜狐财经．中国出口跨境电商行业主要模式．［2016-6-3］．http：//business. sohu. com/20160812/n463957512. shtml.

[8] 雨果网．最有效的跨境电商营销——社交媒体营销．［2014-10-8］．http：//www. cifnews. com/Article/11100.

[9] 全国人大财政经济委员会电子商务法起草组．中国电子商务立法研究报告．北京：中国财政经济出版社，2016.

[10] 孙韬．跨境电子商务与国际物流：机遇、模式及运作．北京：电子工业出版社，2017.

[11] 速卖通大学．跨境电商物流：阿里巴巴速卖通宝典．北京：电子工业出版社，2016.

[12] 钟燕．基于云物流的跨境电子商务物流模式探讨，商业经济研究，2016，（12）：76-77.

[13] 任永贵．电子商务时代云物流技术探讨，商业时代，2012，（8）：45-46.

[14] 孙韬．跨境电子商务与国际物流：机遇、模式及运作．北京：电子工业出版社，2017.

[15] 胡骥．国际货物运输与保险．成都：西安交通大学出版社，2015.

[16] 周艳军，蒋云贵，于春敏．物流保险实务．北京：清华大学出版社，2015.

[17] 常涛，陈卓．快递业集中度分析专题报告——护城河越挖越宽的公司，2016.

[18] 李景：邮政物流转型要搭跨境电子商务"快车"．经济日报．2016.

[19] 侯陆军．关于我国跨境电子商务法律规范体系的梳理和解读．［2015-05-18］．http：//blog. sina. com. cn/s/blog＿6e4307d80102vjm7. html.

[20] 北京交通大学，阿里巴巴研究院，菜鸟网络．全国社会化电商物流从业人员研究报告．2016.

[21] 王品辉，龚理．兴业证券-快递专题研究之二：历史及格局，2016.

[22] 孙韬．"互联网＋物流"的关键技术路径．物流技术与应用，2016，（8）.

[23] 侯陆军．关于我国跨境电子商务法律规范体系的梳理和解读．［2015-5-18］．http：//blo g. sina. com. cn/s/blog＿6e4307d80102vjm7. html.

[24] 雨果网．欧洲 2017 年电商市场规模达 5340 亿欧元．［2018-8-20］．https：// www. cifnews. com/article/37258.

[25] 艾媒咨询集团．2017—2018 中国共享出行年度发展报告［2018-7-11］．https：//www. sohu. com/a/240449285＿99949100.

[26] 敦煌网．以巴西为例，深度解析葡萄牙语跨境电商市场．［2015-7-20］．https：//seller. dhgate. com/industry-trends/c＿20004. html.

[27] 中国商网．新兴电商蓬勃发展后起之秀能否挑战亚马逊．［2019-08-23］．https：//finance. sina. com. cn/stock/rel-news/us/2019-08-23/doc-ihytcern3000267. shtml.

[28] 雨果网．2019 年 5 月全球移动互联网网速排行榜：韩国第一．［2019-7-18］．http：//m. cifnews. com/article/46982.

[29] 中国互联网网络信息中心．第 42 次中国互联网络发展状况统计报告［2018-08-20］．http：//www. cac. gov. cn/2018-08/20/c＿1123296882. htm.

[30] 中国电子商务研究中心．2016 年度中国电子商务市场数据监测报告．2017.

[31] 钟声．中国出境游带给世界新气象．［2017-10-11］．http：//www. xinhuanet. com/comments/2017-10/11/c＿1121783991. htm.

[32] 石定华．文化差异对我国跨境电商营销的影响与策略．现代营销：经营版，2019，（8）.

[33] 林欢．创新营销：跨境电商对传统国际贸易的影响．营销界，2019，（4）.

[34] 王海云．A 公司跨境电商营销策略优化研究．上海外国语大学，2019.

[35] 刘利．对跨境电商消费者行为模式及营销策略的探讨．商业经济，2019，（7）.

[36] 范静，袁斌．国外跨境电子商务物流模式创新的经验与启示．商业经济研究，2016，（6）.

[37] 郑暖，杨荺．跨境电商海外营销方式分析．现代商贸工业，2017，（12）.

[38] 宋晶，洪志燕，周爱国．文化差异下的跨境电商网络营销策略研究．上海商学院学报，2017，（10）.

［39］ 雨果网．速卖通联盟营销的推广位说明及优化技巧．［2017-08-15］. https：//www. cifnews. com/article/28138/.

［40］ 艾媒传媒集团．艾瑞网：2019 年中国社交电商行业研究报告．［2019-07-04］. http：//report. iresearch. cn/report/201907/3402. shtml? from＝timeline&isappinstalled＝0.

［41］ 腾讯科技乐学．数据：全球顶级品牌是这样在社交媒体上进行营销的．［2014-12-24］. https：//news. pedaily. cn/201412/20141224375798. shtml.

［42］ 商业电讯．点点客人人店：日销千万的微商怎么做?［2016-02-01］. http：//www. prnews. cn/press_release/181172. htm.

［43］ 艾媒传媒集团．艾瑞网：2018-2019 中国智慧物流行业研究报告．［2019-03-07］. https：//mp. weixin. qq. com/s/as8IS_imrOq728wPbtArEQ.

［44］ 胡英华．跨境电商背景下的国际结算方式研究．中国市场，2017，(11).

［45］ 毕雅婷．跨境电商背景下国际结算研究．贸易经济，2019，(5).

# 常用危险化学品标志

标准信息：

  常用危险化学品标志由《常用危险化学品的分类及标志（GB 13690—92）》规定，该标准对常用危险化学品按其主要危险特性进行了分类，并规定了危险品的包装标志，既适用于常用危险化学品的分类及包装标志，也适用于其他化学品的分类和包装标志。

  该标准引用了《危险货物包装标志（GB 190—90）》。

  标志规范：

1 标志的种类：根据常用危险化学品的危险特性和类别，设主标志 16 种，副标志 11 种。

2 标志的图形：主标志由表示危险特性的图案、文字说明、底色和危险品类别号四个部分组成的菱形标志。副标志图形中没有危险品类别号。

3 标志的尺寸、颜色及印刷：按 GB 190 的有关规定执行。

4 标志的使用

  1> 标志的使用原则：当一种危险化学品具有一种以上的危险性时，应用主标志表示主要危险性类别，并用副标志来表示重要的其他的危险性类别。

  2> 标志的使用方法：按 GB 190 的有关规定执行。

## 标志图案

### 主标志

底色：橙红色
图形：正在爆炸的炸弹
　　　（黑色）
文字：黑色

底色：正红色
图形：火焰（黑色或白色）
文字：黑色或白色

底色：绿色
图形：气瓶（黑色或白色）
文字：黑色或白色

标志1　爆炸品标志

标志2　易燃气体标志

标志3　不燃气体标志

底色：白色
图形：骷髅头和交叉骨形
（黑色）
文字：黑色

底色：红色
图形：火焰（黑色或白色）
文字：黑色或白色

底色：红白相间的竖直
宽条（红7、白6）
图形：火焰（黑色）
文字：黑色

标志4　有毒气体标志

标志5　易燃液体标志

标志6　易燃固体标志

底色：上半部白色，下半
部红色
图形：火焰（黑色或白色）
文字：黑色或白色

底色：蓝色
图形：火焰（黑色）
文字：黑色

底色：柠檬黄色
图形：从圆圈中冒出的
火焰（黑色）
文字：黑色

标志7　自燃物品标志

标志8　遇湿易燃物品标志

标志9　氧化剂标志

底色：柠檬黄色
图形：从圆圈中冒出的
火焰（黑色）
文字：黑色

底色：白色
图形：骷髅头和交叉骨形
（黑色）
文字：黑色

底色：白色
图形：骷髅头和交叉骨形
（黑色）
文字：黑色

标志10　有机过氧化物标志

标志11　有毒品标志

标志12　剧毒品标志

底色：上半部黄色，下半部白色
图形：上半部三叶形（黑色）下半部白色
　　　下半部一条竖直的红色宽条
文字：黑色

标志13　一级放射性物品标志

底色：上半部黄色，下半部白色
图形：上半部三叶形（黑色）
　　　下半部两条竖直的红色宽条
文字：黑色

标志14　二级放射性物品标志

底色：上半部黄色，下半部白色
图形：上半部三叶形（黑色）
　　　下半部三条竖直的红色宽条
文字：黑色

标志15　三级放射性物品标志

底色：上半部白色，下半部黑色
图形：上半部两个试管中液体分别向
　　　金属板和手上滴落（黑色）
文字：（下半部）白色

标志16　腐蚀品标志

副标志

底色：橙红色
图形：正在爆炸的炸弹
　　　（黑色）
文字：黑色

标志17　爆炸品标志

底色：红色
图形：火焰（黑色）
文字：黑色或白色

标志18　易燃气体标志

底色：绿色
图形：气瓶（黑色或白色）
文字：黑色

标志19　不燃气体标志

底色：白色
图形：骷髅头和交叉骨形
　　　（黑色）
文字：黑色

标志20　有毒气体标志

底色：红色
图形：火焰（黑色）
文字：黑色

标志21　易燃液体标志

底色：红白相间的竖直
　　　宽条（红7、白6）
图形：火焰（黑色）
文字：黑色

标志22　易燃固体标志

底色：上半部白色，
　　　下半部红色
图形：火焰（黑色）
文字：黑色或白色

标志23　自燃物品标志

底色：蓝色
图形：火焰（黑色）
文字：黑色

标志24　遇湿易燃物品标志

底色：柠檬黄色
图形：从圆圈中冒出的
　　　火焰（黑色）
文字：黑色

标志25　氧化剂标志

底色：白色
图形：骷髅头和交叉骨形
　　　（黑色）
文字：黑色

标志26　有毒品标志

底色：上半部白色，下半部黑色
图形：上半部两个试管中液体分别向金属板和手上滴落
　　　（黑色）
文字：（下半部）白色

标志27　腐蚀品标志